동해물과 백두산이 마르고 닳도록 / 산돌명조 L / 6pt

동해물과 백두산이 마르고 닳도록 / 산돌명조 L / 7pt

동해물과 백두산이 마르고 닳도록 / 산돌명조 L /

동해물과 백두산이 마르고 닳도록 / 산돌명조 L / 9pt

동해물과 백두산이 마르고 닳도록 / 산돌명조 L / 10pt

Line 0.3 / 0.5 / 0.75 / 1 / 2pt **유광 먹박 / 형압**

KB165937

동해물과 백두산이 마르고 닳도록 / 산돌고딕 L / 6pt

동해물과 백두산이 마르고 닳도록 / 산돌고딕 L / 7pt

동해물과 백두산이 마르고 닳도록 / 산돌고딕 L / 8pt

동해물과 백두산이 마르고 닳도록 / 산돌고딕 L / 9pt

동해물과 백두산이 마르고 닳도록 / 산돌고딕 L / 10pt

Line 0.3 / 0.5 / 0.75 / 1 / 2pt 홀로그램박 / 형압

동해물과 백두산이 마르고 닳도록 / 산돌명조 L / 6pt

동해물과 백두산이 마르고 닳도록 / 산돌명조 L / 7pt

동해물과 백두산이 마르고 닳도록 / 산돌명조 L / 8pt

동해물과 백두산이 마르고 닳도록 / 산돌명조 L / 9pt

동해물과 백두산이 마르고 닳도록 / 산돌명조 L / 10pt

Line 0.3 / 0.5 / 0.75 / 1 / 2pt 유광 은박 / 형압

동해물과 백두산이 마르고 닳도록 / 산돌고딕 L / 6pt

동해물과 백두산이 마르고 닳도록 / 산돌고딕 L / 7pt

동해물과 백두산이 마르고 닳도록 / 산돌고딕 L / 8pt

동해물과 백두산이 마르고 닳도록 / 산돌고딕 L / 9pt

동해물과 백두산이 마르고 닳도록 / 산돌고딕 L / 10pt

Line 0.3 / 0.5 / 0.75 / 1 / 2pt 유광 금박 / 형압

박 먹박, 금박, 은박, 홀로그램박 선의 굵기와 서체 크기에 따른 박의 구현(좁은 면적은 제대로 구현되지 않을 가능성이 있다.) | **형압** | **160랑데뷰**

나도 아직
나를 모른다

당신은,

당신이 알고 있는
그런 사람이 아닙니다.

별색 형광 연두색과 DIC 컬러 177(청록색)이 인쇄된 패턴 | **120 백색 모조**

100
트레싱

뒤 비침이 심한 종이로 일부러 뒤의 내용이 비치도록 연출해 재미있는 효과를 줄 수 있습니다.

100
트레싱

뒤 비침이 심한 종이로 일부러 뒤의 내용이 비치도록 연출해 재미있는 효과를 줄 수 있습니다.

80
크라프트

크라프트지는 나무의 섬유질이 길고 질긴 특징이 있으며 강도가 매우 우수해 주로 포장 용지로 많이 사용합니다. 그러나 최근에는 감성적이고 빈티지한 이미지 때문에 사용 영역이 점차 넓어지고 있습니다.

화학 표백을 하지 않아 종이(나무) 고유의 자연스러운 색상을 띠지만 제품에 따라서는 회색을 띠는 크라프트지도 있습니다. 친환경적이고 빈티지한 이미지 때문에 친환경이나 재생 용지로 생각할 수도 있지만, 모든 크라프트지가 친환경, 재생 용지인 것은 아닙니다. 자신이 사용하려는 제품이 친환경인지, 재생 용지인지 알고 싶다면 친환경 인증마크를 확인하기 바랍니다. 또한 재생 용지가 아니므로 가격이 저렴하지 않다는 점도 잊지 마세요.

80
그린라이트

모조지는 화학 펄프를 사용하는 데 반해 이라이트(E-light) 또는 그린라이트(Greenlight)는 나무 부스러기를 활용한 기계 펄프를 사용합니다. 따라서 새로 나무를 벨 필요가 없는 친환경 종이이나, 이미 사용한 종이를 활용한 재생 용지는 아닙니다. 나무 부스러기를 활용했다는 이유 때문에 질 나쁜 종이로 오인하기도 하는데요. 따져보면 이만큼 실속 있는 종이도 없습니다. 색상은 미색 모조보다 약간 더 어두운 색상이고 빛 반사도 덜한 편입니다. 그래서 오히려 눈의 피로를 덜 느끼게 하여 미색모조보다 가독성이 우수한 종이로 인정받고 있습니다. 게다가 종이 속에 기포를 함유하고 있어, 같은 페이지라도 두께감이 있다보니 모조지보다 가볍게 느껴집니다. 그래서 휴대성이 높은 책의 본문으로 자주 사용합니다.

그러나 단점이 있으니 바로 두께입니다. 가벼운 대신 종이의 부피가 크기 때문에 책이 두꺼워질 수 있습니다. 이 특성을 역으로 이용해 페이지가 적은 책에 두께감을 주려고 일부러 이 종이를 사용하는 경우도 있습니다.

80
미색 모조

모조지 계열은 아트지와 함께 가장 많이 쓰는 지종 중 하나로 주변에서 흔하게 접할 수 있습니다. 화보나 브로슈어와 같이 컬러 이미지가 많이 쓰이는 고급 인쇄물보다는 주로 텍스트 위주의 중급 인쇄물을 제작할 때 많이 사용됩니다. 표면이 대체로 매끄러우며 탄력이 좋고 색상이 희다는 장점이 있습니다. 또한 가격도 저렴한 편에 속합니다.

모조지의 종류는 색상으로 구분하며 백색모조, 미색모조, 컬러모조가 있습니다. 미색모조는 미색 특유의 부드러움과 안정감으로 눈의 피로를 덜어줍니다. 따라서 가독성이 뛰어나며 오래 읽어야 하는 단행본 도서류, 학습지류에 적합합니다. 덧붙여 우리가 자주 사용하는 복사 용지도 모조지 계열에 속합니다. 또한 뒤 비침이 적어 4도(컬러) 인쇄에도 무난하지만, 이때는 백색모조를 사용하는 것이 좋습니다. 주로 1도(흑백) 인쇄의 경우 80g/㎡, 2도(먹+별색) 또는 4도(컬러)인쇄의 경우에는 90g/㎡ 이상을 사용합니다. 책의 페이지가 너무 적을 경우 빈약해 보이는 약점을 보완하려고 100g/㎡을 사용하여 두껍게 제작하기도 합니다.

120

매직패브릭

종이 위에 질감을 입체적으로 느낄 수 있게 패턴이 각인된 종이로 커버나 양장 도서의 합지 싸바리 또는 편지 봉투 등에 많이 사용하는 대표 종이 중 하나입니다.

매직패브릭 외에도 다양한 모양의 패턴이 각인된 종이들이 시중에 나와있으니 지업사를 통해 종이 샘플을 보고 디자인을 더욱 돋보일 수 있는 종이를 선택할 수 있습니다.

누브지같이 발색이 뛰어난 종이에 비해 질감 때문에 인쇄가 거칠어 보일 수 있지만 그 질감으로 인해 고급스러운 느낌을 더할 수 있습니다.

10년차 디자이너에게 1:1로 배우는

편집 디자인 강의

황지완 지음

Id with 인디자인

한빛미디어
Hanbit Media, Inc.

지은이 **황지완**

한양대 시각디자인과를 졸업하고 디자인 에이전시에서 디자이너로 일하기 시작했습니다. 특정 분야에 국한되는 업무에서 벗어나 다양한 디자인을 할 수 있는 출판사로 자리를 옮겼습니다. 일하는 건 너무너무 싫지만 디자인하는 것은 재미있다고 말하는 엉뚱한 디자이너이며 현재 프리랜서 북디자이너로 활동 중입니다.

'책만 만드는 게 뭐가 재밌어?'라고 생각하겠지만, 천만의 말씀입니다. 새로운 책을 만들 때마다 새로운 브랜드를 만드는 기분입니다. 표지 시안을 생각하면서 도서 홍보 방안까지, 이번엔 어떤 굿즈를 사은품으로 만들까? 어떤 영상을 만들어 유튜브에 올릴까를 생각합니다. 그덕에 그래픽 편집디자인은 물론 굿즈 패키지 디자인, 소소한 영상 편집과 홈페이지 관리까지 안 해본 게 없는 잡학 디자이너입니다.

저서

《맛있는 디자인 포토샵&인디자인 CC 2018》(한빛미디어, 2018)

《맛있는 디자인 인디자인 CC》(한빛미디어, 2016)

블로그

https://blog.naver.com/design_ziwan

인스타그램

http://www.instagram.com/angsvalley

10년차 디자이너에게 1:1로 배우는 **편집디자인 강의 with 인디자인**

초판 1쇄 발행 2019년 10월 7일
초판 7쇄 발행 2025년 01월 10일

지은이 황지완 / **펴낸이** 전태호
펴낸곳 한빛미디어(주) / **주소** 서울특별시 서대문구 연희로2길 62 한빛미디어(주) IT출판1부
전화 02-325-5544 / **팩스** 02-336-7124
등록 1999년 6월 24일 제25100-2017-000058호 / **ISBN** 979-11-6224-221-6 13000

총괄 배윤미 / **책임편집** 장용희 / **기획편집** 장용희 / **진행** 진명규
디자인 박정화 / **전산편집** 김희정
영업 김형진, 장경환, 조유미 / **마케팅** 박상용, 한종진, 이행은, 김선아, 고광일, 성화정, 김한솔 / **제작** 박성우, 김정우

이 책에 대한 의견이나 오탈자 및 잘못된 내용은 출판사 홈페이지나 아래 이메일로 알려주십시오.
파본은 구매처에서 교환하실 수 있습니다. 책값은 뒤표지에 표시되어 있습니다.
한빛미디어 홈페이지 www.hanbit.co.kr / 이메일 ask@hanbit.co.kr / 자료실 www.hanbit.co.kr/src/10221

작은 것에도 관심을 가질 줄 아는 디자이너

직업을 물어보는 질문에 '디자이너'라고 대답하면 "멋진 직업이시네요?"라는 말을 자주 듣습니다. 아마도 디자이너는 TV 속 드라마에서 비치는 모습처럼 세련되고 자유분방하면서 창의적인 직업이란 인식에 다들 매력을 느끼나봅니다. 분명 딱딱한 정장으로 무장한 일반 회사원보다는 개성 있는 디자이너가 더 자유롭고 멋있게 느껴질 것입니다. 하지만 그것이 디자이너의 본모습이라고 할 수는 없습니다.

디자인이 단순히 아름다운 것만 추구하는 것처럼 보여도, 디자이너가 선택하는 오브젝트와 색상에는 다양한 의미와 지식이 담겨 있습니다. 여기에 아름다움을 가미해 하나의 디자인이 탄생합니다. 지식과 정보를 바탕으로 아름다움을 놓치지 않고 표현해야 하는 것, 바로 디자이너의 삶입니다. 그래서 디자이너가 된다는 것은, 특히 경험 있는 프로 디자이너가 된다는 것은 만만한 일이 아닙니다. 저 또한 디자인을 전공하면서 디자인뿐만 아니라 마케팅 영역까지 나름대로 깊이 공부했습니다. 선배의 조언을 귀담아들으며 함께 일하는 동료와 경험하고 부딪혀가며 경험을 쌓았고요. 물론 앞으로도 배울 것이나 경험해야 할 일이 더 많겠지요.

시각적인 요소를 통한 소통이야말로 가장 강력한 힘을 갖고 있고, 그것을 창조하는 일을 디자이너인 저와 여러분이 하고 있습니다! 일하는 것은 싫지만 디자인하는 순간만큼은 재미를 느낄 수 있도록 남을 위한 일이 아닌 나를 위해서 작은 것에도 관심을 두고 주저 없이 도전하세요! 저 또한 같은 길을 가고자 하는 후배와 지금 동행하는 동료에게 제가 익히고 배운 노하우를 최대한 나누려고 합니다.

어려움이 생기면 친절히 도와주는 선배처럼

이 책은 편집디자인 실무에 대한 전반적인 노하우를 담았으며 누구라도 따라 할 수 있는 다양한 예제를 수록했습니다. 디자인 현장에서 알게 된 소소한 팁도 가득 담았고요. 이 책을 보는 것만으로 여러분의 능력이 200% 발휘되는 마법 같은 상황이 벌어지진 않을 겁니다. 그러나 디자이너로서 살아가는 동안 어려움이 생겼을 때 친절히 도와주는 선배나 동료처럼 조력자의 역할은 톡톡히 할 수 있을 것입니다. 작게나마 편집디자인을 하는 여러분에게 힘이 될 것이고요. 끝으로 이 책이 나오기까지 도움을 주신 모든 분께 감사의 마음을 전합니다.

황지완

이 책의 구성

LESSON

디자인 현장의 워크플로우를 따라 실무 이론을 생생하게 알려줍니다. 단계별로 살펴보면서 편집디자인의 복잡한 프로세스를 쉽게 이해할 수 있습니다.

096

PART 01 편집디자인 워크플로우

01

종이 위에
숨어 있는
규칙

그리드는 판면에 일관성과 통일성을 나타냅니다. 또한 독자의 피로감을 줄이고 가독성을 높여 내용에 집중할 수 있도록 돕는 역할도 합니다. 작은 판형의 책은 주로 1단으로, 큰 판형은 2단 이상으로 단(Column, 칼럼)을 나눠 작업합니다. 하지만 작은 판형의 책이라고 해서 반드시 1단으로 작업할 할 필요는 없습니다. 그리드는 판면의 면적뿐 아니라 글자의 크기와 조밀한 정도에 따라서도 달라질 수 있으니까요.

판면

판면은 페이지에서 글과 그림이 들어가는 전체 영역을 말하며 여백의 너비에 따라 위치가 변합니다. 판면을 설정할 때는 독자의 성향에 따라, 인쇄물의 두께나 제책 방식에 따라 영역을 다르게 설정해야 합니다. 그리드(Grid)는 내용을 더 효과적으로 보여주기 위한 장치로 판면 안 영역을 단으로 나누어 적용합니다. 이때 판면의 영역을 전혀 나누지 않고 통으로 쓰는 그리드를 블록 그리드(Block Grid)라고 합니다. 블록 그리드는 그리드의 가장 큰 단위이며 단이 나눠져 있지 않은 일반 단행본에서 쉽게 확인할 수 있습니다. 가장 단순하게 구성되는 그리드이니 만큼 책 전체의 레이아웃과 분위기를 결정 짓는 데 중요한 역할을 합니다.

110

PART 01 편집디자인 워크플로우

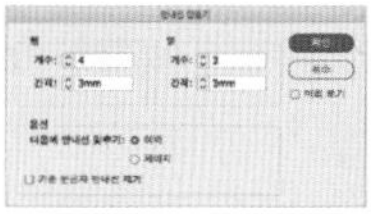

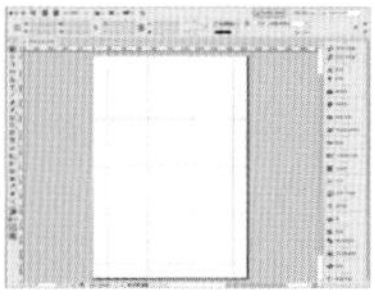

레이아웃 설정하기

레이아웃 조정하기

편집디자인 작업을 하다 보면 갑자기 판면(여백) 크기를 조정해야 하는 경우가 생기도 합니다. 미리 설정한 판면(여백) 크기를 작업 중간에 바꾸면 레이아웃까지 다시 조정해야 하므로 매우 번거로운 반복 작업을 해야만 합니다. 이때 [레이아웃 조정 사용] 항목을 활용하면 문서 전체에 변경 내용이 적용되어 반복 작업을 줄일 수 있습니다.

레이아웃을 조정하는 항목은 [여백 및 단] 대화상자에 있습니다. [레이아웃 조정 사용]에 체크 표시하면 여백의 크기나 문서의 판형을 변경할 때마다 레이아웃이 변경된 여백의 크기에 따라 자동 정렬됩니다.

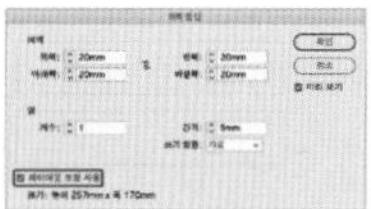

TIP 여백의 크기나 문서의 판형 등을 변경할 때 레이아웃뿐만 아니라 문서에 포함된 오브젝트의 크기도 함께 변경될 수 있습니다. 생각지도 못한 변형이 생길 수 있으니 무작정 체크하여 활성화한 상태로 작업하기보다는 필요에 따라 체크, 체크 해제하여 신중히 사용하도록 하세요. 이미 바뀐 레이아웃과 오브젝트는 Ctrl + Z 를 누른다고 되돌아가지 않습니다.

레이아웃 조정을 안전하게 사용하는 방법은 앞서 말씀드린 대로 '평상시에는 체크하지 않는 것'입니다. 그리고 혹시 모를 판형 또는 여백이 변경될 때를 대비해 가급적이면 문서에 사용한 오브젝트를 그리드 또는 안내선에 맞춰서 작업해야 합니다.

TIP

이론이나 실습에서 놓치기 쉬운 부분, 헷갈릴 수 있는 부분을 정리했습니다. 유용한 정보와 참고 사항이니 꼭 읽고 넘어가는 것이 좋습니다.

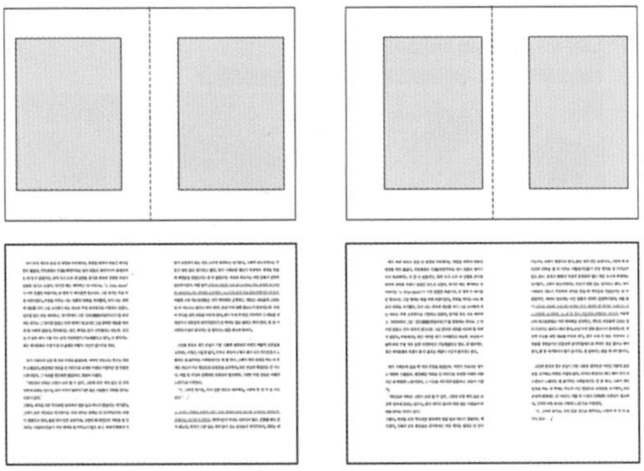

▲ 블록 그리드의 활용

TIP 그리드(Grid)는 판면 안에 눈에 보이지 않는 격자(바둑판 무늬)선을 그려 넣어 여러 요소를 시각적으로 묶는 역할을 합니다. 판면 전체에 일관성과 통일감을 주어 독자들이 내용에 집중할 수 있도록 도와줍니다.

여백

판면을 제외한 공간을 여백(마진, Margin)이라고 합니다. 여백은 판면과 균형을 맞추는 공간인 동시에 제작시 내용이 잘리거나 밀려들어가는 것을 방지하는 공간이기도 합니다. 일반적으로 여백은 한 문서에서 통일해 설정하지만 재미(변화)를 주기 위해 가득 채우거나, 다른 크기로 설정해 각각 다른 느낌을 연출하기도 합니다.

여백은 문서의 바깥쪽에도 존재하는데요. 이는 엄밀히 말해 판형을 제외한 부분이지만 재단할 때 생기는 오차를 방지하기 위한 공간으로 '도련'이라고 합니다. 도련은 인쇄물을 작업할 때 반드시 신경 써야 합니다. 인쇄 전문가일지라도 정확한 크기로 인쇄물을 재단하기란 불가능합니다. 따라서 문서 밖으로 사방 3mm에 해당하는 여백을 만들고 문서 안의 요소를 연장해 작업해야 합니다. 그래야 재단 시 오차가 생겨도 감쪽같아 보이니까요. 만약 도련을 설정하지 않는다면 재단면 쪽에 인쇄되지 않은 흰 부분이 나타나 완성도가 떨어질 수 있습니다. 그러니 여백과 함께 도련도 꼭 체크해야 합니다.

여백은 넓을수록 서정적이고 읽기 쉬운 느낌을, 좁을수록 딱딱하고 어려운 느낌을 줍니다. 그래서 인문서보다 소설책에서 여백을 더 여유롭게 설정합니다. 두꺼운 책은 얇은 책보다 상대적

097

CHAPTER 03 그리드를 알면 디자인이 쉬워진다

10년차 선배의 멘토링

실무에서 꼭 필요한 노하우, 놓치지 말아야 할 업무 지식을 담았습니다. 더 빠르고 효율적으로 일할 수 있는 노하우를 익혀 보세요.

10 년차 선배의 멘토링 클라이언트와 효과적으로 소통하는 법

클라이언트와 소통할 때는 두려움을 버리고 최대한 많은 질문을 던져야 합니다. 이때는 즐거운 분위기를 유지하되 클라이언트에게 신뢰를 주면서 대화를 이끌어야 합니다. 어찌 보면 말발이야말로 디자이너의 주요 능력일지도 모릅니다. 클라이언트와의 소통에 필요한 말발을 키우기 위해서는 디자인 상식도 풍부해야겠지요?

클라이언트가 원하는 디자인을 미리 생각하고 왔다면 샘플이 될 만한 디자인이 있는지 물어보는 것이 좋습니다. 샘플이 있다면 그 디자인이 마음에 드는 이유를 반드시 물어보아야 합니다. 그렇지 않을 경우 샘플과 비슷한 디자인이 나오는 최악의 상황이 벌어질 수 있습니다. 반대로 디자이너 역시 본인이 제시하는 아이디어를 클라이언트가 잘 이해할 수 있도록 샘플로 보여주는 것이 좋습니다. 의외로 클라이언트는 디자이너가 준비한 작은 것에 만족하기도 합니다.

특히 아이디어가 나올 때마다 대략적인 작업 기간과 비용을 함께 말하는 편이 좋습니다. 그 이유는 예산에 따라 후가공과 제작 방식이 달라지며, 인쇄물의 고급스러운 정도와 작업 기간도 달라지기 때문입니다. 즉 일정이 조정되거나 인쇄물의 고급스러움 정도가 모두 디자이너의 책임이 아니라는 점을 이해시켜야 합니다.

- □ 프로젝트의 목적과 기능은 무엇인가?
- □ 프로젝트 타깃의 성향은 어떠한가?
- □ 프로젝트를 통해 무엇을 보여주고 싶은가?
- □ 클라이언트가 요구하는 중요한 메시지는 무엇인가?
- □ 프로젝트의 예산은 어느 정도를 예상하는가?
- □ 프로젝트의 제작 기간은 어느 정도를 예상하는가?
- □ 클라이언트가 원하는 스타일이 있는가? 있다면 그 이유는 무엇인가?
- □ 클라이언트가 생각하는 후가공이나 제작 방식이 있는가?

029

CHAPTER 01

떠오르는 단어를 무조건 적어 보자! 브레인스토밍

아이디어는 수많은 시행착오에서 나옵니다. 처음부터 확실한 아이디어는 존재하기 힘들죠. 기발한 아이디어가 뿅하고 나타나지 않을 때는 브레인스토밍처럼 아이디어를 끄집어내는 다양한 솔루션의 도움을 받습니다. 브레인스토밍은 오스번(Alex Osborn)이 처음 소개했는데 일정한 테마를 주제로 구성원 간에 자유로이 발언하며 아이디어를 끄집어내는 방법입니다. 이 방법은 소수보다는 다수가 함께했을 때 더 유리하며, 쏟아지는 아이디어가 많을수록 질적으로 우수한 아이디어가 나올 가능성도 높아집니다. 주제에서 벗어나지만 않는다면 굳이 다수가 아니어도 디자이너 혼자서 떠오르는 단어를 나열해 아이디어를 도출할 수도 있습니다. 하지만 클라이언트와 그 외 관련자들이 모두 모여 함께한다면 더 좋은 아이디어를 도출할 가능성이 높아지겠죠?

체크리스트

빠르게 진행되는 작업 과정에서 자칫하면 놓칠 수 있는 주요 사항을 정리했습니다. 진행 때마다 체크해본다면 실수를 줄일 수 있습니다.

이 책의 구성

이것이 편집디자인이다

실습 PREVIEW와 함께 제작의뢰서를 먼저 확인합니다. 디자인 프로세스상 어디서도 볼 수 없고 들을 수 없던 알짜배기 과정만 모았습니다. 실제로 디자인을 진행하듯 재미있게 실습할 수 있도록 도와줍니다.

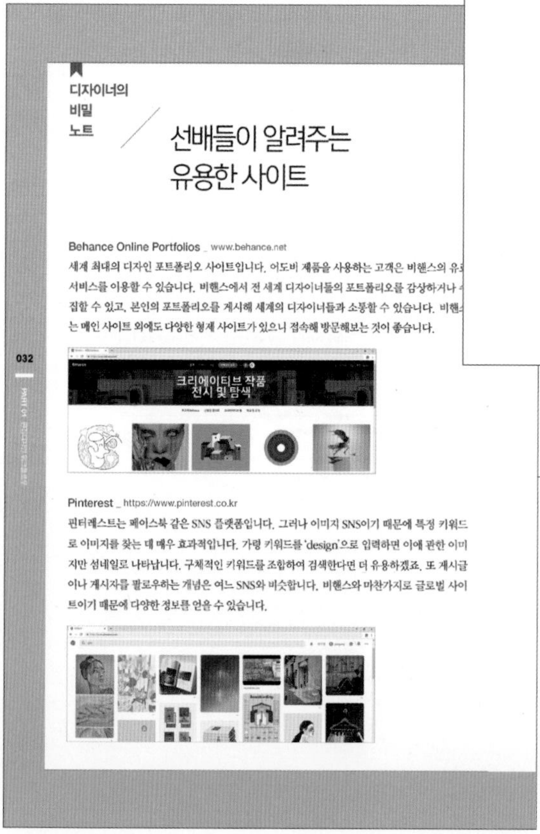
디자이너의 비밀 노트

선배들이 알려주는 유용한 사이트

Behance Online Portfolios _ www.behance.net

세계 최대의 디자인 포트폴리오 사이트입니다. 어도비 제품을 사용하는 고객은 비핸스의 유
서비스를 이용할 수 있습니다. 비핸스에서 전 세계 디자이너들의 포트폴리오를 감상하거나
집할 수 있고, 본인의 포트폴리오를 게시해 세계의 디자이너들과 소통할 수 있습니다. 비핸
는 메인 사이트 외에도 다양한 형제 사이트가 있으니 접속해 방문해보는 것이 좋습니다.

Pinterest _ https://www.pinterest.co.kr

핀터레스트는 페이스북 같은 SNS 플랫폼입니다. 그러나 이미지 SNS이기 때문에 특정 키워드로 이미지를 찾는 데 매우 효과적입니다. 가령 키워드를 'design'으로 입력하면 이에 관한 이미지만 섬네일로 나타납니다. 구체적인 키워드를 조합하여 검색한다면 더 유용하겠죠. 또 게시글이나 게시자를 팔로우하는 개념은 여느 SNS와 비슷합니다. 비핸스와 마찬가지로 글로벌 사이트이기 때문에 다양한 정보를 얻을 수 있습니다.

032

디자이너의 비밀 노트

자세히 살펴봐야 할 편집디자인의 실무 정보를 소개합니다. 더 높은 품질의 디자인 결과물을 만들 수 있는 방법, 업무를 제대로 처리할 수 있는 핵심 비결을 확인하세요.

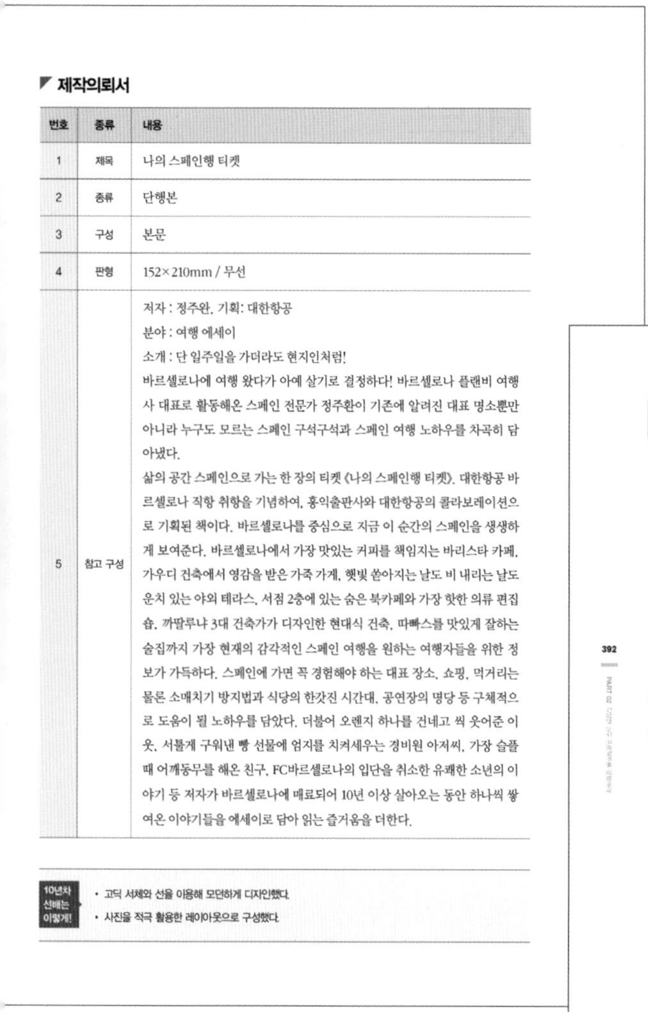

제작의뢰서

번호	종류	내용
1	제목	나의 스페인행 티켓
2	종류	단행본
3	구성	본문
4	판형	152×210mm / 무선
5	참고 구성	저자 : 정주완, 기획: 대한항공 분야 : 여행 에세이 소개 : 단 일주일을 가더라도 현지인처럼! 바르셀로나에 여행 왔다가 아예 살기로 결정하다! 바르셀로나 플랜비 여행사 대표로 활동해온 스페인 전문가 정주환이 기존에 알려진 대표 명소뿐만 아니라 누구도 모르는 스페인 구석구석과 스페인 여행 노하우를 차곡히 담아냈다. 삶의 공간 스페인으로 가는 한 장의 티켓 《나의 스페인행 티켓》. 대한항공 바르셀로나 직항 취항을 기념하여, 홍익출판사와 대한항공의 콜라보레이션으로 기획된 책이다. 바르셀로나를 중심으로 지금 이 순간의 스페인을 생생하게 보여준다. 바르셀로나에서 가장 맛있는 커피를 책임지는 바리스타 카페, 가우디 건축에서 영감을 받은 가죽 가게, 햇빛 쏟아지는 날도 비 내리는 날도 운치 있는 야외 테라스, 서점 2층에 있는 숨은 북카페와 가장 핫한 의류 편집숍, 까딸루냐 3대 건축가가 디자인한 현대식 건축, 따빠스를 맛있게 잘하는 술집까지 가장 현재의 감각적인 스페인 여행을 원하는 여행자들을 위한 정보가 가득하다. 스페인에 가면 꼭 경험해야 하는 대표 장소, 쇼핑, 먹거리는 물론 소매치기 방지법과 식당의 한갓진 시간대, 공연장의 명당 등 구체적으로 도움이 될 노하우를 담았다. 더불어 오렌지 하나를 건네고 씩 웃어준 이웃, 서툴게 구워낸 빵 선물에 엄지를 치켜세우는 경비원 아저씨, 가장 슬플 때 어깨동무를 해온 친구, FC바르셀로나의 입단을 취소한 유쾌한 소년의 이야기 등 저자가 바르셀로나에 매료되어 10년 이상 살아오는 동안 하나씩 쌓여온 이야기들을 에세이로 담아 읽는 즐거움을 더한다.

10년차 선배는 이렇게!

- 고딕 서체와 선을 이용해 모던하게 디자인했다.
- 사진을 적극 활용한 레이아웃으로 구성했다.

프로젝트 실습

디자인 현장에서 자주 작업하는 프로젝트를 통해 인디자인 프로그램 활용법과 제작 노하우를 가득 담았습니다. 편집물의 종류에 따라 다르게 진행되는 제작 방법을 꼼꼼하게 확인할 수 있습니다.

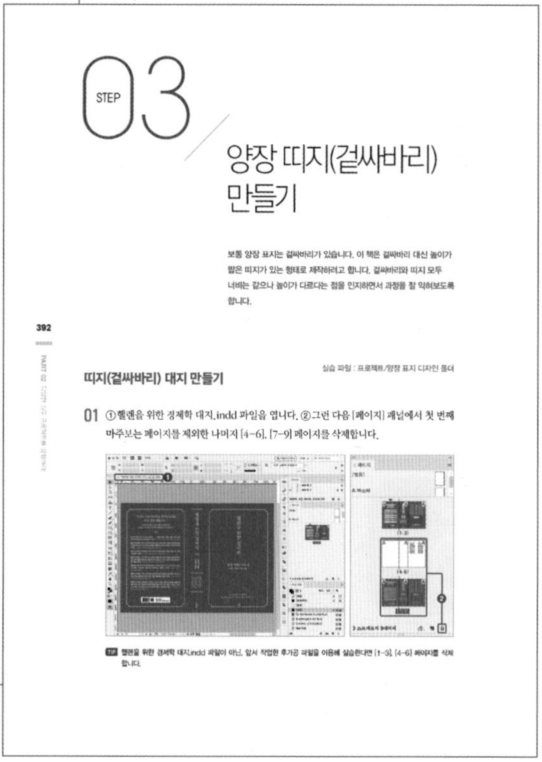

STEP 03

양장 띠지(겉싸바리) 만들기

보통 양장 표지는 겉싸바리가 있습니다. 이 책은 겉싸바리 대신 높이가 짧은 띠지가 있는 형태로 제작하려고 합니다. 겉싸바리와 띠지 모두 너비는 같으나 높이가 다르다는 점을 인지하면서 과정을 잘 익혀보도록 합니다.

392

띠지(겉싸바리) 대지 만들기

실습 파일 : 프로젝트/양장 표지 디자인 폴더

01 ①헬렌을 위한 정제학 대지.indd 파일을 엽니다. ②그런 다음 [페이지] 패널에서 첫 번째 마주보는 페이지를 제외한 나머지 [4-6], [7-9] 페이지를 삭제합니다.

TIP 헬렌을 위한 경제학 대지.indd 파일이 아닌, 앞서 작업한 후가공 파일을 이용해 실습한다면 [1-3], [4-6] 페이지를 삭제합니다.

이 책에 사용된 모든 실습 예제 및 완성 파일은 한빛출판네트워크 홈페이지(www.hanbit.co.kr)에서 다운로드할 수 있습니다. 홈페이지 메인 화면에서 **자료실** 버튼을 클릭한 후 자료실 페이지에서 도서명으로 검색합니다. 도서의 **예제소스**를 클릭하여 다운로드할 수 있습니다. 예제 파일은 따라 하기를 진행할 때마다 사용되므로 컴퓨터에 복사해두고 활용합니다. 좀 더 빠르게 다운로드하고 싶다면 **www.hanbit.co.kr/src/10221**로 접속해 다운로드합니다.

Q&A

실습 예제는 어떻게 사용하나요?

편집디자인을 배워보겠다고 자신만만하게 이야기했지만 무작정 시작하려고 한다면 앞이 막막할 것입니다. 실습 예제 파일을 열 때부터 난감한 상황이 생길 수도 있기 때문이죠. 여기에서는 실습 예제와 관련한 오류를 없애는 방법을 알려드립니다. 당황하지 말고 차근차근 따라 해봅니다.

버전 및 파일 호환 문제

Q&A 01

Q. 꼭 최신 버전을 사용해야 하나요?

A. 시대의 변화만큼 디자인 프로그램의 변화도 매우 빠르게 진행되었습니다. 물론 아직까지 CS 버전을 쓰는 분이나 쿼크를 쓰는 분도 있죠. 누구든 자신에게 익숙한 프로그램과 버전을 사용하면 됩니다. 그러나 마지못해 최신 버전의 인디자인을 쓰는 분들이 늘어나고 있습니다. 바로 호환성 때문입니다. 인디자인은 상위 버전에서 작업한 파일을 낮은 버전에서 열 수 없습니다. 특히 CC 버전에서 작업한 파일을 CS6 버전에서 열 수 없죠. 그래서 실습 예제는 CC, CS4 버전으로 나누어 제공합니다. CC 사용자는 indd 파일을 사용하고, CS6 이하 버전 사용자는 idml 파일을 사용하세요. 인디자인 환경 설정은 이 책의 035쪽을 참고하세요.

Q&A
02

Q. 글꼴이 누락되었어요.

A. 예제 파일을 열었더니 분홍색 줄만 보입니다. 글꼴이 누락된 것이죠. 예제로 사용한 실습 파일에는 유료 서체(산돌체 등)를 사용한 것이 많습니다. 따라서 유료 서체를 구입하여 컴퓨터에 설치해두지 않았다면 그림처럼 글꼴이 누락되었다는 오류 표시가 나타납니다. 이때에는 [누락된 글꼴] 대화상자에서 [글꼴 찾기]를 클릭해 어울리는 글꼴로 대체합니다. [누락된 글꼴] 대화상자가 나타나지 않는다면 [문자]−[글꼴 찾기] 메뉴를 클릭합니다.

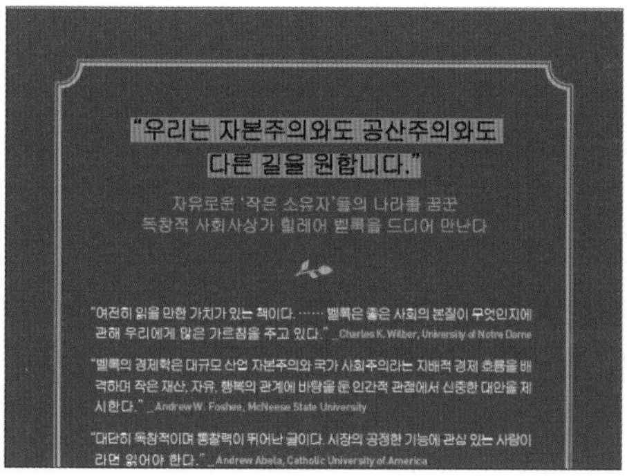

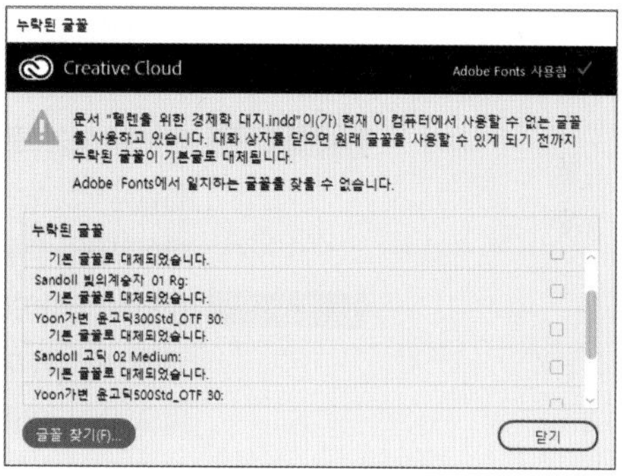

빠른 작업을 위한 팁

Q&A
03

Q. 이게 다 환경 설정 때문이라고?

A. '이상하다? 이게 왜 안 되지?' 하는 오류 중 상당수는 잘못된 환경 설정 때문입니다. 더 편리하게 사용하라고 만들어진 스마트 그리드, 알고 보면 디테일한 작업을 방해하는 요소가 되기도 합니다. 이렇게 소소하게 일어나는 문제를 어떻게 수정할 수 있을까요? 그래서 준비했습니다. 다양한 사례를 바탕으로 뽑은 15가지 환경 설정 질문. 이 책의 042쪽부터 인디자인 환경 설정에 따른 오류와 그 해결 방법을 소개합니다. 페이지 번호가 이상하게 나오는 오류부터 검정 녹아웃까지, 인디자인의 오류를 바로 해결해보세요.

목차

목차

목차

목차

PROJECT 05
달력을 응용한 다이어리 디자인

PROJECT 06
헬렌을 위한 경제학 양장 표지 디자인

10년차 선배의 멘토링

편집디자인 워크플로우

PART 01

CHAPTER 01

편집디자인, 너를 알고 싶다!

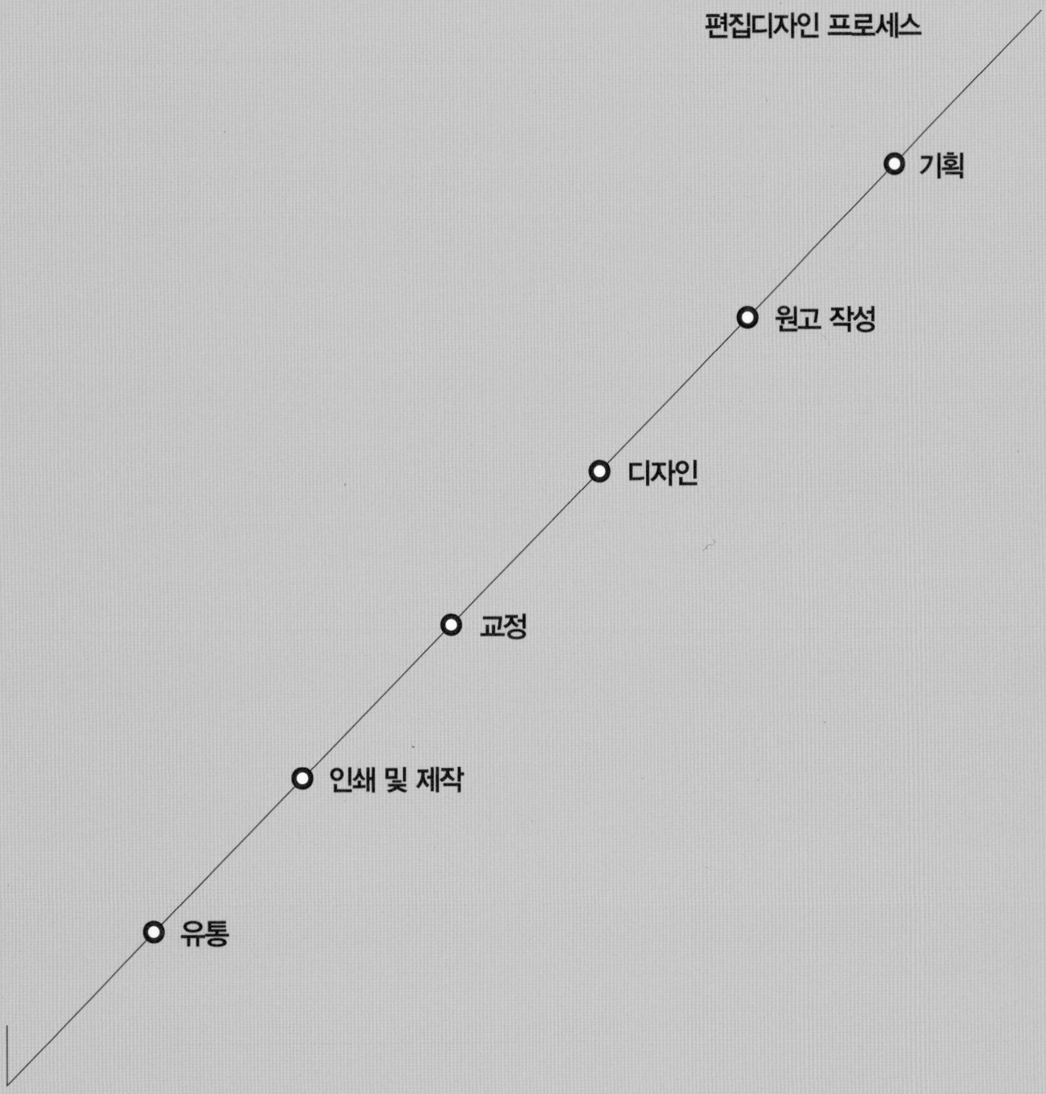

01

한눈에 보는 편집디자인의 모든 것

아무리 디자인을 잘한다 한들 작업 과정을 이해하지 못하면 소용이 없습니다. 작업 과정을 제대로 이해해야 인쇄물이 어떻게 나올지 예측할 수 있는데, 그렇지 못하다면 과연 좋은 디자인을 만들 수 있을까요? 왜 굳이 디자이너가 이러한 복잡한 과정까지 관심을 가져야 할까요? 그 이유를 지금부터 설명합니다. 아는 것이 힘입니다!

편집디자인, 넌 누구니?

많고 많은 디자인 영역 중 편집디자인이란 무엇이고 어떤 것을 디자인할까요? 저 역시 그 기준을 단정 짓기가 쉽지 않습니다. 일반적으로 편집디자인이라 하면 인쇄, 출판을 통해 표현하는 영역이라고 생각하지만 인쇄나 출판도 한 부분에 불과합니다. '편집'이라는 단어의 사전적 의미도 '일정한 방침 아래 여러 가지 재료를 모아 신문, 잡지, 책 따위를 만드는 일 또는 영화 필름이나 녹음 테이프, 문서 따위를 하나의 작품으로 완성하는 일'이라고 되어 있습니다. 다양한 형태의 자료를 알아보기 쉽게 만드는 작업을 '편집'이라고 하는 것입니다.

그렇다면 편집과 디자인의 합성어인 편집디자인은 어떨까요? 영화 필름이나 유튜브 영상을 편집한다고 가정해봅시다. 영상디자인의 영상 편집 단계가 편집디자인에 속하게 됩니다. 음반 작업 역시 편집디자인에 속하게 되겠군요. 인쇄물뿐만 아니라 웹디자인 역시 편집디자인에 포함됩니다. 매우 광범위하지요? 하지만 우리가 알고 있는 대부분의 편집디자이너는 인쇄, 출판과 관련된 일을 합니다. 사용하는 프로그램 역시 인쇄, 출판 위주의 툴이지요.

편집디자이너에게 필요한 것

암묵적으로 편집디자인이란 인쇄, 출판에 한정된 디자인 영역을 가리키게 되었습니다. 하지만 요즘의 편집디자인은 점차 그 범위를 넓혀 가고 있습니다. 스마트폰을 비롯한 각종 디지털 기기의 발달과 함께 시대의 흐름은 매우 빠르게 변하고 있습니다. 상대적으로 위축되는 인쇄, 출판 시장으로 인해 그 속도는 더욱 빠르게 느껴지기도 합니다. 그러므로 웹디자이너뿐 아니라 편집디자이너도 변하는 시대에 맞춰 지혜롭게 대처해야 합니다. 종이책이 전자책으로 변하고, 리플릿 및 브로슈어가 앱으로 바뀌는 시점에서 편집디자이너의 능력을 디지털 출력으로도 표현할 수 있어야 한다는 말입니다.

TIP 1인 미디어의 등장으로 유튜브 영상을 편집하는 디자이너도 '편집디자이너' 혹은 '편집자'라고 칭합니다. 그러나 이 책에서는 인쇄, 출판과 관련된 편집디자인 영역에 국한하여 설명합니다.

또한 편집디자이너에게 요구되는 중요한 것은 커뮤니케이션 능력입니다. 여기서 커뮤니케이션은 클라이언트와의 커뮤니케이션뿐만 아니라 결과물로 나온 인쇄물의 독자(고객)와의 커뮤니케이션도 포함합니다. 그리고 정보를 심미적이면서 효과적으로 전달하기 위해 계획하고 이를 진행할 수 있어야 합니다. 멋있고 예쁘기만 한 디자인은 굳이 디자이너가 아니어도 누구나 할 수 있죠. 하지만 콘셉트와 실용성, 그리고 심미성을 고려한 디자인은 그렇지 않습니다. 타깃 독자의 성향을 고려해 서체를 선택하고 의미를 효과적으로 전달하기 위한 이미지도 배치합니다. 이것이야말로 편집디자이너의 본질적인 역할입니다. 먼저 편집디자인의 개념과 디자이너로서의 자세를 바로잡고 디자인 프로세스를 이해해보도록 합시다.

편집디자인 프로세스 알아보기

01 기획

편집디자인을 하는 데 반드시 거쳐야 하는 단계입니다. 인쇄물을 만들려는 목적이 무엇인지, 독자층, 고객은 누구인지, 디자인 방향은 무엇인지, 콘셉트는 물론이고 예산과 수량, 유통을 비롯한 프로젝트의 전반적인 것들을 정하는 단계입니다. 따라서 기획자, 디자이너뿐만 아니라 프로젝트에 관련된 모두가 참여해 의견을 논의해야 합니다. 꼼꼼하고 자세하게 기획할수록 돌발 상황도, 각 관계자 사이의 분쟁도 줄어듭니다. 그렇지 않은 경우 사람들 사이의 갈등으로 인해 작업 기간이 지연되기도 하며 프로젝트는 난항을 겪게 됩니다. 이럴 때는 작업 중간이라도 관계자들을 다시 소집해 의견을 조율해야 합니다.

기획 단계에서는 기획자나 의뢰자(클라이언트)처럼 기획을 이끄는 주체가 있습니다. 그렇다고 해서 디자이너가 기획에 참여하지 않거나, 소극적일 필요는 없습니다. 디자인의 기초가 되는 기획 단계에 디자이너의 생각이 들어 있지 않다면 그 디자인은 생명을 잃은 디자인이나 다름없으니까요. 디자인을 총괄하는 편집디자이너로서, 프로젝트의 아트디렉터로서 주체적으로 기획에 참여해야하고 적극적으로 아이디어를 공유해야 합니다. 또한 기획자나 의뢰자(클라이언트)와 충분히 대화해 서로 생각하는 콘셉트가 일치하는지도 확인해야 합니다. 서로 간의 충분한 소통이 이루어지지 않고 어림짐작으로 디자인하게 되면 나중에 엉뚱한 작업물을 만들어버리는 결과를 초래할 수 있습니다. 특히 의뢰자(클라이언트)가 비전문가일 경우에는 좀 더 적극적인 설명(시각적 참고 자료)이 필요할 수도 있고요. 미심쩍은 부분이 있다면 미루지 말고 그 자리에서 확실히 짚고 넘어가는 것이 좋습니다. 그렇다고 무턱대고 고집을 부리면 안 되겠죠?

TIP 헷갈리는 그들의 이름, 기획자? 의뢰자? 클라이언트?

기획자, 의뢰자, 클라이언트에 대해 알아보겠습니다. 편집디자인 회사나 에이전시, 혹은 출판사 등 회사에 다니는 편집디자이너, 그리고 더 나아가 프리랜서로 일하는 모든 편집디자이너가 알아두어야 할 용어이므로 꼭 기억해두세요.

기획자 | 편집디자이너와 소통하는 1차 담당자. 회사 내부의 직원일 경우가 많으며 디자인에 들어가야 할 원고를 만들고 수정 방향을 정리하고 원고 교정까지 봐주는 협업 동료입니다. 현재 진행하는 프로젝트의 프로듀서로 볼 수 있습니다.
의뢰자 | 말 그대로 디자인을 의뢰한 사람. 편집디자인 회사에 디자인을 의뢰하는 거래처의 실무자(담당자)이며 편집디자이너보다 기획자와 자주 소통합니다. 회사 내부 직원일 경우는 극히 드물지만 출판사에서 일하는 편집디자이너라면 같은 회사 내부 직원(기획편집자)이 의뢰자가 됩니다.
클라이언트 | 최종 결정권자. 의뢰자와 비슷한 의미로 쓰이기도 하지만 실제 '디자인을 결정하는 인물'로 의뢰자의 상사, 혹은 사장님일 경우가 많습니다. 출판사에서 일하는 편집디자이너라면 기획편집팀장이 클라이언트가 되기도 합니다.

02 원고 작성

본격적인 디자인에 앞서 인쇄물에 들어갈 내용물을 정해야 하는데 그것이 바로 원고(텍스트, 구성안)입니다. 원고를 토대로 기획안을 만들거나 기획안을 토대로 원고를 작성하기도 하기도 합니다. 디자이너는 원고 작성 순서에 상관없이 카피라이터(기획자)나 저자를 통해 원고를 얻게 됩니다. 대부분의 원고는 텍스트 형식이지만 때에 따라 이미지 또는 일러스트레이션이 주체가 되기도 합니다. 이렇게 받은 원고는 디자이너가 함부로 수정하거나 변경할 수 없지만 의견을 나누며 좋은 아이디어를 제시하기도 합니다. 또한 디자이너가 반드시 모든 원고를 읽을 필요는 없지만 주제와 내용의 흐름은 알 수 있어야 합니다. 가볍게 훑어보며 흐름을 이해하거나 요약본을 요청해 내용을 파악하는 것이 좋습니다.

03 디자인

드디어 실력을 발휘할 차례가 되었습니다. 바로 디자이너가 주체가 되는 과정입니다. 디자인 단계는 충분한 회의를 거친 후 알맞은 이미지와 일러스트레이션을 사용해 레이아웃를 구성하는 단계입니다. 디자이너가 중심이긴 하지만 저자나 기획자 등 의뢰자(클라이언트)의 아이디어도 적극적으로 수용해 시각적 효과를 최대한 이끌어내야 합니다. 만약 기획자나 의뢰자(클라이언트)가 원고의 내용 또는 콘셉트에 맞지 않은 자료를 가져와 비슷하게 디자인해 달라고 요구하더라도 당황하지 말고 디자이너가 원하는 방향과 그들이 원하는 방향을 모두 보여줍니다. 그들 중 일부는 자신의 제안이 얼마나 시각적으로 완성도가 떨어지는지 직접 보지 않고는 절대 고집을 꺾지 않기 때문입니다. 하지만 완성도가 떨어지는 디자인을 받고 나서도 고집을 꺾지 않는 경우가 있습니다. 이는 디자이너와 그들이 서로 중요하게 생각하는 부분이 달라 생기는 충돌일 가능성이 높습니다. 이때는 긴밀한 소통으로 문제를 해결해 나가야 합니다.

04 교정(원고&인쇄 교정)

교정은 디자인 시안과 내용을 수정하는 원고(편집) 교정이 있고, 인쇄하기 직전에 실물과 똑같은 형대로 작업하는 인쇄 교정이 있습니다. 두 교정 단계 모두 모니터 화면이 아닌 출력물 상태로 작업을 진행합니다.

저자 또는 기획자, 편집자가 오탈자, 잘못 들어간 이미지 같이 원고의 잘못된 부분을 체크하는 원고 교정을 봅니다. 그리고 디자이너는 교정 내용을 수정합니다. 수정 과정에서 레이아웃이나 디자인이 틀어질 수도 있기 때문에 디자이너가 수정합니다. 도서의 경우 보통 1교에서 3교 정도면 수정이 마무리되지만 때에 따라 10교를 넘게 오갈 수 있습니다. 당연히 교정 사항이 없을 때까지 수정하는 것이 원칙이지만 교정 수가 너무 늘어나지 않도록 주의해야 합니다.

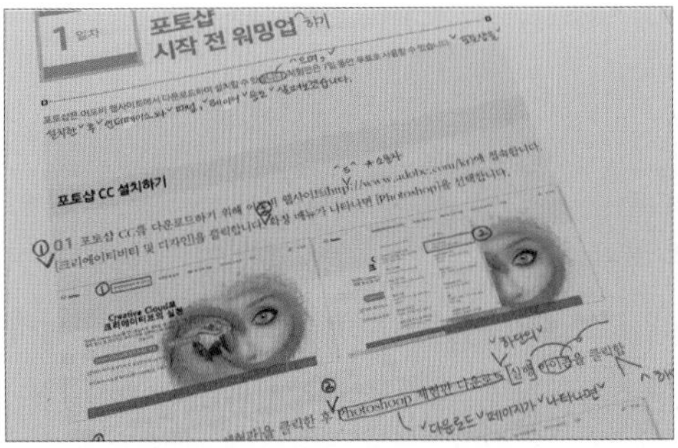

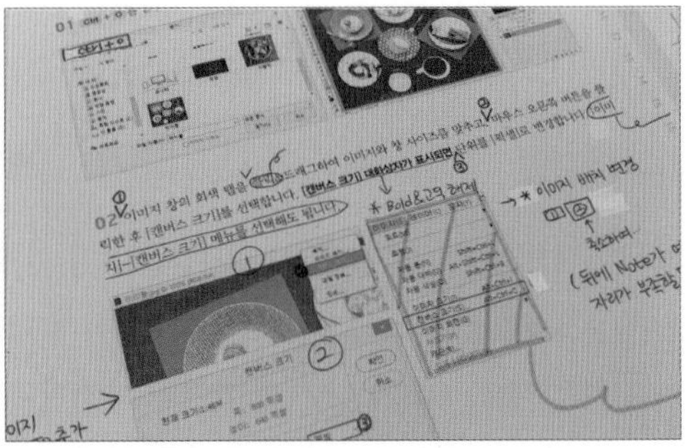

원고 교정 작업을 치밀하게 진행하더라도 오탈자가 생기면 디자이너에게 책임을 묻는 경우도 많습니다. 이런 난감한 상황이 일어나기 전에 교정 최종 확정은 디자이너뿐만 아니라 저자나 편집자, 의뢰자(클라이언트)를 비롯한 관련 담당자들이 동시에 하는 것이 좋습니다. 계속 원고를 보고 수정했던 사람보다 새로이 보는 사람의 눈에 오류가 더 잘보이기도 합니다. 또한 디자이너와 편집 기획자 또는 클라이언트가 바라보는 시각이 각각 다르기 때문에 여러 사람의 확인을 거치면 차후에 생길지도 모르는 사고를 줄이고, 디자이너의 부담도 덜 수 있습니다.

원고 교정이 끝나면 인쇄 교정으로 넘어갑니다. 상황에 따라 인쇄 교정 단계를 생략하는 경우도 있지만 완성도 높은 인쇄물을 원한다면 진행하는 것이 좋습니다. 인쇄 교정을 통해 인쇄물의 색감과 질감을 예상할 수 있으며, 만약 생각했던 색감과 인쇄 교정지의 색감이 다르다면 데이터 파일을 수정할 수도 있습니다. 인쇄 교정지는 인쇄의 근거가 되는 샘플 역할을 하기도 하며, 실물을 제출해야 하는 입찰 프로젝트에서도 유용하게 사용됩니다. 인쇄 교정으로 데이터와 인쇄물 간의 격차를 줄여 사고를 방지할 수 있지만, 인쇄소마다 색감이 조금씩 다르듯 인쇄 교정의 색감도 100% 인쇄물과 같지 않으니 유념해야 합니다. 좀 더 완성도 있는 인쇄를 진행하고자 한다면 색이 제대로 표현된 인쇄물(인쇄 교정지 혹은 별색 사용 시 팬톤 컬러칩)을 전달하고, 인쇄소에 직접 방문하여 인쇄 감리를 보는 것이 좋습니다.

TIP 종종 인쇄 교정지와 본인쇄물이 다르게 나오기도 합니다. 이는 인쇄 교정 방식과 본인쇄 방식이 다르기 때문에 생기는 사고입니다. 일반적으로 인쇄 교정은 소규모의 인쇄 업체(잉크젯, 레이저 프린트기 사용)에서 진행하고 본인쇄는 대형 인쇄소(4도 이상 옵셋 인쇄 기계 사용)에서 진행합니다. 종이가 들어가는 롤링 방식과 잉크 분사 방식이 다르기 때문에 인쇄 교정지와 본인쇄물이 100% 똑같이 나오지는 않습니다. 그러나 본인쇄 결과물이 인쇄 교정과 극명한 차이가 난다면 재인쇄 등의 정당한 요구를 하는 것이 바람직합니다. 대부분의 인쇄 교정은 본인쇄(실제 인쇄)보다 더 쨍한 색감으로 표현됩니다.

05 인쇄 및 제작

데이터에 문제가 없고, 인쇄 교정도 잘 나왔다면 이제 실제 인쇄 단계로 넘어갑니다. 본인쇄는 매우 빠른 속도로 진행되어 눈 깜짝할 사이에 몇백 장씩 나오기 때문에 이 단계에서는 수정 작업이 무척 어렵습니다. 잘못된 부분이 있다면 당연히 수정을 해야할 테지만, 이 단계부터는 금전적 손실이 발생합니다. 그렇기 때문에 이 단계에서의 수정 작업은 특히 더 신중하게 결정해야 합니다.

인쇄는 인쇄판을 만들어 인쇄기에 돌린 후, 후가공과 제본을 하는 등 생각보다 훨씬 복잡한 단계로 분업화되어 있습니다. 디자이너 중에는 어렵고 복잡하다는 이유로 인쇄 단계로 넘어가면 내 손을 떠났다고 생각하여 '손을 터는' 분들이 있습니다. 그럴 경우 디자이너가 인쇄 전문가와 소통함으로써 끌어올릴 수 있는 인쇄물의 완성도는 포기할 수밖에 없습니다. 하지만 디자이너가 적극적으로 참여하면 더욱 완성도 높은 제품을 뽑아낼 수 있습니다. 인쇄 감리를 진행하여 품질을 향상시키거나 후가공처럼 화면으로 확인하기 어려운 박 또는 형압(엠보) 같은 재미있는 효과를 적용하고 제본 방식을 이해해 좀 더 완성도 있게 만들어낼 수 있습니다.

적극적인 디자이너라면 디자인 이후 단계에도 관심을 가지는 것이 좋은데요. 그래야 자신의 디자인을 더욱 돋보이게 해줄 다양한 인쇄 방식과 후가공에 대한 안목을 키울 수 있습니다. 또 단골 인쇄소를 지정해 인쇄 전문가들과 친분을 쌓으면 복잡하고 까다로운 디자인도 수월하고 완성도 있게 작업할 수 있는 든든한 지원군을 얻을 수 있습니다.

TIP 인쇄, 후가공, 제본(제책) 등 편집디자인 과정 중 마지막 단계에 대한 자세한 설명은 이 책의 'CHAPTER 08. 끝날 때까지 끝난 게 아니다! 출력, 인쇄, 제책(192쪽)'을 참고하세요.

06 유통 및 판매

모든 작업을 마치고 제본까지 완료했다면 마지막으로 유통 및 판매 단계가 남았습니다. 유통은 영업, 마케팅 담당자의 기획에 따라 인쇄물을 필요로 하는 곳으로 납품하는 과정입니다. 이 단계에서 의뢰자(클라이언트)를 비롯한 타깃 독자에게 디자인에 대한 전반적인 평가를 받습니다. 앞서 의뢰자(클라이언트)가 'OK'했던 디자인일지라도 시장에 유통된 후에 인쇄 및 후가공을 거친 최종 결과물로서 또 다른 피드백을 받게 되기도 하죠.

유통 및 판매 단계는 디자이너가 가장 두려워하는 순간이기도 합니다. 아무런 실수 없이 완벽하게 결과물이 나왔다면 극찬을 받겠지만, 그렇지 않다면 질타를 피할 수 없습니다. 어느 쪽이더라도 당황하지 말고 겸손한 자세로 받아들여야 합니다. 피가 되고 살이 되는 조언은 디자이너를 성장시키는 밑거름이 될 것입니다.

만약 실수로 인해 부정적인 평가를 듣는다면 자신의 입장을 논리적으로 설명하되 핑계는 늘어놓지 않는 것이 좋습니다. 실수를 빠르게 인정하고, 다시는 같은 실수를 반복하지 않도록 눈에 힘 팍 주고 정신만 똑바로 차린다면 한층 더 성장한 디자이너가 될 수 있습니다.

▲ 서점의 매대(영풍문고 홍대점)

02

창의적인 아이디어를 끌어내는 비법

디자이너에게서 아이디어를 빼면 시체라는 말을 들어보셨을 것입니다. 그만큼 디자이너에게 창의성은 매우 중요한 덕목 중 하나입니다. 하지만 좋은 아이디어가 갑자기 불꽃 튀듯이 팍! 떠오르는 것은 아닙니다. 물론 번뜩이는 아이디어가 떠오르는 경우도 있지만 흔치 않습니다. 나는 정말 아이디어가 없다며, 창의적이지 않은 것 같다며, 디자이너로서 자질이 없다며 자책하고 있다면 그럴 필요 없습니다. 오랜 경력의 잘나가는 디자이너들도 늘 창작의 고통 속에서 살고 있으니까요. 조금만 노력하면 누구나 재미있고 창의적인 아이디어를 떠올릴 수 있습니다. 그 비법을 알아봅시다!

클라이언트의 마음을 읽는 독심술, 커뮤니케이션

화가는 자신이 그리고 싶은 그림을 그리고 그 그림을 좋아하는 고객에게 판매합니다. 반대로 디자이너는 고객이 좋아하는 작품을 만들어야 합니다. 물론 화가도 의뢰를 받아서 작품을 만드는 경우가 있고 디자이너도 자신의 취향에 맞는 디자인을 하기도 합니다. 하지만 일반적으로 화가와 디자이너의 차이는 누구의 취향에 맞는 작품을 만드는가에 있습니다. 상대방이 원하는 디자인을 만들기 위해서 디자이너는 클라이언트의 마음을 읽어내는 기술이 필요합니다. 대부분의 클라이언트는 디자이너를 마법사로 알고 있습니다. 디자이너가 자신의 마음을 읽어 의도에 딱 맞는 디자인을 만들어 오리라 기대하지요. 반면 디자이너가 클라이언트의 의중을 파악하려고 여러 질문을 던지면 도리어 "그건 당신들이 생각해야지!" 하고 면박을 줍니다.

▲ 클림트 Portrait of Fritza Riedler(Oil on canvas 1906)

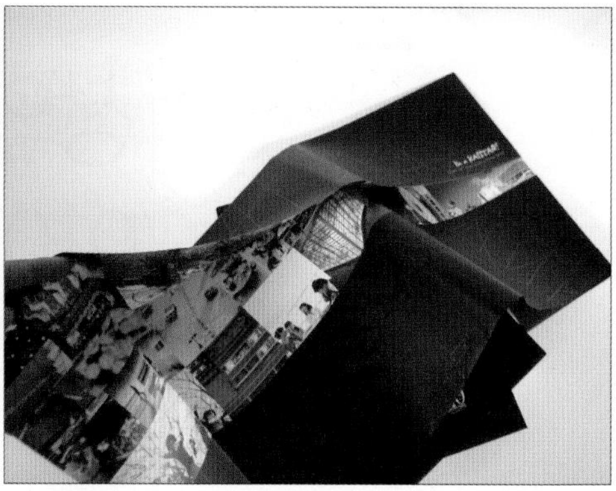

▲ 카이스트 40주년 사진집

그렇다면 어떻게 해야 클라이언트의 마음을 읽을 수 있을까요? 그저 클라이언트의 눈을 뚫어져라 쳐다보면 될까요? 아니면 정말 독심술이라도 익혀야 할까요? 방법은 간단합니다. 클라이언트와 끊임없이 디자인에 대해 이야기를 나누는 것입니다. 사랑할 때에도 눈빛보다 대화가 중요하다는 말이 있죠. 마찬가지로 클라이언트의 니즈(needs)도 소통이 있어야만 알 수 있습니다. 어떤 방향으로 디자인하고, 어떤 용도로 사용할지 서로 아이디어를 제시하고 나누며 좋은 디자인을 완성할 수 있는 것입니다.

말로는 '세련되게, 고급스럽게' 디자인해달라고 요청하지만, 사실 의뢰한 디자인이 촌스럽고 싼티 나게 구현되는 것을 원하는 고객이 있을까요? 없지요. 아무도 없어요. 심지어 촌스러운 B급 감성이 콘셉트라 할지라도 세련되게 촌스러운 느낌, 고급스럽게 촌스러운 느낌이 나게 해달라고 요청하는 분들이 클라이언트입니다. 그러니 당연한 말 말고, 구체적으로 어떤 느낌을 원하는지, 어떤 방향으로 작업하길 원하는지 서로 이야기해야 합니다. 그래야 서로가 원하는 디자인을 만들 수 있기 때문입니다.

때로는 어이없게도 소통 과정에서 콘셉트가 되는 아이디어가 도출되기도 합니다. 그러면 클라이언트는 스스로 그 아이디어를 냈다고 하여 디자이너를 우습게 여기기도 합니다. 하지만 이것만은 반드시 알아둬야 합니다. 클라이언트와 자유로운 소통을 하며 좋은 아이디어를 뽑아낼 수 있도록 유도하는 것도 디자이너의 능력이고, 그것을 시각적으로 재현하는 것 역시 디자이너의 능력이라는 사실을 말입니다. 그러니까 쫄지 말고 대화하세요! 그리고 뽑아내세요, 클라이언트가 진짜 원하는 것이 무엇인지 말입니다.

10년차 선배의 멘토링 클라이언트와 효과적으로 소통하기

클라이언트와 소통할 때는 두려움을 버리고 최대한 많은 질문을 던져야 합니다. 이때는 즐거운 분위기를 유지하되, 클라이언트에게 신뢰를 주면서 대화를 이끌어야 합니다. 어찌 보면 말발이야말로 디자이너의 주요 능력일지도 모릅니다. 클라이언트와의 소통에 필요한 말발을 키우기 위해서는 디자인 상식도 풍부해야겠지요?

클라이언트가 원하는 디자인을 미리 생각하고 왔다면 샘플이 될 만한 디자인이 있는지 물어보는 것이 좋습니다. 샘플이 있다면 그 디자인이 마음에 드는 이유를 반드시 물어보아야 합니다. 그렇지 않을 경우 샘플과 비슷한 디자인이 나오는 최악의 상황이 벌어질 수 있습니다. 반대로 디자이너 역시 본인이 제시하는 아이디어를 클라이언트가 잘 이해할 수 있도록 샘플로 보여주는 것이 좋습니다. 의외로 클라이언트는 디자이너가 준비한 작은 것에 만족하기도 합니다.

특히 아이디어가 나올 때마다 대략적인 작업 기간과 비용을 함께 말하는 편이 좋습니다. 그 이유는 예산에 따라 후가공과 제작 방식이 달라지며, 인쇄물의 고급스러운 정도와 작업 기간도 달라지기 때문입니다. 즉 일정이 조정되거나 인쇄물의 고급스러움 정도가 모두 디자이너의 책임이 아니라는 점을 이해시켜야 합니다.

- □ **프로젝트의 목적과 기능은 무엇인가?**
- □ **프로젝트 타깃의 성향은 어떠한가?**
- □ **프로젝트를 통해 무엇을 보여주고 싶은가?**
- □ **클라이언트가 요구하는 중요한 메시지는 무엇인가?**
- □ **프로젝트의 예산은 어느 정도를 예상하는가?**
- □ **프로젝트의 제작 기간은 어느 정도를 예상하는가?**
- □ **클라이언트가 원하는 스타일이 있는가? 있다면 그 이유는 무엇인가?**
- □ **클라이언트가 생각하는 후가공이나 제작 방식이 있는가?**

떠오르는 단어를 무조건 적어보자! 브레인스토밍

아이디어는 수많은 시행착오에서 나옵니다. 처음부터 확실한 아이디어는 존재하기 힘들죠. 기발한 아이디어가 뿅하고 나타나지 않을 때는 브레인스토밍처럼 아이디어를 끄집어내는 다양한 솔루션의 도움을 받습니다. 브레인스토밍은 오스번(Alex Osborn)이 처음 소개했는데 일정한 테마를 주제로 구성원 간에 자유로이 발언하며 아이디어를 끄집어내는 방법입니다. 이 방법은 소수보다는 다수가 함께했을 때 더 유리하며, 쏟아지는 아이디어가 많을수록 질적으로 우수한 아이디어가 나올 가능성도 높아집니다. 주제에서 벗어나지만 않는다면 굳이 다수가 아니어도 디자이너 혼자서 떠오르는 단어를 나열해 아이디어를 도출할 수도 있습니다. 하지만 클라이언트와 그 외 관련자들이 모두 모여 함께한다면 더 좋은 아이디어를 도출할 가능성이 높아지겠죠?

브레인스토밍에는 다음과 같은 몇 가지 원칙이 있습니다.

첫 번째, 비판하지 말 것!
두 번째, 아이디어의 질을 따지지 말 것!
세 번째, 가능한 한 많은 아이디어를 생각할 것!
네 번째, 서로 다른 아이디어를 결합할 것!

브레인스토밍을 할 때는 아무리 터무니없고 현실성이 떨어지는 아이디어라 할지라도 제시한 구성원을 비판하거나 비난하지 말아야 합니다. 비판이 두려워서 아이디어를 제시하지 못할 수도 있기 때문입니다. 그렇게 되면 많은 아이디어를 내놓을 수 없어 악순환이 반복됩니다. 브레인스토밍의 핵심은 되도록 많은 아이디어를 내고, 그 안에서 서로의 의견을 추가해 시너지 효과를 얻는 데 있으므로 가급적이면 위의 원칙을 지켜야 합니다.

브레인스토밍을 혼자서도 하는 방법이 있습니다. 자, 연습장을 꺼냅니다. 연습장 한가운데 프로젝트 주제를 적습니다. 그리고 생각나는 단어나 문장을 쓰거나 떠오르는 이미지를 그립니다. 참고 사진을 붙여도 좋습니다. 주제에 맞게 떠오르는 생각을 모두 적습니다. 이 자료를 토대로 기발하고 재미있는 아이디어를 얻을 수 있을 것입니다.

잘 찾은 자료 하나, 열 아이디어 안 부럽다! 리서치와 정보 수집

앞서 말했듯 완벽한 아이디어와 보기 좋은 레이아웃이 어느 순간 불현듯 떠오르지는 않습니다. 그런데 선배 디자이너들은 어쩜 그렇게 좋은 아이디어를 잘 떠올리는지, 또 그 아이디어를 어쩜 그렇게 세련된 느낌으로 만들어 내는지 궁금하다면 이 방법을 사용해보세요. 바로 이미 만들어진 좋은 디자인 작품을 수집하는 방법입니다. 자료를 수집하다 보면 눈높이가 올라가고, 다양한 표현 방식과 아이디어를 끄집어내는 방법에 대한 새로운 시각이 생길 수 있습니다.

별로 노력하지도 않는 것 같은데 아이디어가 좋은 친구가 있다면 그 친구는 좋은 자료를 많이 가지고 있을지도 모릅니다. 잘 찾은 자료 하나가 어정쩡한 열 아이디어보다 나으니까요. 그렇다면 좋은 자료는 어디서 찾아야 할까요? 생각보다 어렵지 않게 주변에서 찾을 수 있습니다. 시중에 나와 있는 다양한 디자인에서 좋은 부분을 발견하고 수집해보세요. 또 디자이너가 포트폴리오를 올려놓는 각종 사이트도 즐겨찾기해두는 것이 좋습니다. 주제별로 엮은 디자인 서적을 구입하는 것도 좋은 방법입니다. 하지만 여기서 주의해야 할 점은 무작위로 수집하되, 주제별로 카테고리를 나눠 언제든지 찾아보기 쉽게 정리해야 한다는 것입니다. 분명 괜찮은 디자인이라 생각해서 수집했는데 나중에 까마득히 잊어버리면 무슨 소용이 있겠습니까?

또 하나 잊지 말아야 할 것은 현실성을 고려해 수집해야 한다는 것입니다. 인터넷이나 디자인 서적에 소개된 좋아 보이는 해외 디자인을 막상 적용하려니 우리나라의 정서와 맞지 않아 당황스러운 경우도 있습니다. 그렇기 때문에 해외 디자인 스타일을 무작정 차용하는 것은 좋은 방법이 아닙니다. 한글을 적용할 수 있고 우리의 정서를 표현할 수 있는 디자인을 함께 수집해야 합니다. 모방은 창조의 어머니라는 말이 있듯이, 선배들이 이미 만들어놓은 좋은 작품을 참고해 시행착오를 줄이고 이를 토대로 더 나은 디자인을 만드는 것도 좋은 방법입니다. 이런 연습들이 결국에는 좋은 아이디어로 나타날 것입니다. 지금 당장 마음에 드는 디자인을 수집하세요!

디자이너의 비밀 노트

선배들이 알려주는 유용한 사이트

Behance Online Portfolios _ http://www.behance.net

세계 최대의 디자인 포트폴리오 사이트입니다. 어도비 제품을 사용하는 고객은 비핸스의 유료 서비스를 이용할 수 있습니다. 비핸스에서 전 세계 디자이너들의 포트폴리오를 감상하거나 수집할 수 있고, 본인의 포트폴리오를 게시해 세계의 디자이너들과 소통할 수 있습니다. 비핸스는 메인 사이트 외에도 다양한 형제 사이트가 있으니 접속해 방문해보는 것이 좋습니다.

Pinterest _ http://www.pinterest.co.kr

핀터레스트는 페이스북 같은 SNS 플랫폼입니다. 그러나 이미지 SNS이기 때문에 특정 키워드로 이미지를 찾는 데 매우 효과적입니다. 가령 키워드를 'design'으로 입력하면 이에 관한 이미지만 섬네일로 나타납니다. 구체적인 키워드를 조합하여 검색한다면 더 유용하겠죠. 또 게시글이나 게시자를 팔로우하는 개념은 여느 SNS와 비슷합니다. 비핸스와 마찬가지로 글로벌 사이트이기 때문에 다양한 정보를 얻을 수 있습니다.

Typographicposters _ http://www.typographicposters.com

사이트 이름대로 타이포그래피를 이용한 포스터가 게시되어 있는 사이트입니다. 그래픽디자이너나 편집디자이너에게 영감을 줄 수 있는 다양한 작품들이 게시되어 있습니다.

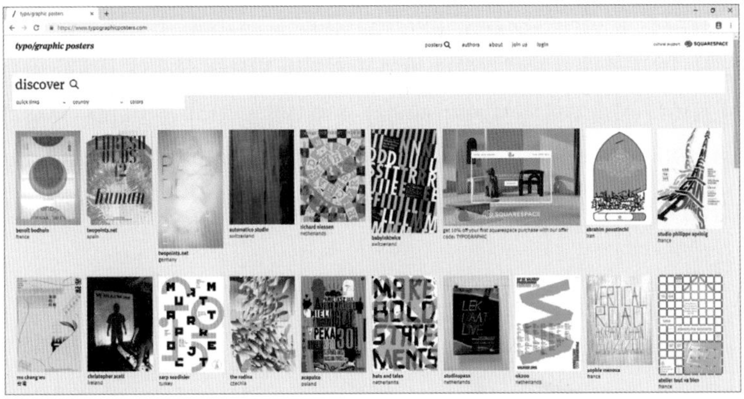

산돌폰트웍스 _ http://www.fontclub.co.kr/Typoworks/work/work_list.asp

앞의 사이트들보다 현실적인 도움이 될 수 있는 사이트입니다. 산돌커뮤니케이션에서 운영하는 곳으로 국내 유명 그래픽디자이너의 작품이 올라와 있습니다. 우리나라 정서에 맞고 한글이 적용된 디자인도 찾아볼 수 있습니다.

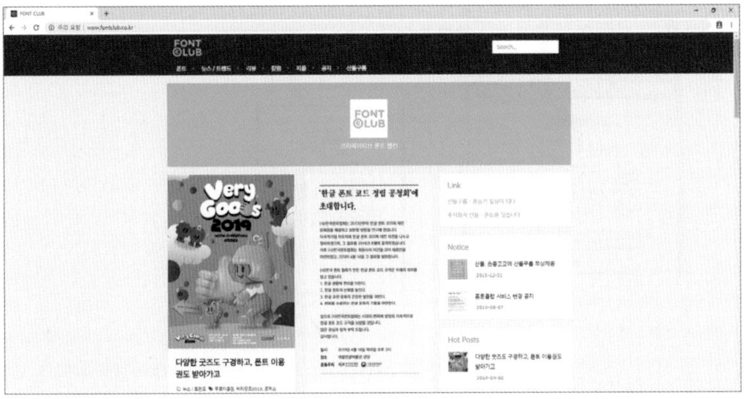

그 외에 평소에 존경했던, 또는 관심 있던 디자이너의 개인 홈페이지나 블로그를 즐겨찾기해 자료를 수집하는 방법도 있습니다. 생각보다 많은 곳에서 디자인에 대한 정보를 얻을 수 있습니다.

번뜩이는 이미지를 시각화하라! 아이디어 스케치

자, 이제 떠오르는 아이디어를 시각화할 차례입니다. 클라이언트와 소통하면서 프로젝트를 구체화했고, 브레인스토밍과 정보 수집을 거쳐 다양한 아이디어와 표현 방식을 생각했습니다. 이제는 머릿속에만 맴도는 생각을 실현할 차례입니다. 이 단계는 각각의 아이디어에 따라 실현 가능한 디자인을 실험하고 가장 적합한 결과를 끄집어내는 과정입니다. 전체적인 레이아웃부터 색상이나 타이포의 비중과 크기 등 세세한 것들을 정하게 됩니다.

아이디어 스케치를 할 때는 러프 스케치처럼 간단한 방법도 있지만 되도록 실제와 최대한 비슷하게 합니다. 텍스트의 크기나 이미지의 구도까지 자세히 스케치하는 것이 좋습니다. 자세히 스케치해도 인디자인 문서에서 실현할 때는 오차가 발생하기 때문입니다. 스케치할 때는 괜찮은 아이디어였는데 막상 컴퓨터로 옮겨서 작업하니 생각했던 분위기가 나오지 않는 황당한 상황이 벌어지는 것이지요.

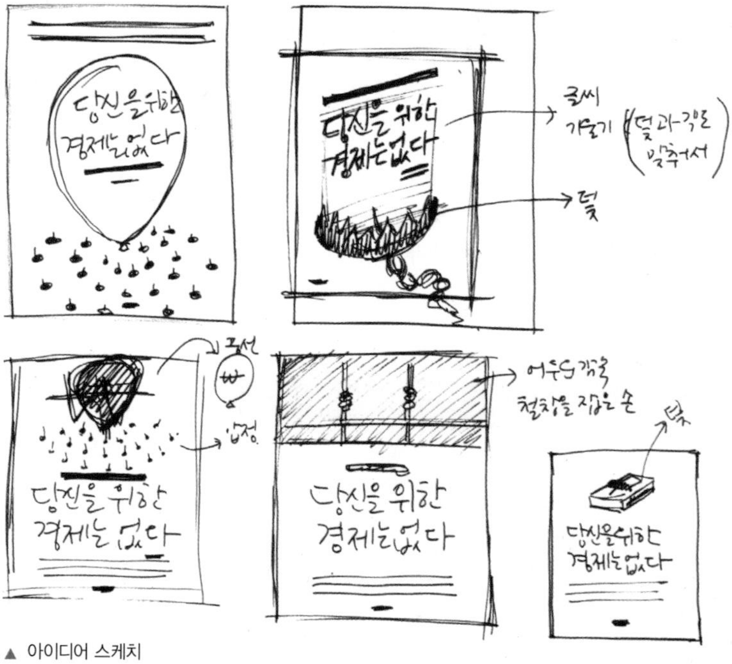

▲ 아이디어 스케치

스케치와 본 작업 사이의 오차를 줄이기 위해서는 많은 아이디어를 스케치해 완성 확률을 높이는 방법과, 최대한 실제와 비슷하게 스케치해 오차를 줄이는 방법이 있습니다. 아니면 인디자인 문서에 직접 러프 스케치를 하는 방법으로, 이미지와 텍스트를 화면에 앉혀 대략적인 느낌을 살펴봅니다. 그러면 처음에 생각했던 느낌대로 실현될 가능성이 높아집니다. 이렇게 스케치 단계를 거쳐 화면상에서 어느 정도 형태가 갖춰지면 세세한 부분의 완성도를 높여 시안을 완성합니다. 아직도 새로운 프로젝트를 맡으면 빈 문서만 열어놓고 멍하게 화면만 쳐다보고 있나요? 움직이세요! 클라이언트에게 궁금한 점을 물어보고, 주제와 연관된 것들을 찾아보고, 비슷한 콘셉트의 다른 디자인을 찾아보세요. 당신이 비어 있는 흰색 문서 위에서 무엇을 해야 하는지 알려줄 것입니다.

03

편집디자이너의 무기, 인디자인 제대로 활용하기

예전에는 대부분의 디자이너가 쿼크(QuarkXPress)라는 프로그램을 사용했습니다. 처음 디자인을 시작하며 마주한 쿼크와 Mac(매킨토시, Macintosh)은 꽤 낯설고, 게다가 쿼크 프로그램은 잘 굴러가지도 않았습니다. 하지만 지금은 Mac이 익숙해졌고 인디자인이라는 프로그램도 등장했습니다.

편집디자인이 빨라지는 인디자인 환경 설정

시대의 변화만큼 디자인 툴의 변화도 매우 빠르게 진행되었습니다. 물론 아직까지 인디자인 CC 버전을 사용하지 않는 디자이너도 많습니다. 단순 반복 과정이 많을 뿐 작업하는 데 버전은 큰 상관이 없으니까요. 누구든지 자신에게 익숙한 툴을 사용하면 그만입니다. 프로그램의 업그레이드나 변화가 너무 빠르니까, 그 속도를 못 따라가는 디자이너도 있을 테고 굳이 따라가기를 거부하는 디자이너도 있습니다. 하지만 마지못해 따라가야 하는 경우가 생기기도 합니다. 바로 프로그램의 호환성 때문입니다. 상위 버전에서 작업한 파일을 낮은 버전에서 열 수 없으니까요. 프로그램이 없는 디자이너들은 클라이언트에게 받은 상위 버전의 파일을 변환하기 위해 여기저기 요청해야 합니다. 시험판이라도 깔아서 변환하기도 하지만 매우 귀찮은 일이죠.

하지만 분명한 것은 어느 버전을 선택하더라도 '프로그램을 조작하는 디자이너의 손'에 작업 속도가 달렸다는 점입니다. 낮은 버전이라도 손에 익으면 작업 속도는 빨라집니다. 반면 최신 버전이라 해도 편리해진 신기능을 잘 사용하지 못한다면 오히려 작업 속도가 늦어질 수 있습니다. 그러니 자신이 잘 다룰 수 있는 버전을 선택하여 사용하는 것이 가장 현명합니다.

TIP 한때 디자이너들은 인디자인 CS6 버전이 출시되었을 때에도 CS5 버전을 많이 사용했습니다. 프로그램이 가볍고 어떤 PC에서든 잘 돌아간다는 이유도 있었지만 불법 복제 프로그램을 사용할 수 있던 이점도 있어 CS5 버전을 고집했었죠. 그러나 CC 버전으로 업그레이드되자 파일 간의 호환성 문제가 생겼습니다. 결국 하위 버전을 사용하던 디자이너들은 울며 겨자먹기로 CC 버전을 사용하게 되었습니다(사실 지금도 CS5 버전을 쓰는 디자이너들이 간혹 있긴 합니다.). 그러니 무작정 본인이 처음 디자인을 시작할 때 사용한 버전, 혹은 익숙한 하위 버전을 고집하기보다는 시대의 흐름에 따라 신기능이 업그레이드되는 버전을 사용하는 것이 좋습니다. 인디자인 CC 버전에서는 매년 주요 업그레이드를 통해 작업 효율을 높이는 신기능을 추가할 수 있습니다.

01 물감과 화구를 정리하듯 패널 설정하고 작업 영역 저장하기

디자이너의 컴퓨터 화면은 그 사람의 성향이나 작업의 종류에 따라 화면 분할 및 자주 쓰는 도구와 패널이 달라집니다. 넓은 작업창을 원하는 사람은 패널의 공간을 최소화하고, 툴과 패널을 빠르게 쓰려는 사람은 그 공간을 넉넉히 사용합니다. 어떤 동료는 작업창을 모니터 화면의 1/4 크기 정도로 해서 작업하기도 했습니다. '누가 볼까봐 그러냐?'고 물어보면 자신은 작은 게 편하다고 대답하더군요. 반대로 저는 작업창을 최대로 키우고 도구와 패널을 최소화시켜서 사용하는 편입니다. 모니터 하나로는 모자라 두 개를 붙여서 사용하지요. 이처럼 프로그램 설정은 개인별로 사용하는 스타일이 다른데 어떻게 하면 좋을까요? 지금부터 살펴보겠습니다.

▲ 창 위주의 설정

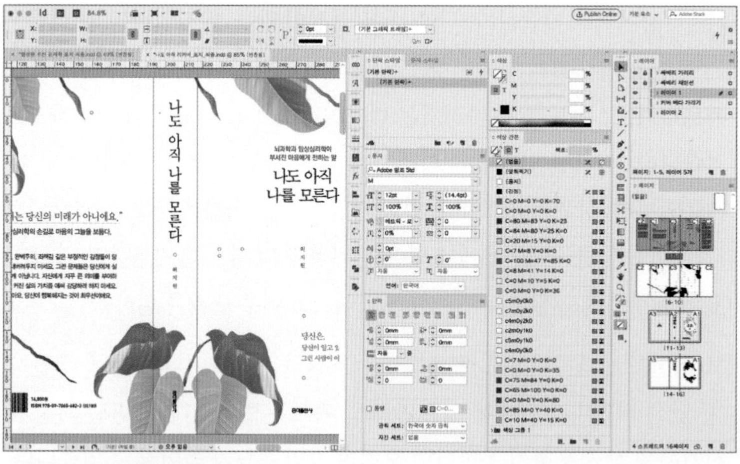

▲ 툴과 패널 위주의 설정

1 필요한 패널만 원하는 곳에 배치하기

대부분의 어도비 프로그램과 마찬가지로 인디자인 패널도 [창] 메뉴에 속해 있습니다. 사용하려는 패널을 꺼내 화면의 좌우 원하는 곳에 배치합니다. 패널은 [창] 메뉴를 클릭해 각 메뉴에 체크 표시하여 불러오며, 드래그해서 원하는 곳에 배치할 수 있습니다. 기본적으로 도구 패널은 왼쪽, 속성 패널은 오른쪽에 있지만 굳이 지킬 필요는 없습니다. 저는 도구 패널과 속성 패널을 모두 오른쪽에 놓고 사용합니다. 왜냐하면 제가 오른손잡이이기 때문이죠! 굳이 왼쪽(도구 패널)과 오른쪽(속성 패널)을 번갈아가며 클릭할 필요 없이 오른쪽으로만 가면 모든 설정을 할 수 있으니까요.

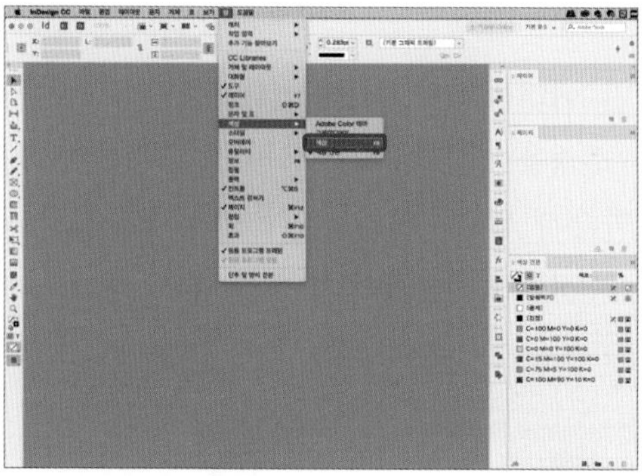

▲ 메뉴 클릭하여 패널 불러오기

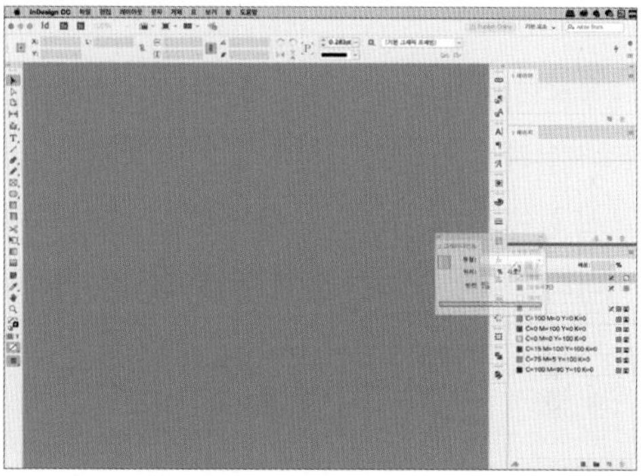

▲ 패널 드래그하여 원하는 곳에 배치하기

2 패널 간소화하기

패널을 도구처럼 아이콘 형태로 접어 간략하게 표시할 수 있습니다. 패널 축소 아이콘을 클릭하면 패널이 아이콘 형태로 바뀌고, 패널 확장 아이콘을 클릭하면 원래 상태로 펼쳐지므로 원하는 대로 설정합니다. 넓은 작업창을 원한다면 패널을 최소화해 사용하는 것이 좋습니다. 대신 패널을 간소화해서 사용하려면 아이콘만 보고도 어떤 패널인지 알 수 있어야 합니다.

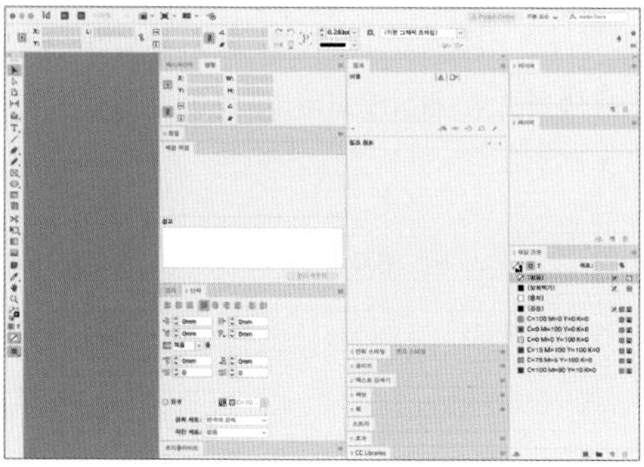

▲ 패널을 모두 펼친 상태

▲ 패널을 아이콘 형태로 접은 상태

3 작업 영역 설정하기

메뉴에서 [창]–[작업 영역]–[새 작업 영역] 메뉴를 클릭하면 현재 사용 중인 작업 영역(도구와 패널의 위치)을 그대로 저장할 수 있습니다. 이렇게 작업 영역을 저장해두면 매번 작업 환경을 재설정할 필요 없이 저장한 패널 스타일대로 불러와 사용할 수 있습니다.

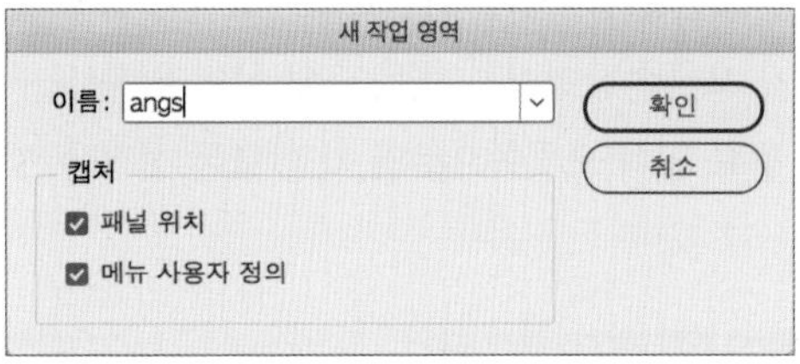

TIP 이때 [패널 위치]와 [메뉴 사용자 정의]에 체크 표시해야 화면에 배치된 패널의 위치도 함께 저장됩니다.

대부분의 디자이너는 개인 컴퓨터에서 작업하지만, 여러 사람이 하나의 컴퓨터를 사용하며 공동 작업하는 경우도 있습니다. 이럴 때 자신만의 설정을 저장해두고 사용하면 효과적입니다. 특히 함께 일하는 동료 디자이너의 작업을 자주 봐줄 때 상당히 편리합니다. 상대가 후배 디자이너라면 작업을 마친 후 다시 패널을 옮겨야 하는 수고를 덜어줄 수도 있어요!

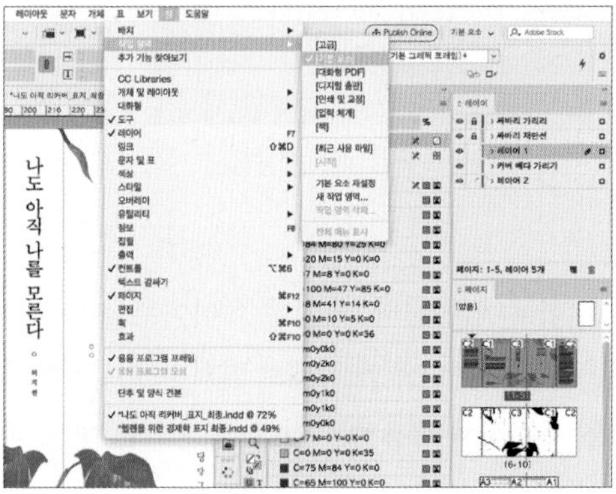

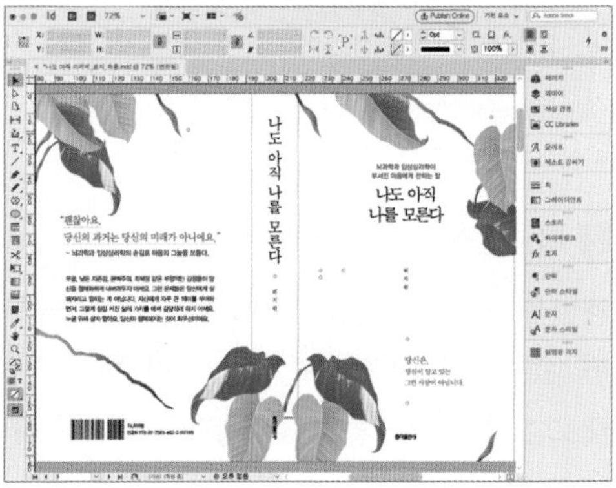

▲ 어지러워진 패널도 기존에 저장해둔 [작업 영역]으로 재설정하면 원래대로 돌아갑니다.

메뉴에서 [창]–[작업 영역]–[작업 영역 삭제]를 클릭하면 저장해둔 [작업 영역]을 삭제할 수 있습니다. 삭제 시 인디자인에서 제공하는 기본 작업 영역으로 재설정되며 이 영역은 삭제할 수 없습니다.

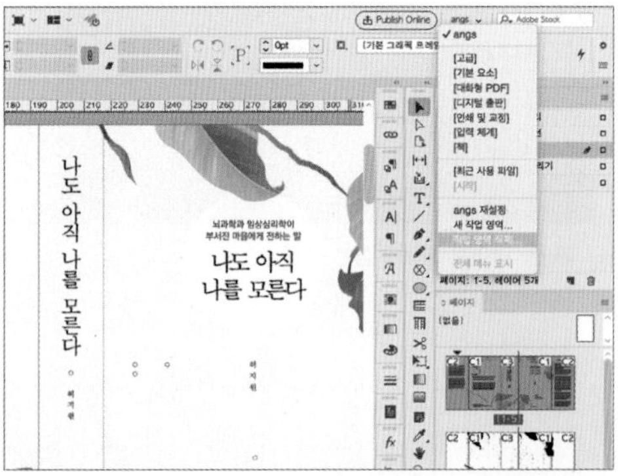

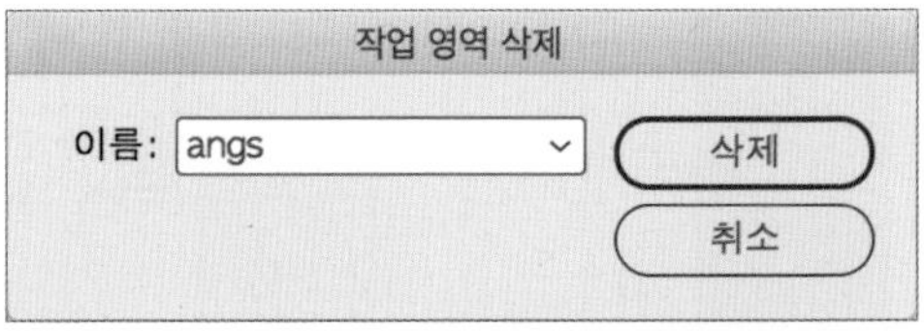

손이 빨라야 작업 속도도 빠르다

인디자인에도 작업을 빠르게 처리하는 단축키가 있으며, 단축키는 메뉴의 명령 이름 옆에 표시됩니다. 하지만 갑자기 익숙하지 않은 단축키를 사용하려면 키보드에서 키를 찾느라 오히려 작업이 느려질 수도 있습니다. 단축키를 외우기 힘들다면 굳이 사용할 필요는 없겠지만 필요한 만큼 조금씩 익혀 가는 것을 적극 권장합니다. 마우스보다는 단축키를 사용하는 편이 작업 속도를 높여 시간을 훨씬 단축시켜 주니까요.

01 단축키 사용자 지정하기

인디자인 프로그램의 기본 설정 단축키 외에도 사용자가 직접 단축키를 설정할 수 있습니다. 다만 대부분의 단축키가 이미 설정되어 있기 때문에 사용하지 않는 키를 찾아 조합하기가 쉽지 않습니다. 이때는 자주 쓰지 않는 단축키를 변경해 사용합니다.

TIP 자주 사용하는 단축키를 지정해 나만의 단축키 세트를 만듭니다.

인디자인은 편집디자인 프로그램인 쿼크(QuarkXPress)와 페이지메이커(PageMaker), 그리고 같은 어도비 제품인 일러스트레이터(Illustrator), 포토샵(Photoshop) 사용자를 배려한 단축키를 지원합니다. 그러나 인디자인을 선택한 이상 인디자인 단축키를 사용하는 것이 좋습니다. 처음에는 힘들겠지만 대부분 1~2주 안에 적응할 수 있을 거예요.

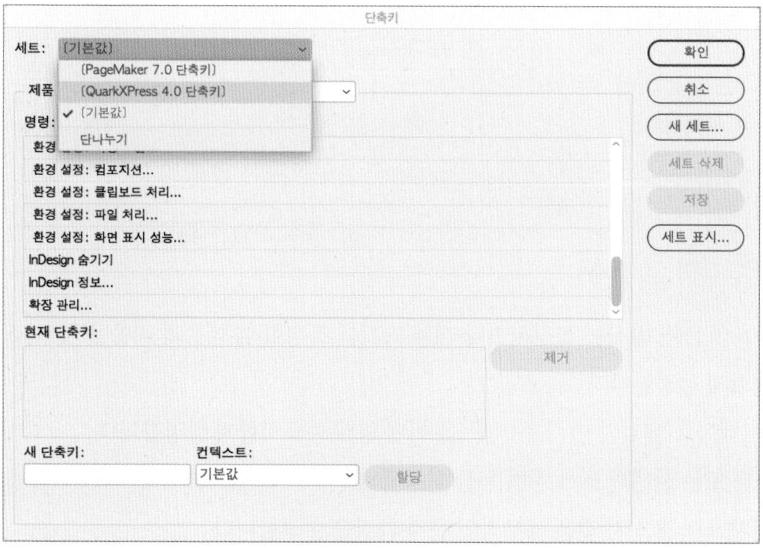

▲ 단축키 설정은 [편집]-[단축키] 메뉴를 클릭한 후 [단축키] 대화상자에서 설정합니다.

인디자인 환경 설정

작업을 진행하다가 가끔 '이상하다? 이게 왜 안 되지?' 하는 오류 중 상당수는 잘못된 환경 설정 때문입니다. 더 편리하게 사용하라고 만들어진 스마트 그리드, 알고 보면 스마트 그리드가 디테일한 작업을 방해하는 요소가 되기도 합니다. 이렇게 소소하게 일어나는 작업 오류는 인디자인 환경 설정으로 바로잡을 수 있습니다.

Ctrl + K 를 누르거나 [편집]–[환경 설정](맥 [인디자인]–[환경 설정]) 메뉴를 클릭해 [환경 설정] 대화상자를 불러옵니다. 문서가 열린 상태에서의 환경 설정은 열린 문서에만 적용되므로, 인디자인을 실행할 때마다 설정이 바뀌지 않도록 하려면 모든 문서를 닫은 상태에서 설정해야 합니다.

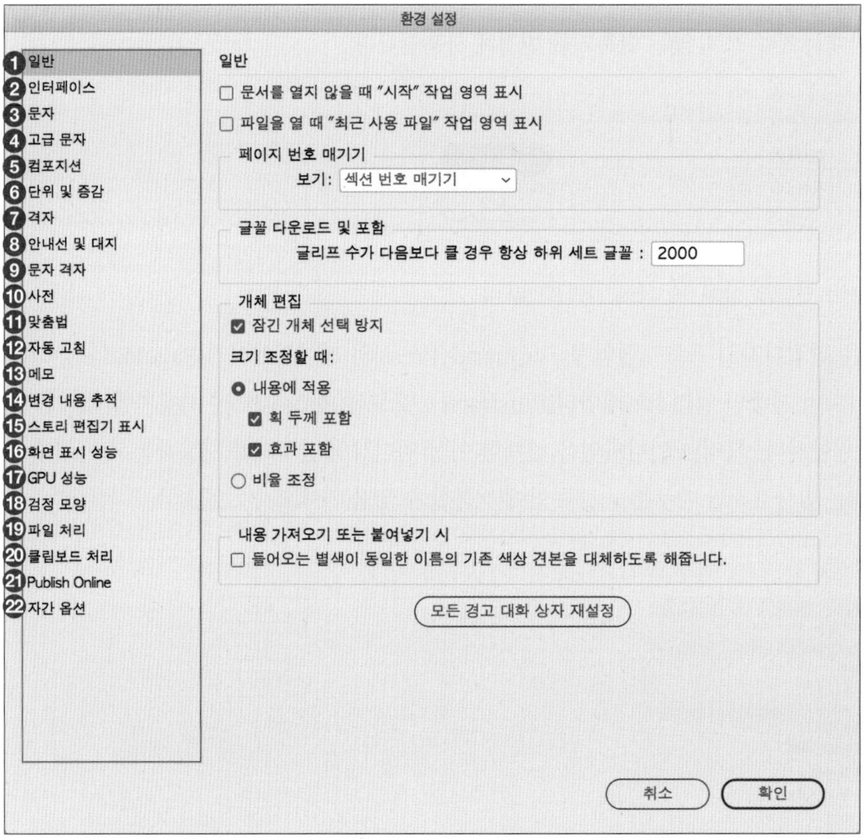

① **일반** | 페이지 번호의 출력 방식을 설정하거나 개체 크기를 조정할 때 내용과 비율을 따로 조정할지 함께 조정할지 설정합니다.

② **인터페이스** | 인터페이스(패널과 커서 등) 형식을 어떤 형태로 표시할지 설정합니다.

③ **문자** | 문자의 형태 또는 선택과 표시 방법 등을 설정합니다.

④ **고급 문자** | 위 첨자나 아래 첨자 같은 세부적인 문자 환경을 설정합니다.

⑤ **컴포지션** | 유지 옵션, 대체 글꼴, 금칙 등의 항목을 설정할 수 있으며 텍스트 감싸기 적용 시 주변에 글을 어떻게 배열할지 설정합니다.

⑥ **단위 및 증감** | 프로그램에서 사용하는 단위, 단축키로 조절하는 단위의 증감을 설정합니다.

⑦ **격자** | 문서 내 기준선 격자의 간격과 위치를 설정합니다.

⑧ **안내선 및 대지** | 모든 안내선(도련, 슬러그 포함)의 환경과 대지 면적을 설정합니다.

⑨ **문자 격자** | 한글판(CJK)에 추가된 기능으로 문서 격자의 형태와 색상을 설정합니다.

⑩ **사전** | 사전에 사용할 언어를 설정합니다.

⑪ **맞춤법** | 맞춤법을 검사할 때 어떤 항목을 위주로 찾을지, 텍스트를 입력하는 동시에 검사할지 등을 설정합니다. 맞춤법에 어긋난 글자에 표시할 밑줄 색상도 정할 수 있습니다. 한글 사전처럼 한글 환경은 별도의 설정이 필요합니다.

⑫ **자동 고침** | 맞춤법 등을 실시간으로 자동 고침할 수 있지만 한글은 지원하지 않습니다.

⑬ **메모** | 메모 색상과 도구의 옵션을 설정합니다.

⑭ **변경 내용 추적** | 스토리 편집기 표시와 변경 막대를 설정합니다.

⑮ **스토리 편집기 표시** | 스토리 편집기의 텍스트와 커서의 출력 형태를 설정합니다.

⑯ **화면 표시 성능** | 작업에 사용된 그림이나 글자를 어느 정도 품질로 표시할지 설정합니다.

⑰ **GPU 성능** | 디스플레이 시스템의 일부로 GPU 성능을 지원하는 그래픽 카드가 장착된 컴퓨터에서 좀 더 빠르고 선명하게 작업된 이미지를 표시할 수 있습니다. 실무에서는 인디자인뿐만 아니라 일러스트레이터, 포토샵 등 다양한 이미지 파일을 불러와 사용하므로 GPU 성능이 높을수록 좋습니다.

⑱ **검정 모양** | 인디자인에서 사용하는 검정 화면 표시와 인쇄 옵션을 설정합니다.

⑲ **파일 처리** | 예기치 못한 오류로 인해 프로그램이 종료되면, 종료하기 직전 상태의 문서를 자동으로 복구합니다. 이때 데이터를 어디에 저장할지 설정합니다.

⑳ **클립보드 처리** | 클립보드는 복사한 다음 붙여넣기 전까지 상태를 말하며 서식을 포함할지 말지 정합니다.

㉑ **Publish Online** | Publish Online 기능의 사용 여부를 설정합니다. 인쇄 레이아웃을 온라인 문서로 변환해 SNS 및 이메일 등으로 손쉽게 공유할 수 있도록 도와주는 기능입니다.

㉒ **자간 옵션** | 각 자간 세트의 표시 여부를 설정합니다.

Q1 페이지 번호가 이상해요

[편집]–[환경 설정] 메뉴–[일반]–[페이지 번호 매기기]

원하는 페이지로 이동할 때, 인쇄 영역을 지정할 때, 내보내기를 할 때 등 페이지에 관한 것만 입력하려 들면 없는 페이지라고 나온다고요? 모두 섹션 페이지 때문에 생기는 오류입니다. 섹션 페이지는 말그대로 사용자가 지정한 섹션별로 나뉜 페이지를 말합니다.

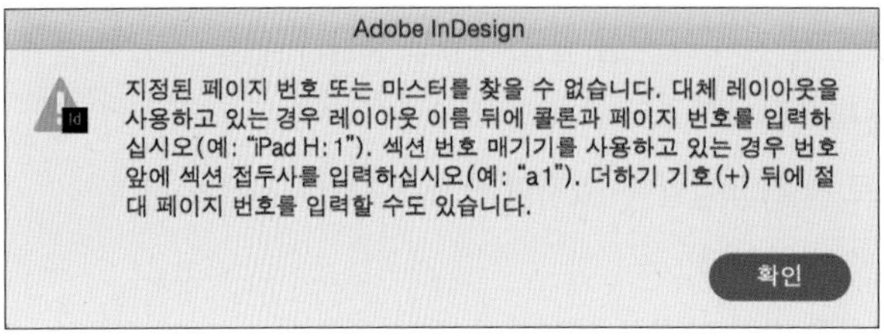

이러한 오류는 페이지 번호를 기본 형태가 아닌 '01, 02, 03 ...' 또는 'a, b, c ...'처럼 다른 모양으로 바꾸거나 면주를 넣기 위해 섹션을 적용한 경우에 나타납니다. 페이지에 섹션을 설정하면 '섹션1:1'로 표시됩니다. '섹션1'은 섹션을 설정한 순서로 페이지 순서와 상관없이 지정됩니다(섹션을 설정할 때는 반드시 페이지 순서대로 설정해야 기억하기 쉽습니다). 쌍점(콜론, :) 뒤의 숫자는 실제 페이지의 숫자입니다. 예를 들어 13 페이지가 두 번째 섹션에 포함된다면 '섹션 2:13'으로 표시됩니다.

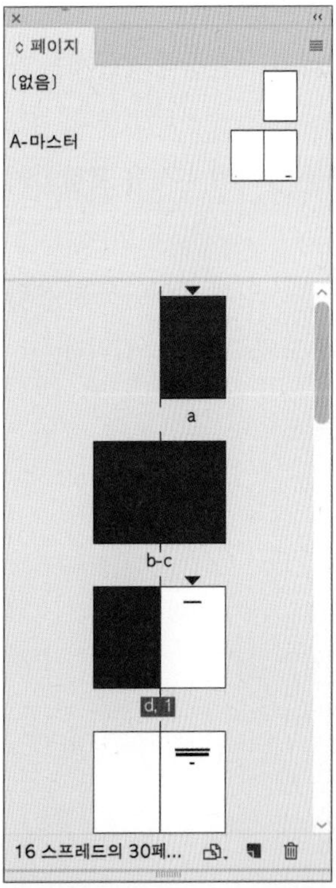

▲ 섹션 번호 매기기

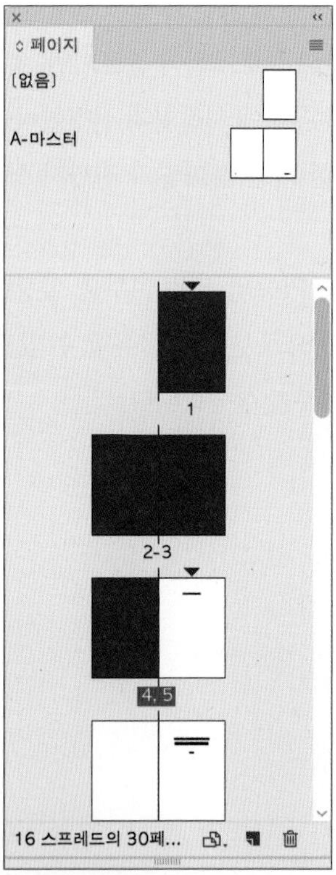

▲ 절대 번호 매기기

그렇다면 섹션 번호는 어떻게 설정할까요? 페이지 번호의 형태를 기본으로 바꾸거나 섹션 설정을 취소하면 되지만 디자인이 틀어질 수 있습니다. 좀 더 좋은 방법을 소개하겠습니다.

[환경 설정]–[일반]–[페이지 번호 매기기] 메뉴에서 [섹션 번호 매기기]를 [절대 번호 매기기]로 설정합니다. 그러면 [페이지] 패널에서 페이지의 번호가 첫 번째부터 절대 번호로 매겨지며, 페이지를 이동하거나 내보내기 할 때 절대 번호를 입력해 사용할 수 있습니다.

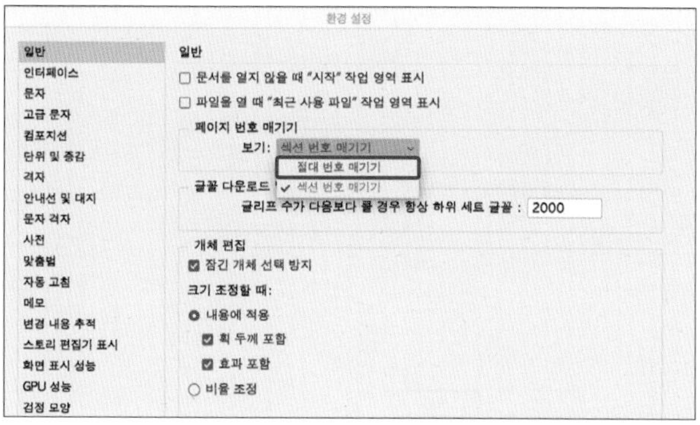

Q2 [문자] 패널의 서체 단위 옆에 이상한 숫자가 붙었어요

[편집]–[환경 설정] 메뉴–[일반]–[개체 편집]–[크기 조정할 때]

텍스트 프레임에 텍스트를 입력하고 프레임의 크기를 조절하면 서체의 크기가 제대로 표시되지 않고 옆에 괄호 숫자가 붙기도 합니다. 편집디자인에서 서체 크기의 정확성은 매우 중요한 요소이므로, 이렇게 표시되는 것은 꽤 당황스러운 일입니다. 프레임이 아니라 서체를 직접 드래그해 크기를 줄일 때는 이런 현상이 생기지 않는데, 그렇다고 매번 서체 크기를 직접 줄일 수도 없어 답답할 것입니다.

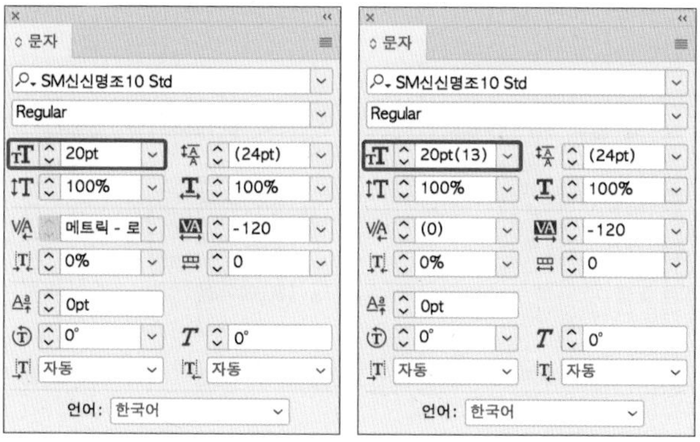

◀ 내용에 적용 / 비율 조정

이게 다 비율 조정 때문입니다. 기본적으로 내용물이 들어 있는 프레임의 크기를 조절할 때 그 크기는 항상 일정한 비율(100%)로 유지됩니다. 이때 내용의 비율만 조절할지(내용에 적용), 내용 비율에 맞춰 프레임 크기의 비율도 조절할지(비율 조정)를 정해야 합니다. 기본 설정은 [내용에 적용]이지만 종종 [비율 조정]으로 체크 표시될 때가 있어 이런 현상이 일어나는 것입니다.

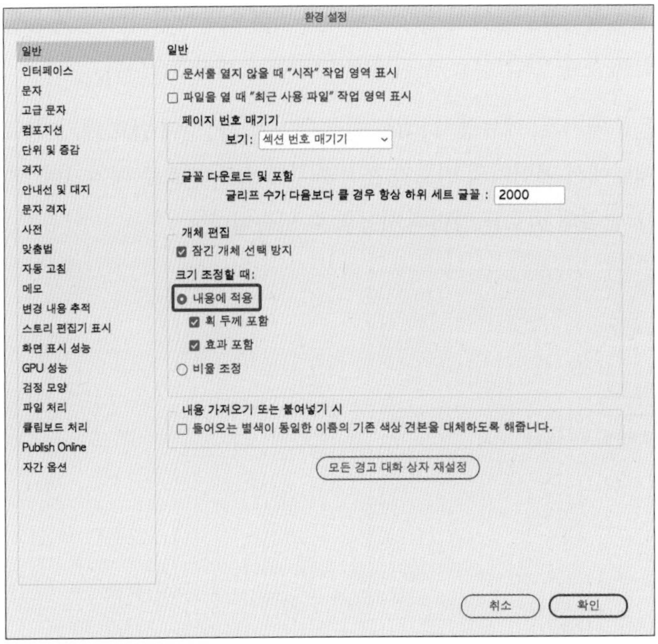

[비율 조정]은 텍스트 프레임뿐 아니라 이미지 프레임에도 적용됩니다. 텍스트 프레임은 위의 현상 때문에 불편 하지만, 이미지 프레임은 원래 100%였던 크기를 어느 정도의 비율로 변경했는지 알아볼 수 있어 유용합니다.

▲ 비율 조정

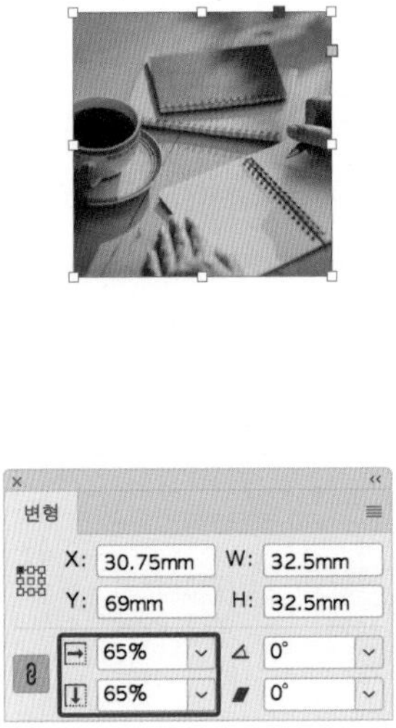

▲ 비율 조정

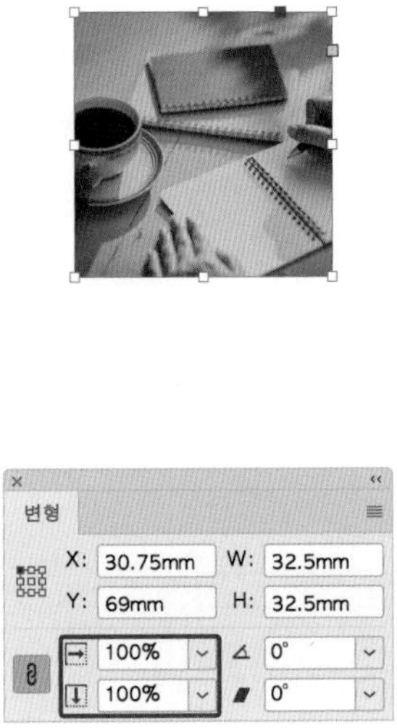

▲ 내용에 적용

TIP 50X50mm 크기의 이미지를 줄였을 때, [비율 조정]은 줄어든 크기(65%)를 표시하는 반면 [내용에 적용]은 그대로 100%로 표시됩니다.

Q3 닫아 버린 경고 메시지를 다시 뜨게 하고 싶어요

[편집]–[환경 설정] 메뉴–[일반]–[모든 경고 대화 상자 재설정]

[환경 설정] 대화상자의 [일반] 탭에서 [모든 경고 대화 상자 재설정]을 클릭하면 보지 않게 설정한 경고 메시지를 다시 표시할 수 있습니다. 그러니 보기 싫은 경고 메시지는 과감하게 [다시 표시 안 함(D)]을 선택해주세요.

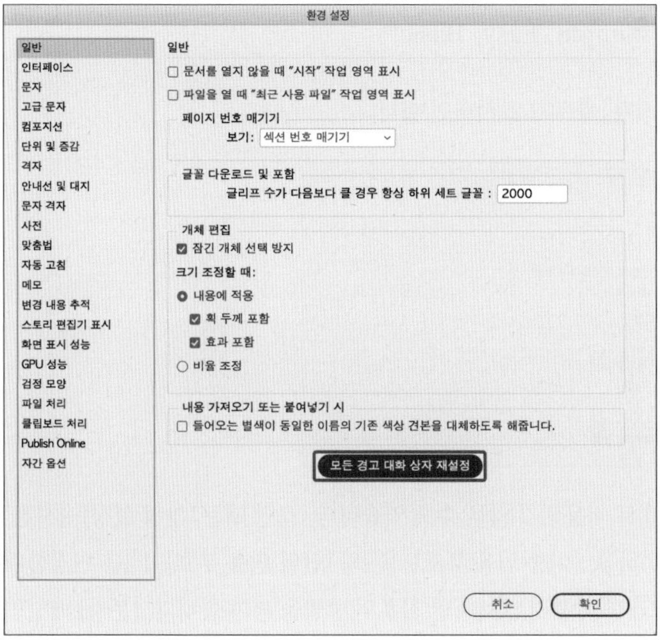

Q4 지긋지긋한 마우스 도움말을 없애고 싶어요

[편집]–[환경 설정] 메뉴–[인터페이스]–[커서 및 제스처 옵션]

작업 중 도구 아이콘이나 특정 항목에 마우스 포인터를 갖다 댔을 때 관련 설명이나 도움말이 나타나 시야를 가리는 경우가 있죠? 짧은 순간이지만 작업 화면을 가리기 때문에 신경이 쓰입니다. 그럴 때는 [커서 및 제스처 옵션]에서 [도구 설명]을 [없음]으로 설정하면 됩니다. 하지만 편집디자인을 처음 시작하는 단계라면 인디자인 도구나 속성에 익숙해지기 전까지는 귀찮더라도 도움말을 없애지 마세요.

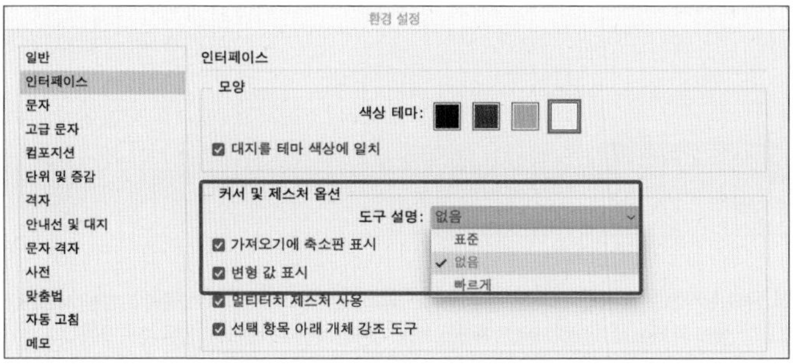

Q5 따옴표 모양이 이상해요

[편집]–[환경 설정] 메뉴–[인터페이스]–[커서 및 제스처 옵션]

한글에서 사용하는 따옴표는 굽은 따옴표인데요. 종종 워드프로세스 프로그램에서 불러온 텍스트의 따옴표 모양이 굽어 있지 않아서 고민이 됩니다. 하지만 걱정하지 마세요! 이 또한 쉽게 해결할 수 있으니까요.

“Simple, Easy, Basic!” "Simple, Easy, Basic!"

[문자 옵션]에서 [굽은 따옴표 사용]에 체크 표시하면 됩니다.

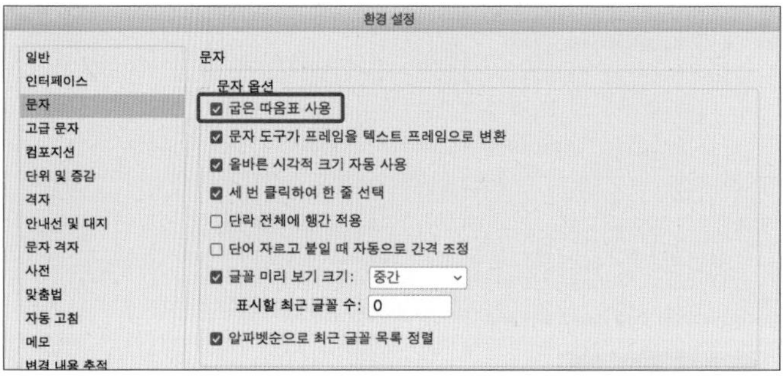

가끔 따옴표를 수정했는데 제대로 적용되지 않을 수도 있습니다. 그럴 때는 [환경 설정]–[사전] 탭에서 [언어]–[한국어]로 설정하고, [이중 인용 부호]–[“”]와 [단일 인용 부호]–[‘’]를 변경합니다(첫 번째 인용 부호 선택). 그래도 바뀌지 않는다면 최후의 방법을 써야 합니다. [문자] 패널의 맨 하단에 있는 언어 설정을 [언어]–[영어: 미국]으로 변경해보세요(기본적으로 한글을 편집할 때는 언어를 한국어로 설정해야 편리합니다.). 이 방법까지 썼는데도 안 된다면 번거롭지만 찾기/바꾸기 기능을 이용해 변경해야 합니다.

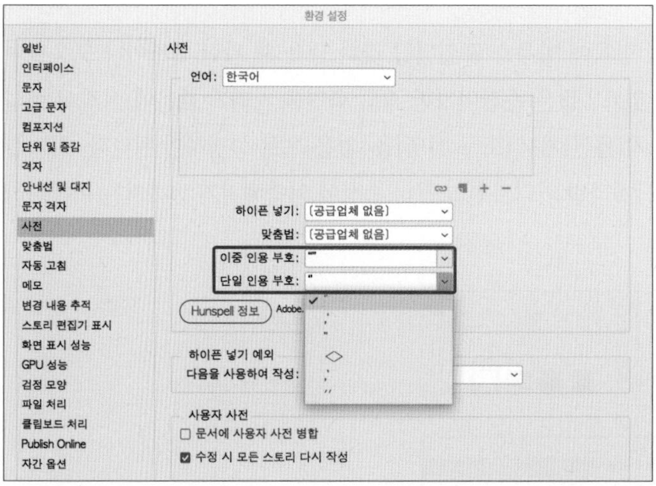

TIP [글리프] 패널의 특수문자나 굽은 따옴표 등의 문자는 한글 편집 시 매우 신경 쓰이는 요소입니다. 기본적으로 설명한 방법을 사용한다면 따옴표 바꾸기는 쉽게 적용될 것입니다. 단, 불법 복제 프로그램을 사용할 때에는 해당 기능이 제대로 적용되지 않을 수도 있습니다.

Q6 이미지 프레임이 자꾸 텍스트 프레임으로 바뀌어요

[편집]–[환경 설정] 메뉴–[문자]–[문자 옵션]

종종 이미지 프레임(안에 이미지가 없는 이미지 프레임)이 자신도 모르는 사이에 텍스트 프레임으로 바뀌는 경우가 있는데요. 별일 아니겠지 싶지만 이렇게 바뀐 프레임으로 인해 골치 아픈 오류가 생길 수도 있습니다. PDF로 변환할 때 텍스트가 넘치는 오류가 생기는 실수, 생각지도 못한 곳에 문자가 찍혀서 나오는 실수 등 하나하나 꼼꼼히 챙기지 않으면 모른 채 넘어갈 수도 있는 실수입니다. 저 역시 변경된 프레임 때문에 실수한 적이 있는데요. 문자 도구로 이미지 프레임을 클릭한 후 단축키를 입력해보니, 그 단축키에 해당하는 문자가 프레임 안에 입력되었습니다. 오류를 발견했을 때 그 당혹감이란 말로 설명할 수 없습니다.

▲ 배경으로 사용한 녹색 이미지 프레임 안으로 텍스트 'V'가 찍혀 있음

이런 문제를 예방하기 위해서는 [문자 옵션]에서 [문자 도구가 프레임을 텍스트 프레임으로 변환]의 체크 표시를 해제합니다. 만약 텍스트 프레임으로 변형된 이미지 프레임을 원래대로 되돌리고 싶다면 공백을 포함한 모든 텍스트를 지우고 [개체]–[내용]–[그래픽] 메뉴에 체크 표시합니다.

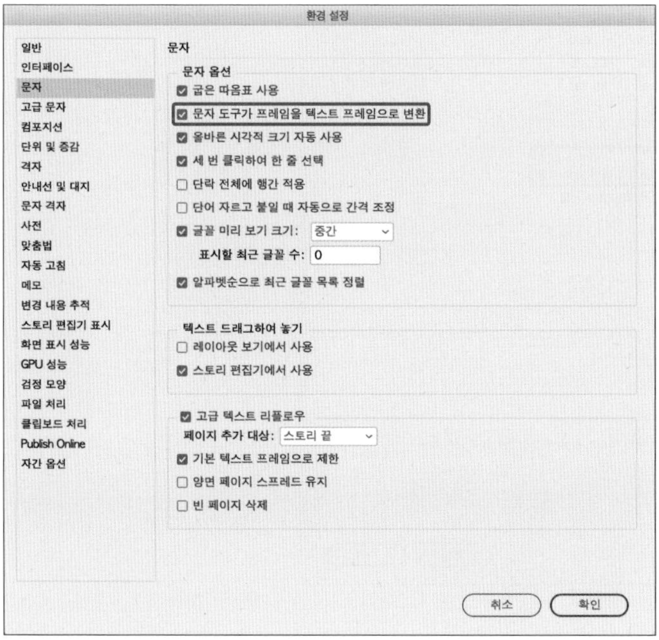

Q7 텍스트가 한 번에 입력되지 않고 글자를 완성해야 입력됩니다

[편집]–[환경 설정] 메뉴–[고급 문자]– [입력 방법 옵션]

한글을 입력할 때 글자가 완성되어야 텍스트 프레임에 입력되는 경우가 있습니다. 빠르게 작업하는 디자이너에게는 매우 귀찮은 현상이죠. 텍스트를 입력하는 동시에 화면으로 오타를 확인해야 하는데 한 글자가 완성되고 나서야 눈에 보이다니! 물론 이 방식을 선호하는 디자이너도 있겠지만 불편해하는 분들을 위해 해결책을 소개합니다.

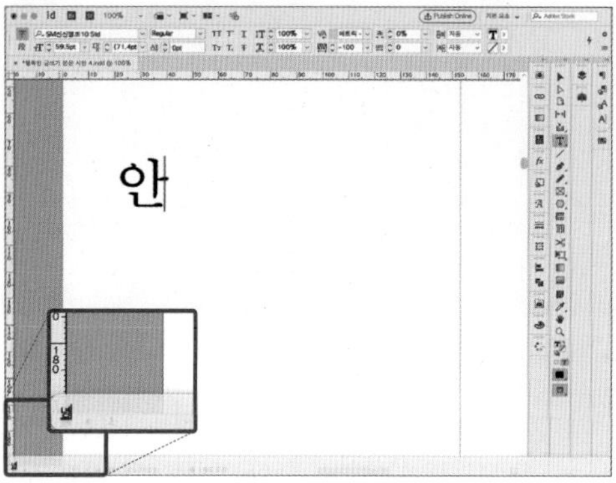

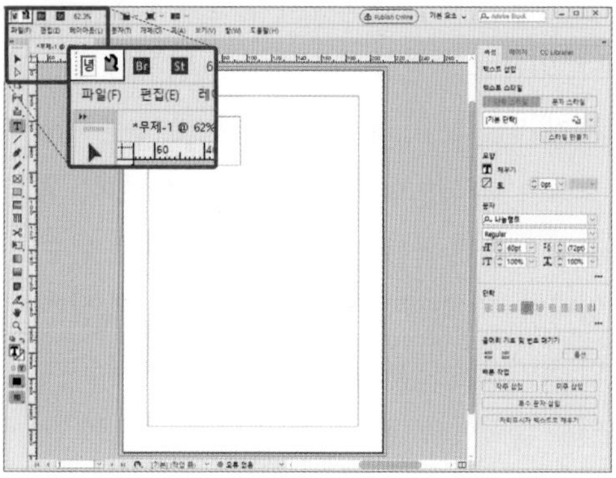

TIP Mac은 왼쪽 하단에, IBM은 왼쪽 상단에 입력됩니다.

[입력 방법 옵션]에서 [라틴 문자가 아닌 텍스트에 인라인 입력 사용]에 체크 표시하면 텍스트 프레임에 글이 바로 입력됩니다.

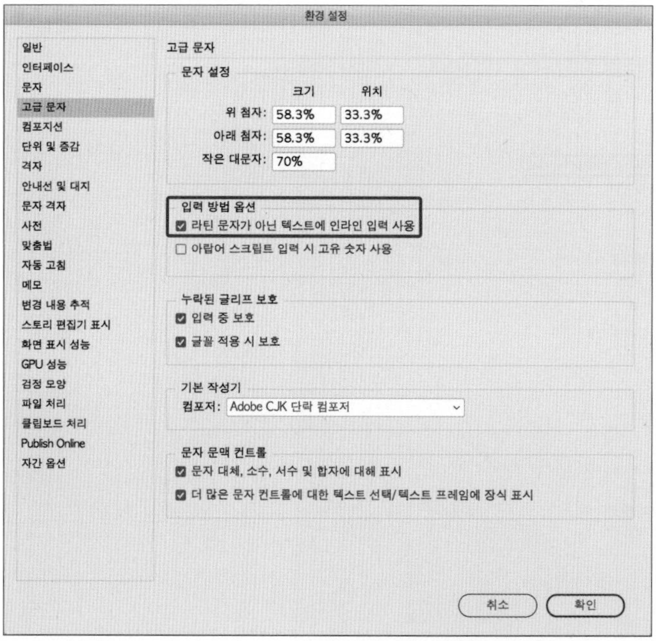

Q8 오른쪽 페이지에서 오브젝트의 X, Y좌표를 0, 0으로 입력하면 계속 왼쪽 페이지의 0, 0좌표로 가서 붙어요

[편집]–[환경 설정] 메뉴–[단위 및 증감]–[눈금자 단위]–[원점]

아래와 같은 이 현상은 페이지의 원점 기준이 스프레드로 설정되어 있기 때문입니다. 즉 펼침면을 하나의 공간으로 인식해 전체 좌표를 설정한다는 뜻이죠. 물론 지면을 디자인할 때 스프레드의 레이아웃도 함께 고려해야 하지만, 실제 작업은 각각의 페이지에 하는 것이 수월합니다. 좌표 설정도 넓은 면적보다는 좁은 면적이 더 쉬우니까요.

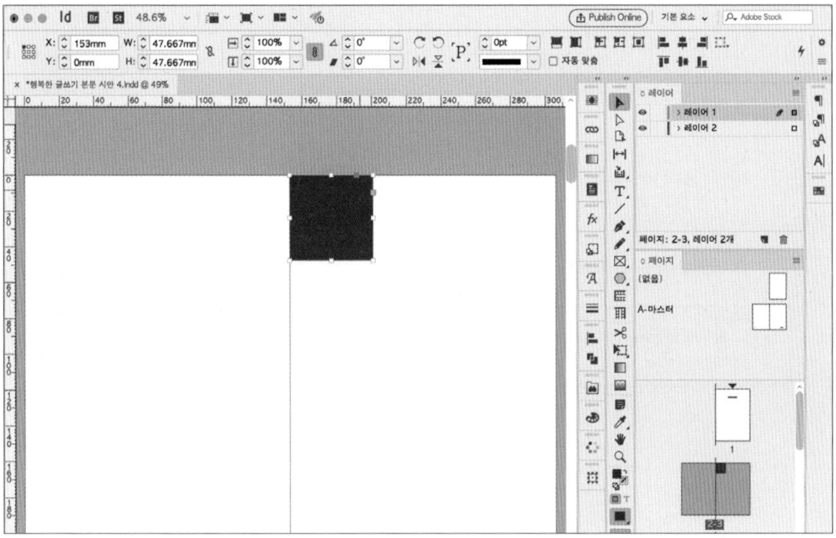

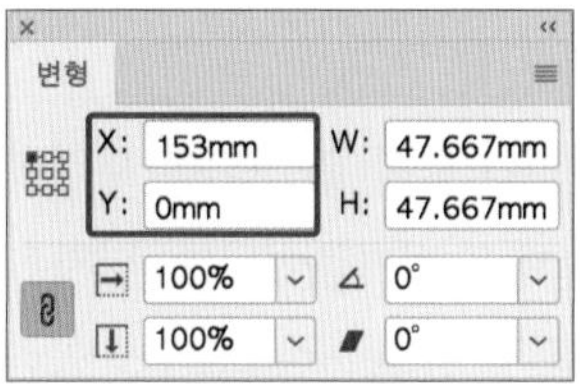

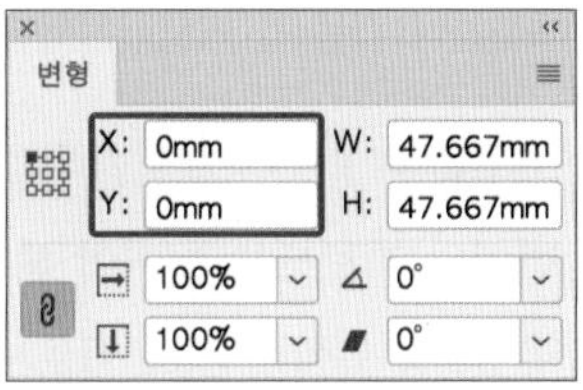

TIP 오른쪽 페이지에 있는 오브젝트의 좌표가 원점이 스프레드 기준(왼)일 때는 X, Y=153, 0으로 표시되지만 페이지 기준일 때는 X, Y=0, 0으로 표시됩니다.

원점을 페이지별로 설정하고 싶다면 [눈금자 단위]에서 [원점]을 [페이지]로 설정합니다.

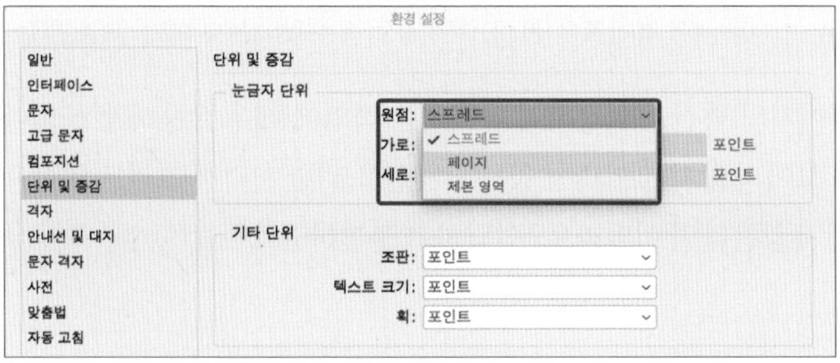

Q9 단축키로 글자 크기를 좀 더 세밀하게 줄이고 싶습니다

[편집]–[환경 설정] 메뉴–[단위 및 증감]–[키보드 증감]

단축키로 서체의 크기를 조절하는 기본 단위는 2pt입니다. 하지만 편집디자인에서는 서체 크기를 0.1pt 단위로 디테일하게 설정하기 때문에 2pt는 엄청나게 큰 단위입니다. 이 범위를 좀 더 세밀하게 조절하려면 [키보드 증감]에서 [기준선 이동]과 [크기/행간]을 **1** 또는 **0.5** 단위로, [커닝/자간]을 **10**으로 작게 설정합니다.

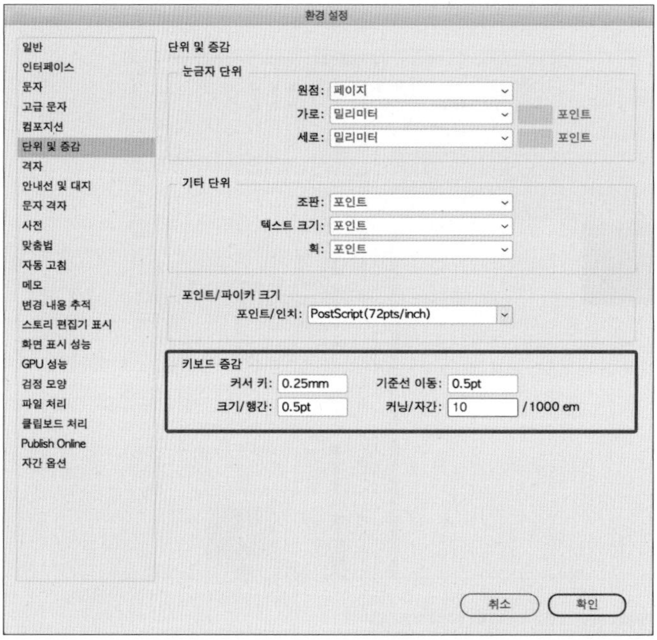

0.1pt 단위로 설정한다면서 왜 실제 입력 값은 1 또는 0.5 단위일까요? 증감 값을 너무 세밀하게 설정하면 1pt만 줄이려고 해도 열 번이나 키보드를 눌러야 해서 매우 번거롭습니다. 디자인하기에도 시간이 모자란 상황에서 서체 1pt를 줄이기 위해 키보드를 열 번 눌러야 하는 건 엄한데 시간을 낭비하는 것과 마찬가지입니다.

Q10 안내선과 배경 격자가 이미지에 가려져서 안 보여요

[편집]–[환경 설정] 메뉴–[격자]–[배경 격자] 혹은 [편집]–[환경 설정] 메뉴–[안내선 및 대지]–[배경 안내선]

기준선과 배경 격자는 모든 페이지의 행간을 일정하게 유지하는 작업에 매우 유용하게 쓰입니다. 안내선은 실제 인쇄물에는 보이지 않지만 일관성 있는 디자인을 위한 시각적 그리드 역할을 하지요. 그런데 이 선들이 보이지 않는다면 어떨까요? 답답하고 불편하겠죠?

▲ 개체에 가려서 배경 격자와 배경 안내선이 보이지 않는 상태

종종 안내선이 오브젝트에 가려져 보이지 않는 경우가 있습니다. 부분적이라면 모르겠지만 배경 전체에 오브젝트를 깔았을 경우에는 아예 보이지 않습니다.

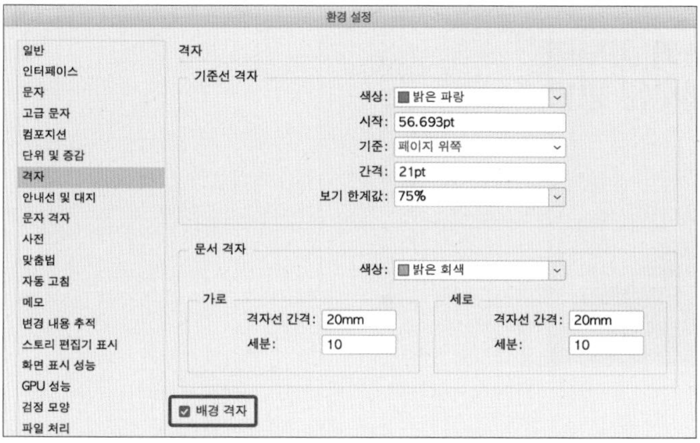

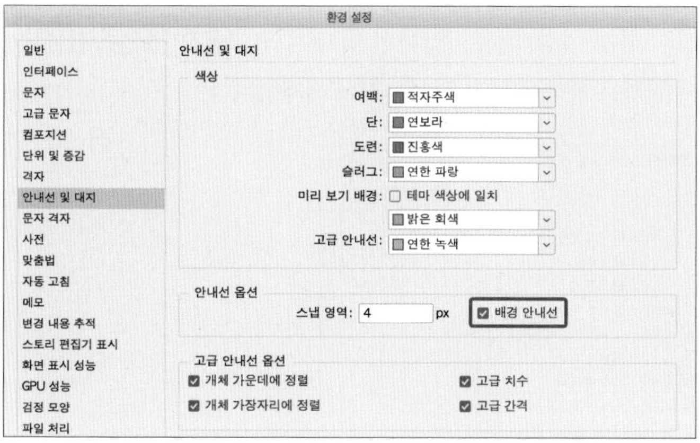

격자와 안내선이 오브젝트와 상관없이 항상 보이게 하고 싶다면 [배경 격자]와 [배경 안내선]의 체크 표시를 해제합니다.

Q11 개체를 움직일 때마다 따라다니는 안내선을 없애고 싶습니다

[편집]–[환경 설정] 메뉴–[안내선 및 대지]–[고급 안내선 옵션]

개체를 움직일 때 개체 주변에 임시로 표시되는 각종 안내선이 있습니다. 정렬을 돕는 이 선은 고급 안내선(스마트 가이드)이라고 하며 CS5 버전부터 적용된 기능입니다. 고급 안내선은 굳이 계산하지 않아도 이전 오브젝트와의 간격을 기억했다가 오브젝트를 이동할 때 자동으로 간격을 계산해줍니다. 이 기능이 유용할 때도 있지만 오브젝트를 세밀하게 조정하고자 할 때는 오히려 방해가 되기도 합니다. 오브젝트를 미세하게 조금만 움직이려 해도 마음대로 움직일 수 없게 만드니까요.

▲ 고급 안내선(초록색 안내선 부분)

대다수의 디자이너가 이 기능을 [보기]–[안내선] 메뉴에서 찾아보지만 아무리 찾아도 찾을 수 없을 것입니다. 이 기능은 [편집]–[환경 설정] 메뉴–[안내선 및 대지]–[고급 안내선 옵션]에 있습니다. [고급 안내선 옵션]에서 원하는 항목에 체크 표시하거나 해제합니다.

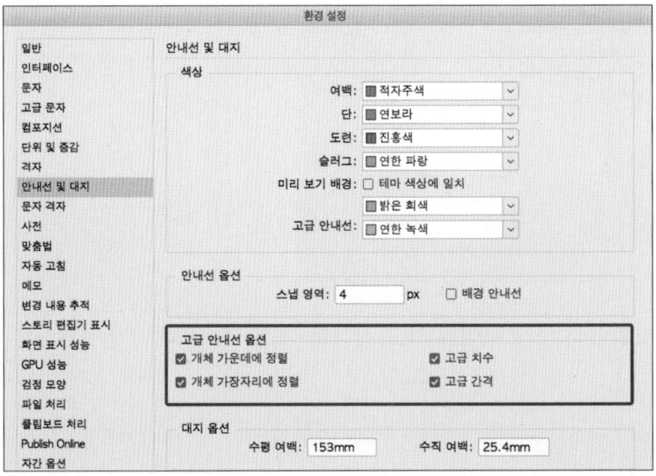

Q12 문서 바깥의 영역이 넓었으면 좋겠는데 방법이 없나요?

[편집]–[환경 설정] 메뉴–[안내선 및 대지]–[대지 옵션]

대부분의 편집디자이너는 문서 영역에서 사용하지 않는, 또는 사용할지도 모르는 오브젝트를 문서 바깥쪽에 놓고 작업하는 경우가 많습니다. 이때 대지 영역이 너무 좁아서 답답했던 경험이 있을 것입니다. 공간이 좁으면 문서의 화면을 움직일 때도 제약을 받지요. 이 문서 바깥쪽 영역의 너비도 환경 설정에서 조절할 수 있습니다. [대지 옵션]에서 [수평 여백]과 [수직 여백]을 좀 더 넓게 설정하면 좀 더 넓은 대지에서 작업할 수 있습니다.

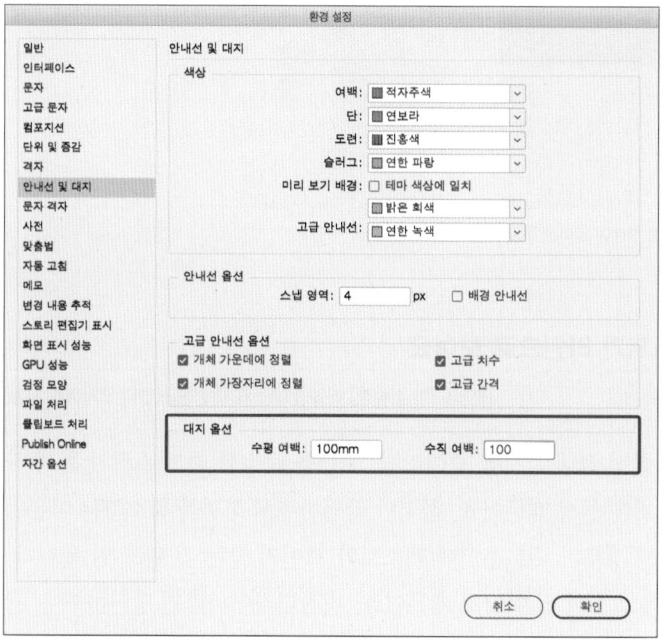

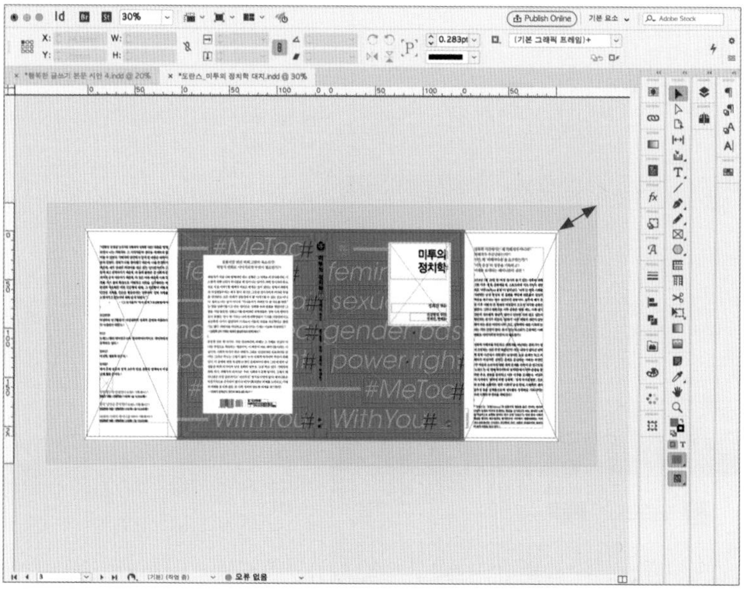

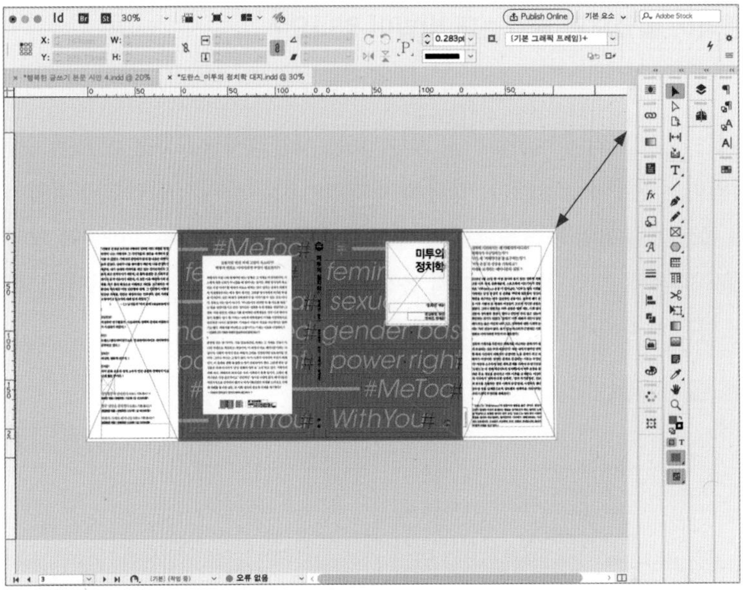

▲ 대지 영역의 변경 전후 모습. 대지의 회색 부분이 넓어진 것을 확인할 수 있습니다.

Q13 화면을 축소하면 텍스트가 라인으로 보여요

[편집]–[환경 설정] 메뉴–[화면 표시 성능]–[앤티 앨리어스 사용]

인디자인을 처음 시작해 기본 설정 그대로 사용 중이라면, 화면을 축소할 때 텍스트가 회색 라인으로 나타납니다. 인디자인 기본 설정 때문이죠. 하지만 작업하면서 화면을 축소하는 이유는 문서의 전체 분위기를 살피려는 경우가 대부분인데 텍스트가 보이지 않는 건 말도 안 됩니다. 레이아웃만 대충 보려고 화면을 축소한 건 아니기 때문이죠. 편집디자이너라면 당연히 작은 글자도 보이도록 설정해야겠지요?

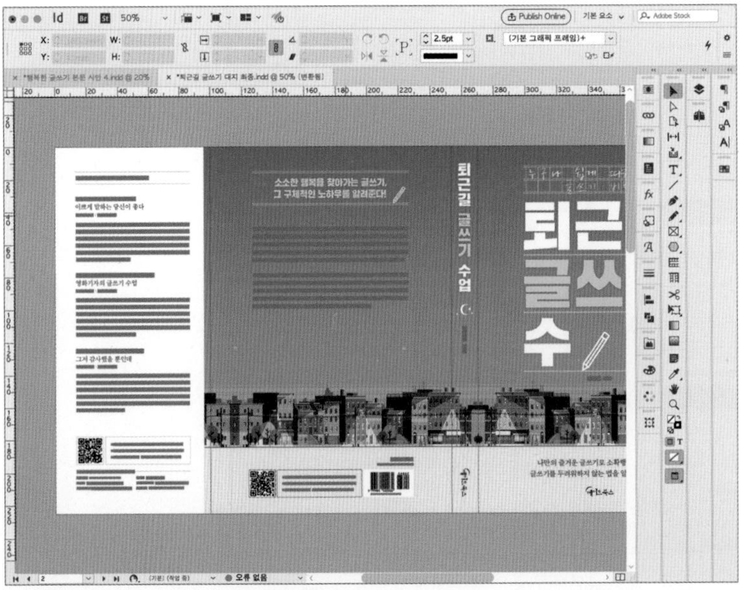

▲ 화면을 축소하면 텍스트가 회색 라인으로 보입니다.

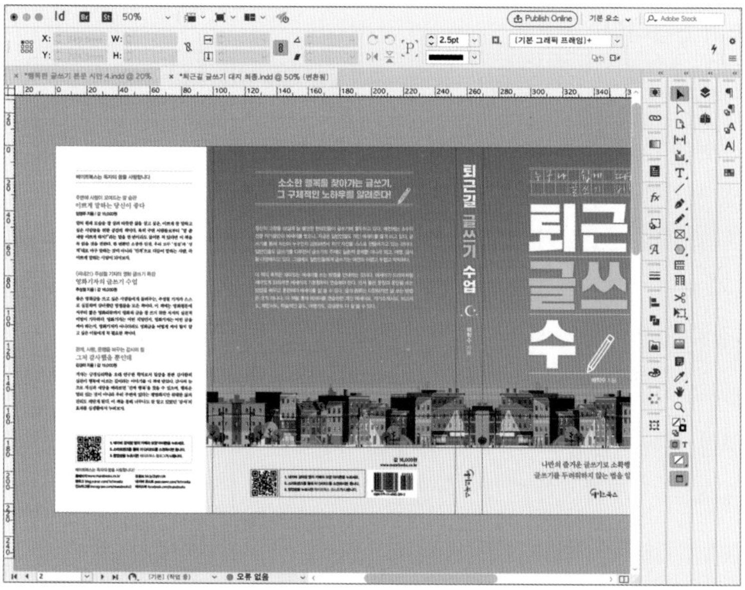

▲ 앤티 앨리어스 사용 설정을 하면 작은 글씨도 잘 보입니다.

방법은 간단합니다. [편집]-[환경 설정] 메뉴-[화면 표시 성능]-[앤티 앨리어스 사용]에서 [다음 크기 이하일 때 흐리게 처리]를 0pt로 설정합니다. 흐리게 처리하지 않겠다고 옵션을 설정하는 것입니다.

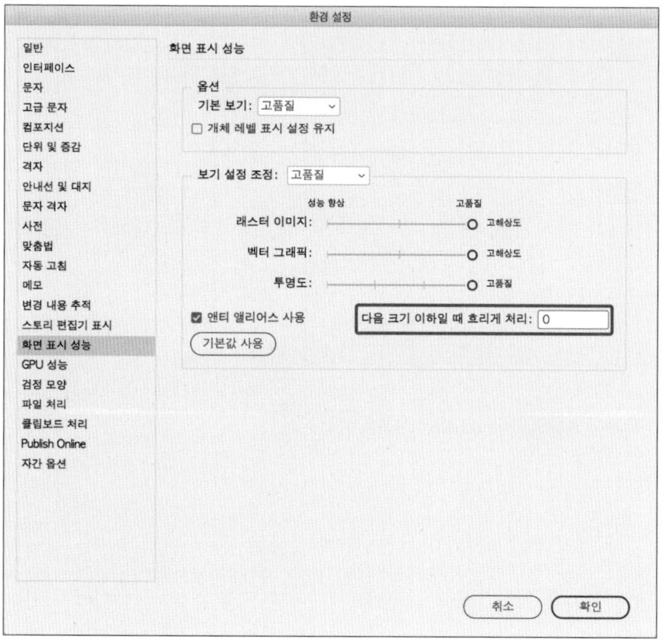

Q14 검정이 자꾸 녹아웃됩니다

[편집]–[환경 설정] 메뉴–[검정 모양]–[[검정]의 중복 인쇄]

인디자인을 비롯한 대부분의 DTP 프로그램에서 [검정]은 오버프린트(중복 인쇄)로 기본 설정되어 있습니다. [검정]을 제외한 다른 색상이 오버프린트될 경우 서로 섞인 색상이 나오지만 [검정]은 다른 색이 섞여도 [검정]으로 보이기 때문에 오버프린트되는 것인데요. 이로 인해 녹아웃(오브젝트 주변으로 혹시 보일지 모르는 흰색 여백)을 방지하게 됩니다. 하지만 이 설정이 잘못되면 인쇄 사고로 이어질 수 있으니 작업 시 유의해야 합니다.

[특성]과 [효과] 패널에서 임의로 설정할 수도 있지만, 그러지 않았음에도 계속 [검정]이 녹아웃된다면 [편집]–[환경 설정] 메뉴–[검정 모양]–[[검정]의 중복 인쇄]를 확인해보세요. [[검정] 색상 견본 100%로 중복 인쇄]의 체크 표시가 해제되어 있을 수 있습니다.

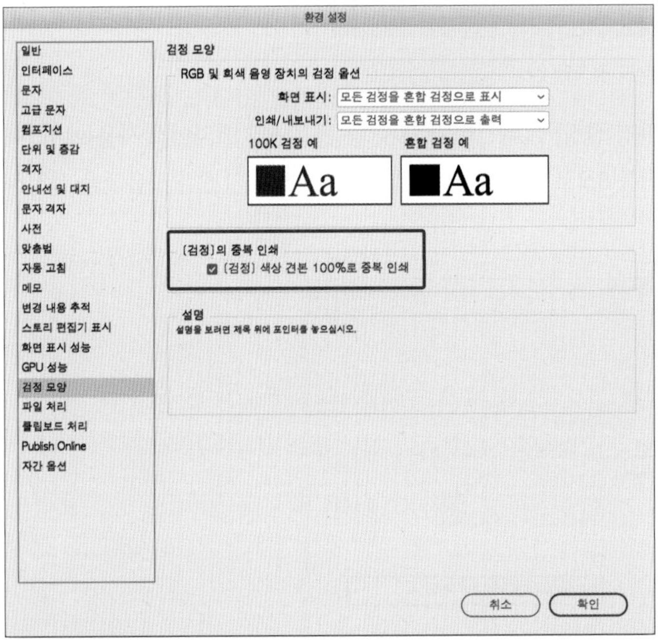

TIP [색상 견본] 패널의 [맞춰찍기] 색상은 K100%의 검정(먹)이 아니니 사용하지 않도록 합니다.

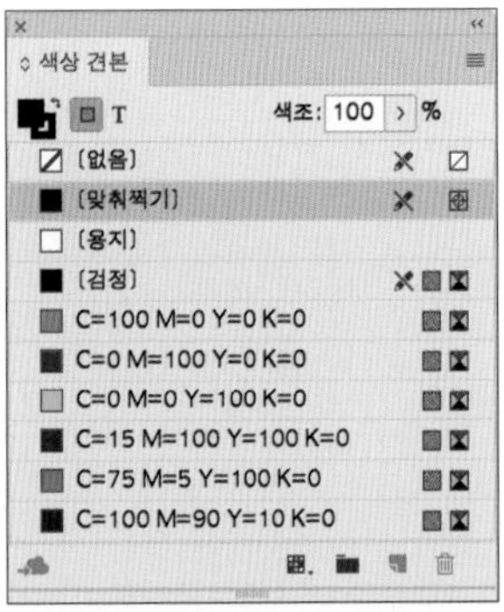

Q15 한글에 있는 표를 인디자인으로 불러올 수 없나요?

[편집]–[환경 설정] 메뉴–[클립보드 처리]–[다른 응용 프로그램의 텍스트 및 표를 붙일 때 붙이기]

기본적으로 한글(hwp) 프로그램에서 작업한 원고는 인디자인으로 불러올 수 없습니다. 하지만 많은 클라이언트가 워드가 아닌 한글 파일 넘겨줍니다. 이때는 좀 번거롭긴 하지만 한글 프로그램을 열어서 원고를 모두 복사한 후 인디자인에 붙여 넣는 방식을 사용합니다. 그런데 문제는 표 서식의 원고입니다. 워드나 엑셀에서 작업한 파일은 표 서식 그대로의 포맷을 유지한 채 불러올 수 있지만 한글에서 작성한 표는 그렇지 않습니다. 원고 중에 표가 얼마 없다면 가벼운 마음으로 작업하겠지만 표 수가 엄청나게 많다면 어떨까요? 디자이너의 마음은 무거워지고 눈앞은 깜깜해질 것입니다.

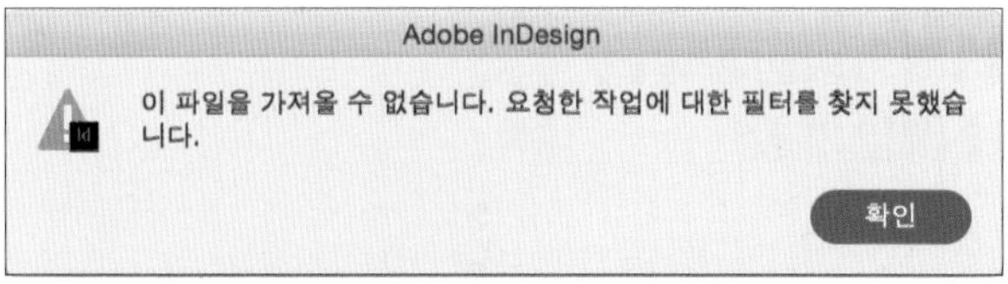

◀ 한글 파일을 인디자인으로 불러왔을 때 뜨는 오류 메시지

마음 같아서는 원고를 되돌려보낸 후 '워드로 다시 작성해서 주세요.'라고 말하고 싶지만 쉽지 않습니다. 이런 씁쓸한 상황을 방지하기 위해서는 사전에 클라이언트에게 미리 '표 서식이 많은 원고는 워드 형식으로 원고를 보내달라'고 요청해야 합니다.

이러지도 저러지도 못하는 상황이라면 효율적으로 일하는 게 좋겠죠. [편집]–[환경 설정] 메뉴를 클릭하고 [클립보드 처리] 탭의 [다른 응용 프로그램의 텍스트 및 표를 붙일 때 붙이기]–[붙이기] 항목의 [모든 정보]에 체크 표시합니다. 그리고 한글 프로그램에서 표를 복사해서 인디자인에 붙여 넣습니다. 한글에서 작업된 표가 쉽게 붙여 넣어지는 것을 볼 수 있습니다.

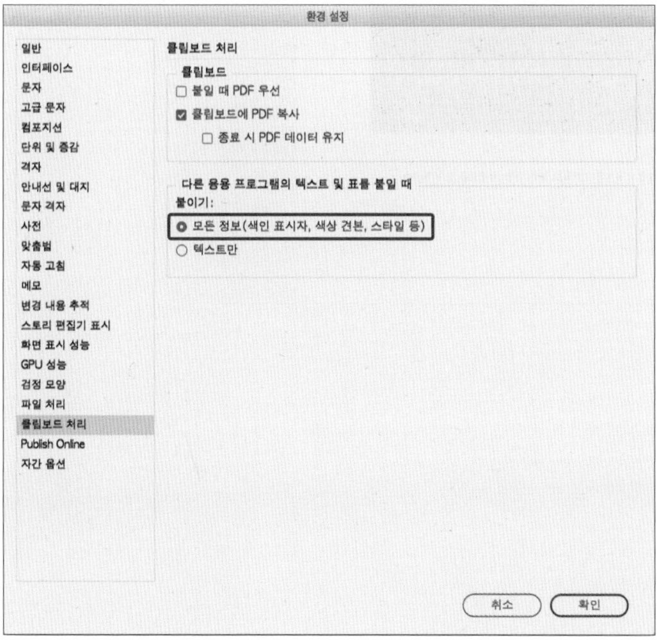

TIP 제대로 호환되지 않는 원고를 전달받으면 말 그대로 '노가다'를 해야 합니다. 시간은 금이라고 했습니다. 그런데 했던 작업을 계속 반복하며 시간을 허투로 쓰면 어떻게 될까요? 생각하고 싶지 않을 것입니다.
가끔 디자이너의 시간은 생각하지 않은 채 몇백 쪽의 한글 원고를 넘겨주며 '이번주까지 해주세요!'라고 말하는 클라이언트도 있습니다. 그럴 때는 '인디자인과 호환되지 않는 한글 파일을 주셨군요. 나는 앞으로 노가다 작업을 해야 하나요?'라는 느낌으로 최대한 곤란한 표정을 지어봅니다. 그리고 환경 설정을 변경하여 작업을 완료한 후 '정말 힘든 작업이었지만 책임감으로 마쳤습니다!'라고 말합니다. 이제는 힘든 일도 마다하지 않는 성실하고 손도 빠른 디자이너가 되어 있겠지요?

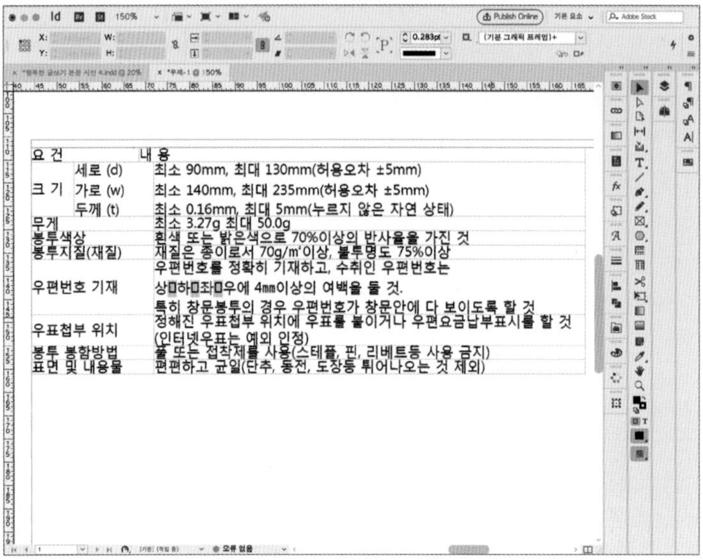

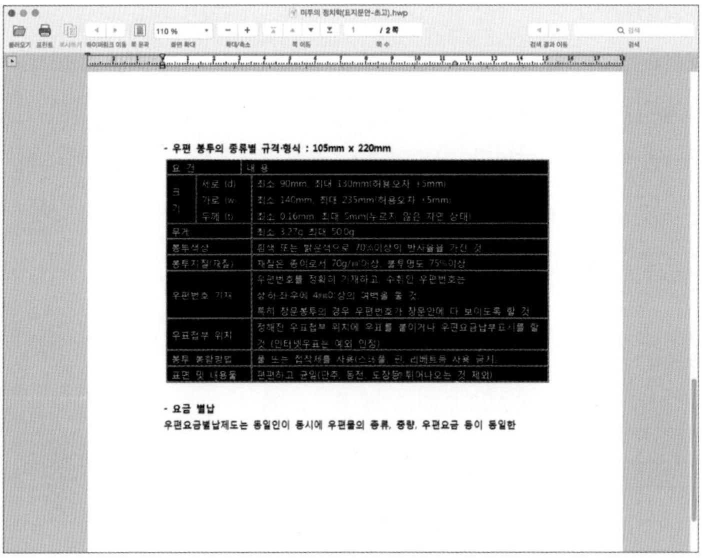

04 작업 파일 효율적으로 관리하기

디자인 작업에는 서체나 이미지처럼 많은 소스를 사용합니다. 물론 소스가 필요하지 않은 작업도 있을 것이고 인디자인의 다양한 기본 그래픽 기능을 활용하여 작업할 수도 있습니다. 그러나 아무리 좋은 기능이 있더라도 세밀한 그래픽 작업을 위해서는 아직까지 일러스트레이터와 포토샵의 도움을 빌려야 하는 게 사실입니다. 따라서 디자인의 디테일을 살려줄 소스의 역할은 클 수밖에 없습니다. 이때 소스를 제대로 정리하지 않고 사용하다가는 나중에 곤란한 문제가 생길 수 있습니다.

인디자인 소스 파일을 한곳으로 모으기

인디자인에서는 이미지 소스를 링크로 관리합니다. 그런데 여기저기서 링크를 끌어오다보면 연결이 해제되거나 유실되는 경우가 생깁니다. 링크가 제대로 연결되지 않은 소스는 인쇄, 출력 과정에도 영향을 끼쳐 이미지의 해상도가 떨어지거나 아예 보이지 않을 수도 있습니다. 따라서 한 문서에 사용한 디자인 소스는 한 폴더에 몰아서 저장하여 작업하는 것이 좋습니다. 특히 인디자인은 유실된 이미지 링크에 대하여 같은 폴더 안에 있는 파일을 한꺼번에 찾아주기 때문에 한 폴더로 관리하는 것이 더욱 편리합니다.

폴더를 구별해 파일 관리하기

소스 파일뿐만 아니라 클라이언트 또는 기획자(편집자)로부터 받은 원고 파일, 서로 주고받았던 시안 파일도 폴더를 만들어 정리하는 것이 좋습니다. 이때는 각각 주고받은 날짜를 파일명으로 입력하고 피드백이 있을 때마다 복제 파일을 만들어 새로 작업합니다. 날짜를 기준으로 만든 파일은 작업에 대한 히스토리 역할도 하므로 이후에 있을지 모르는 분쟁에 대비할 수 있습니다.

원고와 참고 자료는 [Documents] 폴더에, 주고받은 디자인 파일은 [Send Files] 폴더에, 이미지 소스는 [Links] 폴더에, 디자인 시안 파일은 [Sample] 폴더에 각각 넣어 관리하는 것이 좋습니다. 형식은 다르더라도 알아보기 쉽게 파일을 정리해야 이후에 본인을 비롯한 동료들도 쉽게 파일을 찾아볼 수 있고 관리하기도 수월합니다.

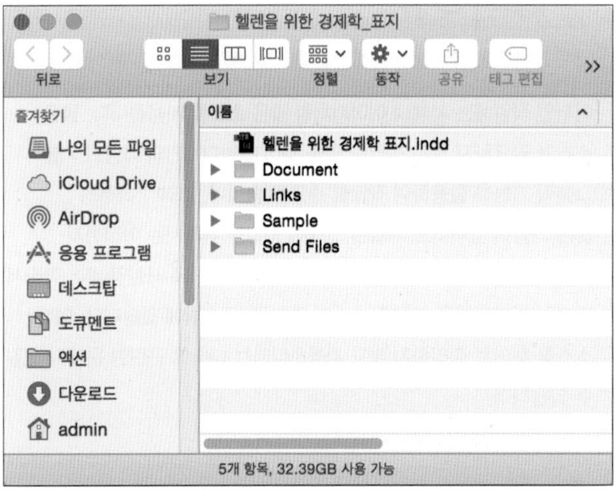

▲ 각각의 파일을 분류하여 폴더 안에 넣고 바깥에는 최종 파일만 남겨둡니다.

10 년차 선배의 멘토링 상황에 맞는 파일 저장 방법

'잊지 말자 Save! 3분마다 Save!'라는 말을 들어보셨나요? 예전부터 디자인 작업에서 '저장하기'는 매우 중요한 단계였습니다. 특히 용량이 큰 작업을 할 때 더욱 중요합니다. 작업이 저장되지 않은 상태에서 갑자기 프로그램이 멈추거나 모니터 화면이 파란색으로 바뀌면 이제까지 고생한 작업물을 모두 날리게 됩니다. 다시 프로그램을 열어 처음부터 작업해야 하는 '멘붕' 상황이 생기죠. 이를 방지하기 위해 '3분마다 Save'라는 말이 생겼다 해도 과언이 아닙니다. 많은 디자이너가 작업을 진행할 때마다 무의식적으로 Ctrl + S 를 누를 정도였답니다.

저장하기

[파일]-[저장] 메뉴(Ctrl + S /맥 Command + S)

가장 많이 사용하는 저장 방식으로 사용 중인 파일을 저장할 때 사용합니다. 컴퓨터 사양이 낮다면 자주 단축키를 눌러주세요.

다른 이름으로 저장하기

[파일]-[다른 이름으로 저장] 메뉴(Ctrl + Shift + S /맥 Command + Shift + S)

현재 작업 중인 파일을 다른 파일로 저장할 때 사용합니다. 다른 이름으로 저장하기 기능을 실행하면 기존 파일은 최종 저장된 상태를 유지하며 현재 작업 과정까지는 새로운 파일로 생성되어 저장됩니다. 다른 이름으로 저장하기 기능을 실행하면 히스토리가 초기화되어 실행 취소(Ctrl + Z /맥 Command + Z)가 적용되지 않으므로 유의합니다.

사본 저장하기

[파일]-[사본 저장] 메뉴(Alt + Ctrl + S /맥 Option + Command + S)

사본 저장 기능은 다른 이름으로 저장 기능과 마찬가지로 새로운 파일을 생성하면서 저장하지만, 다른 이름으로 저장과 달리 현재 문서를 계속 작업하면서 중간중간 사본을 백업, 저장하는 구조입니다. 따라서 실행 취소 기능도 제대로 작동합니다. 작업한 히스토리를 유지하면서 현재 문서를 따로 저장하고 싶다면 다른 이름으로 저장하기보다 사본으로 저장하는 것이 편리합니다.

빠른 작업을 돕는 기기 활용하기

디자이너의 성향이나 취향에 따라 작업 효율을 높여주는 나만의 무기가 있습니다. 컴퓨터의 운영체제부터 인쇄물의 퀄리티를 좌우하는 모니터, 마우스와 태블릿을 비롯한 주변기기에 이르기까지 종류는 다양합니다. 최근에는 스마트폰이 대중화되면서 디자이너의 작업을 돕는 앱도 속속 등장하고 있죠. 넓게 보면 디자인 영감을 북돋는 디자인 사이트도 이에 해당할 것입니다. 이번에는 디자이너의 가장 가까이에 있는 기기에 대해서 살펴보겠습니다.

01 IBM? Mac? 어떤 운영체제를 써야 하지?

결론을 먼저 말하자면 IBM과 Mac, 어느 것을 사용하더라도 작업에 큰 영향을 끼치지 않습니다. 본인이 사용하기에 편한 운영체제를 사용하면 됩니다. 불과 몇 년 전까지만 해도 편집디자이너들은 Mac을 선호했습니다. 아니, 선호할 수밖에 없었다고 말하는 것이 더 정확하겠네요. 인쇄 출판의 기반이 되었던 편집 프로그램(쿼크)과 즐겨 사용하는 서체들이 Mac에서만 작동했기 때문입니다.

하지만 지금은 포토샵, 일러스트레이터, 인디자인을 비롯한 각종 그래픽 프로그램들과 다양한 서체들이 IBM과 Mac에서 뛰어난 호환성을 자랑하며 개발되고 있어 서체 때문에 굳이 Mac을 사용해야 할 필요는 없습니다. 오히려 워드와 엑셀이 포함된 MS오피스의 경우는 윈도우에서 더 좋은 호환성을 갖고 있기 때문에 본인에게 맞는 운영체제를 사용하는 것이 좋습니다.

▲ IBM

▲ MAC

이렇듯 IBM의 이점이 많은 와중에도 Mac을 선호하는 디자이너들이 많습니다. 그 이유는 Mac의 UI(User Interface)와 모니터 색감 때문입니다. 물론 UI는 각자 장단점과 주관적 호불호가 있으니 어느 쪽이 더 우월하다고 말하기가 애매합니다. 요즘은 하드웨어의 색감 차이가 많이 줄기도 했고요. 다만 색에 민감한 디자이너라면 Mac이든, IBM이든 주기적으로 컬러프로파일을 재설정해야 합니다. Mac이라고 해서 색감이 늘 완벽하진 않으니까요. 또 Mac은 컬러프로파일이 UI 전반적인 부분에 적용되는 반면, IBM은 특정 프로그램에 한해 부분적으로 적용되기 때문에 색감 차이가 큰 것처럼 보입니다. 하지만 정작 IBM과 Mac에서 포토샵을 사용해보면 두 운영체제의 큰 차이를 발견할 수 없습니다. Mac이 컬러를 설정할 때 덜 귀찮은 정도랄까요?

예전에는 Mac을 한 번 사면 IBM보다 오래 사용하는 경향이 있었지만 지금은 교체 시기가 비슷합니다. 반면 가격은 Mac이 2배 이상 비쌉니다. 물론 IBM의 경우도 본체와 전문가용 모니터의 조합으로 구입하면 Mac에 버금가는 금액이 나오기도 합니다. 따라서 컴퓨터를 선택할 때는 사용 여부에 따른 편리성을 비교해 선택하는 것이 좋습니다.

02 이젤, 도화지보다 중요한 디자이너의 모니터

화가에게 밑그림을 그리기 위한 도화지가 있다면 디자이너에게는 작업 과정을 보여주는 모니터가 있습니다. 디자이너에게는 본체보다 모니터가 더 중요한 구성 요소가 되기도 하는데, 디자이너를 위한 고가의 전문가용 모니터도 따로 있습니다.

그렇다면 과연 어떤 모니터가 좋은 모니터일까요? 화면 크기가 넓고 해상도가 높은 모니터요? 디자이너에게 무엇보다 중요한 것은 색감입니다. 특히 그래픽디자이너나 포토그래퍼 같은 그래픽 전문가들은 색감에 민감할 수밖에 없는데 이점을 보완할 수 있는 모니터가 좋은 모니터입니다. 하지만 전문가용 모니터는 매우 고가라서 구입할 엄두를 내기가 쉽지 않기 때문에 보통은 일반 모니터를 사용합니다.

하지만 일반 모니터를 사용한다고 해서 색감을 포기하는 것은 아닙니다. 모니터의 컬러프로파일과 캘리브레이션을 통해 현재 모니터에서 뽑아낼 수 있는 최상의 색감을 설정할 수 있습니다. 아무리 좋은 모니터라 할지라도 시간이 지나면 색감이나 밝기가 변하기 때문에 이에 민감한 분들은 좋은 모니터를 사용하더라도 주기적으로 모니터의 컬러프로파일을 재설정하면서 작업해야 합니다.

모니터의 색감이 중요하지 않은 디자이너는 없지만, 특히 편집디자이너의 경우는 인쇄 교정 단계에서 색감을 확인할 수 있기 때문에 무리하게 전문가용 모니터를 사용할 필요는 없습니다.

03 마우스와 태블릿

마우스와 태블릿은 키보드와 더불어 디자이너의 작업을 모니터에 구현해주는 입력 장치입니다. 다른 직종에 비해 유난히 마우스 사용 빈도가 많은 디자이너는 프로게이머 못지 않게 마우스의 반응 속도에 민감합니다. 이때는 시스템 환경 설정에서 본인이 원하는 방향으로 적절히 조정해 사용하는 것이 좋습니다. 마우스의 형태도 많은 영향을 끼치는데, 예를 들어 너무 크거나 무거우면 작업자의 손목에 통증이 생길 수 있습니다. 반면에 마우스가 너무 작으면 마우스를 자꾸 놓칠 수도 있기 때문에 적당한 무게와 그립감을 고려하여 제품을 선택합니다.

▲ 마우스와 태블릿

하지만 아무리 마우스 동작 환경을 미세하게 설정하더라도 마우스로 세밀한 작업을 하는 데는 한계가 있습니다. 특히 세밀한 연속 작업을 할 때는 펜처럼 사용하는 태블릿이 효과적입니다. 일반적으로 태블릿은 일러스트레이터나 그래픽 아티스트 같은 직업군에서 많이 사용하지만 편집디자이너에게도 매우 유용한 입력 장치입니다. 연필로 그림을 그리듯 원하는 위치에 정확히 커서를 가져다 놓을 수 있기 때문에 마우스보다 세밀하게 작업할 수 있습니다. 초반에는 태블릿이 어색해서 답답하게 느껴질 수도 있지만 태블릿 사용에 적응되면 마우스로 작업할 때보다 작업 속도가 향상되는 것을 느낄 수 있습니다.

10 년차 선배의 멘토링 모니터 똑똑하게 사용하는 세 가지 방법

1. 모니터 밝기를 조정하라!

밝은 곳에서 핸드폰 액정 화면을 보면 잘 보이지 않듯 모니터도 주변 환경보다 어두우면 색감을 제대로 표현할 수 없습니다. 대부분은 모니터 화면을 주변 환경보다 밝게 사용하지만, 모니터 뒤로 창문이 있어 빛이 들어오거나 반사된다면 문제가 생길 수 있습니다. 반대로 모니터 화면의 밝기가 너무 밝아도 좋지 않은 결과를 초래합니다. 인쇄물의 색감은 CMYK 컬러를 사용하는 감산혼합 방식이기 때문에 약간 탁한 느낌이 있습니다. 반면 모니터의 색감은 RGB 컬러로 가산혼합 방식을 사용하므로 맑고 선명한 느낌을 줍니다. 따라서 밝기가 너무 밝으면 모니터와 인쇄물의 색감 차이가 심해지므로 모니터의 위치는 햇빛이 들지 않는 장소가 적당합니다.

2. 문서의 실제 크기에 맞추어 모니터 비율을 조정하라!

인쇄물을 제작할 때 오브젝트의 크기는 반드시 실물로 출력해서 확인해야 합니다. 하지만 종종 모니터로 확인할 때도 있는데 주의할 점이 있습니다. 편집 프로그램에서 말하는 문서와 실제 인쇄물의 크기가 다르다는 사실입니다. 따라서 자신의 모니터에서 실제 문서의 100% 크기에 해당하는 비율을 찾아둬야 합니다. 그러면 굳이 프린트하지 않아도 어림짐작으로 크기를 가늠할 수 있습니다. 참고로 저는 인디자인에서 문서 크기를 97.5%로 설정했을 때 실제 인쇄물과 크기가 같아집니다.

3. 듀얼 모니터를 사용하라!

책자 형식의 인쇄물을 작업하다 보면 워드 문서와 이미지 뷰어, 그리고 인디자인을 동시에 번갈아 가면서 화면에 띄워야 하는 작업이 많습니다. 따라서 모니터 두 대를 연결해 사용하면 매우 편리합니다. 증권가 사무실을 보면 듀얼 모니터를 사용하는 모습을 자주 볼 수 있는데, 이 역시 한 화면에서 동시에 띄워놓고 봐야 하는 것들이 많기 때문입니다.

CHAPTER 02

편집디자인의 첫걸음, 종이 정복하기

종이는 편집물의 형태와 느낌, 제작까지 모두 좌우하므로 매우 중요합니다. 따라서 되도록이면 디자이너가 직접 종이를 선택하는 편이 좋습니다. 물론 비용 때문에 저렴한 종이로 대체되는 경우도 다반사지요. 그렇다고 무조건 타협할 수는 없죠! 암요, 디자이너 자존심이 있지!
다만 자존심만으로는 먹고살기 힘드니까 종이에 대해서 잘 알고 있어야 합니다. 여기에서는 종이의 특징과 원하는 종이를 효과적으로 선택하는 방법을 알아보겠습니다.

01

종이를 알면 디자인도 백전백승

'내가 이럴 줄 알았어, 지루하게 무슨 종이 제작 과정?' 디자이너가 종이 만드는 장인도 아니고 이런 부분까지 알아야 하나 싶으시죠? 하지만 종이의 제작 과정과 종이의 종류, 특성을 알아야 좀 더 재미있고 효과적으로 종이를 사용할 수 있습니다.

그 흔한 종이, 이렇게 만들어졌다

흔히 '종이'라고 하면 지류 회사에서 판매 중인 종이를 생각하겠지만 디자이너가 직접 만들어 쓰는 '수제 종이'도 있습니다. 물론 시간과 노력이 많이 필요하고 수량도 매우 적습니다. 그러나 콘셉트상 필요하다면 직접 만든 종이를 사용해 '고급스럽고 멋스러운 한정판' 인쇄물을 만들 수 있습니다. 예를 들어 VVIP에게만 돌리는 최고급 파티 초대장이라든가, 유명 빈티지 브랜드의 한정판 상품에 들어가는 태그(Tag) 같은 것들을 직접 만든 종이로 디자인할 수 있습니다. 수제 종이는 받는 사람의 품격과 가치를 동시에 드높일 수 있는 '잇템'으로 디자이너라면 누구나 만들어 보고 싶은 본능이 으러렁댈 것입니다. 그렇다면 이러한 수제 종이뿐만 아니라 우리가 일반적으로 사용하는 종이는 어떻게 만들까요?

펄프

나무를 베어서 껍질을 벗긴 후 잘게 쪼개 분쇄합니다. 그런 다음 잘 골라 뽑은 후 섬유를 추출해 펄프를 만듭니다.

원료 조성

종이를 만들 수 있는 적당한 농도로 원료를 농축시킨 후 깨끗하게 표백합니다. 펄프에 원료와 약품을 일정한 비율로 배합하면서 종이의 원료를 만듭니다.

초지기

초지기로 종이를 떠서 탈수, 압축, 건조하는 과정으로 이 단계에서 종이의 전반적인 특징과 질이 결정됩니다. 디자이너 입장에서 가장 중요한 공정이기도 합니다.

코팅 및 광택

종이에 코팅액을 발라 표면을 매끄럽게 해주는 과정으로 표면을 평활화하고 두께를 조정해 인쇄가 잘되도록 합니다.

TIP '평활'은 평평하고 넓다는 뜻으로 편집디자인에서 '평활도'를 나타낼 때 쓰입니다. 평활도는 종이의 매끄러운 정도를 의미하며 인쇄 적성을 평가하는 데 중요한 성질입니다. 자세한 내용은 '평활도(표면성)'에서 더 알아보겠습니다.

리와인더

넓은 폭으로 생산된 종이를 고객의 요구에 따라 재단한 후 용도와 규격에 맞춰 다시 감아 롤(Roll)로 만듭니다.

종이, 낱낱이 파헤쳐보자

편집디자인에서는 그래픽의 영향도 크지만 이를 더욱 돋보이게 만드는 종이의 역할도 무시할 수 없습니다. 지피지기면 백전백승이란 말처럼, 종이에 대해 알면 알수록 좀 더 다양한 인쇄물을 제작할 수 있습니다. 얇은 종이로 일부러 뒷장이 비치도록 한다거나, 나무 재질감이 느껴지는 종이를 선택해 촉각으로 감성을 전달하는 것도 가능합니다. 눈의 피로를 덜고 가독성을 높여주는 종이를 선택하여 눈이 편안한 디자인을 할 수도 있습니다. 그래픽으로 흉내낼 수 없는 종이의 고유한 성질을 알아보고 상황에 맞는 종이 선택법을 알아보겠습니다.

두께(μm)

두께는 종이의 무게와 밀도에 관련이 깊습니다. 같은 두께라 할지라도 밀도가 높을수록 종이는 무거워지겠죠? 종이가 너무 얇으면 찢어질 위험이 있고, 너무 두꺼우면 잘 굽혀지지 않기 때문에 80~240g 정도가 인쇄하기에 적합합니다. 이 범위를 벗어나면 인쇄 과정에서 신경 써야 할 부분이 많아집니다. 특히 300g 이상의 종이를 사용해야 한다면 인쇄소에 문의해 작업이 가능한지 사전에 꼭 알아봐야 합니다. 대체로 300g까지는 인쇄할 수 있지만 그보다 두꺼운 종이는 기계에 무리를 줄 수 있기 때문에 인쇄소에서 꺼려하는 편입니다. 물론 단골 인쇄소와 두터운 친분을 유지했다면 흔쾌히 해줄지도 모릅니다. 인쇄소 기장님은 디자이너 하기 나름이니까요!

만약 선택한 종이가 너무 두껍다면 다른 방식(실크 인쇄 등)으로 인쇄하거나 종이 두께를 조정해야 합니다. 또한 같은 두께의 종이일지라도 명함처럼 작게 재단하여 사용할지, 브로슈어처럼 크게 재단하여 사용할지에 따라 느껴지는 두께감이 달라집니다. 이때는 제작하기 전에 실제로 가제본 샘플을 만들어보면 많은 도움이 됩니다.

TIP 종이의 두께는 책등의 두께를 결정짓습니다. 따라서 책자 진행 시 본문에 자주 사용하는 종이의 두께는 알아두는 것이 좋습니다. 미리 결과물을 만들어보고 책의 느낌과 시간, 비용 등을 고려하여 빠르게 대처하는 것도 디자이너의 능력입니다.

밀도

종이의 조밀한 정도를 말하며, 인쇄물에서 가장 중요한 느낌의 차이를 나타냅니다. 밀도는 반드시 무게와 비례하지는 않습니다. 같은 두께라도 밀도가 낮으면 상대적으로 무게가 덜 나가므로, 두껍지만 가벼운 책을 만들 때는 밀도가 낮은 종이를 선택합니다. 특히 휴대성이 강하고 정보의 양이 많을수록 밀도가 낮은 종이를 사용합니다. 예를 들어 여행책이나 외국어 단어장 같은 실용, 어학 도서는 낮은 밀도의 종이를 사용합니다.

평활도(표면성)

종이 표면의 거칠고 매끄러운 정도를 나타낼 때 사용합니다. 종이가 반질반질할수록 평활도가 높으며 거칠수록 평활도가 낮다고 할 수 있습니다. 평활도는 종이의 질감과 인쇄의 전반적인 느낌을 전달하는 결정적인 성질입니다. 종이의 표면이 거칠면 거칠수록 광택이 난반사되거나 잉크가 고르게 침투하지 못해 좋은 인쇄 품질을 얻을 수 없습니다. 예를 들어 평활도가 낮은 종이에 단색으로 인쇄할 경우 울퉁불퉁한 결 때문에 색상이 선명하지 않고 희끗한 종이의 틈이 나타납니다. 하지만 평활도를 어떤 식으로 활용하느냐에 따라 디자이너의 의도를 구현할 수도 있습니다. 예를 들어 질감이 있는 종이는 고급스러운 느낌을 주기 때문에 고급 브로슈어나 표지에 자주 사용됩니다. 주로 종이 자체의 질감을 살리고 박이나 형압 등 인쇄가 아닌 다른 방법을 이용해 메시지를 전달하기도 합니다. 반면 평활도가 좋은 아트지 계열은 색상이 잘 표현되어 컬러 사진이 많이 들어가는 잡지나 매뉴얼 등에 주로 사용합니다.

TIP 박, 형압 등의 후가공에 대한 자세한 설명은 이 책의 216쪽을 참고하세요.

평량(무게, g/m²)

종이의 1m²당 무게(g)를 말하며 강도, 불투명도, 두께에 영향을 미칩니다. 대체로 두께가 두꺼울수록 무게가 많이 나가지만 가벼우면서 두꺼운 종이도 있으므로 잘 확인해야 합니다. 종이는 종류별로 생산되는 평량이 다르므로 용도에 맞게 선택해서 사용해야 합니다.

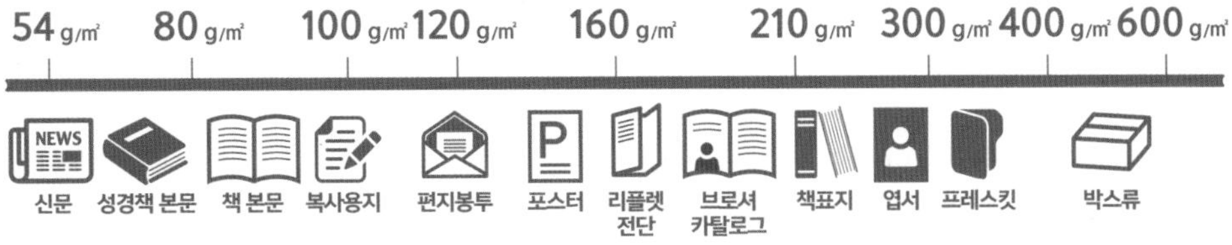

▲ 종이 두께별 사용처

두꺼운 양장본인데도 다른 책보다 가벼운 책들이 종종 있습니다. 이는 비용을 절감하기 위해 질이 나쁜 종이를 사용한 것이 아니라 일부러 가벼운 종이를 선택해 독자가 들고 다니기 편하도록 제작된 책입니다. 또 자주 들고 다니는 책일 경우 표지 부분이 상하지 않도록 일반 표지보다 견고한 하드 커버의 양장 제본 방식을 선택하기도 합니다. 겉표지는 견고하게 만들어 손을 타도 손상되지 않도록 하고, 대신 본문은 가벼운 종이로 사용해 책 전체의 무게를 가볍게 만든 것이지요! 그러면 가방 속에 책을 넣고 다녀도 손상과 무게에 대한 부담감이 줄어들 테니까요! 특히 여성용 가방은 작기 때문에 여성이 주로 읽는 소설은 좀 더 작고 가볍게 만듭니다.

백감도(흰색의 정도)

종이의 흰색의 정도를 말하며 펄프를 가공하는 단계에서 표백을 많이 할수록 백감도는 높아집니다. 같은 흰색이라도 내추럴 화이트, 울트라 화이트, 스노우 화이트 등 흰색을 나타내는 명칭이 다양합니다. 따라서 작업물의 성격에 따라 알맞은 색상을 사용해야 하며 같은 종이라도 흰색의 종류가 두 가지 이상이라면 반드시 어떤 흰색을 사용할지 지정해야 합니다. 대체로 지업사에서 어떤 색상의 종이를 사용할지 되묻기도 하지만 종종 자주 사용하는 색상으로 그냥 발주하는 경우도 있기 때문에 유의해야 합니다. 특히 모조지는 백색보다 미색을 많이 사용하므로 색상을 지정하지 않으면 미색으로 발주가 들어가는 경우가 많습니다. 일반적으로 내추럴(미색, 아이보리 계열) 쪽으로 갈수록 눈의 피로가 줄고, 울트라(백색, 순백색 계열) 쪽으로 갈수록 인쇄물의 발색이 좋습니다. 또 제조사별로 백감도의 차이가 있기 때문에 추가로 인쇄할 경우 이전에 사용했던 종이의 종류뿐 아니라 제조사도 맞춰야 작업의 완성도를 높이고 사고도 미리 방지할 수 있습니다.

백색도(종이의 밝기)

흰빛에 대한 종이의 밝기를 말합니다. 백감도와 백색도 모두 펄프 표백 단계에서 종이의 밝은 정도를 말하지만, 백감도가 사람의 눈으로 보이는 하얀 정도를 나타낸다면, 백색도는 빛에 대한 반사 정도를 백분율(%)로 나타냅니다. 색 변화에 민감한 파장(457nm)을 이용하여 산화마그네슘에 대한 반사 정도를 나타내며 종이 제조사에 따라 조금씩 차이가 있습니다.

불투명도

불투명도는 종이의 재미있는 특징 중 하나입니다. 그래픽과 인쇄로는 연출할 수 없는 효과를 만들거든요! 불투명도는 종이에 빛이 투과되는 정도를 말하며 밀도와 어느 정도 관련이 있습니다. 특히 디자인 의도에 따라 트레이싱지(Tracing Paper)처럼 잘 비치는 종이를 선택해 재미있는 효과를 연출할 수도 있습니다. 하지만 양면 인쇄를 하는 경우에는 잉크의 사용량에 따라 알맞은 종이를 선택해야 합니다. 너무 투명한 종이를 선택하면 뒷면의 내용이 비치기 때문입니다. 그러면 편집물의 가독성이 떨어지고 인쇄물을 보는 사람의 눈이 쉽게 피로해집니다.

광택도

종이 표면에 빛이 반사되는 정도를 말합니다. 아마 잡지류를 보면서 눈이 부셨던 경험이 있을 것입니다. 바로 광택도 때문인데요. 광택도가 높을수록 빛의 반사가 심해 눈이 쉽게 피로해지며 가독성도 떨어집니다. 하지만 아이러니하게도 인쇄가 잘 표현되는 특징 때문에 컬러 잡지에 주로 사용합니다. 반면 광택도가 낮은 모조 계열의 종이는 컬러사진이 적고 텍스트가 많은 단행본에 주로 사용합니다.

10년차 선배의 멘토링 알맞은 종이 선택을 위한 체크리스트

인쇄물을 만들기 위해서는 종이에 대해 잘 이해해야 합니다. 디자인을 구상하는 단계부터 어떤 종이를 사용하여 디자인할지 미리 계획해두는 것이 좋습니다. 다음은 디자인에 따라 알맞은 종이를 선택하기 위한 체크리스트입니다. 어떤 결과물로 보이면 좋을지 생각한 후 관련된 종이를 선택해보세요. 아직 종이에 대해 잘 모르겠다고요? 그렇다면 '다양한 종이 종류 제대로 알기'를 읽어본 후 다시 돌아와 체크해보세요.

- □ **가벼운 종이 – 이라이트처럼 밀도가 낮은 종이**
- □ **볼륨감이 있는 종이 – 두께와 평량이 높은 종이**
- □ **눈이 편안하고 가독성이 좋은 종이 – 미색 계열의 종이**
- □ **색상이 잘 표현되는 종이 – 평활도가 높은 종이**
- □ **질감이 있는 고급스러운 종이 – 누브지 계열의 종이**
- □ **친환경적인 느낌이 강한 종이 – 재생용지 또는 크라프트 계열의 종이, 또는 말똥종이처럼 티끌이 있는 종이**
- □ **질감이 느껴지는 종이 – 레자크, 페스티발처럼 무늬가 강한 종이**
- □ **뒤 비침이 심한 종이 – 트레이싱지 또는 평량이 낮고, 두께가 얇고, 밀도가 낮은 종이**
- □ **반짝이는 종이 – 펄지 또는 메탈지 계열**
- □ **강도가 높은 종이 – 크라프트 계열 또는 판지, 섬유 느낌의 종이, 밀도가 높은 종이**

다양한 종이 종류 제대로 알기

모조지(70~300g/m^2)

모조지 계열은 아트지와 함께 가장 많이 쓰는 지종 중 하나로 주변에서 흔하게 접할 수 있습니다. 화보나 브로슈어와 같이 컬러 이미지가 많이 쓰이는 고급 인쇄물보다는 주로 텍스트 위주의 중급 인쇄물을 제작할 때 많이 사용됩니다. 표면이 대체로 매끄러우며 탄력이 좋고 색상이 희다는 장점이 있습니다. 또한 가격도 저렴한 편에 속합니다.

TIP 종이는 흰색이 당연하다 싶겠지만 이는 100% 표백된 화학 펄프를 원료로 사용하기 때문입니다.

모조지의 종류는 색상으로 구분하며 백색모조, 미색모조, 컬러모조가 있습니다. 미색모조는 미색 특유의 부드러움과 안정감으로 눈의 피로를 덜어줍니다. 따라서 가독성이 뛰어나며 오래 읽어야 하는 단행본 도서류, 학습지류에 적합합니다. 덧붙여 우리가 자주 사용하는 복사 용지도 모조지 계열에 속합니다. 또한 뒤 비침이 적어 4도(컬러) 인쇄에도 무난하지만 이때는 백색모조를 사용하는 것이 좋습니다. 주로 1도(흑백) 인쇄의 경우 80g/㎡, 2도(먹+별색) 또는 4도(컬러) 인쇄의 경우에는 90g/㎡ 이상을 사용합니다. 책의 페이지가 너무 적을 경우 빈약해 보이는 약점을 보완하려고 100g/㎡을 사용하여 두껍게 제작하기도 합니다.

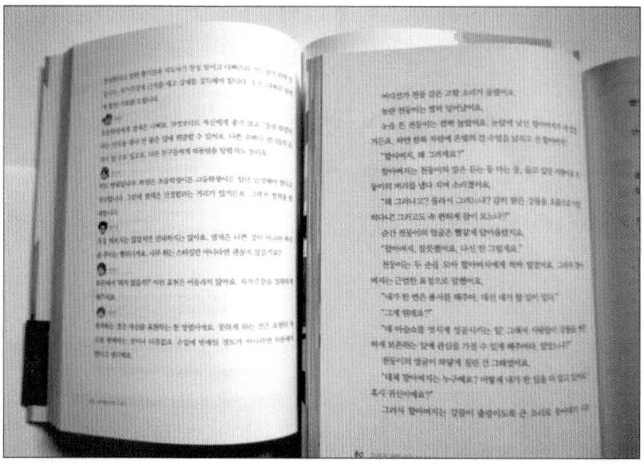

▲ 미색모조지와 이라이트지 색상 비교

이라이트지(70~100g/㎡)

모조지는 화학 펄프를 사용하는 데 반해 이라이트지는 나무 부스러기를 활용한 기계 펄프를 사용합니다. 따라서 새로 나무를 벨 필요가 없는 친환경 종이이나, 이미 사용한 종이를 활용한 재생 용지는 아닙니다. 이라이트(E-light) 또는 그린라이트(Greenlight)처럼 이름에 주로 라이트(light)가 붙으며 평량에 비해 두껍기 때문에 하이벌키(High Bulky)지라고도 합니다. 나무 부스러기를 활용했다는 이유 때문에 질 나쁜 종이로 오인하기도 합니다. 어느 출판사에서는 이라이트에 대한 고객의 항의 때문에 책 앞면에 '이 책에 쓰인 본문 종이 이라이트지는 국내 기술로 개발된 최신 종이로, 기존의 모조지나 서적지보다 더욱 가볍고 안전하며 눈의 피로를 덜게끔

품질을 한 단계 높인 고급지입니다.'라는 안내 문구를 넣을 정도입니다.

이라이트만큼 실속 있는 종이도 없습니다. 이라이트는 미색모조보다 약간 더 어두운 색상이고 빛 반사도 덜한 편입니다. 눈의 피로를 덜 느끼게 하므로 미색모조보다 가독성이 우수한 종이로 인정받고 있습니다. 게다가 종이 속에 기포를 함유하고 있어 같은 페이지라도 모조지보다 무려 20%나 더 가볍습니다. 해리포터 시리즈가 이라이트로 제작된 대표적인 소설이죠. 그러나 이라이트에도 단점이 있으니 바로 두께입니다. 가벼운 대신 종이의 부피가 크기 때문에 책이 두꺼워질 수 있습니다. 이 특성을 역으로 이용해 페이지가 적은 책에 두께감을 주려고 일부러 이라이트를 사용하는 경우도 있습니다.

TIP 아직까지는 이라이트지보다 모조지가 더 고급스럽다는 인식이 남아 있습니다. 따라서 책의 콘셉트에 맞게 가벼운 느낌을 주려면 이라이트지를 사용하는 것이 좋지만 친숙하고 고급스러운 느낌을 주려면 모조지 계열을 선택하는 것이 좋습니다.

아트지(100~300g/㎡)

아트지는 코트지와 비슷한 지종으로 광택과 평활도(매끄러운 정도)가 우수하고, 백색도가 높아서 세밀한 사진판 인쇄에 주로 사용합니다. 하지만 종이의 질감이 느껴지지 않을 정도로 매끄러워 누브지처럼 질감이 있는 종이에 인쇄한 편집물보다는 고급스러운 느낌이 덜한 편입니다.

TIP 코트지(Coat Paper, 피복지)는 안료와 접착제의 도피액, 혹은 합성 수지의 도피액 등을 종이 표면에 칠해 만든 종이(도피지) 중의 하나입니다. 도피지 중 도피액의 도포량이 적은 종이를 코트지라고 하며, 아트지는 도피량이 많아 매끈하고 광택이 우수합니다.

아트지는 책 표지를 비롯해 전단, 포스터, 리플릿 등 4도(컬러) 인쇄를 하는 편집물에 두루 사용합니다. 포스터는 120~150g/㎡, 리플릿은 150~200g/㎡, 책표지는 200~250g/㎡을 주로 사용합니다. 또한 종이의 내구성 또는 심미성을 위해 표면에 라미네이팅(코팅)을 하기도 합니다.

▲ 아트지(왼쪽)와 누브지(오른쪽). 인쇄 품질은 큰 차이가 없지만 아트지가 더 선명한 느낌을 주며 누브지는 부드럽고 고급스러운 느낌을 줍니다.

누브지(80~350g/㎡)

누브지는 러프그로스지(Roughgloss) 계열로 평활도가 높은 모조지나 아트지와 달리 종이 자체의 광택 없이도 색 구현이 뛰어난 지종입니다. 반누브, 걸리버 등 수입지부터 랑데뷰, 앙상블, 몽블랑에 이르는 국산지까지 그 종류가 매우 다양합니다. 수입지냐 국산지냐에 따라 가격과 품질도 천차만별이기 때문에 종이 회사에 문의해 인쇄된 샘플을 보고 종이를 골라야 합니다.

누브지 역시 평활도가 높은 편이지만 아트지보다 종이의 질감이 잘 드러나 고급스러운 표현을 할 수 있습니다. 따라서 고급 브로슈어, 초대장, 화보 등을 제작할 때 주로 사용합니다. 평량(g/㎡) 또한 다양해서 본문부터 엽서, 명함에 이르기까지 다양한 두께의 편집물에 사용할 수 있습니다. 색상은 지종에 따라 다르지만 크게 백색과 미색으로 분리되며 주로 울트라화이트, 스노우화이트, 내추럴화이트 등으로 표현됩니다.

누브지 위에 라미네이팅(코팅)을 하면 비싼 돈 주고 산 종이의 질감이 아트지와 별반 차이가 없어지기 때문에 하지 않는 편이 좋습니다. 라미네이팅보다는 박이나 형압처럼 후가공을 사용한 연출이 더 효과적입니다.

▲ 누브지 계열은 평활도가 낮아서 질감이 미세하게 느껴집니다.

TIP 가끔 누브지와 랑데뷰지를 혼동하는 디자이너들도 많습니다. 사실 누브지는 인쇄소에서 러프그로스지를 통칭하는 말로 쓰이기도 합니다. 인쇄소에 '누브지로 제작해주세요.'라고 해도 종이 수급에 따라 랑데뷰, 앙상블, 몽블랑, 아르떼 등 러프그로스지 계열의 다른 종이가 사용될 수도 있습니다.

크라프트지(175~440g/㎡)

크라프트지는 나무의 섬유질이 길고 질긴 특징이 있으며 강도가 매우 우수해 주로 포장 용지로 많이 사용합니다. 그러나 최근에는 감성적이고 빈티지한 이미지 때문에 사용 영역이 점차 넓어지고 있습니다.

화학 표백을 하지 않아 종이(나무) 고유의 자연스러운 색상을 띠지만 제품에 따라서는 회색을 띠는 크라프트지도 있습니다. 친환경적이고 빈티지한 이미지 때문에 친환경이나 재생 용지로 생각할 수도 있지만, 모든 크라프트지가 친환경, 재생 용지인 것은 아닙니다. 자신이 사용하려는 제품이 친환경인지, 재생 용지인지 알고 싶다면 친환경 인증마크를 확인하기 바랍니다. 또한 재생 용지가 아니므로 가격이 저렴하지 않다는 점도 잊지 마세요. 친환경 디자인도 좋지만 종이 때문에 등골이 휘어선 곤란해요!

▲ 종이에 붙이는 친환경 인증마크

① **ECF(Elemental Chlorine Free) 인증** | 무염소 표백 펄프

② **FSC(Forest Stewardship Council) 인증** | FSC에서 인증한 산림에서 생산된 재료로 만든 펄프

크라프트지는 크게 팬시용과 패키지용으로 나뉘는데 인쇄물의 목적에 따라 적합한 크라프트지를 사용합니다. 패키지용으로 만들어진 크라프트지가 내구성이 더 좋으며, 특히 식품류를 포장하는 용지로 사용할 경우에는 발암물질 같은 유독성이 없는 친환경 크라프트지를 사용해야 합니다.

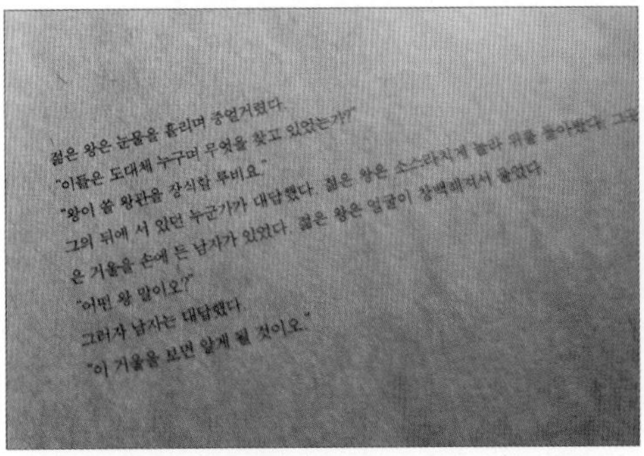

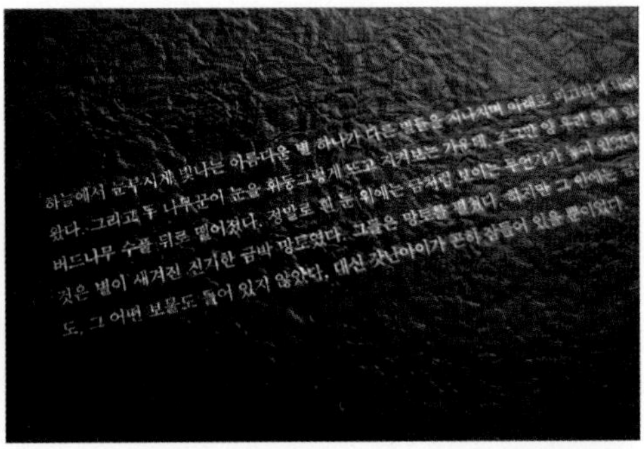

▲ 크라프트지 위에 먹색 인쇄(왼쪽), 흑색구김지 위에 은별색 인쇄(오른쪽). 크라프트지처럼 색상이 있는 종이는 먹색 또는 별색과 같은 특수 잉크로 인쇄해야 합니다.

또한 문구류나 책자로 사용할 때는 종이 자체의 고유한 색상(갈색)이 강하기 때문에 컬러 인쇄에 적합하지 않으며 1도(흑백 또는 별색) 인쇄 또는 실크 인쇄로 연출하는 것이 효과적입니다. 물론 종이 본연의 색감과 컬러의 조합으로 생겨나는 빈티지 효과를 위해 일부러 컬러 인쇄를 하는 경우도 있습니다. 경우에 따라 크라프트지를 사용할 수 없을 때에는 이미지를 이용해서 느낌만을 연출해 모조지나 재생지에 인쇄하기도 합니다.

중질지

중질지는 표백한 화학 펄프와 기계 펄프를 사용해 생산한 재생 종이로 어느 정도의 백색도와 광택도, 평활도를 보여주지만 모조지에 비해 질이 떨어집니다. 가격이 저렴해 주로 단행본이나 신문지, 시험지 등으로 많이 쓰입니다. 백색이라 해도 백색모조 같은 흰색이 아니라 회색을 띠고 있기 때문에 4도(컬러) 인쇄에는 적합하지 않으며 주로 1도(흑백) 인쇄로 많이 사용합니다.

그 외 독특한 종이

앞서 언급한 종이 외에도 인쇄로 표현할 수 없는 독특한 매력을 가진 종이가 많습니다.

▲ **펄지** | 4도 인쇄지만 펄지의 반짝이는 느낌 때문에 꽃 모양이 금색으로 보입니다.

▲ **말똥종이** | 종이의 질감을 살리기 위해 라미네이팅을 하지 않고 에폭시와 은박으로 연출했습니다.

▲ **페스티발** | 무늬가 있는 종이를 사용해 흙담의 느낌을 극대화했습니다.

▲ **트레이싱지** | 건물 그림의 표지 위에 사람 그림이 그려진 트레이싱지를 덮어 재미있는 효과를 연출했습니다.

예를 들면 뒤 비침이 심한 트레이싱지로 일부러 뒤의 내용이 비치도록 연출해 재미있는 효과를 줄 수 있습니다. 종이 자체에 펄을 입혀 반짝이는 느낌을 주는 펄지(스타드림, 큐리어스메탈릭, 오로지)로 인쇄에서 쉽게 표현할 수 없는 반짝이는 느낌을 표현하거나 금별색, 은별색을 사용하지 않고도 비슷한 효과를 내기도 합니다. 또 독특한 무늬를 가진 레자크지나 머메이드지로 시각뿐 아니라 촉각으로 느낌을 전달하는 디자인이 가능합니다.

이 외에도 나무, 스틸, 천, 가죽 느낌의 종이, 구멍이 뚫려 있는 펜시홀 등 다양한 종이가 있습니다. 시중에 판매되는 종이가 너무 많아서 모두 알아두는 것은 사실상 불가능하지만 자주 사용하는 종이의 특성만큼은 알아두는 편이 좋습니다. 시간이 날 때마다 종이 회사에서 운영하는 페이퍼 갤러리를 방문해 종이에 대한 감을 익히고 눈에 띄는 종이 샘플을 수집하는 것도 많은 도움이 되니 참고하세요!

TIP 참고할 수 있는 페이퍼 갤러리로는 • 삼원 페이퍼 갤러리 (www.papergallery.co.kr), • 두성 인더페이퍼 (http://www.doosungpaper.co.kr), • 삼화 페이퍼 갤러리 (http://www.samwhapaper.com)가 있습니다.

종이에도 방향이 있다?!

종이는 앞면과 뒷면이 서로 다르고 방향(종이결)도 존재하는데요. 종이를 만들 때 기계가 지나간 방향으로 생기는 섬유질의 방향을 종이결이라고 합니다. 따라서 종이결은 기계로 만든 종이에만 생기며, 손으로 직접 만든 종이는 결이 생기지 않습니다.

제작에 영향을 미치는 종이결

종이는 대부분 기계로 만들므로 대부분의 종이에는 결이 있습니다. 종이결이 종이의 긴 면과 평행하면 종목(Long Grain, 세로결), 짧은 면과 평행하면 횡목(Short Grain, 가로결)이라고 부릅니다.

▲ 종목(세로결)

▲ 횡목(가로결)

종이는 결 방향에 따라 쉽게 찢어지고 접히기 때문에 인쇄물을 재단하고 접지, 제본하는 데 영향을 미칩니다. 여러 페이지로 구성된 책이나 브로슈어 같은 경우 종이결은 페이지를 넘기는 방향과 수직으로 흘러야 합니다. 그렇지 않으면 수분이 페이지 사이의 여백을 부풀려 구불거리게 하고 접지할 경우 종이가 찢어집니다. 또 접지할 때는 종이결과 같은 방향으로 접어야지 수직으로 접지할 경우 접히는 부분이 매끄럽지 않고 우둘투둘하게 뜯어집니다. 종이결이 생각보다 많은 곳에 영향을 미치죠?

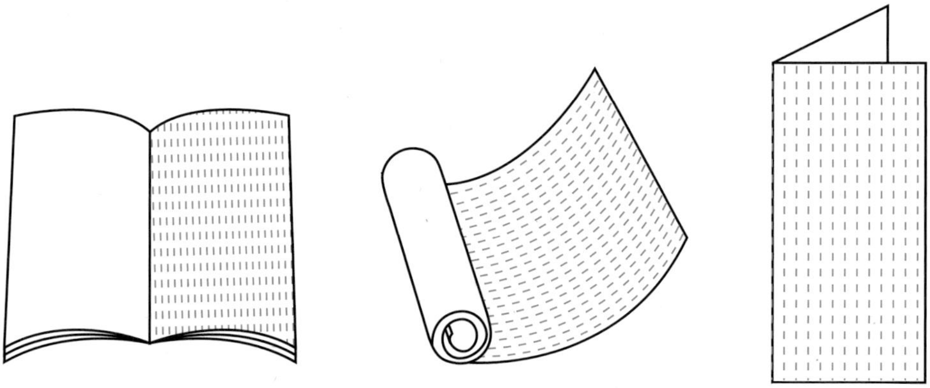

▲ 종이결에 따른 접지, 제본 방향

종이결 확인법

그렇다면 종이결은 어떻게 확인할 수 있을까요? 종이의 표면이 매끄럽지 않은 종류는 육안으로도 결을 확인할 수 있지만, 그렇지 않은 매끈한 종이라면 몇 가지 실험으로 종이결을 확인해볼 수 있습니다.

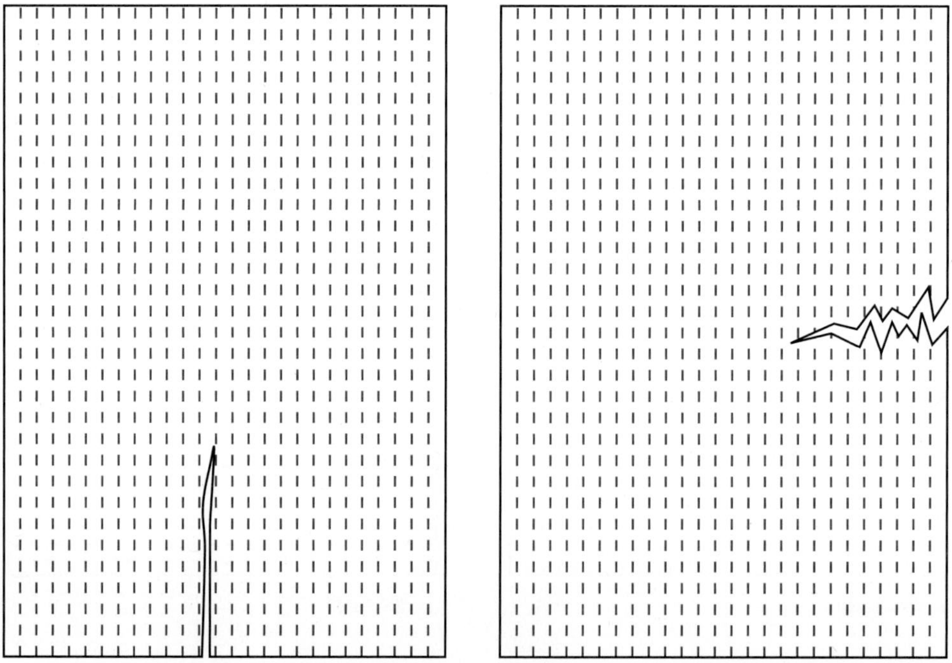

▲ 종이결에 따라 찢기는 형태

찢어보기(Tearing test)

종이를 수직(세로) 또는 수평(가로)으로 찢습니다. 종이결과 같은 방향이라면 매끄럽게 잘 찢어지고, 종이결과 반대 방향이라면 울퉁불퉁하게 찢어집니다.

손톱으로 긁어보기(Fingernail test)

종이의 양면을 엄지와 검지 손톱으로 긁습니다. 종이의 가장자리가 매끄럽게 남으면 종이결과 같은 방향이며, 그렇지 않으면 종이에 손톱자국이 남습니다.

물에 적셔보기(Water test)

종이의 길이 또는 너비를 따라 물을 조금 적십니다. 종이결과 나란하다면 종이가 말리고 그렇지 않다면 울퉁불퉁해집니다.

꺾어보기(Bending test)

종이를 훼손하지 않고 종이결을 알아보는 방법입니다. 종이를 길이 또는 너비 방향으로 구부렸을 때 저항이 약한 쪽이 종이결과 같은 방향입니다.

가장 쉬운 방법은 바로 종이 포장지의 라벨을 확인하는 것입니다. 종목은 상표가 짧은 쪽에, 횡목은 긴 방향 쪽에 붙어 있습니다. 또한 라벨 자체에 종목, 횡목을 표시하기 때문에 그냥 라벨만 확인해도 되지요. 한 가지 더 추가하자면 바로 규격 표시를 보는 방법입니다. 제지 회사는 규격을 항상 가로×세로로 나타냅니다. 일반적으로 판형을 말할 때도 가로를 먼저 말하는 표현이 올바른데 예를 들면 이렇습니다. 46전지의 788×1091 규격은 가로 788mm, 세로 1091mm를 의미하는데 세로가 더 길면 종목, 가로가 더 길면 횡목입니다. 즉 46전지 종목은 788×1091로, 46전지 횡목은 1091×788로 표기됩니다. 많이 혼동하는 편이니 주의하세요!

TIP 보통은 종이 회사에서 사양에 맞춰 알아서 보내주니까, 어쩌면 디자이너는 종이에 붙은 라벨조차 확인할 수 없을지도 모릅니다. 하지만 아무것도 모른 채 종이를 발주했다가는 이후에 일어날 수 있는 인쇄 사고에 대한 대처 능력을 잃게 됩니다.

편집디자인 과정에서 사고가 날 경우 디자이너는 그 책임에서 벗어날 수 없습니다. 물론 종이결을 잘못 판단해 사고가 생긴 경우 종이를 잘못 배송한 종이 회사의 책임이 큽니다. 하지만 클라이언트에게 일차적으로 항의의 대상이 되는 사람은 디자이너입니다. 따라서 어떤 문제인지 빠르게 판단하려면 디자이너 역시 관련된 지식을 알고 있어야 하죠. 원인도 모른 채 문책을 받으면 얼마나 억울하고 황당하겠어요. 고개를 숙일 땐 숙이더라도 당당할 땐 당당해야 하지 않을까요? 그러니 시간이 날 때마다 관련 지식을 공부해서 편집디자인 힘을 기르자고요!

02 복잡한 종이 계산 정복하기

종이는 알면 알수록 복잡합니다. 종이의 제작 과정과 종류를 익혔다면 이제는 본격적으로 디자인에 필요한 종이 수량을 계산해봐야 합니다. 인쇄 규격에 따른 종이 크기와 종이 절수를 계산하는 단계죠. 더 나아가 제작에 필요한 종이 주문 수량까지 구해봅니다. 머리가 지끈지끈 아프지만 힘내봅시다!

나라마다 다른 인쇄 용지 규격

우리가 흔히 사용하는 A4 사이즈의 복사 용지와 인쇄 용지는 규격부터 차이가 있습니다. 인쇄 용지는 낱장으로 재단된 포장 종이(매엽지)와 종이의 폭을 기준으로 두루마리 형식의 종이(롤지) 두 가지 형태로 생산됩니다. 매엽지는 일반적인 옵셋 인쇄용으로, 롤지는 윤전(신문처럼 끝없이 이어 나오는 방식) 인쇄용으로 생산한 종이입니다. 또한 우리나라처럼 국제표준규격(ISO)인 A4 사이즈를 주로 사용하는 나라가 있는 반면 ANSI 규격인 Letter 사이즈를 주로 사용하는 나라도 있습니다.

종이는 판형이나 규격에 맞춰 주문하기도 하지만 현재 우리나라에서 사용하는 인쇄 용지의 규격은 크게 46전지와 국전지로 나눌 수 있습니다. 46전지 판형은 B계열 판형과, 국전지 판형은 A계열 판형과 비슷하며, 46전지와 국전지를 기준으로 2절, 4절, 8절 등으로 분할한 종이로 만들어집니다. 특히 46전지는 인쇄소에 따라 반으로 자른 46반절 크기를 사용하는 곳도 많으므로 판형을 정할 때 주의해야 합니다. 미리 인쇄소와 상의해 46전지로 할지 46반절로 할지 정확한 기준을 정해야 안전합니다

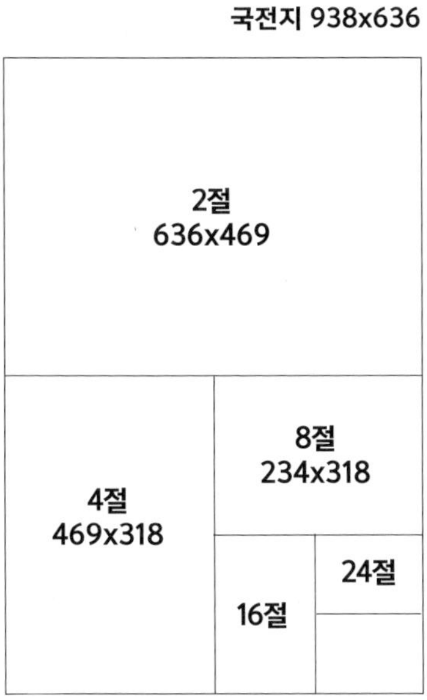

▲ 국전지 절수 분할

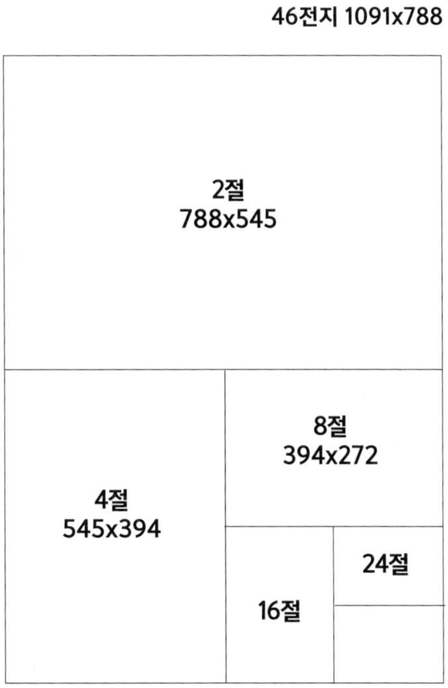

▲ 46전지 절수 분할

절수	판형	절수	판형	절수	판형
전지	1091×788	11절	352×218	32절	197×136
2절	788×545		315×218	36절	182×130
	1091×394 長		363×212	40절	197×109
3절	788×363 長	12절	272×262	42절	158×130
	1091×262		363×197	44절	172×109
	697×394 T		394×181	45절	158×121
	788×303 T	13절	285×218	48절	130×136
4절	545×394	14절	273×218		182×97
	788×272 長	15절	260×218	50절	158×109
	262×788 T		303×182	56절	100×70
5절	567×262	16절	272×197	60절	130×109
	363×425	17절	309×155	63절	154×85
	333×454	18절	260×181	64절	136×100
6절	394×363	20절	272×157	66절	109×115
	545×262		218×197	72절	130×91
	469×272	21절	260×158	80절	109×97
7절	394×262	22절	218×167	84절	130×79
	545×218	24절	197×181	90절	121×79
8절	394×272		260×136	100절	109×79
	545×197		273×130	120절	91×79

TIP 종이를 자를 때 보통 정사각형에 가까운 형태로 자릅니다. 장(長)은 세로가 긴 형태로 자른 모양이며, T는 위에는 가로, 아래는 세로, 즉 T자 모양으로 분할한 모양을 말합니다.

9절	363×262	25절	218×158	126절	85×75
10절	394×218	26절	218×127	160절	97×55
	318×227	28절	188×158	180절	79×61
	303×242	30절	182×158	200절	79×55

▲ 46전지(단위 mm) – B0 판형과 비슷함

절수	판형	절수	판형	절수	판형
전지	938×636	12절	313×159	30절	156×127
2절	636×469		235×212	32절	159×117
3절	636×313	14절	318×134	36절	106×106
4절	469×318	15절	212×187	40절	159×94
5절	636×187		313×127	45절	127×104
6절	469×212	16절	234×159	48절	17×106
	313×318	18절	212×106		156×79
7절	456×180	20절	187×159	50절	127×93
8절	318×234	21절	212×134	56절	134×79
9절	212×212	24절	159×156	64절	117×79
10절	469×127		212×117	72절	106×53
	318×187	25절	187×127	80절	94×79
11절	313×127	28절	159×134	100절	94×64
				120절	78×64

▲ 국전지(단위 mm) – A0 판형과 비슷함

책자에 따른 용지 규격 이해하기

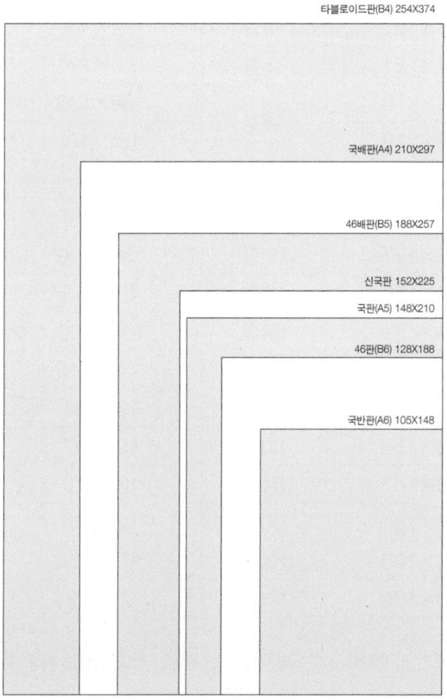

▲ 책자와 용지 규격

책자와 용지 규격은 다음 그림으로 이해하는 것이 빠릅니다. 국배판(A4)의 절반은 국반판(A6)인 것처럼 각 크기에 따른 규격과 쪽수 등을 확인해보세요.

판형	규격(mm)	근사 절수		종이결	대표적인 쓰임새
		국제표준 규격	절판(쪽수)		
국배판	210×297	A4	국8절(16p)	횡목	잡지
국판	148×210	A5	국16절(32p)	종목	교과서
국반판	105×148	A6	국32절(64p)	횡목	문고판, 포켓북
신국판	152×225	A5	국16절(32p)	종목	단행본의 대표 사이즈 (주로 인문, 경제경영 등)
타블로이드판	254×374	B4	46 8절(16p)	횡목	작은 신문(벼룩시장)
46배판	188×257	B5	46 16절(32p)	종목	교과서, 단행본
46판	127×188	B6	46 32절(64p)	횡목	신국판보다 작은 단행본 (주로 시, 소설, 에세이 등)
크라운판	176×248		46 18절(36p)	횡목	신국판보다 큰 단행본 (주로 실용서, 기술서 등)
36판	103×182		46 40절(80p)	횡목	문고판

▲ 판형과 규격에 따른 종이결과 쓰임새

국제 표준 규격

복사 용지로 가장 많이 사용하는 A4 용지는 인쇄물에서 자주 쓰이지 않습니다. 학술 보고서 같은 종류의 책에는 종종 쓰이지만 흔히 접하는 책이나 문제집과는 다른 판형입니다. A4 용지의 크기는 210×297mm입니다. 지금이야 바로바로 나오는 크기지만 초반에는 참 외우기 힘든 숫자였습니다. 단순하게 200×300mm로 했으면 숫자도 딱 떨어지고 기억하기도 쉬울 텐데 왜 이렇게 어정쩡한 크기를 사용하는 걸까요?

A4처럼 용지 앞에 'A'가 붙는 종이를 A시리즈라 하며, 기본 포맷은 $1m^2$의 면적을 가진 A0 용지를 기준으로 합니다. 대략 국전지와 비슷한 크기입니다. A시리즈의 가로세로비는 $1:\sqrt{2}$(1.4142)로 황금비율 1:1.618의 변형 비율입니다. 종이의 로스(버려지는 자투리 여분 종이)를 최대한 줄이면서 같은 비율로 크기를 변형하기 위해 현대에 새롭게 정의된 비율입니다. 즉 A0 용지 크기를 기준으로 절반씩 잘라내면 차례대로 A1, A2, A3...를 만들 수 있습니다. A시리즈는 국제표준화기구(ISO)의 국제표준인 DINEN ISO 216을 기본으로 합니다. ISO 표준의 A시리즈와 B시리즈는 대부분의 국가에서 사용하는 일종의 국제 표준 규격이라고 할 수 있죠!

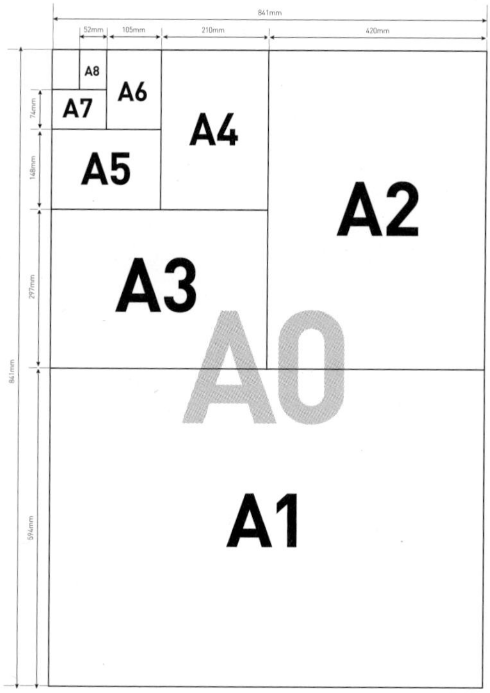

▲ A0전지

판형	mm
A0	841×1189
A1	594×841
A2	420×594
A3	297×420
A4	210×297
A5	148×210
A6	105×148
A7	74×105
A8	52×74
A9	37×52
A10	26×37

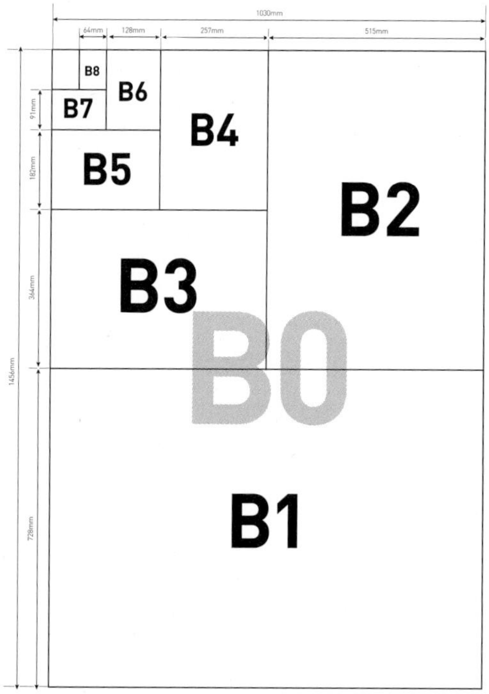

▲ B0전지

판형	mm
B0	1030×1456
B1	728×1030
B2	515×728
B3	364×515
B4	257×364
B5	182×257
B6	128×182
B7	91×128
B8	64×91
B9	46×64
B10	32×45

ANSI 종이 크기

미국에서는 ANSI(American National Standards Institute) 표준 규격을 사용하며 단위는 인치(in.)입니다. ISO 규격과는 달리 규칙적으로 포맷이 증감하지 않고 변환 값을 적절하게 올리거나 버리는 형태를 취합니다. 우리나라에서 A4 용지를 많이 사용한다면 미국에서는 Letter 용지를 많이 사용합니다.

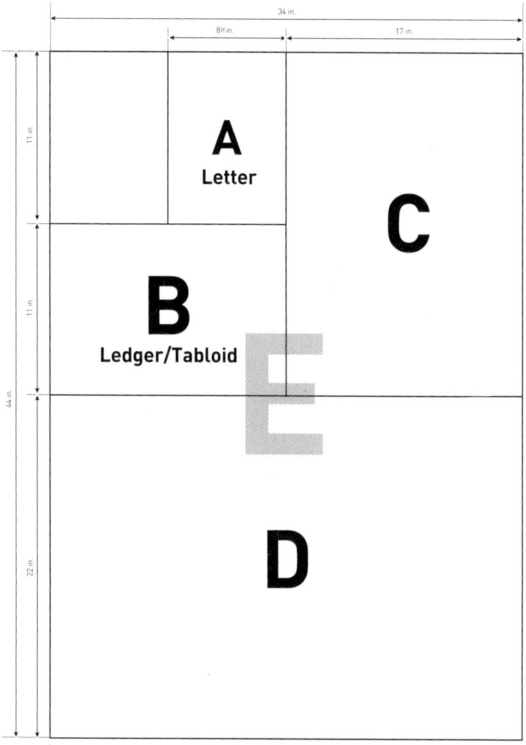

크기	인치	mm
레터(Letter, 미국의 A4용지)	8.5×11	216×279
리걸(Legal)	8.5×14	216×356
주니어 리걸(Junior Legal)	8.0×5.0	203×127
레저(Ledger)	17×11	432×279
타블로이드(Tabloid)	11×17	279×432

▲ ANSI 종이

디자이너의
비밀
노트

황금비율과 피보나치수열

중세에서 날아온 이 고리타분한 이론은 무엇일까요? 황금비율은 그렇다 쳐도 수열이라니... 수열을 이제 와서 왜 알아야 할까요?

디자이너가 단지 클라이언트의 요구대로만 작업하는 오퍼레이터는 아니잖아요? 디자이너는 선 하나를 긋더라도, 색 하나를 고르더라도 의미와 상징하는 바가 있어야 한다고 생각합니다. 물론 보기 좋게 만든 다음 억지로 의미를 갖다 붙이기도 하지만... 뭐, 순서가 어찌 되었든 간에 자신이 작업한 디자인 콘셉트에 맞는 근거를 제시할 줄 알아야 하는데 그 근거로 '황금비율과 피보나치수열 만한 것이 없다' 이겁니다!

판형을 정할 때나 색상의 배합을 정할 때, 오브젝트를 배치할 때 등 어느 경우에든 디자이너는 적절한 비례를 찾을 수밖에 없습니다. 너무 단조롭지 않으면서 한쪽으로 치우치지 않도록 말입니다. 그 비율을 정해주는 좋은 도구가 황금비율이라 할 수 있죠! 좀 더 자세히 알아볼까요?

황금비율

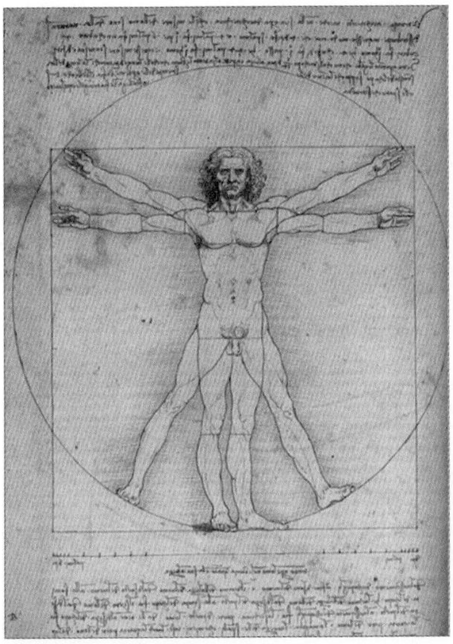

▲ 비트루비우스의 인간(1487년)

▲ 모나리자(1503~1506년)

황금비율 하면 떠오르는 대표적인 이미지가 있습니다. 바로 레오나르도 다 빈치(Leonardo da Vinci)의 '비트루비우스의 인간'입니다. 황금비율로 유명한 이 그림은 손가락 마디 하나까지 황금비율이 적용되지 않은 곳이 없다고 하죠? 이뿐만이 아닙니다. 또 하나의 유명 작품인 '모나리자' 역시 안쪽으로 무한히 감겨 들어가는 황금비율의 직사각형에 따라 그려졌습니다.

이렇게 황금비율이 적용된 작품만으로는 잘 모르겠다고요? 황금비율은 생각보다 친숙한 곳에 있습니다. 실제로 우리가 일상생활에서 자주 쓰는 신용카드를 비롯해 A4용지, 서점에서 자주 볼 수 있는 대부분의 도서가 황금비율로 이루어져 있으니까요.

황금비율이 무엇이기에 주변 곳곳에 그 사례들이 득실득실한 걸까요?

황금비율이 적용된 직사각형을 만들어보겠습니다. 황금비율 직사각형은 작은 변(a) 대 큰 변(b)의 비율이 큰 변(b) 대 전체 변의 합(a + b)과 같습니다. 즉 a : b = b : (a + b) 비례식으로 나타낼 수 있는데요. 이렇게 만들어진 직사각형이 시각적으로 아름답고 안정적으로 보인다 하여 황금비율이라 부릅니다. 대략 1 : 1.618의 표준 비율로 이루어져 있습니다.

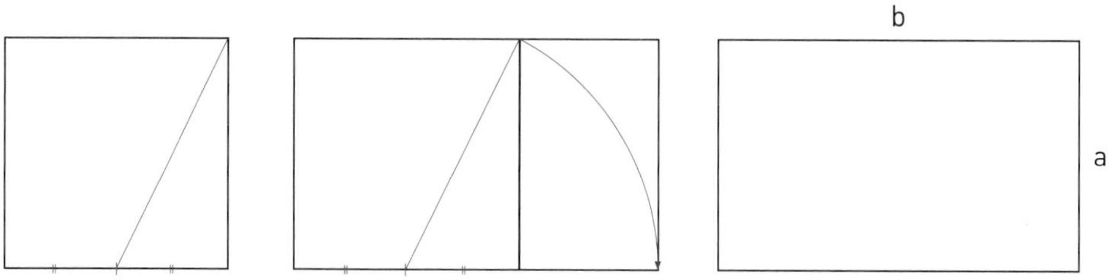

▲ 황금비율 도형

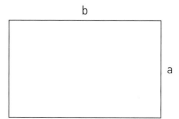

황금비율 직사각형을 만드는 방법은 간단합니다. 정사각형을 만들고, 정사각형의 한쪽 변의 정중앙과 오른쪽으로 이어지는 대각선 모서리를 연결하는 선을 긋습니다. 그 선을 정사각형과 수평이 되도록 눕힌 뒤 그 길이만큼 정사각형을 늘리면 황금비율이 적용된 직사각형이 완성됩니다. 너무 어렵다고요? 조금 더 쉬운 방법을 찾아볼까요?

피보나치수열

조금 더 쉬운 방법은 바로 피보나치수열입니다. 이탈리아의 수학자인 레오나르도 피보나치가 고안한 수열로, 앞의 두 수의 합이 바로 뒤의 수가 되는 수의 배열을 말합니다. 머리가 아주 복잡해지죠?

이미 만들어진 수열이기 때문에 계산할 필요는 없습니다. 피보나치수열 중에서도 황금비율과 관련된 부분만 조금 기억하면 됩니다. 나머지는 계산하면 되니까요.

0 1 1 2 3 5 8 13 21 34 55 89 144

0 + 1 = 1

1 + 1 = 2

1 + 2 = 3

2 + 3 = 5

3 + 5 = 8

5 + 8 = 13 ...

그런데 이 숫자들이 황금비율이랑 무슨 상관이냐고요? 놀라지 마세요!

0 1 1 2 3 5 8 13 21 34 55 89 144

1 ÷ 0 = 0

1 ÷ 1 = 1

2 ÷ 1 = 2

3 ÷ 2 = 1.5

5 ÷ 3 = 1.666666..8 ÷ 5 = 1.6

13 ÷ 8 = 1.625

21 ÷ 13 = 1.615384...

34 ÷ 21= 1.619047...

55 ÷ 34 = 1.61764...

89 ÷ 55 = 1.618181...

눈치채셨나요? 뒤의 숫자를 앞의 숫자로 나눈 값이 점점 1.618에 가까워지고 있어요! 피보나치수열의 앞뒤 숫자들은 황금비율과 거의 흡사합니다. 따라서 앞서 언급했던 정사각형을 이용한 작도법을 사용하지 않아도 쉽게 판형을 만들 수 있습니다. 피보나치수열을 응용해 2 : 3 또는 3 : 5(5 : 8, 8 : 13, 13 : 21,...?...) 등의 비율을 사용하면 쉽게 황금비율을 적용할 수 있어요.

0 1 1 2 3 5 8 13 21 34 55 89 144

문서 포맷, 그까짓 거 대충 만들면 되는 줄 알았더니 절수에, 황금비율에, 피보나치수열까지 고려하자니 어렵게 느껴질 수도 있습니다. 하지만 부담 가질 필요는 없습니다. 그리고 굳이 복잡하게 계산해 판형을 잡을 필요도 없습니다. 이미 우리가 두루 사용하는 포맷인 A0 판형(엄밀히 말하면 황금비율이 변형된 1:$\sqrt{2}$ 의 비례를 사용함)과 신국판형을 비롯한 다양한 포맷들이 황금비율로 되어 있기 때문입니다.

하지만 가장 아름답게 보인다 하여 황금비율이라 불릴지라도 이것이 절대적인 수치는 아닙니다. 어디까지나 상대적인 비율일 뿐이니까요. 아름다움의 가치를 드러내는 비례는 시대별, 민족별, 개인별로 기호와 특수성에 따라 얼마든지 달라질 수 있습니다. 기껏 힘들게 설명해놓고 굳이 황금비율을 쓰지 않아도 된다고 말하고 있네요.

판형을 너무 어렵게 생각하지 마세요! 디자인 콘셉트에 따라 그에 맞는 포맷을 지정하세요. 황금비율은 아름다움을 표현하는 다양한 방법 중에 하나일 뿐이니까요.

▲ 황금비율 책, 노트북, 스마트 패드

▲ 황금비율 카드(명함)

사칙연산보다 쉬운 '절지 조견표' 종이 절수 계산법

절지 조견표의 수치는 작업물을 규격대로 재단할 때 전지 1장에서 최대로 만들 수 있는 참조 값(낱장의 수)을 말합니다. 종이는 이미 규격화된 다양한 크기가 있습니다. 하지만 디자이너의 의도에 따라 판형은 얼마든지 변형될 수 있는데, 이때 종이의 로스(버려지는 자투리 여분 종이)를 최대한 줄이면서 효과적으로 사용하기 위해서는 절지 조견표를 먼저 이해해야만 합니다.

절지 조견표를 보는 방법은 간단합니다. 먼저 작업물의 크기를 정하고 어떤 용지로 인쇄할지 결정합니다. 그다음 작업물의 크기가 쏙 들어가는 수치를 맞춰봅니다. 조견표의 가로축과 세로축이 만나는 지점의 숫자가 전지 1장당 뽑아낼 수 있는 인쇄물의 절수가 됩니다. 참고로 절수는 자르는 횟수가 아니라 잘랐을 때 나오는 종이의 숫자(장 수)를 가리킵니다. 이때 용지의 종이결도 고려해야 한다는 점을 절대 잊지 마세요!

제작하려는 판형의 근삿값보다 수치가 조금이라도 높으면 다음 크기의 큰 판형을 사용해야 합니다. 종이 규격에 대한 지식은 실무에서 제작비와 직결되는 아주 중요한 요소이므로 조견표를 보는 방법을 잘 알아두도록 합니다.

mm	788	394	262	197	157	131	112	98	87	78
1091	1	2	3	4	5	6	7	8	9	10
545	2	4	6	8	10	12	14	16	18	20
363	3	6	9	12	15	18	21	24	27	30
272	4	8	12	16	20	24	28	32	36	40
218	5	10	15	20	25	30	35	40	45	50
181	6	12	18	24	30	36	42	48	54	60
155	7	14	21	28	35	42	49	56	63	70
136	8	16	24	32	40	48	56	64	72	80
121	9	18	27	36	45	54	63	72	81	90
109	10	20	30	40	50	60	70	80	90	10

▲ 46전지(788×1091mm) 조견표

mm	636	318	212	159	127	106	90	79	70	63
939	1	2	3	4	5	6	7	8	9	10
469	2	4	6	8	10	12	14	16	18	20
313	3	6	9	12	15	18	21	24	27	30
234	4	8	12	16	20	24	28	32	36	40
187	5	10	15	20	25	3	35	40	45	50
156	6	12	18	24	30	36	42	48	54	60
134	7	14	21	28	35	42	49	56	63	70
117	8	16	24	32	40	48	56	64	72	80
104	9	18	27	36	45	54	63	72	81	90
93	10	20	30	40	50	60	70	80	90	100

▲ 국전지(636×939mm) 조견표

예를 들어 153×225mm(신국판) 크기의 편집물을 만든다고 가정해봅니다. 46전지와 국전지 조견표의 세로축과 가로축에서 근삿값을 찾으면 국전지에서 가장 근접한 값(16절)을 확인할 수 있습니다. 46전지 조견표에도 16 절수가 나오긴 하지만 그림을 보면 국전지보다 버리는 종이가 많으므로 153×225mm(신국판) 크기로 인쇄할 때에는 46전지보다 국전지가 더 경제적입니다.

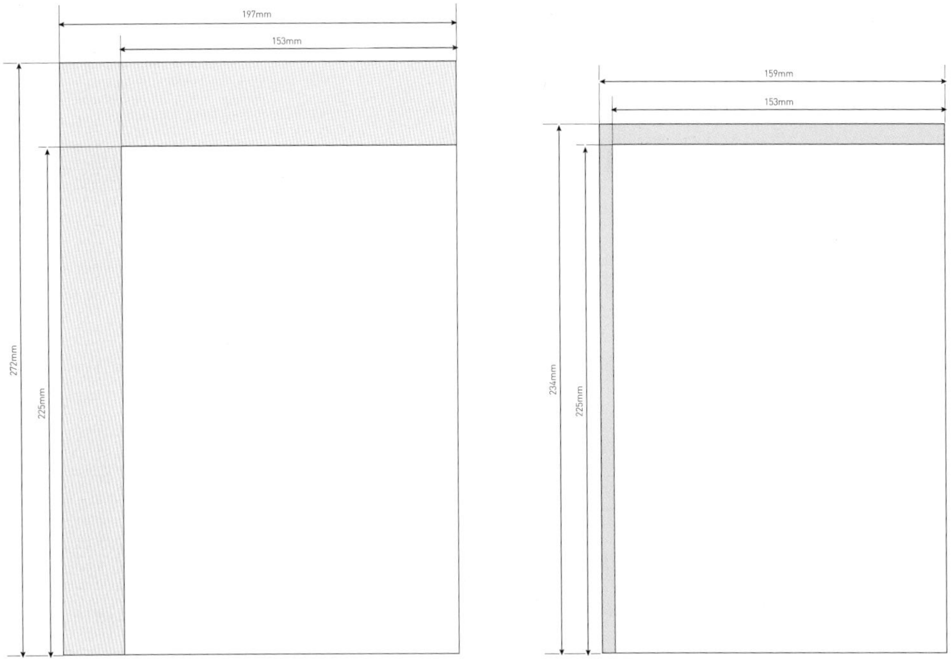

▲ 46전지(분홍)와 국전지(파랑) 조견표 비교

작업물을 인쇄할 때는 도련과 재단선이 함께 인쇄되기 때문에 판형의 크기 외의 여분의 공간이 필요합니다. 따라서 조견표를 비교할 때는 가로축과 세로축에 최소 6mm 이상의 여분이 남아야 합니다.

'연'으로 종이 주문 수량 구하기

책 한 권은 몇백 장의 종이로 만들어지고 책은 몇천 권씩 제작됩니다. 그래서 실무에서는 종이의 거래 단위를 '장'이 아니라 그보다 큰 단위인 '연(1연=500매(장) 기준)'을 사용합니다. 예를 들어 2,300장은 4연 300매가 되는 거죠. 또 종이를 구매할 때는 국전지나 46전지를 기준으로 거래하기 때문에 사용하려는 종이의 절수와 수량을 정확히 알아야 얼마나 필요한지 계산할 수 있습니다. 예를 들어 국전지 1연은 500매이지만 16절로 작업할 경우 총 8,000매가 나오게 됩니다(16절×500매= 8,000매).

그렇다면 종이의 수량은 어떻게 구할까요? 필요한 인쇄 부수를 종이 절수(작업한 종이의 크기)로 나눈 뒤 인쇄 여분을 더하면 됩니다. 이때 절수는 절지 조견표를 참고해 공식에 대입합니다. 인쇄 여분은 200매 언저리로 소모되지만 거래하는 인쇄소에 문의하는 것이 더 정확합니다. 참고로 4도일 경우 150~200매, 1도일 경우 100~150매 가량의 인쇄 여분이 필요합니다.

(인쇄 부수) ÷ (종이 절수) + (인쇄 여분)

직접 계산해볼까요?

예를 들어 400×600mm 크기의 컬러 포스터가 2,000부 필요하다고 가정합시다. 400×600mm는 국2절에 들어가는 크기이므로 국전지 1,200매가 필요합니다.

[2,000(부)] ÷ [2 (절)] + [200 (인쇄 여분)] = 1,200매, 국전지 2연 200매

만약 같은 사양으로 2,500부가 필요하다면 어떻게 될까요? 계산해보면 국전지 1,450매가 필요합니다.

[2,500(부)] ÷ [2 (절)] + [200 (인쇄 여분)] = 1,450매, 국전지 2연 450매

만약 신국판(153×225mm) 판형의 384쪽짜리 책을 2,500부 제작한다고 할 때 본문 종이의 발주량은 얼마일까요? 포스터와는 차원이 다른 스케일이죠? 계산 방법도 약간 다릅니다. 일단 384페이지를 모두 인쇄하려면 몇 장의 국전지가 필요한지 알아볼까요? 신국판의 경우 국전지에 16장이 들어갑니다. 앞뒤로 인쇄하니까 16장은 32페이지가 되겠죠? 국전지 한 장에 32페이지가 들어가니까 384페이지면 12장의 국전지가 필요합니다.

[384페이지] ÷ [16 (절) x 2 (앞뒤 페이지)] = 12장

1부에 국전지 12장이니까 2,500부면 30,000장(정미)의 국전지가 필요하네요. 여기에 여분(4연 400매)을 더하면 64연 400매가 필요합니다.

정미: [2,500 (부)] × [12장] = 30,000 (60연)
여분: [12장] × [200매 (인쇄 여분)] = 2,400매 (4연 400매)
최종 수량 = [60연(정미)] + [4연 400매 (여분)] = 64연 400매

종이량은 지업사와 인쇄소의 담당자에게 문의할 수도 있으니 스스로 계산한 결과가 올바른지 확인하는 것도 좋은 방법입니다.

TIP 요즘은 직접 종이를 계산하지 않아도 인쇄소에서 인쇄 수량에 맞추어 지업사에 종이 주문 수량을 계산하여 발주해주기도 합니다. 그러나 돈이 오가는 단계이므로 항상 확인, 또 확인해야 합니다.

발주서 작성하기

인쇄와 제본을 빈틈없이 진행하려면 정확한 지시서(발주서)가 필요합니다. 이 문서가 제작발주서와 종이발주서입니다. 따로 작성하기도 하지만 이왕이면 하나로 통합하는 편이 좋습니다. 발주서는 각 파트너(클라이언트, 인쇄소)에게 디자이너가 기획했던 제작 사양을 일러주기 위해 작성합니다. 지업사와 인쇄소 역시 종이 절수나 여분 등 그들만의 협의가 필요합니다. 지업사와 인쇄소 사이에서 메신저 역할을 하지 않으려면 디자이너가 각 담당자에게 같은 지시서를 보내 소통하는 편이 수월합니다. 발주서에는 기본적인 제작 사양과 함께 담당자들의 연락처도 잊지 말고 기입해야 합니다.

제작발주서

2019 . 00 . 00

①

도서명	한국 영화 아카데미		
포스터 판형	450 X 625	리플렛 판형	416 X 230
포스터 부수	700	리플렛 부수	1000
제 본	낱장	제 본	4단 병풍접지

②

▶용지 ([illegible] 차장님 031-xxx-xxxx, 010-xxxx-xxxx)

지업사	구분	인쇄소	평량	지종	색상	정미	여분	합계	비고
월드 페이퍼	포스터	삼진	130	랑데뷰	울트라화이트	1.5R	0.5R	2R	
	리플렛				울트라화이트	0.5R	0.5R	1R	

종이발주처

담당자	[illegible] 차장님	연락처	02-xxxx-xxxx 010-xxxx-xxxx	납품일자	5 /25 중
장소	삼진인쇄	주소	서울시 중구 필동 3가 xxxx xxxx		

③

▶인쇄 ([illegible] 차장님 02-xxxx-xxxx / 010-xxxx-xxxx)

인쇄소	구분	색도	절수	특이사항	작업일자
삼진	포스터	단면 4도	국2절	450 X 625	
	리플렛	양면 8도	국4절	접었을때 104 x 230	

④

▶가공

가공처	구분	작업절수	코팅	후가공	작업일자
			무광라미네이팅	제목 UV	

▶제본

제본소	구분	인지	작업내용	작업일자
			4단 병풍접지 (접었을때 104 x 230)	

⑤

▶납품

담당자	[illegible] 02-xxxx-xxxx	납품부수	포스터 700 부 리플렛 1000 부	납품일자	5월 29일 화요일
장소	한국 영화 아카데미	주소	서울특별시 마포구 xxxx xxxx		

Tel 02-xxx-xxxx | Fax 02-xxx-xxxx
담당 : 황아영 070-xxxx-xxxx, 010-xxxx-xxxx

▲ 발주서 샘플

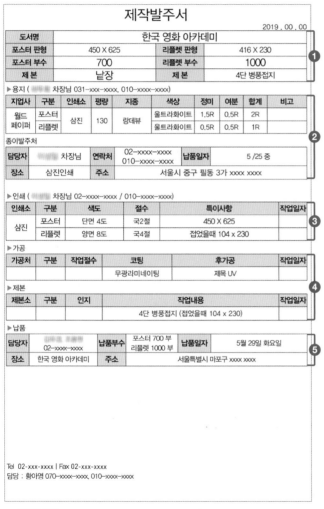

① **프로필** | 작업물에 대한 기본 사양으로 판형과 쪽수, 인쇄 수량, 발주 날짜 등을 적습니다. 특히 발주 날짜를 소홀히 하는 경우가 있는데 나중에 스케줄 때문에 난감해질 수 있습니다. 그러므로 꼭 날짜를 기입하도록 합니다.

② **용지** | 지업사에서 중점적으로 확인하는 부분입니다. 종이의 종류와 평량, 색상 등 어떤 종이를 얼마나 사용할지 적습니다. 이때 종이 담당자의 연락처와 입고해야 할 장소도 함께 적습니다. 그래야 종이를 보내줄 테니까요.

③ **인쇄** | 인쇄소에서 중점적으로 확인하는 부분입니다. 인쇄의 도수와 별색 등을 적고 마찬가지로 인쇄 담당자의 연락처도 남깁니다.

④ **가공 및 제본** | 후가공과 제본에 해당하는 부분으로 주로 인쇄소에서 관여합니다. 때에 따라 글로 설명하기 복잡한 가공일 경우 제작 담당자가 쉽게 이해할 수 있도록 그림 또는 직접 만든 샘플을 함께 첨부하기도 합니다.

⑤ **납품** | 클라이언트가 요청한 납품일과 수량을 적는 부분으로 납품일을 토대로 작업에 대한 전반적인 기한을 정합니다. 만약 납품일까지 물리적으로 제작이 힘들 경우 클라이언트와 인쇄 담당자 사이에서 적당한 납품일을 정해야 합니다. DM과 같이 개별로 배송할 경우에는 클라이언트에게 배송지의 정확한 주소와 연락처를 받아 인쇄소에 전달하고, 배송 완료 여부를 확인받아(송장 같은 증명서) 클라이언트에게 전달해야 합니다.

CHAPTER 03

그리드를 알면 디자인이 쉬워진다

판형을 정했다면 이번에는 레이아웃을 지정할 차례입니다. 레이아웃은 판면에 글이나 그림을 효과적으로 정리하고 배치하는 것을 말하며, 레이아웃을 지정할 때 가장 먼저 해야 할 작업이 '그리드(Grid)' 설정입니다. 그리드는 판면 안에 눈에 보이지 않는 격자(바둑판 무늬) 선을 그려 넣어 여러 요소를 시각적으로 묶는 역할을 하는데요. 판면 전체에 일관성과 통일감을 주어 독자들이 내용에 집중할 수 있도록 도와줍니다. 하지만 그리드를 너무 일률적으로만 적용하다 보면 단조로워질 수도 있으니 변화 있는 연출을 잊어선 안 됩니다!

01

종이 위에 숨어 있는 규칙

그리드는 판면에 일관성과 통일성을 나타냅니다. 또한 독자의 피로감을 줄이고 가독성을 높여 내용에 집중할 수 있도록 돕는 역할도 합니다. 작은 판형의 책은 주로 1단으로, 큰 판형은 2단 이상으로 단(Column, 칼럼)을 나눠 작업합니다. 하지만 작은 판형의 책이라고 해서 반드시 1단으로 작업할 필요는 없습니다. 그리드는 판면의 면적뿐 아니라 글자의 크기와 조밀한 정도에 따라서도 달라질 수 있으니까요.

판면

판면은 페이지에서 글과 그림이 들어가는 전체 영역을 말하며 여백의 너비에 따라 위치가 변합니다. 판면을 설정할 때는 독자의 성향에 따라, 인쇄물의 두께나 제책 방식에 따라 영역을 다르게 설정해야 합니다. 그리드(Grid)는 내용을 더 효과적으로 보여주기 위한 장치로 판면 안 영역을 단으로 나누어 적용합니다. 이때 판면의 영역을 전혀 나누지 않고 통으로 쓰는 그리드를 블록 그리드(Block Grid)라고 합니다. 블록 그리드는 그리드의 가장 큰 단위이며 단이 나눠져 있지 않은 일반 단행본에서 쉽게 확인할 수 있습니다. 가장 단순하게 구성되는 그리드이니 만큼 책 전체의 레이아웃과 분위기를 결정짓는 데 중요한 역할을 합니다.

▲ 블록 그리드의 활용

TIP 그리드(Grid)는 판면 안에 눈에 보이지 않는 격자(바둑판 무늬) 선을 그려 넣어 여러 요소를 시각적으로 묶는 역할을 합니다. 판면 전체에 일관성과 통일감을 주어 독자들이 내용에 집중할 수 있도록 도와줍니다.

여백

판면을 제외한 공간을 여백(마진, Margin)이라고 합니다. 여백은 판면과 균형을 맞추는 공간인 동시에 제작 시 종이가 말려들어 내용이 잘리는 것을 방지하는 공간이기도 합니다. 일반적으로 여백은 한 문서에서 통일해 설정하지만 재미(변화)를 주기 위해 가득 채우거나, 다른 크기로 설정해 각각 다른 느낌을 연출하기도 합니다.

여백은 문서의 바깥쪽에도 있습니다. 엄밀히 말해 판형을 제외한 부분이지만 재단할 때 생기는 오차를 방지하기 위한 공간으로 '도련'이라고 합니다. 도련은 인쇄물을 작업할 때 반드시 신경 써야 합니다. 인쇄 전문가일지라도 정확한 크기로 인쇄물을 재단하기란 불가능합니다. 따라서 문서 밖으로 사방 3mm에 해당하는 여백을 만들고 문서 안의 요소를 연장해 작업해야 합니다. 그래야 재단 시 오차가 생겨도 감쪽같아 보이니까요. 만약 도련을 설정하지 않는다면 재단면 쪽에 인쇄되지 않은 흰 부분이 나타나 완성도가 떨어질 수 있습니다. 그러니 여백과 함께 도련도 꼭 체크해야 합니다.

여백은 넓을수록 서정적이고 읽기 쉬운 느낌을, 좁을수록 딱딱하고 어려운 느낌을 줍니다. 그래서 인문서보다 소설책에서 여백을 더 여유롭게 설정합니다. 두꺼운 책은 얇은 책보다 상대적으로 펼치기 힘들어 접지면에 있는 글자를 읽기 어렵습니다. 따라서 책이 두꺼울수록 안쪽 여백을 넓혀야 합니다. 여백과 판면은 반드시 좌우대칭일 필요는 없으나 가급적이면 펼쳐진 페이지의 높이를 맞춰주는 것이 안정적입니다.

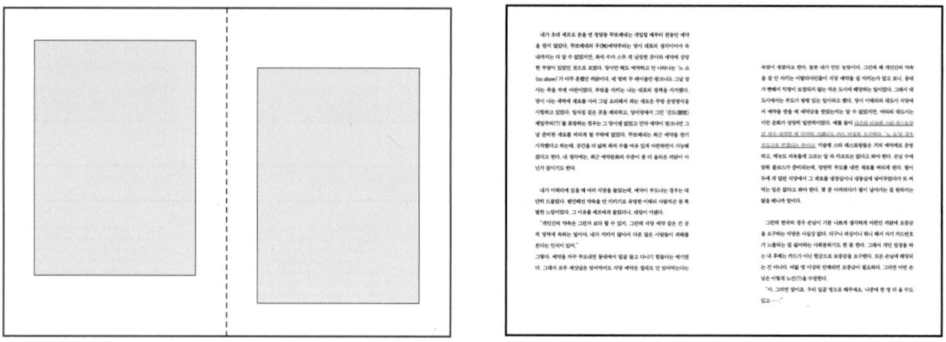

▲ 높이 비대칭 여백

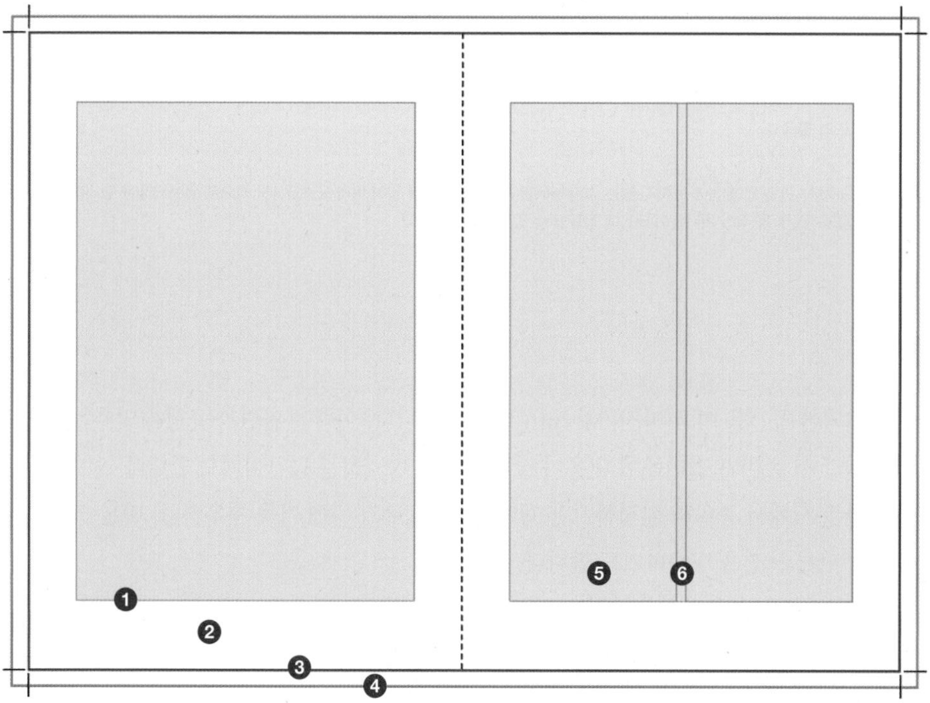

① **판면** | 한 페이지의 지면에서 상하좌우 및 행간 등과 같은 모든 여백을 제외하고 실제로 글(문자)이나 그림(도판)이 앉혀지는 부분입니다.

② **여백** | 문서 디자인을 위해 비워두는 부분이며 인쇄했을 때 종이가 말려드는 것을 방지하는 역할을 합니다.

③ **문서** | 실제로 인쇄되어 출력물이 나오는 부분입니다. 대개 판형이라고 하면 이 문서의 크기를 말합니다.

④ **도련** | 인쇄물을 재단할 때 생기는 오차를 막기 위한 여유분으로 블리드(Bleed)라고 합니다. 인쇄 크기보다 보통 3mm 정도 더 크게 넣습니다.

⑤ **단(칼럼)** | 문서 안에서 글줄이 규칙적으로 들어가는 부분입니다.

⑥ **단 간격** | 단과 단 사이의 간격입니다.

10년차 선배의 멘토링 책의 판면과 여백을 정하기 전에 체크해야 할 사항

□ **판형은?**

판형이 클수록 단(칼럼)이 많아질 수 있습니다.

□ **장르와 분야는?**

쉬운 책일수록, 서정적일수록 여백을 넓게 설정합니다.

□ **페이지는?**

페이지가 많다면 안쪽(접지면 부분) 여백을 넓혀야 할지 고려합니다.

□ **제본 방식은?**

접지면에 비중을 많이 차지하는 제본은 안쪽 여백을 넓혀야 합니다.

02 변화무쌍한 그리드 규칙

우리 주변에는 한 손에 쏙 들어가는 포켓북도 있고 두 손으로도 들기 버거운 백과사전 같은 큰 책도 있습니다. 만약 백과사전 안에 들어가는 내용이 포켓북처럼 쭉 한 줄로 쓰여 있다면 어떨까요? 독자들이 내용에 집중할 수 없을 것입니다. 그렇지 않아도 어려운 내용을 한 줄로 읽으면서 놓치는 일이 비일비재할 것입니다. 책의 판형이 다양한 것처럼 본문 구성도 책에 맞춘 특별한 규칙이 있어야 하지 않을까요? 그 규칙을 그리드에서 찾을 수 있습니다. 과연 그리드를 어떻게 써야 효과적인지 알아보겠습니다.

텍스트 중심의 그리드 시스템

문서 안에 텍스트(글) 내용이 많을수록 그리드의 역할은 중요해집니다. 특히 판형이 넓은 신문이나 잡지 종류를 작업할 때 더욱 중요합니다. 그 이유는 독자가 피로감을 느끼지 않고 많은 내용의 텍스트를 읽을 수 있도록 하는 동시에 심미적인 부분도 고려해야 하기 때문입니다. 그래서 하나의 단(칼럼)보다는 정보를 종류별로 나누어서, 또는 넓은 판형을 보완할 수 있는 적당한 너비로 나누어 작업하는 것이 좋습니다.

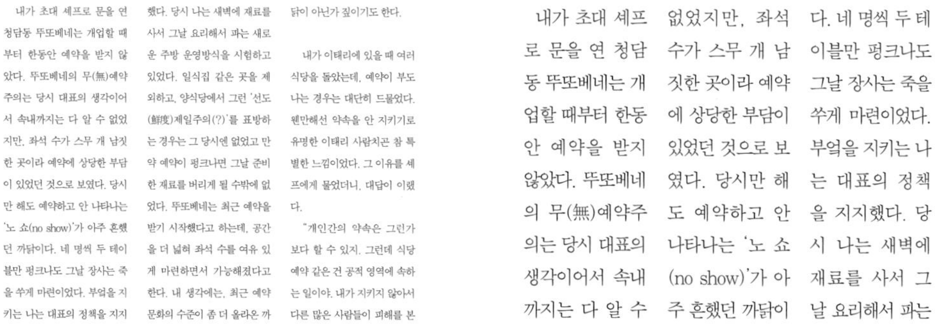
내가 초대 셰프로 문을 연 청담동 뚜또베네는 개업할 때부터 한동안 예약을 받지 않았다. 뚜또베네의 무(無)예약주의는 당시 대표의 생각이어서 속내까지는 다 알 수 없었지만, 좌석 수가 스무 개 남짓한 곳이라 예약에 상당한 부담이 있었던 것으로 보였다. 당시만 해도 예약하고 안 나타나는 '노 쇼(no show)'가 아주 흔했던 까닭이다. 네 명씩 두 테이블만 펑크나도 그날 장사는 죽을 쑤게 마련이었다. 부업을 지키는 나는 대표의 정책을 지지했다. 당시 나는 새벽에 재료를 사서 그날 요리해서 파는 새로운 주방 운영방식을 시험하고 있었다. 일식집 같은 곳을 제외하고, 양식당에서 그런 '선도(鮮度)제일주의(?)'를 표방하는 경우는 그 당시엔 없었고 만약 예약이 펑크나면 그날 준비한 재료를 버리게 될 수밖에 없었다. 뚜또베네는 최근 예약을 받기 시작했다고 하는데, 공간을 더 넓혀 좌석 수를 여유 있게 마련하면서 가능해졌다고 한다. 내 생각에는, 최근 예약문화의 수준이 좀 더 올라온 까닭이 아닌가 짚이기도 한다.
내가 이태리에 있을 때 여러 식당을 돌았는데, 예약이 부도나는 경우는 대단히 드물었다. 웬만해선 약속을 안 지키기로 유명한 이태리 사람치곤 참 특별한 느낌이었다. 그 이유를 셰프에게 물었더니, 대답이 이랬다.
"개인간의 약속은 그런가보다 할 수 있지. 그런데 식당 예약 같은 건 공적 영역에 속하는 일이야. 내가 지키지 않아서 다른 많은 사람들이 피해를 본
내가 초대 셰프로 문을 연 청담동 뚜또베네는 개업할 때부터 한동안 예약을 받지 않았다. 뚜또베네의 무(無)예약주의는 당시 대표의 생각이어서 속내까지는 다 알 수 없었지만, 좌석 수가 스무 개 남짓한 곳이라 예약에 상당한 부담이 있었던 것으로 보였다. 당시만 해도 예약하고 안 나타나는 '노 쇼(no show)'가 아주 흔했던 까닭이다. 네 명씩 두 테이블만 펑크나도 그날 장사는 죽을 쑤게 마련이었다. 부업을 지키는 나는 대표의 정책을 지지했다. 당시 나는 새벽에 재료를 사서 그날 요리해서 파는

▲ 단(칼럼)과 글자 크기의 관계

단 너비는 글자의 크기와도 깊은 관련이 있습니다. 이를테면 단은 좁은데 글자가 크면 한 행에 들어가는 단어가 너무 적어 자주 행을 바꿔 가며 읽어야 합니다. 그러면 본문 내용에 집중하지 못하고 시각적으로도 밀도가 떨어져 심미적으로 악영향을 끼치게 됩니다. 몇 줄 안 된다면 모를까 내용이 많다면 독자가 글을 읽는 데 집중하지 못할 것입니다. 그렇기 때문에 단이 좁아질수록 글자의 크기도 작아져야 합니다. 이렇게 단 안의 글자 크기를 조절한다면 작은 판형에서도 여러 단으로 그리드를 나눌 수 있습니다. 하지만 글자 크기를 조절하는 데도 어느 정도 시각적 한계가 있기 때문에 적절한 타협점을 찾아야 합니다.

TIP 요즘은 독자의 시각 수준에 맞추어 단의 너비를 정합니다. 노안이 있는 중장년층이 많이 읽는 책이라면 글자 크기를 키우고 그에 맞게 단 너비를 조절하고, 모바일 생활에 익숙한 청년층이 많이 읽는 책이라면 글자 크기를 줄이고 단 너비도 함께 줄이는 방법을 택합니다.

▲ 균등한 비율로 나눠진 단 그리드(2단, 3단, 4단 그리드)

혹시 이렇게 규정된 그리드 규칙이 자유로운 디자인을 방해하진 않을까 걱정하지 않아도 됩니다. 지루해 보이는 그리드 안에서도 다양한 레이아웃을 구상할 수 있습니다. 4단으로 나누었다고 해서 반드시 모든 페이지에 적용할 필요는 없습니다. 변화 있게 그리드를 사용하려면 이웃한 단을 합쳐 다양한 형태로 사용하면 됩니다. 필요에 따라 한 권의 책에서 여러 종류의 그리드를 적용할 수 있습니다. 단, 다른 넓이의 단을 사용할 때는 문자의 강약을 고려해 서로 조화를 이룰 수 있도록 디자인해야 한다는 것만 잊지 마세요! 그리드를 사용할 때 중요한 포인트는 전체적으

로 일관성 있고 통일감 있는 그리드를 만들고, 그 안에서 지루하지 않게 변화를 주는 것입니다.

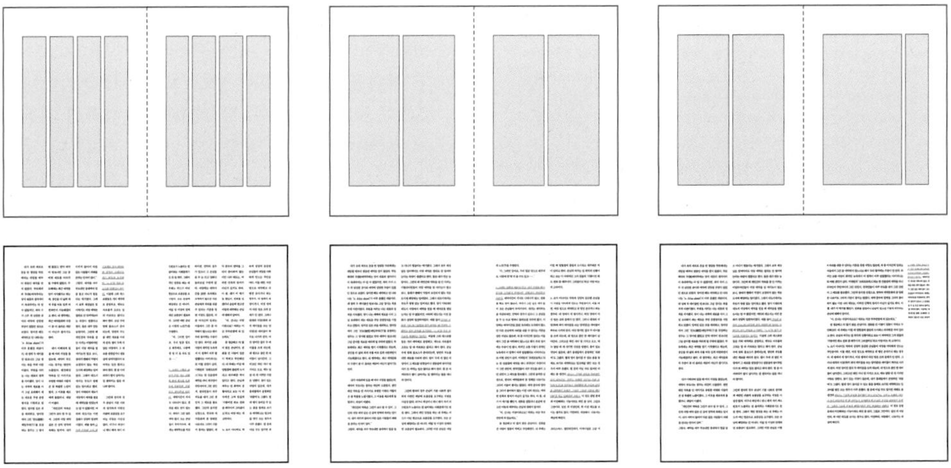

▲ 4단 그리드의 변형

이미지 중심의 그리드 시스템

백문이 불여일견이라고 시각적으로 강한 인상을 주는 이미지는 때에 따라 텍스트보다 효과적으로 메시지를 전달합니다. 그래서 인쇄물에서는 이미지의 비중이 매우 높지요. 그 중요성만큼 이미지를 넣을 때도 나름의 규칙이 있습니다. 이미지 위주의 책을 작업한다고 가정해봅시다. 이미지를 펼침면 전체에 넣을지, 한쪽면에만 넣을지, 박스 형태로 텍스트와 어우러지도록 넣을지 등 다양한 선택지가 존재합니다. 하지만 어느 경우라 할지라도 텍스트와 이미지 면적의 비례를 신경 써야 합니다. 예를 들어 이미지와 텍스트의 비율을 황금비율을 적용해서 나눈다거나 1:1로 나눈다는 기준이 필요합니다. 무조건 황금비율로 나누라는 말이 아닙니다.

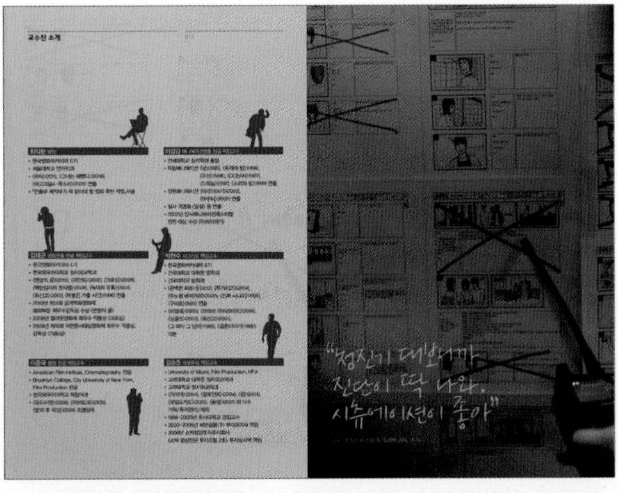

▲ 이미지를 오른쪽에 배치해 강조

▲ 이미지를 상단에 1:1로 배치해 강조

TIP **편집디자인에서의 황금비율** | 편집디자인에서 황금비율의 적용 범위는 판형과 판면의 글, 이미지의 레이아웃 정도로 생각할 수 있습니다. 기본적으로 A0용지의 국전지가 황금비율이며 그 안에 글과 이미지를 황금비율(1:1.618)에 맞추어 배치합니다. 황금비율에 대한 자세한 내용은 이 책의 086쪽을 참고하세요.

그리드는 일반적으로 세로단 형태로 분할되지만 이미지를 강조하는 레이아웃에서는 가로로 나누기도 합니다. 이때는 텍스트보다 이미지를 먼저 배치해 전체 공간을 나누고 텍스트를 그 나머지 공간에 정리합니다. 이미지의 크기가 크거나 개수가 많은 경우 더 짜임새 있고 안정적으로 배치하는 데 도움을 줍니다.

▲ 하단에 절반이 넘는 면적으로 이미지를 배치하고 텍스트를 넣음

이미지는 필름 프레임의 고정적인 형식 때문에 지면 배치에 제약이 따릅니다. 즉 이미지의 가로 세로 비율이 이미 정해져 있어 이미지의 특정 부분만 사용하는 경우가 아니라면, 이미지의 비율에 따라 레이아웃을 정해야 하기 때문에 까다롭습니다. 그렇다고 해서 이미지를 무리하게 변형(Crop)해서 사용하는 것은 좋지 않습니다. 이미지는 텍스트만 흐르는 지면의 지루함을 탈피할 수 있게 도움을 주는 자극적인 비주얼 요소가 되기도 합니다.

▲ 섬네일 크기의 이미지를 3단 그리드 안에 자유롭게 배치하고 적절한 비율로 텍스트를 넣었습니다.

이렇게 매력적인 소스인 이미지를 어떻게 사용해야 효과적일까요? 앞서 설명한 대로 문서를 여러 단으로 나누어 그 안에 텍스트와 어우러지도록 넣을 수 있습니다. 또는 이미지를 과감하게 여백 바깥쪽까지 넓게 배열해 넣는 블리드(Bleed) 방식을 적용하거나 지면의 레이아웃에 상관없이 사용할 수도 있지요. 필요하다면 이미지 속의 오브젝트만 분리해 아이콘처럼 사용할 수도 있습니다. 이미지를 텍스트와 나란히 사용할 때는 시각적 평행선을 지키는 것이 좋습니다. 자유롭고 과감한 이미지를 사용하는 것도 좋지만 이미지의 높이와 그에 해당하는 텍스트의 높이를 고려해 시선이 분산되지 않도록 꼼꼼하게 정리하는 것 역시 노련한 디자이너가 갖추어야 할 능력입니다.

이외에도 비주얼 요소를 사용하는 방법은 무수히 많습니다. 이미지 자체의 매력을 독자에게 제대로 전달하려면 이미지가 판면 안에서 얼마나 매력적으로 작용할지 고려해야 합니다. 또한 다른 비주얼 요소와의 관계를 고려해 창의적으로 다양한 시도를 해봐야 비로소 더 좋은 방법을 찾을 수 있습니다.

고 다니기 힘들다는 얘기였다. 그래서 조부 제삿
날은 잊어먹어도 식당 예약은 절대로 안 잊어먹
는다는 속담이 생겼다고 한다. 물론 내가 만든 농
담이다. 그런데 왜 개인간의 약속을 잘 안 지키는
이탈리아인들이 식당 예약을 잘 지키는가 알고
보니, 동네가 빤해서 익명이 보장되지 않는 작은
도시에 해당하는 일이었다. 그래서 대도시에서는

▲ 글줄과 이미지의 높이가 맞도록 단 안에 이미지를 배열했습니다.

여백 중심의 그리드 시스템

여백은 비주얼 요소(글이나 이미지)가 차지하는 영역을 제외한 공간을 말합니다. 그저 비어 있는 공간에 불과한 여백이 왜 중요한지 이해하려면, 여백을 단순히 비어 있는 공간이 아니라 하나의 오브젝트라고 생각하는 편이 더 좋을 것입니다.

넓은 의미에서 여백은 판면 전체의 비어 있는 공간, 구석구석인 동시에 의도적으로 글이나 텍스트를 강조하기 위해 비워둔 공간이기도 합니다. 각 요소가 차지하는 공간과 여백이 서로 조화를 이루며 팽팽한 균형을 유지해야 이상적인 디자인이라 할 수 있습니다. 예를 들어 아무것도 없는 흰 종이 위에 달랑 한 문장만 적어두고 임팩트 있는 비주얼 요소 하나만 배치합니다. 이것이 균형을 맞추기 위한 의도라면 세련된 디자인이 된다는 말입니다. 비주얼 요소를 어떻게 구성할까에 대한 생각뿐만 아니라 공간을 어떻게 남길까에 대한 생각도 필요합니다.

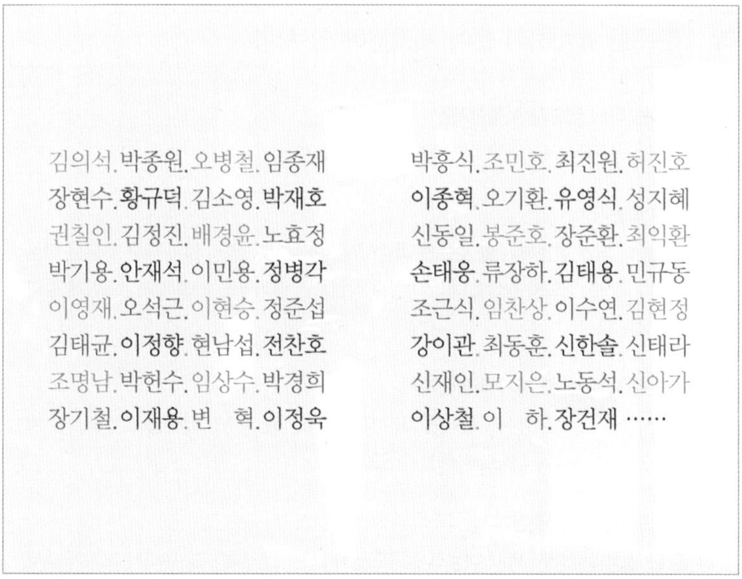
김의석.박종원.오병철.임종재
장현수.황규덕.김소영.박재호
권칠인.김정진.배경윤.노효정
박기용.안재석.이민용.정병각
이영재.오석근.이현승.정준섭
김태균.이정향.현남섭.전찬호
조명남.박헌수.임상수.박경희
장기철.이재용.변 혁.이정욱
박흥식.조민호.최진원.허진호
이종혁.오기환.유영식.성지혜
신동일.봉준호.장준환.최익환
손태웅.류장하.김태용.민규동
조근식.임찬상.이수연.김현정
강이관.최동훈.신한솔.신태라
신재인.모지은.노동석.신아가
이상철.이 하.장건재 ……

▲ 넓은 펼침면에 사람들의 이름만을 이용하여 위, 아래, 좌우 여백을 넉넉히 잡고 디자인했습니다.

▲ 왼쪽은 여백을 살려 텍스트 위주로 심플하게, 오른쪽 페이지는 이미지와 텍스트로 가득차게 디자인했습니다. 펼침 페이지의 강약을 조절해 균형을 맞췄습니다.

여백 중심의 그리드 시스템이 어렵게 느껴질 수도 있지만 그럴 필요는 없습니다. 대부분의 디자이너는 판면에 오브젝트를 배치할 때 생기는 공간을 무의식중에 디자인하고 있으니까요! 하지만 그렇다 하더라도 죽은 공간이 언제든지 생겨날 수 있으니 판면에 레이아웃을 설정하기에 앞서 세심한 관찰이 필요합니다. 이렇게 여백은 평면적인 레이아웃에 입체적인 공간감을 부여하며 단조로운 페이지에서 다이내믹한 느낌을 연출할 수 있도록 도와줍니다.

10년차 선배의 멘토링 본문을 배치하기 전에 체크해야 할 사항

□ 본문에 어울리는 단의 수와 너비는 어느 정도가 적절한가?

단행본은 한 개의 단이 어울리고 잡지나 신문은 여러 개로 나뉜 단이 보기 좋습니다.

□ 어떤 내용이 어느 위치에 놓여야 하는가?

본문 요소 중 성격과 중요도에 따라 눈에 띄게 작업해야 할 부분은 과감하게 강조하고, 그렇지 않은 다른 부분은 다른 요소들과 조화를 이루며 디자인에 스며들 수 있도록 작업합니다. 이렇게 작업하면 레이아웃 안에서 자연스럽게 강약이 조절되어 단조롭지 않은 디자인이 됩니다.

□ 이미지를 본문과 함께 쓸 경우 이미지 수는 몇 개가 적절한가?

일러스트레이션 위주로 페이지를 장식할지 텍스트 위주로 할지에 따라 이미지의 사용 개수가 달라집니다. 텍스트 위주의 구성이라면 너무 많은 이미지는 오히려 내용의 집중도를 해칠 수 있습니다.

□ 이미지와 본문의 크기는 어떻게 조화를 이룰 것인가?

이미지를 강조할 이유가 아니라면 큰 면적의 이미지 역시 내용의 집중도를 해칠 수 있습니다. 또 이미지 크기가 너무 작으면 이미지로서의 제 역할을 하지 못합니다.

03 기본 중의 기본, 그리드 설정하기

앞서 다양한 그리드에 대해 알아봤습니다. 그렇다면 이제는 인디자인에서 새 문서를 만들어 본문을 구성할 그리드를 설정해보는 건 어떨까요? 안내선을 만들어 그리드를 조정해봅니다. 그런 다음 유동적 레이아웃까지 만들어보겠습니다. 편집디자인의 가장 기본이 되는 작업이므로 잘 익혀두세요.

그리드와 안내선 설정하기

그리드 설정하기(단 안내선 설정하기)

판면과 여백, 그리드의 단(칼럼) 개수와 간격은 새 문서를 만들면서 설정합니다. 만약 작업 도중 설정한 값을 변경하고 싶다면 [레이아웃]–[여백 및 단] 메뉴를 클릭해 [새 여백 및 단] 대화상자에서 수정합니다.

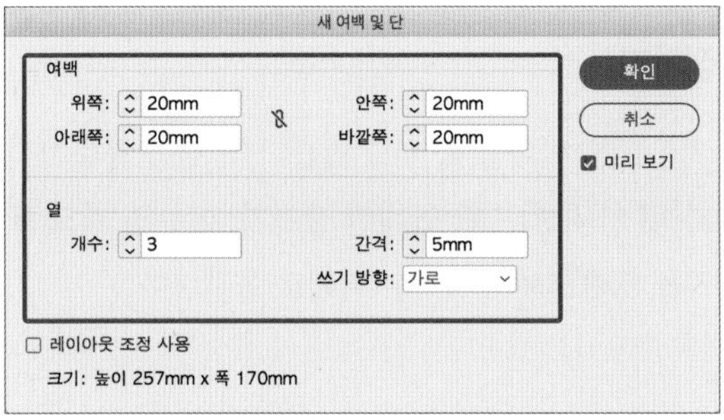

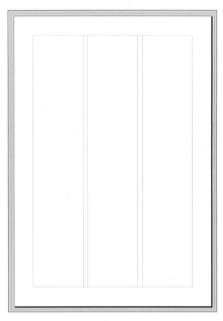

◀ 5mm 간격의 세로 3단 그리드

이때 [쓰기 방향]을 [세로]로 변경하면 단을 가로 형태로 분할할 수 있습니다.

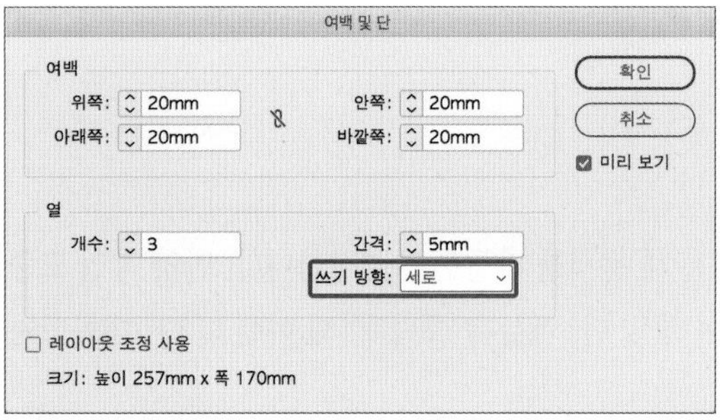

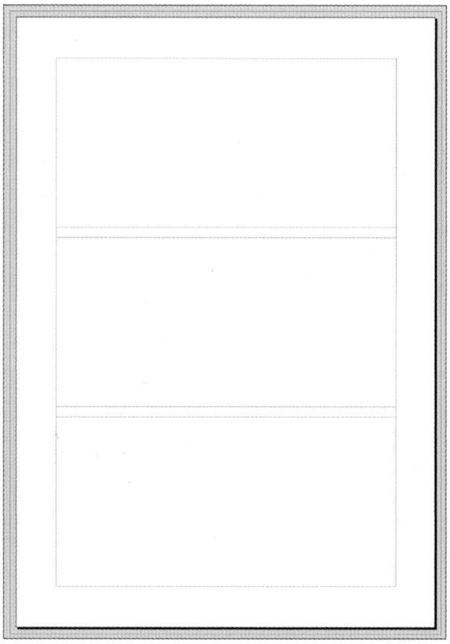

설정한 그리드 수정하기(비대칭 그리드 설정하기)

그리드는 똑같은 간격으로 설정할 수 있지만 자유로운 변화를 줄 수도 있습니다. 단을 균등하지 않은 변형 단으로 나누고 싶다면 [보기]–[격자 및 안내선]–[단 안내선 잠그기] 메뉴의 체크 표시를 해제합니다. 그런 다음 단 안내선(그리드)을 드래그해서 원하는 위치로 옮깁니다.

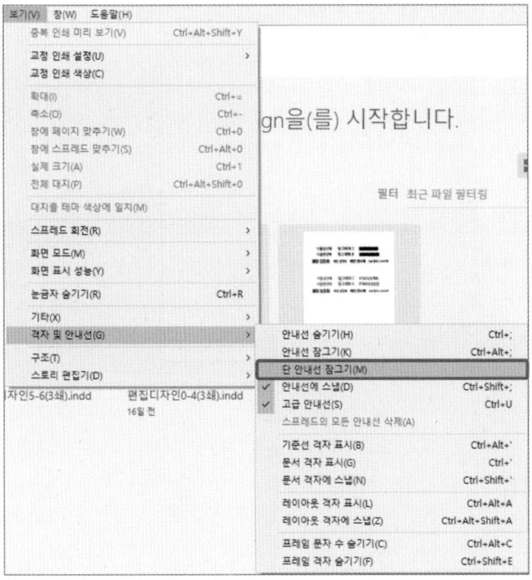

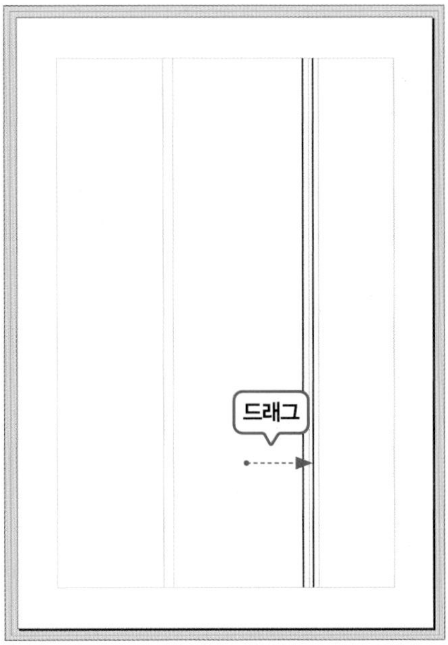

TIP 여기서 말하는 단 안내선은 우리가 일반적으로 알고 있는 안내선(Guide Line)과는 다릅니다. 단 안내선은 그리드와 같은 개념으로 [여백 및 단] 대화상자에서 설정하는 수치에 맞추어 나타납니다.

균일한 간격의 대칭 안내선 만들기

안내선을 만들고 싶다면 작업 화면의 눈금표를 클릭한 채 안내선을 만들려는 문서 쪽으로 드래그합니다. 안내선을 만드는 방법은 어도비 포토샵이나 일러스트레이터와 동일합니다. 이때 문서 안쪽으로 드래그하면 문서 안에만 안내선이 생기고, 문서 바깥으로 드래그하면 대지 쪽으로 연장되는 안내선이 나타납니다.

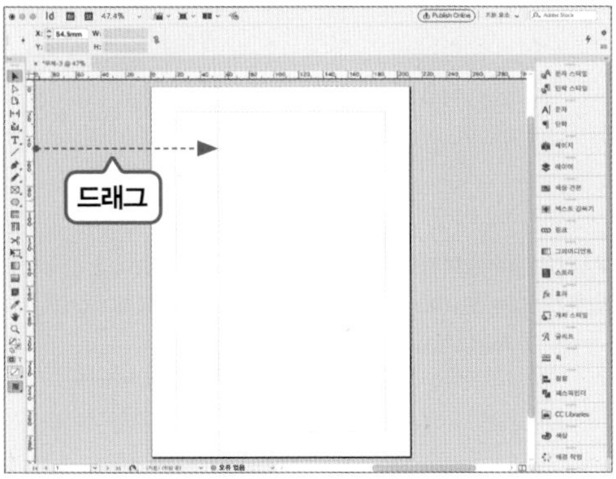

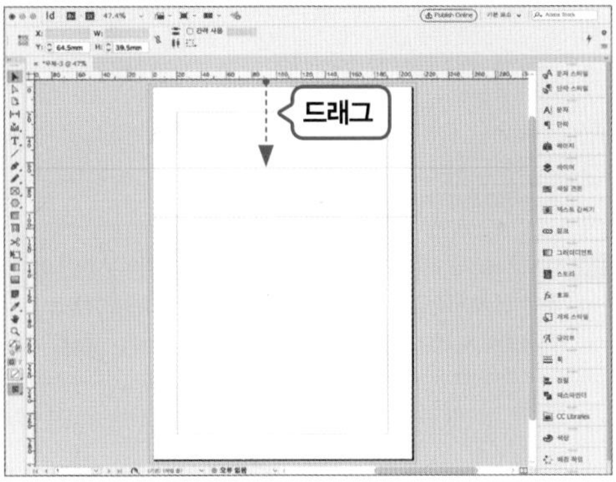

행과 열이 모두 일정한 간격의 안내선을 만들고 싶다면 [레이아웃]–[안내선 만들기] 메뉴를 클릭합니다. [안내선 만들기] 대화상자가 나타나면 안내선을 페이지 크기를 기준으로 만들지, 판면(여백)을 기준으로 만들지 설정할 수 있습니다. 이 기능은 이미지 또는 텍스트 프레임을 바둑판 모양으로 배열할 때 자주 사용하며, 안내선의 간격도 설정할 수 있어 매우 유용합니다.

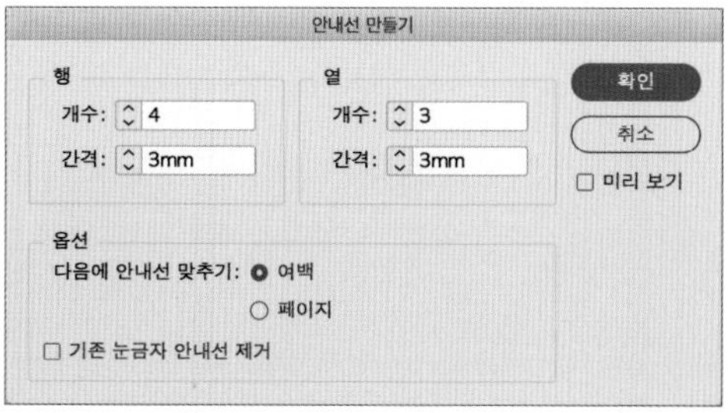

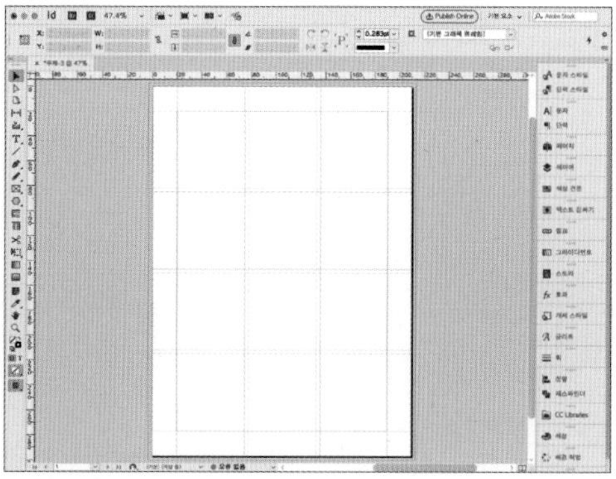

레이아웃 설정하기

레이아웃 조정하기

편집디자인 작업을 하다 보면 갑자기 판면(여백) 크기를 조정해야 하는 경우가 생기도 합니다. 미리 설정한 판면(여백) 크기를 작업 중간에 바꾸면 레이아웃까지 다시 조정해야 하므로 매우 번거로운 반복 작업을 해야만 합니다. 이때 [레이아웃 조정 사용] 항목을 활용하면 문서 전체에 변경 내용이 적용되어 반복 작업을 줄일 수 있습니다.

레이아웃을 조정하는 항목은 [여백 및 단] 대화상자에 있습니다. [레이아웃 조정 사용]에 체크 표시하면 여백의 크기나 문서의 판형을 변경할 때마다 레이아웃이 변경된 여백의 크기에 따라 자동 정렬됩니다.

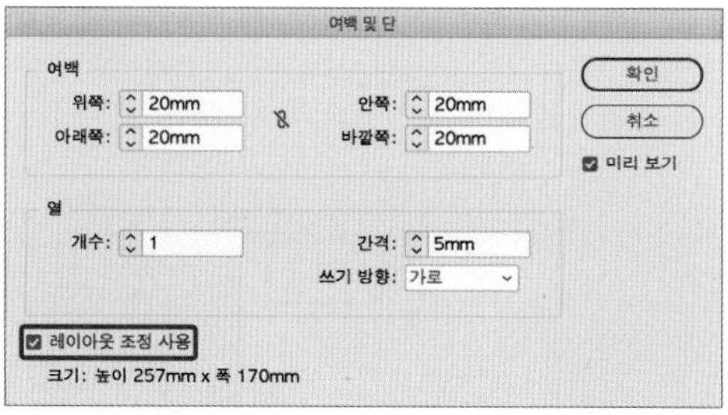

TIP 여백의 크기나 문서의 판형 등을 변경할 때 레이아웃뿐만 아니라 문서에 포함된 오브젝트의 크기도 함께 변경될 수 있습니다. 생각지도 못한 변형이 생길 수 있으니 무작정 체크하여 활성화한 상태로 작업하기보다는 필요에 따라 체크 표시, 체크 표시 해제하여 신중히 사용하도록 하세요. 이미 바뀐 레이아웃과 오브젝트는 Ctrl + Z 를 누른다고 되돌아가지 않습니다.

레이아웃 조정을 안전하게 사용하는 방법은 앞서 설명한 대로 '평상시에는 체크하지 않는 것'입니다. 그리고 혹시 모를 판형 또는 여백이 변경될 때를 대비해 가급적이면 문서에 사용한 오브젝트를 그리드 또는 안내선에 맞춰서 작업해야 합니다.

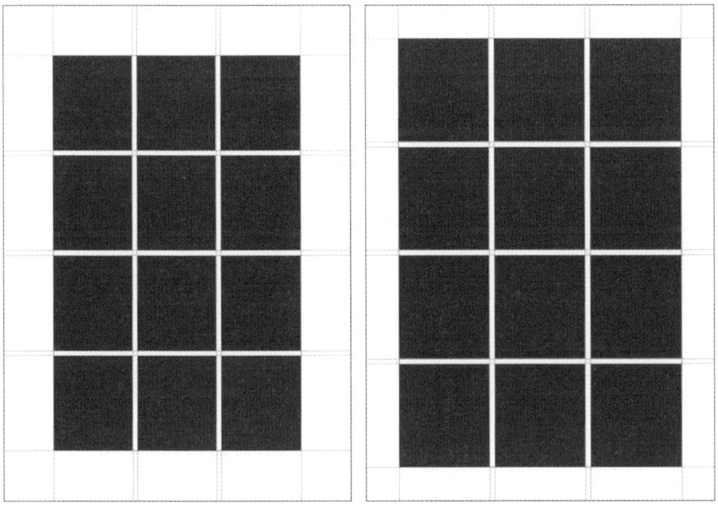

◀ 여백을 20mm에서 30mm로 변경했더니 각 오브젝트의 크기와 간격이 비례하여 변경됨

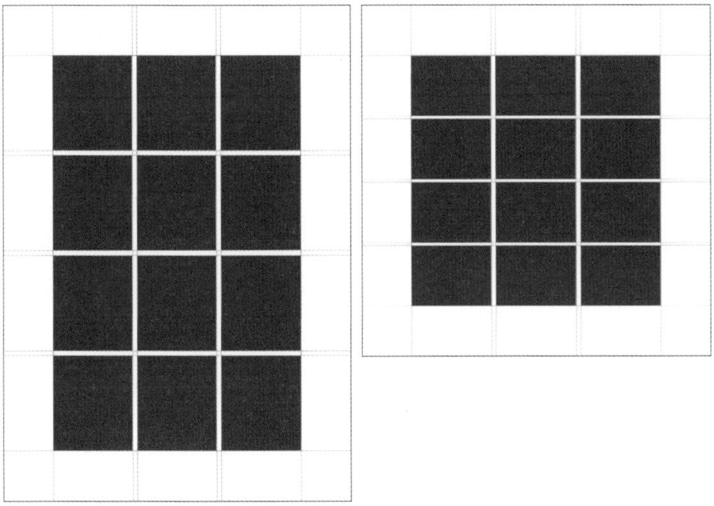

◀ 직사각형 판형에서 정사각형 판형으로 변경했더니 각 오브젝트의 크기와 간격이 비례하여 변경됨

TIP 책자로 제본되는 대부분의 편집물은 본문 글상자와 판면의 크기가 비례하여 변경됩니다. 하지만 판면을 구성하는 이미지나 다른 요소들이 그리드 또는 안내선과 맞닿아 있지 않다면 동일하게 변경되지 않을 수 있습니다. 이때에는 디자이너가 직접 알맞은 위치로 옮기거나 크기를 조정해야 하므로 매우 번거롭습니다. 따라서 [레이아웃 조정 사용]은 정말 신중하게 선택하여 사용해야 합니다.

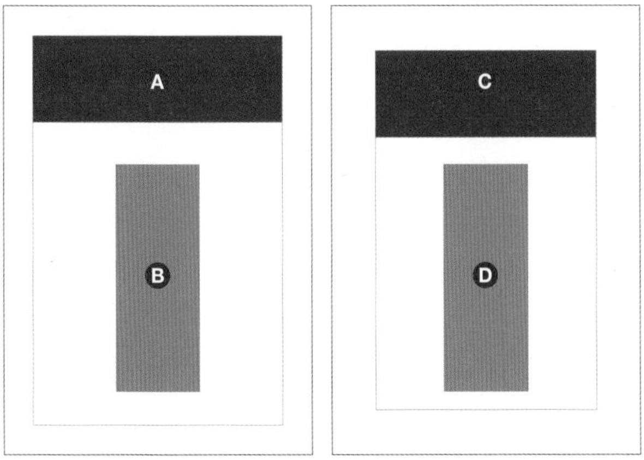

◀ 붉은 상자(A)는 판면 안내선에 맞추고 푸른 상자(B)는 어느 안내선에도 맞추지 않은 채 판형 크기를 변경했더니, 붉은 상자(C)의 크기만 변경되고 푸른 상자(D)는 그대로 유지됨

유동적 레이아웃 적용하기

[레이아웃 조정 사용] 항목이 문서 전체에 영향을 준다면 [유동적 레이아웃] 패널에서 설정하는 값은 한 페이지에만 적용됩니다. 따라서 [레이아웃 조정 사용]과 [유동적 레이아웃]을 동시에 적용할 수 없습니다. [레이아웃 조정] 메뉴는 [유동적 레이아웃] 패널의 보조 메뉴에 있습니다.

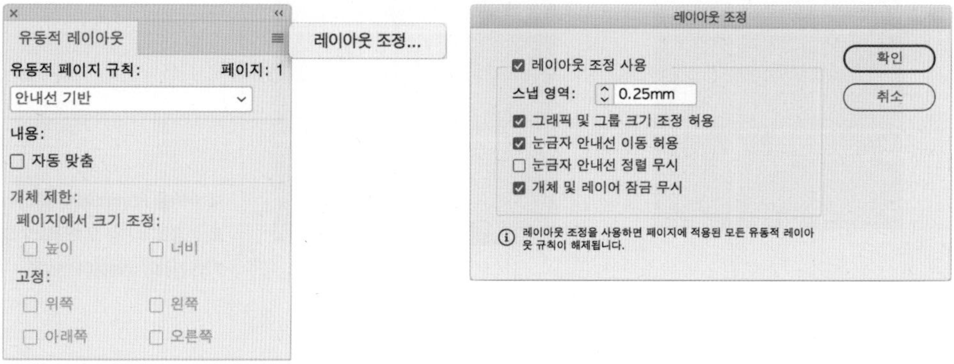

TIP CS6 버전부터는 [레이아웃]-[유동적 레이아웃] 메뉴가 있지만 CS5 이하 버전은 [레이아웃]-[레이아웃 조정] 메뉴에서 유동적 레이아웃을 적용할 수 있습니다.

[유동적 레이아웃] 패널을 이용하면 [레이아웃 조정 사용] 항목보다 디테일하게 레이아웃을 수정할 수 있습니다. 문서 전체 크기(판형, 여백 등)뿐만 아니라 높이와 너비를 선택해 변경할 수 있습니다. 또한 어느 쪽의 그리드 또는 안내선을 중심으로 변경할지도 선택할 수 있습니다. 그래서 [유동적 레이아웃] 패널은 전자책처럼 기기에 따라 세로형과 가로형을 동시에 디자인해야 하는 애플리케이션을 편집할 때 자주 사용합니다.

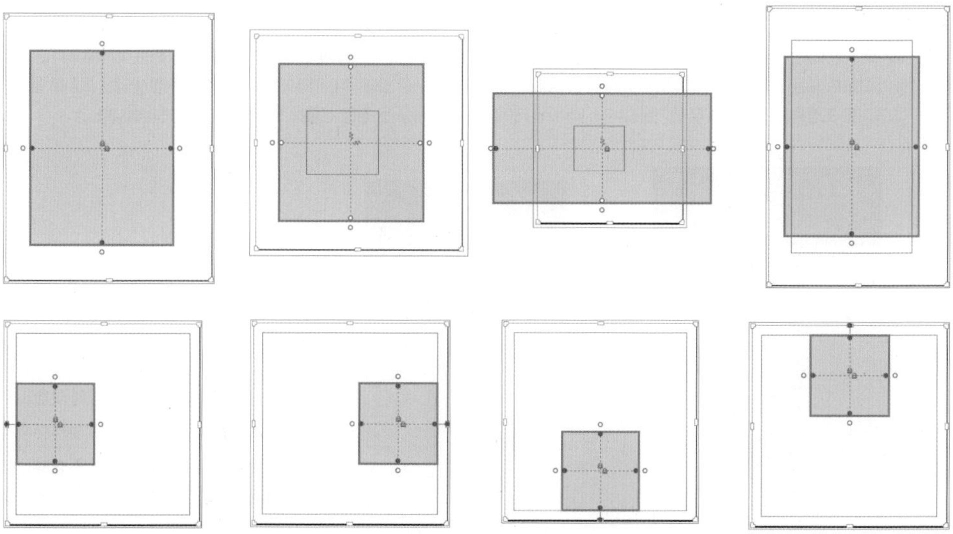

CHAPTER 04

편집디자인의 핵심, 타이포그래피

타이포그래피는 글자를 의미하는 그리스어 'Typo'와 이미지 표현 기법을 의미하는 'Graphy'의 합성어입니다. 단어가 처음 쓰일 때는 활판인쇄술처럼 '글자를 조판 디자인한다'는 의미였으나 미디어가 확장되면서 그 의미도 점차 확대되고 있습니다. 흔히 타이포그래피라 하면 문자를 이용한 화려한 포스터 디자인을 연상하기 쉬운데요. 좁게는 문자를 이용한 디자인 또는 조판 기술을 뜻하지만, 넓은 의미로는 글꼴 디자인과 레터링, 판짜기를 비롯한 편집디자인의 레이아웃과 비슷한 의미로 사용합니다.

01

타이포그래피? 어려워마라!

생각보다 많은 의미를 포함하는 타이포그래피, 그래서 어려워 보이기도 하지만 복잡하게 생각할 필요는 없습니다. 우리는 이미 주변에서 쉽게 접하는 광고, 책, 브로슈어를 통해 무의식적으로 타이포그래피에 익숙해져 있습니다. 디자이너는 단지 독자가 인쇄물에 더 관심을 갖고 쉽게 읽을 수 있도록 도와주면 됩니다. 제목은 제목답게, 본문은 본문답게 디자인합니다. 이때 가독성을 우선으로 할지, 장식을 우선으로 할지, 어떤 문자를 강조할지 등을 결정해야 합니다. 감각으로 접했던 타이포그래피를 이론으로 풀어놓으니 왠지 어려워 보입니다. 하지만 더 좋은 디자인을 위해서는 약간의 이론을 익혀두는 것이 의외로 많은 도움이 됩니다.

알쏭달쏭한 그것, 글꼴? 서체?

'타이포그래피 디자인' 영역에는 비슷하거나 모호한 용어가 많아서 자주 혼용해 쓰이기도 합니다. 글자(Letter), 글꼴(Letter Form), 활자(Typo)는 약간의 차이는 있지만 글자의 모양을 의미합니다. 서체(Typeface), 글자체(Letter Style), 활자체(Typeface), 캐릭터 세트(Character Set)는 글자 한벌 전체에 공통적으로 나타난 스타일을 뜻하며, 타이포그래피를 완성하는 데 필요한 글자의 집합체를 묶어 폰트(Font)라고 합니다. 서체를 전문적으로 디자인하는 게 아니라면 대략의 의미만 알고 넘어가도 큰 문제는 없습니다.

서체는 각각의 글꼴뿐 아니라 글꼴끼리 같은 체계와 비율을 공유하므로 기울기나 너비, 두께 등을 안정적으로 바꿀 수 있습니다. 이를 타입 패밀리(Type Family)라 하지요. 대표적인 예로 Helvetica, Univers 등 디자이너에게 친숙한 영문 서체와 윤서체, 산돌서체 같은 한글 서체가 있습니다.

Light & Bold	Italic & Oblique	Condensed & Extended
Helvetica Thin	*Helvetica Thin Italic*	**Helvetica Condensed**
Helvetica Ultra Light	*Helvetica Ultra Light Italic*	Helvetica Roman
Helvetica Light	*Helvetica Light Italic*	Helvetica Extended
Helvetica Roman	*Helvetica Roman Italic*	
Helvetica Medium	***Helvetica Medium Italic***	
Helvetica Bold	***Helvetica Bold Italic***	
Helvetica Heavy	***Helvetica Heavy Italic***	
Helvetica Black	***Helvetica Black Italic***	

▲ Helvetica의 타입 패밀리

서체 이름 옆에는 그 형태를 나타내는 표시가 함께 붙어 있는데 각각의 의미는 다음과 같습니다.

Light와 Bold : 서체의 굵기

편집 프로그램을 이용해 임의로 굵기를 조절하는 것은 서체를 왜곡하는 일입니다. 왜곡하지 않고 변화를 주려면 같은 패밀리에 속한 굵기가 다른 서체를 선택해야 합니다. 서체의 굵기는 여러 단계로 나타낼 수 있지만 이 모든 단계를 사용하는 서체는 흔치 않으며 Light, Regular, Bold 정도가 보통입니다.

TIP 서체 굵기 단계는 Thin < Ultra Light < Light < Regular(Roman) < Medium < Bold < Semi Bold < Heavy < Black 순입니다. Thin이 가장 가늘고 Black이 가장 굵습니다.

Italic과 Obilque : 기울어진 사체

Italic과 Obilque는 둘 다 기울어진 사체를 의미하지만 차이점이 있습니다. Italic은 필기체에 가까운 형태로 기울어져 소문자 'a'의 형태가 필기체 모양이며, Obilque는 활자체를 그대로 기울여 놓은 모양으로 소문자 'a'의 모양이 활자체의 형태로 되어 있습니다. 사체는 좌우 어느 쪽으로 기울어졌느냐에 따라 다른 느낌을 줍니다. 대체로 운동감과 긴장감을 나타내고 텍스트를 강조할 때 주로 사용합니다.

TIP 사체(斜體)는 오른쪽으로 기울어진 모양의 서양 글자체를 말합니다.

Condensed와 Extended : 장평이 좁거나 넓은 서체

장평이 넓은 서체는 안정감과 평온함을 주는 동시에 둔한 느낌을 주기도 합니다. 반면 장평이 좁아 높이감이 있는 장체는 모던함과 긴장감을 나타냅니다. 일반적으로 가로로 넓은 글자(장평이 넓음)보다 세로로 긴 글자(장평이 좁음)가 더 가독성이 좋아 한글 글꼴의 경우 임의로 장평을 줄여서 사용하기도 합니다.

윤고딕 520	윤고딕 110
윤고딕 530	윤고딕 120
윤고딕 540	윤고딕 130
윤고딕 550	윤고딕 140
	윤고딕 150
	윤고딕 160

◀ 윤고딕 500 시리즈와 윤고딕 100 시리즈

10 년차 선배의 멘토링 데이터 포맷에 따른 서체의 분류

포스트스크립트 폰트(PostScript Font / .ps)

어도비사가 개발한 포맷으로 매끄럽고 섬세한 고품질 폰트를 인쇄하거나 화면에 표시할 수 있도록 한 소프트웨어입니다. 엄밀히 말하면 폰트라기보다 화면에서 비트맵 형식으로 보이는 폰트를 고품질의 폰트로 인쇄할 수 있도록 립(Rip : Raster Image Processo, 래스터 이미지 처리)을 거쳐 도와주는 프로그램 언어의 성격이 더 강합니다. 포스트스크립트 폰트가 설치된 프린터에서만 제대로 출력할 수 있어 '프린트 서체'라 부르기도 합니다. 최근에는 이 폰트보다 트루타입 폰트나 오픈타입 폰트를 주로 사용합니다.

트루타입 폰트(TrueType Font / .ttf) – 윤서체, 산돌서체

애플사와 마이크로소프트사가 어도비사와 경쟁하기 위해 공동 개발한 포맷으로 현재 널리 사용되는 일반적인 폰트입니다. 화면에 나타나는 글꼴과 인쇄 글꼴이 거의 비슷해 전자 출판에 유용할 뿐만 아니라 매킨토시와 윈도우 등 모두 운영체제에서 널리 사용합니다. 포스트스크립트 폰트와 달리 별도의 처리 과정을 거치지 않고 다른 시스템이나 인쇄기로 자신의 문서를 출력할 수 있습니다.

오픈타입 폰트(OpenType Font / .otf) – 가변윤고딕, SM서체

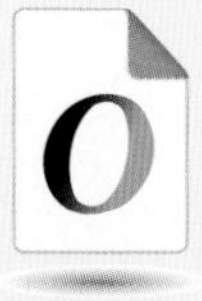

마이크로소프트사와 어도비사가 협력해 트루타입과 포스트스크립트의 장점만을 모아 개발한 포맷입니다. 트루타입과 마찬가지로 화면의 글꼴과 인쇄 글꼴이 비슷해 전자 출판에 유용하며 높은 압축률 덕분에 파일의 용량을 많이 줄일 수 있습니다. 한국, 중국, 일본 등 조합 글자를 사용하는 문화권 서체에서 발생하는 다양한 문제점을 해결했으며 트루타입만큼 널리 쓰이는 포맷 중 하나입니다. 폰트에 따른 커닝 값이 조절되어 편집디자이너가 작업하는 데 매우 편리합니다.

한글 서체도 위 그림처럼 다양한 타입 패밀리를 보유하고 있습니다. 일반적으로 한글에서의 타입 패밀리는 두께 변화를 달리한 형태로 세고딕, 신고딕, 중고딕, 태고딕, 견출고딕 등이 있습니다. 이 외에도 윤서체처럼 숫자의 증감(10, 20, 30...)을 이용하거나 산돌서체처럼 영문(L, M, B)으로 표기한 서체도 있습니다. 대부분은 두께를 기준으로 삼지만 윤고딕 패밀리의 500 시리즈처럼 장평을 달리한 서체도 있습니다. 이는 종종 인위적으로 장평을 조절할 때 서체가 왜곡되는 것을 감안해 애초에 장평이 좁은 서체로 개발했기 때문입니다.

세리프와 산세리프, 명조와 고딕?

현재 사용되는 서체들은 매우 다양하고 생김새도 비슷하기 때문에 별도로 분류하기가 쉽지 않습니다. 굳이 분류하자면 역사적 발달 과정에 근거한 궁서체나 반포체와 같은 일반적 분류 체계를 사용합니다. 한글 디지털 폰트는 형태적으로는 크게 명조체와 고딕체로 나뉘고, 구조적으로는 네모꼴과 탈네모꼴로 구분할 수 있습니다.

한글 연구 기관인 한국글꼴개발원에서는 한글 디지털 폰트를 바탕체류, 돋움체류, 그래픽류, 굴림체류, 필사체류, 상징체류, 고전체류, 탈네모꼴체류, 기타체류 등으로 나누기도 했습니다. 해외에도 다양한 분류 체계가 존재하며 올드페이스, 트랜지셔널, 스크립트 등이 이에 해당합니다. 서체 이름에는 주로 만든 이의 이름이 들어가지만 분류 체계를 적용해 만들기도 합니다.

명조체와 고딕체

명조와 고딕은 한국식으로 풀이하면 바탕체와 돋움체라 할 수 있으며 학문적으로는 세리프(serif)와 산세리프(sans-serif)가 됩니다. 세리프는 명조체와 고딕체를 구분 짓는 요소로 서체의 획 아래 또는 위에 나 있는 삐침을 말합니다. 바탕체, 궁서체, Times New Roman, Garamond 같은 서체가 대표적입니다. 반대로 산세리프의 sans는 프랑스어로 '없다'를 의미하며 세리프가 없는 서체를 말합니다. 대표적인 서체로는 돋움체, 굴림체, Arial, Helvetica 등이 있습니다.

두 서체의 가독성을 테스트한 결과 동서양을 막론하고 세리프(명조)가 더 읽기 편하다는 결과가 나오기도 했습니다(〈한글 타이포그라피의 가독성에 관한 연구〉, 안상수, 1983). 실제로 동서양의 인쇄물을 보면 대부분의 본문 서체가 세리프 계열이지요. 하지만 기억해야 할 게 있습니다. 세리프가 너무 강하면 오히려 가독성을 해칠 수 있습니다. 또한 콘셉트에 따라 어울리는 서체의 선택도 달라져야 합니다. 따라서 무조건 '본문=명조 계열'이라 생각하지 않아도 됩니다. 잡지나 브로슈어 같은 편집물에서는 고딕 계열도 많이 사용합니다.

바탕 / 돋움		Serif / sans	
윤명조 산돌명조 신신명조	윤고딕 산돌고딕 나눔고딕	Times New Roman Garamond Bodoni	Arial Helvetica DIN
세리프는 바탕체와 돋움체를 구분 짓는 요소로서 서체의 획 아래 또는 위에 가로로 나있는 삐침을 말하며 바탕체, 궁서체, Times New Roman, Garamond 같은 서체가 대표적입니다. 반대로 산세리프(sans-serif)의 sans는 프랑스어로 '없다'를 의미하는 단어로 세리프가 없는 서체를 말하며 대표적인 서체로는 돋움체, 굴림체, Arial, Helvetical, DIN체 등이 있습니다.	세리프는 바탕체와 돋움체를 구분 짓는 요소로서 서체의 획 아래 또는 위에 가로로 나 있는 삐침을 말하며 바탕체, 궁서체, Times New Roman, Garamond 같은 서체가 대표적입니다. 반대로 산세리프(sans-serif)의 sans는 프랑스어로 '없다'를 의미하는 단어로 세리프가 없는 서체를 말하며 대표적인 서체로는 돋움체, 굴림체, Arial, Helvetical, DIN체 등이 있습니다.	Yesterday all my troubles seemed so far away. Now it looks as though they're here to stay. Oh, I believe in yesterday. Suddenly, I'm not half the man I used to be. There's a shadow hanging over me. Oh, yesterday came suddenly. Why she had to go, I don't know, she wouldn't say. I said something wrong, now I long for yesterday. Yesterday love was such an easy game to play.	Yesterday all my troubles seemed so far away. Now it looks as though they're here to stay. Oh, I believe in yesterday. Suddenly, I'm not half the man I used to be. There's a shadow hanging over me. Oh, yesterday came suddenly. Why she had to go, I don't know, she wouldn't say. I said something wrong, now I long for yesterday. Yesterday love was such an easy game to play.

▲ 세리프와 산세리프 서체의 비교

국문이든 영문이든 대부분 세리프가 산세리프보다 작게 보입니다. 때문에 두 종류의 서체를 동시에 사용할 경우 물리적으로 같은 크기에 맞추기보다는 시각적으로 서체가 같아 보이도록 맞춰야 좋습니다. 예를 들어 명조체를 10pt로 사용했다면 돋움체는 9pt 정도로 명조체보다 작게 사용합니다. 명조체와 고딕체는 회색도(검은색의 밀도, 고딕이 명조보다 두꺼워 보이는 이유는 상대적으로 검은색 부분이 더 많이 보이기 때문)에서도 차이가 나기 때문에 크기뿐만 아니라 자간도 적절히 조절해 독자들이 편안하게 글을 읽을 수 있도록 합니다.

탈네모꼴과 네모꼴

한글의 글꼴은 구조적으로 크게 네모꼴과 탈네모꼴로 나뉩니다. 아마 서체에 관심이 있다면 한 번쯤은 들어봤을 단어입니다. 두 글꼴의 차이는 글자꼴이 정네모꼴 안에 들어 있느냐, 아니냐의 차이를 나타냅니다. 일반적으로 대부분의 디자인 학교 또는 회사에서는 탈네모꼴보다 네모꼴의 서체가 가독성이 높다고 가르칩니다. 저 역시 탈네모꼴 서체를 본문에 썼다가 선배에게 호되게 혼난 기억이 있네요. 실제로 본문용으로 선호하는 서체는 네모꼴로 이루어진 명조(SM신신명조, 산돌명조, 윤명조 등)나 고딕(윤고딕, 산돌고딕 등) 같은 서체들입니다. 편집디자이너가 네모꼴 글자를 선호하는 데는 이유가 있는데요. 네모꼴이 전통적인 한글 글꼴의 기본 형태이기도 하고 오랫동안 관습적으로 이어져 내려와 사람들의 눈에 익숙하기 때문이라고도 합니다. 반면 탈네모꼴 글자는 어딘가 불안정하고 어색해 보입니다.

▲ 네모꼴(윤고딕 300)과 탈네모꼴(안상수체)의 비교. 네모꼴의 'ㄱ'은 형태별로 다른 반면 탈네모꼴의 'ㄱ'은 모두 일치합니다.

하지만 서체 디자이너들은 탈네모꼴을 사용하자고 주장하기도 합니다. 네모꼴보다 탈네모꼴 글자의 장점이 더 많다는 이유인데요. 세벌식 탈네모꼴의 경우 한글은 24자의 자음과 모음을 이용해 초성, 중성, 종성을 모아쓰는 원리로 만들어집니다. 그 원리를 그대로 응용해 글자를 만들면 탈네모꼴이 되지요. 반면 우리에게 익숙한 네모꼴의 글자를 만들기 위해서는 같은 자모음이라 할지라도 글자에 따라 낱자의 형태가 바뀝니다. 즉 완성된 탈네모꼴 글자를 만들려면 조합형 낱자만 개발하면 되는 반면, 네모꼴 글자는 완성형의 글꼴로 탈네모 꼴의 몇 배에 해당하는 자소를 만들어야 합니다. 이런 이유로 네모꼴 글자는 용량이 크고 서체 개발이 어려우며 비경제적이라는 의견이 있습니다. 또 굳이 세벌식이 아니더라도 탈네모꼴이 만들어내는 글꼴의 리듬감이 가독성을 높여준다는 의견도 있습니다. 하지만 어느 자료에도 어떤 글꼴이 우월하다는 식으로 확정해놓지 않은 만큼 선입견을 가지기보다 열린 자세로 살펴볼 필요가 있습니다. 편집디자이너로서는 완성도 높은 탈네모꼴 글자의 등장을 기대하면서, 당장은 상대적으로 더 안정적이고 가독성이 높은 네모꼴의 서체를 선호할 수밖에 없는 듯합니다.

그렇다면 어떻게 서체를 구분해서 사용할까요? 의식적으로 네모꼴과 탈네모꼴을 나눌 필요 없이 콘셉트에 맞는 서체를 선택하면 됩니다. 조심스레 조언하자면 대체적으로 네모꼴 서체는 본문용, 탈네모꼴 서체는 제목용으로 적당합니다.

윤명조 200	한겨레결체	신신명조
많은 서체 디자이너들은 탈네모꼴을 사용해야 한다고 주장하기도 합니다. 네모꼴 글자보다 탈네모꼴 글자의 장점이 더 많다는 이유인데요. 한글은 24자의 자음과 모음을 이용하여 초성, 중성, 종성을 모아쓰는 원리로 만들어지는데, 그 원리를 그대로 응용하여 글자의 형태를 임의로 바꾸지 않고 글자를 만들면 탈네모꼴이 되지만 우리에게 익숙한 네모꼴의 글자를 만들기 위해서는 같은 자모음이라 할지라도 글자의 형태에 따라 낱자의 형태가 바뀐다는데 있습니다.	많은 서체 디자이너들은 탈네모꼴을 사용해야 한다고 주장하기도 합니다. 네모꼴 글자보다 탈네모꼴 글자의 장점이 더 많다는 이유인데요. 한글은 24자의 자음과 모음을 이용하여 초성, 중성, 종성을 모아쓰는 원리로 만들어지는데, 그 원리를 그대로 응용하여 글자의 형태를 임의로 바꾸지 않고 글자를 만들면 탈네모꼴이 되지만 우리에게 익숙한 네모꼴의 글자를 만들기 위해서는 같은 자모음이라 할지라도 글자의 형태에 따라 낱자의 형태가 바뀐다는데 있습니다.	많은 서체 디자이너들은 탈네모꼴을 사용해야 한다고 주장하기도 합니다. 네모꼴 글자보다 탈네모꼴 글자의 장점이 더 많다는 이유인데요. 한글은 24자의 자음과 모음을 이용하여 초성, 중성, 종성을 모아쓰는 원리로 만들어지는데, 그 원리를 그대로 응용하여 글자의 형태를 임의로 바꾸지 않고 글자를 만들면 탈네모꼴이 되지만 우리에게 익숙한 네모꼴의 글자를 만들기 위해서는 같은 자모음이라 할지라도 글자의 형태에 따라 낱자의 형태가 바뀐다는데 있습니다.

▲ 탈네모꼴 명조체인 윤명조 200과 한겨레결체, 네모꼴 명조체인 신신명조

대표적인 탈네모꼴 글자인 윤명조 200과 한겨레신문 본문에 사용하는 한겨례결체입니다. 탈네모꼴 명조체와 비교되는 네모꼴 명조체는 신신명조입니다. 각 서체별로 가독성과 느낌이 어떻게 다른가요? 어떤 서체가 본문으로 적당할까요? 디자이너라면 여전히 신신명조를 택할지 모르지만 일반 독자도 그렇게 생각하는지에 대한 객관적인 근거가 필요할 것입니다. 탈네모꼴이라고 해서 무조건 본문용으로 적합하지 않은 것만은 아닙니다.

최근에는 구조와 상관없이 여러모로 완성도 높은 서체가 활발하게 개발되고 있으며, 속된 말로 '잘나가는 서체'는 유행처럼 디자이너들 사이에서 번져나갑니다. 알게 모르게 서체가 획일화되는 과정에서 나만의 독창적인 디자인을 완성하려면 어떻게 해야 할까요? 편집디자이너라면 어떤 서체가 어떤 느낌을 주는지, 어떻게 사용했을 때 효과적인지 관심을 기울이고 그에 따라 알맞은 서체를 찾아낼 수 있는 안목을 길러야 합니다.

네모꼴 서체	탈네모꼴 서체
윤고딕 100은 네모꼴 서체입니다	윤고딕 200은 탈네모꼴 서체입니다
윤명조 100은 네모꼴 서체입니다	윤명조 200은 탈네모꼴 서체입니다
산돌고딕은 네모꼴 서체입니다	한겨레결체는 탈네모꼴 서체입니다
산돌명조는 네모꼴 서체입니다	상상체는 탈네모꼴 서체입니다
SM신신명조는 네모꼴 서체입니다	산돌 타이프라이트체는 탈네모꼴입니다
나눔고딕은 네모꼴 서체입니다	윤봄날은 탈네모꼴 서체입니다

▲ 자주 사용하는 네모꼴 서체와 탈네모꼴 서체의 종류

폰트는 어떻게 사용할까?

폰트 구입하기

대부분의 폰트는 저작권이 있으며 이를 침해할 시 법적으로 불이익을 받습니다. 하지만 정작 원하는 폰트 하나를 구입하려 해도 몇몇을 제외하고는 고가의 패키지로만 판매됩니다. 판매처에서는 라이선스와 개별 사용자에 대한 정보를 관리하기 위해 패키지 판매를 한다고 하는데요. 사용자 입장에서는 석연치 않습니다. 소규모 회사나 개인에게 패키지 구매는 금전적으로 큰 부담일 수밖에 없으니까요.

TIP 이런 현실 때문에 불법 복제 폰트는 더 활발히 유통되고 덩달아 서체 회사의 불법 복제 단속도 날로 심해지고 있습니다. 언제쯤 모두가 만족할 수 있는 폰트 구입 시스템이 자리 잡을지, 어서 빨리 판매자와 구매자 모두 즐겁게 폰트를 사용할 날을 기대해봅니다.

폰트를 구입하고자 결정했다면 보통 글꼴의 형태만 보고 구매를 결정하는데요. 좀 더 구체적으로 알아봐야 할 운영체제나 사용 범위 등 폰트 구매 시 고려해야 할 몇 가지 사항을 살펴봅시다.

1 사용 중인 운영체제에 설치 가능한 포맷인가?

폰트 파일은 기본적으로 Mac용과 IBM용으로 나뉘며 각 기종의 운영체제 버전에 따라 달라질 수 있습니다. 운영체제가 오래된 버전일수록 설치 가능한 서체 종류가 적어집니다. 한글 서체의 경우 윈도우용 서체가 더 다양합니다.

2 사용 기간이 정해져 있는가?

폰트를 구입한 후 평생 사용할 수 있을 것 같지만 몇몇 폰트는 사용 기간이 정해져 있는 경우도 있습니다. 그렇기 때문에 폰트를 구입할 때 사용 기한이 있는지 잘 살펴보고 구입해야 하며, 사용 기한에 맞게 사용해야 합니다. 오래된 서체 패키지를 반납하면 할인된 가격으로 업그레이드된 폰트를 제공하는 회사도 있으니 이 부분도 잘 살펴보고 폰트를 구입해야 합니다.

3 라이선스 적용 범위는 어떻게 되는가?

대부분 인쇄, 출판 범위에서는 무리 없이 사용할 수 있지만 CI, BI 같은 아이덴티티나 방송 자막, 디바이스에 탑재되는 폰트 또는 앱(Application)의 형태로 제작되는 상업물에 대해서는 별도의 라이선스 계약이 필요합니다.

4 폰트 임베딩을 지원하는가?

폰트 임베딩(Font Embedding)은 어떤 시스템에서 문서를 열어도 글꼴이 깨지지 않고 동일하게 출력해주는 기능입니다. 대체로 오픈타입은 폰트 임베딩을 지원하지만 트루타입은 지원하지 않는 경우가 많습니다. 폰트 임베딩을 지원하지 않는 서체를 사용하면 인디자인에서 인쇄용 PDF를 생성할 때 오류가 생길 수 있습니다. 이를 방지하기 위해서는 해당 서체를 윤곽선(Outline)화해야 합니다. 하지만 북디자인의 경우 몇 백 페이지에 해당하는 본문 서체를 윤곽선화할 수 없으며, 설사 그런다 하더라도 서체의 굵기가 굵어지므로, 본문에는 반드시 폰트 임베딩을 지원하는 서체를 사용해야 합니다.

무료 폰트 찾아보기

비용 때문에 유료 폰트가 부담스럽다면 무료 폰트를 찾아봅시다. 물론 무료라고 해서 무작위로 사용할 수는 없습니다. 서체마다 사용 범위가 정해져 있으니 이 부분만 숙지한다면 매우 유용하게 사용할 수 있습니다. 무료 폰트 중에서도 단연 으뜸은 바로 네이버에서 배포하는 나눔글꼴입니다. 종류가 다양할 뿐만 아니라 폰트 완성도를 갖춰서 본문, 제목할 것 없이 두루 사용할 수 있습니다. 특히 나눔글꼴은 저작권 안내와 라이선스 전문을 명시한다면 다른 소프트웨어와 함께 재배포 또는 판매할 수도 있습니다. 나눔글꼴은 개인 및 기업 사용자를 포함한 모든 사용자가 무료로 사용할 수 있는 등 라이선스의 꽤 넓은 영역을 무료로 제공합니다. 단, 나눔글꼴로 작업한 이미지는 나눔글꼴 프로모션을 위해 활용될 수 있다는 전제하에서 말입니다. 하지만 원치 않을 경우 네이버에 프로모션 활용 중지를 요청할 수도 있습니다.

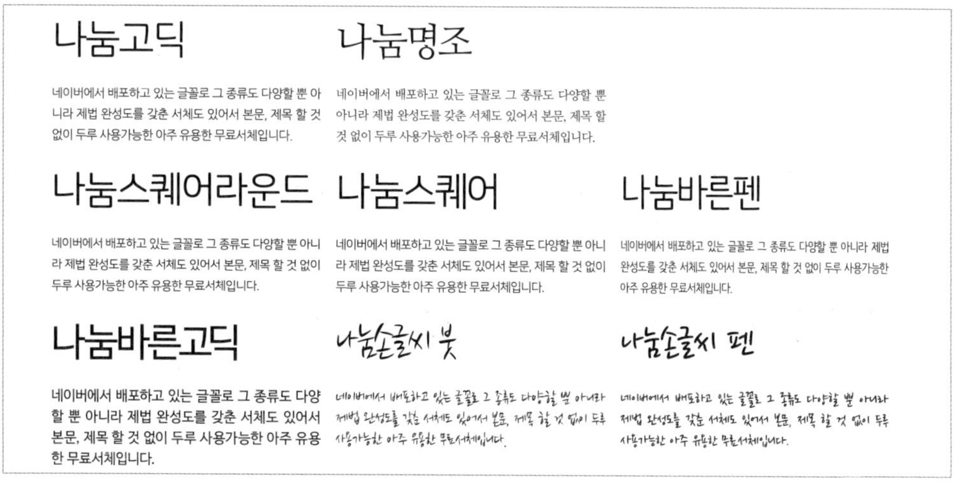
나눔고딕
네이버에서 배포하고 있는 글꼴로 그 종류도 다양할 뿐 아니라 제법 완성도를 갖춘 서체도 있어서 본문, 제목 할 것 없이 두루 사용가능한 아주 유용한 무료서체입니다.
나눔명조
네이버에서 배포하고 있는 글꼴로 그 종류도 다양할 뿐 아니라 제법 완성도를 갖춘 서체도 있어서 본문, 제목 할 것 없이 두루 사용가능한 아주 유용한 무료서체입니다.
나눔스퀘어라운드
네이버에서 배포하고 있는 글꼴로 그 종류도 다양할 뿐 아니라 제법 완성도를 갖춘 서체도 있어서 본문, 제목 할 것 없이 두루 사용가능한 아주 유용한 무료서체입니다.
나눔스퀘어
네이버에서 배포하고 있는 글꼴로 그 종류도 다양할 뿐 아니라 제법 완성도를 갖춘 서체도 있어서 본문, 제목 할 것 없이 두루 사용가능한 아주 유용한 무료서체입니다.
나눔바른펜
네이버에서 배포하고 있는 글꼴로 그 종류도 다양할 뿐 아니라 제법 완성도를 갖춘 서체도 있어서 본문, 제목 할 것 없이 두루 사용가능한 아주 유용한 무료서체입니다.
나눔바른고딕
네이버에서 배포하고 있는 글꼴로 그 종류도 다양할 뿐 아니라 제법 완성도를 갖춘 서체도 있어서 본문, 제목 할 것 없이 두루 사용가능한 아주 유용한 무료서체입니다.
나눔손글씨 붓
네이버에서 배포하고 있는 글꼴로 그 종류도 다양할 뿐 아니라 제법 완성도를 갖춘 서체도 있어서 본문, 제목 할 것 없이 두루 사용가능한 아주 유용한 무료서체입니다.
나눔손글씨 펜
네이버에서 배포하고 있는 글꼴로 그 종류도 다양할 뿐 아니라 제법 완성도를 갖춘 서체도 있어서 본문, 제목 할 것 없이 두루 사용가능한 아주 유용한 무료서체입니다.

▲ 나눔글꼴 서체

네이버는 나눔글꼴 외에도 여러 무료 폰트를 모아 배포합니다. 네이버 소프트웨어(http://software.naver.com/main.nhn)에서는 서울체(서울남산체, 서울한강체), 아리따체 같은 기업 전용 폰트뿐만 아니라 헤움과 아시아소프트 같은 폰트 회사의 무료 폰트까지 올라와 있습니다. 대학생들이 만든 눈누(http://noonnu.cc)에서도 상업적 이용이 허용된 다양한 무료 폰트를 다운로드할 수 있습니다. 무료라서 어설프지 않을까 하는 우려는 던져 버리고 한 번 들여다보길 바랍니다. 생각보다 익숙하고 괜찮은 폰트들이 많습니다.

TIP 네이버 소프트웨어 페이지에서 [카테고리]-[폰트]를 클릭해 폰트를 확인합니다.

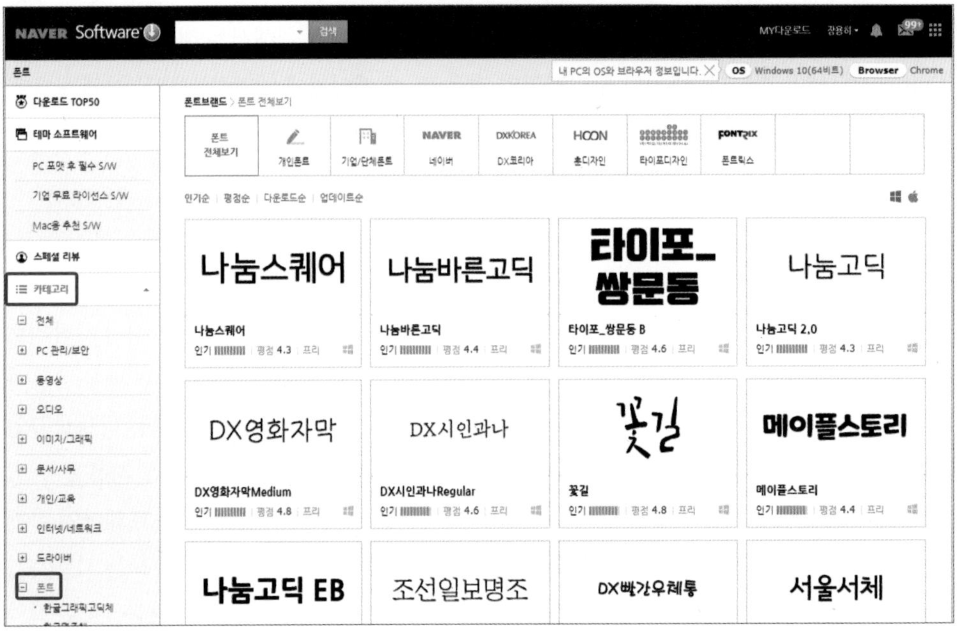

인터넷에서 손품을 팔다보면 다양한 무료 폰트를 찾을 수 있습니다. KT&G상상체는 이미 각종 광고물에 자주 등장하고 있으며, 매력적인 배달의 민족체 역시 우아한 형제들 홈페이지에서 무료로 다운로드할 수 있습니다. 까다로운 유료 폰트가 부담스럽다면 개성 넘치는 무료 폰트를 찾아보길 바랍니다.

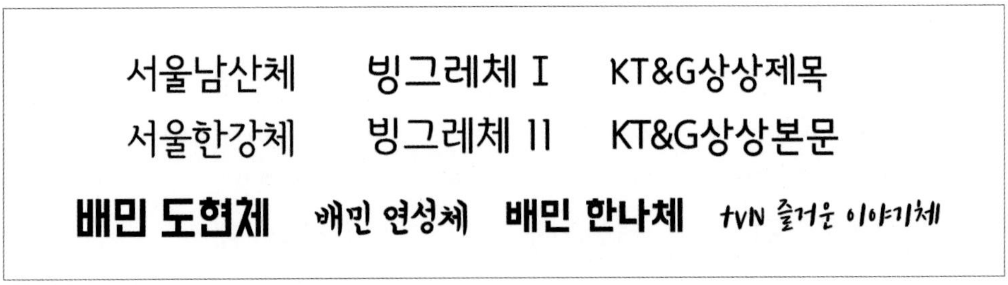

▲ 서울서체 : http://www.seoul.go.kr/seoul/font.do •빙그레 서체 : http://www.bingfont.co.kr
•KT&G상상체 : http://www.sangsanguniv.com •배달의 민족체 : http://www.woowahan.com

02 때로는 강렬하게, 때로는 부드럽게 적용하라!

책의 내용을 효과적으로 전달하려면 글꼴 외에도 문자와 문자 사이의 관계를 잘 살펴봐야 합니다. 이를테면 문자 간의 여백은 어떻게 할지 또 텍스트를 어떻게 정렬할지 말입니다. 단순히 시각적으로 보이는 판독성 외에도 시각적 흐름에 따른 비약 운동까지도 고려한 가독성이 갖춰져야만 비로소 독자들이 편안하게 글에 집중할 수 있습니다.

서체의 크기

Ctrl + Shift + 〈, 〉 (맥 Command + Shift + 〈, 〉)

일차적으로 가독성에 영향을 미치는 요소가 바로 서체의 크기입니다. 서체가 크면 잘 보이고 작으면 잘 안 보입니다. 하지만 여러 문단으로 이루어진 텍스트를 읽을 때는 너무 큰 글자도 가독성을 떨어뜨립니다. 흔히 우리가 30cm 정도의 거리에서 책을 읽는다고 가정할 때 이상적인 본문 서체의 크기는 대략 8~12pt 정도입니다. 하지만 이는 글자 사이의 간격과 독자의 연령 등 다양한 요인에 따라 달라질 수 있으며, 두 가지 이상의 서체를 사용할 경우 시각적으로 서체의 크기를 맞추는 것이 중요합니다.

윤명조 9.5pt	윤고딕 9pt
세리프는 바탕체와 돋움체를 구분 짓는 요소로서 서체의 획 아래 또는 위에 가로로 나있는 삐침을 말하며 바탕체, 궁서체, Time New Roman, Garamond 같은 서체가 대표적입니다. 반대로 산세리프(sans-serif)의 sans는 프랑스어로 '없다'를 의미하는 단어로 세리프가 없는 서체를 말하며 대표적인 서체로는 돋움체, 굴림체, Arial, Helvetical, DIN체 등이 있습니다.	세리프는 바탕체와 돋움체를 구분 짓는 요소로서 서체의 획 아래 또는 위에 가로로 나있는 삐침을 말하며 바탕체, 궁서체, Time New Roman, Garamond 같은 서체가 대표적입니다. 반대로 산세리프(sans-serif)의 sans는 프랑스어로 '없다'를 의미하는 단어로 세리프가 없는 서체를 말하며 대표적인 서체로는 돋움체, 굴림체, Arial, Helvetical, DIN체 등이 있습니다.
Garamond 10.7pt	Helvetica 9.3pt
Yesterday all my troubles seemed so far away. Now it looks as though they're here to stay. Oh, I believe in yesterday. Suddenly, I'm not half the man I used to be. There's a shadow hanging over me. Oh, yesterday came suddenly. Why she had to go, I don't know, she wouldn't say. I said something wrong, now I long for yesterday. Yesterday love was such an easy game to play.	Yesterday all my troubles seemed so far away. Now it looks as though they're here to stay. Oh, I believe in yesterday. Suddenly, I'm not half the man I used to be. There's a shadow hanging over me. Oh, yesterday came suddenly. Why she had to go, I don't know, she wouldn't say. I said something wrong, now I long for yesterday. Yesterday love was such an easy game to play.

10년차 선배의 멘토링 서체 크기 선택 시 고려할 점

▫ 국문인가 영문인가?

영문이 국문보다 시각적으로 작아 보이므로 함께 사용할 경우 영문의 크기를 0.5~1pt 정도 키웁니다.

▫ 명조체인가 고딕체인가?

명조체는 크기가 작아지면 가독성이 떨어지므로 7pt 이하로 사용할 때는 고딕체가 효과적입니다. 시각적으로 명조체가 더 작아 보이므로 영문과 마찬가지로 0.5~1pt 정도 크기를 조절해 시각적으로 비슷한 크기라는 느낌을 주도록 합니다.

▫ 독자의 연령대가 어떻게 되는가?

8~10pt 정도의 글자는 10대 후반에서 30대 성인에게 적합합니다. 한글을 읽는 데 익숙하지 않은 아동 또는 40대 이상의 성인(노안이 올 수 있는 나이)을 대상으로 하는 책은 11~12pt 정도로 크기를 키워서 사용해야 합니다.

▫ 내용의 중요도는 어느 정도인가?

본문보다 눈에 띄어야 하는 제목은 본문보다 크게, 본문 내용을 덧붙여 설명하는 각주나 그림을 설명하는 캡션은 본문보다 2pt 정도 작게 사용해야 효과적입니다.

자간

Alt + **→**, **←** (맥 **Option** + **→**, **←**)

자간은 글자와 글자 사이의 간격을 말합니다. 서체를 선택하면 자간은 자동으로 설정되며 서체에 따라 자간의 넓고 좁음이 다릅니다. 기본적으로 자간은 서체의 형태나 크기에 따라 유동적으로 바뀌어야 하고 서체가 복잡해질수록, 크기가 작아질수록 자간이 넓어져야만 가독성이 좋아집니다.

A	B
산돌명조 자간 0 입니다.	산돌명조 자간 -40 입니다.
윤명조120 자간 0 입니다.	윤명조120 자간 −50 입니다.
SM신신명조 자간 100% 입니다.	SM신신명조 자간 -120 입니다.

만약 자간이 훌륭한 서체가 있다면 편집디자이너의 수고도 줄겠지요. 아쉽게도 시중에 나와 있는 대부분의 서체는 기본 설정 그대로 사용하기에 완성도가 떨어지므로, 편집하는 과정에서 디자이너가 직접 손봐야 합니다. 위의 예시는 본문에 가장 많이 사용하는 서체들입니다. 자간을 따로 설정하지 않을 때(A)와 임의로 설정했을 때(B)의 느낌을 비교해보세요. 전반적으로 자간을 좁혔을 때 문단의 밀도가 높아 보입니다. 하지만 본문이 아닌 제목이나 강조를 위한 타이포그래피를 연출할 때는 일부러 자간을 넓혀서 사용하기도 합니다.

커닝

대부분의 글자는 이상적으로 자간을 설정하더라도 글꼴에 따라 시각적으로 넓어 보이거나 좁아 보입니다. 이를 균일하게 보안해주는 것이 바로 커닝(Kerning)입니다. 예를 들어 영문의 'VA'처럼 커닝 값이 동일하게 적용된 'VA'는 간격이 벌어져 보이는 반면, 유동적으로 커닝 값이 바뀌는 쪽이 시각적으로 완성되어 보입니다. 커닝 값은 인디자인에서 임의로 설정할 수도 있지만 대부분의 완성도 높은 폰트에는 독립적인 커닝 값이 설정되어 있습니다.

▲ 영문 커닝

커닝은 영문뿐만 아니라 한글 서체에도 포함되어 있는데 '가변폭 서체(가변서체)'가 바로 그것입니다. 고정폭 폰트는 글자의 폭을 고정해 글꼴의 모양과 상관없이 언제나 일정한 자간을 유지했던 반면, 가변폭 서체는 글꼴의 모양에 따라 폭이 달라져 시각적으로 최적화된 자간을 갖습니다. 윤서체는 이를 구분하기 위해 서체 이름 앞에 '가변'을 붙이기도 합니다.

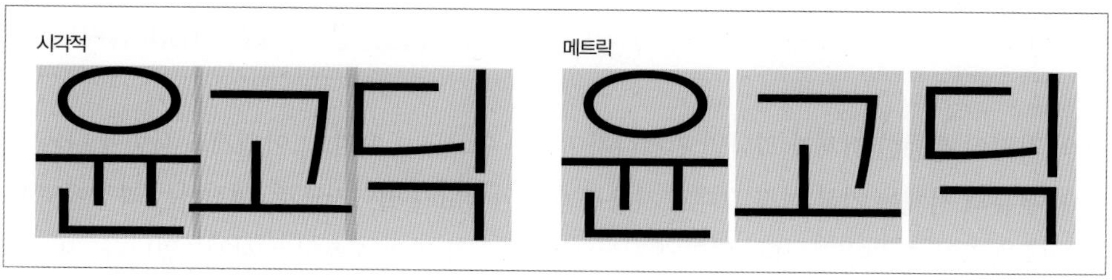

고정폭 서체를 사용하더라도 [문자] 패널에서 커닝 값을 쉽게 조절할 수 있습니다. 커닝 입력 상자의 [시각적], [메트릭–로마자 전용], [메트릭] 중에 [시각적]을 선택하면 글자 조합에 따라 자동으로 커닝을 보완합니다. 물론 서체의 조건을 모두 반영하지 못하므로 어색할 수 있으니 부득이한 경우는 수동으로 조절해야 합니다.

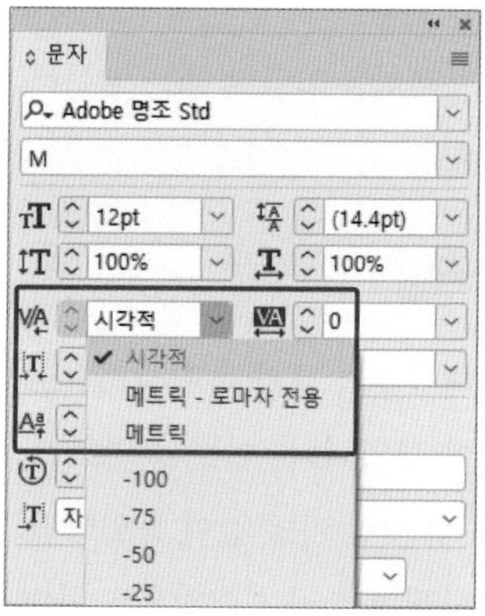

▶ 인디자인에서 커닝을 설정하려면 [문자] 패널을 이용합니다.

단어 간격

자간 못지않게 중요한 부분이 바로 단어 사이의 간격입니다. 인디자인에서 자간을 임의로 줄이면 단어 간의 간격(띄어 쓰기)도 함께 줄어듭니다. 그 간격이 좁아지면 단어와 단어의 구분이 명확하지 않아 가독성이 떨어지지요. 이를 방지하기 위해 자간과 커닝 외에도 단어 사이의 간격을 조절해야 합니다. 초보 디자이너 눈에 보이지 않는 미세한 차이가 바로 이 부분입니다. 자간, 커닝, 단어 간격, 행간 등 문자들 사이의 긴밀한 간격을 제대로 보려면 오랜 경험이 필요합니다.

A

세리프는 바탕체와 돋움체를 구분 짓는 요소로서 서체의 획 아래 또는 위에 가로로 나있는 삐침을 말하며 바탕체, 궁서체, Times New Roman, Garamond 같은 서체가 대표적입니다. 반대로 산세리프(sans-serif)의 sans는 프랑스어로 '없다'를 의미하는 단어로 세리프가 없는 서체를 말하며 대표적인 서체로는 돋움체, 굴림체, Arial, Helvetical, DIN체 등이 있습니다.

B

세리프는 바탕체와 돋움체를 구분 짓는 요소로서 서체의 획 아래 또는 위에 가로로 나있는 삐침을 말하며 바탕체, 궁서체, Times New Roman, Garamond 같은 서체가 대표적입니다. 반대로 산세리프(sans-serif)의 sans는 프랑스어로 '없다'를 의미하는 단어로 세리프가 없는 서체를 말하며 대표적인 서체로는 돋움체, 굴림체, Arial, Helvetical, DIN체 등이 있습니다.

▲ A는 자간만 줄인 문단, B는 자간을 줄이면서 단어 사이의 간격은 넓힌 문단

인디자인에서 단어 사이의 간격은 [단락] 패널의 보조 메뉴에서 [로마자 균등 배치]를 통해 설정할 수 있습니다. [로마자 균등 배치]를 클릭하면 [균등 배치] 대화상자가 나타납니다. [최소값], [최대값]은 문단을 양끝 정렬했을 때, [권장값]은 왼쪽(오른쪽) 정렬했을 때의 간격을 말합니다. [균등 배치] 대화상자에서는 단어의 간격뿐 아니라 문자의 간격과 글리프의 너비도 조절할 수 있습니다.

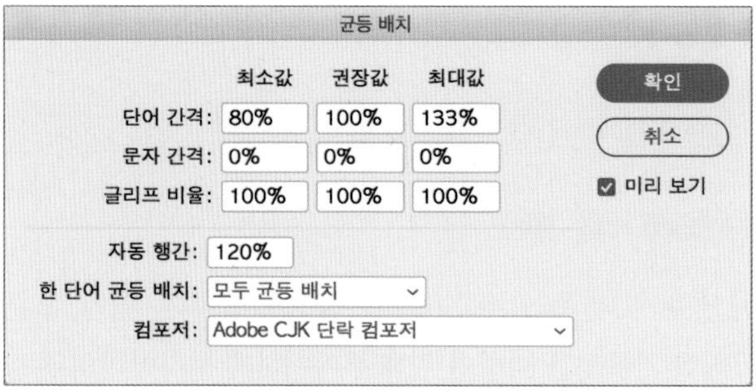

행간

Alt + ↓, ↑ (맥 Option + ↓, ↑)

행간은 문장과 문장 사이 간격을 말합니다. 행간이 너무 좁으면 가독성이 떨어져 눈에 피로를 주지만 반대로 너무 길면 문단이 하나로 인식되지 않기 때문에 적당한 행간을 찾는 것이 중요합니다. 대체로 좁은 단은 더 좁게, 넓은 단은 더 넓게 행간을 설정해야 합니다. 이때 행의 개수는 읽는 이의 독서 습관에 따라 달라집니다. 주변에서 쉽게 접하는 신국판 단행본은 대개 20~24개의 행으로 이루어져 있습니다. 신문과 잡지는 25행을 넘기도 하는데요. 판형이 크기도 하지만 칼럼을 여러 개로 쪼개 원하는 기사만을 골라 단시간에 집중해서 읽을 수 있도록 만든 것이기도 합니다. 또 문장이 많은 책은 페이지의 기준선 격자를 설정해 모든 페이지의 행을 일정하게 고정시킵니다. 이는 뒷장의 글자가 비치는 것을 방지하고 동시에 페이지 전체의 안정감과 통일감을 주기 위해서입니다. 특히 페이지마다 많은 문장으로 가득한 단행본과 넓은 판형의 신문은 더욱 기준선 격자를 맞춰야 보기가 좋습니다.

A

세리프는 바탕체와 돋움체를 구분 짓는 요소로서 서체의 획 아래 또는 위에 가로로 나있는 삐침을 말하며 바탕체, 궁서체, Times New Roman, Garamond 같은 서체가 대표적입니다. 반대로 산세리프(sans-serif)의 sans는 프랑스어로 '없다'를 의미하는 단어로 세리프가 없는 서체를 말하며 대표적인 서체로는 돋움체, 굴림체, Arial, Helvetical, DIN체 등이 있습니다.

B

세리프는 바탕체와 돋움체를 구분 짓는 요소로서 서체의 획 아래 또는 위에 가로로 나있는 삐침을 말하며 바탕체, 궁서체, Times New Roman, Garamond 같은 서체가 대표적입니다. 반대로 산세리프(sans-serif)의 sans는 프랑스어로 '없다'를 의미하는 단어로 세리프가 없는 서체를 말하며 대표적인 서체로는 돋움체, 굴림체, Arial, Helvetical, DIN체 등이 있습니다.

▲ A는 행간을 좁게 설정한 문단, B는 행간을 넓게 설정한 문단

정렬

정렬은 제한된 공간 내에서 텍스트의 가로 위치를 설정하는 것으로 글자의 크기와 너비에 직접적인 영향을 받습니다. 인디자인에서는 글을 흘려 배치할 때의 가지런한 모양을 말하며 왼쪽(오른쪽), 가운데, 양끝 정렬 등이 있습니다. 행이 지나치게 길면 지루하고 짧으면 불안하거나 긴장돼 보입니다. 글상자의 너비가 너무 넓거나 좁아도 가독성이 떨어지므로 100~120mm 정도가 적당하며 한 행의 글자 수는 45~75자 정도가 무난합니다.

왼쪽, 오른쪽 정렬

Ctrl + Shift + L, R (맥 Command + Shift + L, R)

왼쪽(오른쪽) 정렬, 또는 왼쪽(오른쪽) 맞추기, 왼쪽(오른쪽) 흘리기라고도 합니다. 왼쪽, 오른쪽 정렬을 할 때는 단어의 끊김과 불규칙한 가독성을 피하기 위해 부득이하게 디자이너의 손길이 하나하나 필요할 수 있습니다. 하지만 하이픈(–)을 설정해 단어의 끊김 현상은 어느 정도 줄일 수 있습니다. 가끔 우스갯소리로 '눈을 가늘게 뜨고 문단을 바라보면 편집된 텍스트의 구조를 좀 더 시각적으로 파악할 수 있다'고도 합니다. 실제로 그렇게 보면 글이 덩어리로 보이게 되어 텍스트의 구조를 훨씬 쉽게 파악할 수 있습니다.

오른쪽 정렬은 문단의 시작 부분이 들쑥날쑥해 읽기를 방해할 수 있으므로 가독성을 요구하는 본문보다는 시각적인 레이아웃을 강조하는 발문 형식의 짤막한 글에 적합합니다. 특히 이때 기준이 되는 오른쪽 열은 문장의 끝부분으로 마침표나 물음표 같은 문장부호 때문에 시각적으로 들쑥날쑥한 느낌이 듭니다. 이는 [시각적 여백 정렬]을 설정해 해결할 수 있습니다.

TIP 시각적 여백 정렬(Hanging Quotation Mark) : 문장부호를 글상자 밖으로 나가게 조판하는 방식입니다. 글꼴의 형태에 따라 생기는 여백 때문에 시각적으로 튀어나오거나, 들어가 보이는 착시 현상을 줄여주는 기능입니다. [스토리] 패널에서 [시각적 여백 정렬]을 설정해 문제를 해결할 수 있습니다.

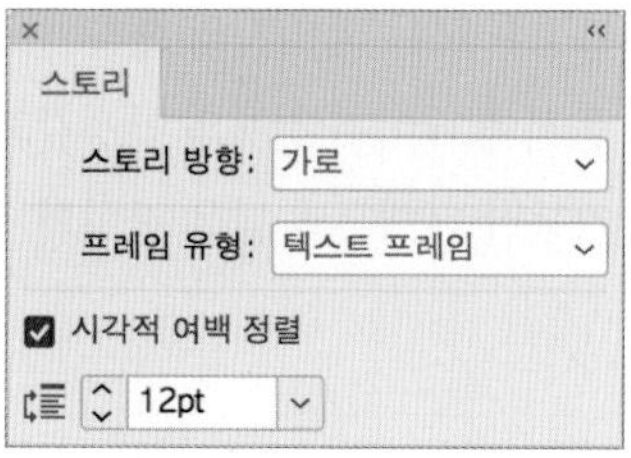

가운데 정렬

Ctrl + Shift + C (맥 Command + Shift + C)

가운데 정렬은 앞표지(표1)에 많이 사용되는 형식입니다. 중앙의 축을 따라 대략적으로 대칭적인 모습을 보여주어 순간적으로 짧은 문단에 한해 한곳에 집중되는 느낌을 표현할 수 있습니다.

오른쪽 정렬과 마찬가지로 문단의 시작과 끝부분이 일정하지 않아 본문에서는 거의 사용하지 않습니다.

양끝 정렬

Ctrl + Shift + F (맥 Command + Shift + F)

왼쪽(오른쪽) 정렬과 가운데 정렬을 합쳐 놓은 형태입니다. 책 본문을 앉힐 때 가장 많이 사용하지만 양끝 정렬로 적용된 본문은 문장 안의 불규칙한 공간이 부각되어 시각적으로 보기에 좋지 않습니다. 따라서 양끝 정렬을 사용할 때는 단어의 끊김을 무시하고 정렬해야 합니다.

10 년차 선배의 멘토링 기준선 격자 설정하기

기준선 격자는 본문 디자인을 시작하기에 전, 본문 서체 스타일을 정함과 동시에 설정해야 합니다. 본문의 행간에 따라 격자가 달라지므로 정확히 설정하는 것이 좋습니다. 한 번 설정한 격자는 인디자인 문서 전체에 관여하기 때문에 특정 페이지만 격자를 따로 설정할 수 없으며 기준선 격자를 사용하지 않으려면 격자를 해제해야 합니다. 격자 설정은 [환경 설정]–[격자]에서 할 수 있습니다. 격자의 [시작]과 [간격]을 입력하는데, [시작]은 문서의 [상단 여백]과 동일하게 설정하고, [간격]은 [행간]과 동일하게 입력합니다. 예를 들어 상단 여백이 25mm, 행간이 21pt라면 격자의 시작을 25mm, 간격을 21pt로 설정합니다. 만약 단위가 다를 경우 '25mm' 또는 '21pt'처럼 단위를 함께 입력하면 자동으로 변환되어 입력됩니다.

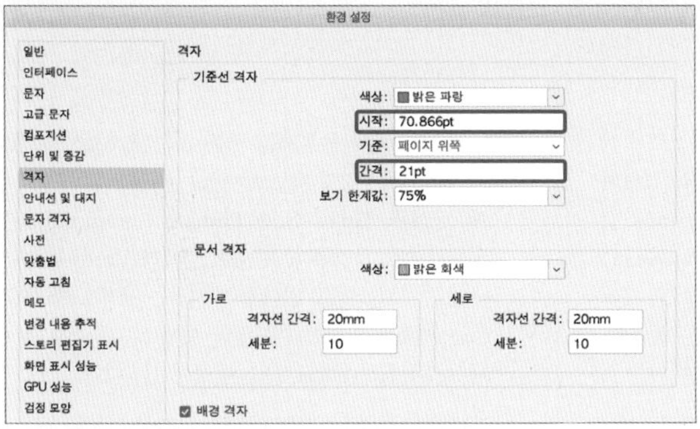

▫ **부분적으로 격자 설정하기 : 텍스트 프레임 옵션**

격자는 하나만 설정할 수 있습니다. 하지만 각 페이지마다 다르게 하고 싶다면 텍스트 프레임 옵션을 이용해 부분적으로 격자를 설정할 수 있습니다. 격자를 설정하려는 텍스트 프레임을 선택하고 마우스 오른쪽 버튼을 클릭해 [텍스트 프레임 옵션]–[기준선 옵션]을 클릭합니다. [텍스트 프레임 옵션] 대화상자가 나타나면 문자 격자를 설정할 때와 마찬가지로 [간격]에 원하는 행간 수치를 입력합니다.

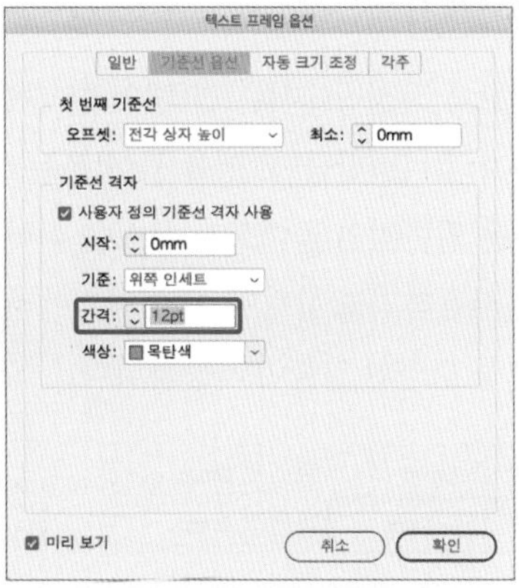

ㅁ 격자 정렬과 문자 정렬

격자 정렬과 문자 정렬은 적용 범위가 단락이냐 문자냐가 다를 뿐 형태는 같습니다. 문장에서 글꼴의 크기가 달라질 때 정렬되는 모습을 말하며 같은 방향으로 설정해 사용합니다. 일반적으로 로마자는 로마자 기준선을 따르고 한글은 전각 상자 위쪽으로 설정합니다. 이는 로마자는 문자의 무게 중심이 전각 상자 아래쪽에 있고, 한글은 전각 상자 위쪽에 있기 때문입니다. 격자 정렬은 [단락] 패널 보조 메뉴의 [격자 정렬]에 있으며 문자 정렬은 [문자] 패널 보조 메뉴의 [문자 정렬]에서 설정할 수 있습니다.

세리프는 바탕체와 돋움체를 구분 짓는 요소로서 서체의 획 아래 또는 위에 가로로 나있는 삐침을 말하며 바탕체, 궁서체, Times New Roman, Garamond 같은 서체가 대표적입니다. 반대로 산세리프(sans-serif)의 sans는 프랑스어로 '없다'를 의미하는 단어로 세리프가 없는 서체를 말하며 대표적인 서체로는 돋움체, 굴림체, Arial, Helvetical, DIN체 등이 있습니다.

Yesterday all my troubles seemed so far away. Now it looks as though they're here to stay. Oh, I believe in yesterday. Suddenly, I'm not half the man I used to be. There's a shadow hanging over me. Oh, yesterday came suddenly. Why she had to go, I don't know, she wouldn't say. I said something wrong, now I long for yesterday. Yesterday love was such an easy game to play.

단락

단락을 구분하는 방법 중에는 들여쓰기와 내어쓰기가 있습니다. 이는 텍스트를 여러 덩어리로 나눠 주제에 따라 읽기 쉽게 내용을 나누는 역할을 합니다. 서양에서는 단락부호를 사용하기도 했으나 오늘날에는 대부분 들여쓰기로 단락을 구분합니다.

들여쓰기

세리프는 바탕체와 돋움체를 구분 짓는 요소로서 서체의 획 아래 또는 위에 가로로 나있는 삐침을 말하며 바탕체, 궁서체, Times New Roman, Garamond 같은 서체가 대표적입니다. 반대로 산세리프(sans-serif)의 sans는 프랑스어로 '없다'를 의미하는 단어로 세리프가 없는 서체를 말하며 대표적인 서체로는 돋움체, 굴림체, Arial, Helvetical, DIN체 등이 있습니다.

내어쓰기

세리프는 바탕체와 돋움체를 구분 짓는 요소로서 서체의 획 아래 또는 위에 가로로 나있는 삐침을 말하며 바탕체, 궁서체, Times New Roman, Garamond 같은 서체가 대표적입니다. 반대로 산세리프(sans-serif)의 sans는 프랑스어로 '없다'를 의미하는 단어로 세리프가 없는 서체를 말하며 대표적인 서체로는 돋움체, 굴림체, Arial, Helvetical, DIN체 등이 있습니다.

들여쓰기

원고지 작성법에서는 첫 행의 한 칸을 띄어 시작하도록 되어 있습니다. 따라서 일반적으로 한 글자의 너비만큼 첫 행을 들여 쓰는 것이 원칙입니다. 하지만 심미적인 요소를 반영해 다른 문단은 일반적인 들여쓰기 형식을 취하되, 첫 문단의 첫 행만큼은 일정 비율만큼 들여 쓰는 기교를 사용하기도 합니다. 인디자인에서는 전체를 들여 쓰는 방법과 첫 행과 끝 행만 들여 쓰는 방법 등 다양한 연출이 가능합니다.

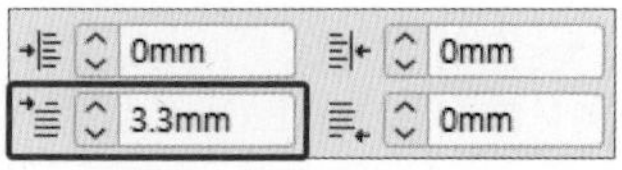

◀ 들여쓰기는 [단락] 패널에서 [첫 행 왼쪽 들여쓰기] 수치를 입력해 설정할 수 있습니다.

내어쓰기

들여쓰기의 반대 개념으로 단락을 구분하기 위해 첫 행을 내어 쓰는 것을 말합니다. 국내 편집 디자인에서는 자주 사용하지 않지만 만약 내어쓰기를 적용하고자 한다면 디자이너가 생각하는 논리적인 이유가 있어야 합니다.

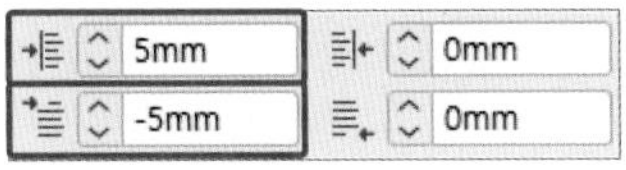

◀ 내어쓰기는 [단락] 패널에서 [왼쪽 들여쓰기]와 [첫 행 왼쪽 들여쓰기] 수치를 동시에 입력해 설정할 수 있습니다.

들여쓰기 위치

Ctrl + \ (맥 Command + \ )

글머리 기호나 번호로 시작하는 문장이 두 줄 이상 이어질 경우 들여쓰기 위치 아이콘을 삽입해 글줄을 약물 뒤로 흐르게 할 수 있습니다. 문단이 바뀐 후에도 들여쓰기 위치에 맞추고 싶다면 Shift + Enter 를 눌러 행갈이합니다.

들여쓰기 위치 글머리 기호나 번호로 시작하는 문장이 두 줄 이상 이어질 경우 [들여쓰기 위치]를 삽입하여 글줄을 약물 뒤로 흐르게 할 수 있습니다. 들여쓰기와 비슷하지만 원하는 위치에 '들여쓰기 위치'를 삽입하여 들여쓰는 위치를 설정할 수 있습니다.

▲ 십자가 모양의 파란색 아이콘이 들여쓰기 위치를 알려줍니다.

하이픈 설정하기

하이픈(–)은 완성된 낱말을 분리해줍니다. 한글에서는 거의 찾아보기 힘들고 주로 영문 편집물에서 문장 끝에 있는 단어를 분리해 다음 줄로 내릴 때 하이픈을 넣습니다. 하이픈을 설정하면 단어별로 분리되지 않고 글이 흐르며, 설정하지 않으면 단어별로 행갈이가 됩니다.

하이픈은 단어를 강제로 갈라놓아 의미의 빠른 전달을 방해하며 가독성을 떨어뜨립니다. 하지만 시각적으로 레이아웃이 정돈된 느낌을 주기도 합니다. 특히 단락을 양끝 정렬했다면 하이픈을 넣어야 시각적으로 문자와 문자 사이가 벙벙해지는 것을 방지할 수 있습니다. 하이픈을 사용하지 않으려면 왼쪽(오른쪽) 정렬을 사용해야 합니다.

하이픈 설정	**하이픈 설정하지 않음**
세리프는 바탕체와 돋움체를 구분 짓는 요소로서 서체의 획 아래 또는 위에 가로로 나있는 삐침을 말하며 바탕체, 궁서체, Times New Roman, Garamond 같은 서체가 대표적입니다. 반대로 산세리프(sans-serif)의 sans는 프랑스어로 '없다'를 의미하는 단어로 세리프가 없는 서체를 말하며 대표적인 서체로는 돋움체, 굴림체, Arial, Helvetical, DIN체 등이 있습니다.	세리프는 바탕체와 돋움체를 구분 짓는 요소로서 서체의 획 아래 또는 위에 가로로 나있는 삐침을 말하며 바탕체, 궁서체, Times New Roman, Garamond 같은 서체가 대표적입니다. 반대로 산세리프(sans-serif)의 sans는 프랑스어로 '없다'를 의미하는 단어로 세리프가 없는 서체를 말하며 대표적인 서체로는 돋움체, 굴림체, Arial, Helvetical, DIN체 등이 있습니다.
Yesterday all my troubles seemed so far away. Now it looks as though they're here to stay. Oh, I believe in yes-terday. Suddenly, I'm not half the man I used to be. There's a shadow hanging over me. Oh, yesterday came suddenly. Why she had to go, I don't know, she wouldn't say. I said something wrong, now I long for yesterday. Yesterday love was such an easy game to play.	Yesterday all my troubles seemed so far away. Now it looks as though they're here to stay. Oh, I believe in yesterday. Suddenly, I'm not half the man I used to be. There's a shadow hanging over me. Oh, yesterday came suddenly. Why she had to go, I don't know, she wouldn't say. I said something wrong, now I long for yesterday. Yesterday love was such an easy game to play.

▲ 영문일 경우 [문자] 패널에서 하단의 [언어]를 [영어: 미국]으로 설정한 다음, [단락] 패널의 [하이픈을 넣기(H)]를 설정해야 하이픈이 제대로 나타납니다.

10 년차 선배의 멘토링 들여쓰기 위치 버그 수정하고 숨겨진 문자 확인하기

▫ 들여쓰기 위치 버그 수정하는 방법

인디자인 CS4~CS6 버전에서 들여쓰기 위치를 사용할 때 앞 열의 위치가 제대로 맞지 않는 오류가 발생합니다. 이는 [문자]–[특수 문자 삽입]–[기타]–[비연결자]를 클릭해 비연결자(연결되지 않는 글자)와 들여쓰기 위치를 나란히 사용하게 하여 문제점을 해결할 수 있습니다.

들여쓰기 오류	글머리 기호나 번호로 시작하는 문장이 두 줄 이상 이어질 경우 [들여쓰기 위치]를 삽입하여 글줄을 약물 뒤로 흐르게 할 수 있습니다. 들여쓰기와 비슷하지만 원하는 위치에 '들여쓰기 위치'를 삽입하여 들여쓰는 위치를 설정할 수 있습니다.
들여쓰기 정상	글머리 기호나 번호로 시작하는 문장이 두 줄 이상 이어질 경우 [들여쓰기 위치]를 삽입하여 글줄을 약물 뒤로 흐르게 할 수 있습니다. 들여쓰기와 비슷하지만 원하는 위치에 '들여쓰기 위치'를 삽입하여 들여쓰는 위치를 설정할 수 있습니다.

▫ 숨겨진 문자 확인하기

[문자]–[숨겨진 문자 표시] Ctrl + Alt + I 메뉴를 클릭하면 인쇄는 되지 않지만 문서에 포함되어 있는 숨겨진 문자를 확인할 수 있습니다. 숨겨진 문자는 시각적으로 판단하기 힘든 공간을 쉽게 알 수 있도록 나타내며, 인디자인 안에서 섬세한 문자 설정과 교정을 도와주는 역할을 하므로 본문 교정 시 자주 활성화하여 사용하는 것이 좋습니다.

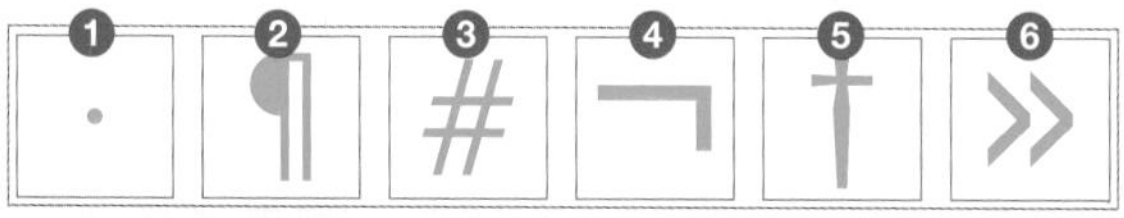

① **공백** Space bar | 띄어쓰기 문자

② **단락 끝** Enter | 단락을 구분 짓는 문자

③ **스토리 끝** | 전체 문장의 끝부분을 알리는 문자

④ **강제 줄 바꿈** Shift + Enter | 강제로 줄을 바꿨을 때 생기는 문자

⑤ **들여쓰기 위치** Ctrl + \ | 들여쓰기의 위치를 알리는 문자

⑥ **탭** Tab | 자유롭게 조절할 수 있는 간격을 설정할 수 있는 탭 문자

강조

여러 단어로 구성된 문장 안에서 더 보여주고 싶은 키워드가 있을 때 강조하는 방식입니다. 하지만 너무 두서 없이 모든 단어를 강조하는 기법을 사용하면 오히려 가독성을 떨어뜨릴 수 있으니 강약을 조절하여 짜임새 있는 구성을 해야 합니다. 때로는 너무 긴 문장이 한 번에 읽히지 않을 때 가독성을 높히기 위한 방법으로도 사용됩니다.

① **크기(Height)** | 서체의 크기를 달리해 강조하는 가장 기본적인 방법입니다. 하지만 크기를 달리하면 앞뒤로 이어지는 행간이 불규칙해지기 때문에 표제처럼 독립적인 문자를 강조할 때 적합합니다. 문자 도구를 선택하면 옵션바 상단에 나타나는 [문자 컨트롤] 패널과 [문자] 패널에서 조절할 수 있습니다.

문자를 **키워서** 강조하기

② **굵기(Weight)** | 크기를 조절하는 방법과 달리 행간에 큰 지장을 주지 않기 때문에 문단 안에서 강조할 때 적합합니다. 서체 패밀리 안에서 더 굵은 서체를 찾아 교체하는 방식이 이상적이지만 원하는 굵기의 서체가 없다면 0.05~0.1pt 정도의 같은 색 테두리를 문자에 둘러 표현할 수 있습니다.

문자를 **굵게** 강조하기

③ **사체(Italic)** | 이탤릭체라고도 하는 사체는 실제로 이탈리아에서 사용한 필기체에서 유래했습니다. 서체를 키우거나 굵게 하는 것보다는 약한 느낌이며 주로 인용문 또는 외래어 같은 단어를 강조할 때 사용합니다. 굵기와 마찬가지로 이탤릭 서체를 사용해야 이상적이지만 그렇지 못할 경우 [문자] 패널에서 강제로 문자 회전 값을 10° 정도 기울여서 표현합니다.

문자를 *기울여* 강조하기

④ **간격(Spacing)** | 자간 또는 행간의 간격을 넓혀서 강조하는 방법으로 자간은 주로 제목에, 행간은 발문처럼 짧은 글에 사용합니다. [문자] 패널에서 자간을 넓히거나 텍스트 프레임의 너비를 조절해 양끝 정렬을 이용하는 방법이 있습니다.

문 자 를 넓 혀 강 조 하 기

⑤ **밑줄, 취소선, 단락 경계선** | 문자에 선을 그어 강조하는 형태로 세 가지 방법에 따라 선의 형태와 문자와의 관계를 자유롭게 설정할 수 있습니다. 밑줄과 취소선은 문자를 기준으로 생성되는데 밑줄은 문자 뒤에, 취소선은 문자 앞에 그어지며 단락 경계선은 단락을 기준으로 생성됩니다. 밑줄 옵션과 취소선 옵션은 [문자] 패널의 보조 메뉴에, 단락 경계선은 [단락] 패널의 보조 메뉴에 있습니다.

문자를 선으로 ~~강조하기~~

⑥ **권점** | 권점은 글자 주변에 약물을 표시하는 방법으로 루비(글자 위에 작은 글자를 올리는 것)처럼 일본어에 주로 사용하는 기법입니다. 글자 위에 점을 찍어 사용하기 때문에 크기를 조절해 강조하는 방법처럼 문단 안에서 강조하는 것보다 제목을 강조할 때 적합합니다. 권점과 루비는 [문자] 패널의 보조 메뉴에 있습니다.

문자를 점으로 강조하기

⑦ **대문자(Capital Letters & Small Caps)** | 본문에 대문자를 사용하면 가독성이 떨어지지만 표제에서는 강조 효과를 줄 수 있습니다. 인디자인에서 대문자를 만드는 방법에는 '모두 대문자'와 '작은 대문자' 두 가지가 있습니다. '작은 대문자'는 서체를 일부러 작게 표현했기 때문에 서체 본연의 모습이 왜곡되므로 'Small Caps'가 포함된 서체(주로 서체 이름에 cap이라는 단어가 붙음)를 사용하는 것이 좋습니다. '모두 대문자'는 [문자 컨트롤] 패널과 [문자] 패널의 보조 메뉴에 있습니다.

CAPITAL LETTERS

CAPITAL LETTERS

디자이너의
비밀
노트

독창적이고 감각적인 캘리그래피

캘리그래피(Calligraphy)란 '손으로 그린 그림 문자'라는 뜻으로 그리스어 Kalligraphia에서 유래된 전문적인 핸드레터링 기술입니다. Calli는 미(美)를 뜻하며, Graphy는 화풍, 서풍, 서법, 기록법 등을 의미합니다. 가독성이나 의미 전달의 수단을 넘어 유연하고 동적인 선과 잉크의 번짐이나 질감 등으로 여백의 균형미를 가미해 마치 그림같이 아름답게 쓴 글자를 의미합니다.

동양에서는 붓과 먹으로 쓴 서예(書藝)가 캘리그래피에 해당하며 서양에서는 펜촉과 잉크를 이용한 펜글씨가 대표적입니다. 필요하다면 전문적으로 캘리그래피를 쓰는 전문가에게 의뢰해 작업합니다.

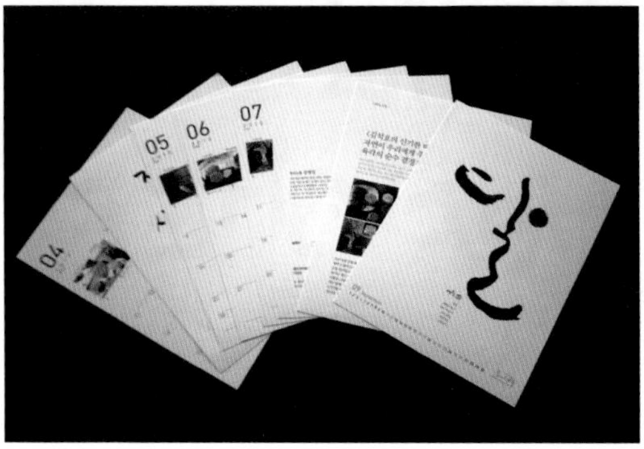

일반적으로 캘리그래피는 기계의 힘을 거치지 않은 사람의 손글씨를 말합니다. 하지만 유명인의 펜글씨를 폰트로 만들거나 다양한 형태의 캘리그래피를 조합해 새로운 글자로 만들 수 있는 조합형 캘리그래피 서체도 생겨나고 있습니다. 대표적으로 산돌의 공병각체가 있지요.

최근에는 캘리그래피를 배우는 디자이너 또는 일러스트 작가들이 늘어나고 있으며, 이에 따라 강좌도 많이 생겼습니다. 필력이 느껴지는 화려한 서체는 전문가의 힘을 빌려야 하지만 아이들이나 사춘기 소녀가 쓴 것처럼 가볍지만 자연스러운 느낌이 필요하다면 직접 작업하기도 합니다. 캘리그래피를 간단하게 맛보고 싶다면 원데이 클래스나 관련 책을 구입해서 스스로 배워보는 것도 좋은 방법입니다.

두려움 없이 만드는 캘리그래피

캘리그래피 작가의 필력은 하루아침에 이루어진 것이 아닙니다. 전문가 과정을 익혔다 할지라도 오랜 연습이 아니라면 흉내 내기가 쉽지 않습니다. 하지만 필력 위주의 콘셉트가 아니라면 전문가의 손을 빌리지 않고 디자이너가 직접 도전할 만합니다. 저도 캘리그래피를 전문적으로 배우진 않았지만 표지에 직접 캘리그래피를 그려 넣곤 합니다. 좋은 방법은 붓을 사용하지 않는 것입니다. 어릴 적에 서예나 수채화를 배웠다면 더 편하겠지만 저는 그런 경험이 없어 붓으로 필력을 따라잡기가 참 어려웠습니다. 그래서 선택한 방법이 붓이 아닌 다른 도구를 이용하는 것입니다. 바로 나무젓가락이나 두께가 다른 펜촉을 이용하는 방법입니다. 나무젓가락을 부러트려 거칠어진 절단면을 이용하면 종이에 질감을 표현할 수 있고 정형화되지 않은 글자에서 신선함을 느낄 수 있습니다. 두께가 다른 펜촉으로 글씨를 쓰는 것 역시 폰트 프로그램에서는 볼 수 없는 자연스러운 맛이 있습니다. 그 외에도 크레파스나 색연필로 아이들이 쓴 글씨를 흉내 내기도 하는데 이때는 왼손(왼손잡이는 오른손)으로 쓰면 더 실감나게 표현할 수 있습니다.

직접 작업한 서체는 스캔해서 포토샵으로 보정한 뒤 각각의 단어로 쪼개 인디자인으로 불러옵니다. 이때 종이의 질감을 최대한 살리고 싶다면 그레이스케일 모드로 불러옵니다. 비트맵으로 저장하여 불러오면 인디자인 안에서 그림 파일의 색상을 자유롭게 변경할 수도 있습니다. 또 일러스트레이터에서 변환해 벡터 형태로 가져올 수도 있습니다. 다만 이때는 글자 외각으로 무수히 많은 점이 생겨 인디자인으로 불러오기 어렵고 섬세한 부분이 표현되지 않아 둔탁한 느낌을 주기도 합니다.

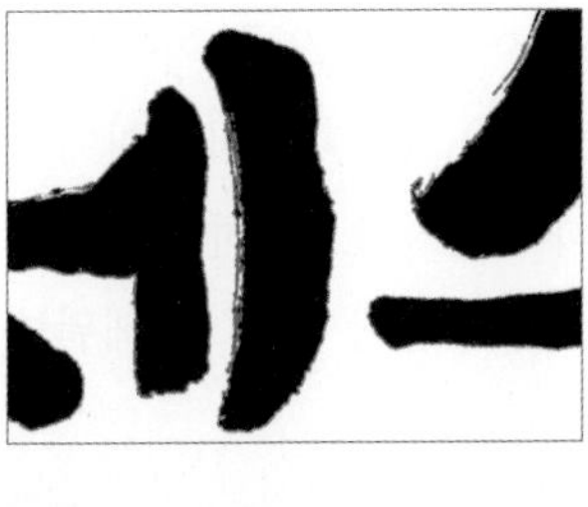

CHAPTER 05

면과 선의 매력적인 변신, 꼼꼼히 알아야 할 표

'표'라 하면 무엇이 먼저 떠오르나요? 복잡하다는 생각이 들 수도 있습니다. 편집디자인에서 표는 복잡한 텍스트를 한눈에 알아볼 수 있도록 쉽게 정리한 문자 서식입니다. 이는 표의 기본 기능이기도 하지요. 표는 문자 서식의 일부이지만 셀의 간격과 면, 선의 형태를 조절해 때로는 일러스트보다 매력적인 모습으로 변하기도 합니다. 기본 기능보다 더 무궁무진한 가능성을 갖고 있는 셈이지요. 이제는 더 넓은 개념으로 표를 바라보고 디자인해야 할 것 같습니다.

01

표,
생각보다 쉽다!

몇 년 전까지만 해도 원고에 표가 있으면 머리가 지끈거렸습니다. 표를 만들려고 하면 선의 간격과 텍스트 박스를 조절해 일일이 그려야 했기 때문입니다. 물론 그 당시에도 워드 프로그램에서는 표 서식을 쉽게 만드는 기능이 있었지만, 편집디자인 프로그램에서는 찾아보기 힘들었습니다. 이런 기술적인 이유 때문에 표 사용을 꺼렸는지도 모릅니다. 하지만 인디자인을 사용하게 되면서 표 작업이 훨씬 수월해졌고 디자인도 더 다양해졌습니다. 더는 표 작업을 어렵게 생각할 필요가 없습니다.

단순한 표는 버려라

인디자인에서는 표 서식은 물론이고 셀의 높이와 너비를 비롯해 선, 텍스트의 간격, 원하는 위치의 선 형태까지 세밀한 옵션을 조정해 다양한 형태의 표를 만들 수 있습니다. 따라서 표 서식을 눈에 보이지 않는 그리드 느낌의 서식으로도 사용할 수 있습니다. 옆의 그림은 표 서식으로 작업한 페이지입니다. 각 텍스트 사이에 있는 선에만 스타일을 지정하고 나머지 선은 투명하게 처리했습니다. 이렇게 하면 텍스트의 양에 따라 선과의 간격이 일정하게 유지됩니다. 표를 텍스트처럼 스레드할 수 있기 때문에 연결된 두 개의 텍스트 프레임을 가로지르는 많은 내용의 표도 만들 수 있습니다. 물론 굳이 표로 작업하지 않고 텍스트 프레임과 선을 이용해도 됩니다. 모로가도 서울만 가면 된다고 방법이야 어찌 되었든 결과적으로 원하는 효과를 보면 되니까요. 단지 표를 이런 방식으로도 사용할 수 있다는 사실을 짚고 넘어갑시다.

KOREAN FILMS SCREENING SCHEDULE
Hong Kong Film Festival 2012

Date	Time	Title	Director	Venue
Mar. 22	09:30	Stateless Things	KIM Kyung-mook	UA Cityplaza
Mar. 23	19:15	From Seoul To Varanasi	JEON Kyu-hwan	The Grand Cinema
Mar. 27	19:15	Choked	KIM Joong-hyun	UA Cityplaza
Mar. 29	17:45	From Seoul To Varanasi	JEON Kyu-hwan	The Grand Cinema
Mar. 30	19:15	The Day He Arrives	HONG Sangsoo	Hong Kong City Hall Theatre
	20:00	Moving	PARK Ki-yong	The Grand Cinema
Apr.01	12:45	Moving	PARK Ki-yong	The Grand Cinema
	15:00	Stateless Things	KIM Kyung-mook	Hong Kong Science Museum Lecture Hall
	21:15	Choked	KIM Joong-hyun	Hong Kong Science Museum Lecture Hall
Apr.04	10:30	finis operis	MOON Byoung-gon	Hong Kong Science Museum Lecture Hall

MARKET SCREENING SCHEDULE
Hong Kong Filmart 2012

Date	Time	Title	Company	Venue
Mar. 19	14:00	Love On-Air	Showbox/Mediaplex, Inc.	HKCEC Meeting Room N109-N110
	15:00	What the...?	Film Factory Nuja Inc.	HKCEC Meeting Room N209-N210
	16:15	Gabi	M-Line Distribution	HKCEC Meeting Room N101A
	16:30	Dancing Queen	CJ Entertainment	HKCEC THEATRE 1
	18:00	From Seoul To Varanasi	Showbox/Mediaplex, Inc.	HKCEC Meeting Room N104-N105
	19:00	Never Ending Story	Bers Entertainment	HKCEC THEATRE 1
Mar. 20	11:45	Love On-Air	Showbox/Mediaplex, Inc.	HKCEC Meeting Room N109-N110
	14:00	Over My Dead Body	CJ Entertainment	HKCEC Meeting Room N111-N112
	16:30	Helpless	CJ Entertainment	HKCEC THEATRE 1
Mar. 21	12:00	Sadness of August	P.A.M KOREA MEDIA	HKCEC Meeting Room N209-N210
Mar. 22	10:00	From Seoul To Varanasi	Showbox/Mediaplex, Inc.	HKCEC Meeting Room N109-N110

24 / 25

◀ 표를 기본 서식(표면적)으로 사용한 예

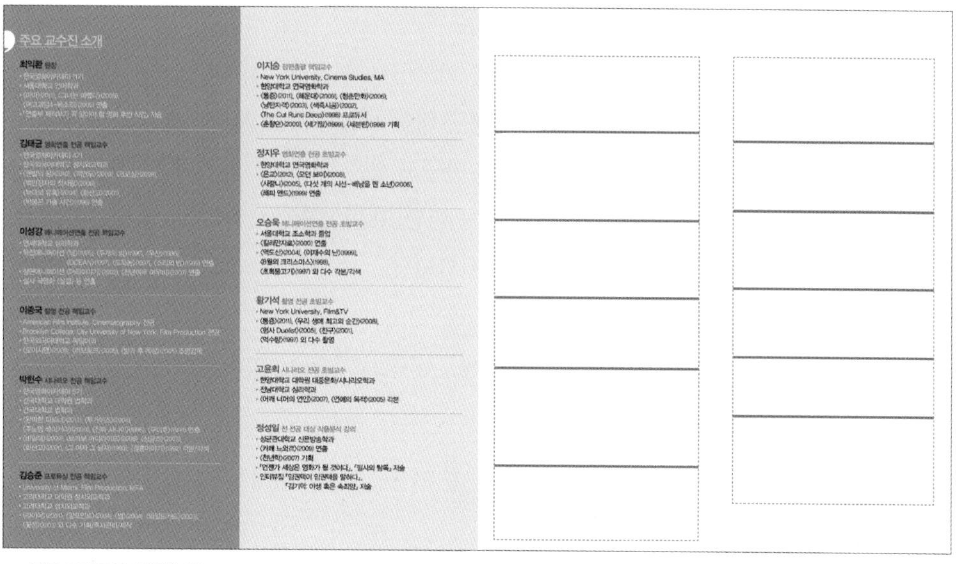

▲ 표를 그리드로 사용한 예

표와 뗄 수 없는 탭 문자

탭 문자는 문장 안에서 단어 사이의 간격을 쉽게 정돈하는 기능을 합니다. 워드 프로그램에서도 자주 사용하는데요. 인디자인에서도 탭 문자는 개수와 상관없이 원하는 간격을 설정해주므로 항목을 정리하거나 목차나 표를 만들 때 유용하게 사용합니다.

탭을 설정한 텍스트 프레임에 마우스 커서를 놓은 후 단축키 Ctrl + Shift + T 를 누르거나 [문자]–[탭] 메뉴를 클릭하면 [탭] 창이 나타납니다. 여기에서 탭 문자의 간격과 정렬을 설정합니다. [채움 문자]에 문자를 입력하면 탭 문자가 [채움 문자]로 채워집니다. 목차를 디자인할 때 제목과 쪽 번호 사이의 탭 문자에 마침표(.) 또는 가운뎃점(·)을 입력해 점선처럼 사용할 수 있습니다. [탭] 창의 ◀ 표시는 텍스트 프레임의 너비를 뜻합니다.

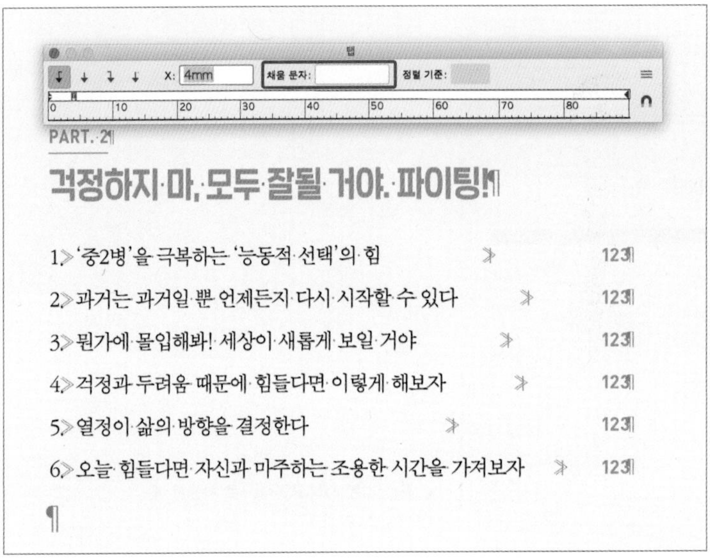

▲ 탭 문자를 이용해 차례를 만듦(탭 간격 문자)

탭은 시각적인 정돈 기능 외에도 탭 문자 형태를 그대로 사용하여 표 서식으로 전환할 수 있습니다. 탭 문자를 사용한 텍스트 프레임에서 표로 만들고 싶은 문자를 드래그한 뒤 [표]–[텍스트를 표로 변환] 메뉴를 클릭합니다. [텍스트를 표로 변환] 대화상자가 나타나면 [열 구분 기호]가 [탭]으로 설정되어 있는지 확인하고 [확인]을 클릭합니다.

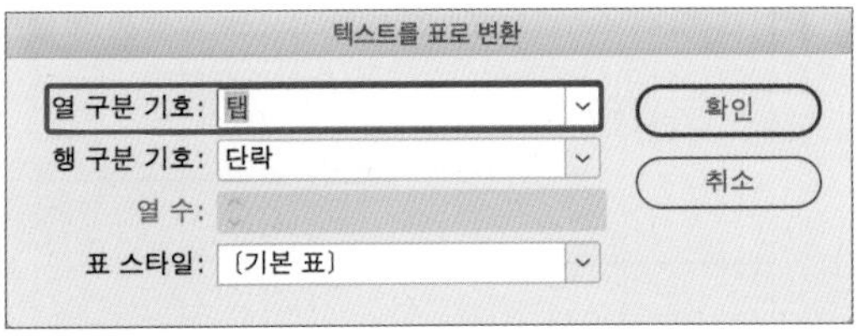

반대로 표를 텍스트로 변환할 수도 있는데, [표]–[표를 텍스트로 변환] 메뉴를 클릭하면 간단하게 바뀝니다.

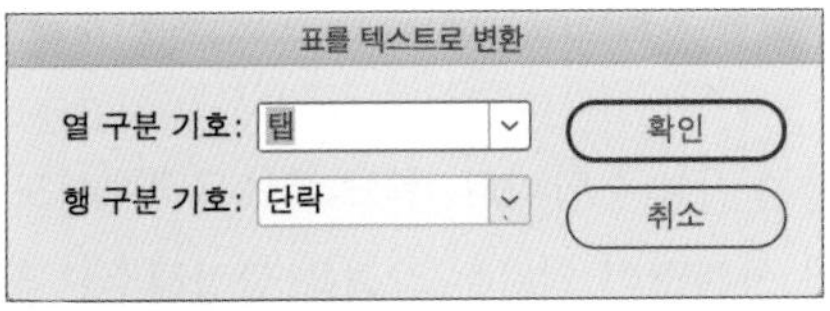

02 세련된 표는 이렇게 만든다!

'잘 그린 표 하나 열 이미지 안 부럽다'는 이야기가 있습니다. 잘 그린 표가 얼마나 중요한지는 애뉴얼 리포트(Annual Report) 또는 브로슈어 같은 편집물을 보면 알 수 있습니다. 흔히 인포그래픽(Infographic)이라고 불리는 디자인에 표가 포함됩니다. 정보를 보기 쉽게 전달하기 위해서는 표만 한 서식이 없기 때문입니다.

세련된 표를 그리는 노하우

표를 그릴 때는 제목과 내용 부분을 구분해 강약을 주는 것이 좋습니다. 선은 얇게 혹은 생략해서 그리는 것도 좋습니다. 의도하지 않은 성의 없는 선은 시각적으로 지루한 느낌을 줍니다. 따라서 강조해야 하는 부분이 아니라면 얇은 선 또는 점선을 사용합니다. 선이 굵어지면 본문 텍스트와 충돌하므로 더 어수선해집니다. 이런 이유로 필요 없는 선을 생략하기도 합니다. 특히 세로선은 복잡한 표를 제외한다면 굳이 없어도 가독성이 흐트러지지 않습니다. 오히려 심플하고 모던한 느낌을 줄 수 있습니다. 표의 가로 행에 교대로 색상이 들어간다면 가로선을 넣지 않아도 충분히 구분되므로 생략하는 편이 좋습니다.

크기	인치	mm
레터 (Letter, 미국의 A4용지)	8.5×11	216×279
리걸 (Legal)	8.5×14	216×356
주니어 리걸 (Junior Legal)	8.0×5.0	203×127
레저 (Ledger)	17×11	432×279
타블로이드 (Tabloid)	11×17	279×432

▲ 표 디자인 샘플(세로선 삭제)

크기	인치	mm
레터 (Letter, 미국의 A4용지)	8.5×11	216×279
리걸 (Legal)	8.5×14	216×356
주니어 리걸 (Junior Legal)	8.0×5.0	203×127
레저 (Ledger)	17×11	432×279
타블로이드 (Tabloid)	11×17	279×432

▲ 가로선 삭제

배경색은 화려하지 하지 않게, 그러나 의미 있는 색을 사용해야 합니다. 본문과 표가 구분이 안 된다는 이유로 표의 배경색을 강하게 입히려는 경우가 있습니다. 그러나 강한 배경색을 사용하게 되면 디자인의 흐름을 해치는 것은 물론이고 본문의 흐름과 문자의 가독성까지 해치게 됩니다. 그러므로 현란하고 알록달록한 색상 배합은 피해야 하며, 콘셉트에 맞는 색상을 잘 선택해야 합니다.

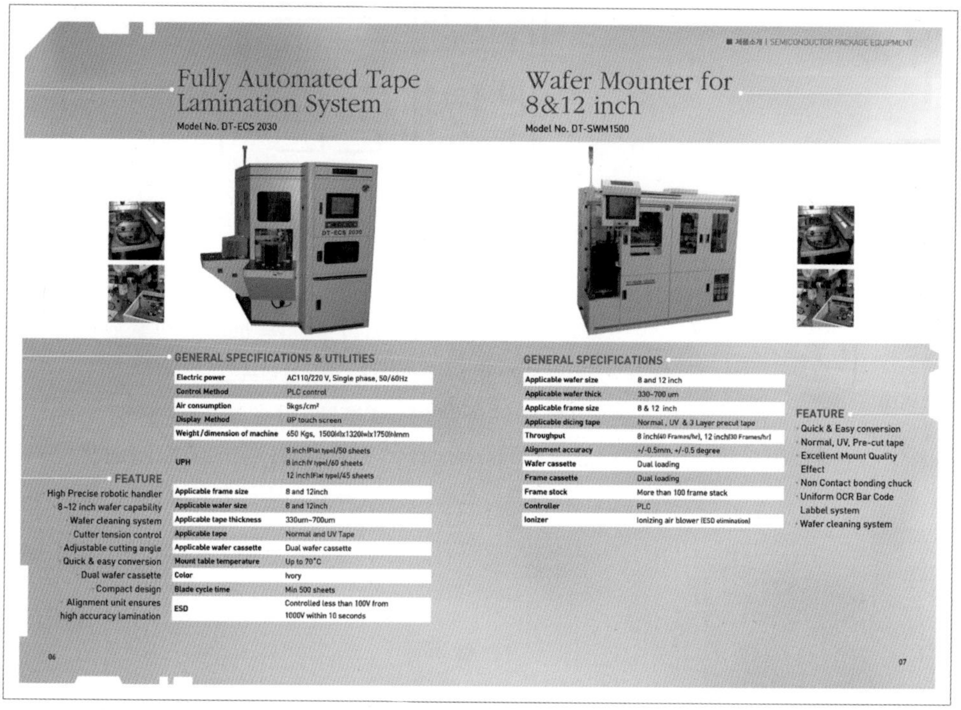

▲ 제품 브로슈어에 사용된 표

표 작업 시간을 단축시키는 노하우

표의 행, 열 교대 설정 사용하기

흔히 표를 작업할 때 가독성을 높이기 위해 위, 아래 또는 양옆의 셀 배경색을 다르게 표시합니다. 인디자인에서는 [표]–[표 옵션]–[칠 교대 설정] 메뉴를 클릭한 후 [표 옵션] 대화상자에서 간단하게 표의 행과 열의 색상 교대 설정이 가능합니다.

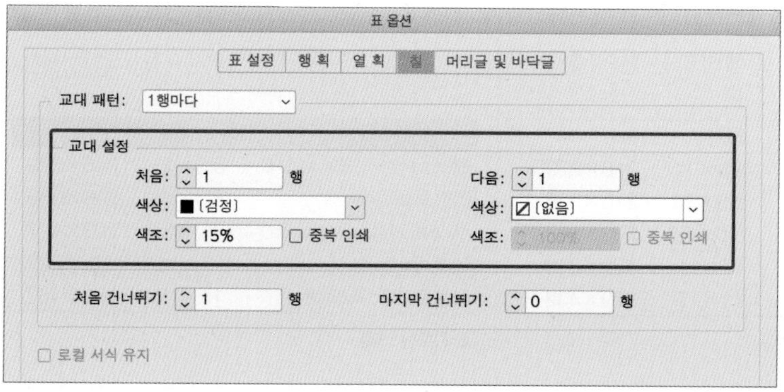

[교대 패턴]에서는 색상을 교대할 행 또는 열을 설정합니다. [교대 설정]에서는 각 행에 칠할 색상과 색조 단계를 설정합니다. 만약 표의 맨 위 줄을 건너뛰려면 [처음 건너뛰기] 항목을 설정합니다.

크기	인치	mm
레터 (Letter, 미국의 A4용지)	8.5×11	216×279
리걸 (Legal)	8.5×14	216×356
주니어 리걸 (Junior Legal)	8.0×5.0	203×127
레저 (Ledger)	17×11	432×279
타블로이드 (Tabloid)	11×17	279×432

머리글 및 바닥글 사용하기

머리글(바닥글)은 여러 단이나 여러 페이지에 걸친 많은 내용의 표를 작업할 때 자동으로 행의 맨 위에 제목(머리글, 맨 아래는 바닥글)을 넣는 기능입니다. 머리글이나 바닥글을 설정하면 매번 표마다 머리글 스타일을 일일이 수정하지 않아도 기준 머리글만 수정하면 문서 전체의 머리글을 한 번에 적용할 수 있습니다.

표를 드래그하여 선택한 후 [표]-[표 옵션]-[머리글 및 바닥글] 메뉴를 클릭해 머리글을 몇 행으로 둘지, 어떤 식으로 반복하게 할지 설정할 수 있습니다.

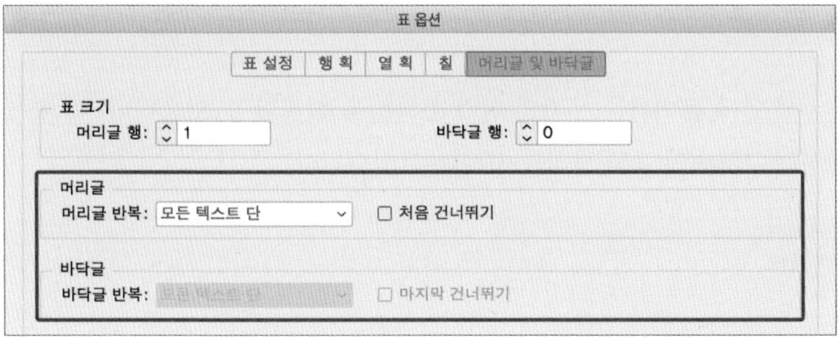

모든 설정을 마친 후 [확인]을 클릭해 [머리글 및 바닥글] 대화상자를 닫으면 머리글로 설정한 행의 수만큼 맨 위 줄에 행이 생성됩니다. 생성된 행에 머리글로 사용할 텍스트를 입력합니다. 이렇게 만든 머리글은 표 전체를 드래그할 때 함께 선택되지 않습니다. 따라서 스타일을 변경하려면 머리글 부분만 따로 드래그해 선택한 후 설정해야 합니다.

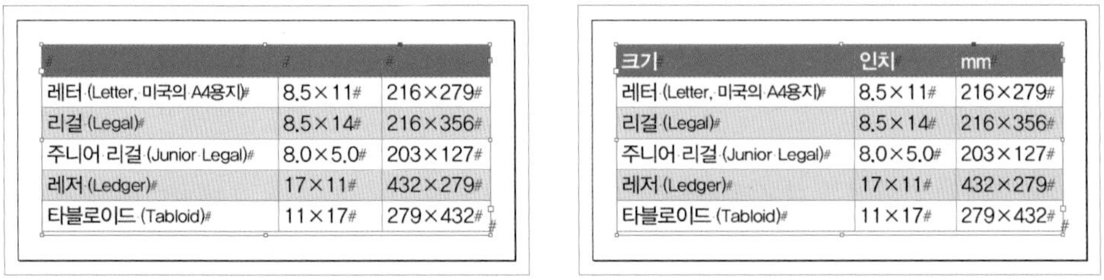

▲ [머리글 및 바닥글]을 설정하면 정한 수만큼 맨 위 줄에 행이 생성됩니다.

표 스타일과 셀 스타일 사용하기

표 서식에도 단락 스타일이나 문자 스타일처럼 표 스타일을 적용할 수 있습니다. 표 서식이 자주 등장한다면 표와 셀을 스타일로 지정해 사용하는 것도 시간을 단축할 수 있는 좋은 방법입니다.

[표 스타일] 패널에서 [표 스타일]을 더블클릭하면 [표 스타일 옵션] 대화상자가 나타납니다. [표 스타일 옵션] 대화상자에서는 표 전체 테두리와 표 옵션을 설정할 수 있습니다. 각 셀의 세밀한 설정은 [표 스타일 옵션] 대화상자의 [일반]–[셀 스타일]에서 설정할 수 있습니다. 원하는 셀 스타일을 설정했다면 [단락 스타일]의 [중첩 스타일]처럼 두 개의 스타일을 중첩으로 사용할 수도 있습니다.

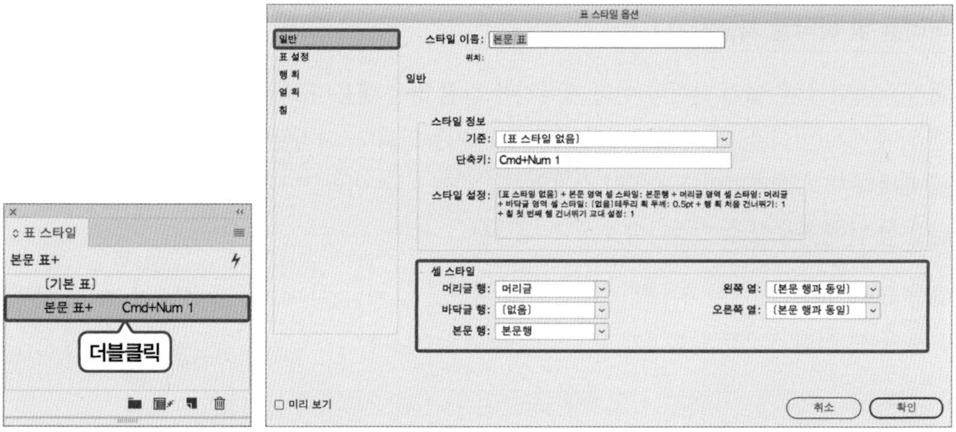

[셀 스타일] 항목에서는 셀 안에 들어가는 문자의 단락 스타일을 설정할 수 있습니다. 각 셀의 선 모양과 배경색을 설정해 구체적인 표의 형태를 지정할 수 있습니다.

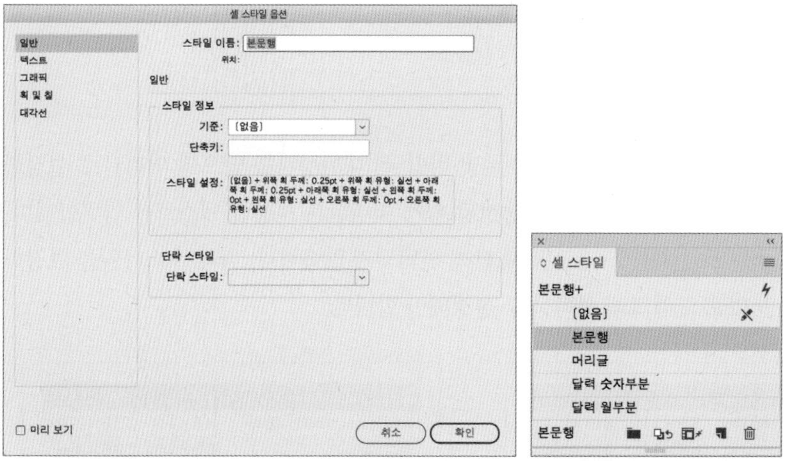

표 스타일과 셀 스타일을 활용해 원하는 표 형태를 만든 후 새로운 표를 그릴 때마다 앞서 설정한 [표 스타일]을 지정합니다. 좀 더 빠른 작업을 위해 [표 스타일]에도 [단락 스타일]과 마찬가지로 단축키를 지정하는 것이 좋습니다. 하지만 표는 문자보다 유동적이므로 표의 너비와 간격까지 스타일로 지정할 수 없습니다. 하나의 표 안에 여러 스타일을 넣고자 할 때는 [표 스타일]

에 중첩된 [셀 스타일] 외에 다른 [셀 스타일]이 별도로 필요할 수 있습니다. [스타일]을 이용한 작업은 사용자가 얼마나 최적화해 만드느냐에 따라 작업 속도가 달라지므로 사전에 신중하게 계획하는 자세가 중요합니다.

크기	인치	mm
레터 (Letter, 미국의 A4용지)	8.5×11	216×279
리걸 (Legal)	8.5×14	216×356
주니어 리걸 (Junior Legal)	8.0×5.0	203×127
레저 (Ledger)	17×11	432×279
타블로이드 (Tabloid)	11×17	279×432

◀ [표 스타일]을 이용해 만든 표 서식

문제점 해결 노하우

표 안의 텍스트 넘침 표시

일반적인 표 서식에서는 텍스트 양에 따라 셀 높이가 조정되기 마련입니다. 하지만 아래 그림처럼 붉은 점이 표시되면서 자동으로 셀이 늘어나지 않는 경우가 있습니다. 인디자인에서는 표에서 셀의 높이를 고정할지 유동적으로 변하게 할지 설정할 수 있습니다. [표] 패널에서 높이를 설정할 때 [정확하게]를 선택하면 글자 수와 상관없이 고정된 셀 높이 값을 갖게 됩니다. [최소]로 선택하면 글자 수에 따라 셀의 높이가 유동적으로 변경됩니다.

크기	인치	mm
•	•	•
리걸 (Legal)	8.5×14	216×356
주니어 리걸 (Junior Legal)	8.0×5.0	203×127
레저 (Ledger)	17×11	432×279
타블로이드 (Tabloid)	11×17	279×432

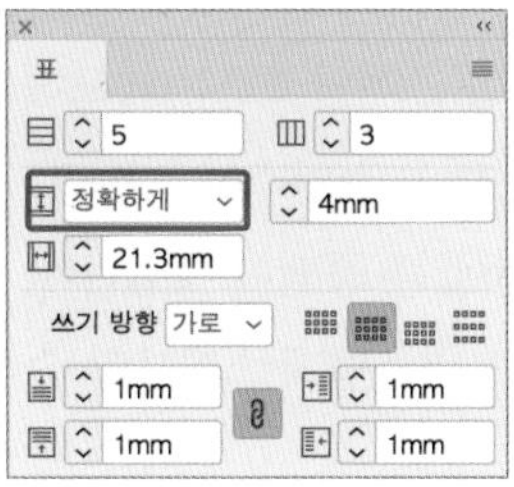

각 문서별 표 가져오기

워드

Ctrl + D 를 누르거나 [파일]–[가져오기] 메뉴를 클릭해 표를 가져옵니다. 또는 워드 프로그램에서 직접 복사해 붙여 넣을 수 있습니다. 즉, 워드 문서의 표는 그대로 불러오기만 하면 됩니다!

엑셀

Ctrl + D 를 누르거나 [파일]–[가져오기] 메뉴를 클릭해 표를 가져옵니다. 단, [가져오기] 대화상자 아래에 있는 [가져오기 옵션 표시]에 체크 표시합니다. [가져오기 옵션] 대화상자가 나타나면 [서식]의 표를 [서식이 있는 표]로 선택한 뒤 가져옵니다.

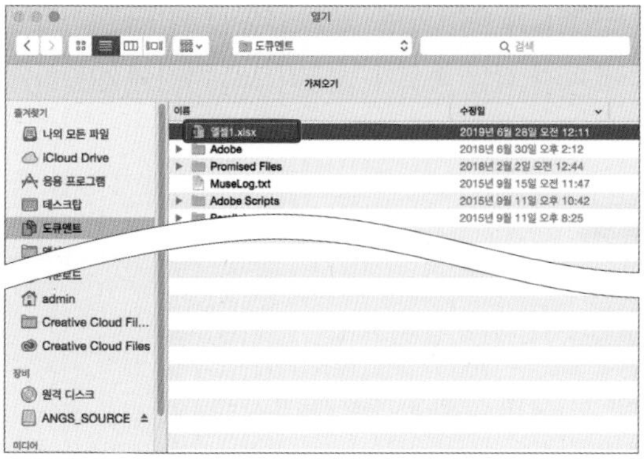

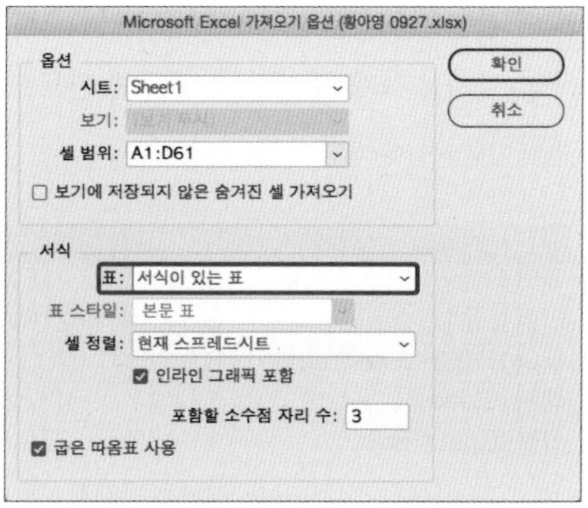

한글 소프트웨어

[환경 설정]-[클립보드 처리]-[다른 응용 프로그램의 텍스트 및 표를 붙일 때]에서 [모든 정보]를 선택합니다. 한글 파일을 실행해 표를 복사한 뒤, 인디자인으로 붙여 넣습니다.

파워포인트

인디자인에서는 파워포인트(ppt) 파일을 불러올 수 없습니다. 일일이 복사해서 입력할 수 있지만 작업 시간도 오래 걸리고 누락될 수도 있기 때문에 좋은 방법이 아닙니다.

텍스트 스레드 시 생기는 공백 없애는 방법

표도 텍스트처럼 다음 프레임으로 스레드해 넘길 수 있습니다. 텍스트는 행을 기준으로 스레드되기 때문에 하단 공백이 자연스러운 반면, 표는 셀 단위로 스레드되기 때문에 셀의 높이가 너무 높으면 문서 하단에 큰 공백이 생깁니다. 이를 방지하려면 스레드 경계에 있는 셀을 가로로 분할해서 작업해야 자연스럽게 스레드할 수 있습니다.

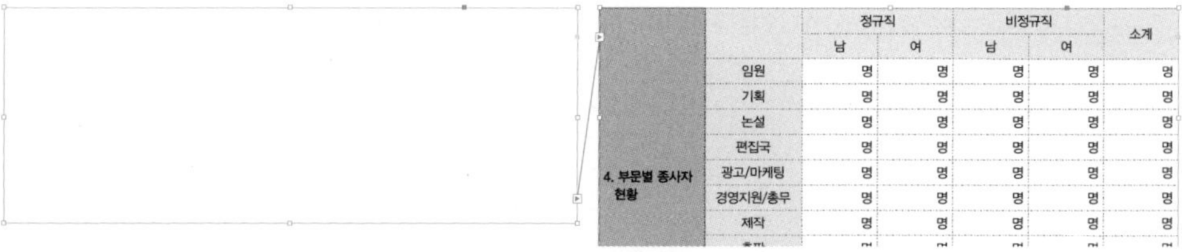

▲ 표의 왼쪽 셀(진한 회색)이 텍스트 프레임보다 커서 상대적으로 높이가 높은 오른쪽 프레임으로 넘어갑니다.

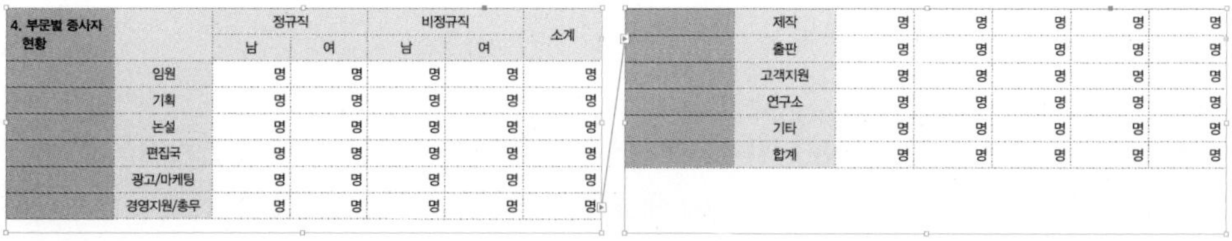

▲ 왼쪽 셀(진한 회색)을 가로로 분할하면 자연스럽게 스레드됩니다. 분할된 셀의 선은 투명 또는 두께를 0으로 설정해 보이지 않게 합니다.

CHAPTER 06

디자인에 활력을 주는 색상

아무리 문자 편집 능력이 뛰어나고 좋은 그래픽 소스를 만들 수 있다 해도 상황에 맞는 적절한 색상을 사용하지 못한다면 좋은 디자인이라고 할 수 없습니다. 색은 사람들이 가장 먼저 인지할 뿐만 아니라 일상생활에서도 손쉽게 지각할 수 있는 시각적 요소입니다. 더군다나 색이 가진 고유한 느낌과 감정, 내면의 숨은 의미까지 전달할 수 있으므로 디자이너에게 색은 대중과 소통하는 소중한 도구입니다.

01 색상 선택이 먼저다!

노란색을 사용했는데, 노란색은 흔하니 눈에 띄면서 밝은 색을 써달라고 합니다. 그래서 주황색을 썼더니 더 밝은 색을 써달라고 합니다. 그래서 분홍색을 썼더니 좀 더 분명한 색을 써달라고 합니다. 결국 빨간색을 썼더니 좀 더 밝고 명쾌한 색을 써달라고 합니다. 노란색도 주황색도 분홍색도 빨간색도 원하지 않는 클라이언트는 과연 무슨 색을 원하는 것일까요? 그 복잡미묘한 색에 관한 이야기를 시작해봅시다.

빨간색으로 이름을 쓰면 안 된다고?

색은 심리적인 부분에 많은 영향을 미칩니다. 디자인을 비롯한 많은 분야에서 이 심리적인 요인을 이용하기도 합니다. 그러나 색은 개인적인 성격이 강하므로 모두가 동일한 색에 똑같이 반응한다고 볼 수는 없습니다. 색의 기호도는 개인, 연령, 집단, 사상, 문화적 차이에 따라 다르게 나타나며 상황이나 조건에 따라서도 달라집니다. 굉장히 주관적이죠. 이런 점 때문에 색채 심리학을 이용해 마케팅한다는 것이 어딘가 의심쩍어 보이기도 합니다. 그러나 통계학적으로 또는 대중적으로 좋아하는 색 선호도에는 트렌드가 존재합니다. 예를 들어 이름을 쓸 때에는 빨간색을 선호하지 않지만 립스틱이나 드레스, 구두처럼 화려함과 자신감을 드러낼 때에는 자주 씁니다. 이런 현상을 디자인과 마케팅에 적용하면 더 효과적으로 대중에게 어필할 수 있습니다.

▲ 색의 3요소(색상, 명도, 채도)

색의 연관과 상징

색의 상징

색상은 색 자체가 갖는 고유의 속성으로 빨강, 노랑, 초록 등으로 구분됩니다. 시각적으로 가장 먼저 인지되는 요소이기 때문에 신중하게 선택해야 하는 부분이기도 하죠. 우리가 코카콜라를 생각하면 빨간색이 떠오르고 카카오톡을 생각하면 노란색이 떠오르는 것처럼 색상은 브랜드의 아이덴티티를 전달하는 가장 기본적인 수단이 되기도 합니다. 그렇다면 우리가 무의식적으로 인식하고 있는 색의 연관 인식과 상징에는 어떤 것이 있을까요?

색상	인식	상징
빨강	자극적, 정열, 적극성, 활기, 흥분, 애정, 혁명, 피, 분노, 광기, 야망, 더위, 열, 건조, 일출, 저녁 노을	정지, 위험, 금지
주황	기쁨, 원기, 즐거움, 만족, 온화, 친근함, 건강, 활력, 따뜻함, 광명, 풍부, 식욕 증진, 노을	위험
노랑	생동감, 명랑, 환희, 희망, 광명, 유쾌, 팽창, 접근, 바나나, 금발, 황금, 부와 권위, 풍요로움, 대지	주의
연두	위안, 휴식, 피로 회복, 스트레스 해소, 친애, 청순, 평화, 젊음, 신선, 생동, 안정, 순진, 자연, 초여름	
녹색	평화, 스트레스 해소, 상쾌, 희망, 안정, 안식, 평정, 친근함, 지성, 유식, 소박, 건실,	안전, 피난, 위생
청록	이지, 이성, 냉정, 청결, 질투, 유령, 죄, 바다, 삼림, 찬바람	
파랑	젊음, 상쾌함, 성실, 신뢰, 영원, 신비, 진정, 명상, 심원, 냉혹, 추위, 차가움, 바다, 호수, 남성	지시
하늘	서늘함, 물색, 하늘, 인애, 우울, 소극, 고독, 투명, 차가움, 얼음	
남색	신비, 공포, 무한, 심원, 수축, 후퇴, 고독, 숭고, 영원, 침울, 냉철,	
보라	창조, 예술, 신비, 신앙, 위엄, 장험, 우아, 고상, 화려, 풍부, 공포, 고독, 공허, 추함	
자주	사랑, 애정, 화려, 아름다움, 흥분, 신비, 환상, 슬픔, 우울	방사능
핑크	창조, 심리적, 애정, 술, 성적, 발정, 복숭아, 여성	
흰색	순수, 순결, 신성, 정직, 소박, 청결, 설탕, 눈	
회색	밝은 회색 : 지성, 고급스러움 / 중간 회색 : 평범, 겸손, 수수, 독립성, 고독 / 어두운 회색 : 침울, 무기력, 성숙, 진지함, 퇴색	
검정	허무, 불안, 절망, 정지, 침묵, 무거움, 두려움, 암흑, 부정, 죽음, 죄, 성직자	

앞서 언급한 상징 외에도 다양한 이유로 색상을 선택할 수 있습니다. 동양권에서는 방위를 표시할 때 음양오행설에 따른 오방색(청青, 적赤, 황黃, 백白, 흑黑)을 사용했죠. 특히 아이에게는 눈에 띄는 색을 쓴다거나 성별에 따라 남성은 한색 계열을, 여성은 난색 계열을 선호하기도 합니다. 이와 달리 특정색을 선점해 이미지를 만드는 경우도 있습니다. 앞서 이야기한 각 기업 또는 브랜드를 상징하는 색상이 좋은 예입니다.

이렇듯 색의 선호도는 다양한 요인에 따라 다르게 나타나기 때문에 보편적인 통계자료를 따르더라도 각 대상 그룹의 특징을 고려해야 하며, 각 색상의 객관적인 기능에도 관심을 기울여야 합니다.

색상을 적절하게, 효과적으로 사용하는 노하우

필요한 색상만 사용할 것

색상의 수를 줄이면 산만한 느낌과 부조화를 막고 명료한 느낌을 표현할 수 있습니다.

색의 특성을 고려하여 사용할 것

한색, 난색, 명도가 높은 색, 채도가 낮은 색 등 어떤 특성에 따라 그룹화하면 통일감을 표현할 수 있습니다.

주제는 과감하게 튀는 색으로 고를 것

주제가 되는 색은 주변색과 대비되는 색상을 사용해 더 돋보이게 합니다. 보색 대비가 대표적이며 명도와 채도를 달리해 강조할 수도 있습니다.

중성색을 적절히 사용할 것

채도가 높은 색상끼리 배합할 경우 중성색을 사용하면 원색끼리의 배색에서 발생하는 색의 부담감을 덜 수 있습니다.

사용할 색상을 미리 정할 것

시리즈로 책을 구성할 때 색상 단계에 따라 분리하는 경우가 있습니다. 이때 만들어질 책의 권수에 맞게 색상을 미리 선별해야 이후에 어려움 없이 프로젝트를 마무리할 수 있습니다.

자주 사용하는 컬러 배색

두 가지 이상의 색을 배치하는 것을 배색이라고 합니다. 디자인 과정에서 '어떤 색을 쓸 것인가?'에 대한 고민은 대부분 색 조합과 관련된 배색에 대한 고민이라고 할 수 있습니다. 조금 과장하면 '배색만 잘해도 반은 먹고 들어가는 것'입니다. 자연스러운 배색을 위해서는 몇 가지 조건이 있습니다. 물론 디자이너는 은연중에 이 조건을 만족시키는 배색을 이미 하고 있는지도 모릅니다. 아름다운 색상과 배색은 굳이 이론화하지 않아도 느낄 수 있는 심미적인 요인이니까요. 하지만 어떤 색을 써야 할지 고민이 된다면 한 번쯤 알아두는 것도 나쁘지 않습니다.

10년차 선배의 멘토링 색상 배색의 조건

색상을 배색할 때는 다음과 같은 조건을 염두에 두고 작업합니다.

- **목적과 기능에 맞춘다.**
- **색의 심리적인 작용을 헤아린다.**
- **유행을 고려한다.**
- **실생활에 맞게 선택한다.**
- **미적인 부분과 안정감을 생각한다.**
- **주관적인 배색은 가급적 자제한다.**
- **색의 면적을 살핀다.**
- **색이 입혀질 재질을 생각한다.**

색상에 의한 배색

동일색과 유사색 또는 보색을 이용하면 가장 쉽게 배색을 응용할 수 있습니다. 동일색은 색조의 차이를 이용해 정적이고 차분한 느낌을, 유사색은 친근감과 부드러운 느낌을 연출합니다. 서로 반대되는 보색을 이용하면 화려하고 생동감 있는 느낌을 주지만 자칫 촌스러울 수도 있으니 유의해서 사용해야 합니다.

▲ 동일색 배색

▲ 유사색 배색

▲ 보색 배색

명도에 의한 배색

명도 차이에 의한 배색 방법입니다. 명도가 높을수록 맑고 깨끗하며, 낮을수록 무겁고 음산한 느낌을 줍니다. 명도 차이가 큰 색끼리 배색하면 뚜렷하여 명쾌한 느낌을 줍니다. 다만 상대적으로 명도가 높은 쪽이 더 잘 보이기 때문에 주제에 해당하는 부분에 사용하는 것이 좋습니다.

▲ 명도에 의한 배색

채도에 의한 배색

명도와 마찬가지로 채도도 높을수록 선명하고 화려하지만 자칫 산만할 수 있습니다. 낮은 채도끼리의 배색은 부드럽고 온화한 느낌을 줍니다. 하지만 채도가 너무 낮으면 칙칙하고 우울한 느낌을 줄 수 있으니 유의해야 합니다.

▲ 채도에 의한 배색

색채 배색의 분리

두 색 사이에 경계가 되는 색을 넣어 함께 배색하는 방법입니다. 채도가 높은 색처럼 두 색이 부조화를 이루어 부담스럽거나 대비가 비슷한 색, 또는 보색으로 배색되었을 경우에 사용합니다. 이때 경계색은 채도가 낮거나 무채색을 사용해 부드럽게 조화되도록 만듭니다.

▲ 색채 배색의 분리

강조색에 의한 배색

전체의 색이 너무 통일되어 단조롭다면 강조색을 사용해 적극적이고 생동감 있는 느낌을 줄 수 있습니다. 강조색은 제목 서체의 색상 배합을 고려할 때 많이 사용됩니다. 색상 분포도를 보면 주조색 60~70%, 보조색 20~30%, 강조색이 5~10% 정도를 차지하며 때에 따라 보조색은 주조색으로 대치할 수 있습니다.

▲ 강조색에 의한 배색

연속 배색

색을 연속해 이어가는 배색으로 그러데이션이라고도 합니다. 색이 연속되면 점진적인 효과와 더불어 율동감을 나타낼 수 있는데 이때는 톤, 색상, 명도, 채도 등을 다양하게 구성해 연출합니다. 하지만 너무 화려하거나 다양한 색상을 사용하면 자칫 부담스럽거나 촌스러울 수 있으니 주의해야 합니다.

▲ 연속 배색 효과

반복 배색

색을 반복하거나 교차시키면 체크무늬처럼 재미있는 효과를 연출할 수 있으며, 통일감 속에서 적절한 변화도 줄 수 있습니다. 이때 사용하는 색상의 특성에 따라 화려한 느낌도, 차분한 느낌도 표현할 수 있어 편집디자인에서 많이 사용합니다.

▲ 반복 배색

톤을 이용한 배색

색상의 명도 차이 또는 유사색을 배색해 하나의 톤을 이루는 방식입니다. 색상은 그대로 두고 색조(Tone)를 조절하는 톤온톤(Tone on Tone) 배색과, 톤과 명도는 일정하게 유지하면서 색상을 다르게 배합하는 톤인톤(Tone in Tone) 배색이 있습니다. 톤온톤 배색은 자칫 지루할 수 있으나 클래식한 느낌을 주며 톤인톤 배색은 다양한 느낌의 색상을 하나로 묶어 풍부한 색감을 연출할 수 있습니다.

▲ 톤온톤 배색

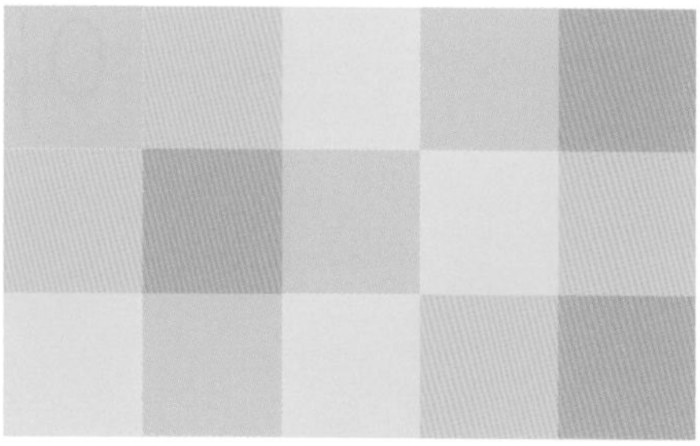

▲ 톤인톤 배색

02 RGB, CMYK, Lab, 이게 다 뭐야?

컴퓨터 그래픽에서 표현할 수 있는 색상 체계는 크게 RGB, CMYK, Lab, 그레이스케일(GrayScale)로 나뉩니다. 기본적인 컬러 모드는 RGB를 기준으로 하며, 각 컬러에 따라 표현할 수 있는 영역이 다르므로 작업의 목적에 따라 그에 맞는 색상 체계를 사용해야 합니다.

RGB 모드

RGB 모드는 빛의 삼원색인 Red, Green, Blue 세 종류의 광원(光源)을 이용해 색을 표현하는 가산혼합 방식입니다. 이 방식은 색을 혼합할수록 밝아지므로 빛의 강약으로 색의 농도를 설정합니다. 가령 Red와 Green을 혼합하면 본래의 두 빛보다 밝은 Yellow가 되고, Green과 Blue를 섞으면 그보다 밝은 Cyan이 됩니다. 또 Blue와 Red를 섞으면 마찬가지로 더 밝은 Magenta가 되며 세 종류의 광원을 모두 섞으면 제일 밝은 White가 됩니다. 이것은 눈에 들어오는 빛의 양이 혼합에 의해 증가하기 때문이며 세 종류의 광원을 모두 없애면 Black이 나타납니다. 주변에서 흔히 접하는 모니터의 색상이 RGB로 이루어져 있기 때문에 인디자인에서 작업하는 e-Book 또는 웹페이지는 RGB 모드에서 만든 컬러를 사용해야 합니다.

CMYK 모드

인쇄, 출력에서 사용하는 컬러 모드로 색의 삼원색인 Cyan, Magenta, Yellow에 Black을 더한 감산혼합 방식입니다. 빛의 삼원색을 이용한 RGB의 가산혼합과 달리 물감 또는 잉크 같은 안료를 섞을 때 일어나는 혼합 방식으로 색을 섞으면 섞을수록 어두워집니다. RGB가 CMYK보다 표현할 수 있는 컬러의 수가 훨씬 많기 때문에 RGB로 작업한 결과물을 인쇄하면 색상 차이가 도드라지게 나타납니다. 인쇄, 출판을 목적으로 하는 작업이라면 반드시 CMYK 모드로 변환 후 작업해야 합니다. 일반적으로 원색 인쇄는 위의 네 가지 색을 혼합해 만들기 때문에 4도 인쇄라고 합니다.

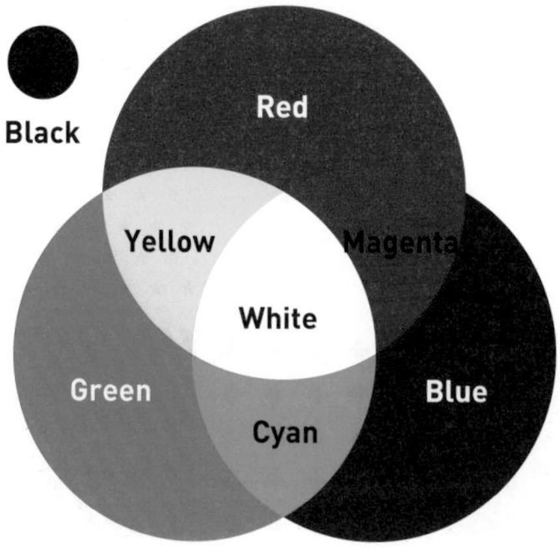

▲ 가산혼합(빛의 3원색, RGB)

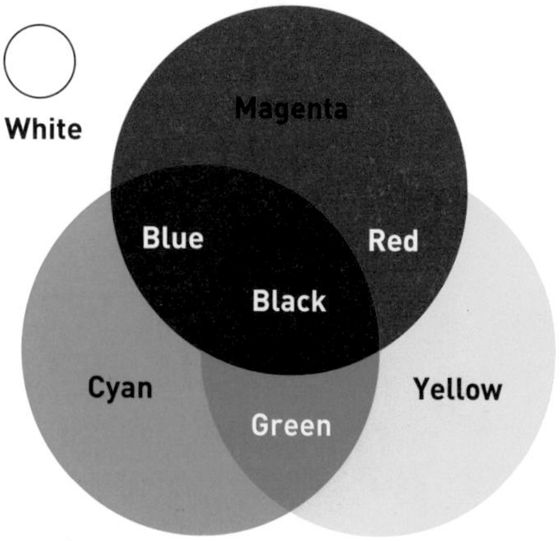

▲ 감산혼합(색료의 혼합, CMYK)

Lab 모드

색상은 모니터와 출력 기기의 종류마다 조금씩 차이가 납니다. 이 차이를 보완하기 위해 국제조명위원회(CIE)에서 표준화해 발표한 색상 체계가 바로 Lab 모드입니다. 이 모드는 모니터나 프린터에 영향받지 않는 독립적인 모드이며 RGB와 CMYK를 모두 포함하는 색상 범위를 표현합니다. L은 명도, a와 b는 각각 Red와 Green, Yellow와 Blue의 색상 및 채도 관계를 나타냅니다. Lab 모드는 눈으로 식별할 수 있는 거의 모든 색상을 표현할 수 있으며 RGB나 CMYK 등 다른 색상 간의 모드 변환 시에 중간 과정으로 사용하면 매우 효과적입니다.

TIP 일반적으로 RGB 이미지는 형광색을 많이 띄기 때문에 CMYK로 변환할 때 탁해지는 느낌을 줍니다. 두 색상을 변환할 때 그 차이를 최소화하고 싶다면 RGB → Lab → CMYK 순으로 변환하기 바랍니다. 완벽하진 않지만 탁해지는 느낌을 조금은 줄일 수 있습니다.

그레이스케일(GrayScale) 모드

그레이스케일 모드는 흔히 말하는 흑백 이미지와 비슷한 개념으로 흰색과 검정, 그리고 그 사이의 회색 음영으로 구성된 모드를 말합니다. 화소당 8비트, 256단계의 명암으로 표현됩니다.

컬러 이미지를 그레이스케일 모드로 변경하면 컬러 정보를 잃어버리게 됩니다. 그레이스케일 모드의 이미지는 컬러 이미지와 다른 느낌으로 다양한 분위기를 연출할 수 있습니다. 비트맵 모드(Bitmap Mode)와 듀오톤 모드(Duotone Mode)가 그레이스케일의 대표적인 표현 방식입니다.

비트맵 모드는 검정과 흰색으로만 이미지를 표현하는 방법입니다. 패턴이나 하프톤 또는 실루엣 등 여러 형태로 표현 가능하며 인디자인으로 불러와 자체의 색상 패널에서 색상을 변경할 수 있습니다.

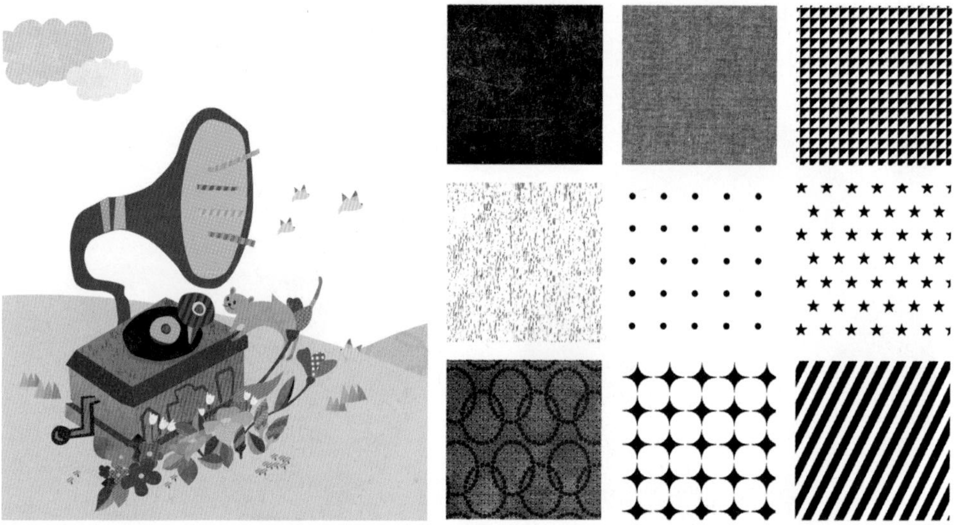

▲ 그레이스케일 이미지와 비트맵 이미지 사용 예 : 인디자인에서 다양한 패턴의 비트맵 이미지(오른쪽)를 이용한 일러스트레이션(왼쪽)

듀오톤 모드는 포토샵에서 변경할 수 있으며 한 가지 색 계열인 모노톤 이미지를 만들 때 사용합니다. 흑백 이미지를 세피아 톤(Sephia Tone)이나 브라운 톤(Brown Tone)처럼 더 깊은 느낌을 연출하고 싶을 때 사용하면 제격입니다.

▲ 그레이스케일

▲ 듀오톤(브라운 계열)

10년차 선배의 멘토링 실전 듀오톤 만들기

듀오톤은 포토샵에서 쉽게 만들 수 있습니다. 특히 흑백 이미지를 만들 때 듀오톤을 사용하면 깊이 있는 흑백 이미지를 연출할 수 있습니다. 인디자인 문서에서 사용한 별색과 듀오톤 잉크를 같은 색으로 맞춰 사용하면 2도 문서에서도 깊이 있는 흑백 이미지를 만들 수 있습니다. 듀오톤 잉크를 선택할 때 검정보다 밝은 잉크를 사용하면 명도 단계를 더 세밀하게 표현할 수 있습니다.

포토샵을 실행하고 듀오톤으로 만들고 싶은 이미지를 불러옵니다. 메뉴바에서 [이미지]-[모드]-[그레이스케일] 메뉴를 클릭해 이미지를 변환합니다. 이미지가 색상 값을 잃어버려 흑백 이미지가 되면 다시 [이미지]-[모드]-[듀오톤(이중톤)] 메뉴를 클릭합니다. [이중톤 옵션] 대화상자에서 [잉크 2]의 컬러 섬네일을 클릭해 색상을 선택합니다.

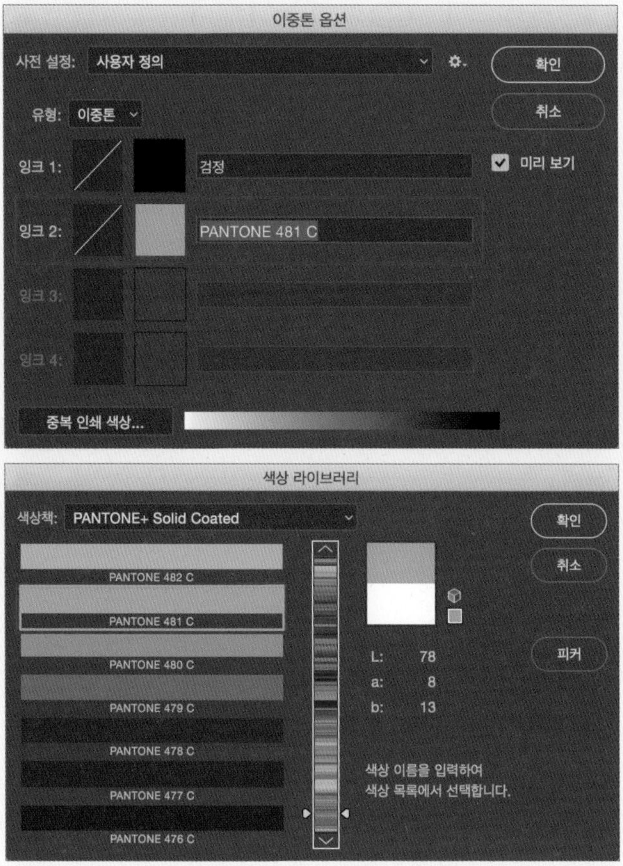

TIP [색상 라이브러리]가 나타나지 않으면 이 책의 160쪽을 참고합니다.

03

4도 컬러와 별색 정복하기

같은 주황색인데 왜 내가 만든 주황색은 왜 선명하지 않은 걸까요? 어두운 곳에서도 반짝반짝 빛날 것 같은 형광색은 어떻게 만들어지는 걸까요? 다양한 컬러 잉크에 관한 이야기를 알아보겠습니다.

CMYK

CMYK는 물감, 잉크, 인쇄 등에서 색료를 혼합하는 방식을 말합니다. 흔히 말하는 컬러 인쇄는 잉크의 4원색으로 사이언(Cyan), 마젠타(Magenta), 옐로(Yellow), 그리고 검정(Black) 잉크를 혼합해 만든 색상입니다. 각 잉크의 앞글자를 따서 CMYK(K만 Black의 뒷글자 또는 색조를 나타내는 Key의 앞 글자)라고 합니다. 컬러 인쇄를 하기 위해서는 하프톤 망점으로 구성된 각각의 스크린을 사용합니다. 인쇄된 망점의 집합은 점묘화처럼 착시 현상을 일으켜 눈에는 혼합된 색상으로 보입니다. 망점의 스크린 각도가 같으면 색상이 뭉치거나 무아레 현상이 생길 수 있으므로 각각의 스크린에는 컬러별로 망점 각도를 다르게 설정합니다. 이렇게 이루어진 망점은 분판 필름으로 제작해 인쇄판으로 만듭니다.

TIP 무아레 현상은 이미지가 흐리거나 겹쳐 보이는 현상입니다. 주로 망점이 겹쳐져서 발생하며 물결 모양, 격자무늬 등으로 나타납니다.

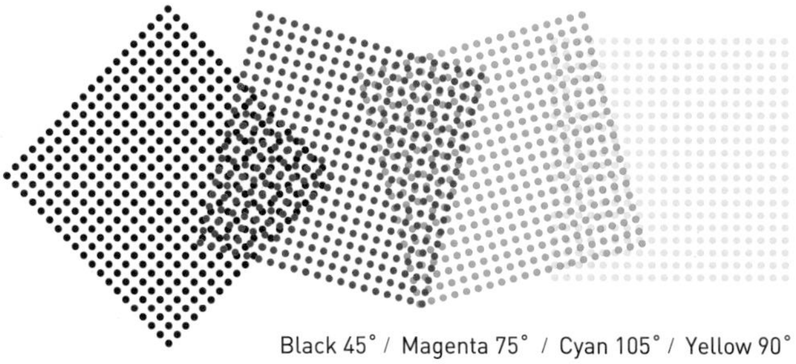

Black 45° / Magenta 75° / Cyan 105° / Yellow 90°

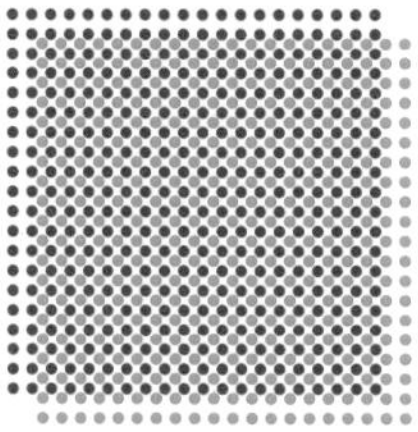

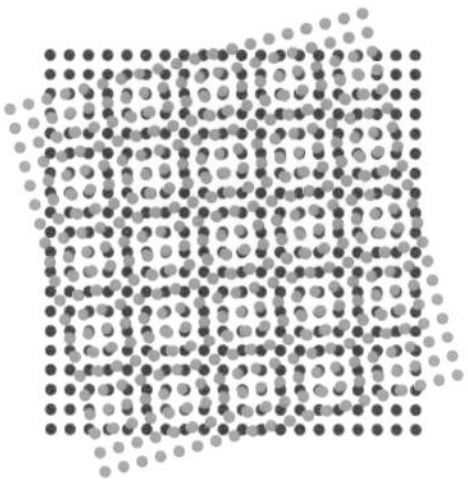

90° / 105°

45° / 75°

TIP 스크린 각도(Screen Angles)

네 개의 컬러에는 각각 표준 스크린 각도가 있습니다. 검정 45˚, 마젠타 75˚, 옐로 90˚, 사이언 105˚입니다. 스크린 각도는 무아레 현상을 방지하고 선명한 색상으로 컬러 이미지를 재현할 수 있도록 도와줍니다. 2도 인쇄의 경우 45˚와 75˚ 각도를 사용해 인쇄합니다. 검정(45˚)+별색(75˚) 조합의 2도 인쇄에서 별색을 마젠타(75˚)로 변경하는 이유도 여기에 있습니다.

C, M, Y, K 4개의 판을 이용하기 때문에 4도 인쇄라고 하며 두 개의 판을 사용하면 2도 인쇄라고 합니다. 일반적으로 4도 인쇄를 컬러 인쇄라고 말하지만 4도라고 해서 반드시 컬러는 아닙니다. 여기서 말하는 도수는 색상의 단위를 의미하므로 네 개의 별색판으로 이루어진 인쇄 역시 4도 인쇄라고 할 수 있습니다.

별색

별색은 망점으로 혼합하지 않은 고유의 색을 말합니다. 별색은 PANTONE사나 DIC사에서 만든 잉크를 쓰거나 아니면 직접 만들어 써야 합니다. 금색, 은색, 형광색은 물론이고 컬러 차트에 있는 거의 모든 색상을 별색으로 사용할 수 있습니다.

▲ 색상 견본 책

4원색으로 혼합된 색상과 별색은 직접 비교할 때 확연한 차이가 드러납니다. 별색은 4원색보다 채도가 높아 상대적으로 깨끗한 느낌과 부드러운 발색을 가지고 있습니다. 망점을 합쳐 표현한 것이 아니라 별도의 색을 채워 만들기 때문입니다. 일반적으로 흑백 1도보다 별색 1도의 가격이 2~3배 정도 비싸며 컬러보다 금, 은, 형광 별색이 더 비쌉니다.

TIP 컬러별 인쇄 가격 비교 | 흑백(1도) < 먹+별색 (2도) < CMYK 컬러(4도) < CMYK 컬러+별색 (5도) < CMYK 컬러+금별색 (5도)

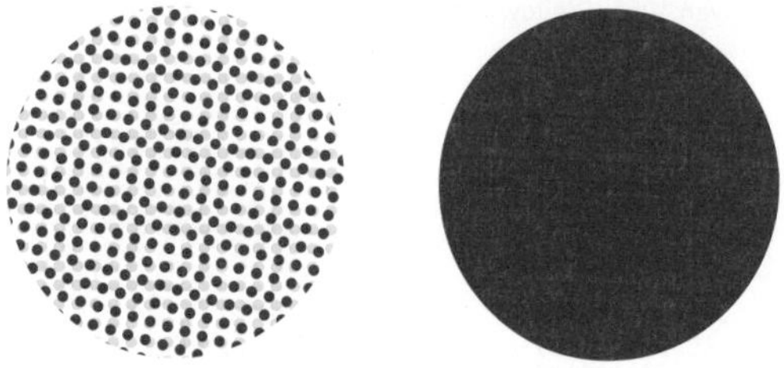

▲ 4원색과 별색의 차이

10 년차 선배의 멘토링 어도비 프로그램에서 별색 사용하기

□ 포토샵

[색상] 패널에서 색을 더블클릭하여 [색상 피커] 대화상자를 불러옵니다. [색상 라이브러리]를 클릭해 [색상 라이브러리] 대화상자를 불러옵니다. [색상책]에서 원하는 별색을 선택합니다.

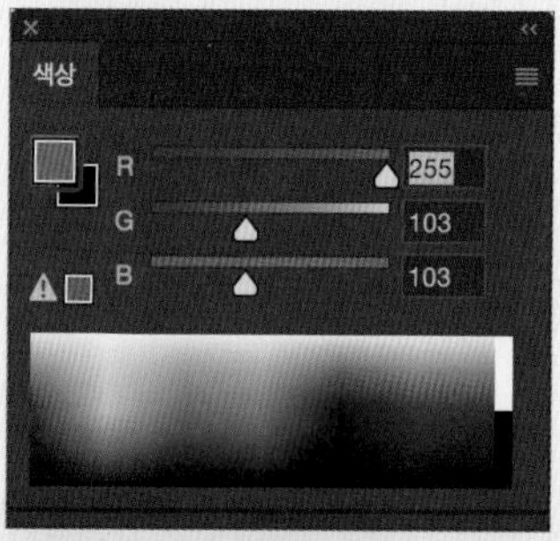

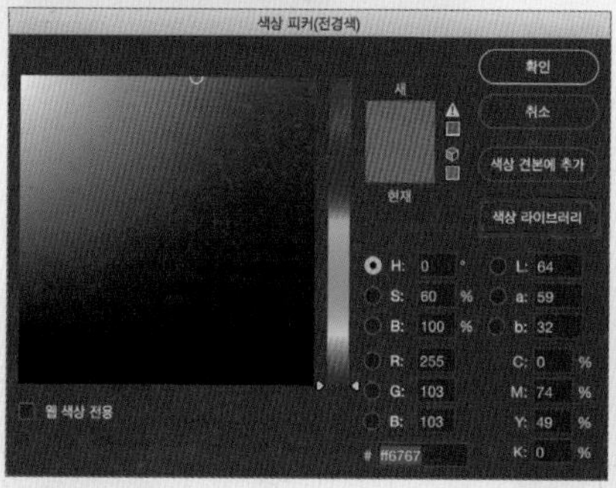

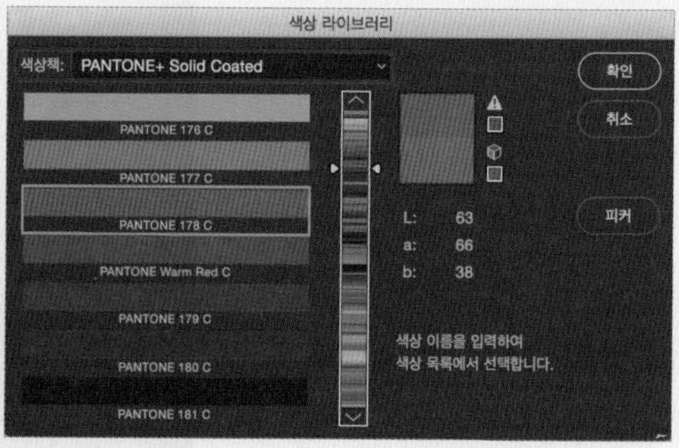

□ **일러스트레이터**

[윈도우]–[견본 라이브러리]–[색상 책]에서 원하는 별색 모음을 클릭합니다. 해당 패널이 나타나 색상 견본 형태로 별색을 선택할 수 있습니다.

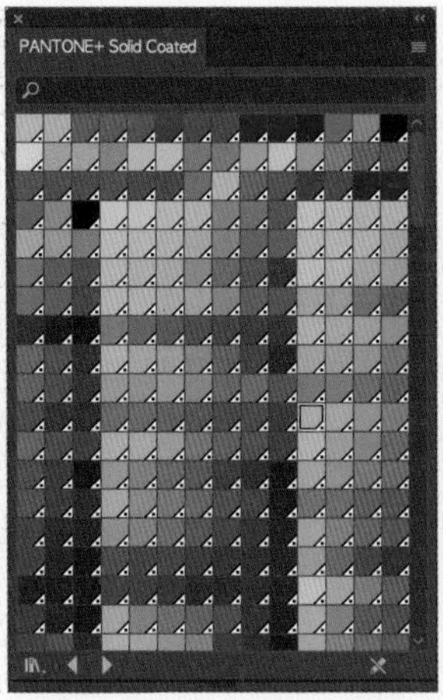

▲ 썸네일로 보기

▲ 리스트로 보기

□ **인디자인**

[색상 견본] 패널에서 새 색상 견본을 클릭합니다. 사본으로 생성된 색상 견본을 더블클릭해 [색상 견본 옵션] 대화상자를 불러옵니다. [색상 유형]을 [별색]으로 설정하고 [색상 모드]에서 원하는 별색을 선택합니다. 별색이 나타나면 원하는 색상을 선택해 색상 견본으로 등록합니다. 별색으로 지정된 색상은 4원색과 별개로 분판됩니다.

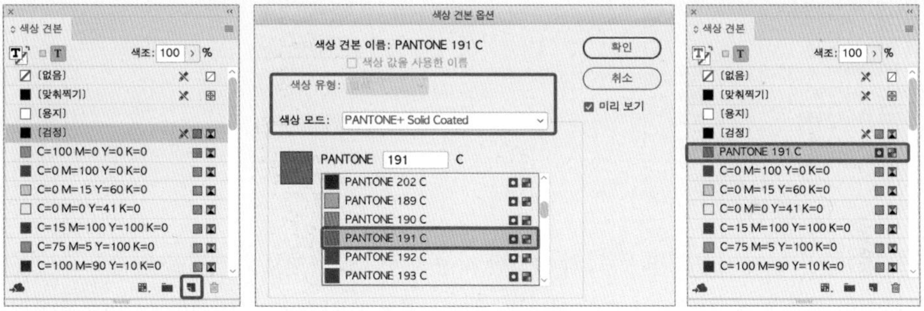

별색 활용

별색은 독특하고 고급스럽게 디자인하거나 비용을 절감하는 등 그 사용 목적이 매우 다양합니다. 4도 컬러에 포인트를 주기 위한 별색은 앞에서 언급한 대로 색상 견본에 별색을 추가해 사용합니다. 물론 별색을 추가할 때마다 도수와 함께 비용도 추가됩니다.

▲ 고급스러운 느낌을 주는 형광 주황별색, 은별색, 검정 3도로 작업된 브로슈어

비용을 절약하기 위해서 단행본에서는 본문을 '먹 1도' 또는 '먹 1도+별색 1도' 형태로 사용합니다. '별색 1도+별색 1도' 조합은 비용 절감보다는 독특한 느낌을 연출하기 위한 방법입니다. 본문이 '먹 1도'로 된 문서는 검정, 즉 K 값만 조절해 색조 단계를 만들어 디자인합니다. 물론 다른 색의 경우도 마찬가지입니다.

문제는 본문을 '먹 1도+별색 1도'로 작업하는 경우입니다. 대게 검정과 별색의 색조 단계를 나눈 색상으로 작업하리라 예상할 것입니다. 하지만 여기에 추가적으로 검정과 별색의 혼합 잉크가 추가됩니다. 혼합 잉크는 [색상 견본] 패널의 보조 메뉴에서 [새 혼합 잉크 색상 견본] 또는 [새 혼합 잉크 그룹]을 통해서 만들 수 있습니다.

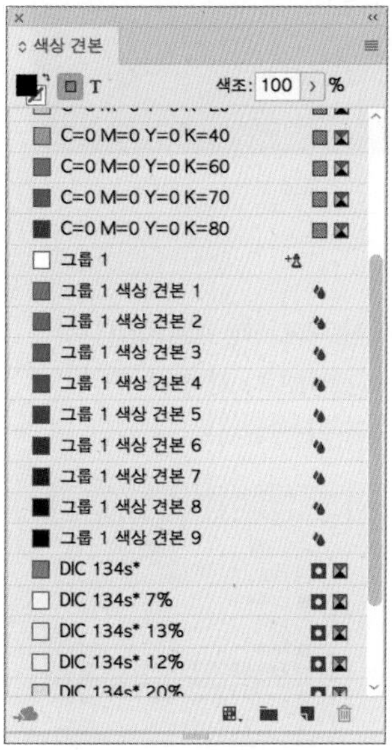

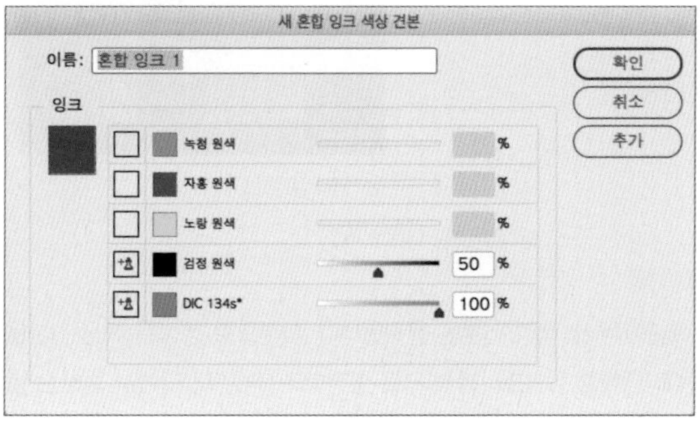

혼합 잉크를 만들어 사용하면 두 가지 잉크만 사용하더라도 다채로운 색감을 연출할 수 있습니다. 하지만 종종 인쇄 업체에서 혼합 잉크를 꺼리는 경우가 있습니다. 인쇄할 때 핀이 틀어질 수 있다는 이유인데요. 과거에는 핀 문제로 인쇄 사고의 위험이 있었지만 요즘은 기술이 발달해 크게 염려하지 않아도 됩니다.

TIP 과거에는 2도로 작업할 때 별색 판을 마젠타 판으로 대신했습니다. 화면상으로는 별색으로 작업하더라도 인쇄를 넘기기 전에 마젠타로 변환해서 보내야 했습니다. 판을 2개 만들면 되는데 굳이 마젠타를 사용했던 이유는 망점의 각도를 따로 변경하지 않아도 되고(검정 45°, 마젠타 75°) 잉크의 색상도 옐로와 사이언보다 상대적으로 마젠타가 진하기 때문입니다. 지금은 인쇄 기술이 발달해 특별한 경우가 아니라면 굳이 변경하지 않아도 됩니다.

CHAPTER 07

편집디자인의 꽃, 사진과 일러스트

아무리 좋은 이미지라도 디자이너가 제대로 활용하지 못한다면 좋은 디자인이 될 수 없습니다. 따라서 디자이너는 사진이나 일러스트 또는 도표 같은 다양한 형태의 이미지를 선별하고 레이아웃하는 능력이 필요합니다. 이번에는 사진, 일러스트 등 이미지를 효과적으로 사용하는 방법에 대해 알아보겠습니다.

01 풍성한 레이아웃을 돕는 이미지

퀄리티 높은 이미지가 이렇게나 많은데 이 페이지에 어울리는 이미지는 왜 없을까요? 이렇게 많은 일러스트 중에 왜 이 상황에 딱 맞는 일러스트만 없을까요? 다른 디자이너들은 도대체 어떻게 이미지를 구하는 것일까요? 나만 이미지를 못 찾는 걸까요? 디자이너들이 풀지 못한 숙제, 적재적소에 어울리는 이미지를 찾는 방법을 알아봅니다.

사진

요즘은 편집디자인을 위해 디자이너가 직접 사진을 찍기도 합니다. 그러나 몇 년 전까지만 해도 디자이너가 직접 사진을 찍어 디자인을 구성하는 것은 쉬운 일이 아니었습니다. 좋은 사진을 위해서는 고성능 카메라와 조명 등 특정 환경이 마련되어야 하니까요. 하지만 요즘은 간소화된 조명 테이블이나, 포토샵 같은 이미지 편집 프로그램, 사진 보정 애플리케이션이 발달하여 전문 사진작가가 아닌 아마추어 작가도 충분히 멋진 사진을 만들 수 있는 환경이 조성되어 있습니다.

◀ 직접 촬영한 사진

델리베지볼 ベジタブルデリボウル

7종 야채 델리와 수프, 비스콘, 베이크타일.
야채 델리는 매일 종류가 바뀐다.

- 요구르트 소스와 토마토, 바질
- 브로콜리와 컬리플라워의 앤초비 샐러드
- 감과 건포도의 캐롯라페(채썬 당근 절임)
- 허니 머스터드 소스와 믹스 빈, 파프리카
- 자색양배추와 드라이 후르츠, 호두의 시저샐러드
- 3종 버섯과 쿠스쿠스의 마리네
- 단호박의 후무스(Hummus 삶은 병아리콩에 올리브 오일과 마늘 등을 넣고 으깨어 페스트 형태로 만든 것)

반찬 머핀おかずマフィン

1. 자허쉬폰ザッハシフォン과 홍차 '코펜하겐COPENHAGEN'
2. 토마토&살라미 머핀トマトとサラミ
3. 블루치즈 타르트マンインザムーンブルーチーズ

오사카에 디저트 먹으러 갑니다 246 · 247 로카 앤 프렌즈

안녕 아치스, 안녕 캐니언랜드

믿어지지 않았지만 아치스와도 이별할 시간이 왔다. 캐니언랜드 국립공원(Canyonlands National Park)은 아치스에서 멀지 않은 곳에 위치해 있어, 1시간가량 달리니 오후 2시가 될 무렵 도착할 수 있었다.

캐니언랜드는 아치스와 비슷한 분위기인 것 같지만 확실하게 다른 모습이었다. 아치스는 넓은 대지에 돌탑과 돌다리들이 밀집된 한 부분을 집중해서 바라보는 곳이었다면, 캐니언랜드는 고지에서 드넓은 자연을 전체적으로 바라보는 곳이었다.

캐니언랜드에 도착 후 셰이퍼 캐니언(Shafer Canyon)을 거쳐 그린 리버 오버룩(Green River Overlook)으로 들어갔다. 거대한 유화 그림처럼, 내가 서 있는 땅 아래로 또 다른 대지가 있고 그 대지 아래로 강이 흐르는 땅이 자리했다. 어떤 말로 내가 느낀 것을 설명할 수 있을까? 거대함? 아름다움? 놀라움? 존귀함? 우아함? 여행을 계속해갈수록 자연에서 전해 받은 느낌을 함부로 표현할 자신이 없어진다.

82 50DAYS.ME.ALONE INTO THE NATURE 83

▲ 다양한 스타일의 사진을 배치한 본문

사진은 특히 광고디자인에서 더욱 부각되는데요. 전체 페이지를 사진 한 장만으로 구성해 완성한 디자인도 많기 때문이죠. 사진은 조명과 색감에 따라 분위기가 달라지며, 일러스트와 달리 사실적인 부분이 강조되기 때문에 때로는 과장된 표현이 어려울 수 있습니다. 하지만 다양한 촬영 기법과 합성 기술을 사용해 상상 속에나 있을 법한 몽환적이고 환상적인 사진을 연출할 수도 있습니다. 종종 디자인 전체 비용에서 디자이너보다 사진작가의 비중이 더 큰 경우도 있는 만큼 사진의 중요도는 높은 편입니다. 좋은 사진을 얻기 위해서는 사진작가에게 의뢰하거나 이미지 판매 사이트를 이용하는 방법이 있으며 앞서 이야기했던 것처럼 때로는 디자이너가 직접 촬영하기도 합니다.

10 년차 선배의 멘토링 무료 사진 소스 얻는 법

광고 사진은 주로 상황에 맞게 연출한 후 촬영합니다. 즉 미리 찍어둔 사진을 사용하기 힘들다는 이야기입니다. 하지만 나뭇잎, 나뭇결 배경처럼 소스로 사용되는 이미지는 미리 모아둘 수 있습니다. 물론 디자인 경력이 오래되면 자연스럽게 소스가 쌓이고 또 주변 지인이나 선배에게 부탁해 공짜로 얻을 수도 있습니다. 스마트폰으로 아름답다고 생각했던 것, 특이하다고 여겼던 것들을 찍어서 보관하세요. 디자이너의 좋은 소스가 될 것입니다.

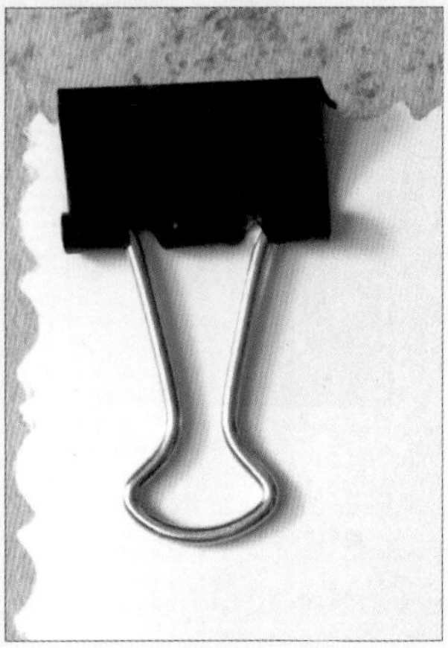

하지만 이렇게 사진을 찍을 때는 몇 가지 염두에 두어야 할 사항이 있습니다.

첫째, 합성을 고려해 선명하게 찍을 것! 조리개를 너무 열어서 아웃포커싱으로 찍으면 경계가 불분명해집니다. 사진의 전체적인 느낌이 좋을지는 몰라도 합성하기 위해 배경을 지울 때는 어색한 느낌을 줍니다.

둘째, 배경 소스는 최대한 넓은 면적으로 찍을 것! 잔디밭, 나뭇결, 벽돌 담벼락 등은 최대한 넓은 면적을 찍어야 좋습니다. 배경 소스는 문서 전반에 사용되므로 크기가 클수록 좋으며, 모자랄 때는 패턴을 뽑아 늘릴 수 있도록 충분한 면적이어야 합니다.

셋째, 무료로 이미지 소스를 배포하는 사이트도 있습니다. 하지만 무료 이미지를 사용할 때는 반드시 저작권의 사용 범위를 확인하고 사용해야 합니다.

일러스트

사진이 아닌 이미지의 총칭이라고 생각하면 이해가 쉽습니다. 소소하게 사용되는 아이콘이나 그림도 모두 일러스트에 속합니다. 일러스트도 원하는 그림을 직접 의뢰하거나 이미 그려진 작품을 구입해 사용합니다. 일러스트는 때때로 사진보다 강력한 메시지를 전달하고 보는 이의 상상력을 자극하므로 디자인의 질을 높일 수 있습니다.

일러스트는 표현 방식이나 분야에 따라 다양하게 나뉘기 때문에 디자인에 맞는 스타일을 선정하는 것이 중요합니다. 간단한 일러스트는 디자이너가 직접 그리기도 하지만 대부분은 전문 작가에게 의뢰하는 방식으로 진행합니다. 일러스트는 주제를 그대로 보여주기보다는 과장하거나 왜곡해서 극대화하므로 표현하고자 하는 주제와 어울릴 수 있는지 충분히 고려해야 합니다. 특히 일러스트 작가에게 의뢰하는 경우, 클라이언트와 디자이너가 원하는 그림을 잘 그릴 수 있도록 충분하게 협의해야 합니다.

▲ 다양한 스타일의 일러스트를 활용한 엽서, 책 표지, 굿즈

다이어그램

수치화된 문서를 도표나 표 서식 또는 알기 쉽게 시각화한 이미지를 말하며 쉽게는 인포그래픽(InfoGraphics)이라고도 합니다. 문자 위주의 디자인보다 메시지를 명료하게 전달할 수 있으며 데이터에 의해 시각적 효과를 얻을 수 있습니다. 다이어그램을 그리는 방법은 막대그래프처럼 일반적인 그래프를 비롯해 선 또는 면을 이용한 추상적인 그래프까지 매우 다양합니다. 얻을 수 있는 시각적 효과도 역시 다양하겠죠?

다이어그램은 애뉴얼 리포트 같은 보고서 형식에 많이 사용되며 잘 그려진 다이어그램만으로도 고급스러운 디자인을 만들 수 있습니다. 다이어그램을 잘 그리려면 다양한 형태의 인포그래픽을 수집하고 익혀야 하며 무엇보다 전체적인 색감과 흐름을 잘 맞춰야 합니다.

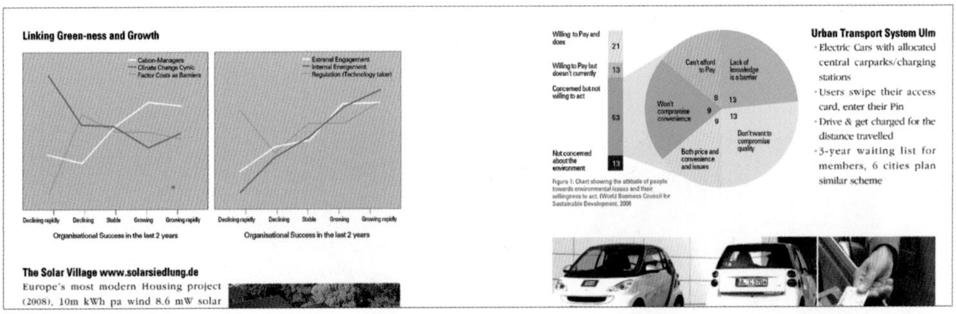

이미지 레이아웃

주제에 맞는 이미지를 선정했다면 이제 강약을 살려 적절한 위치에 앉혀야 합니다. 스프레드에 이미지가 여러 개 들어간다면 산만하지 않고 통일감 있는 레이아웃을, 한두 장 정도라면 이미지를 크게 키우는 과감한 레이아웃이 적절합니다. 텍스트와 함께 배치할 때는 이미지 프레임 위쪽은 글자 윗부분에, 아래쪽은 아랫부분에 맞춰 배치해야 안정적입니다. 또 이미지를 스프레드로 사용한다면 편집물의 접지 부분을 고려해 중요한 부분이 가려져 안 보이는 불상사가 없도록 유의합니다. 또한 배경을 지운 클리핑 패스 이미지에 텍스트 감싸기를 적용할 때 무리하게 텍스트를 밀어 단락의 중간이 끊기거나 엉성해지지 않도록 해야 합니다.

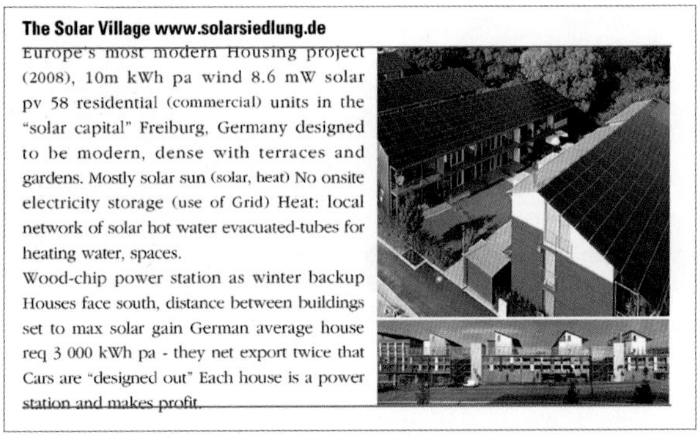

TIP 텍스트 감싸기는 이미지 주변으로 텍스트가 흐를 때 이미지와 텍스트가 겹치는 것을 방지하기 위한 설정으로 [텍스트 감싸기] 패널에서 설정할 수 있습니다.

사진집이나 화보처럼 이미지가 많이 들어가는 편집물은 작업이 완료된 후 섬네일로 출력해 전체적인 페이지 구성을 확인하는 것이 좋습니다. 이미지의 강약은 페이지뿐 아니라 책 전체에서 리듬감이 살도록 해야 하므로 큰 이미지가 한쪽으로 몰려 부담스럽지 않게 조절합니다.

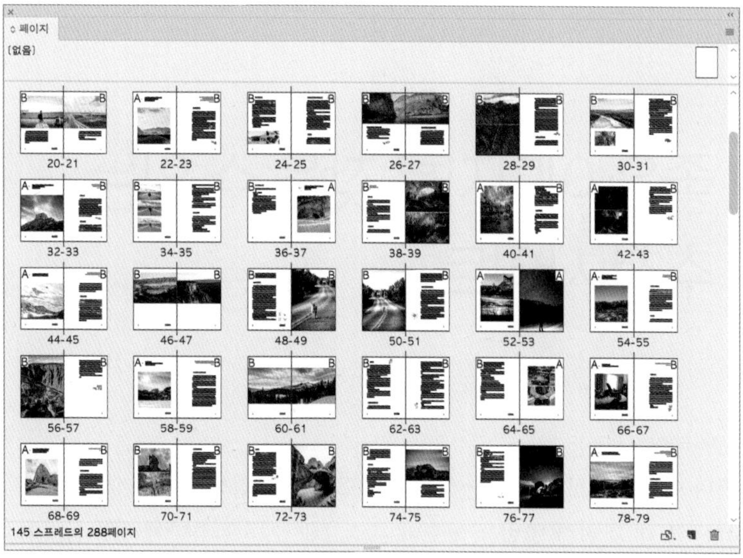

대부분의 이미지는 원하는 느낌을 연출하기 위해 형태를 변형하거나, 원하는 부분만 사용하거나, 일정 비율로 트리밍(Trimming)하는 경우가 많습니다. 하지만 훼손하면 안 되는 이미지도 있으니 유의해야 합니다. 전시 도록의 미술 작품을 촬영한 이미지나 사진작가의 작품 등 디자이너가 손댈 수 있는 부분은 극히 한정적입니다. 특히 작품 사진은 사진작가가 색감부터 트리밍까지 모두 완료한 상태로 넘기기 때문에 함부로 손댔다가는 무례한 디자이너가 될 수도 있습니다.

▲ 작품 도록 관련 편집물은 이미지를 함부로 트리밍하지 않습니다.

이미지를 이용해 멋진 레이아웃을 구성하는 방법은 간단합니다. 이미지의 크기를 조절하고 위치를 변화시키며 텍스트와 잘 조화되도록 디자인하면 되니까요. 단, 이러한 간단한 조작만으로 최상의 효과를 얻어내려면 다른 사람들의 디자인과 본인의 디자인을 비교하면서 꾸준히 연구하고 노력해야 합니다. 또 이미지의 질에 따라, 이미지 안의 구성 요소에 따라 디자인도 달라지기 때문에 주제에 맞는 좋은 이미지를 얻는 것도 중요하겠지요!

디자이너의
비밀
노트

좋은 이미지를 찾을 수 있는 추천 사이트

어도비 스톡 _ http://stock.adobe.com

웹사이트를 통해 접속거나 어도비 프로그램 상단에 있는 어도비 스톡 검색 바로가기[St]를 클릭해 접속할 수도 있습니다. 좀 더 간편한 방법은 어도비 프로그램 오른쪽 상단에 있는 Adobe Stock 검색란 [Adobe Stock]에 원하는 키워드를 입력하면 이미지가 검색된 화면으로 바로 이동합니다.

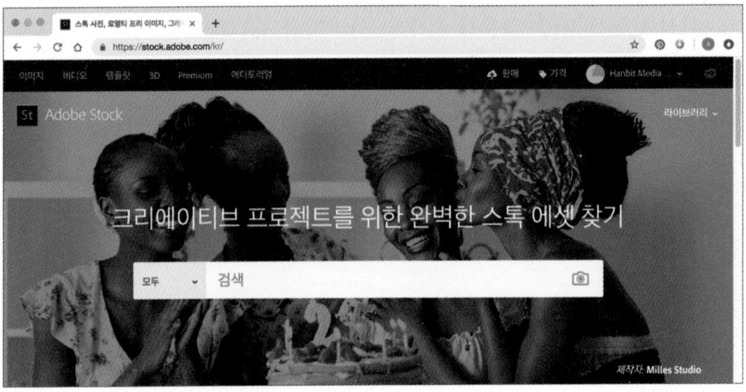

셔터스톡 _ http://www.shutterstock.com

해외 이미지 사이트로 매월 일정 금액을 지불하고 정해진 컷 수에 해당하는 이미지를 다운로드할 수 있습니다. 컷당 몇십만 원의 사용료를 지불해야 하는 곳과는 달리 금액에 비해 활용도가 높다는 장점이 있지만 이미지의 질적인 부분이 상대적으로 낮을 수도 있습니다.

그라폴리오 _ http://www.grafolio.com

네이버 플랫폼 기반의 그라폴리오는 크리에이터들의 멋진 작품을 발견하고, 공유하고, 사고 팔 수 있는 크리에이티브 콘텐츠 사이트입니다. 현재 활발히 활동하고 있는 일러스트 작가들의 정보를 얻을 수 있습니다. 이와 비슷한 사이트인 다음 브런치(http://brunch.co.kr)에서도 활발하게 활동하는 작가들이 많으니 함께 찾아보세요.

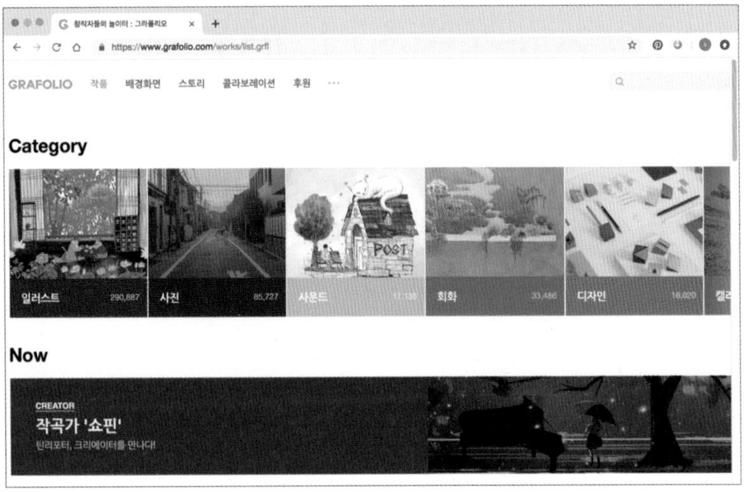

인스타그램 _ http://www.instagram.com

인스타그램은 이미지를 섬네일로 표현할 수 있는 플랫폼입니다. 그렇기 때문에 단순 SNS 용도뿐 아니라 작가들이 포트폴리오를 올리는 용도로도 많이 사용하고 있습니다. 검색란에 일러스트와 관련된 키워드를 입력하면 활발히 활동하고 있는 작가들을 쉽게 찾을 수 있습니다.

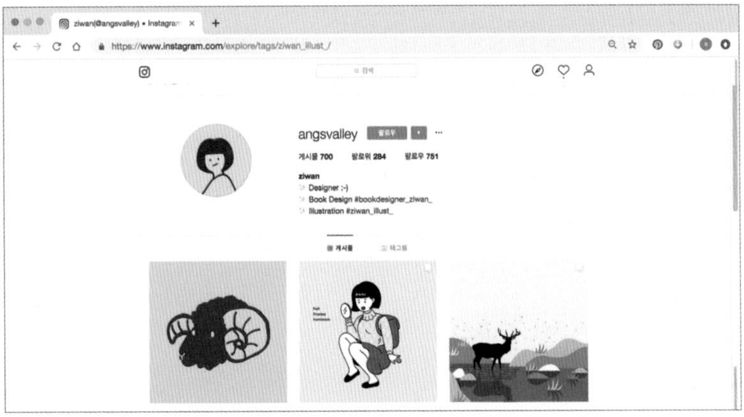

02

확대해도 깨지지 않는 이미지의 비밀

이미지를 효율적으로 사용하려면 파일의 특성을 알아야 합니다. 또 디자인의 용도에 따라 사용되는 이미지의 해상도가 달라지기 때문에 어떤 목적으로 사용할지도 미리 정해야 합니다.

비트맵(Bitmap)

픽셀(Pixels, 화소)을 모아 이미지를 표현하는 방식입니다. 크기가 같은 화면이라면 픽셀 수가 많을수록 섬세하게 표현되며 화질이 좋습니다. 비트맵은 미세한 색상 변화를 표현할 때 적합하므로 사진처럼 색상이 연속되는 이미지에 주로 사용합니다. 비트맵은 확대할수록 이미지가 깨져 보인다는 단점이 있습니다. 픽셀 수가 정해진 상태에서 계속해 확대하면 작고 미세한 네모 형태인 사각 픽셀이 그대로 보이기 때문입니다. 또 원본을 확대/축소 또는 가공할 경우 픽셀 값이 바뀌기 때문에 이전 이미지로 되돌리기가 힘들어집니다. 따라서 비트맵 이미지라면 원본을 따로 저장한 후 작업하는 습관을 들여야 합니다. 흔히 카메라로 얻는 사진이 비트맵 이미지에 해당하며 이 형식으로는 JPG, PSD, Photoshop-EPS, TIF 등이 있습니다.

벡터(Vector)

비트맵과 달리 점이 아닌 선으로 표현하는 방식이라 해상도라는 개념에 얽매이지 않습니다. 일러스트레이터나 인디자인에서 직접 만든 오브젝트가 여기에 해당합니다. 선으로 표현하기 때문에 아무리 확대하거나 축소해도 이미지 품질이 떨어지지 않습니다. 벡터 형식에는 AI, Illustrator-EPS 등이 있습니다.

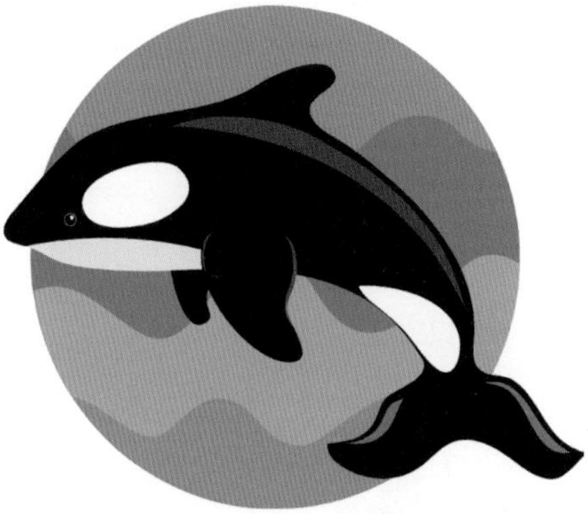

◀ 원본

▲ 비트맵 : 확대하면 픽셀이 나타남

▲ 벡터 : 확대해도 선명함

웹용 이미지와 인쇄용 이미지(dpi, ppi)

해상도는 몇 개의 도트(Dot) 또는 픽셀(Pixels)로 이미지를 표현했는지 나타내는 말입니다. 단위로는 1인치당 몇 개의 픽셀로 이루어졌는지를 나타내는 ppi(pixel per inch), 1인치당 몇 개의 도트로 이루어졌는지를 나타내는 dpi(dot per inch)를 사용합니다. 도트 수가 많을수록 이미지를 정밀하게 표현할 수 있습니다. 해상도가 높을수록 이미지가 깨끗하고 선명하지만, 그만큼 픽셀 수가 많아지므로 파일 용량이 커집니다. 그러면 이미지를 편집할 때 메모리 용량이 많이 필요해서 컴퓨터 속도가 느려질 수 있습니다. 작업 효율과 목적을 고려해서 적절한 해상도로 작업하는 것이 좋습니다.

매체별로 권장하는 해상도가 다릅니다. 전문 출판을 위한 컬러 이미지는 300dpi, 컬러 슬라이드는 300dpi, 오버헤드 프로젝트(OHP)용 컬러 이미지는 180dpi, 컴퓨터 모니터용 컬러 이미지는 72dpi, 출판용 흑백 이미지는 180dpi, 일반 레이저 프린팅을 위한 흑백 이미지는 120dpi입니다.

▲ 72dpi(왼쪽)와 300dpi(오른쪽)의 차이

다양한 이미지 파일

인디자인에서는 PSD, TIF, Photoshop-EPS, JPG, PNG, GIF, BMP 등 다양한 이미지 형식을 사용할 수 있습니다. 인쇄 출판을 위한 가장 이상적인 비트맵 이미지의 형식은 압축하지 않은 PSD와 TIF입니다. 하지만 고급이 아닌 일반적인 수준의 인쇄물이라면 고해상도 비압축 형식을 고집할 필요는 없습니다. 비압축 형식은 파일 용량이 커서 작업 속도를 떨어뜨릴 수 있기 때문입니다.

PSD

포토샵에서 다루는 모든 레이어 파일, 채널, 패스 등을 저장할 수 있는 포토샵 전용 포맷입니다. 압축하지 않은 형식이므로 고해상도 이미지를 얻을 수 있지만, 파일 용량이 매우 큽니다. PSD를 인디자인으로 불러오면 원하는 레이어만 골라서 볼 수도 있습니다.

JPG

JPG는 풀컬러와 그레이스케일 압축을 위해 고안되었으며, 사진이나 예술 분야에서 활용하기 좋습니다. GIF와 함께 인터넷에서 가장 자주 사용되는 친숙한 파일 형식입니다. 다른 형식에 비해 압축 효율이 좋으며 용량도 크지 않아 인디자인에서 사용하기 적합합니다. 단 손실 압축을 할 경우 이미지의 질이 현저하게 떨어지므로 반드시 고품질로 압축해서 저장해야 합니다.

TIF

편집디자인에서 EPS와 더불어 가장 많이 사용되는 비트맵 형식 중 하나입니다. 압축하지 않고 쓰는 경우가 대부분이나 무손실 압축 방식을 사용하면 파일 용량을 최대한 줄일 수 있습니다. 인디자인에서는 주로 그레이스케일(회색 음영) 또는 그레이스케일 비트맵(검정과 흰색)으로 색상 모드를 변환해 사용합니다. 이렇게 변환된 TIF 파일을 사용하면 인디자인 안에서 이미지에 직접 색상을 지정해 자유롭게 연출할 수 있습니다.

EPS

인쇄를 목적으로 사용하는 파일 형식입니다. CMYK 모드를 지원해 완벽한 분판 출력이 가능하며 고품질 출력물을 보장할 수 있습니다. 하지만 인디자인에서는 주로 PDF로 변환해 인쇄하기 때문에 EPS에서 제공하는 CMYK는 무의미합니다. PDF로 변환할 때 자동으로 CMYK로 변환되기 때문에 EPS보다는 고품질로 압축된 JPG를 더 선호합니다.

PNG와 GIF

색상 수를 줄여서 압축하는 형식이며 256색으로 한정된 컬러를 지원하는 GIF와 달리 PNG는 1600만 색상 모드까지 지원합니다. 두 형식 모두 바탕을 투명(알파 값)으로 처리할 수 있으며 파일 용량이 매우 작기 때문에 웹상에서 주로 쓰입니다. GIF로는 간단한 애니메이션도 만들 수 있습니다.

BMP

압축되지 않은 비트맵 형식으로 여러 운영체제에서 기본으로 사용하는 파일 형식입니다. 윈도우 바탕화면에 사용하는 배경 그림도 모두 BMP입니다. 압축하지 않았으므로 용량이 크다는 단점이 있습니다.

03

이미지를 쉽게 보정하는 노하우

좋은 이미지가 멋진 디자인을 좌우하지만 언제나 좋은 이미지로 작업할 수는 없습니다. 품질 좋은 이미지일수록 비용도 높기 때문에 클라이언트와 충분히 협의한 후에야 사용할 수 있습니다. 비용을 지불하지 않고 비슷한 효과를 얻으려면 디자이너가 직접 이미지를 만드는 수밖에 없습니다. 물론 전문적인 지식과 장비를 겸비한 작가를 따라갈 수는 없겠지요. 하지만 포토샵 같은 프로그램을 잘만 활용한다면 디자이너도 이미지를 활용할 수 있는 폭을 넓힐 수 있습니다.

색감 보정하기

사진을 인쇄용으로 사용하기 위해서는 촬영 단계에서부터 고해상도 이미지로 촬영하는 것이 좋습니다. 사진의 크기는 제일 큰 사이즈로 설정하고 파일 형식은 JPEG보다는 Raw 파일로 설정하는 것이 좋습니다.

사진을 보정하기에 앞서 좋은 사진을 보는 눈을 익히는 것도 필요합니다. 좋은 사진에 대한 기준을 잘 모를 때는 원하는 느낌으로 보정된 이미지를 보면서 색감을 따라 해보는 것도 도움이 됩니다. 사진을 가장 손쉽게 보정할 수 있는 방법은 포토샵의 카메라 로우(Camera Raw) 기능을 활용하는 것입니다. 카메라 로우는 Raw 파일을 포토샵으로 불러올 때 자동으로 실행되는 기능이지만 JPEG 파일을 불러와도 카메라 로우를 사용할 수 있습니다. [필터]–[Camera Raw 필터] 메뉴를 클릭하여 사용하면 됩니다. 단, CC 이전 버전에는 카메라 로우 필터가 없습니다.

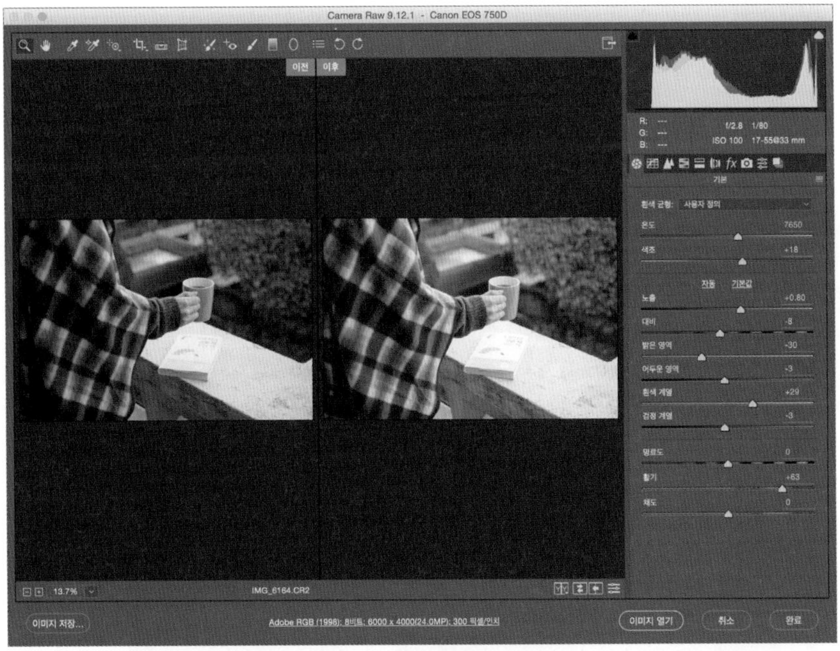

▲ Raw 파일을 포토샵으로 불러왔을 때 나타나는 [Camera Raw] 대화상자

TIP Raw 파일은 이미지 파일 형식 중 하나로 가공되지 않은 원본 그대로의 파일 형식입니다. Raw 파일은 압축되지 않았기에 JPEG보다 화질이 더 좋아서 사진 보정 작업에 유용하게 쓰입니다. 디지털카메라로 촬영한 이미지는 모두 JEPG 파일로 저장되는데, 저장 형식을 Raw 파일로 설정하면 날것 그대로의 Raw 파일이 저장됩니다.

[Cameara Raw] 대화상자가 나타나면 오른쪽의 다양한 옵션을 조절해 이미지를 보정합니다. 색온도, 노출, 대비, 하이라이트, 섀도우 부분 등을 자유롭게 조절할 수 있어 미세한 부분까지도 보정할 수 있습니다.

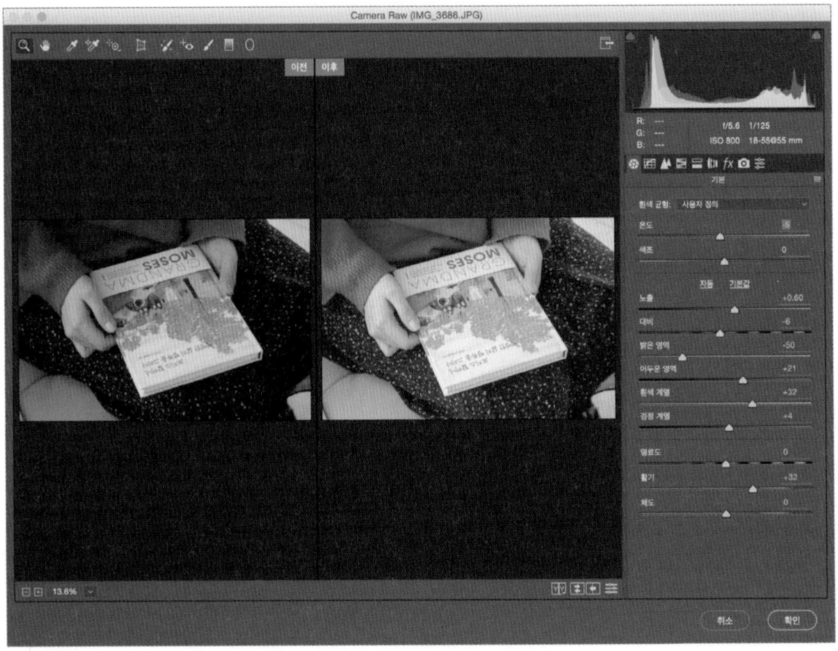

▲ JPEG 파일을 수정할 때는 [Cameara Raw 필터]를 실행한 후 사용합니다.

어느 정도 자신이 원하는 색감을 표현했다면 사전 설정(Preset)으로 저장하여 필요할 때마다 쉽게 색상을 적용할 수도 있습니다. 아직 보정에 자신이 없다면 전문가들이 공유한 사전 설정을 다운로드해 설치할 수도 있고, 유료 사전 설정을 구입하여 사용할 수도 있습니다.

▲ ACR(Adobe Cameara Raw)

TIP 어도비 클라우드 크리에이티브 앱 최신 버전에서 라이트룸과 포토샵의 카메라 로우 프리셋(Camera Raw Preset)을 공통으로 사용할 수 있습니다. ACR Preset(어도비 카메라 로우 프리셋) 저장 위치는 다음과 같습니다.

- **PC Windows** | (user)/Application Data/Adobe/Camera Raw/Settings
- **Mac** | (user)/Library/Application Support/Adobe/Camera Raw/Settings

잡티 없애기

잡티를 보정하는 경우는 크게 두 가지로 나뉩니다. 촬영 과정에서 생긴 티끌을 보정할 때와 인물의 피부 잡티를 좀 더 깨끗한 느낌으로 보정할 때입니다. 발주한 일러스트를 스캔하거나 제품 사진을 촬영할 때 스캐너와 렌즈에 묻은 먼지가 이미지에 함께 나타나는 경우도 있습니다. 이미지가 디자이너에게 넘어오기 전에 작가가 직접 정리해서 주는 경우도 있지만 그렇지 않은 경우도 있기 때문에 완성도 있는 인쇄물을 만들기 위해서는 일러스트나 사진의 잡티를 디자이너가 직접 제거할 수 있어야 합니다.

다음 그림처럼 배경이 없는 일러스트의 경우 포토샵에서 지우개 도구를 이용해 흰색 배경 부분과 일러스트 안의 잡티를 지웁니다. 이때는 일러스트의 재질감이나 터치를 최대한 자연스럽게 살려야 하며, 눈에 보이는 흰색(배경색)이 실제로 흰색(C=0 M=0 Y=0 K=0)이 맞는지 흰색처럼 보이는 아이보리색인지도 확인해야 합니다. 눈에 보이지 않는 미세한 색상 차이가 인쇄할 때 드러나거나 잡티를 지운 흔적이 도드라지게 인쇄될 수도 있기 때문입니다. 또 배경이 있는 일러스트는 배경의 질감이 뭉개지지 않도록 유의하며 복제 도장 도구나 복구 브러시 도구, 패치 도구를 사용해 잡티를 없애줍니다.

▲ 스캔한 일러스트 이미지 잡티 제거 전, 후

인물 사진 역시 피부 결이 뭉개지지 않도록 유의하면서 같은 방법으로 보정합니다. 특히 인물 사진은 잡티뿐만 아니라 형태적인 부분도 아름다워 보이도록 보정해야 합니다. 이때는 메뉴에서 [필터]-[픽셀 유동화] 메뉴를 사용해 쉽게 수정할 수 있습니다. 날씬한 몸매, 갸름한 턱선을 원하십니까? [픽셀 유동화]를 적극적으로 사용하세요.

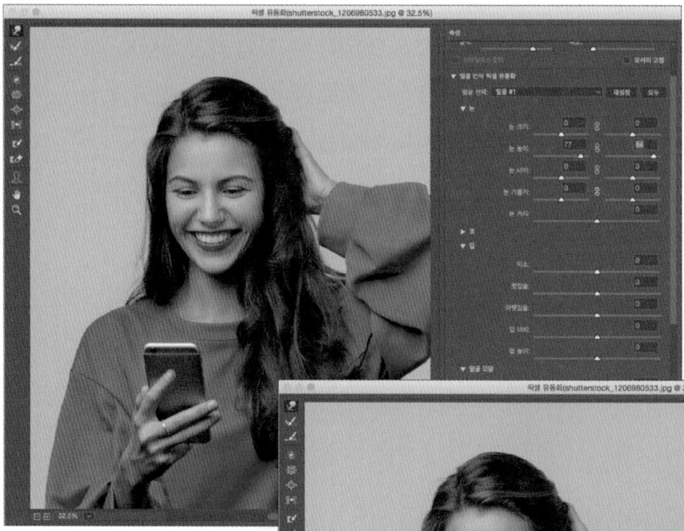

▲ 인물 사진 보정 전

▲ 인물 사진 보정 후

복잡한 피사체, 배경과 쉽게 분리하기

이미지를 사용하다 보면 피사체만 필요한 경우도 있습니다. 이때는 필요한 부분만 오려서 사용하는데 이를 '클리핑 패스' 또는 '누끼'라고 표현합니다. 구체적으로 말하면 포토샵에서 피사체인 사물을 따라 패스를 그리고, 클리핑 패스를 적용해 이미지 파일로 저장하는 과정을 말합니다.

이 과정이 필요한 가장 큰 이유는 다른 이미지와 합성하기 위해서입니다. 이때 피사체와 배경을 깔끔하게 정리하지 않으면 완성도가 떨어지므로 패스는 실제 피사체보다 안쪽으로 그려줍니다. 클리핑 패스를 적용할 이미지는 쉽게 작업할 수 있도록 주로 흰색 배경으로 사진을 찍습니다. 하지만 촬영 과정에서 아무리 배려한다고 해도 머리카락이나 동물의 털처럼 복잡한 피사체는 패스를 그리기가 쉽지 않습니다. 특히 패션 화보를 보면 모델들의 머리가 미친 듯이 휘날리는데, 이러한 이미지는 어떻게 작업을 했을까요? 예시 이미지를 통해 알아보겠습니다.

빠른 선택 도구로 분리하기

01 배경과 머리카락을 분리하려면 배경을 지운 PSD 파일을 불러와 사용하는 것이 가장 좋습니다. 혹은 포토샵에서 단색 배경과 합성한 후 인디자인으로 불러옵니다. 인물을 패스로 저장하면 가장자리가 둔탁해져 자연스러운 합성을 방해할 수 있기 때문입니다. ①포토샵의 빠른 선택 도구를 이용해 ②피사체를 문지르듯이 선택합니다. 이때 영역을 잘못 선택했다면 Alt (맥 Option)를 누르고 다시 클릭해 선택 영역을 취소합니다.

TIP 배경색이 단순하다면 자동 선택 도구로 배경을 클릭하여 쉽고 빠르게 선택할 수 있습니다.

자동 선택 도구 W

02 영역 선택을 완료했다면 상단 옵션바에서 [선택 및 마스크(Select and Mask)]를 클릭해 가장자리 다듬기 옵션을 지정합니다. ①여기서는 [보기]를 [오버레이]로 설정했습니다. ②원본 레이어를 보존하기 위해 [출력 위치]는 [새 레이어]로 설정합니다.

TIP 포토샵 CC 2018 이하 버전이라면 [선택 및 마스크(Select and Mask)] 버튼이 없습니다. 이때에는 [가장자리 다듬기(Refine Edge)] 기능을 활용합니다.

03 [확인]을 클릭하기 전에 머리카락 주변의 흰색 부분을 클릭하여 선택 영역으로 지정합니다. 해당 영역을 마우스 버튼으로 클릭하면 브러시 크기만큼 흰색으로 표시되지만 마우스 버튼에서 손을 떼면 흰색 공간이 사라지고 선택 영역인 붉은색으로 바뀝니다. 머리카락 주변의 비어 있는 영역을 모두 제거하면 [확인]을 클릭해 대화상자를 닫습니다.

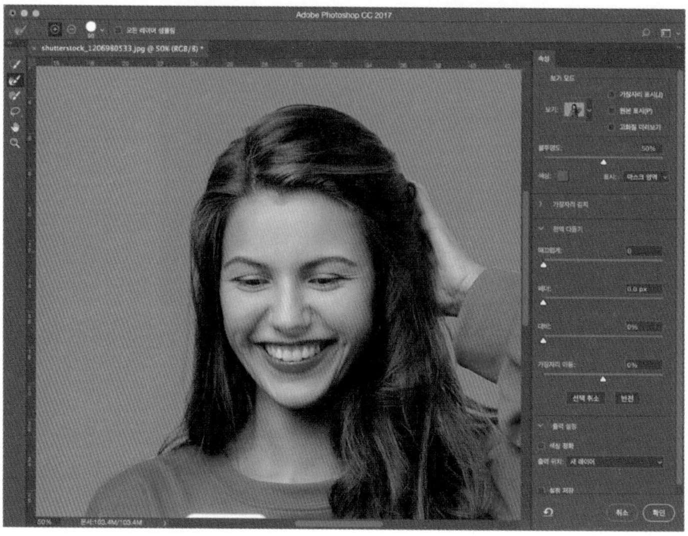

04 배경이 감쪽같이 사라졌죠?

05 확인을 위해 인물 뒤로 노란색 배경을 깔아보았습니다. 제법 자연스럽게 합성됩니다. 완성도 있는 이미지를 위해서는 머리카락이 끊어져 보이거나 어색한 부분을 직접 정리하는 것이 좋습니다.

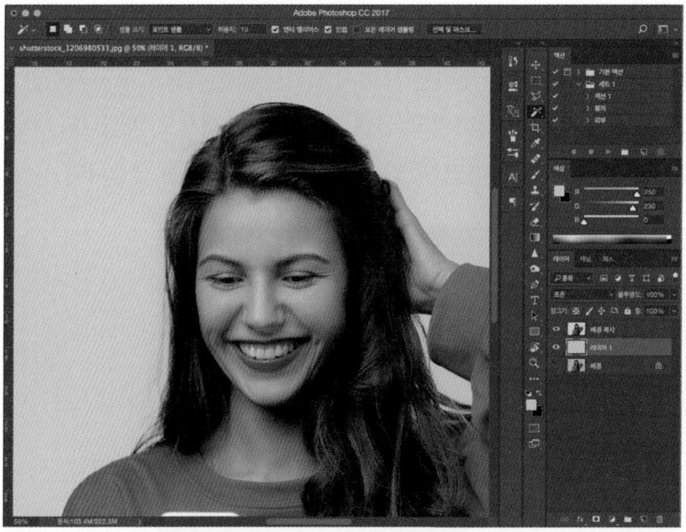

TIP 만약 사용하는 포토샵 버전이 낮아서 이 기능이 없더라도 너무 좌절하지 마세요. CS5 이전 버전에서는 [필터]–[Extract Filter] 메뉴에서 같은 기능을 사용할 수 있습니다.

클리핑 패스 만들어 분리하기

포토샵

01 펜 도구를 선택하고 상단의 옵션바에서 도구 옵션을 [패스(Path)]로 변경합니다.

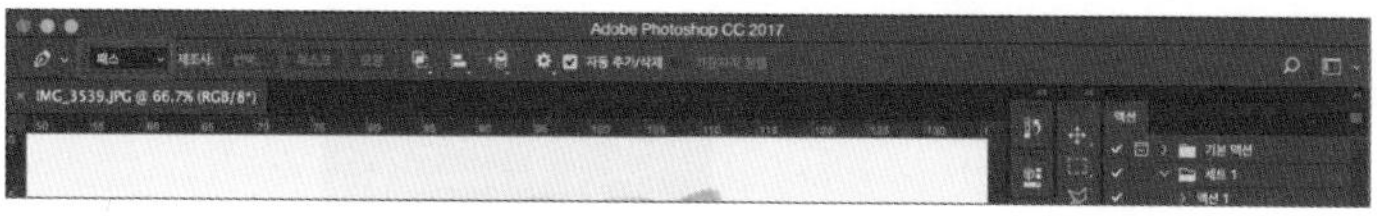

02 펜 도구로 피사체를 따라 외곽선을 그립니다. 이미지를 200% 이상으로 확대해 작업하는 것이 좋습니다.

03 패스가 완성되면 [패스] 패널의 [작업 패스]를 더블클릭해 이름을 [패스 1]로 수정합니다. [패스 1]이 선택된 상태에서 보조 메뉴를 클릭해 [클리핑 패스]를 선택합니다. [클리핑 패스] 대화상자가 나타나면 [확인]을 클릭합니다.

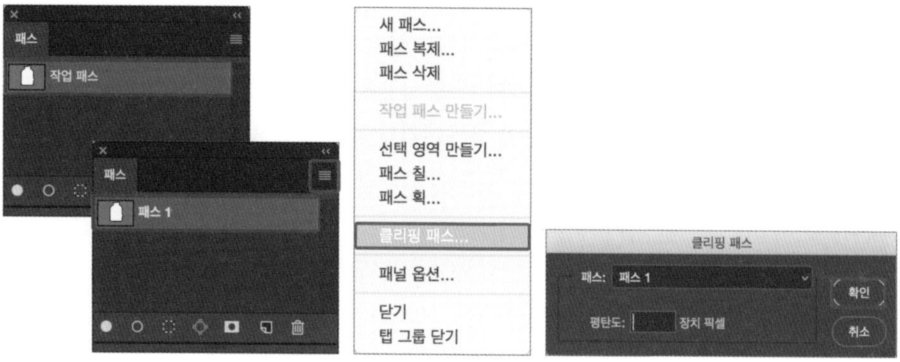

04 포토샵에서 보이는 원본은 그대로입니다. 그러나 인디자인에서 해당 이미지를 불러오면 클리핑 패스로 설정한 피사체만 보입니다.

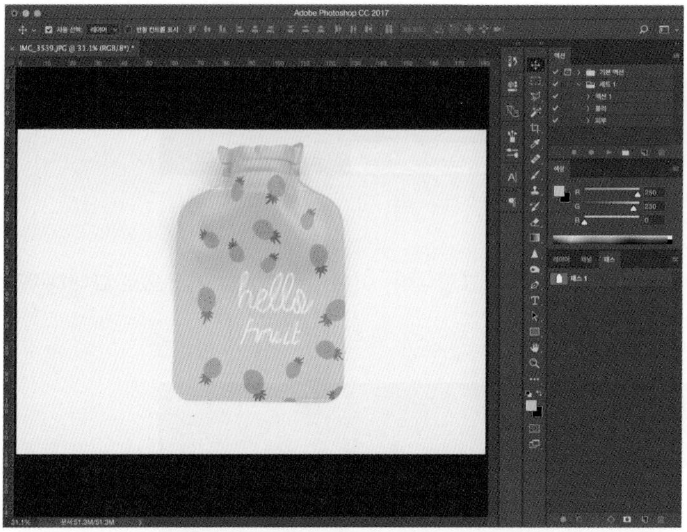

◀ 포토샵 작업 화면

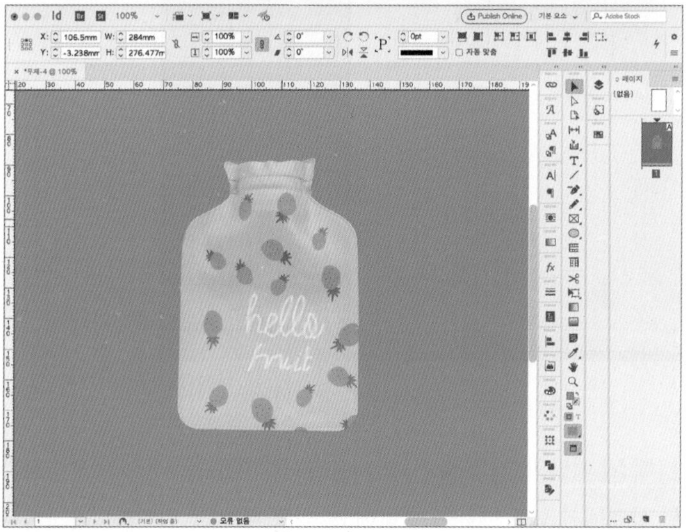

◀ 인디자인 작업 화면

일러스트레이터

클리핑 패스 작업은 부득이한 경우가 아니라면 일러스트레이터를 이용하지 않습니다. 단, 벡터 이미지를 작업할 때에는 일러스트레이터를 사용하는 것이 좋습니다. 일러스트레이터로 클리핑 패스 효과를 주고 싶다면 포토샵과 마찬가지로 펜 도구를 사용해 오브젝트의 외곽선을 따라 그립니다. 그런 다음 이미지와 패스 모두를 선택한 후 단축키 Ctrl + 7 을 누르거나 [오브젝트]–[클리핑 마스크] 메뉴를 클릭합니다.

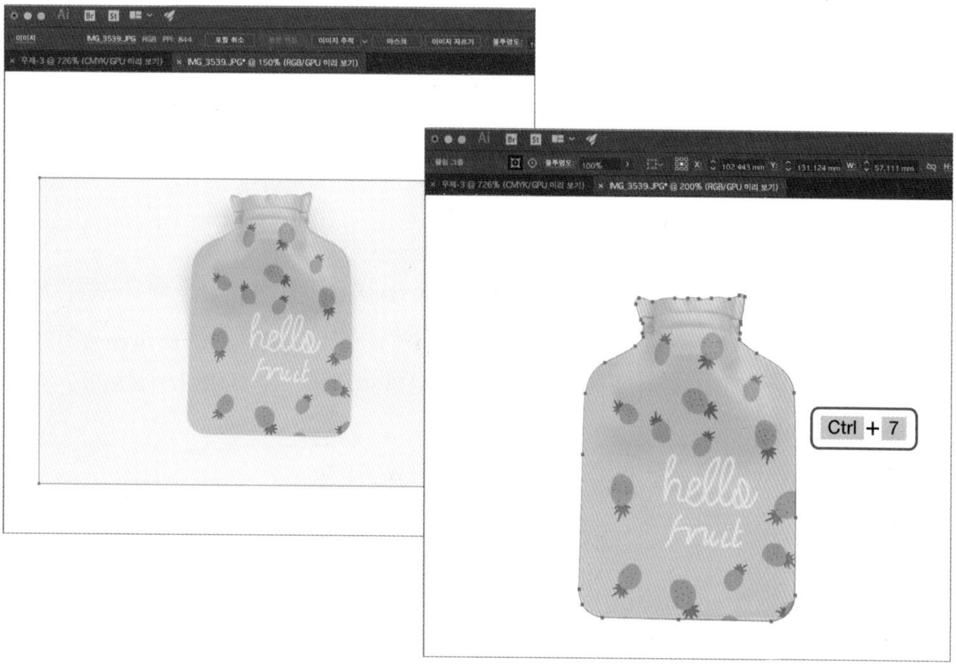

인디자인

포토샵을 거치지 않고 인디자인에서도 손쉽게 클리핑 패스를 만들 수 있습니다. 하지만 포토샵을 이용할 때보다 섬세하지 않기 때문에 배경과 피사체 구분이 힘들거나 복잡한 이미지 작업에는 적합하지 않습니다.

클리핑 패스 처리할 이미지를 불러온 후 [개체]–[클리핑 패스]–[옵션] 메뉴를 클릭합니다. [클리핑 패스] 대화상자가 나타나면 [유형]은 [가장자리 감지]로 설정하고 [한계값]과 [허용치]를 조절해 원하는 결과물을 얻습니다. 이때 [미리 보기]에 체크 표시하면 결과물을 미리 확인할 수 있습니다.

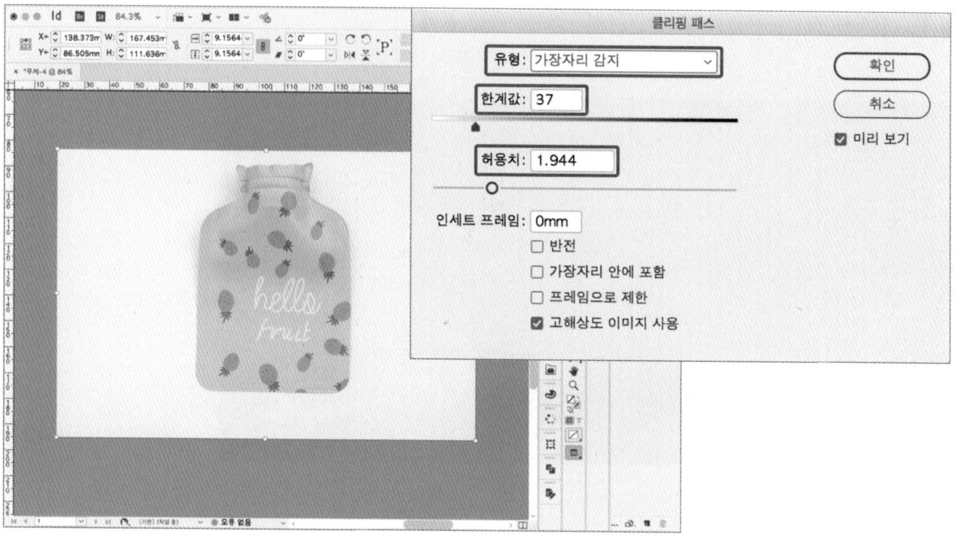

포토샵의 액션(Action)을 이용한 일괄 처리

편집 작업에 사용되는 이미지는 일일이 확인을 거친 후 작업해야 합니다. 하지만 비슷한 느낌의 이미지일 경우 일괄적으로 수정하기도 합니다. 이를테면 RGB를 CMYK로 일괄 변환한다거나 확장자를 변환하는 경우가 대표적입니다. 많은 양의 이미지를 하나하나 수정할 수 없기 때문에 포토샵의 액션(Action, 자동화) 기능을 사용합니다.

우선 포토샵에서 이미지의 변환 과정을 액션으로 등록합니다. 새 액션을 만들 때 [이름]은 원하는 것으로 등록하고 [기록]을 클릭합니다. [액션] 패널에서 해당 기능이 등록된 것을 확인한 후 녹화를 클릭해 작업을 기록합니다. 더보기를 클릭해보면 어떤 순서로 작업이 기록되었는지 확인할 수 있습니다.

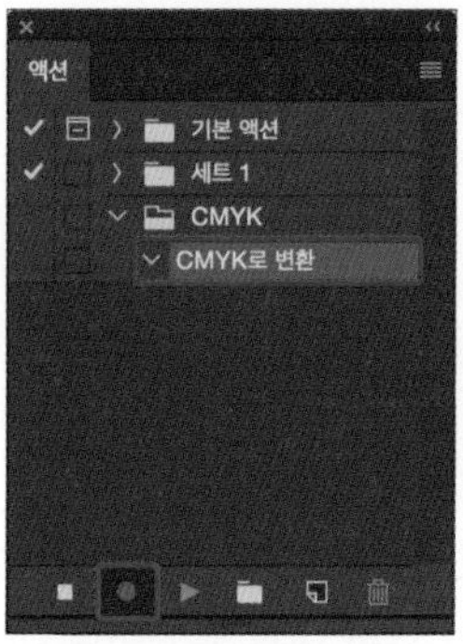

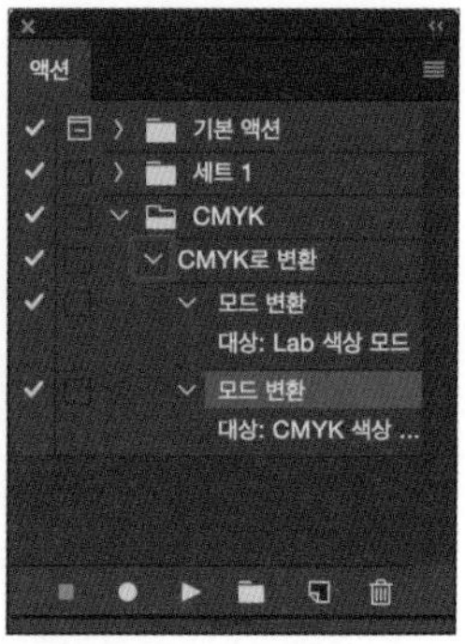

메뉴바에서 [파일]–[자동화]–[일괄 처리] 메뉴를 클릭하면 [일괄 처리] 대화상자가 나타납니다. [실행] 항목에 방금 설정한 액션을 지정합니다. [소스]는 [폴더]로 설정합니다. [선택]을 클릭해 변환할 이미지가 담긴 폴더를 선택합니다. 그런 다음 [대상]을 [폴더]로 설정하고 [선택]을 클릭해 변환된 이미지가 담길 폴더를 지정합니다. 모든 설정이 끝나면 [확인]을 클릭합니다. 앞서 [소스]에서 설정한 폴더 안에 있는 이미지가 액션으로 명령한 대로 변환됩니다. 특히 많은 양의 이미지를 변환해야 하는 경우, 식사 시간처럼 컴퓨터를 사용하지 않는 시간에 실행해두면 시간을 절약할 수 있어 매우 편리합니다.

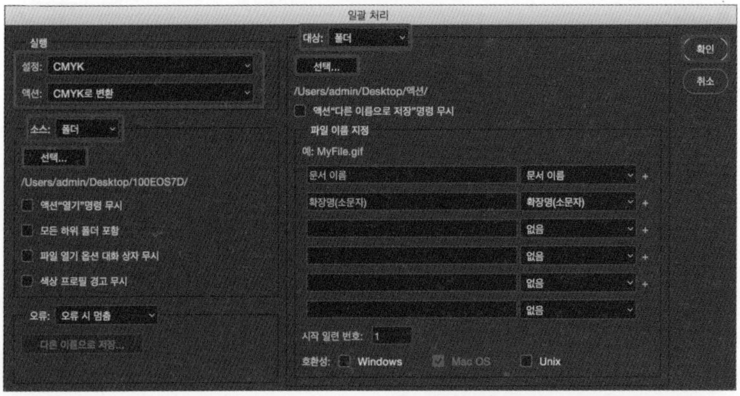

디자이너의
비밀
노트

스마트폰으로 이미지 보정하기

요즘은 스마트폰으로도 고퀄리티의 사진을 촬영할 수 있게 되었습니다. 그러나 DSLR로 찍은 사진과는 다르게 어딘지 모르게 아쉬운 느낌이 듭니다. 하지만 걱정마세요! 스마트폰으로 찍은 사진도 내가 원하는 느낌의 감성 사진으로 바꿔줄 애플리케이션이 많이 출시되었으니까요. 지금 소개할 애플리케이션은 제가 자주 사용하는 것들입니다. 자, 포토샵, 라이트룸만큼 섬세하게 보정할 수 있는 스마트폰 애플리케이션을 소개합니다.

VSCO

다양한 보정 프리셋을 제공하는 동시에 노출, 대비, 채도 등을 사용자가 원하는 대로 디테일하게 설정할 수 있습니다. 디테일한 설정 값을 지정할 수 있는 것이 장점이지만 애플리케이션에서 제공하는 다양한 프리셋이 마음에 들어서 자주 사용하게 되는 애플리케이션입니다. 이 프리셋은 PC용으로도 판매가 되고 있으니 쉽게 감성 사진의 색감을 만들고 싶은 분들은 프리셋을 구입해서 사용해보는 것도 도움이 될 것입니다.

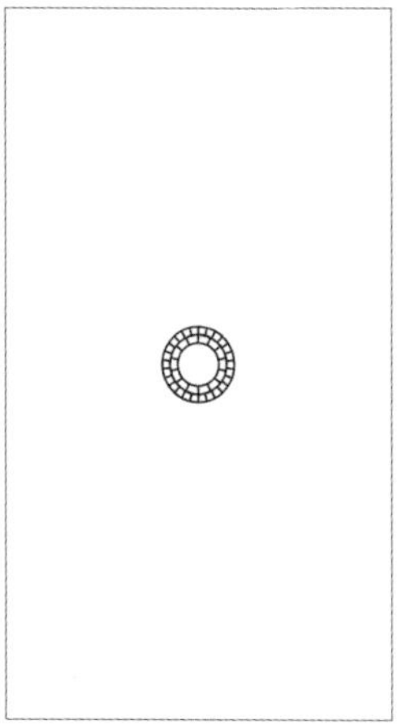

▲ 보정 전

▲ 보정 후

스냅시드(Snapseed)

스냅시드의 가장 큰 장점은 디테일한 색감 설정이 가능하다는 것입니다. VSCO만큼은 아니지만 쓸 만한 필터를 많이 제공하고 있어서 원하는 느낌을 좀 더 정교하게 적용할 수 있습니다. 이 애플리케이션에서 자주 사용하는 기능은 아웃포커싱 기능입니다. 디테일하게 색감을 설정한 후 DSLR 느낌의 아웃포커싱까지 할 수 있어 좋습니다.

▲ 보정 전

▲ 보정 후

라이트룸(Lightroom)

라이트룸은 어도비에서 제공하는 사진 보정 프로그램으로 얼마 전까지만 해도 PC에서만 사용할 수 있었습니다. 하지만 이제는 스마트폰에서도 라이트룸을 사용할 수 있게 되었습니다. 라이트룸뿐만 아니라 다른 어도비 프로그램들도 마찬가지죠! PC에서 사용할 때만큼 디테일하게 설정할 수 있어 매우 유용합니다. 사용 중인 어도비 계정으로 로그인한다면 어느 기기에서든 원본 사진을 엑세스할 수 있어 공동 작업할 때 매우 유용합니다.

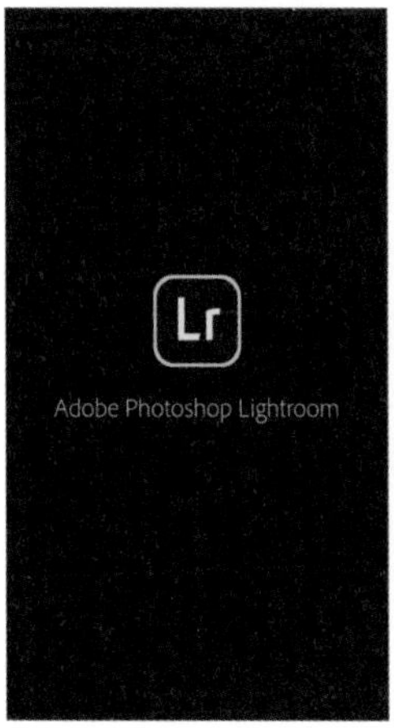

ENJOY THE SURF
SURF'S UP
PEANUTS
torq

▲ 보정 전

ENJOY THE SURF
SURF'S UP
PEANUTS
torq

▲ 보정 후

CHAPTER 08

끝날 때까지 끝난 게 아니다! 출력, 인쇄, 제책

학교에서도 제대로 알려주지 않는 노하우, 바로 인쇄입니다. 실무에서 3년, 5년 작업한 디자이너도 인쇄를 앞두고 긴장한다는 사실을 아시나요? 수없이 많은 종류의 편집물을 진행했음에도 왜 인쇄를 앞두고 긴장하는 걸까요? 인쇄 단계로 넘어가면 수정이 쉽지 않을 뿐 아니라 비용이 발생할 수 있기 때문입니다. 이번에는 인쇄 및 제작 실수를 미리 방지할 수 있는 방법을 알아보도록 합니다.

01

인쇄 사고를 방지하는 출력의 모든 것

인쇄를 넘기기 전 확인해야 할 사항이 있습니다. 바로 디자인 데이터의 최종 점검입니다. 이 단계에서는 클라이언트가 마음에 드는 시안을 확정하고, 편집자 또는 기획자가 오탈자나 내용과 다르게 들어간 이미지는 없는지 내용 점검(교정)을 마칩니다. 내용이 확정되지 않으면 여러 제작 요소를 결정한다 하더라도 변경될 수 있고 그런 혼란 속에서 사고가 발생할 가능성도 높아집니다.

출력 전 최종 점검

최종 점검은 보통 두 가지 단계로 이뤄집니다. 디자이너와 편집자 또는 기획자가 나란히 앉아 화면상으로 직접 확인하거나 PDF, JPG 파일 등으로 확인하는 화면 교정 단계와, 실물과 똑같은 크기와 색감으로 출력해 확인하는 인쇄 교정 단계입니다. 최종으로 확정된 디자인은 오류를 줄이기 위해 관계자들이 모두 확인하는 것이 좋으며 디자이너가 단독으로 판단하여 인쇄를 넘기는 일은 없어야 합니다. 만약 인쇄 후 오류를 발견하더라도 모두가 확인을 해야 잘못에 대한 책임을 나눌 수 있습니다. 대부분 인쇄 사고에 대한 책임은 디자이너에게 향하기 때문에 고생해서 작업해놓고 혼자만 책임져야 하는 일이 없도록 유의해야 합니다. 진행에 앞서 체크해야 할 사항은 다음과 같습니다.

프리플라이트

프리플라이트(Preflight)는 시험 비행이라는 의미로 작업 중인 문서가 인쇄 가능한 문서인지 수시로 체크해 사용자에게 알려주는 기능입니다. 프리플라이트는 문서의 하단에서 쉽게 확인할 수 있고 [창]–[출력] 메뉴를 클릭해 독립된 패널로 꺼낼 수도 있습니다.

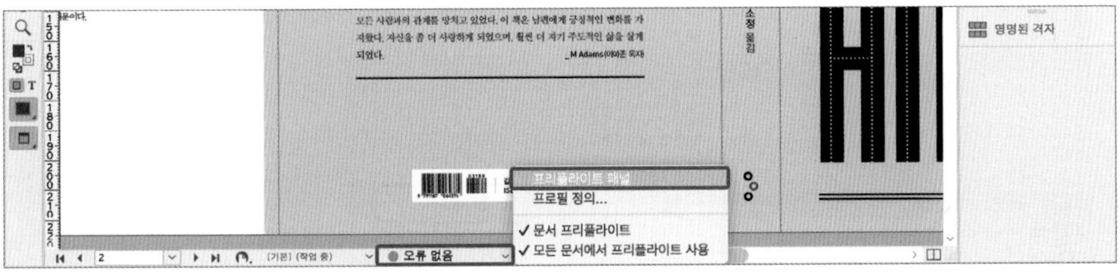

TIP 해당 메뉴가 보이지 않는 사용자는 [파일]–[출력] 메뉴를 확인하세요.

문서 하단에 붉은색 불의 경고 1개의 오류 가 들어오면 문서에 글꼴 또는 이미지가 인쇄 또는 출력에 적합하지 않다는 의미입니다. 아무 문제가 없을 경우 녹색 불 오류 없음 로 표시됩니다. 이 표시를 보면서 작업하면 작업 중간에도 오류를 바로잡을 수 있습니다. 오류가 발견되면 [프리플라이트] 패널을 활성화하여 구체적인 오류 내용과 페이지를 확인합니다. 페이지를 클릭하면 자동으로 오류가 발생한 개체로 안내하여 오류를 바로잡을 수 있습니다.

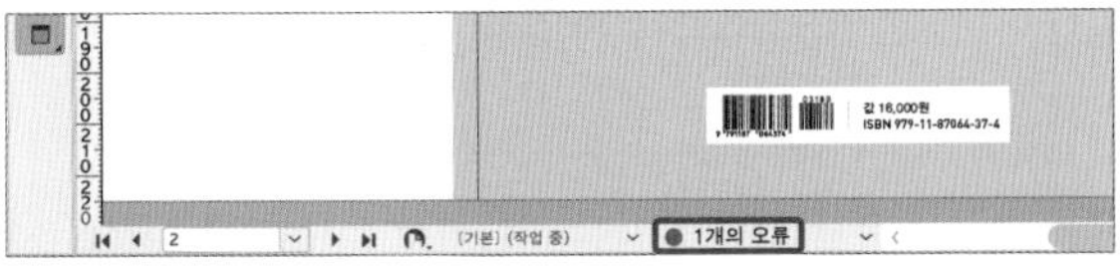

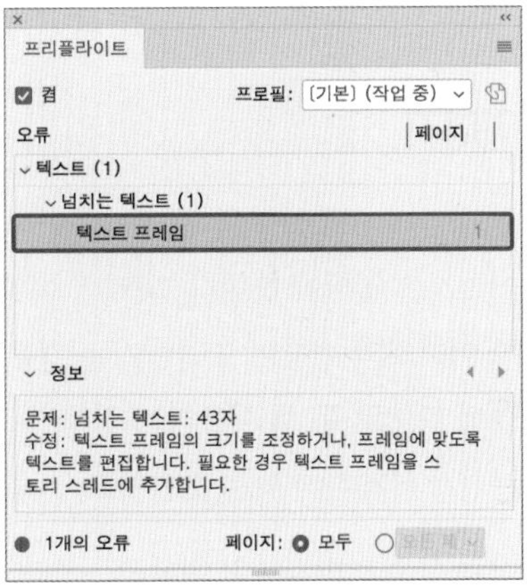

글꼴(서체)

프리플라이트를 통해 잡아낼 수 있는 오류는 누락된 글꼴과 누락되거나 수정된 이미지, 또는 넘치는 텍스트입니다. 같은 컴퓨터 환경에서 작업했다면 누락된 글꼴에 대한 오류는 거의 일어나지 않습니다. 단, 글꼴을 사용하다가 굵기를 잘못 설정했거나(Light가 없는 글꼴인데 굵기가 Light로 설정된 경우), 서체가 지원하지 않는 글리프(서체마다 지원하는 글리프가 다르므로 주의해야 합니다)를 선택 또는 설정하게 되면 오류 메시지가 발생합니다. 만약 작업 중간중간에 컴퓨터 환경이 바뀌었다면 누락된 서체를 새로 설치하거나 비슷한 느낌의 다른 서체로 교체해 문제점을 해결해야 합니다. 글꼴을 한꺼번에 교체하기 위해서는 [문자]-[글꼴 찾기] 메뉴를 이용합니다. 누락된 글꼴을 확인하고 [바꾸기] 항목에서 교체할 글꼴을 선택합니다. [변경] 혹은 [모두 변경]을 클릭해야만 누락된 글꼴이 제대로 교체됩니다.

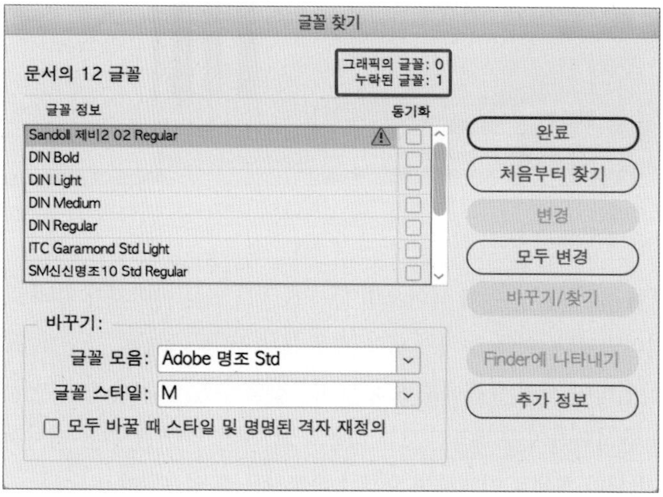

▲ [글꼴 찾기] 대화상자

이미지

한 컴퓨터에서 작업을 했고 디자이너 본인이 직접 이미지를 가져와서 문서에 앉혔다면 유실된 이미지는 없어야 합니다. 하지만 이미지를 제대로 관리하지 못한다면 인쇄를 넘기기 전에 사용한 이미지의 행방이 묘연해지는 경우가 생깁니다. 특히 이미지를 바탕화면이나 다운로드 폴더 안에 그대로 둔 채 사용하는 경우가 그렇습니다. 본인도 모르게 파일을 정리하면서, 또는 지저분해서 삭제하게 되는 것이지요.

이런 실수를 방지하기 위해서는 현재 작업 중인 파일을 한 폴더 안에 이미지 따로, 문서 따로 정리해가며 작업하는 것이 좋습니다. 이미지를 수정할 때는 원본보다는 사본을 만들어 사용하는 것이 좋습니다. 원본을 따로 저장해야 수정 방향이 잘못되었을 때 처음으로 되돌릴 수 있으니까요. 특히 채택되지 않은 시안에 사용했던 이미지나 소스로 사용하기 위해 만든 이미지는 디자이너의 재산이 될 수 있기 때문에 잘 관리해 나중에 또 응용하는 것이 좋습니다.

인디자인의 [링크] 패널에서는 누락된 이미지와 수정된 이미지의 업데이트 현황을 확인할 수 있습니다. 수시로 확인하면서 이미지가 중간에 사라지거나 수정된 사항이 반영되지 않았는지 확인해 오류를 방지합니다.

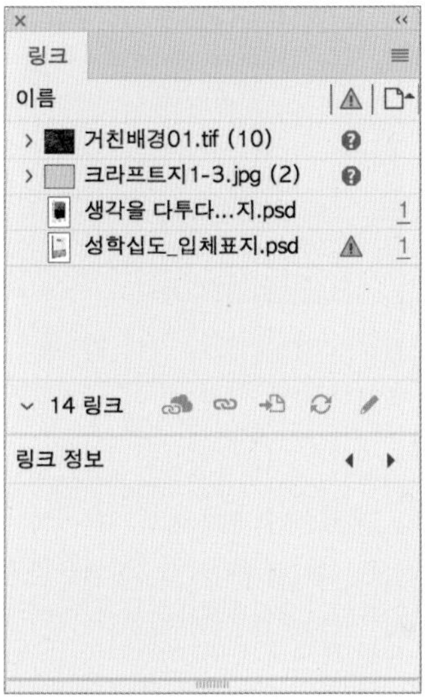

◀ [링크] 패널은 단축키 Ctrl + Shift + D 를 누르거나 [창]-[링크] 메뉴를 클릭해 불러올 수 있습니다. 누락된 이미지는 붉은색 원 안에 물음표가, 수정된 이미지는 노란색 세모 안에 느낌표가 그려진 아이콘으로 표시됩니다.

트랩 설정

인쇄는 2장(2도) 이상의 필름을 겹쳐 색상과 형태를 만듭니다. 이때 겹쳐진 필름이 오차 없이 딱 맞는다면 문제가 없지만 아무리 정교하게 맞추려 해도, 또는 맞췄다 해도 인쇄 과정에서 필름의 핀이 어긋날 수 있습니다. 이렇게 되면 필름이 틀어진 만큼 인쇄물에도 틈이 발생하고, 최종적으로는 흰색의 공백이 나타납니다. 이를 방지하기 위해 두 개의 필름이 겹쳐지는 경계 부분을 임의로 덧칠하는 것을 트랩 설정이라고 합니다. 트랩 설정을 하지 않으면 인쇄된 개체의 선명도가 떨어지며 무아레 현상이 생기기 때문에 가독성이 떨어집니다. 심한 경우에는 인쇄 품질이 저하되어 상품 가치까지 떨어질 수도 있습니다.

TIP 무아레 현상은 이미지가 흐리거나 겹쳐 보이는 현상입니다. 주로 망점이 겹쳐져서 발생하며 물결 모양, 격자무늬 등으로 나타납니다.

▲ 트랩 설정 전

▲ 트랩 설정 후

트랩 설정은 [창]–[출력]–[트랩 사전 설정] 메뉴를 클릭해 [트랩 사전 설정] 패널에서 설정합니다. [트랩 폭]은 사용된 색상 중 밝은색의 영역을 0.05~0.1mm 정도 넓게 하는 것이 원칙입니다. 색상의 밝기는 Yellow 〉 Cyan 〉 Magenta 〉 Black 순으로 설정해야 합니다. 인디자인에는 트랩 설정에 대한 기본 값이 저장되어 있기 때문에 특별한 경우를 제외하면 따로 설정할 필요는 없습니다.

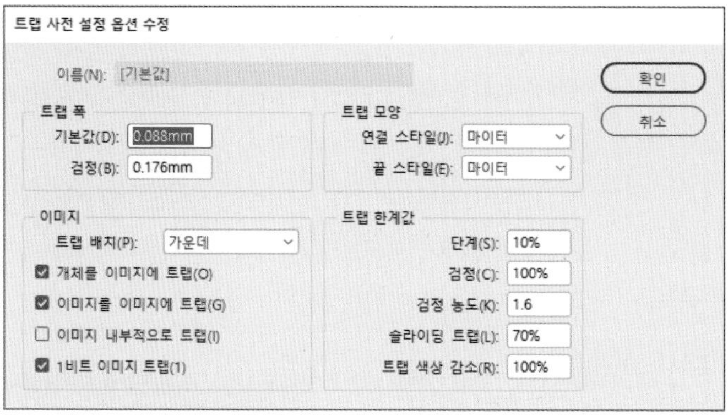

▲ [트랩 사전 설정 옵션 수정] 대화상자

인쇄할 때 트랩이 제대로 설정되었는지 확인하려면 루페(디자인 작업용 확대경)를 이용해 시험 인쇄한 인쇄물의 색상 경계 부분이 제대로 나왔는지, 맞춤 선들이 서로 일치하는지 확인합니다. 색상 경계 부분의 틈이 안 보일수록, 핀이 잘 맞을수록 인쇄 품질은 올라갑니다.

오버프린트와 녹아웃

오버프린트와 녹아웃은 인쇄에서 대단히 중요한 체크리스트인 동시에 재미있는 효과를 줄 수 있는 디자인 기법이기도 합니다. 오버프린트는 겹쳐 찍기 또는 올려 찍기라고 하며 인디자인에서는 [중복 인쇄]라 표현합니다. 인쇄할 때 두 가지 색상을 겹쳐서 인쇄하는 방식으로 멀티 효과와 비슷한 느낌입니다. 오버프린트와 반대로 색상들이 서로 겹치지 않도록 하는 것을 녹아웃이라고 하며 인디자인에서는 [혼합 격리]라 표현합니다.

▲ 오버프린트를 설정한 왼쪽은 파란색과 노란색이 섞여 녹색이 되었지만 녹아웃을 설정한 오른쪽은 각각의 색상을 그대로 간직하고 있습니다.

오버프린트(중복 인쇄)는 [특성] 패널에서, 녹아웃(혼합 격리)은 [효과] 패널에서 설정할 수 있습니다. [특성] 패널은 [창]–[출력]–[특성] 메뉴를 클릭하여 불러올 수 있으며, [효과] 패널은 단축키 Ctrl + Shift + F10 을 누르거나 [창]–[효과] 메뉴를 클릭하여 불러올 수 있습니다.

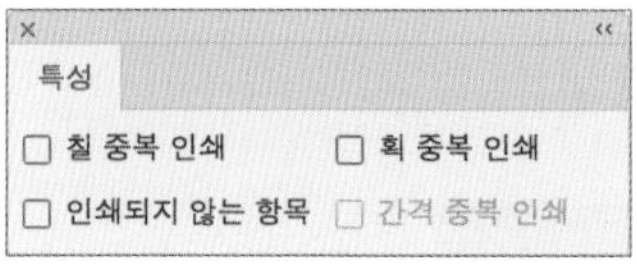

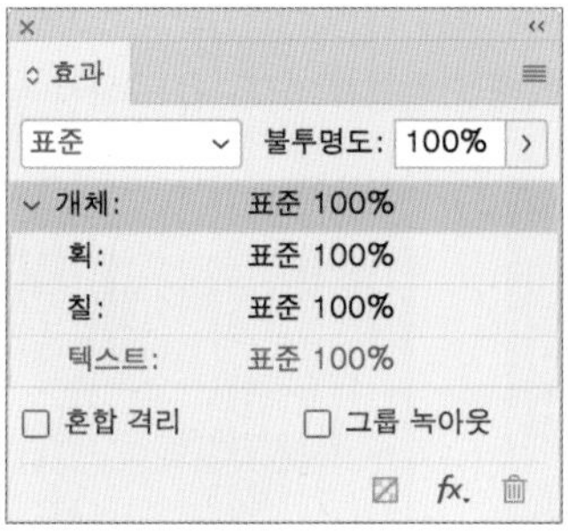

디자이너가 임의로 설정하지 않는 한 대부분의 색상은 녹아웃으로 설정되며 검정은 오버프린트로 진행됩니다. 마찬가지로 DTP 프로그램에서도 검정은 오버프린트로 기본 설정되어 있습니다. 다른 색의 경우 오버프린트를 하게 되면 색이 변하기 때문에 어쩔 수 없이 녹아웃으로 처리하고 따로 트랩 설정도 해야 하지만 감산혼합 방식인 잉크는 모든 색을 섞으면 검정(Yellow+Cyan+Magenta=Black)이 나오므로 검정은 굳이 녹아웃으로 처리해 트랩 설정을 할 필요가 없습니다. 하지만 작업하다 보면 본인도 모르게 검정이 녹아웃으로 설정되는 경우가 있으니 인쇄 전에 꼭 확인하여 오버프린트로 설정을 변경해야 합니다. 특히 배경색 위에 쓰인 6pt 이하의 작은 글씨가 녹아웃되어 가독성이 떨어지지 않도록 반드시 확인 후 인쇄해야 합니다. 6pt 이하의 작은 글씨는 핀을 맞추기 쉽지 않으므로 무아레 현상이 생겨 가독성을 떨어뜨릴 수 있습니다. 작은 글씨를 작업할 때 무아레 현상을 방지하기 위해서는 너무 많은 색상을 섞지 말아야 하며 가급적이면 1도(특히 검정)로 사용하는 것이 좋습니다.

▲ 검정 오버프린트 : 배경색이 보입니다.

▲ 검정 녹아웃 : 배경색이 보이지 않습니다.

하지만 검정도 녹아웃을 하는 경우가 있습니다. 바로 검정을 여러 배경색(밑색) 위에 사용했을 때입니다. 인쇄기에서 검정을 100%의 농도로 최대한 끌어올리는 것이 어렵기 때문에 실제로 검정 100%를 사용한다 하더라도 아래의 색이 비쳐서 인쇄됩니다.

이때는 검정을 녹아웃하여 트랩 설정을 한 후 인쇄하거나 배경색(밑색)을 덮을 수 있을 정도의 강력한 검정을 만들어 사용하면 됩니다. 강력한 검정은 '슈퍼먹' 또는 '파워먹'이라고 하며 C=30 M=30 Y= 0 K=100과 같이 검정 100%와 사이언과 마젠타를 각각 30~45% 정도 섞어서 만듭니다. '슈퍼먹'은 진한 검정을 원할 때도 많이 사용됩니다. 하지만 과도하게 사용하면 인쇄할 때 잉크가 뭉치는 '떡지는 현상'을 초래할 수 있으므로 유의해서 사용해야 합니다.

▲ 슈퍼먹

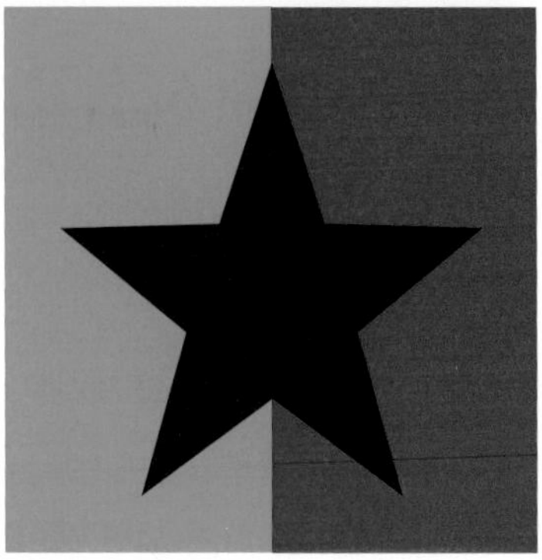
▲ 검정 100%

분판과 잉크 관리자

분판 역시 인쇄에서 유의해야 할 부분 중 하나입니다. 만약 책 본문에 들어가는 글자가 검정 100%가 아닌 여러 색이 혼합된 검정이라면 어떻게 될까요? 글자가 작아질수록 망점 때문에 또렷하게 보이지 않아 완성도가 매우 떨어질 것입니다. 또한 2도로 작업해야 할 문서에 4도로 이루어진 색상이 쓰였다면요? 자신도 모르는 사이에 필름 출력 값이 두 배로 청구될 것입니다. 분판은 이러한 비용 문제를 방지하기 위해서도 꼭 확인해야 합니다.

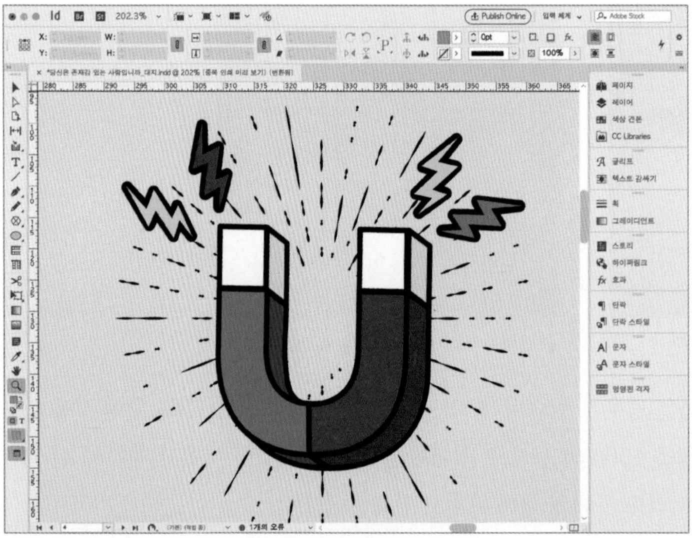

[분판 미리 보기] 패널은 [창]–[출력]–[분판 미리 보기] 메뉴를 클릭하여 불러옵니다. 분판을 활성화하기 위해서는 [분판 미리 보기] 패널에서 [보기] 설정을 [분판]으로 하거나, 단축키 Ctrl + Alt + Shift + Y 를 누릅니다. 또는 [보기]–[중복 인쇄 미리 보기] 메뉴를 클릭하여 설정합니다. 패널이 활성화되면 눈 아이콘을 켜거나 꺼서 필름이 제대로 분판되었는지 확인합니다.

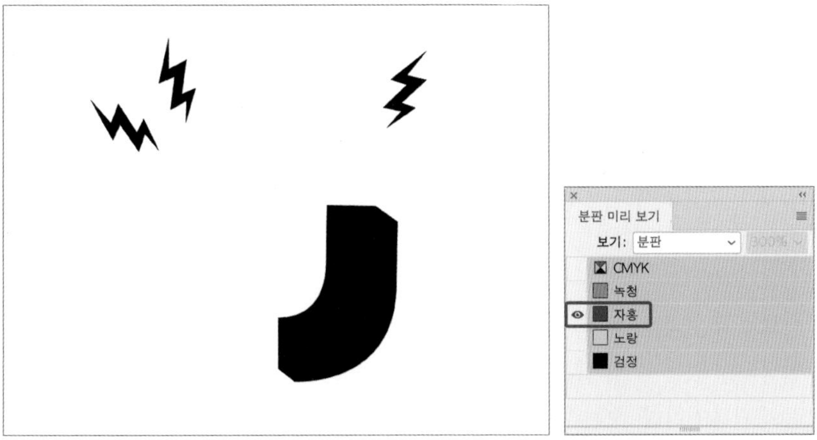

▲ Magenta

▲ Cyan

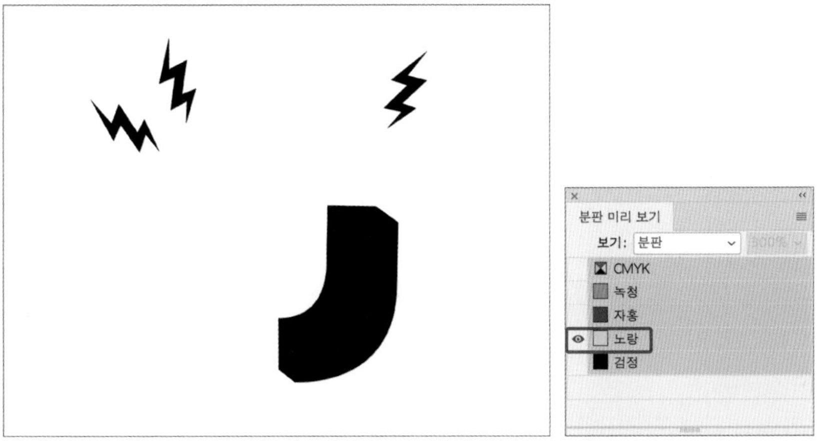

▲ Yellow

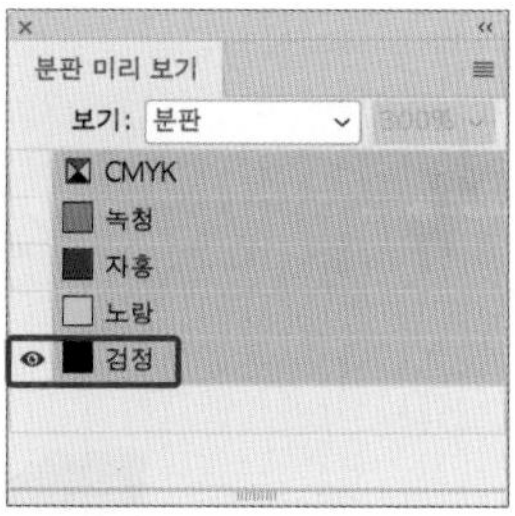

▲ Black

디자인 작업이 완료된 후 분판 미리 보기를 통해 화면상으로는 알아보기 힘든 오버프린트와 녹아웃이 제대로 설정되어 있는지 확인할 수 있습니다. 아래 오른쪽의 작은 이미지는 녹아웃으로 설정한 왼쪽 그림의 필름입니다. 오른쪽 작은 이미지의 위쪽이 마젠타(Magenta) 판, 아래가 옐로(Yellow) 판입니다. 마젠타 판에서 옐로 부분이 뚫려 있다는 것을 분판을 통해 확인할 수 있습니다.

◀ Magenta

◀ Yellow

본문에 사용한 별색도 분판에서 확인할 수 있는데 이때 인쇄에 적용할 별색이 아니라면 인쇄 담당자가 혼동하지 않도록 별색을 원색으로 바꿔줍니다. 분판에 추가된 별색의 수만큼 필름이 출력되기 때문에 쓸데없는 필름 출력으로 금전적인 손해를 입을 수 있습니다.

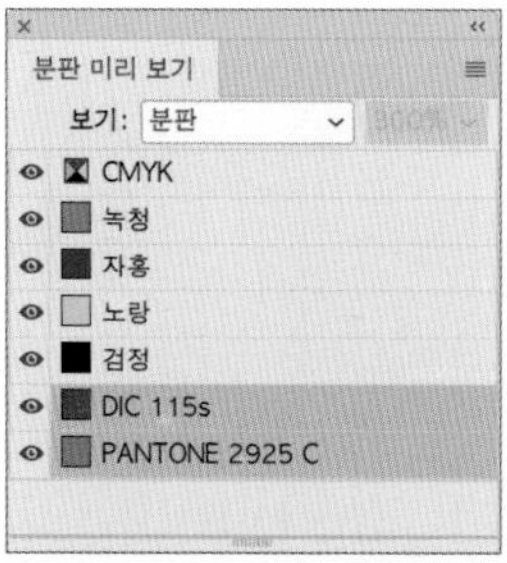

◀ 분판에 나타난 별색만큼 필름이 떠집니다.

사용하지 않은 별색은 [색상 견본] 패널에서 원색으로 변경합니다. 하지만 별색을 사용하지 않은 4도 인쇄물의 경우 [색상 견본] 패널의 보조 메뉴에서 [잉크 관리자]를 실행해 하단의 [모든 별색을 원색으로]에 체크 표시합니다. [잉크 관리자]에서 제거한 별색은 [색상 견본] 패널에는 그대로 별색으로 표시되어 있지만 분판에는 더 이상 표시되지 않습니다.

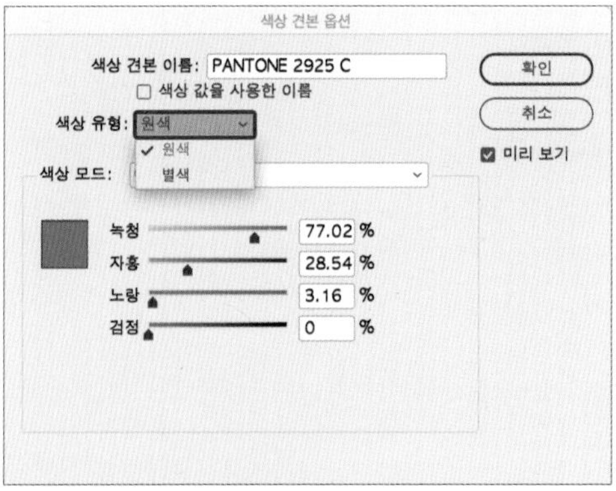

▲ [색상 견본 옵션] 대화상자

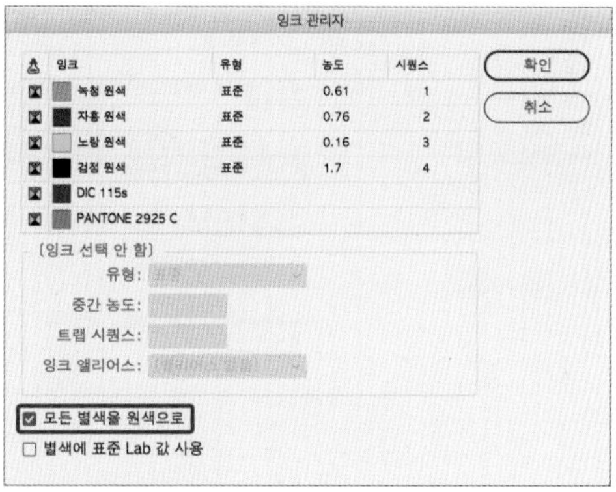

▲ [잉크 관리자] 대화상자

패키지(RGB 이미지 사용 여부)

몇 년 전만 하더라도 인쇄소에 인쇄 데이터를 넘기려면 사용했던 이미지 파일과 글꼴을 모두 외장 하드에 담아 인쇄소로 향했습니다. 그러나 이제는 PDF 파일 형식으로 인쇄 데이터만 보내기 때문에 큰 고생은 덜게 되었습니다. 하지만 때에 따라 작업에 사용된 모든 파일을 첨부해야 하는 경우가 생기기도 하고, 작업을 마친 후 최종 데이터를 보관하기 위해 작업에 사용한 최종 파일을 모아야 할 때도 있습니다. 이때 패키지 기능을 사용하면 작업에 쓰인 데이터를 쉽게 한 폴더에 모을 수 있습니다.

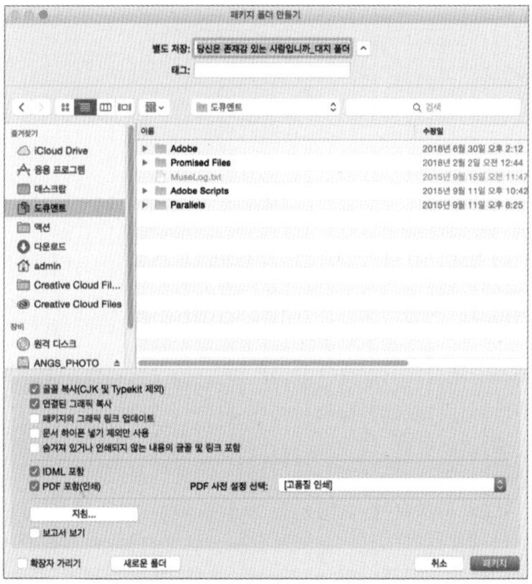

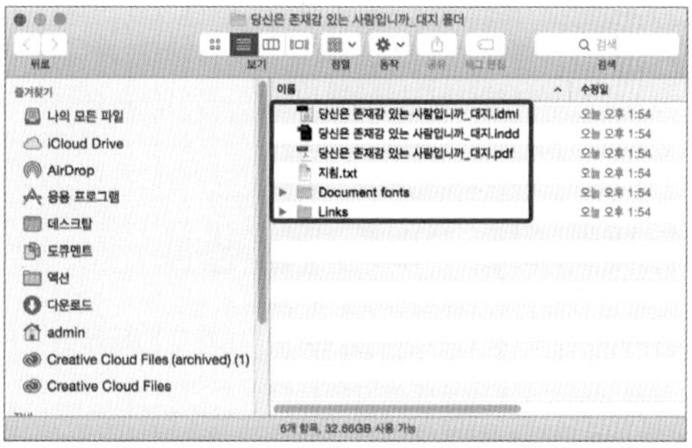

▲ [패키지 폴더 만들기] 대화상자에서 문서에 사용된 글꼴 및 다른 파일 형식을 추가로 선택해 함께 묶어 저장할 수 있습니다.

패키지를 실행하면 새 폴더를 만든 후 문서와 함께 사용되었던 이미지 소스와 글꼴(한글 제외)이 각 폴더별로 복사되어 정리됩니다. 패키지를 묶을 때 나타나는 대화상자에서 문서에 사용된 RGB 이미지를 쉽게 찾아낼 수 있기 때문에 인쇄 전에 패키지를 실행해보는 것이 좋습니다.

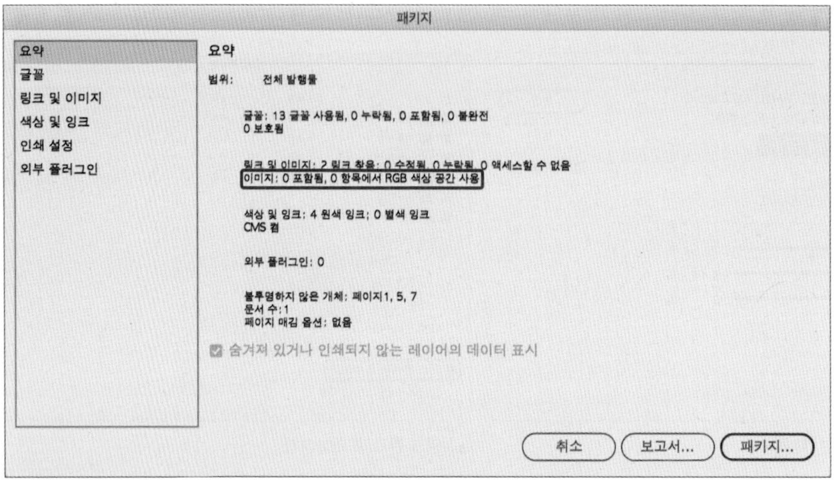

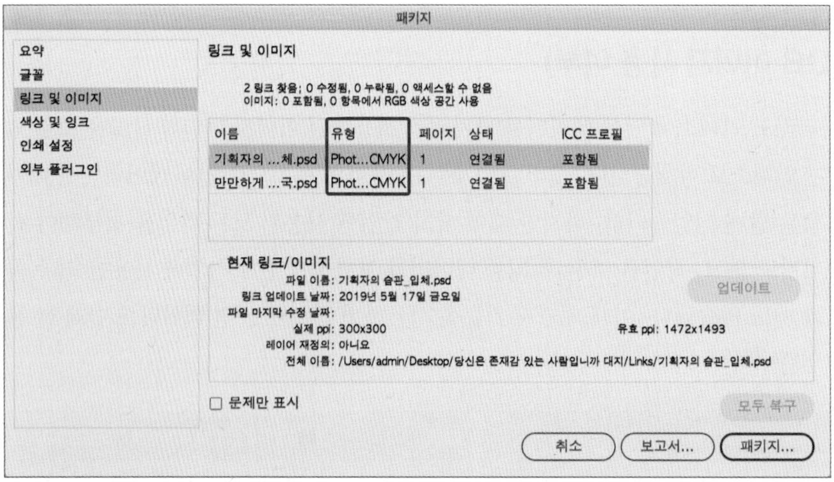

인쇄를 위한 PDF 파일 생성

인쇄에서는 인디자인 파일을 직접 사용하지 않고 인쇄용 PDF 파일로 변환해서 출력합니다. 인디자인에서 인쇄용으로 만드는 PDF에는 서체 임베딩, 분판, 트랩, 별색, 이미지 해상도 등 필름을 출력하기 위한 다양한 인쇄 정보가 포함된, 출력하기에 적합한 PDF 파일을 만들어 보내야 합니다.

TIP **PDF 파일** | PDF는 Portable Document Format의 약자로, 어도비 창립자인 존 워녹(John Warnock)이 고안한 개념입니다. PDF 파일은 다양한 응용 프로그램과 사용 환경에서 만들어진 소스나 글꼴, 이미지 등을 완벽하게 호환하며 보안 기능까지 갖추고 있어 오늘날 전자 문서 표준으로 자리매김하고 있습니다. PDF 파일은 무료로 제공되는 Adobe Reader를 설치하면 언제든지 공유하고 검토할 수 있습니다.

PDF에 포함된 인쇄 정보는 PDF로 변환한 후에도 확인할 수 있으며(Acrobat Professional 버전), 인디자인 문서에는 없던 오류가 변환 과정에서 생기거나 발견될 가능성도 있습니다. 그렇기 때문에 PDF를 꼼꼼하게 확인하기 위해서는 Reader가 아닌 Professional 버전을 사용하는 것이 좋습니다. 이렇게 디자이너가 인디자인에서 생성한 PDF를 인쇄소로 넘기면, 인쇄소에서는 터잡기 프로그램에 맞게 다시 한 번 더 PDF를 변환하는 과정을 거칩니다. 이때는 인쇄소에서 생성한 PDF를 한 번 더 확인하여 잘못된 부분이 없는지 체크해야 합니다. 또 대부분은 PDF로 파일을 넘겨 인쇄를 진행하지만 금형을 뜨거나 칼선을 만들어야 하는 작업은 3D 프로그램과 호환이 잘되는 일러스트레이터 파일(.ai 또는 .eps 확장자)을 원하는 곳도 있으니 사전에 인쇄 파일 형식을 알아본 후 작업하길 바랍니다.

인쇄용 PDF 만들기

인쇄를 위한 목적으로 만드는 PDF는 인쇄용 PDF로 내보내기 합니다.

1 [내보내기]로 파일 저장하기

[파일]-[내보내기] 메뉴를 클릭합니다. [내보내기] 대화상자가 나타나면 [형식]을 [Adobe PDF(인쇄)]로 설정하고 [저장]을 클릭합니다.

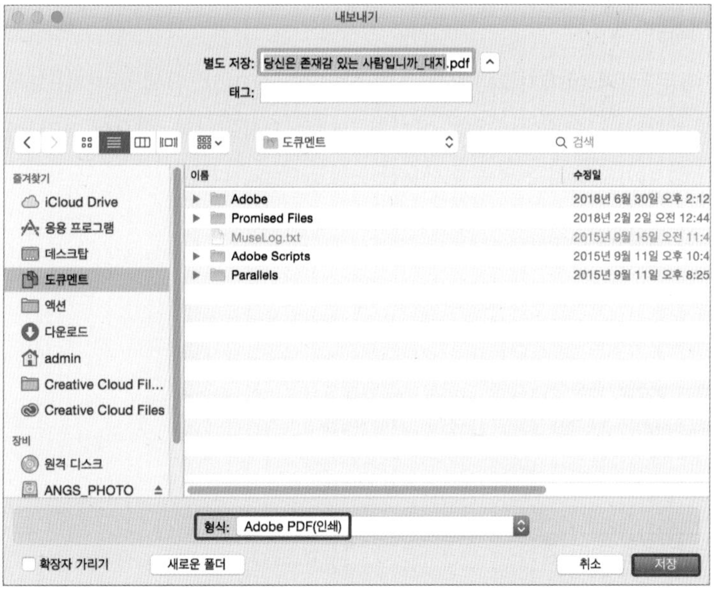

2 [일반]에서 [호환성] 확인하기

[호환성]은 [Acrobat 5(PDF 1.4)] 이상으로 설정하는 것이 좋습니다. 하지만 인디자인에서 사용한 효과가 제대로 표현되지 않는다면 더 높은 버전으로 설정해 문제점을 해결할 수 있습니다.

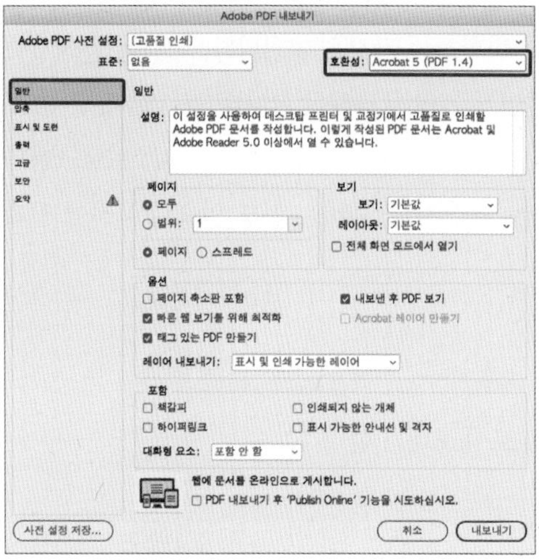

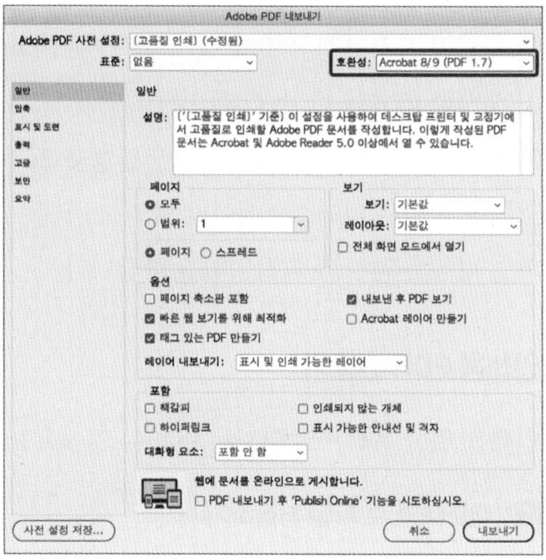

TIP 호환성을 설정할 때에는 인쇄소의 아크로뱃 버전을 고려해야 합니다. 아크로뱃 버전은 아크로뱃 프로페셔널(Acrobat Professional)에서도 조정할 수 있습니다.

3 [압축]에서 이미지 압축 설정하기

이미지의 압축률을 정할 때는 [컬러 이미지]와 [회색 음영 이미지], 그리고 [단색 이미지] 모두 [다운샘플링 안 함]으로 설정합니다. 그래야만 원본 이미지 그대로 저장됩니다. 필요에 따라 [바이큐빅 다운샘플링]을 선택해 이미지의 가중 평균을 사용한 픽셀로 압축합니다.

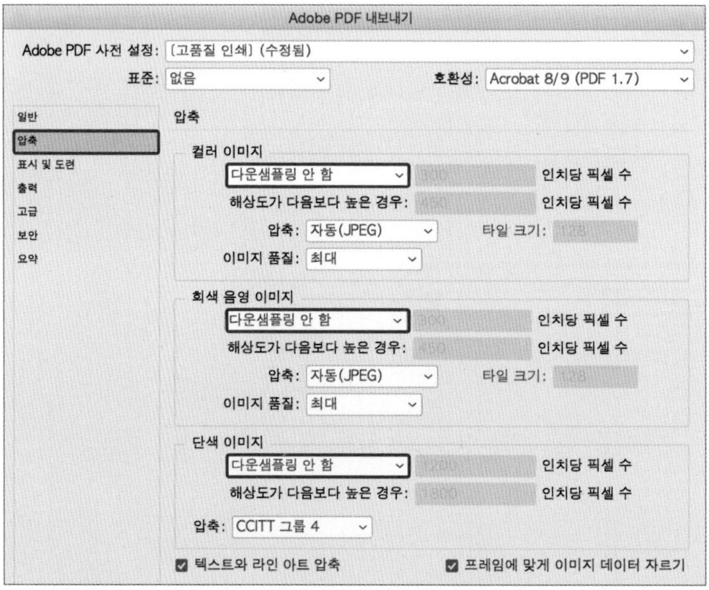

TIP [바이큐빅 다운샘플링]은 이미지의 가중 평균을 사용한 픽셀로 압축하는 방식입니다. [다운샘플링] 방식보다 품질이 좋게 샘플링되지만 원본 픽셀을 낮게 압축하는 방식이라 권장하지는 않습니다.

4 [표시 및 도련]에서 프린터 표시 및 도련 확인하기

프린터 표시는 아래 그림처럼 인쇄 및 제작 단계에서 색상을 맞추거나 필름을 맞출 때 필요한 정보를 표시한 것입니다. 때로는 이 표시가 자리를 많이 차지해 종이가 모자라게 되거나 터잡기 작업을 방해하기도 합니다. 기본 설정은 [표시]–[모든 프린터 표시]지만, 경우에 따라 [재단선 표시]만 선택해도 됩니다. 인쇄물을 재단할 때 잘못되는 것을 방지하기 위해서는 반드시 문서에 도련이 제대로 설정되었는지 확인해야 합니다. 그런 다음 [도련 및 슬러그]–[문서 도련 설정 사용]에 체크 표시합니다.

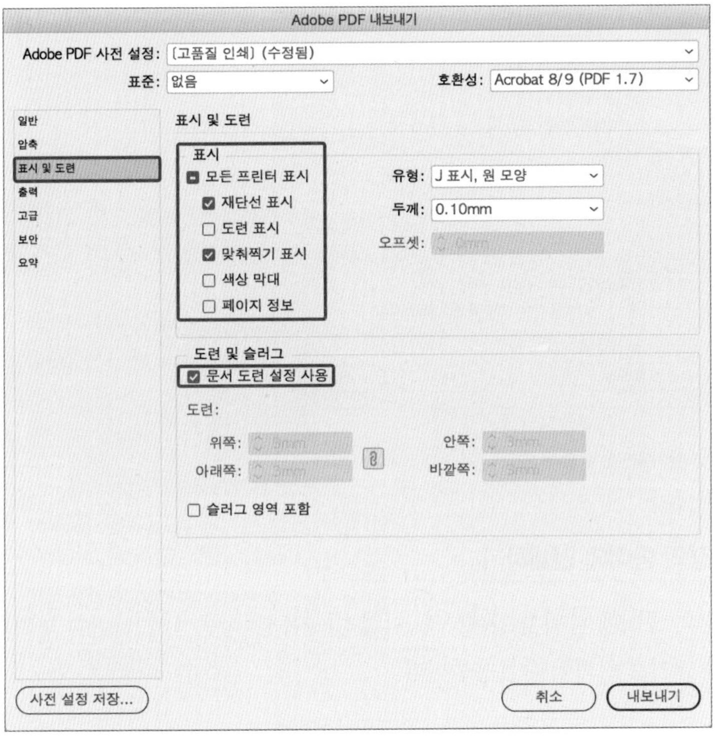

다양한 크기로 출력하기

[파일]–[인쇄] 메뉴를 클릭합니다. [인쇄] 대화상자가 나타나면 다양한 옵션을 조정하여 원하는 크기로 출력합니다.

스프레드(펼침면)로 인쇄하기

[일반]–[페이지] 항목에서 [스프레드]를 선택하면 펼침면으로 인쇄됩니다. 대부분의 인쇄물 교정지는 스프레드로 인쇄합니다.

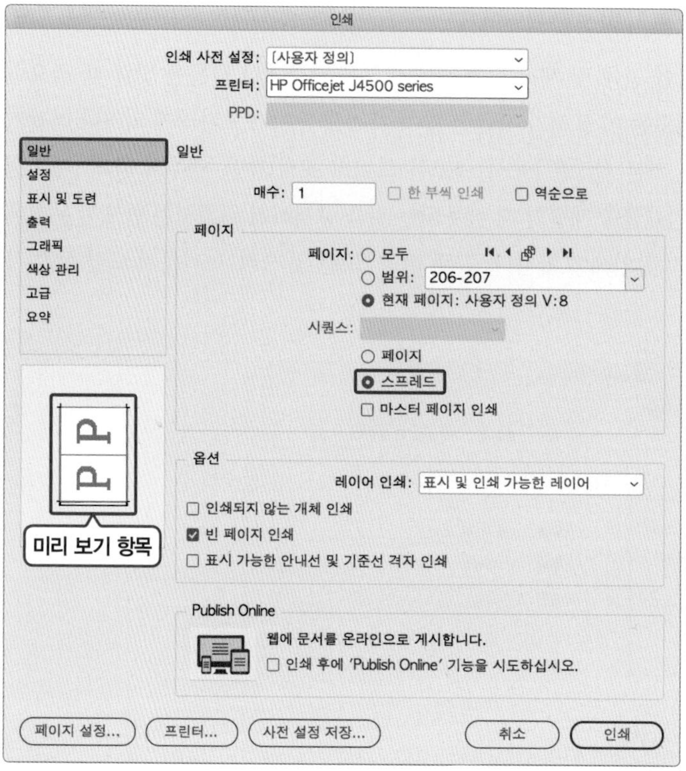

TIP 미리 보기 항목에서 어떻게 인쇄되는지 확인할 수 있습니다.

판형이 큰 문서를 여러 장의 종이에 인쇄하기

판형이 큰 문서를 여러 장의 종이에 나눠서 인쇄하려면 [설정]–[옵션] 항목에서 [나란히 놓기]에 체크 표시합니다. 실제 크기로 인쇄할 때 유용합니다.

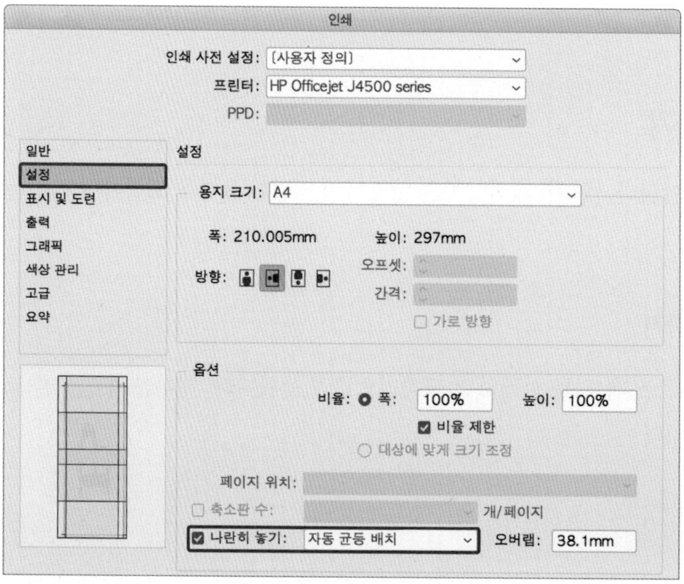

페이지에 맞게 문서 출력하기

[설정]–[옵션] 항목에서 [대상에 맞게 크기 조정]에 체크 표시하면 인쇄하려는 용지에 맞게 자동으로 크기를 설정해 인쇄합니다. 큰 판형의 문서를 A4 또는 A3와 같은 프린터 규격에 맞춰 인쇄할 때 유용합니다.

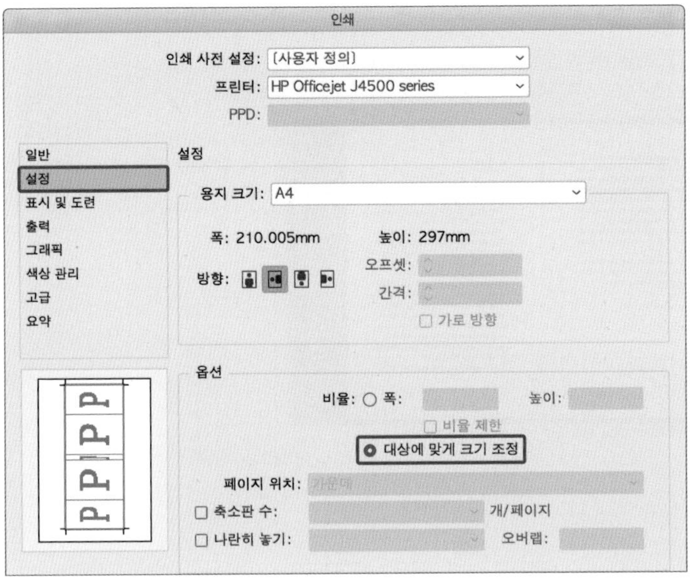

한 페이지에 여러 문서 인쇄하기

[설정]–[옵션] 항목의 [축소판 수]에서 한 페이지에 몇 개의 문서를 넣을지 선택합니다. 책의 전체적인 흐름을 파악하기 위한 용도로 사용하면 좋습니다.

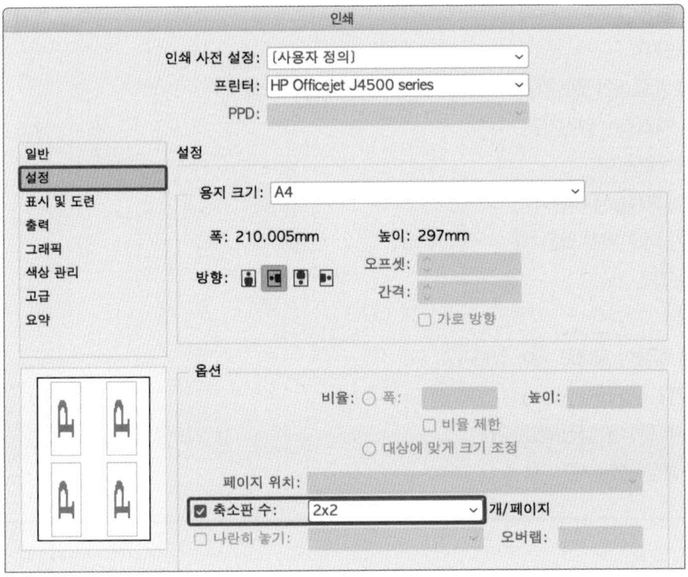

터잡기 방식으로 인쇄하기

편집디자인을 하다 보면 단행본처럼 여러 페이지의 편집물을 가제본하는 경우가 생깁니다. 이때 터잡기 프로그램이 없다면 가제본을 만들기가 매우 번거롭습니다. 하지만 인디자인에서는 [소책자 인쇄]를 통해 간단하게 만들 수 있습니다. [파일]–[소책자 인쇄] 메뉴를 클릭해 소책자 유형과 여백 등을 설정하고 [미리 보기]를 통해 출력물을 미리 확인할 수 있습니다.

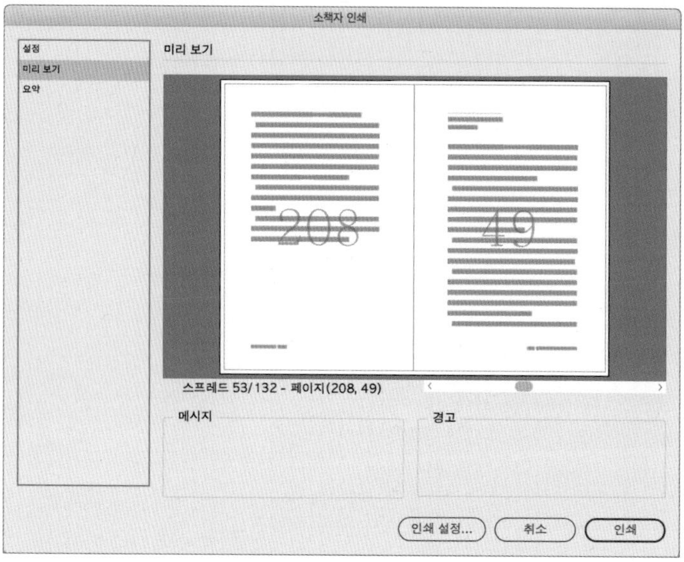

10 년차 선배의 멘토링 인쇄 전 필수 체크리스트

- □ 오탈자는 없는가?
- □ 잘못 들어간 이미지는 없는가?
- □ 쪽 번호 또는 면주가 제대로 들어가 있는가?
- □ 누락된 글꼴 또는 넘치는 텍스트는 없는가?
- □ 누락 또는 수정된 이미지는 없는가?
- □ 사용된 이미지의 색공간이 RGB는 아닌가?
- □ 사용된 이미지의 해상도가 너무 낮지 않은가?
- □ 별색이 제대로 사용되었는가?
- □ 제대로 분판이 되었는가?
- □ 오버프린트, 녹아웃, 트랩 설정이 제대로 되어 있는가?
- □ 후가공의 위치는 정확한가?
- □ 재단 또는 접기를 고려하여 판형을 설정하였는가?
- □ 재단을 고려하여 도련을 설정하였는가?

02 이제 인쇄를 해보자!

인쇄용 데이터를 문제없이 전달했다면 드디어 본인쇄에 들어가는 일만 남았습니다. 인쇄 단계는 디자이너가 직접 관여하는 부분이 아니기 때문에 세세하게 알고 있을 필요는 없지만 인쇄할 때 생길 수 있는 문제점과 다양한 표현 방법은 알아두는 것이 좋습니다. 또 후가공이나 제책 같은 제작 과정은 평면적인 디자인을 입체적으로 탈바꿈시키는 매력적인 과정이기 때문에 다양한 기법을 많이 알면 알수록 독특하고 창의적인 작품이 나올 수 있습니다.

인쇄 과정이 궁금하다!

디자인이 완료된 후에도 다양하고 복잡한 과정을 거쳐야 비로소 완제품의 디자인을 만날 수 있는데 인쇄 및 제작 과정은 다음과 같습니다.

1단계 - 판뜨기(필름 출력, CTP 출력)

예전에는 필름 출력 단계를 거친 다음 판뜨기를 진행했지만, 요즘은 대부분 이 단계를 생략하고 데이터에서 바로 판뜨기 단계(CTP 출력)로 넘어가는 경우가 많습니다. 하지만 일회성이 아니라 재판(중쇄)해야 하는 편집물은 필름 출력 단계를 거치는 것이 유리할 수 있습니다.

인쇄판은 필름(필름 출력)을 이용하거나 또는 직접(CTP 출력)적인 가공 방법으로 만들어집니다. 컬러 4도로 만든 인쇄물이라면 4개의 판이 만들어지며 2도 인쇄물은 2개가 만들어집니다. 인쇄판은 내용이 없는 부분에는 잉크가 묻지 않고 내용이 있는 부분에만 잉크를 묻혀 고무판(블랭킷)과 종이에 순서대로 전사되어 인쇄될 수 있도록 돕습니다.

판뜨기 단계에 오기까지 디자이너를 비롯한 많은 관계자들이 인쇄용 파일과 가제본을 확인하여 확인에 확인을 거쳤을 테지만, 이 단계에서 마지막으로 한 번 더 수정할 수 있는 기회가 주어집니다. 대신 판을 새로 떠야 한다면 추가 비용이 발생하게 됩니다.

2단계 - 본인쇄

본인쇄에서는 이전 단계에서 만든 판과 해당 잉크를 인쇄 기계에 각각 집어넣어 종이를 세팅하고 가동합니다. 4도 인쇄물은 4도 기계에, 2도 인쇄물은 2도 기계를 사용해 인쇄하지만 4도 기계에 2도 또는 5도 이상의 인쇄도 가능합니다. 단, 도수가 올라갈수록 인쇄물을 돌리는 데 시간이 오래 걸리고 핀을 맞추기가 어렵다는 문제가 있습니다.

디자이너는 본인쇄 과정에 참여해 인쇄 감리를 볼 수 있습니다. 인쇄기는 고속으로 돌아가기 때문에 빠른 판단과 신속한 대처가 필요합니다. 그러므로 인쇄 기장의 의견을 따르되 원하는 작업 방향을 정중하게 요구하여 완성도 높은 인쇄 결과가 나올 수 있도록 해야 합니다. 인쇄 감리는 보통 2~3대(절지 조견표 참고) 정도 보는 것이 좋지만 수량이 많을 경우 1시간이 넘어도 1대가 끝나지 않는다거나, 그 반대로 디자이너가 도착하기도 전에 인쇄가 끝나는 경우도 있으니 사전에 시간을 잘 알아보고 가도록 합니다.

3단계 - 후가공

디자인의 별미는 화면에서 디자인한 것 위에 재미있는 후가공이 얹어지는 것입니다. 종이가 아니더라도 가죽, 천, 나무 등 얼마든지 다양한 소재를 이용할 수 있고, 창의적이고 독특한 방법으로 디자인을 어필할 수도 있습니다.

돋보이는 디자인을 하고 싶나요? 그렇다면 후가공에 관심을 가져보기 바랍니다. 때로는 복잡하고 시간이 오래 걸리는 후가공 작업을 통해 뿌듯함과 애착을 느낄 수 있는 디자인을 완성할 수 있지만 비싼 비용 때문에 다른 선택을 하는 경우도 많습니다. 후가공은 종류에 따라 변경되어야 하는 요소들이 많습니다. 예를 들어 박이 들어가는 부분에는 인쇄를 하면 안 되지만 에폭시나 UV가 들어가는 부분은 인쇄를 해야 합니다. 이렇듯 후가공은 기획 단계에서 미리 계획하고 작업에 임해야 이후에 생길 위험 요소를 줄일 수 있고 후가공이 돋보이게 작업할 수 있습니다.

4단계 - 제책(제본)

구슬도 꿰어야 보배라는 말이 있듯이 종이도 묶어야 책이 됩니다. 제책은 낱장으로 이루어진 종이들을 모아 실과 본드를 이용해 한 권의 책으로 묶는 과정을 말합니다. 물론 다양한 접지 방식을 통해 책처럼 만들 수도 있습니다.

이 과정에서는 무엇보다도 판형과 쪽수를 확인하는 것이 중요하므로 기획하는 단계에서 판형과 제책 방식을 정하고 작업하는 단계에서 쪽수를 제책하기에 적합하도록 맞춰야 합니다. 제책 방식 역시 후가공과 마찬가지로 창의적이고 실험할 수 있는 가능성이 많으므로 다양한 제책 방식을 익히고 연구하는 자세가 중요합니다.

10년차 선배의 멘토링 인쇄 감리 미리 체험하기

편집디자인은 인쇄와 떼 놓을 수 없기에 편집디자이너는 인쇄소가 익숙해져야 하고 인쇄 단계도 제대로 알고 있어야 합니다. 앞서 간단히 '인쇄 및 제작'에 대해 알아보았지만 인쇄소에서 어떤 방식으로 인쇄가 진행되는지, 그리고 인쇄 감리는 어떻게 진행되는지 한 번 더 알아보도록 하겠습니다.

인쇄 일정이 잡히면 발주한 종이가 준비됩니다. 인쇄 여분 등을 고려하여 넉넉한 양의 종이 롤이 준비되죠. 이제 본격적으로 본인쇄에 들어갑니다. 인쇄판 위에 CMYK 잉크가 흩뿌려지며 매우 빠른 속도로 인쇄됩니다.

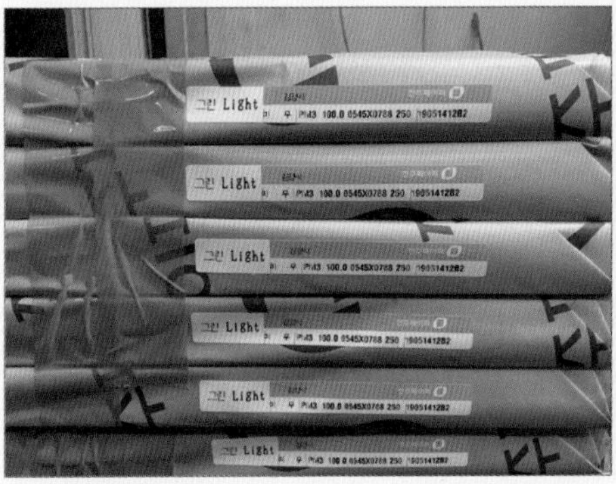

이때 인쇄되어 나온 결과물을 보며 인쇄 감리를 진행합니다. 감리판이라 불리는 작업대 위에서 색을 살펴봅니다. 인쇄 핀이 제대로 맞았는지, 원하는 색 농도가 제대로 표현되었는지 등을 확인한 후 인쇄 기장님과 조율합니다. 진하게 표현하고 싶은 색은 어떤 색인지, 농도를 낮출 색은 어떤 색인지 등을 조율하며 완성도를 높입니다. 디자이너가 인쇄 전문가와 소통하면 인쇄물의 완성도는 올라갈 수밖에 없습니다. 따라서 가능하다면 인쇄 감리는 꼭 참여하는 것이 좋습니다.

디자이너의
비밀
노트

알쏭달쏭 인쇄 용어 사전

우리나라 인쇄 기술은 일본을 통해 넘어온 터라 인쇄 용어도 일본어로 되어 있는 경우가 많습니다. 요즘은 많이 순화해서 사용하는 추세이긴 하지만 아직도 알아듣기 힘든 용어들이 많습니다. 감리를 보러 가서 어리바리하지 않으려면 상식으로 알고 있는 것이 좋습니다.

인쇄 용어	순화된 인쇄 용어
가가리	엮음
가다마와리	귀돌림
가다메	등굳힘
가다오시	형압
고바리	소첩, 따붙이기
구구리	테두리
구아이돈땡	물림쪽 같이걸이
기가다	목형
누끼	하얗게 빼기
누끼따기	(포토샵에서) 패스따기
다이	깔판
데비끼	석판 인쇄
도무송	따내기, 타발기
도비라	속표지, 표제지
도트	망점
도트에칭	망점 수정
돈땡	같이걸이
돈보	가늠표, 기준점
라미네이팅	코팅
무선철(無線鐵)	물매기
미다시	헤드라인, 표제글
백발자	뺀글자, 흰글자
베다	배경
베라	매엽 낱장
베라죠아이	낱장 장합
사오리	가름끈
세네카	책등

인쇄 용어	순화된 인쇄 용어
세마끼	등싸기
소부	판 만들기
스리지	인쇄 교정지
시다	조수, 보조
시야게	마무리
아지로	어살매기
야레	파지
야마	등굴림
오도시	자투리
오리꼬미	접어넣기, 날개접기, 사이에 끼워넣기
오비지	띠지
오시	누름자국
와꾸	틀
우라	뒷면
제본	제책
조아이	장합, 정합
중철(中鐵)	가운데 매기
지라시(찌라시)	낱장 광고
쿠아에	물림쪽, 물림여백
하리	옆쪽, 옆기준선
하리꼬미	터잡기, 판면배치
하리돈땡	옆쪽 같이걸이
하시라	쪽 번호
헤라	접기밀대, 잉크주걱
호부장	풀책
혼가께	따로걸이

다양한 인쇄 기법 알아보기

현재 대부분의 인쇄물에서 사용되는 오프셋 인쇄는 평판 인쇄 방식에 해당하며, 최근 시각적인 부분을 강조하는 인쇄물에서는 스크린 인쇄도 부각되고 있습니다. 다양한 인쇄 기법을 알고 있으면 화면상에서 표현하기 힘든 독창적인 표현을 연출할 수 있기 때문에 디자이너라면 인쇄 공정에도 관심을 가져야 합니다.

볼록판 인쇄(활판 인쇄)

볼록판 인쇄는 우리나라의 금속활자나, 유럽의 활판 인쇄술에서도 알 수 있듯이 네 가지 인쇄 방법 중에 가장 오래된 인쇄 방식입니다. 볼록판 인쇄는 글자나 그림이 볼록하게 새겨진 활판에 잉크를 묻힌 다음, 종이를 눌러 인쇄합니다.

대표적으로는 신문을 인쇄하는 윤전 인쇄(Rotary Press Printing)뿐만 아니라 포장용기 등에 인쇄하는 플렉소 인쇄(Flexo Graphic Printing)가 있습니다. 볼록판 인쇄는 지면에 직접 잉크를 압착하기 때문에 인쇄가 또렷합니다. 이런 특성 때문에 주로 활자 인쇄에 사용되며 작은 양의 인쇄에 용이하고 비교적 제작비가 저렴합니다.

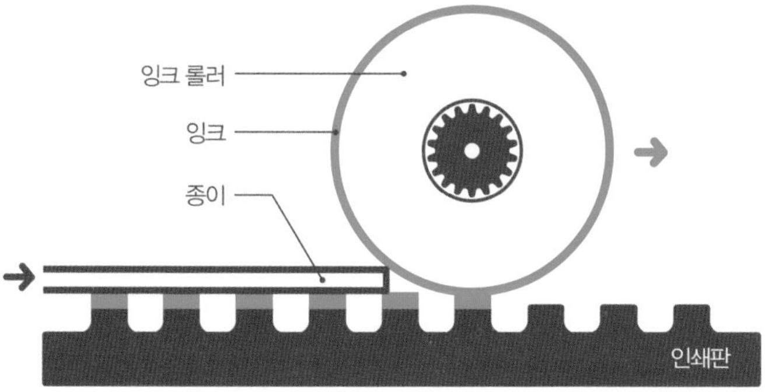

평판 인쇄(오프셋 인쇄)

평판 인쇄는 잉크가 묻는 부분과 묻지 않는 부분이 같은 평면상에 있는 것을 말합니다. 직접 종이에 인쇄하지 않고 중간에 고무판(블랭킷)을 거쳐서 종이에 잉크가 묻도록 하는데, 이와 같이 간접적으로 인쇄하는 것을 오프셋 인쇄(Offset Printing)라고 합니다.

이 공정은 물과 기름이 서로 반발하는 성질을 이용하는 것으로, 잉크가 묻는 오목한 곳(화선부(畵線部))에는 기름을 끌어당기는 친유성(親油性) 층을 만들고, 비화선부에는 수분을 끌어당기는 친수성(親水性) 층을 만들어 물이 묻지 않은 곳에만 잉크가 묻도록 하여 인쇄합니다. 그래서 평판용의 잉크는 물에 녹지 않는 유성 잉크를 사용합니다.

인쇄된 잉크 두께는 볼록판 인쇄보다 균일하며 잉크를 고무판에 옮겼다가 종이에 묻히므로, 종이 표면이 거칠어도 비교적 선명하게 인쇄되기 때문에 사진이 많은 인쇄물에 주로 사용됩니다. 하지만 인쇄 과정에서 물을 사용하기 때문에 다른 인쇄 방식에 비해 잉크의 광택이 약합니다.

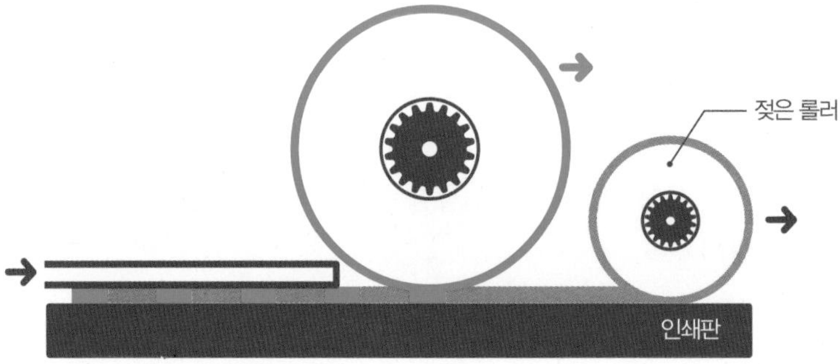

오목판 인쇄(그라비아 인쇄)

오목판 인쇄는 볼록판 인쇄와 반대로 잉크가 묻어야 할 부분이 오목하게 들어가 있어서 그 깊이에 따라 잉크를 머금는 것을 말하며 에칭, 그라비아 인쇄(Gravure Printing)가 이에 해당합니다.

잉크를 판 전면에 칠하고 표면에 과도하게 묻은 잉크를 닥터 블레이드(Doctor Blade)로 긁어내면 잉크는 오목한 곳(화선부)에만 남게 됩니다. 그 위에 종이를 얹고 압력을 가하면 종이에 잉크가 묻어납니다. 오목판 인쇄에 사용되는 잉크의 절대량은 다른 방식에 비해 많으며 상대적으로 두꺼운 층으로 인쇄할 수 있기 때문에 주로 증권, 수표 같은 고급 인쇄물에 사용됩니다.

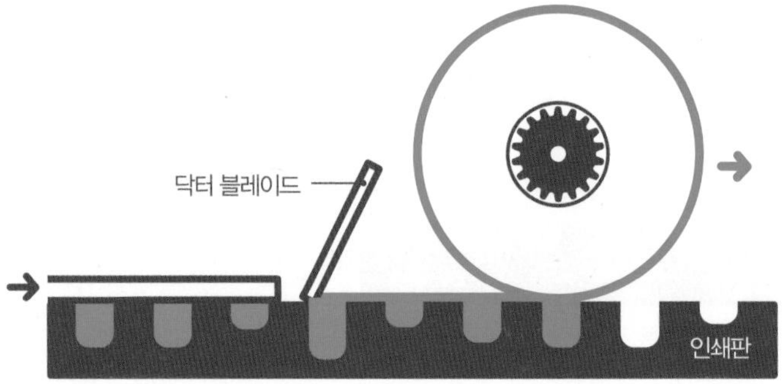

TIP 오목판 인쇄의 잉크량은 약 0.1mm 두께까지 인쇄할 수 있어 위조를 방지할 수 있도록 돕는 역할을 합니다.

스크린 인쇄

흔히 세리그래피(Serigraphy)라고도 알려져 있습니다. 비단이나 화학섬유의 천을 촘촘하고 팽팽하게 프레임에 고정한 뒤 형지나 아교재를 이용해 불필요한 부분은 막고 필요한 부분은 잉크가 통과할 수 있도록 합니다. 스크린에 잉크를 붓고 고무판(스퀴지, Squeegee)을 이용해 문지르면 잉크가 스크린을 통하여 인쇄됩니다.

스크린 인쇄는 다른 인쇄보다 잉크 층이 두껍게 적용되며 사용할 수 있는 색상도 자유롭다는 장점이 있습니다. 때문에 형광 잉크나 UV 잉크 같은 특수 잉크를 이용하거나 금속, 유리, 도자기 등 어떤 피인쇄물에도 인쇄가 가능하며 복권의 긁는 부분이나 DVD 또는 의류에도 사용할 수 있습니다. 하지만 섬세한 선이나 망점의 표현이 어려우므로 많은 부수나 정밀한 인쇄물에는 적합하지 않습니다.

그래픽 디자인 분야에서 화려하고 선명한 색감과 시각적으로 독특한 효과를 주기 위해 직접 실크스크린을 시도하는 디자이너가 많아지고 있으며 다른 인쇄 기법에 비해 쉽게 다가갈 수 있다는 점에서 주목할 만한 인쇄 기법입니다.

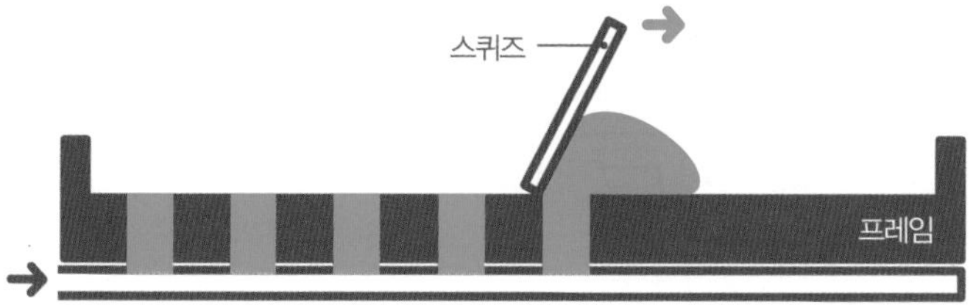

03 디자인에 날개를 달아주는 후가공

인쇄 작업을 완료한 후 좀 더 완성도 있는 결과물을 만들기 위해 또다시 가공하는 과정을 거칩니다. 용지의 표면을 강화하거나 장식하기 위해 취하는 후가공입니다. 대표적인 방식으로 코팅, 형압, 박 등이 있는데 후가공은 편집물의 완성도를 높이고 개성 있게 만들어주는 중요한 역할을 합니다. 인쇄물의 전반적인 느낌을 표현하는 데 유리할 뿐 아니라 그 사용 방식과 종류도 매우 다양하기 때문에 디자이너라면 기본적인 후가공 상식을 알고 있어야 합니다.

코팅(라미네이팅)

라미네이팅(Laminating)이라고도 부르는 코팅은 크게 유광과 무광으로 나뉘며 그 안에는 다시 건식과 습식이 있습니다. 코팅의 광택은 종류에 따라 인쇄물의 전반적인 느낌을 좌우하는데 이후에 적용될 박이나 UV 같은 후가공 방식을 선택하는 기준이 되기도 합니다. 이를테면 유광 코팅 위에 UV나 에폭시로 효과를 넣는 것보다 무광 코팅 위에 같은 효과를 주는 것이 시각적으로 도드라지게 표현되는 것이죠.

기본적으로 인쇄물에 코팅을 하는 이유는 종이의 내구성을 높이기 위해서입니다. 코팅을 하면 변색, 방습, 표면 보호 등에 효과적이며 인쇄물을 더 오래 사용할 수 있도록 도와줍니다. 따라서 책처럼 오랫동안 보는 인쇄물은 코팅을 하는 편이 좋습니다. 하지만 코팅을 하면 종이 자체의 질감이 뭉개지기 때문에 이를 살리고 싶다면 코팅에 무늬를 넣는 방식으로 대체할 수 있습니다. 종이가 너무 얇아도(100g 이하) 코팅이 어려우니 종이와 코팅 방식을 신중히 고려해 작업해야 합니다.

건식 코팅

접착제를 이용하여 종이에 비닐을 입히고 열을 이용하여 건조시키는 방식입니다. 가격은 습식보다 저렴하고 시간을 단축할 수 있지만 기포가 생겨 완성도가 떨어지는 느낌을 줍니다. 실제 제작 단계에서는 잘 사용하지 않지만 가제본을 위한 목적으로 인쇄소나 프린트 업체에서 쉽게 적용할 수 있습니다.

습식 코팅

접착제를 이용하여 종이에 비닐을 입혀 자연 건조시키는 방식입니다. 건식 코팅보다 시간이 오래 걸리며 종이가 롤러에 말려들면서 작업되기 때문에 코팅 후 인쇄물이 돌돌 말리는 현상이 있습니다. 작업 직후에는 뿌옇게 보이지만 건조 후에는 투명해지며 기포가 생기지 않습니다. 작업의 완성도가 높아 본인쇄물 제작에 많이 쓰이는 방식입니다.

유광 코팅

표면에 광택이 있는 비닐을 입히는 방법으로 가장 많이 사용하는 방식입니다. 색감과 색의 대비가 강하게 나타나기 때문에 생기 있고 활발한 느낌을 주며 특히 별색을 사용했을 때 효과가 극대화됩니다. 하지만 너무 심한 광택은 눈에 피로감을 주고 지문 자국이 남을 수 있어 인쇄물의 목적에 맞게 사용해야 합니다.

무광 코팅

표면에 무광의 비닐을 입히는 방법으로 고급스러운 인쇄물을 제작할 때 자주 사용합니다. 유광과 무광 모두 고급스러운 느낌을 주지만 무광의 느낌이 더 차분합니다. 이후에 박이나 UV 코팅을 사용한다면 무광이 더 제대로 표현됩니다. 하지만 스크래치에 약하므로 검정과 같이 진한 색상을 배경색으로 사용했을 경우에는 유통 과정에서 스크래치가 나지 않도록 유의해야 합니다.

그 외

종이컵과 같은 식료품 용기에 사용되는 파라핀 코팅, 신분증에 사용되는 폴리에스테르 필름 코팅, 과자 상자에 사용되는 CR 코팅, 친환경 코팅 방식인 UV 코팅 등이 있습니다.

UV 코팅과 에폭시

UV 코팅은 라미네이팅과 비슷하지만 UV 잉크를 사용했다는 점과 강도와 두께감에서 차이가 있습니다. 스크린 인쇄 기법으로 인쇄되며 UV 코팅을 단독으로 사용하기보다는 무광 라미네이팅 위에 사용해 효과를 극대화합니다.

여러 종류의 UV 잉크 중에 무색(투명) 잉크가 가장 많이 사용되지만 유색 UV 잉크도 있습니다. 색을 입히고 그 위에 투명 UV 잉크를 사용하는 방법과 흰 종이에 색이 있는 UV 잉크를 사용하는 방법에는 분명한 차이가 있으므로 샘플을 확인한 후 원하는 느낌을 선택하는 것이 좋습니다. 스크린 인쇄의 특징을 살린 입체감으로 특정 부분을 강조하거나 유화처럼 색을 덧칠한 느낌도 낼 수 있습니다.

에폭시는 UV 코팅의 한 종류로 돌출되면서 반짝이는 느낌이 더 강하게 표현됩니다. UV 코팅을 이용한 후가공 기법은 서점에서 흔히 볼 수 있는 책 표지에 많이 사용되며 다른 후가공과 결합시켜 재미있는 효과도 연출할 수 있습니다.

◀ 형압, 타공, 미싱, UV 코팅 등 다양한 후가공이 들어간 인쇄물

박

박(箔, はく)은 금속을 종이처럼 얇게 편 것을 의미하며 일본어에서 유래했습니다. 박은 박을 찍을 종이 위에 금속 종이를 놓고, 그 위에 박의 형태를 딴 동판을 갖춰 열과 함께 압력을 가해 만듭니다. 이 과정을 거치면 동판 모양대로 박이 종이에 찍혀서 나옵니다. 박은 종이뿐만 아니라 천, 나무, 가죽 등 다양한 원단에 사용할 수 있으며 일반적으로 인쇄의 마지막 단계에서 작업합니다. 하지만 박의 형태가 너무 얇거나 면적이 좁은 오브젝트는 효과가 반감되거나 잘 안 나올 수 있으니 주의해야 합니다.

흔히 박이라 하면 금박, 은박처럼 금속의 순색을 연상하겠지만 다양한 색상에 따라 적박, 청박과 같은 박도 있으며, 금속 입자의 크기에 따른 다양한 형태의 홀로그램박도 존재합니다. 또 코팅과 마찬가지로 박 역시 유광과 무광으로 나뉩니다. 디자이너는 업체에서 제공하는 다양한 샘플을 보고 자신의 디자인과 어울리는 박을 선택해 사용할 수 있습니다.

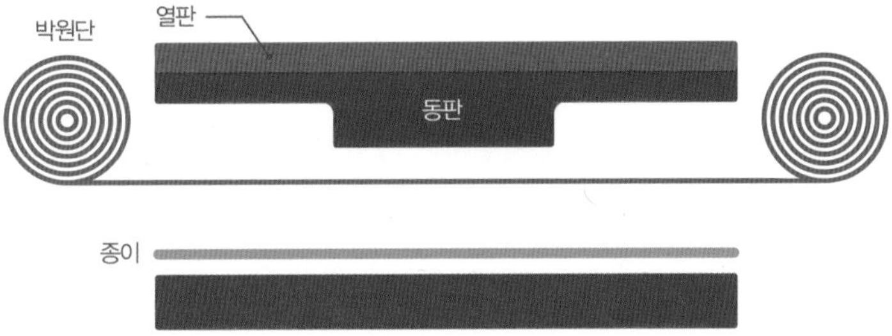

형압(엠보싱)

박을 찍는 공정에서 박 원단을 제외하면 형압이 됩니다. 형압은 엠보싱(Blind Stamping)이라고도 하며 인쇄물에 포인트를 주고자 열과 압력을 가해 원하는 모양을 입체적으로 튀어나오게 하거나 움푹 파인 효과를 주는 기법입니다. 형압의 모양은 각지거나 부드럽게 또는 양각과 음각을 자유롭게 사용할 수 있습니다. 인쇄되지 않은 종이에 형압만으로도 고급스러운 그래픽을 연출할 수 있습니다.

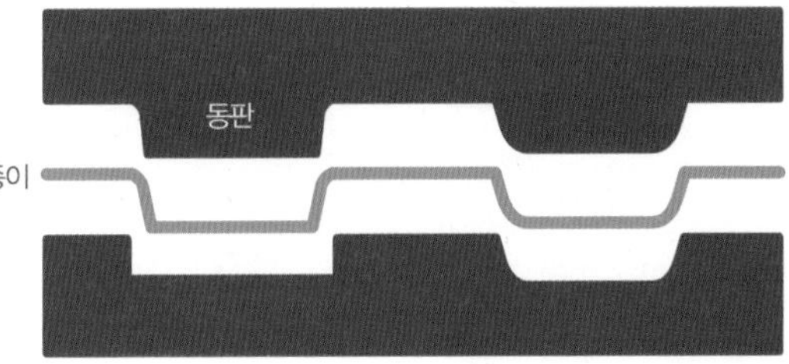

타공

타공은 전개도를 따라 목형이라 불리는 나무판에 직선 혹은 곡선의 형태로 칼선을 만들어 종이를 따내는 기법을 말합니다. 타공에는 라운딩(귀도리)과 미싱처럼 규격화된 방법이 있고 특정 인쇄물을 위해 직접 제작하는 경우도 있습니다.

라운딩(귀도리)

책이나 명함처럼 사각형으로 만들어진 인쇄물의 모서리를 둥글게 자르는 기법을 말합니다. 라운딩 가공은 라운드 형태로 잘려 나간 부분과 직선 면의 접점이 매끄럽지 않을 수 있으며 일반적으로 4mm, 6mm의 라운드 크기를 많이 사용합니다.

미싱

티켓이나 우표처럼 절취되는 부분에 작은 바늘로 촘촘히 구멍을 뚫어 한쪽 면을 쉽게 뜯을 수 있도록 하는 방법입니다. 형태는 우표에서 볼 수 있는 동그란 모양과 티켓에서 흔히 볼 수 있는 점선 모양이 있습니다.

톰슨가공(도무송)

톰슨가공은 특정 인쇄물을 위해 직접 목형을 제작해 작업하는 방법으로 디자이너가 원하는 형태의 칼선을 직접 그려서 의뢰해야 합니다. 화면상으로 보거나 작은 크기의 샘플을 만들어 짐작하기보다는 실제로 사용할 종이로 실제 크기에 맞춰 만들어보고 문제가 없는지 확인한 후에 넘겨야 합니다. 종이를 입체적으로 자르거나 접을 때는 종이의 성질에 따라 느낌이 달라지는 경우가 많으며 두꺼운 종이는 두께 때문에 원하는 형태로 접히지 않을 수도 있으니 유의해야 합니다.

후가공 파일 만들기

후가공 파일이라고 해서 거창하게 생각할 필요는 없습니다. 대부분의 후가공은 필름으로 판을 떠서 제작하기 때문에 1도짜리 필름을 뽑을 수 있도록 작업하면 됩니다.

01 금색(노란색) 이파리 부분에 금박을 찍는다고 가정해봅시다.

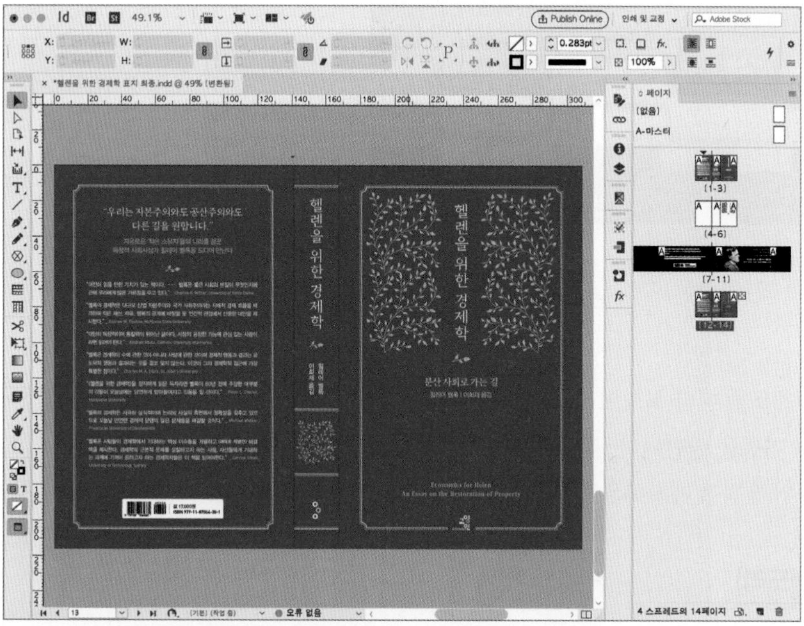

TIP 이 실습은 실전 프로젝트(헬렌을 위한 경제학 양장 표지 디자인, 367쪽)에서 자세히 설명합니다.

02 후가공으로 표현할 금색 이파리 부분을 모두 검정(먹 1도)으로 바꿔 문서(페이지)를 하나 더 만들면 됩니다. 참 쉽죠?

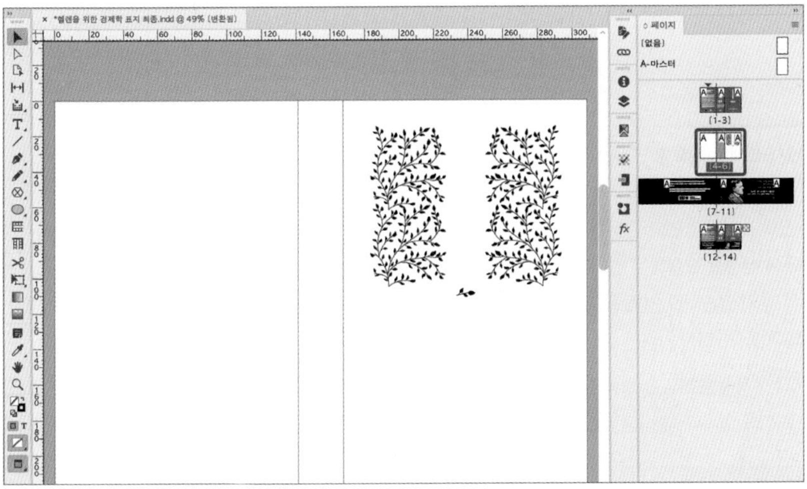

03 하지만 이때 유의해야 하는 것이 있습니다. 바로 인쇄가 되는 종이 부분인데요. 인쇄가 아닌 금박으로 효과를 주려고 할 때는 박이 들어갈 위치에 인쇄가 되지 않아야 합니다. 따라서 인쇄용으로 파일을 보낼 때는 그림처럼 금박이 들어가는 부분을 지우고 보내야 합니다.

TIP 어차피 박이 씌워지면 인쇄된 부분은 가려져서 보이지 않을 텐데 뭐가 걱정이냐고요? 박을 찍을 때 인쇄된 부분을 정확하게 가릴 수 있다면 문제가 없겠지만 0.01mm라도 오차가 생긴다면 뒤에 인쇄된 부분이 보이기 때문입니다. 물론 예외도 있습니다. 예를 들어 검정 배경 위로 금박이 들어간다고 가정할 경우, 박 뒤에 검정으로 인쇄하는 것이 더 안전하겠지요? 검정이 무조건 오버프린트(중복 인쇄)되듯이 박도 오버프린트로 처리하는 것이 더 안전하니까요!
하지만 투명한 UV 코팅이나 에폭시를 후가공으로 선택했을 때는 효과가 투명하기 때문에 후가공이 들어갈 자리에 미리 인쇄를 해야겠지요. 즉, 후가공의 특성에 따라 인쇄를 해야 하는지, 하지 말아야 하는지를 정확하게 판단해야 합니다. 또 접지 부분이나 인쇄물의 절단면에 후가공이 들어갈 경우에는 벗겨질 위험이 있고, 너무 정교한 그래픽은 표현하기 힘들 수 있으므로 사전에 후가공에 대한 정보를 충분히 숙지한 다음 적용해야 합니다. 후가공은 샘플을 제작하기 어려우므로 다른 곳에 적용된 후가공을 검토해보고 느낌을 익히는 자세도 중요합니다.

인쇄소에 최종 파일을 넘기기 위해서는 인쇄할 종이 문서와 후가공 필름을 만들 문서, 이렇게 두 개의 파일이 반드시 있어야 합니다. 물론 인쇄 담당자와 제작자의 이해를 돕기 위해서 완성되었을 때 어떤 모습인지 알 수 있는 샘플도 필요하겠지요?

10년차 선배의 멘토링 후가공 샘플을 만드는 노하우

후가공은 인쇄 교정처럼 쉽고 간단하게 확인할 수 있는 게 아닙니다. 그래서 후가공 샘플을 만드는 가장 좋은 방법은 단골 제작소에 샘플을 요청하는 겁니다. 주문 수량이 큰 건에 대해서는 흔쾌히 샘플을 만들어줄지도 모릅니다. 하지만 이런 경우는 흔치 않습니다. 샘플을 제작하려면 샘플을 위한 동판을 제작해야 하기 때문입니다. 그렇다면 어떻게 해야 할까요? 디자이너가 직접 만들면 됩니다.

UV 코팅이나 에폭시는 투명한 오공 본드를 이용합니다. 박은 싼 가격은 아니지만 판박이의 일종인 칼라이즈를 이용하여 비슷한 느낌을 낼 수 있습니다. 타공은 온몸에 정신을 집중한 후 정교한 칼질을 통해 만들 수 있습니다.

▲ 칼라이즈를 이용해 수작업으로 만든 은박 효과

04

종이도 꿰어야 보배, 접지와 제책

인쇄를 마쳤다면 이제 인쇄된 종이를 엮어야 합니다. 엮지 않은 책을 어찌 책이라 부를 수 있겠습니까? 앞서 알아보았던 후가공도 재미난 것들이 많았지만 즐거움은 아직 끝나지 않았습니다. 제책 과정도 특이하고 재미있는 방식이 많이 있기 때문입니다. 특히 후가공과 제책은 인쇄물에서 가장 먼저 눈에 띄는 부분이므로 더 잘 알아두어야 합니다.

접지

접지는 한 장의 종이를 다양한 방법으로 접어 책의 형태로 만드는 방식입니다. 접지 모양 자체가 페이지를 구분하게 하여 원하는 정보를 쉽게 찾아볼 수 있고, 책보다 더 작은 포맷으로 만들고자 할 때 유리합니다. 대체로 연결된 페이지에 접지 모양을 응용해 디자인합니다.

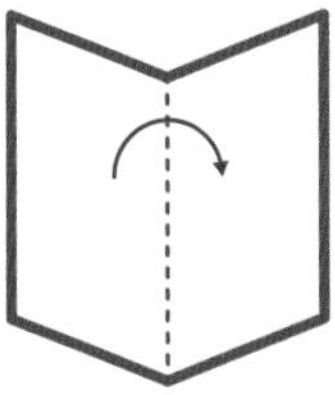

▲ 두 번 접기

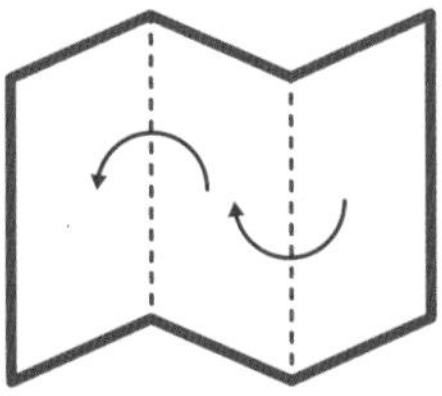

▲ 세 번 접기

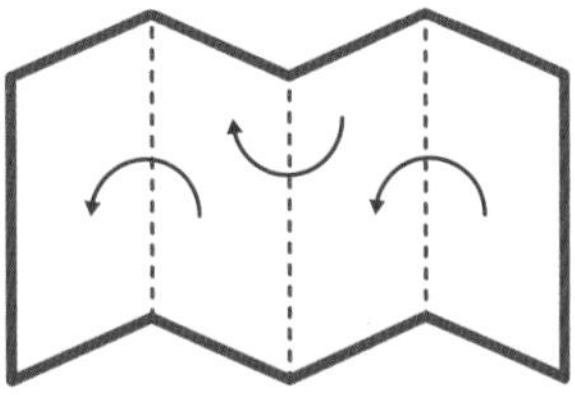

▲ 병풍 접기, 주름 접기

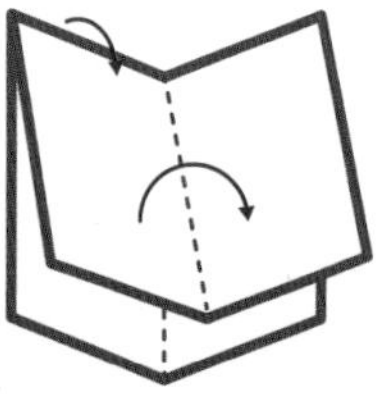

▲ 십자 접기

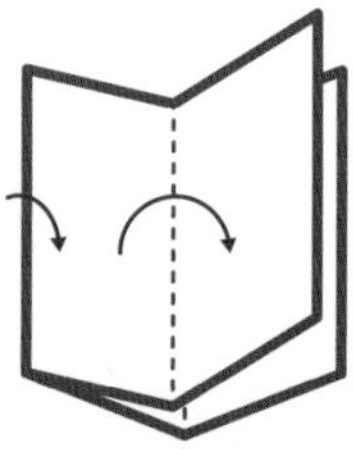

▲ 감아 접기

▲ 대문 접기

접지는 크게 접는 횟수나 형태에 따라 구분하며, 정해진 포맷 외에도 재미있는 아이디어를 가미한 독특한 접지 방식도 만들 수 있습니다. 하지만 일반적이지 않은 방식을 선택했다면 반드시 샘플을 제작소에 보내어 제작에 혼동이 없도록 해야 합니다.

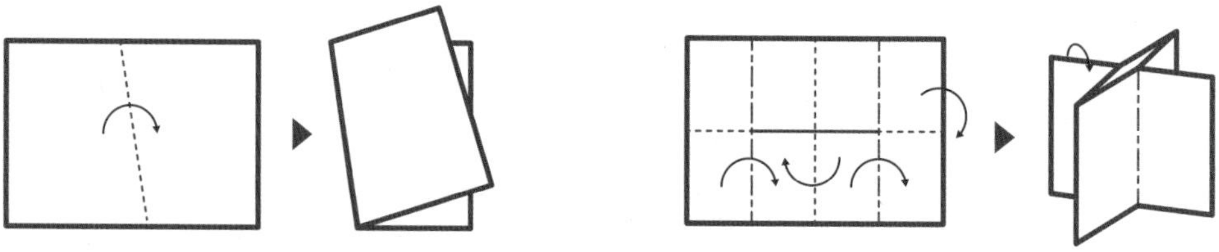

▲ 접지의 방향을 틀거나 칼집을 내서 전혀 다른 형식으로 보이도록 만들 수도 있습니다.

접지는 풀칠하고 건조하는 시간이 필요 없기 때문에 다른 제책 과정보다 제작 기간이 짧습니다. 또 두꺼운 종이를 접지할 경우에는 누름자국(오시)을 만들어 종이가 뜯어지는 것을 방지해야 합니다. 제작비 아낀다고 누름자국을 넣지 않았다가는 책이 제대로 접히지 않는 수가 있습니다.

중철 제책

중철은 네 페이지(펼침면 한 장) 단위로 재단하여 가운데를 스테이플러로 박아 제책한 것을 말합니다. 주로 적은 양의 페이지를 제책할 때 사용하는 방식으로 브로슈어나 카탈로그, 잡지 등에 사용합니다.

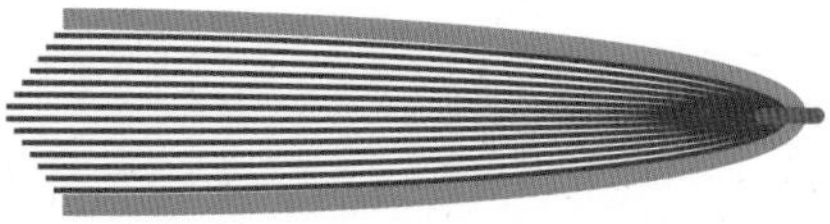

▲ 중철 제책

중철 제책을 할 경우 페이지가 많아짐에 따라 표지와 본문 사이에 계단처럼 층이 생기면서 가운데 부분이 튀어나옵니다. 보통은 이 부분을 잘라 내어 깔끔하게 만들지만 층이 너무 심한 경우에는 본문 내용이 함께 잘릴 수도 있습니다. 이를 방지하기 위해서는 본문의 바깥쪽 여백을 넉넉하게 한 다음 잘라 내거나 튀어나온 부분을 자르지 않는 방법이 있습니다. 하지만 가장 이상적인 방법은 너무 많은 페이지라면 중철 방식으로 제책하지 않는 것입니다.

스테이플러가 보이지 않도록 책등을 따라 띠를 두르는 경우도 있는데 이때 띠의 모양을 디자인하면 재미있는 효과를 줄 수 있습니다. 또 스테이플러 대신 눈에 띄는 실이나 가죽으로 바느질한 미싱 제책 역시 인쇄물을 돋보이게 하는 제책 방법입니다.

링 제책

낱장의 종이를 스프링을 이용해 제책한 방식으로 수첩이나 달력처럼 페이지를 쉽게 넘겨야 하는 인쇄물에 주로 사용합니다. 낱장의 종이가 떨어지지 않도록 튼튼하게 엮을 수 있고, 펼침성이 좋아 페이지를 쉽게 뒤로 넘길 수 있습니다.

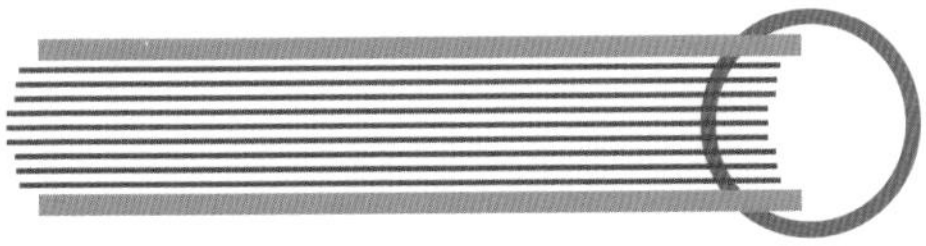
▲ 링 제책

링 제책을 할 때는 적어도 1cm 정도 스프링이 들어가는 자리를 고려하여 여백을 설정해야 합니다. 스프링은 디자인이나 가격이 다양하므로 제공되는 샘플을 보고 원하는 형태를 선택해 개성 있는 디자인을 완성할 수 있습니다.

무선 제책

무선 제책은 접착제를 이용해 종이를 엮는 방법을 말하며 단행본에서 가장 많이 사용하는 제책 방식입니다. 일반적으로는 대수에 맞게 종이를 엮은 다음 제책이 되는 면을 긁거나 칼집을 내어 그곳에 풀칠을 합니다. 그렇게 순서대로 포개진 종이를 소프트커버에 접착시키는 방법으로 제작합니다. 하지만 흔히 대학가 주변에서 출력과 제본을 함께하는 출력실(프린트실)의 경우, 대수가 아닌 낱장의 종이에 풀칠을 하여 제책하는 떡 제본을 무선 제책이라 표현하는 경우가 많습니다. 또 실로 엮어 제책한 반양장이지만, 같은 소프트커버로 표지를 제작하기 때문에 이 역시 무선 제책이라 부르기도 합니다. 하지만 떡 제본은 내구성이 약하므로 180°로 책을 펼칠 경우 종이가 낱장으로 떨어질 우려가 있습니다. 따라서 단행본이라면 무선 제책이나 반양장으로 제책하는 것이 좋으며, 떡 제본은 쉽게 뜯어서 사용할 수 있는 메모지를 만들 때 적용하는 것이 좋습니다. 뭉뚱그려서 무선 제책이라고 하지만 무선 제책과 반양장 제책, 그리고 떡 제본의 사용 범위가 다르다는 점을 꼭 알아두어야 합니다.

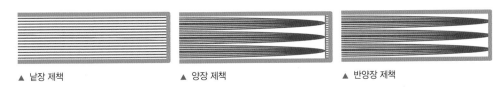

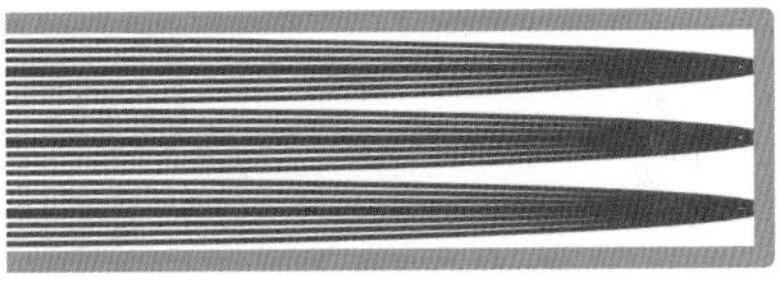
▲ 무선 제책

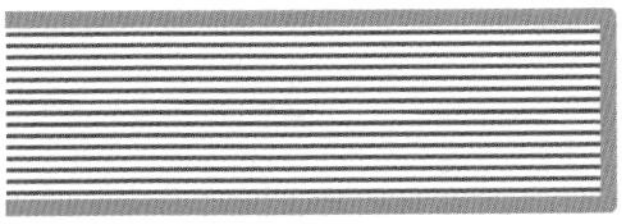
▲ 낱장 제책

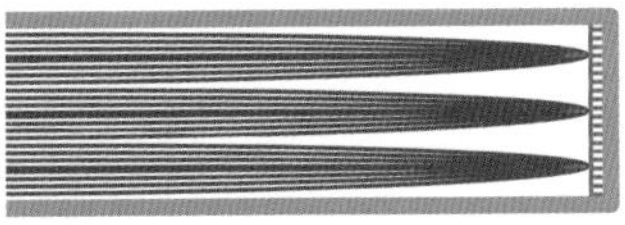
▲ 양장 제책

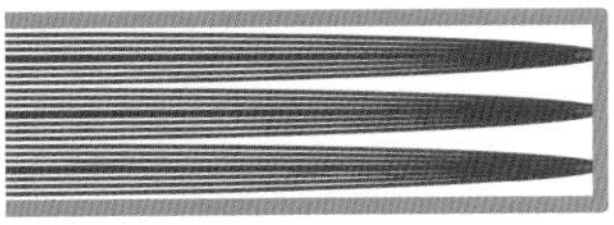
▲ 반양장 제책

양장 제책

양장 제책은 제책 방법 중에 가장 튼튼한 방법입니다. 대수에 맞게 종이를 실로 엮어 떨어지지 않게 고정한 다음 두꺼운 합지나 가죽 표지와 연결하는 방식으로 제작됩니다. 따라서 양장 제책을 할 때는 합지나 가죽의 두께도 고려하여 표지와 책등의 크기를 정해야 합니다.

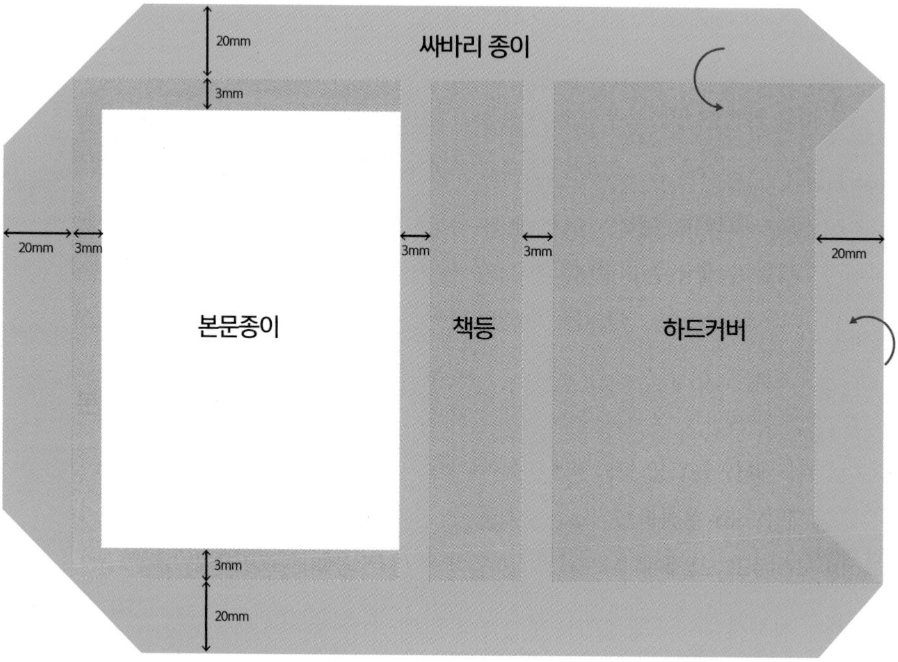

양장 제책은 제작 시간도 오래 걸리고 비용도 비쌉니다. 그러나 양장 제책의 형태가 주는 클래식한 느낌을 얻기 위해 사용하기도 하며, 내용물을 단단히 보존하기 위해 사용하기도 합니다. 종이를 엮는 방식과 두꺼운 표지로 인해 내구성이 뛰어나 내용물을 오래 보존할 수 있지만 무게가 많이 나가므로 휴대성은 떨어지는 편입니다. 하지만 본문 종이를 가벼운 용지로 선택하거나 판형을 작게 제작하면 휴대하기 쉽고 책이 상하는 것도 방지할 수 있어 소설책 등에 자주 사용되기도 합니다.

일부러 책등을 노출시켜 시각적으로 독특한 느낌을 주는 누드 제책으로도 응용할 수 있으며, 다양한 재질을 표지로 사용할 수 있으므로 고풍스럽고 고급스러운 느낌도 연출할 수 있습니다.

그 외 독특한 제책 방식

앞서 언급한 제책 방식은 인쇄물을 만들 때 가장 많이 사용하는 방식입니다. 하지만 그 외에도 독특한 제책 방법이 있으며, 디자이너가 직접 재미있는 방식을 만들 수도 있습니다. 종이를 반 접어서 제책하는 방식인 '프랑스 제책'은 프랑스에서 많이 사용해서 지어진 이름인데, 말려드는 면에 배경색을 칠하거나 재미있는 그래픽을 숨겨서(또는 비밀스러운 내용을 숨겨) 작업하면 재미있는 효과를 줄 수 있습니다.

익숙하지만 색다른 느낌을 주는 우리나라의 '전통 제책'도 있는데, 낱장의 종이를 실로 꿰매어 제책하는 방식으로 실을 꿰맨 모양에 따라 다양한 느낌을 줄 수 있습니다. 책의 표지에도 다양한 변화를 시도할 수 있으므로 변화를 주고 싶은 인쇄물에 사용하면 색다른 느낌을 얻을 수 있습니다.

하지만 너무 특이한 제책 방식은 제작 시간과 비용이 많이 들어서 부담스럽기도 합니다. 그렇지만 때에 따라 비용과 시간을 들여서라도 독특한 디자인을 만들고 싶다면 한 번쯤 고려해볼 만하지 않을까요? 독특하면서 비용이 저렴한 방식을 발견하게 될 수도 있습니다.

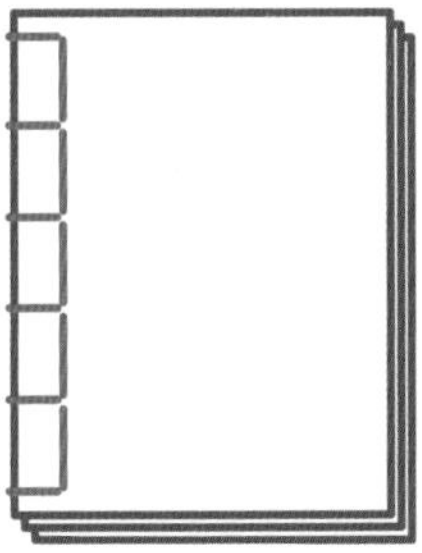

▲ 전통 제책

▲ 프랑스 제책

10 년차 선배의 멘토링 누구보다 정확히 인쇄 스케줄 잡기

10여 년을 일해본 경험상 인쇄 데이터를 보낸 즉시 인쇄 작업을 한다고 가정하면, 단면으로 디자인한 포스터는 빠르면 하루, 평균 2~3일 정도면 제작과 배송이 완료됩니다. 물론 이때는 인쇄소와 배송지가 같은 도시에 있다고 가정할 때입니다. 하지만 섬이나 산간 지방이 아니고서는 대부분 하루이틀이면 배송이 완료되지요. 물론 설이나 추석 같은 택배 성수기에는 일주일 전에 배송을 시작할 수 있도록 하는 것이 좋습니다. 이처럼 인쇄 스케줄은 다양한 요인에 따라서 달라지는데, 그 요인은 다음과 같습니다.

- **몇 페이지인가?**
- **몇 도로 작업되었는가?**
- **몇 부를 찍는가?**
- **어떤 후가공이 들어갔는가?**
- **어떤 제책 방식을 선택했는가?**
- **어떤 포장 방식을 선택했는가?**
- **인쇄 성수기인가 비수기인가?**
- **장마철인가?**
- **개별 배송인가?**
- **택배 시즌인가?**

보통 카탈로그나 브로슈어처럼 페이지 수가 많지 않은 인쇄물은 일주일, 단행본은 무선 제책이냐 양장 제책이냐에 따라 다르지만 대략 보름 정도면 충분합니다. 물론 이보다 더 복잡한 제작 과정이 있다면 한 달이 넘게 걸리기도 하지요. 요즘에는 시설이 좋아져서 습도 관리가 잘 되지만 그래도 장마철처럼 잉크가 빨리 마를 수 없는 환경이 지속되는 계절에는 시간의 여유를 더 갖는 것이 좋습니다. DM이나 광고물처럼 개별적으로 우편 배송되는 인쇄물은 각각의 인쇄물에 개별 주소를 붙여 작업할 수 있는 시간을 따로 계산해야 합니다. 따라서 디자이너는 작업하는 인쇄물의 성격에 따라 대략적인 작업 기간을 예측해 인쇄소와 정확한 스케줄을 잡을 수 있어야 합니다.

편집디자인 실무 프로젝트

PART 02

PROJECT 01

나만의 텍스처로 만드는 굿즈 디자인

떠오르는 생각이나 이미지를 그때그때 메모할 수 있는 노트를 만들어봅니다. 글을 쓸 수 있으면서 그림도 그릴 수 있게 바둑판 모양의 격자 패턴을 적용해보려고 합니다. 실제로 노트를 만들어 이벤트 굿즈로 활용할 수도 있습니다.

PREVIEW

Ai 파일의 이미지를 불러와 어울리게 배치합니다.

#텍스트와 어울리는 # Ai 파일 활용하기

선을 이용해 모눈종이를 만듭니다.

#같은 선이 반복될 때에는 #색, 굵기를 다르게 해 #차이를 표현합니다 #모눈종이 #빠르게 #만들기

다양하게 베리에이션할 수 있습니다.

#색과 서체를 #다르게 적용하면 #다른 굿즈로 #변신

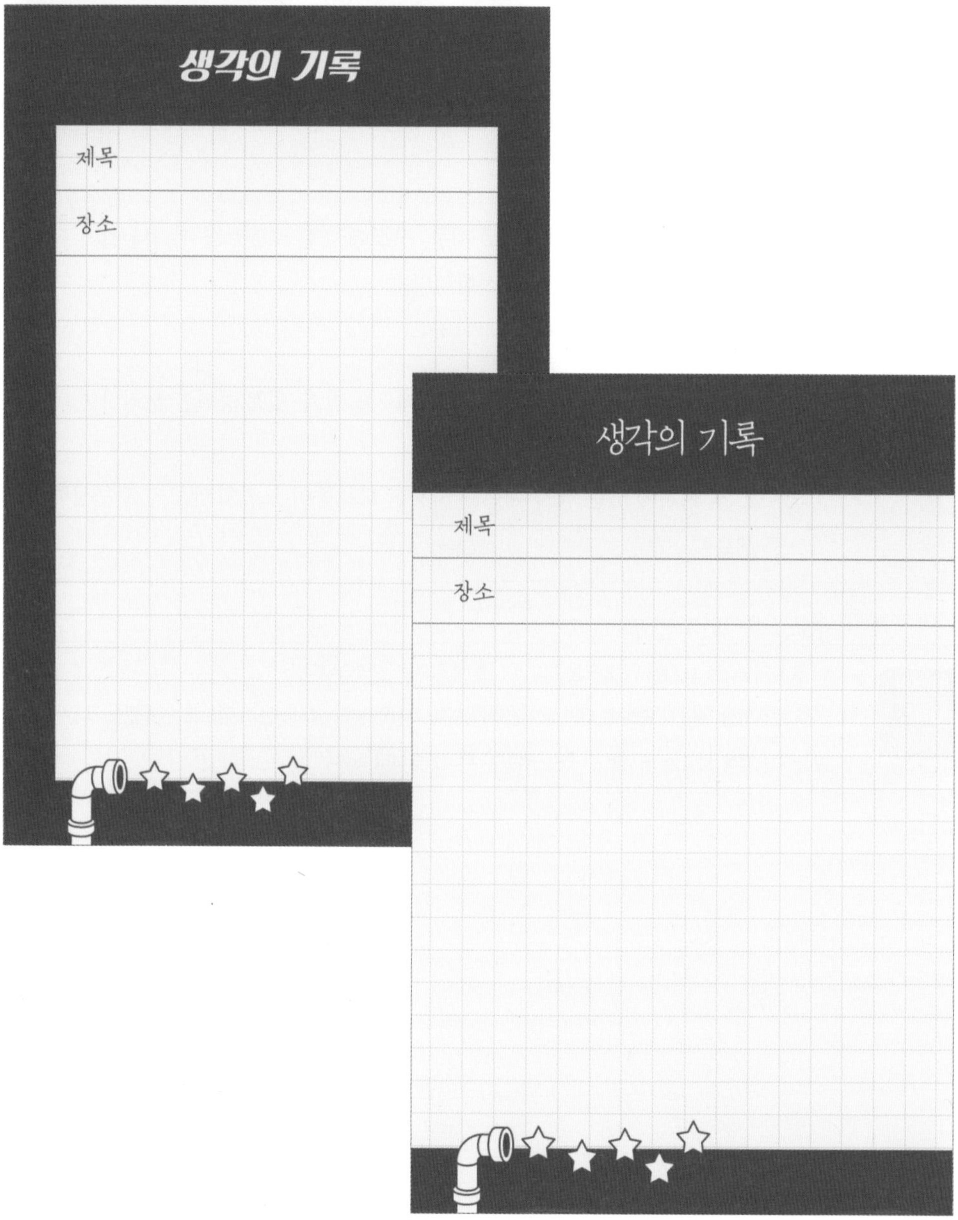

제작의뢰서

번호	종류	내용
1	제목	기획자의 습관 사은품, 기획자의 수첩
2	종류	메모지
3	구성	생각을 적는 메모지, 노트
4	판형	80×120mm
5	참고 구성	생각을 기록한다는 형식으로 제목, 장소에 대한 코멘트를 적거나 일기 혹은 평점을 매기는 메모지를 구성합니다. **디자인 방향** 1. 제목, 날짜, 평점을 적는 공간과 메모를 할 수 있는 공간을 분리하여 디자인해주세요. 2. 책 표지에 있는 격자 패턴을 사용한 모눈종이 느낌의 메모지로 구성해주세요.

10년차 선배는 이렇게!

- 《기획자의 습관》 표지에 있는 모눈종이 무늬를 배경으로 깔았습니다.
- 우주 콘셉트를 살리기 위해 표지의 잠만경 이미지를 가져와 별이 발사되는 느낌으로 연출했습니다.
- 발사되는 별에 평점을 표시할 수 있는 역할을 부여했습니다.

STEP 01

굿즈로 사용하는 메모지 만들기

메모용 노트를 만들기 위해 먼저 배경이 될 모눈종이 패턴을 만듭니다. 선 도구를 이용해 가로세로 선을 그리고 단계 및 반복 기능을 이용해 격자 패턴을 완성합니다. 우리가 잘 아는 옥스퍼드 모눈종이와 같은 형식으로 만들어보겠습니다.

실습 파일 : 프로젝트/굿즈 디자인 폴더

배경 만들기

01 ① Ctrl + N 을 눌러 [폭]은 80mm, [높이]는 120mm로 설정하고 ②[여백 및 단]을 클릭합니다. ③[새 여백 및 단] 대화상자가 나타나면 [여백]–[위쪽], [아래쪽], [왼쪽], [오른쪽]을 모두 5mm로 설정하고 ④[확인]을 클릭합니다.

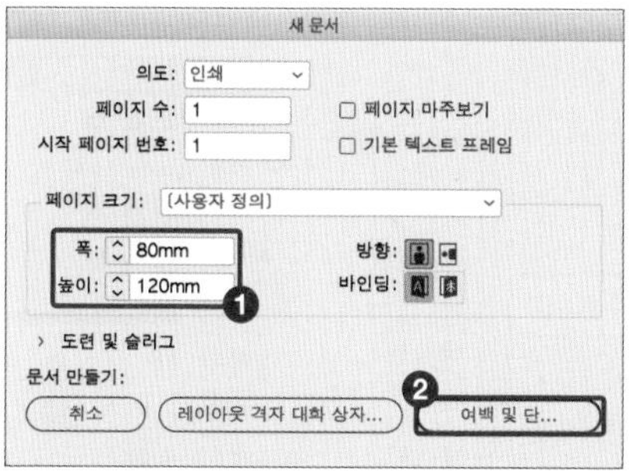

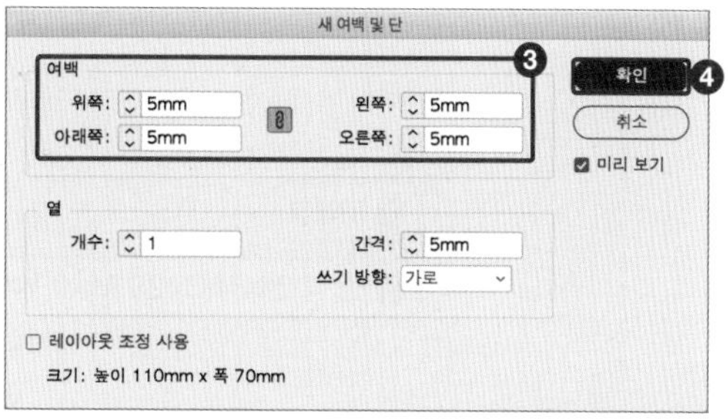

02 설정한 크기의 새 문서가 만들어집니다. ①사각 프레임 도구로 ②페이지 전체를 덮을 수 있는 크기의 프레임을 만듭니다. ③면 색을 연노란색(C=0 M=0 Y=44 K=0)으로 지정합니다.

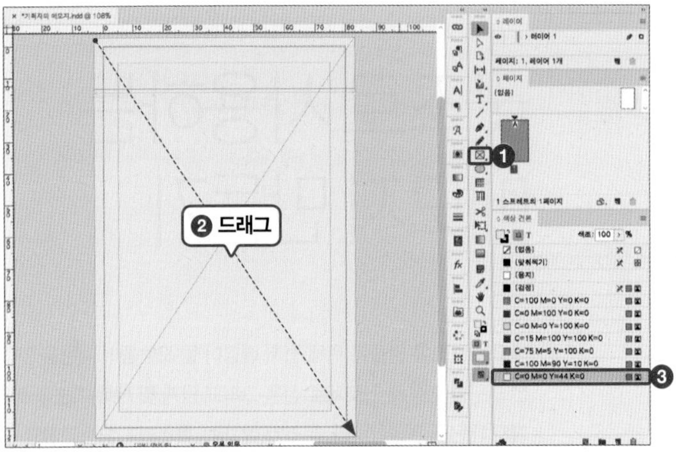

TIP 배경색은 옥스퍼드 모눈종이와 비슷한 색으로 설정했습니다. 해당 색을 [색상 견본] 패널에 등록해두고 사용하면 좋습니다. 원하는 다른 색으로 설정해도 좋습니다.

03 ①다른 작업을 할 때 배경이 움직이지 않도록 [레이어] 패널에서 [레이어 1]을 잠그고 ②새 레이어(레이어 2)를 추가합니다.

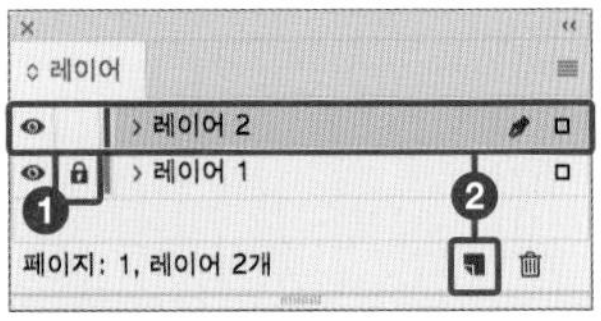

모눈종이 격자 패턴 만들기

04 ①선 도구로 ②문서 전체를 가로지르는 선을 그립니다. ③선 색은 연녹색(C=25 M=0 Y=54 K=0) ④[두께]는 0.3pt로 설정합니다.

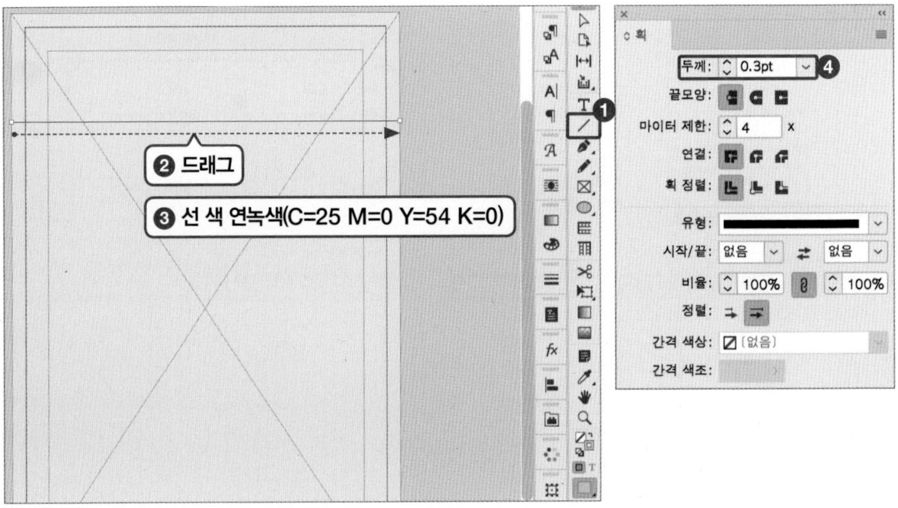

05 ①선을 선택하고 ②[변형] 패널의 [Y]를 20mm로 설정합니다. ③이때 참조점은 상단 중앙에 맞춥니다.

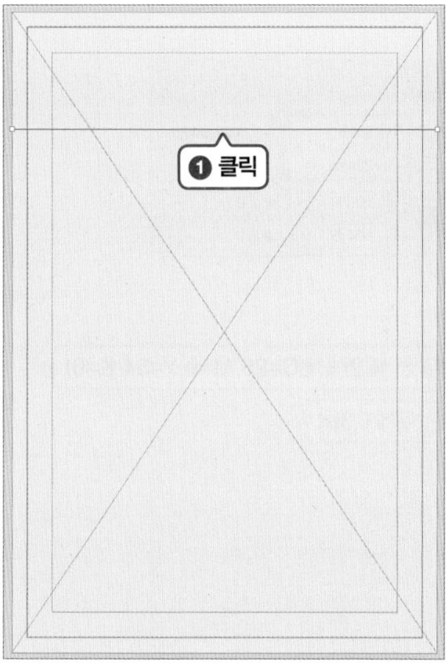

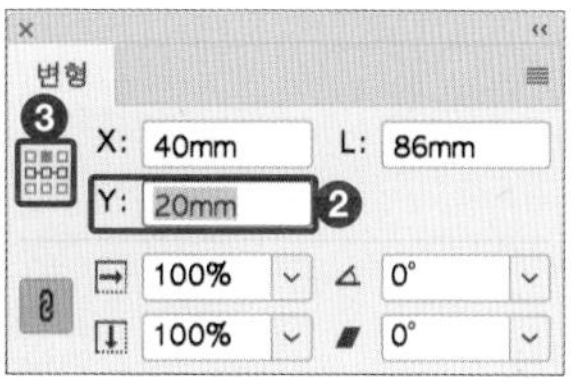

06 ①선이 선택된 상태에서 [편집]–[단계 및 반복] Ctrl + Alt + U 메뉴를 클릭해 [단계 및 반복] 대화상자를 불러옵니다. ②[반복]–[개수]는 20으로 설정하고 ③[오프셋]–[세로]는 5mm, [가로]는 0mm로 설정한 후 ④[확인]을 클릭해 ⑤연속된 선을 만듭니다.

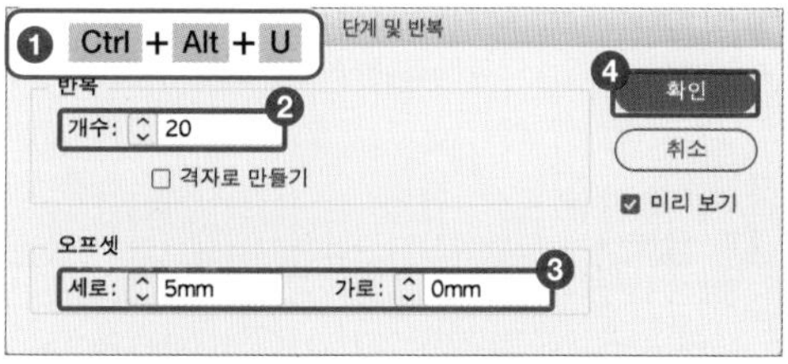

TIP [격자로 만들기]에 체크 표시해서 격자 패턴을 만들 수도 있으나, 여기에서는 차례차례 실습해보도록 합니다.

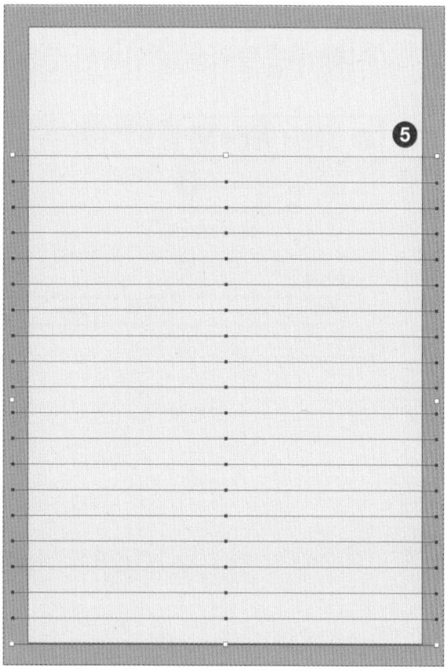

07 04-05 단계와 같은 방법으로 세로선을 그립니다. ①[변형] 패널에서 [X]는 5mm, [Y]는 20mm로 설정하고 ②선 색은 연녹색(C=25 M=0 Y=54 K=0) ③[두께]는 0.3pt로 설정합니다.

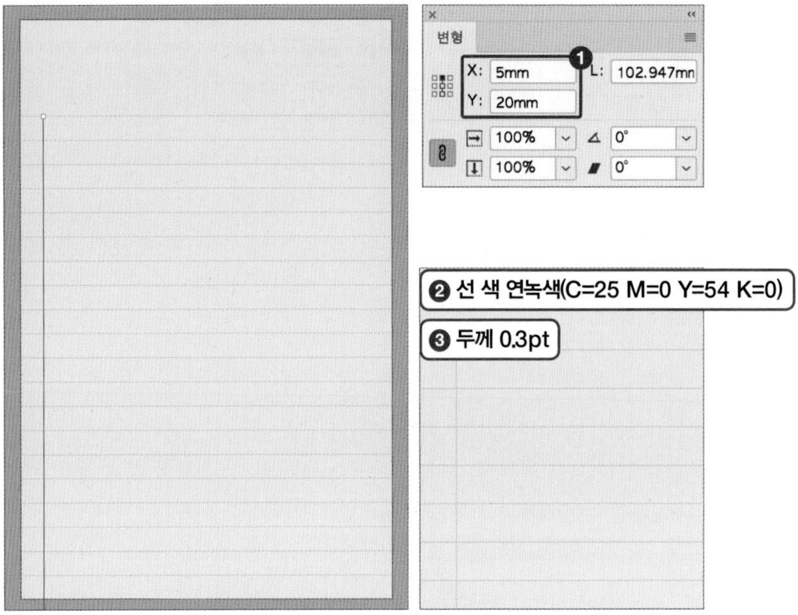

08 06 단계와 같은 방법으로 연속된 선을 만듭니다. ①선이 선택된 상태에서 [편집]-[단계 및 반복] Ctrl + Alt + U 메뉴를 클릭해 [단계 및 반복] 대화상자를 불러옵니다. ②[반복]-[개수]는 15로 설정하고 ③[오프셋]-[세로]는 0mm, [가로]는 5mm로 설정한 후 ④[확인]을 클릭해 ⑤연속된 선을 만듭니다.

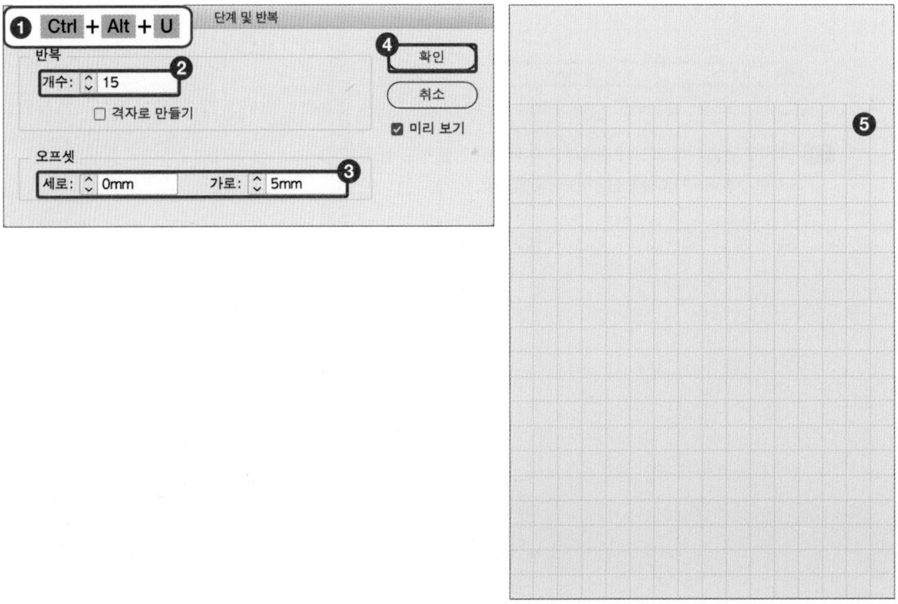

선 색, 두께 조정하여 영역 구분하기

09 선 색과 두께를 조정해 헤드 영역을 구분해보겠습니다. ①맨 위에 있는 가로선을 선택한 후 ②선 색은 녹색(C=95 M=52 Y=72 K=0) ③[두께]는 0.5pt로 설정합니다. 선이 더 두꺼워지며 강조됩니다.

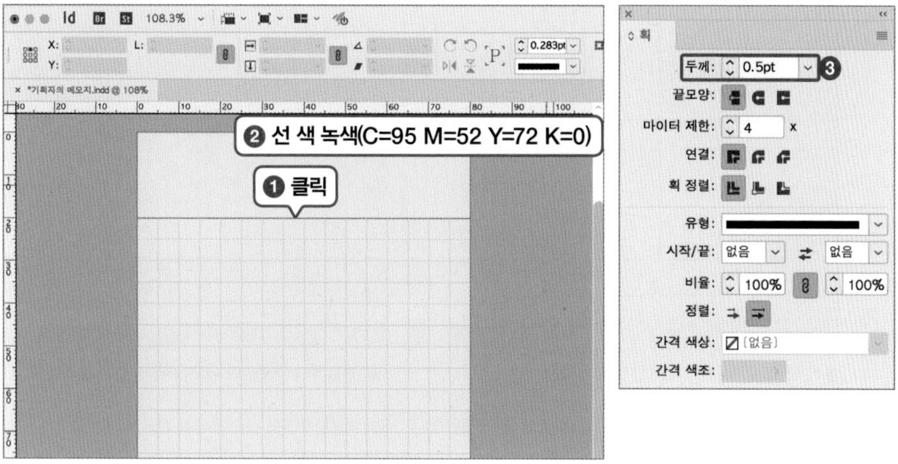

10 ①가로선 기준으로 세 번째, 다섯 번째 가로선을 선택하고 ②선 색을 녹색(C=95 M=52 Y=72 K=0)으로 변경합니다.

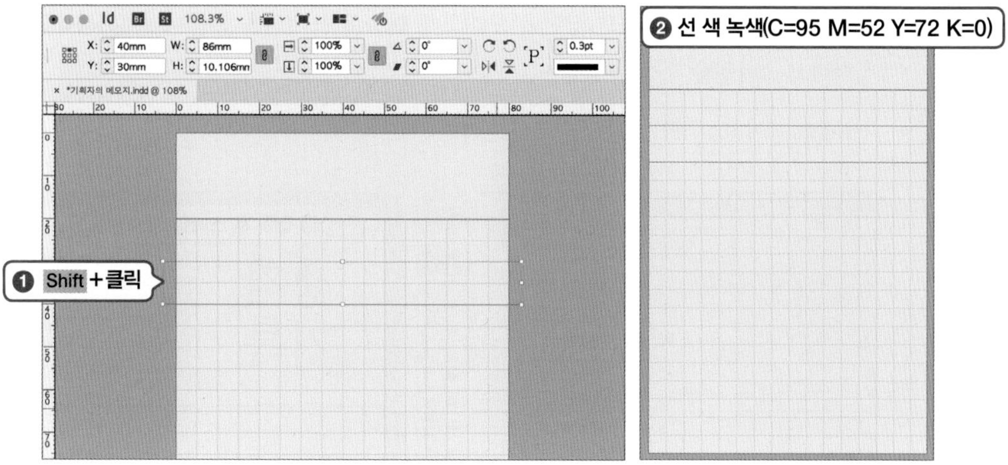

11 ①변경한 세 개의 선을 선택하고 ② Ctrl + Shift +] 를 눌러 겹쳐진 선이 레이어의 맨 위에 위치할 수 있도록 합니다.

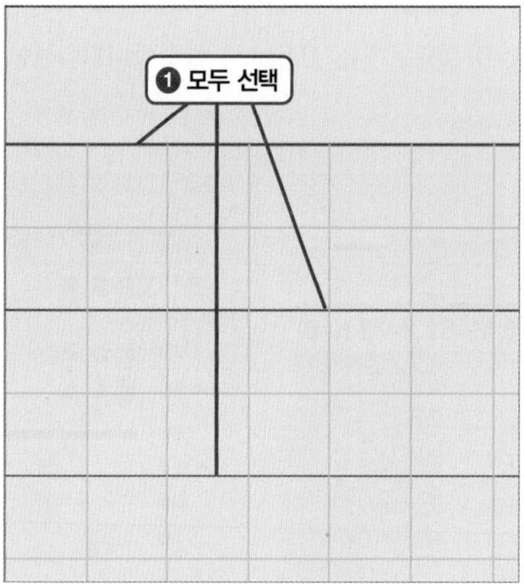

▲ 변경 전 | 가로선이 세로선 아래에 있음

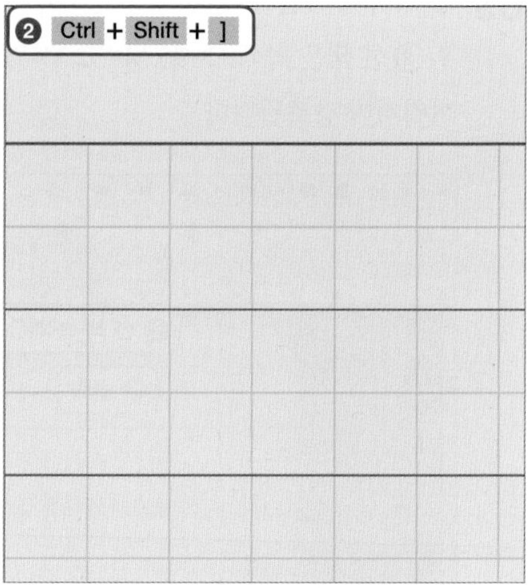

▲ 변경 후 | 가로선이 세로선 위에 있어 제대로 보임

TIP 실습 과정 중 가로선을 먼저 만들고 세로선을 만들었습니다. 오브젝트를 만드는 순서에 따라 선이 보이는 모습이 다릅니다.

어울리는 텍스트 입력하기

12 ①문자 도구로 ②작업 화면 상단을 드래그해 텍스트 프레임을 만듭니다. ③**생각 기록**을 입력하고 스타일을 지정합니다.

산돌명조L, 크기 16pt, 행간 17pt

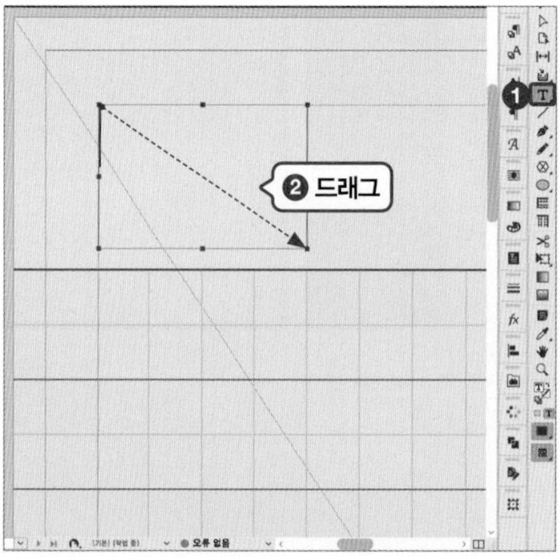

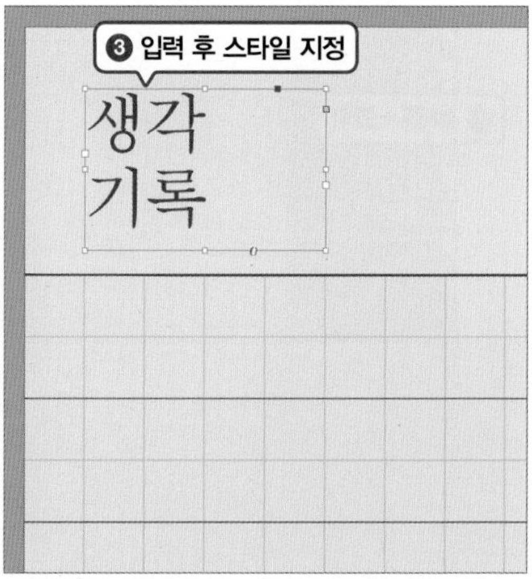

TIP 예제는 실제 제작한 상품의 작업 과정을 그대로 실습하는 방식이라 '산돌명조(유료 서체)'를 그대로 사용했습니다. 유료 서체를 구입하지 않고 사용하는 것은 불법이므로 무료로 쓸 수 있는 서체로 바꾸어 실습하는 것이 좋습니다. 산돌서체를 구매하여 사용하는 분들이라면 실습과 같은 산돌서체를 활용하세요.

13 생각 기록 아래에 텍스트 프레임을 만들어 **제목**과 **장소**를 입력하고 스타일을 지정합니다.

산돌명조L, 크기 10pt, 행간 17pt

TIP 문자에 스타일을 적용할 때, 같은 크기라도 서체 종류별로 약간씩 차이가 있습니다. 산돌명조는 다른 명조 서체에 비해 작은 편이라 다른 서체를 적용한다면 0.3~0.5pt 작게 쓰면 비교적 비슷해보입니다. 하지만 서체마다 크기, 자간, 행간 등이 다릅니다. 따라서 스타일을 적절하게 적용하려면 보기 좋은 문자 배열을 많이 보고 익히는 것이 중요합니다.

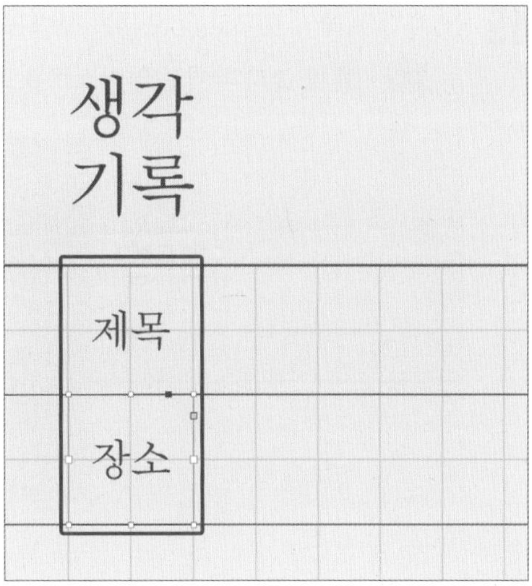

Ai 일러스트 배치하기

14 ① 일러스트레이터에서 파이프.ai 파일을 열어 ② 일러스트를 선택한 후 Ctrl + C 를 눌러 복사합니다.

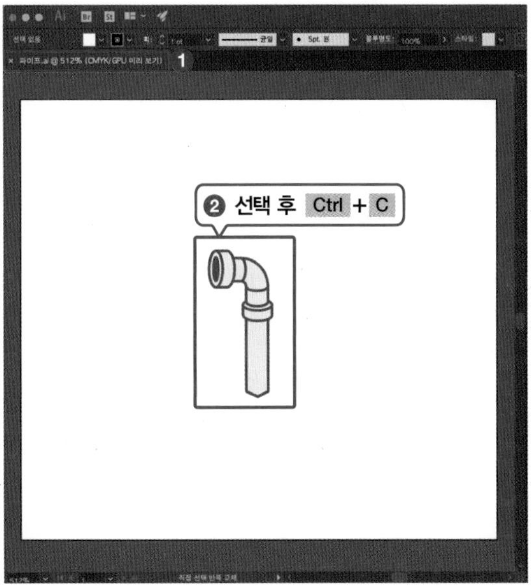

15 ①사각 프레임 도구로 ②오른쪽 상단을 드래그해 프레임을 만듭니다. ③그런 다음 Ctrl + Alt + V 를 눌러 파이프 일러스트를 프레임 안에 붙여 넣습니다.

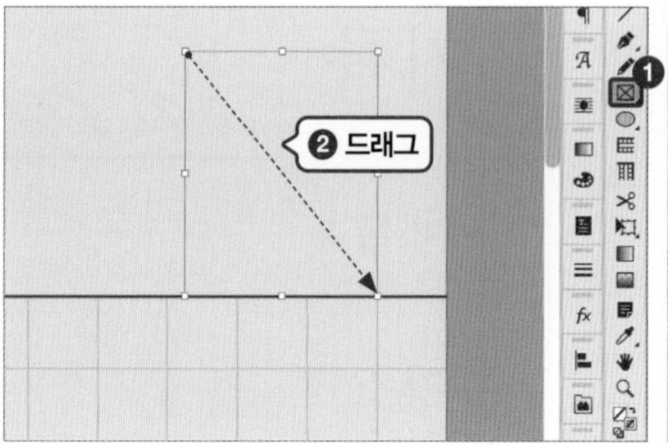

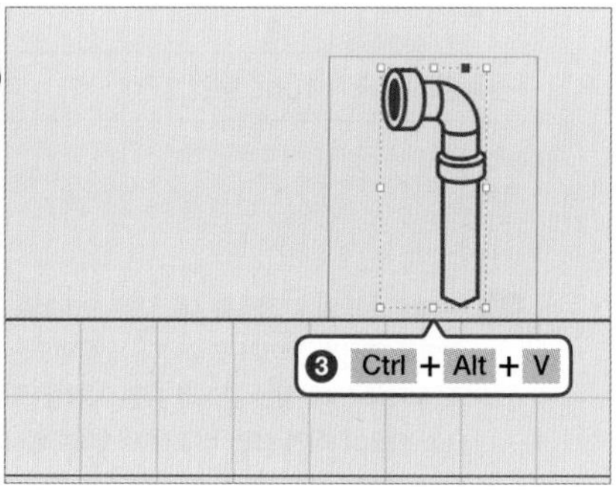

16 아랫부분이 보이지 않도록 파이프 일러스트의 위치를 옮깁니다.

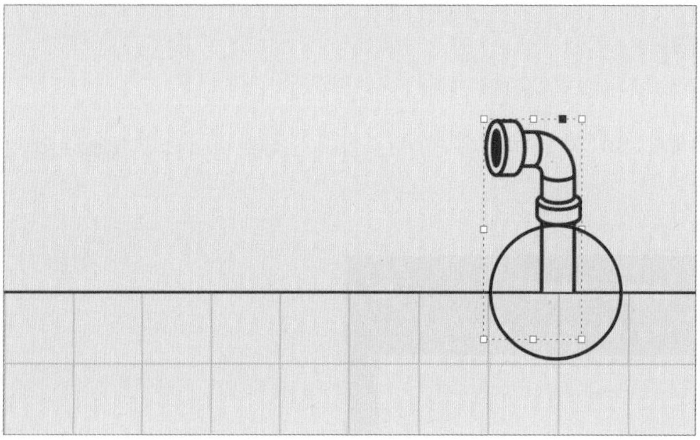

TIP 프레임 안의 이미지를 선택하려면 더블클릭합니다.

17 메모한 아이디어에 별점을 주는 오브젝트를 그립니다. ①다각형 프레임 도구로 ②문서의 빈 곳을 클릭하면 [다각형] 대화상자가 나타납니다. ③[옵션]–[다각형 폭]과 [다각형 높이]는 10mm로 설정하고 ④[다각형 설정]–[면 수]는 5, [별모양 인세트]는 40%로 설정하고 ⑤[확인]을 클릭해 별을 그립니다.

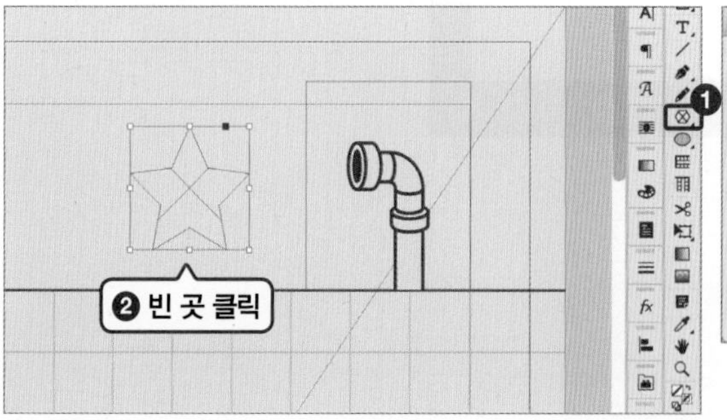

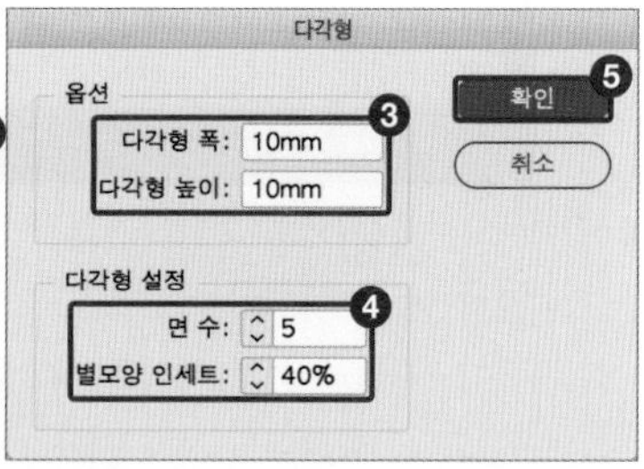

18 ①별을 클릭하여 선택하고 ②스포이트 도구로 ③파이프를 클릭해 같은 스타일을 적용합니다. 파이프의 스타일은 면 색이 없고 선 색만 적용된 상태입니다.

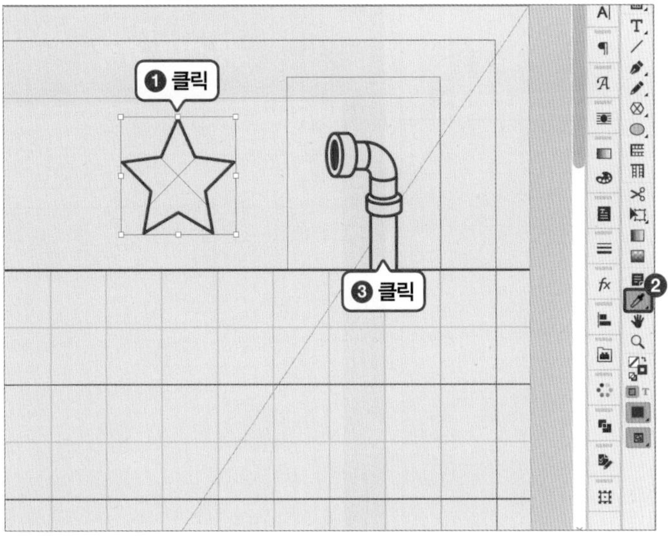

19 별의 크기를 조절한 후 네 개 더 복사하여 별 다섯 개를 만듭니다. 별의 위치는 파이프에서 뿜어져 나오는 느낌으로 적당히 배치해 메모용 노트를 완성합니다.

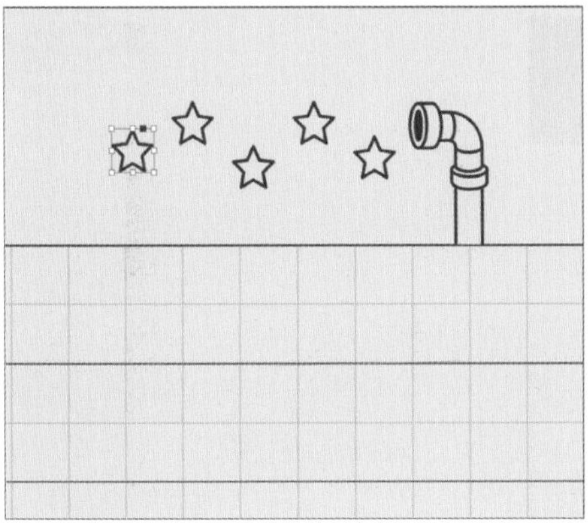

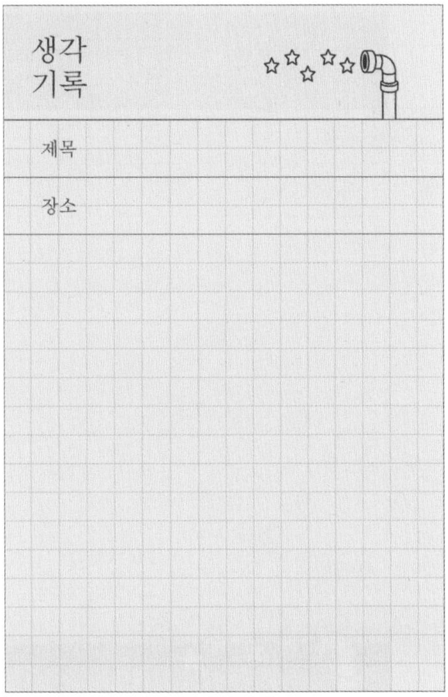

20 완성한 디자인을 다양하게 베리에이션할 수 있습니다. 색이나 서체, 테두리를 다르게 적용하면 또다른 느낌의 메모용 노트가 완성됩니다.

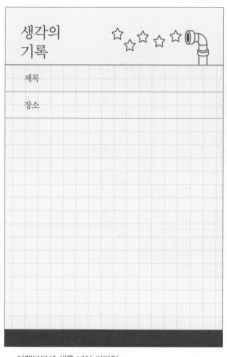

▲ 아랫부분에 색을 넣어 디자인

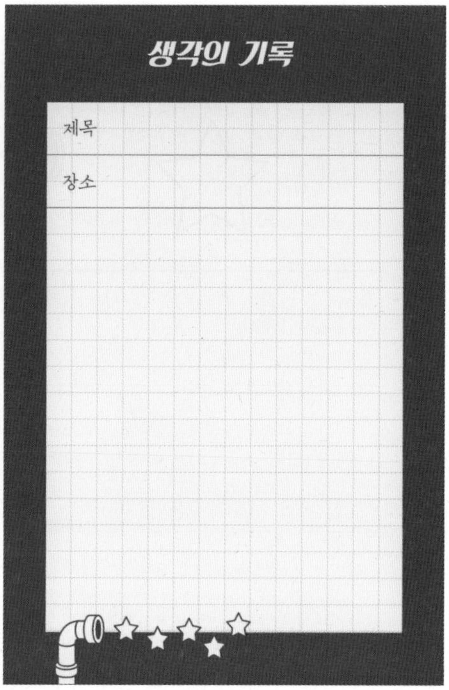

▲ 테두리에 색을 넣고 서체를 변경

▲ 테두리에 색을 넣고 일러스트 위치를 변경

PROJECT 02

에세이, 셰익스피어를 만나다 표지 디자인

책 한 권의 디자인이 나오기까지 얼마나 많은 생각의 과정을 거치게 될까요? 특히 책 표지는 책의 얼굴이기 때문에 책의 내용을 유추할 수 있으면서 독자의 시선을 빼앗을 수 있어야 합니다. 그런 표지를 만들기 위해서는 편집자 못지 않게 디자이너 역시 책에 대해 제대로 이해하고 있어야 합니다. 책의 내용을 모르고서는 어울리는 표지를 만들 수 없기 때문이죠. 이 과정에서 기획편집자와 디자이너 사이에 마찰이 생기기도 합니다. 녹록하지 않은 북디자인의 과정을 한 번 살펴볼까요?

뒷날개는 홍보할 수 있는 도서 리스트로 구성

#출판사의 #추천 도서로 구성 #일정한 스타일로 #홍보합니다

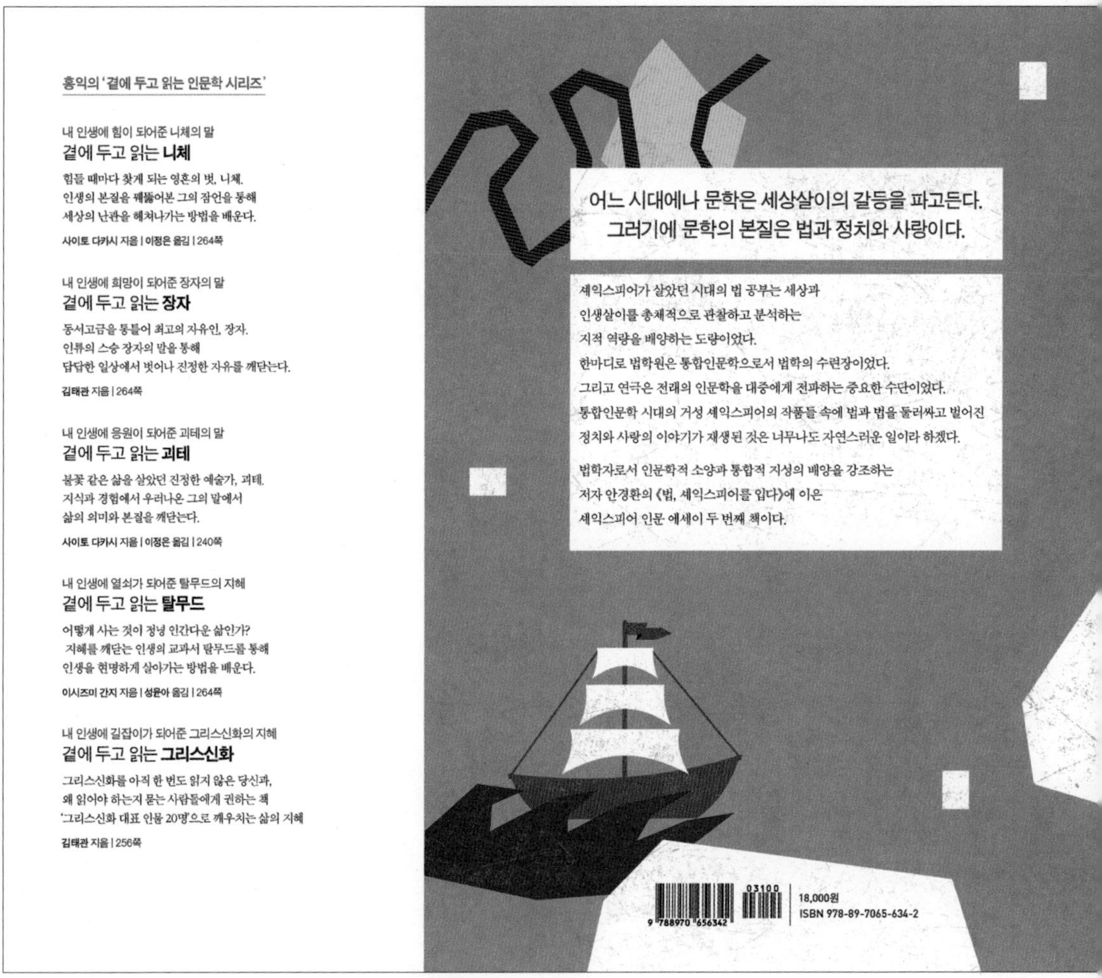

홍익의 '곁에 두고 읽는 인문학 시리즈'

내 인생에 힘이 되어준 니체의 말
곁에 두고 읽는 **니체**
힘들 때마다 찾게 되는 영혼의 벗, 니체.
인생의 본질을 꿰뚫어본 그의 잠언을 통해
세상의 난관을 헤쳐나가는 방법을 배운다.
사이토 다카시 지음 | 이정은 옮김 | 264쪽

내 인생에 희망이 되어준 장자의 말
곁에 두고 읽는 **장자**
동서고금을 통틀어 최고의 자유인, 장자.
인류의 스승 장자의 말을 통해
답답한 일상에서 벗어나 진정한 자유를 깨닫는다.
김태관 지음 | 264쪽

내 인생에 응원이 되어준 괴테의 말
곁에 두고 읽는 **괴테**
불꽃 같은 삶을 살았던 진정한 예술가, 괴테.
지식과 경험에서 우러나온 그의 말에서
삶의 의미와 본질을 깨닫는다.
사이토 다카시 지음 | 이정은 옮김 | 240쪽

내 인생에 열쇠가 되어준 탈무드의 지혜
곁에 두고 읽는 **탈무드**
어떻게 사는 것이 정녕 인간다운 삶인가?
지혜를 깨닫는 인생의 교과서 탈무드를 통해
인생을 현명하게 살아가는 방법을 배운다.
이시즈미 간지 지음 | 성윤아 옮김 | 264쪽

내 인생에 길잡이가 되어준 그리스신화의 지혜
곁에 두고 읽는 **그리스신화**
그리스신화를 아직 한 번도 읽지 않은 당신과,
왜 읽어야 하는지 묻는 사람들에게 권하는 책
'그리스신화 대표 인물 20명'으로 깨우치는 삶의 지혜
김태관 지음 | 256쪽

어느 시대에나 문학은 세상살이의 갈등을 파고든다.
그러기에 문학의 본질은 법과 정치와 사랑이다.

세익스피어가 살았던 시대의 법 공부는 세상과
인생살이를 총체적으로 관찰하고 분석하는
지적 역량을 배양하는 도량이었다.
한마디로 법학원은 통합인문학으로서 법학의 수련장이었다.
그리고 연극은 전래의 인문학을 대중에게 전파하는 중요한 수단이었다.
통합인문학 시대의 거성 셰익스피어의 작품들 속에 법과 법을 둘러싸고 벌어진
정치와 사랑의 이야기가 재생된 것은 너무나도 자연스러운 일이라 하겠다.

법학자로서 인문학적 소양과 통합적 지성의 배양을 강조하는
저자 안경환의 《법, 셰익스피어를 입다》에 이은
셰익스피어 인문 에세이 두 번째 책이다.

18,000원
ISBN 978-89-7065-634-2

크라프트지 위에 실크스크린 기법으로 인쇄한 느낌을 연출

#크라프트지와 #어울리는 #다양한 텍스처를 #가지고 있는 게 #중요

셰익스피어의 다양한 소설을 대표할 만한 일러스트를 활용

#셰익스피어는 기본 #햄릿과 리어왕 #다양한 일러스트 #직접 그리기

지은이

안 경 환

서울대 법대를 졸업하고 미국과 영국에서 공부했다. 1987년부터 같은 학교 교수로 재직하면서 '법과 문학'을 강의했다. 그동안 런던 정경대와 미국 남일리노이대학 및 산타클라라대학 방문교수, 서울대학교 법과대학 학장, 한국헌법학회 회장 등을 역임했다. 2006년 11월부터 2009년 7월까지 제4대 국가인권위원회 위원장으로 활동하면서 사회의 약자와 소수자의 인권을 강화하는 데 많은 노력을 기울여왔다. 2014년부터 한국인 최초 국제인권법률가협회위원(ICJ: International Commission of Jurists)으로 활동중이다. 서울대학교 법학전문대학원 명예교수로 있으며, 베이징 이공대학 명예교수이다.

영국법, 미국법, 헌법, 인권법에 관련된 전공서에 더하여 《법과 문학 사이》(1995), 《조영래 평전》(2006), 《법, 셰익스피어를 입다》(2012), 《좌우지간 인권이다》(2013), 《황용주: 그와 박정희의 시대》(2013), 《윌리엄 더글라스 평전》(2016) 등 많은 교양서를 펴내고, 《동물농장》(2013), 《두 도시 이야기》(2015) 등 문학 작품도 번역했다.

클리핑패스를 적용한 일러스트 그리기

#간단한 일러스트는 #인디자인에서 #그릴 수 있다

제작의뢰서

번호	종류	내용
1	제목	에세이, 셰익스피어를 만나다
2	종류	단행본
3	구성	표지
4	판형	152×210mm, 무선제본
5	참고 구성	분야 : 에세이 저자 : 안경환 분야 : 심리학(인문) 성격 : 어려운 고전서를 쉽고 재미있게 풀어낸 에세이 주제 : 《에세이, 셰익스피어를 만나다》는 셰익스피어 작품 중 13개를 엮어 구성했습니다. 작품과 관련된 시대 배경, 역사, 법과 정치, 예술 이야기를 촘촘하게 짚어 지적으로 즐거운 한 권을 완성했습니다. 셰익스피어를 한 번도 읽어보지 않은 사람까지도 이해할 수 있도록 풀어 설명했다. 작품 줄거리는 알고 있지만 정식으로 읽어보지 않은 사람들이 많다는 것을 전제로 원문 번역을 그대로 소개하며 인물, 시대적인 배경 등을 꼼꼼히 짚어줍니다. **디자인 방향** 1. 셰익스피어하면 떠오르는 뻔한 클래식한 느낌은 피하고 현대적으로 표현해주세요. 2. 다양한 소설의 에세이가 담겨 있다는 것을 보여주세요.

10년차 선배는 이렇게!

- 목차를 보고 셰익스피어 소설을 대표할만한 아이콘을 직접 그렸습니다.
- 포인트를 살리면서 독특한 스타일을 연출할 수 있는 방법을 찾아보자는 생각에 크라프트지 위에 실크스크린 기법을 사용한 듯한 느낌을 표현했습니다. 이렇게 작업하면 일러스트를 디테일하게 그리지 않아도 완성도 있어 보입니다.

STEP 01

앞표지 디자인하기

표지를 작업할 때에는 책의 판형 크기로 문서를 만들어 앞표지(표1)를 먼저 작업합니다. 이때 전체적인 분위기를 고려하며 디자인해야 합니다. 보통 실무에서는 표지 디자인과 본문 작업(편집 교정)을 동시에 진행하므로 앞표지 디자인이 완료될쯤 본문 최종 페이지가 확정됩니다. 본문 페이지가 확정되어야 책등의 두께를 알 수 있으므로 대지 디자인은 앞표지를 완성한 후에 하는 것이 좋습니다.

실습 파일 : 프로젝트/책 표지 디자인 폴더

표지 문서 만들어 텍스트 입력하기

01 ① Ctrl + N 을 눌러 [폭]은 152mm, [높이]는 210mm로 설정합니다. ② 낱장 작업 시에는 [페이지 마주보기]를 체크하지 않습니다. ③ [여백 및 단]을 클릭하여 ④ [여백]을 모두 10mm로 설정합니다. ⑤ [확인]을 클릭해 ⑥ 새 문서를 만듭니다.

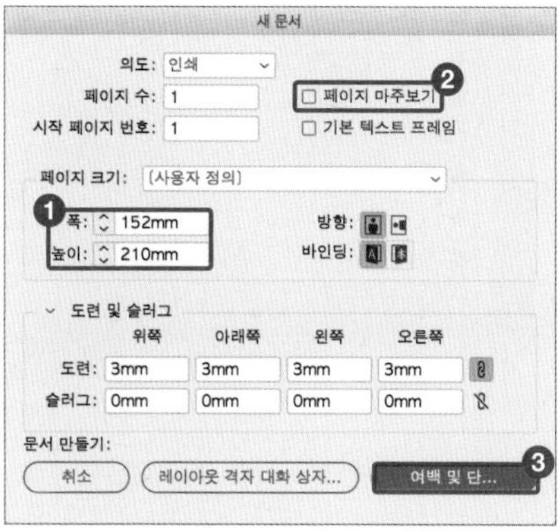

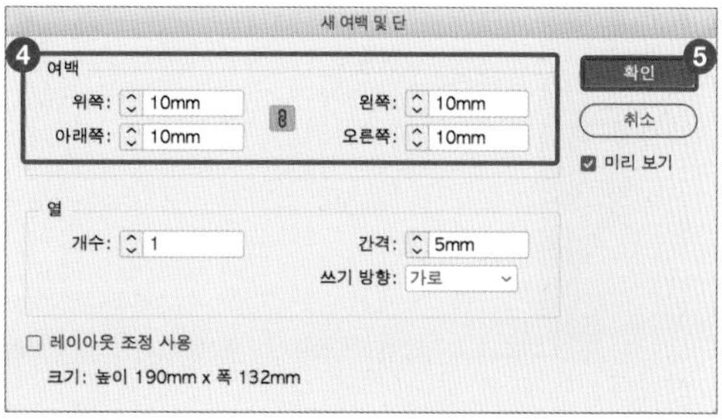

TIP 단행본은 152×225mm(신국판) 판형을 많이 쓰지만 요즘은 책의 크기가 점점 작아지는 추세입니다. 따라서 소설과 시집처럼 감성적인 내용을 다룬 책은 127×188mm(46판)로도 많이 작업합니다. 1mm 오차는 있을 수 있습니다.

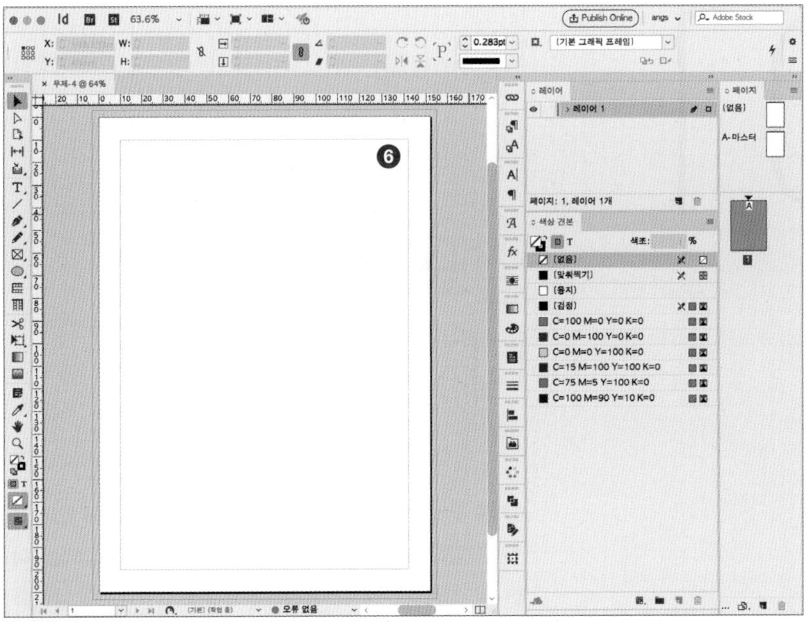

02 ①문자 도구로 ②③텍스트 프레임을 두 개 만들어 제목, 지은이를 입력합니다.

제목	에세이, 셰익스피어를 만나다
지은이	안경환 지음

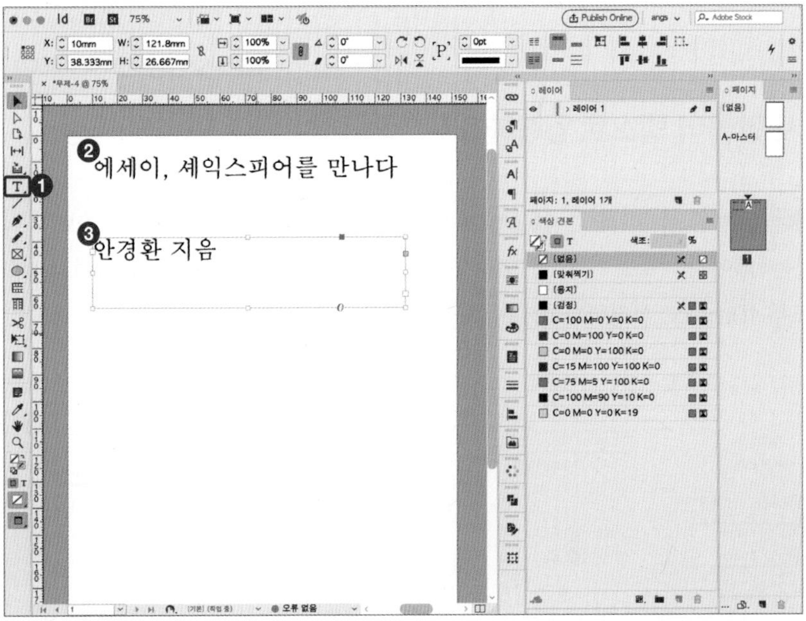

03 ①제목이 잘 읽힐 수 있도록 '에세이, Enter 셰익스피어를 Enter 만나다' 세 줄로 행갈이합니다. ②[문자] 패널에서 제목에 어울리는 스타일을 지정합니다.

산돌명조L , 크기 33pt, 행간 40pt, 자간 –50

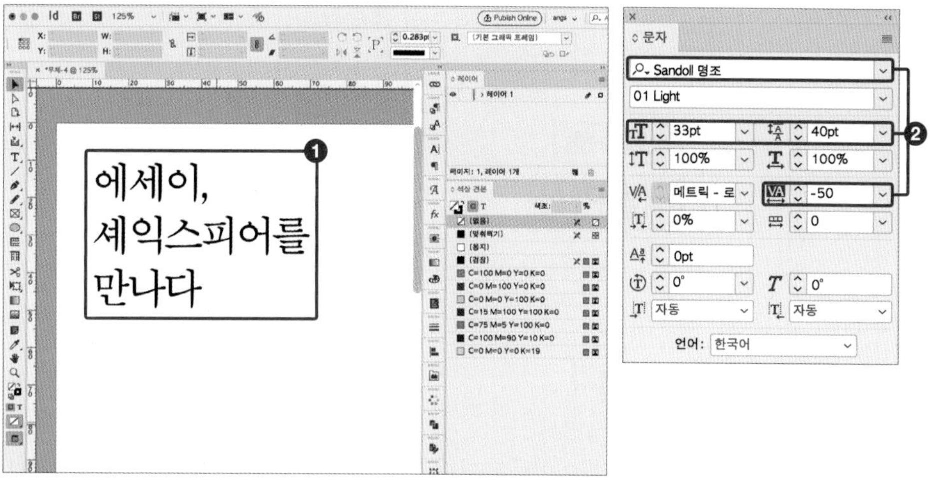

TIP 예제는 실제 출간한 책의 작업 과정을 그대로 실습하는 방식이라 '산돌명조(유료 서체)'를 그대로 사용했습니다. 유료 서체를 구입하지 않고 사용하는 것은 불법이므로 무료로 쓸 수 있는 서체로 바꾸어 실습하는 것이 좋습니다. 산돌서체를 구매하여 사용하는 분들이라면 실습과 같은 산돌서체를 활용하세요.

04 ①지은이 이름을 선택하고 ②[문자] 패널에서 어울리는 스타일을 지정합니다. 이때 지은이 이름(안경환)을 강조하기 위해 '지음'의 크기를 줄입니다.

산돌명조L, 크기 15pt/9pt, 자간 –50

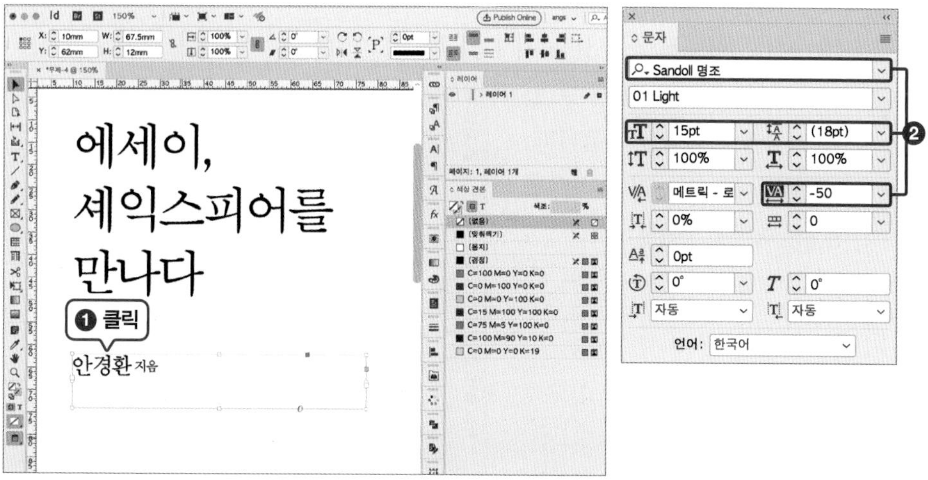

TIP 일반적으로 지은이 이름은 9~10pt가 적당합니다. 의도하지 않는 한 지은이 이름은 단정하고 튀지 않는 선에서 작업하는 것이 좋습니다. 하지만 지은이가 유명한 경우에는 제목만큼 강조하는 디자인을 하기도 합니다.
'지은이 ○○○', 또는 '○○○ 지음' 등으로 표기하며, '옮긴이' 또는 '그린이'가 있다면 지은이보다 뒤에 쓰는 것이 원칙이지만 주체가 되는 쪽을 우선으로 합니다.

05 ①일러스트레이터에서 홍익출판사.ai 파일을 열어 ②로고를 선택한 후 Ctrl + C 를 눌러 로고를 복사합니다. ③인디자인으로 돌아와 Ctrl + V 를 눌러 왼쪽 하단에 붙여 넣습니다.

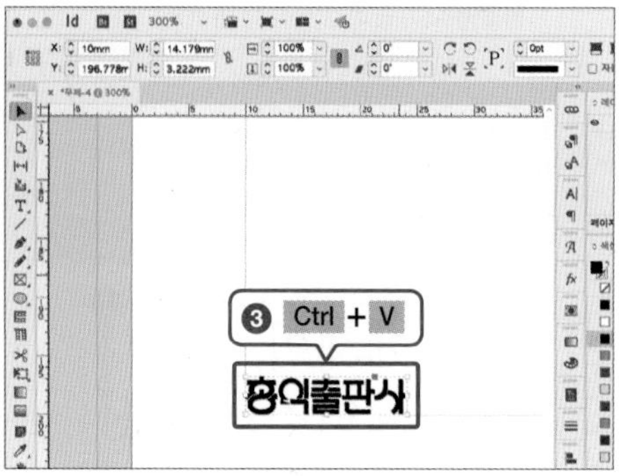

크라프트 배경 만들기

06 ①[레이어] 패널에서 새 레이어를 추가하고 ②기존 레이어(레이어 1) 아래로 옮깁니다.

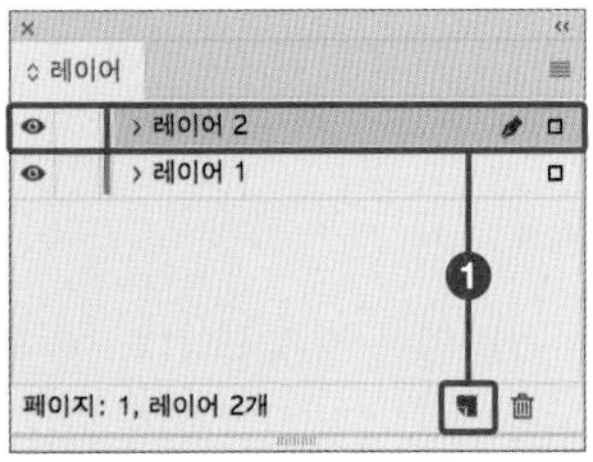

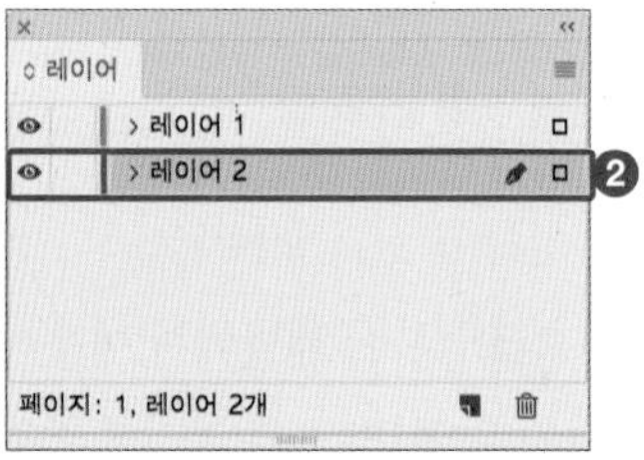

07 [레이어 2]가 선택된 상태에서 ①사각프레임 도구를 사용하여 ②판면 전체를 덮을 수 있는 사각형 프레임을 만듭니다. ③ Ctrl + D 를 눌러 크라프트A.jpg 파일을 불러옵니다.

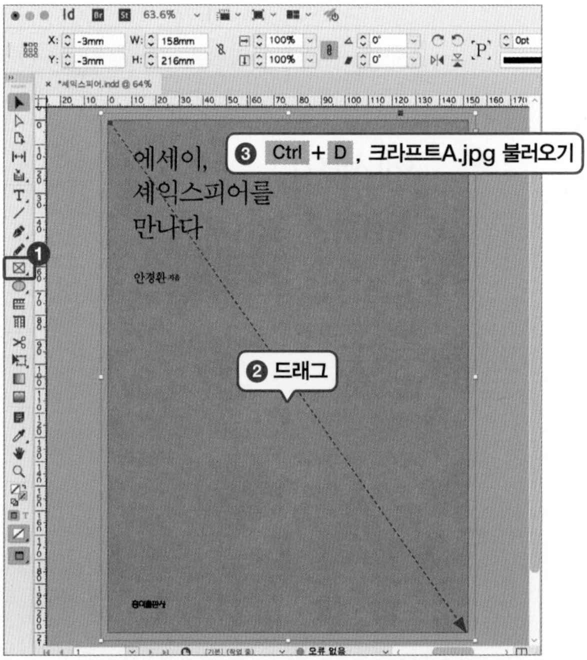

08 ①제목과 지은이를 선택하고 ②색상을 [용지]로 바꿔줍니다. ③마찬가지로 출판사 로고도 [용지]로 바꿉니다.

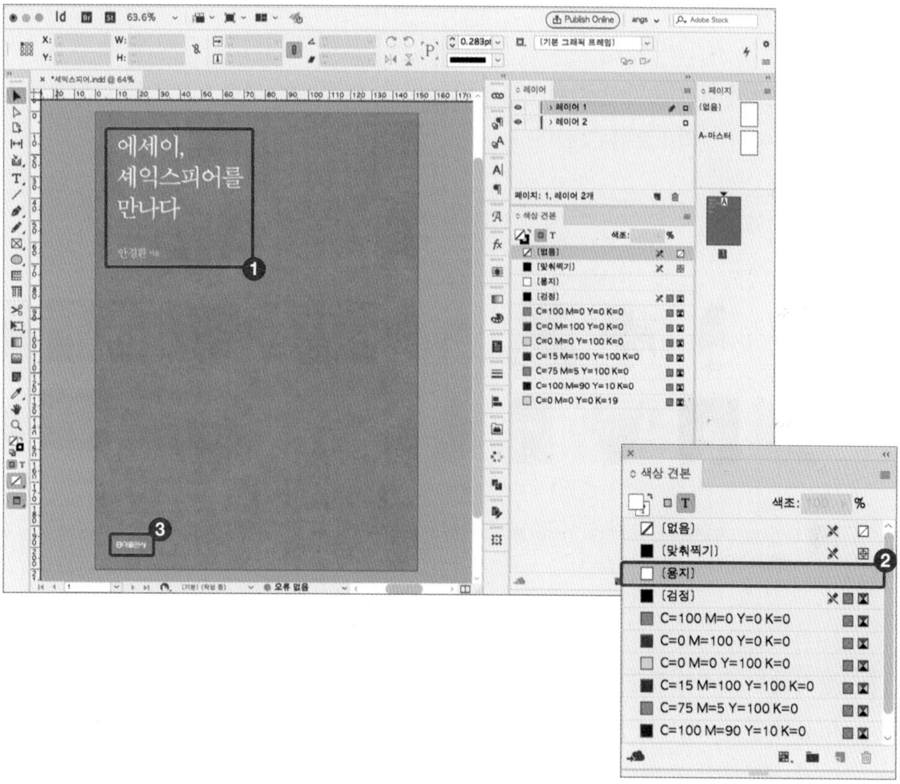

09 앞으로 [레이어 2]에서 그래픽 작업을 진행할 텐데요. 작업하는 동안 ①제목, 지은이, 출판사 로고가 있는 [레이어 1]은 잠급니다. ②[레이어 2]에 있는 크라프트 배경 박스를 선택하고 Ctrl + L 을 눌러 잠급니다.

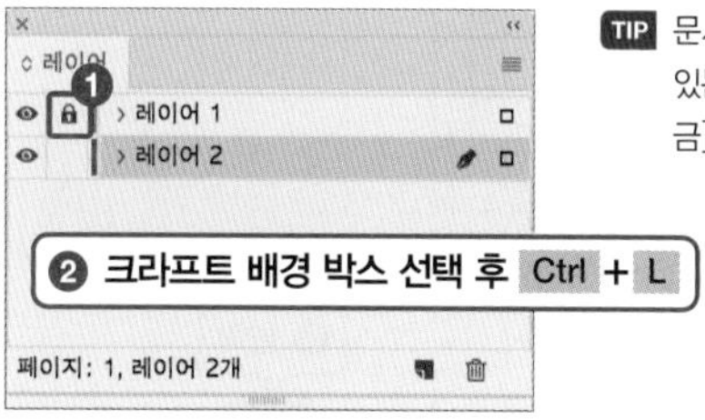

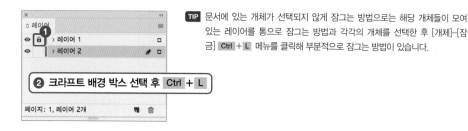

TIP 문서에 있는 개체가 선택되지 않게 잠그는 방법으로는 해당 개체들이 모여 있는 레이어를 통으로 잠그는 방법과 각각의 개체를 선택한 후 [개체]–[잠금] Ctrl + L 메뉴를 클릭해 부분적으로 잠그는 방법이 있습니다.

어울리는 일러스트 그리기

10 목차에서 이 책에 담긴 소설 목록을 확인하고 표지에 필요한 이미지를 먼저 생각해봅니다. '로미오와 줄리엣'은 독약병, 장미꽃이 떠오르는 것처럼요. 그렇게 몇 가지 이미지를 떠올렸다면 참고할 만한 이미지를 검색합니다. 이렇게 수집한 이미지를 바탕으로 필요한 아이콘이나 일러스트를 그립니다.

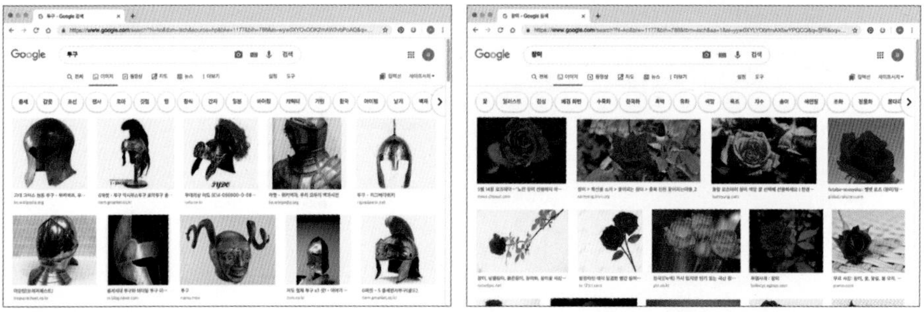

TIP 여기서는 구글(Google) 이미지 검색을 통해 다양한 이미지를 찾습니다. 앞서 설명한 '좋은 이미지를 찾을 수 있는 추천 사이트'에서 검색하는 방법도 좋습니다.

11 장미꽃을 그려보겠습니다. ①새 페이지를 추가하고 ②타원 프레임 도구나 타원 도구를 이용해 빨간색(C=15 M=100 Y=100 K=0) 정원을 그립니다. ③방금 그린 정원을 선택하고 ④ Alt 를 누른 상태에서 적당한 거리 아래로 복제합니다.

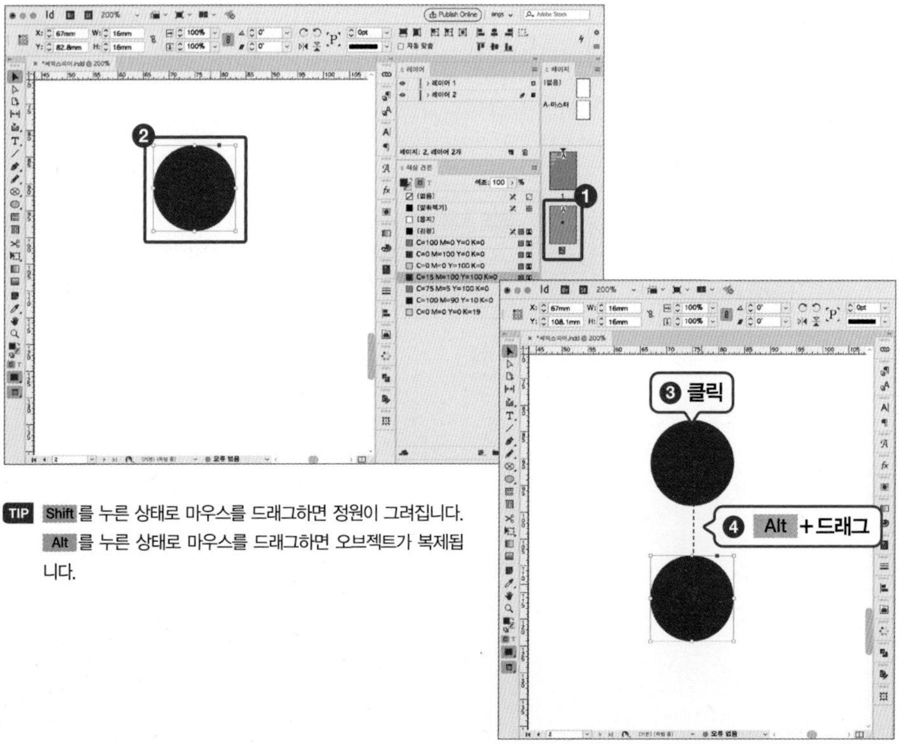

TIP Shift 를 누른 상태로 마우스를 드래그하면 정원이 그려집니다. Alt 를 누른 상태로 마우스를 드래그하면 오브젝트가 복제됩니다.

12 ①두 개의 원을 선택한 후 Ctrl + G 를 눌러 그룹으로 묶습니다. ②회전 도구로 ③두 원 사이의 중앙을 클릭해 회전축을 찍어줍니다.

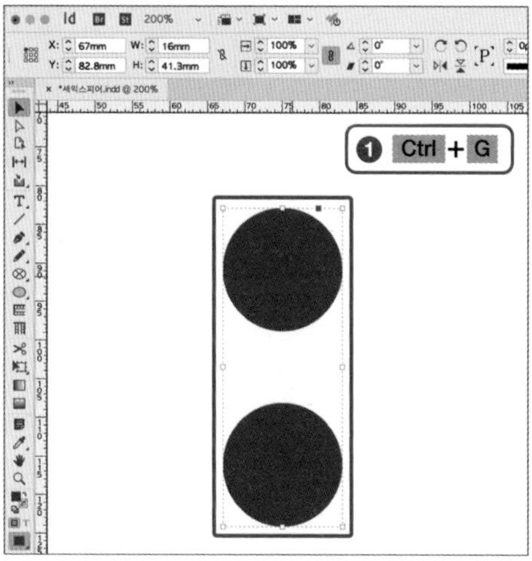

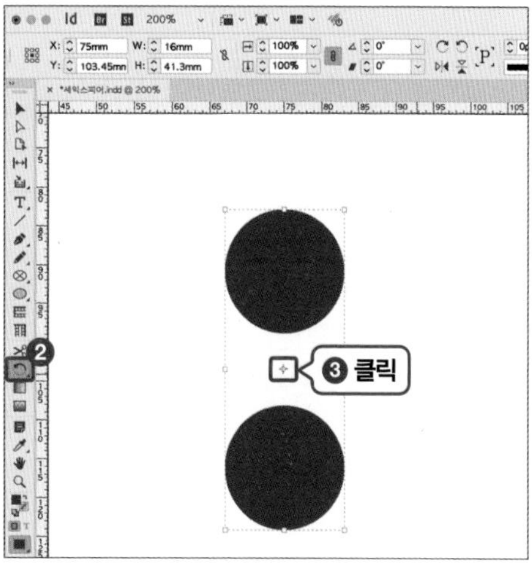

13 원을 복사하여 회전해보겠습니다. ①회전 도구를 더블클릭해 ②[회전] 대화상자가 나타나면 [각도]에 45를 입력하고 ③[복사]를 클릭합니다. ④앞서 설정한 회전축 기준으로 45° 기울어진 원이 복사됩니다.

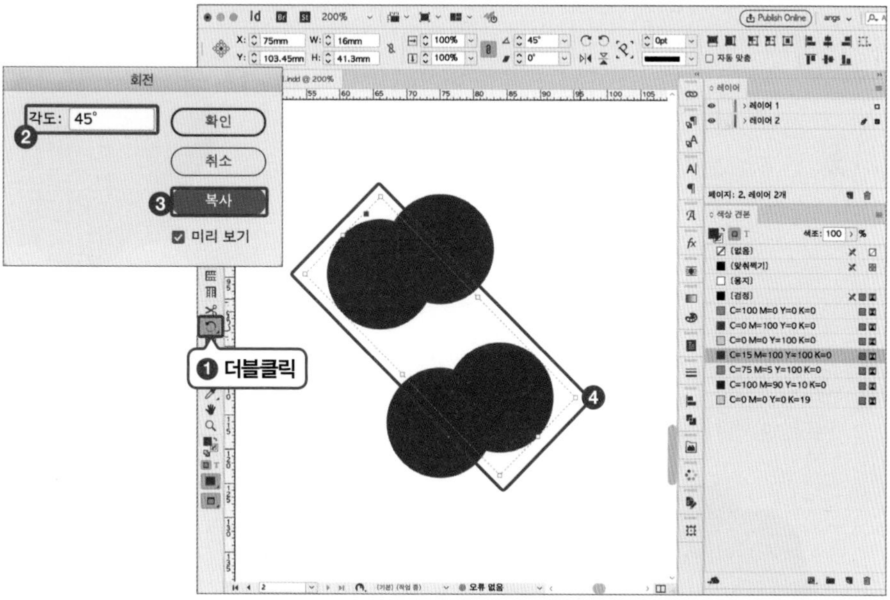

14 13 단계를 세 번 반복하면 동그란 도넛 모양이 완성됩니다.

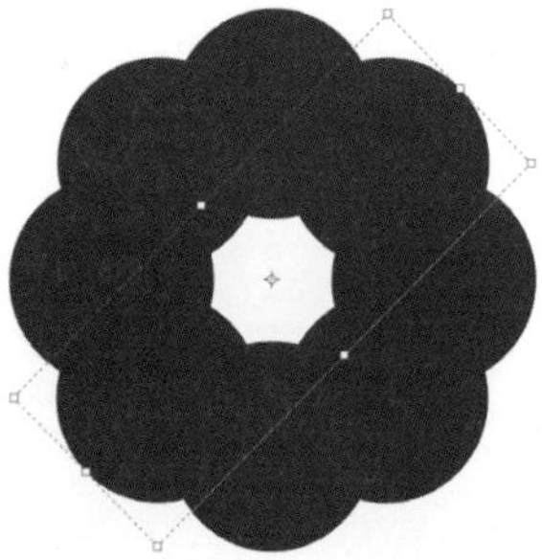

10년차 선배의 멘토링 변형 반복 기능

같은 과정을 여러 번 반복하는 것은 효율적인 작업이 아닙니다. 이러한 과정은 변형 반복 기능을 활용하면 더욱 쉽고 빠르게 작업을 진행할 수 있습니다. 인디자인의 변형 반복은 일러스트레이터의 변형 반복 Ctrl + D 과 같은 기능입니다. 일러스트레이터에서는 변형 반복 기능에 기본 단축키가 지정되어 있지만 인디자인에서는 변형 순차 반복 기능에만 단축키가 지정되어 있습니다. 변형 반복은 하나의 작업 명령을 반복적으로 시행하는 반면, 변형 순차 반복은 두 번 이상의 연속된 작업을 반복하는 기능입니다. 저는 변형 순차 반복 기능보다 변형 반복 기능을 더 자주 쓰기 때문에 두 기능의 단축키를 바꿔 사용합니다. 이렇게 하면 지금 실습과 같이 회전 도구로 같은 작업을 세 번 반복하지 않고 단축키를 세 번 누름으로써 작업 시간을 단축할 수 있습니다. 단축키 설정은 [편집]–[단축키] 메뉴를 이용해 변경할 수 있습니다.

15 타원 도구를 이용하여 가운데 부분을 메우면 꽃 모양이 완성됩니다.

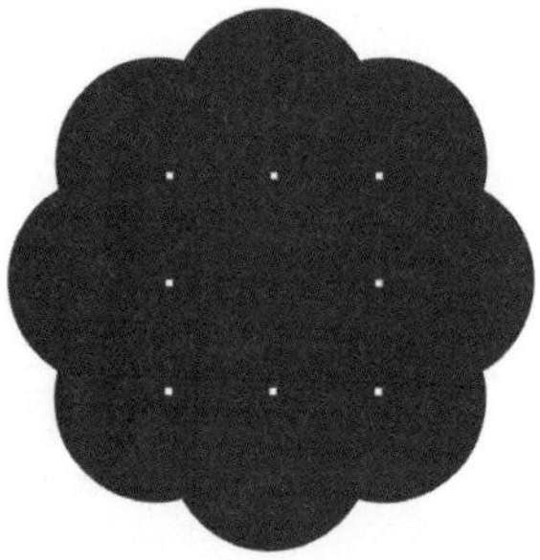

16 ①꽃 모양을 이루고 있는 원을 모두 선택하고 ②[패스파인더] 패널에서 합치기를 클릭합니다. ③여러 개이던 원이 하나의 오브젝트로 합쳐집니다.

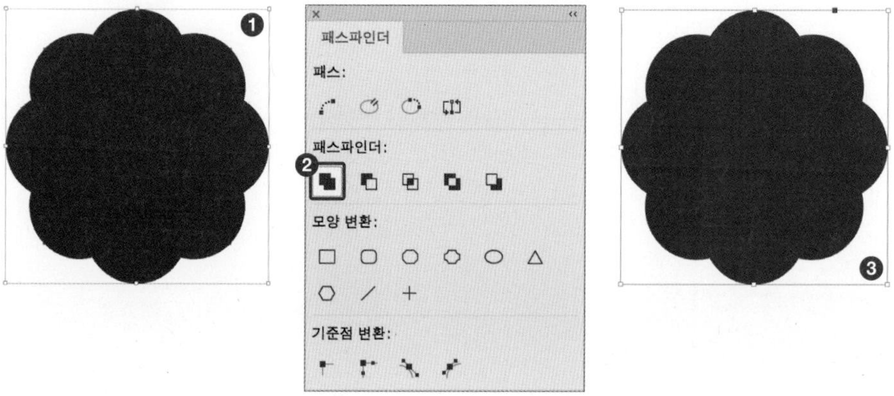

17 꽃잎을 표현해보겠습니다. ①펜 도구로 ②③ 그림과 같이 얇은 반달 모양을 그립니다. ④⑤ 면 색은 [용지]로, 선 색은 [없음]으로 지정합니다.

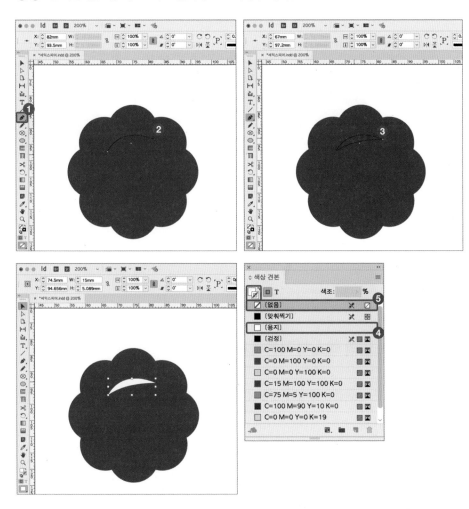

18 ① Alt 를 누른 채 꽃잎으로 만든 반달 모양 도형을 여러 개 복제합니다. ②회전하거나 크기를 변경하며 꽃잎이 여러 개 겹쳐진 느낌을 연출합니다. ③반달 모양 도형을 모두 선택하고 패스파인더로 합쳐줍니다.

TIP 꽃잎으로 표현할 흰색 반달 도형만 선택해야 합니다.

19 이번에는 줄기와 잎사귀를 그려보겠습니다. ①펜 도구로 ②줄기와 잎사귀를 그리고 ③어울리는 초록색(C=75 M=5 Y=100 K=0)을 적용합니다. ④줄기와 잎사귀가 완성되면 패스파인더를 이용해 도형을 합칩니다.

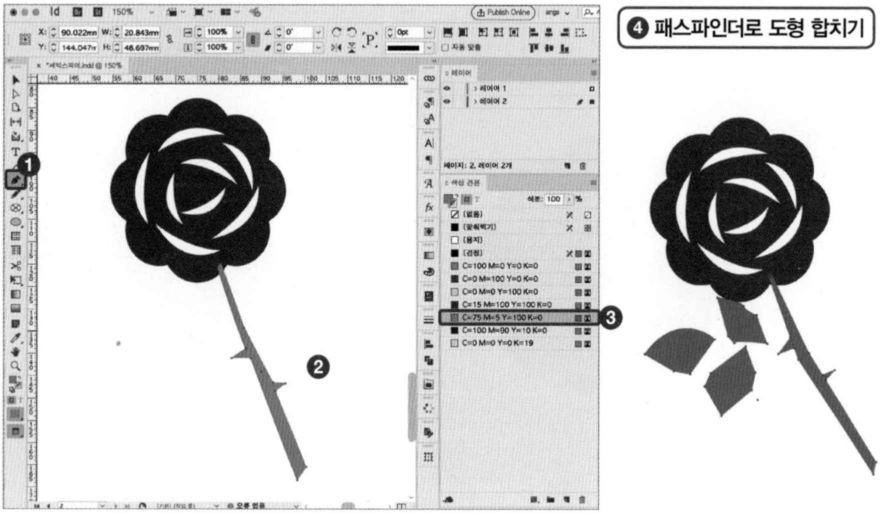

실크스크린 느낌의 텍스처 적용하기

20 ①선택 도구로 ②붉은색 꽃 도형을 선택하고 ③ Ctrl + D 를 눌러 실크스크린.tif 파일을 불러옵니다.

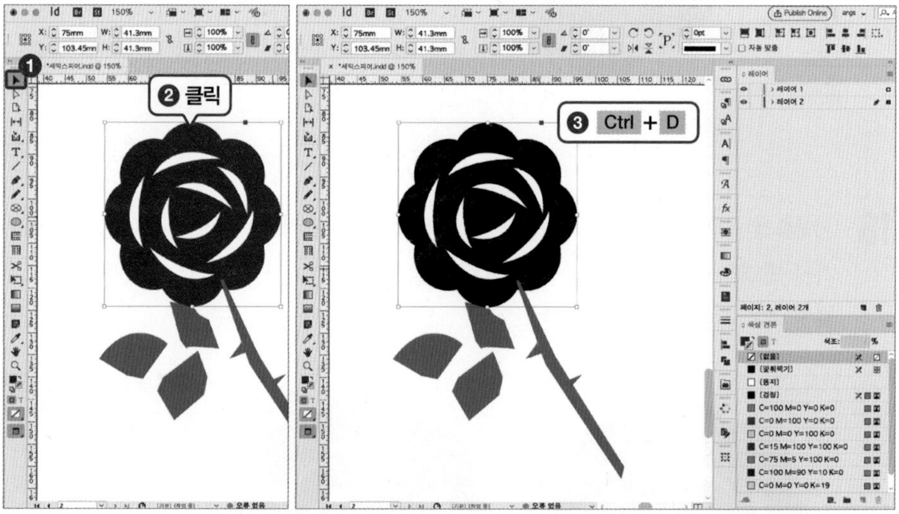

TIP 실크스크린 텍스처가 꽃 전체에 얹혀지지 않고 원 도형에 개별적으로 적용될 수도 있습니다. 이는 앞서 [패스파인더] 패널에서 오브젝트가 제대로 합쳐지지 않았기 때문에 생긴 오류입니다. 다시 꽃을 구성하는 원 도형을 하나로 합쳐주세요.

21 ①꽃 도형이 선택된 상태에서 ②[컨트롤] 패널에 있는 비율에 맞게 프레임 채우기를 클릭합니다. 꽃 도형을 마우스 오른쪽 버튼으로 클릭하여 [맞춤]-[프레임 맞춤 옵션]-[비율에 맞게 프레임 채우기]를 클릭해도 됩니다.

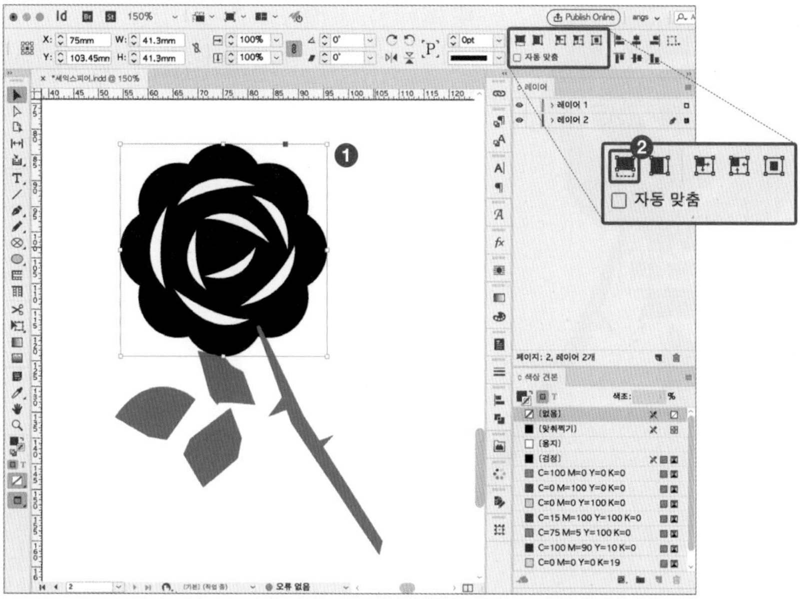

TIP 실크스크린 텍스처가 촘촘하게 들어가야 더 밀도 있는 연출을 할 수 있습니다. 그렇다고 모든 면을 분리하여 각각의 도형 안에 텍스처를 넣는다면 파일 용량을 많이 차지하게 되니 알맞게 연출해야 합니다. 앞서 패스파인더로 같은 색의 도형들을 합쳤는데, 이렇게 진행하면 하나의 오브젝트에 텍스처를 적용할 수 있어 파일 용량을 줄일 수 있습니다.

22 ①도형을 선택하고 ②면 색과 선 색을 모두 [없음]으로 적용합니다.

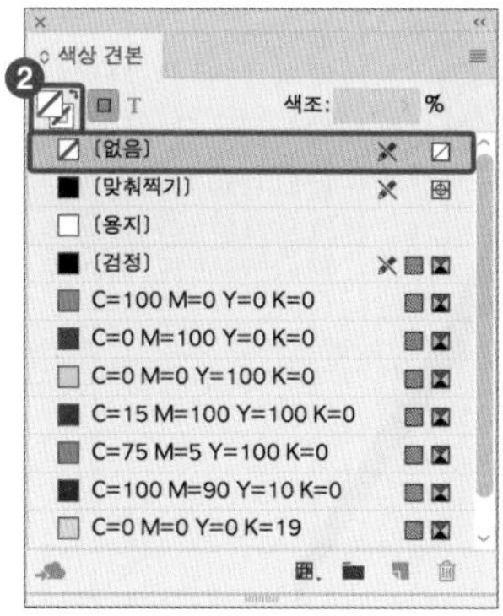

TIP 도형의 색상이 투명(없음)해야 장미꽃 이미지를 크라프트 배경 위로 올렸을 때, 마치 잉크가 덜 묻은 것처럼 크라프트 종이가 살짝 비치는 느낌을 연출할 수 있습니다.

23 ①꽃 도형을 더블클릭하여 도형 안의 실크스크린 텍스처를 선택합니다. ②그런 다음 장미꽃 느낌을 제대로 표현할 붉은색(C=15 M=100 Y=100 K=0)을 적용합니다.

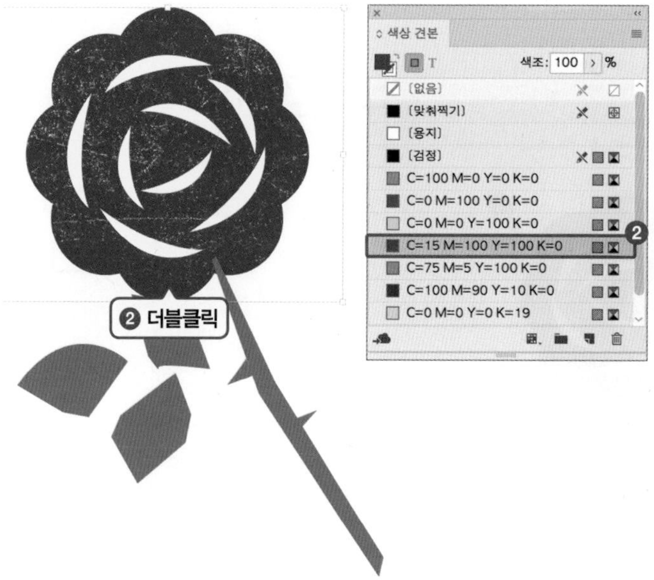

24 21–23 단계와 같은 방법으로 줄기와 잎사귀를 연출합니다. 색은 녹색(C=75 M=5 Y=100 K=0)으로 설정해 장미꽃 일러스트를 완성합니다.

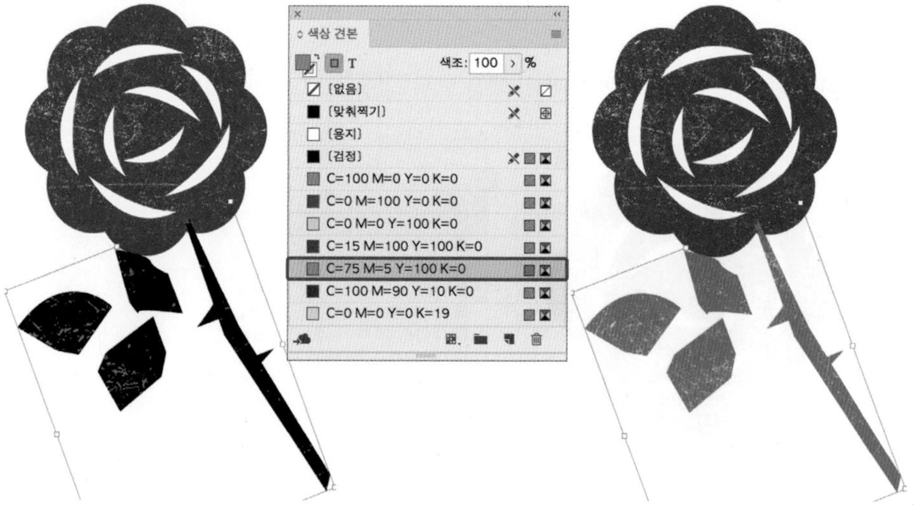

일러스트 배치하기

25 ①완성된 장미꽃을 복사한 뒤 앞서 만들었던 표지 오른쪽 하단에 붙여 넣어 연출합니다. ②이러한 과정을 반복하여 책과 어울리는 이미지를 찾거나 직접 그려 넣습니다.

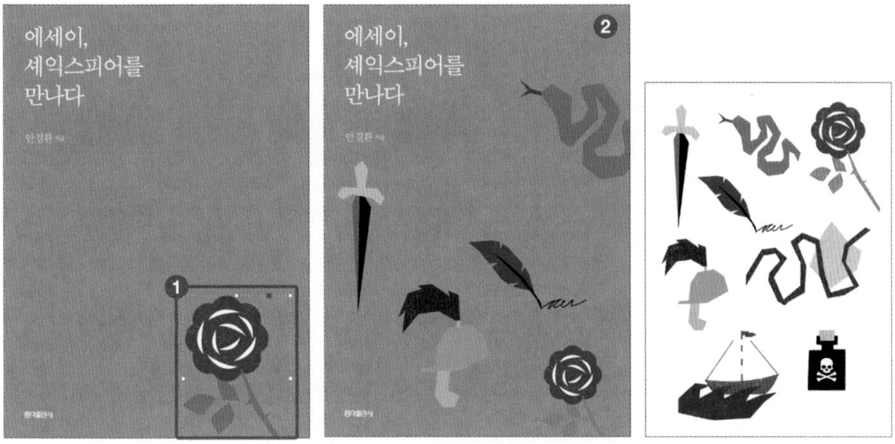

TIP 실습의 원활한 진행을 위해 셰익스피어 표지 아이콘.indd 파일을 활용하세요. 하지만 실력 향상을 위해 직접 만들어보는 것을 추천합니다.

26 일러스트를 배치했지만 아직 완성도가 떨어져 보입니다. 표지를 좀 더 밀도 있게 만들기 위해 기하학 도형을 활용하여 표지를 꾸며보겠습니다. ①다각형 도구를 선택하고 ②크라프트 바탕화면을 클릭합니다. ③[다각형] 대화상자가 나타나면 [다각형 설정]–[면 수]를 3, [별모양 인세트]는 0%로 설정하고 ④[확인]을 클릭합니다. ⑤바탕화면을 드래그하면 삼각형이 그려집니다.

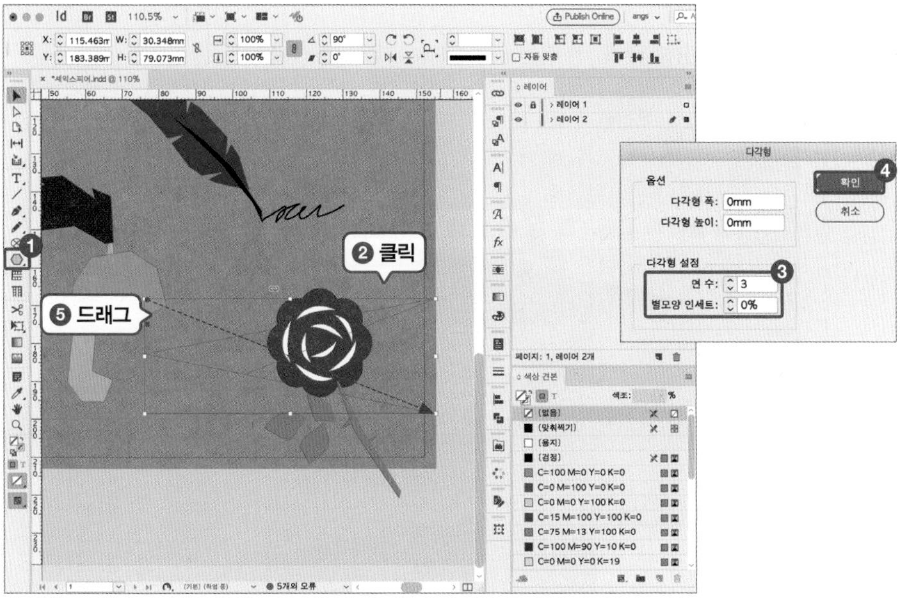

27 삼각형이 만들어지면 프레임 모서리에 마우스 포인터를 가져다 대고 Shift 를 누른 채 90° 회전합니다.

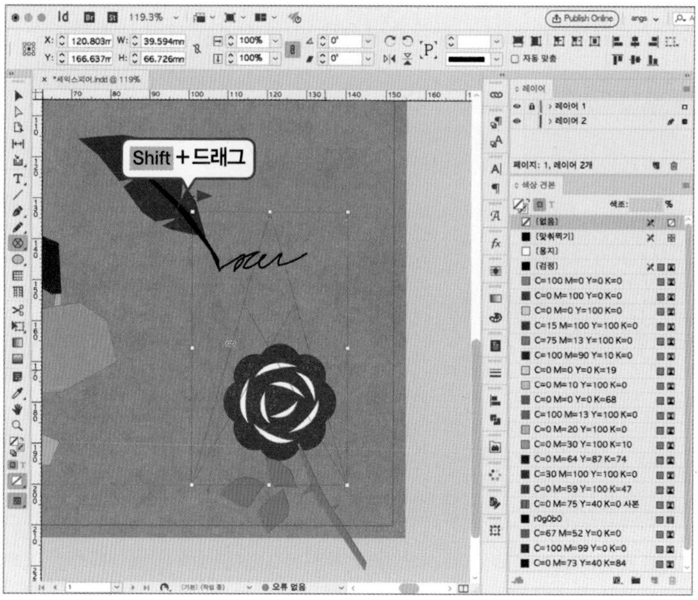

28 ①삼각형 오브젝트를 선택하고 Ctrl + D 를 눌러 실크스크린.tif 파일을 불러옵니다. ② 그런 다음 삼각형 오브젝트의 면 색과 선 색을 [없음]으로 설정합니다. ③삼각형을 더블클릭하여 도형 안의 실크스크린 텍스처를 선택한 뒤 ④연한 핑크색(C=1 M=20 Y=8 K=0)을 적용합니다.

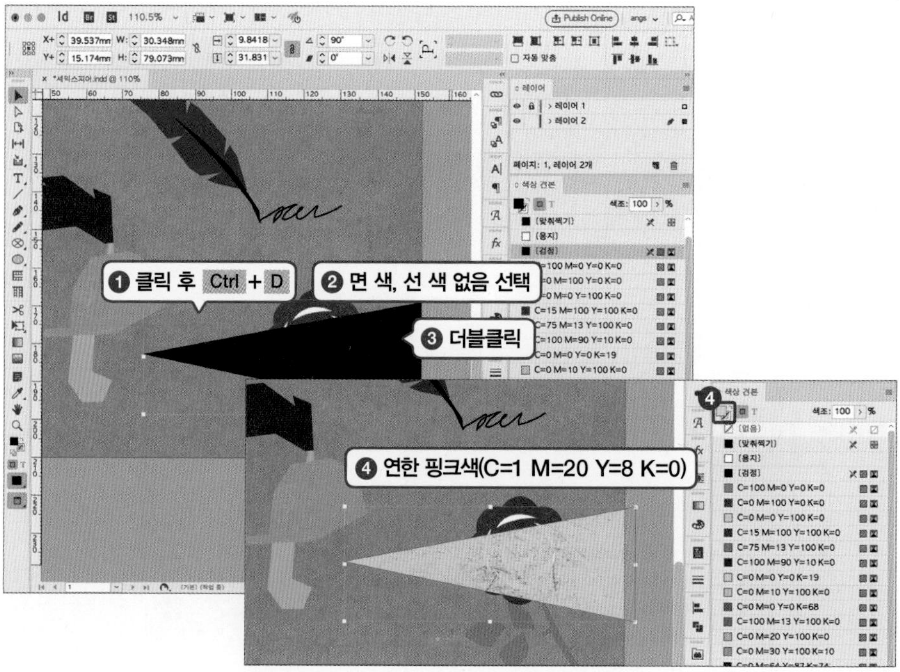

29 삼각형 오브젝트의 위치를 크라프트 배경보다는 위에, 장미꽃보다는 아래에 배치합니다.

TIP 삼각형 오브젝트를 마우스 오른쪽 버튼으로 클릭해 [배치] 메뉴를 활용합니다. 지금 같은 배치는 삼각형 오브젝트를 [맨 뒤로 보내기] 했다가 [한 칸 앞으로 보내기] 하는 방법이 쉽습니다.

30 같은 방법으로 다양한 도형을 이용해 허전한 부분을 완성도 있게 채웁니다. 도형을 그릴 수 있는 프레임 도구, 도형 도구를 활용하거나 펜 도구를 이용하여 손길 닿는 대로 그려나 갑니다. 여기서는 뱀의 머리를 더 강조하기 위해 노란색 배경의 다각형을 펜 도구로 그려 넣었습니다. 검이 있는 부분도 펜 도구로 흰색 다각형을 만들어 넣었습니다.

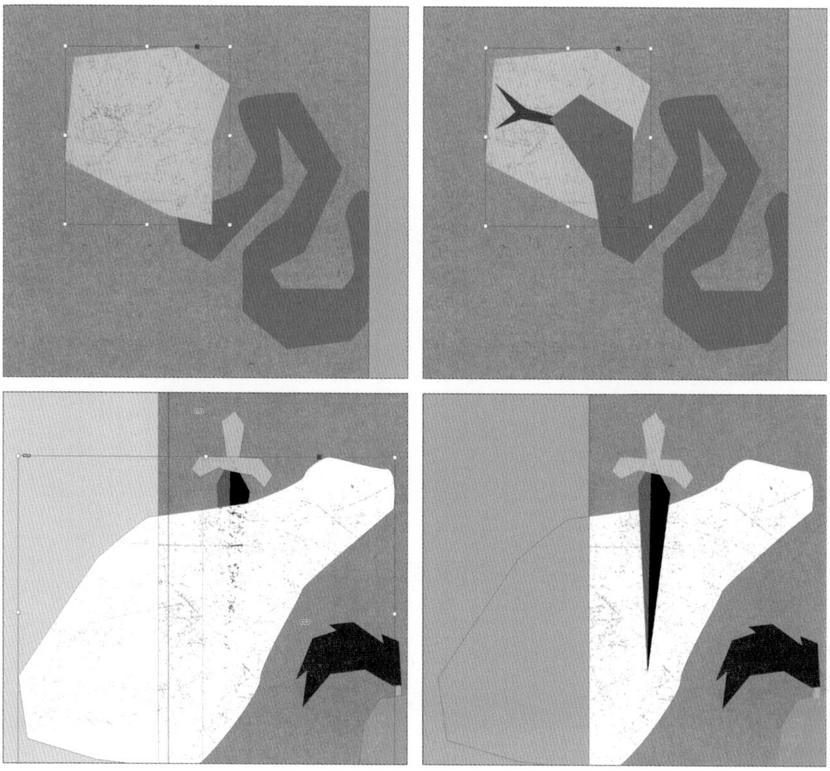

TIP 왼쪽으로 넘어가는 부분은 책등을 넘어 뒤표지로 자연스럽게 연결될 수 있도록 넉넉하게 그려 넣습니다.

31 허전한 공간은 사각형 도구를 이용해 작은 흰색 사각형을 만들어 넣습니다.

메인 일러스트 불러와 앞표지 마무리하기

32 ①사각 프레임 도구를 사용하여 깃털이 있는 위치에 사각 프레임을 그립니다. ②프레임을 선택하고 Ctrl + D 를 눌러 셰익스피어.jpg 파일을 불러옵니다.

TIP 이미지 파일이 있는 폴더에서 이미지 파일을 선택한 후 인디자인 문서로 드래그하면 이미지를 쉽게 가져올 수 있습니다. 특히 실무에서는 폴더에서 이미지를 미리 보기 상태로 놓고 어울릴 만한 그림을 골라가면서 넣어보기도 합니다. 폴더에서 인디자인으로 이미지 파일을 드래그하여 불러올 때, 인디자인 문서 안에 미리 프레임을 만들어놓은 곳으로 드래그하면 프레임 안에 이미지가 들어갑니다.

TIP 세익스피어.jpg 파일은 포토샵에서 클리핑 패스 작업을 마친 이미지입니다. 포토샵에서 펜 도구를 사용하여 원하는 영역을 설정한 뒤 [패스] 패널 보조 메뉴에서 [클리핑 패스]를 선택합니다. 그러면 선택 영역을 제외한 영역은 인디자인으로 불러왔을 때 투명하게 표시됩니다.

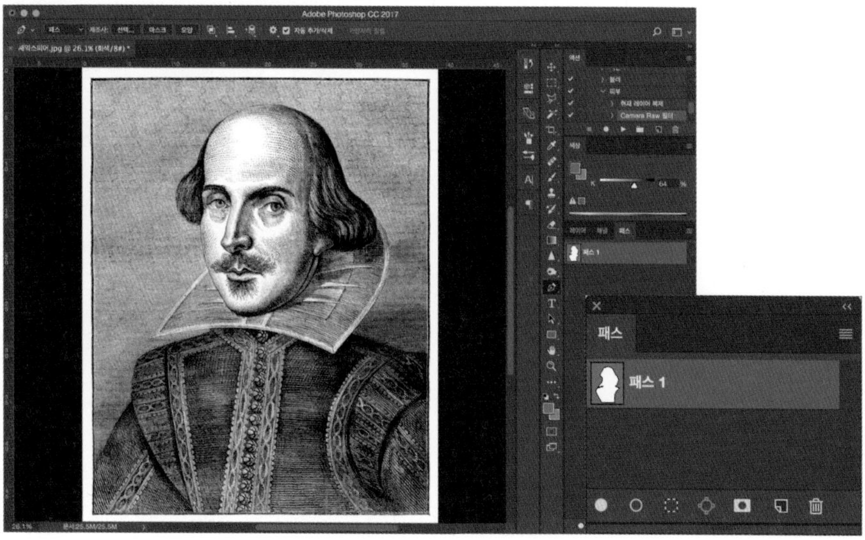

33 ①선택 도구로 ②이미지 프레임을 선택하고 ③[효과] 패널에서 [곱하기]를 적용합니다. ④하얗게 뜨는 그림의 흰색 부분이 크라프트 배경에 자연스럽게 녹아드는 것을 확인할 수 있습니다.

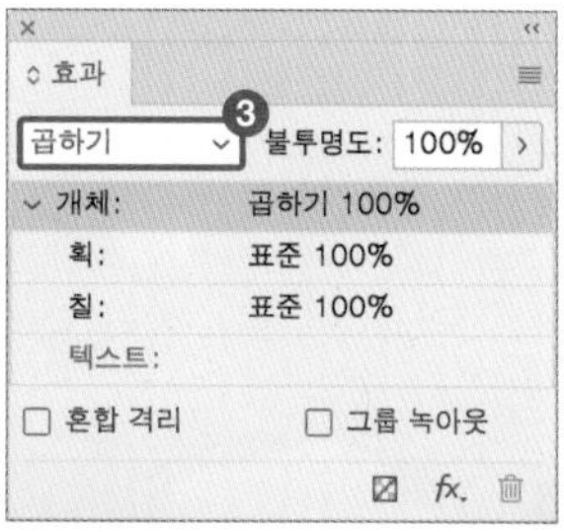

34 [배치] 메뉴를 이용해 붉은색 깃털이 셰익스피어 이미지 위에 올라가도록 배치합니다.

35 전체 이미지의 크기와 위치를 조정하며 균형을 맞춰주면 앞표지 디자인이 완성됩니다. 정확한 수치나 설정은 없으므로 본인 눈에 보이는 대로, 느낌 대로 조정하면 됩니다.

STEP 02

책등 두께 바로 알고 정확한 대지 판형 잡기

책은 대지 형태로 판형을 잡아 작업합니다. 앞표지만을 떠올린다면 생소하게 느껴질 수도 있지요. 표지는 앞표지에 해당하는 표1, 뒤표지에 해당하는 표4, 책등, 표지가 연장된 날개 표2와 표3으로 이루어져 있습니다. 표2, 3에는 주로 저자나 다른 책을 소개합니다.

대지 이해하기

책의 판형과 책등 두께를 알아야만 정확한 대지의 크기를 알아낼 수 있습니다. 책등 두께는 본문 전체 페이지와 사용한 종이의 두께에 따라 달라집니다. 물론 책등 두께가 확정되지 않은 상태라도 디자인을 시작할 수 있습니다. 대략적인 수치를 가지고 디자인한 후 인쇄 및 제작에 들어가기 직전에 정확한 크기로 수정하면 됩니다.

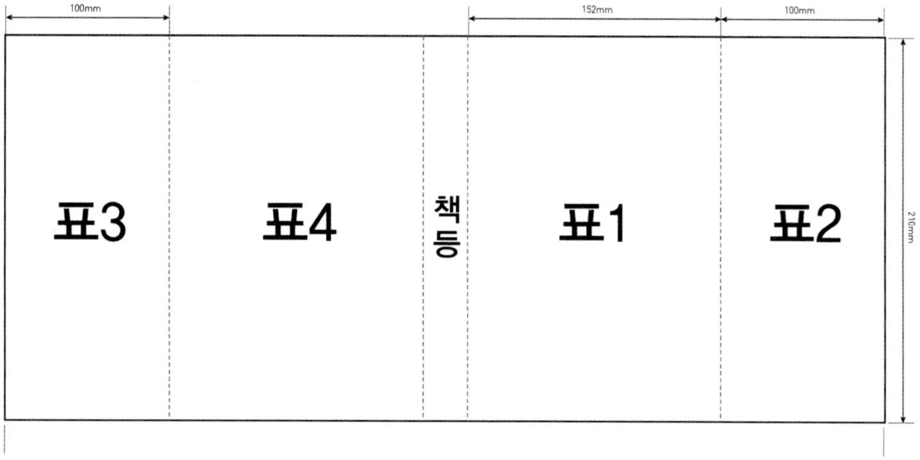

책등 두께 구하기

공식에 대입하기

종이의 두께를 공식에 대입해 책등 두께를 구하는 방법입니다. 모조지나 매트지 계열의 80g, 100g처럼 책에 자주 사용되는 종이의 두께는 알아두는 것이 좋습니다.

책등 두께 구하는 공식 : (페이지÷2)×종이 두께+1.05(면지 두께)

TIP 여기서 면지로 사용할 종이는 1.05mm 두께인 120g이며, 이를 예시로 들어 공식에 대입해보겠습니다.

실제로 《에세이, 셰익스피어를 만나다》에 사용한 종이와 페이지를 가지고 책등 두께를 구해보겠습니다.

페이지 : 360쪽, 종이 : 미색모조 100g(두께 : 0.11)

위의 공식에 대입해보면 (360÷2)×0.11+1.05=20.85가 됩니다. 반올림해서 21mm로 책등을 잡으면 되겠네요. 하지만 이렇게 공식에 대입해도 약간의 오차가 생길 수 있기 때문에 다음 방법으로 한 번 더 확인하는 것이 좋습니다.

직접 재보기

종이의 두께를 재는 자를 이용해 직접 확인하는 방법입니다. 하지만 종이의 두께를 재는 자를 구비하고 있는 경우는 드물죠. 따라서 이런 경우에는 작업물과 같은 용지로 만들어진 책을 찾아봅니다. 작업하려는 페이지와 동일한 분량을 잡고 일반 막대 자로 직접 재봅니다. 이왕이면 작업물보다 두꺼운 책이 좋지만 여의치 않다면 얇은 책이라도 선택해 작업물의 페이지에 해당하는 두께를 유추해봅니다. 예를 들어 작업물이 300페이지인데 같은 종이를 사용한 책이 200페이지밖에 안 된다면, 100페이지만 두께를 재고 3을 곱하면 원하는 책등의 두께를 유추할 수 있습니다. 책등 구하는 공식보다 현실적인 방법입니다. 왜냐하면 지업사 브랜드에 따라 종이 두께가 약간씩 차이가 있기 때문이죠.

TIP 이전에 작업했던 책에 사용한 종이를 모르겠다고요? 이때는 비슷한 재질의 종이를 찾아보고 책등을 구합니다. 앞으로는 작업한 책에 항상 작업 사양을 메모해서 붙여놓으세요. 그래야 언제든 찾아볼 수 있으니까요!

지업사 또는 제작부에 직접 문의하기

책등의 두께를 알아내는 방법 중 가장 안전한 방법입니다. 종이의 두께는 지업사 브랜드나 작업 환경에 따라 약간씩 차이가 있으므로 지업사에 직접 물어보는 편이 가장 정확합니다. 디자이너가 책의 페이지와 사용할 종이를 알려주면 지업사에서는 그 사양대로 직접 두께를 재서 알려주는 방식이라 오차를 최대한 줄일 수 있습니다. 또한 이 방법은 공동으로 책임을 부담하는 방법이기도 합니다. 인쇄 출판에서 디자이너가 책임져야 하는 부분은 디자인 외에도 생각지 못한 것들이 많이 있습니다. 따라서 여러 사람의 의견을 물어 책임을 분배하는 것도 업무 부담을 줄일 수 있는 좋은 방법입니다.

10 년차 선배의 멘토링 책등 인쇄 사고 방지 노하우

책을 제본할 때에는 책등을 기준으로 삼습니다. 책등에 약간의 오차가 생겨도 큰 사고로 이어집니다. 특히 책등의 두께만큼 배경색이 들어가는 디자인일 경우, 배경색이 앞표지나 뒤표지로 넘어가거나 반대로 책등을 꽉 채우지 못하면 인쇄 사고로 번지는 경우가 많습니다. 따라서 정확한 책등 두께를 알아내는 것은 매우 중요합니다. 책등 두께에 확신이 없을 때는 책등에 배경색을 넣지 않는 것이 좋습니다.

STEP 03

표지의 완전체! 대지 작업하기

앞표지 작업이 완료되었다면 책의 입체적인 구성을 위한 대지 작업이 필요합니다. 얼핏 2D로 보이는 작업이지만 엄연히 3D 입체 형태를 생각해야 하는 작업입니다. 그런 면에서 북디자인은 2D와 3D의 경계를 자유롭게 오갈 수 있는 매력적인 작업입니다. 단순히 책을 감싸는 포장의 개념을 넘어서 표지에 구멍을 뚫거나 박을 씌우거나 책의 실제 크기보다 큰 종이를 접고 또 접어서 책을 감싸거나 하는 재미있는 작업을 할 수 있기 때문이죠.

실습 파일 : 프로젝트/책 표지 디자인 폴더

표지의 완성, 대지 작업하기

책등 두께도 알았으니 이제 대지 크기의 문서를 만들어볼까요?

10년차 선배의 멘토링 대지 크기를 정하기 전 체크리스트

- □ 앞표지(표1), 뒤표지(표4)의 크기는 판형과 맞는가?
- □ 본문 페이지는 몇 쪽인가?
- □ 본문과 면지에 사용된 종이의 종류는 무엇인가?
- □ 표 2, 3(날개)의 크기는 정했는가?
- □ 대지를 인쇄할 종이의 종류(46전지, 46반절, 국전지, 국반절)를 확인했는가?
  대지 판형이 종이보다 크면 안 됩니다.

대지 전체 크기에서 가로는 앞표지(표1), 앞날개(표2), 뒷날개(표3), 뒤표지(표4), 책등의 두께를 합친 525mm, 세로는 책 판형의 길이인 210mm가 됩니다.

TIP 대지 전체 가로 크기가 525mm를 넘을 경우에는 미리 인쇄소와 상의해야 합니다. 인쇄소마다 차이가 있겠지만 46반절의 종이 길이인 545mm에 매우 근접한 크기이므로 인쇄기가 종이를 붙잡는 부분의 여분(구아이)을 고려해야 하기 때문입니다.

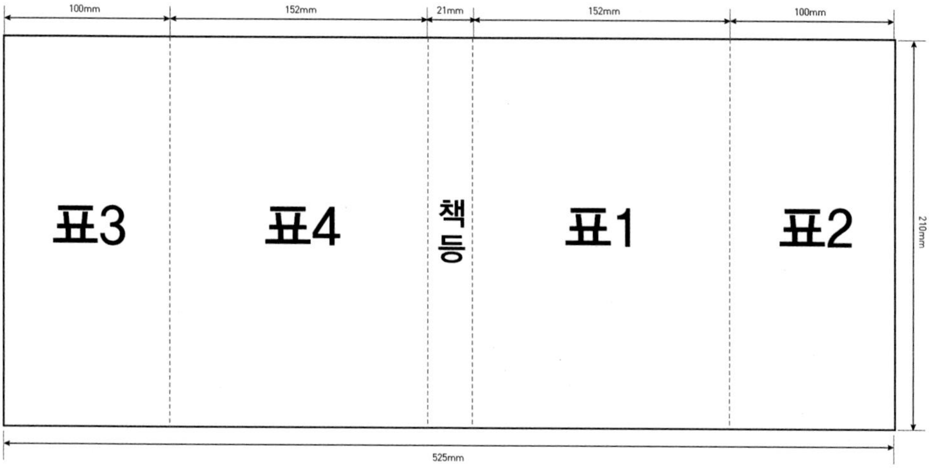

대지 만들기

01 표지 파일(에세이, 셰익스피어를 만나다 표1.indd)을 열어둔 채 [페이지] 패널에서 페이지를 추가합니다. 기존의 표지 페이지를 포함하여 총 5개를 만듭니다.

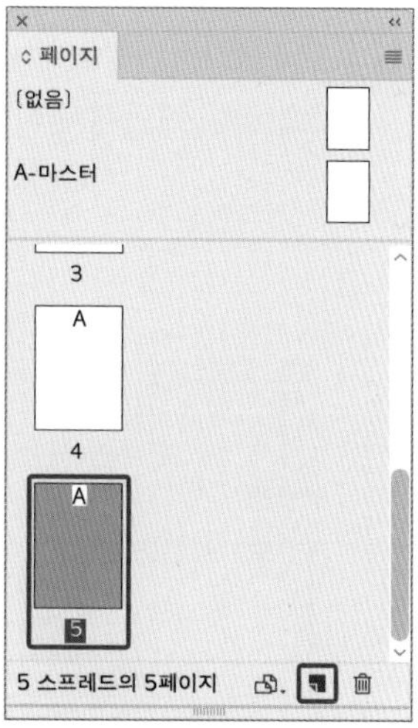

02 ①5개의 페이지를 모두 선택한 후 ②마우스 오른쪽 버튼을 클릭합니다. ③[선택한 스프레드 재편성 허용]을 선택해 체크 표시를 해제합니다.

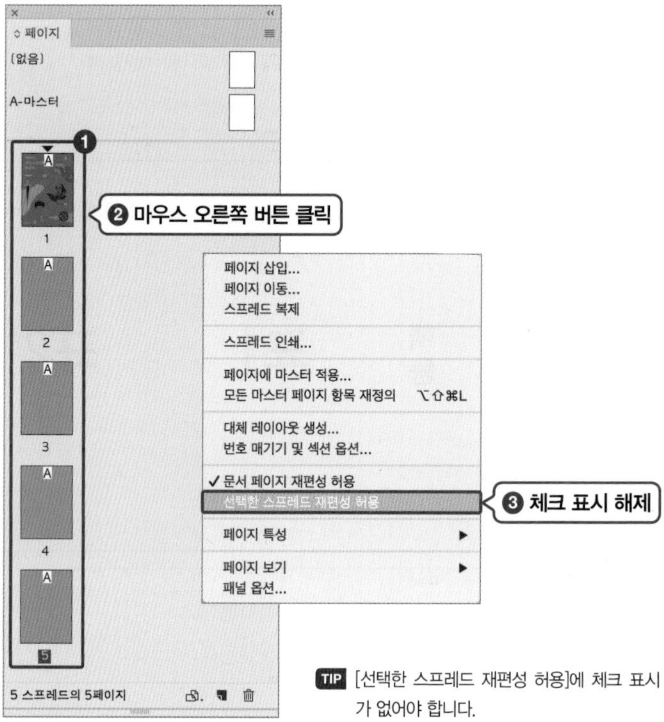

TIP [선택한 스프레드 재편성 허용]에 체크 표시가 없어야 합니다.

03 ①[페이지] 패널에서 5개의 페이지를 드래그하여 이어 붙입니다. ②문서를 확인해보면 [페이지] 패널에서 이어 붙인 것과 같이 문서가 이동되어 있습니다.

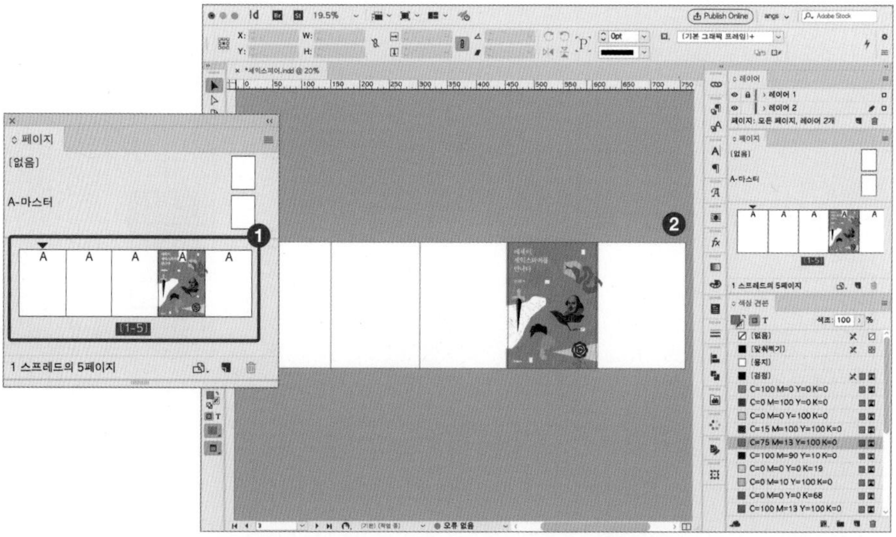

각 페이지 크기 조정하기

04 ①[파일]–[문서 설정] 메뉴를 클릭해 [문서 설정] 대화상자가 나타나면 ②[페이지 마주보기]에 체크 표시합니다. ③[확인]을 클릭하면 알림 메시지가 나타납니다. ④[예]를 클릭합니다.

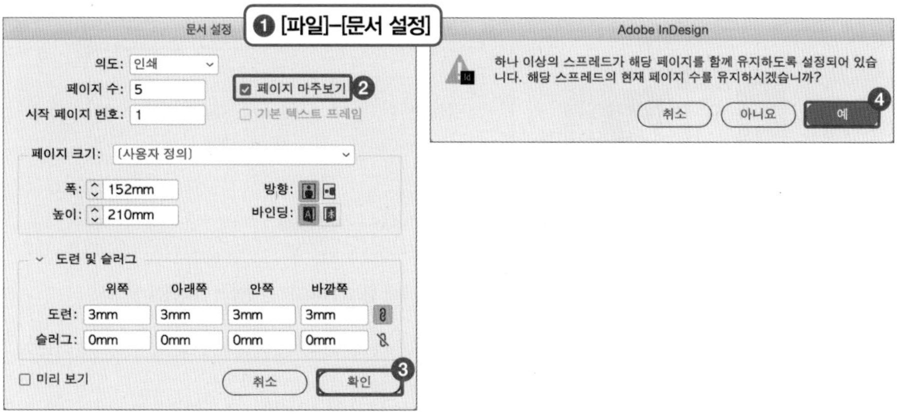

05 ①페이지 도구로 ②③이어 붙인 페이지의 양끝에 있는 날개 페이지(1, 5 페이지)의 너비를 100mm로 조정합니다.

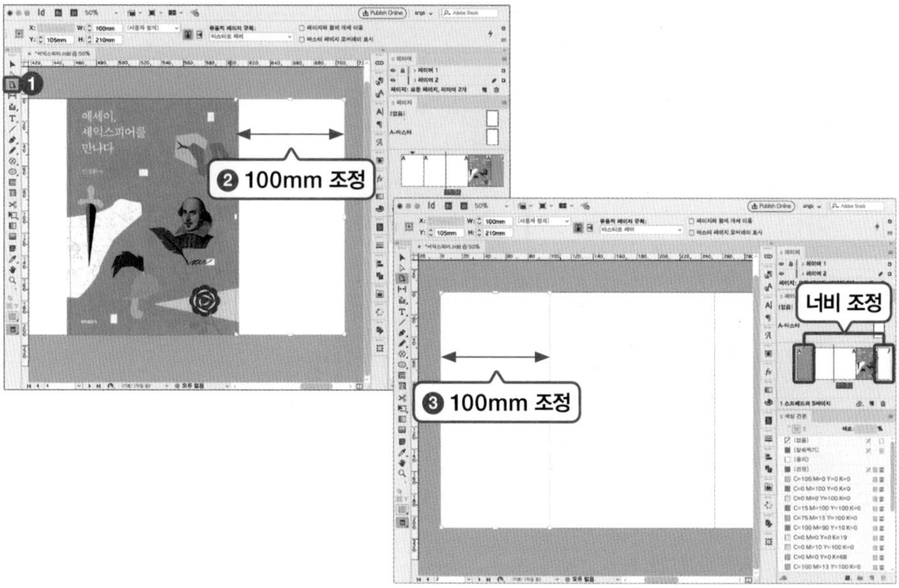

TIP 페이지 도구로 페이지를 드래그하면 붙여진 페이지가 모두 움직입니다. 이때에는 Alt 를 누른 채 드래그하면 되는데, 정확한 수치로 조절하는 게 어렵습니다. 따라서 날개 페이지를 조정할 때에는 [변형] 패널에서 정확한 수치를 입력하는 것이 좋습니다.

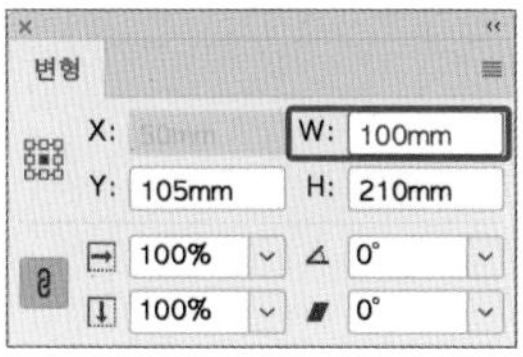

06 ①양쪽 날개(1, 5 페이지)를 함께 선택하고 ②[레이아웃]–[여백 및 단] 메뉴를 클릭해 [여백 및 단] 대화상자를 불러옵니다. ③[여백]–[위쪽], [아래쪽]은 15mm, [안쪽], [바깥쪽]은 13mm로 설정하고 ④[확인]을 클릭해 적용합니다.

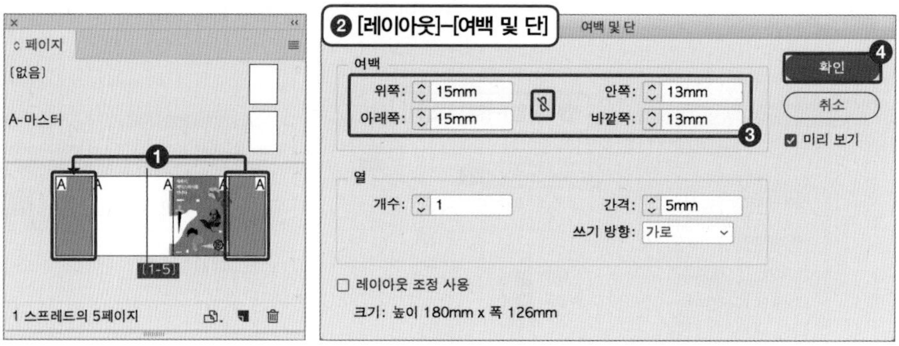

TIP [위쪽], [아래쪽]과 [안쪽], [바깥쪽] 여백을 다르게 설정하려면 링크가 해제된 상태에서 입력해야 합니다.

07 05 단계와 같은 방법으로 책등 페이지(3 페이지)의 너비를 조정합니다. 페이지 도구를 이용해 이어 붙인 페이지의 중앙에 있는 책등 페이지의 너비를 21mm로 조정합니다.

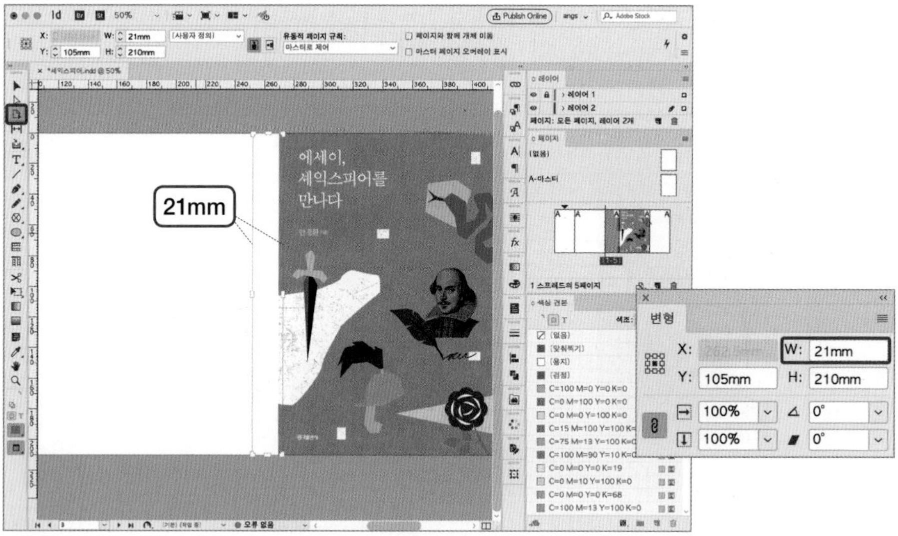

TIP 앞서 책등의 두께를 계산해보았습니다. 책등의 두께를 구하는 방법은 266쪽을 참고하세요.

08 ①책등을 선택하고 ②[레이아웃]–[여백 및 단] 메뉴를 클릭해 [여백 및 단] 대화상자를 불러옵니다. ③[여백]–[위쪽], [아래쪽]은 10mm, [안쪽], [바깥쪽]은 0mm로 설정하고 ④[확인]을 클릭해 적용합니다.

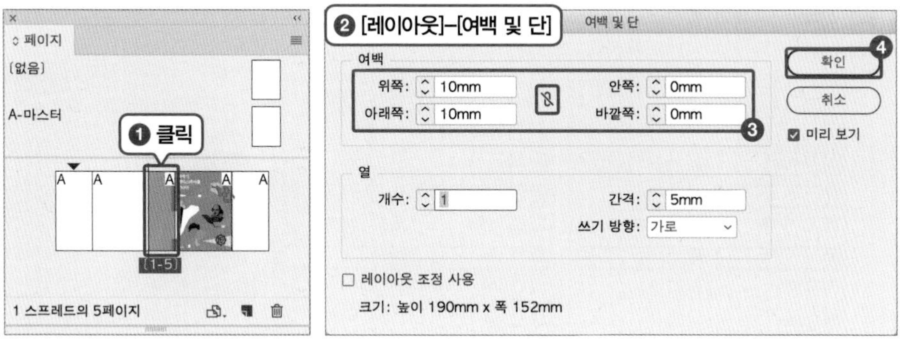

09 표4(2 페이지)와 책등(3 페이지)에도 표1(4 페이지)의 크라프트 배경을 복사해 채웁니다. 이때 날개로 넘어가는 부분은 5mm 정도 여유 있게 조정합니다.

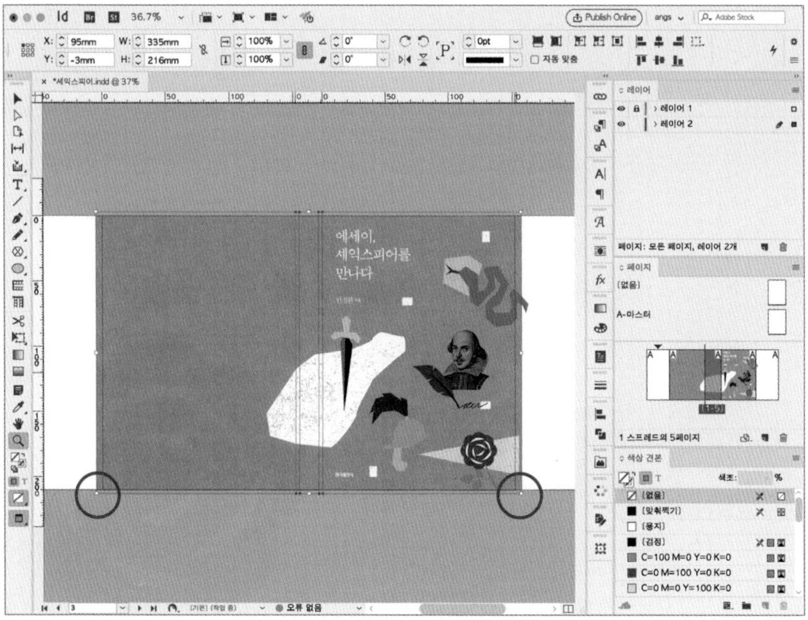

10 ①문자 도구로 ②책등에 텍스트 프레임을 두 개 만들어 제목, 지은이를 입력합니다. ③문자에 스타일을 지정합니다.

제목	산돌명조M, 크기 21.5pt, 자간 –10, 용지, 커닝 시각적
지은이	산돌명조L, 크기 11pt/9pt, 자간 –10, 검정, 커닝 (0)

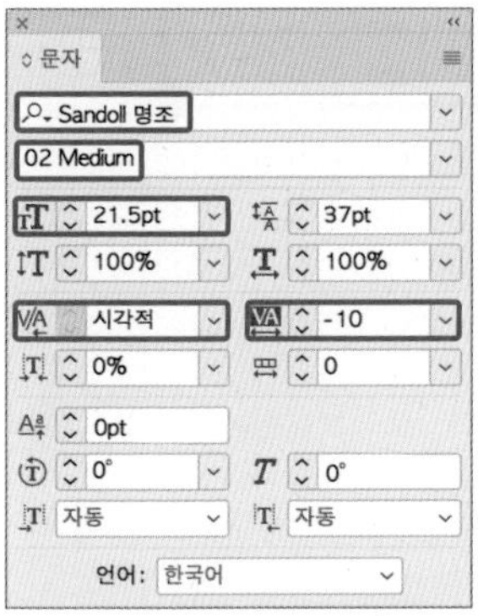

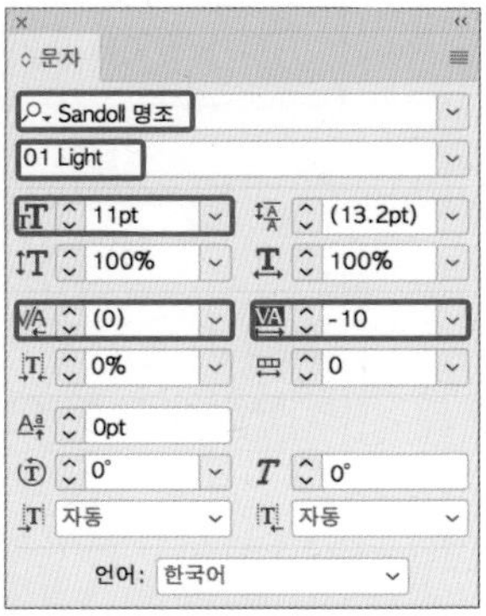

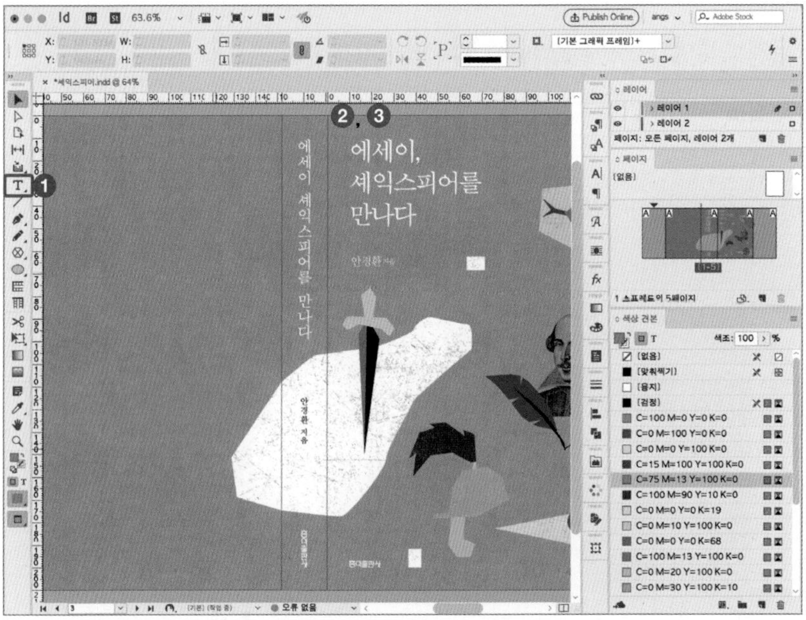

10년차 선배의 멘토링 책등 쓰기 방향

책등에는 제목, 부제(또는 영문 제목), 지은이(옮긴이가 있으면 포함), 출판사 로고가 들어갑니다. 이때 책등의 두께와 제목의 글자 수에 따라 문안을 세로쓰기로 넣을지 가로쓰기로 넣을지 고려해야 합니다.

책등에 들어가는 글자의 방향과 로고의 방향은 통일하는 것이 좋습니다. 제목은 세로쓰기인데 저자 이름은 가로쓰기, 로고는 세로쓰기 같은 구성은 매끄럽게 글을 읽어나가는 데 방해가 될 수 있습니다. 또 소설 같이 표지 제목 자체가 하나의 그래픽으로 보이는 경우에는 제목의 모양을 살리고 글자를 작게 넣을지, 모양을 유지한 상태로 세로쓰기 또는 가로쓰기를 적용해 한 줄로 늘일지 고민해야 합니다. 책장에 책을 꽂으면 표지보다 더 눈에 띄는 부분이 책등이기 때문에 표지만큼 관심을 가진다면 재미있는 디자인을 할 수 있을 것입니다.

11 ①②표2, 표3에 텍스트 프레임을 만들어 표지 문안.txt 파일 중 표2, 표3에 해당하는 문안을 복사해 붙여 넣습니다.

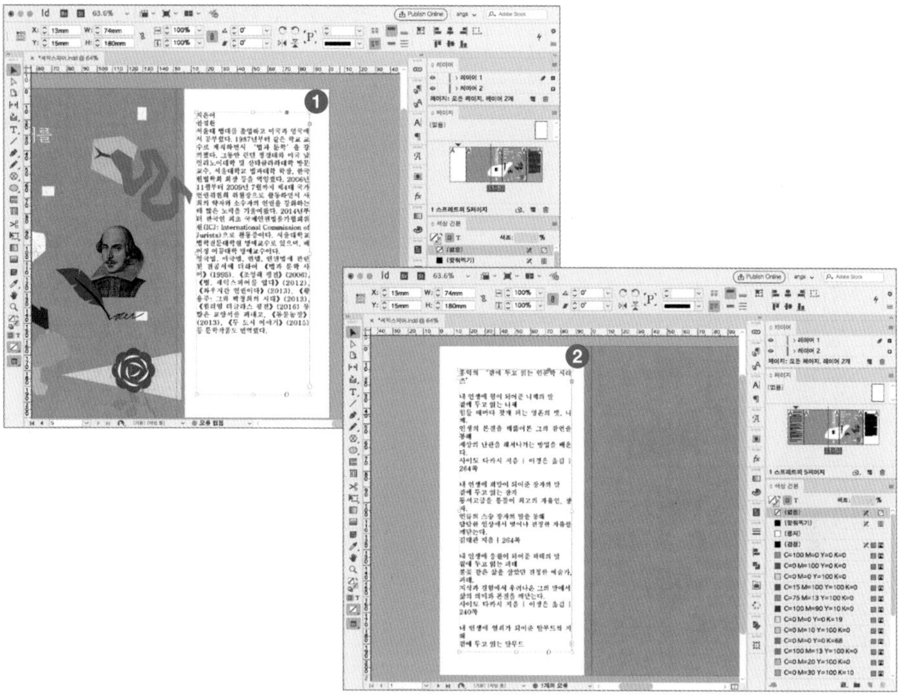

12 표2에 입력해 넣은 문자에 스타일을 지정합니다.

지은이	산돌고딕B, 크기 6pt , 행간 Auto, 자간 –50, C=100 M=75 Y=8 K=0
지은이 이름	산돌명조L, 크기 11pt, 행간 14pt, 자간 175, 검정
본문	산돌명조L, 크기 9pt, 행간 13.8pt, 자간 –50, 검정

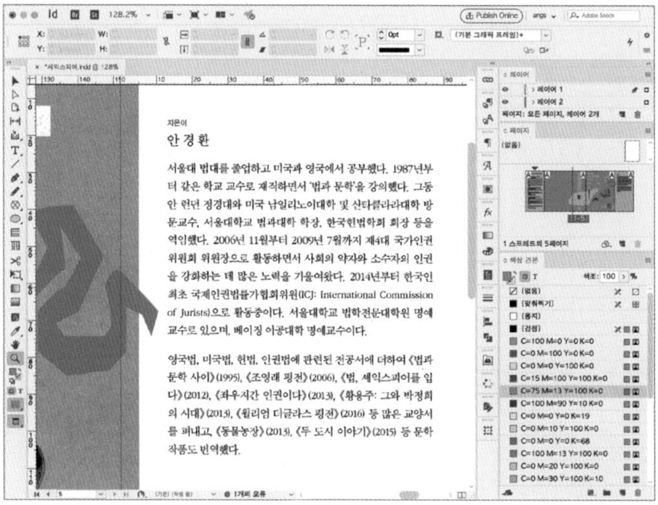

TIP 숫자와 영문의 자간은 한글보다 더 좁게 설정해주는 것이 보기 좋습니다. 입력한 문구 중 괄호 안에 있는 숫자의 크기를 0.5~1pt 작게 하면 더 짜임새 있어 보입니다.

13 표3에 복사해 넣은 문자에 스타일을 지정합니다.

타이틀	산돌고딕B, 크기 9pt, 행간 9.5pt, 자간 −50, C=0 M=0 Y=0 K=70
부제	산돌고딕M, 크기 8pt, 행간 11pt, 자간 −50, C=100 M=75 Y=8 K=0
책 제목	산돌고딕L/산돌고딕B, 크기 11pt, 행간 9.5pt, 자간 −50, 검정
본문	산돌명조L, 크기 8pt, 행간 11.5pt, 자간 −50, 검정
지은이	산돌고딕L/산돌고딕M, 크기 6.5pt, 행간 11pt, 자간 −40, 검정

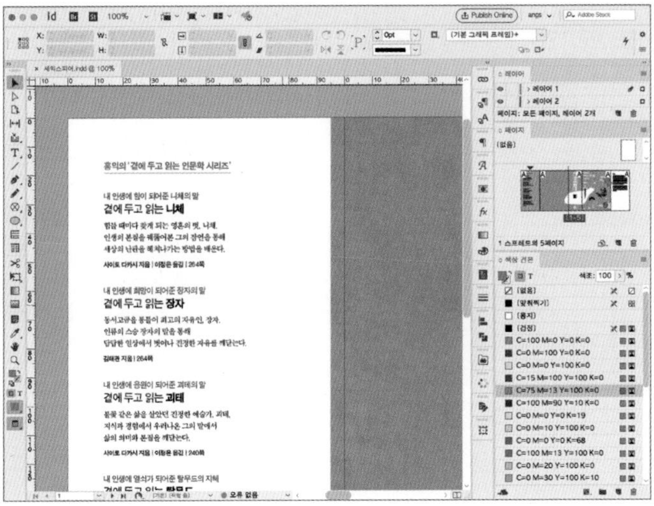

뒤표지 디자인하고 문안 입력하기

14 표1 디자인을 한 것처럼 책과 연관된 일러스트를 표4 영역에 새로 그려 넣습니다.

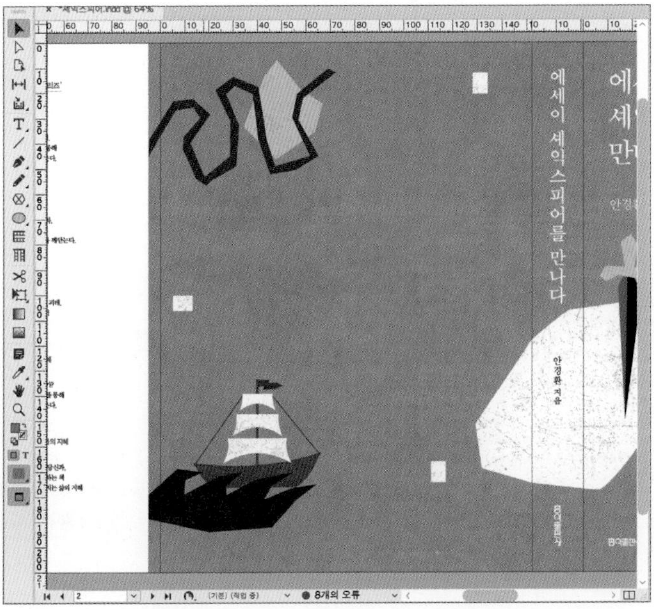

TIP 일러스트를 직접 그리는 게 서툴다면 실습 파일을 활용하세요.

15 ①사각형 프레임 도구로 ②97×20mm 크기의 사각형을 그립니다. ③ Ctrl + D 를 눌러 실크스크린.tif 파일을 불러옵니다.

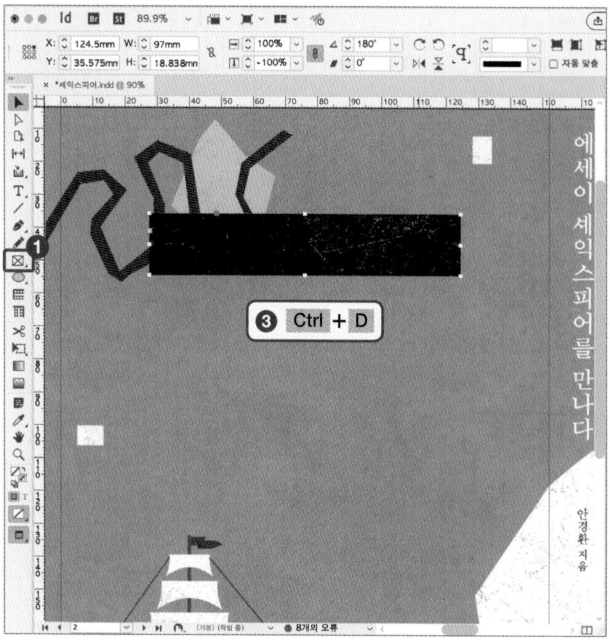

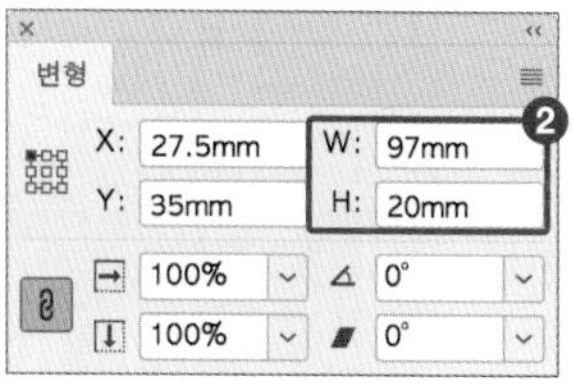

16 사각형 프레임 안의 실크스크린 면 색을 [없음]으로 설정합니다.

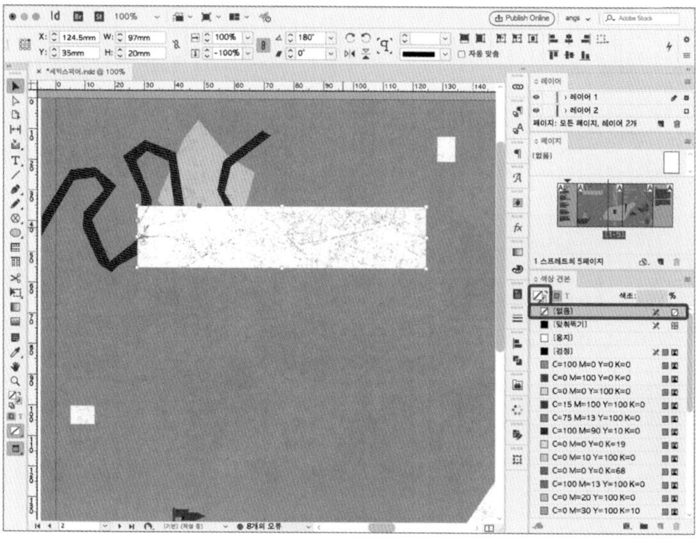

17 ①15 단계와 같은 크기의 흰색 사각형을 만들고 ②[효과] 패널에서 [불투명도]를 70%로 설정합니다.

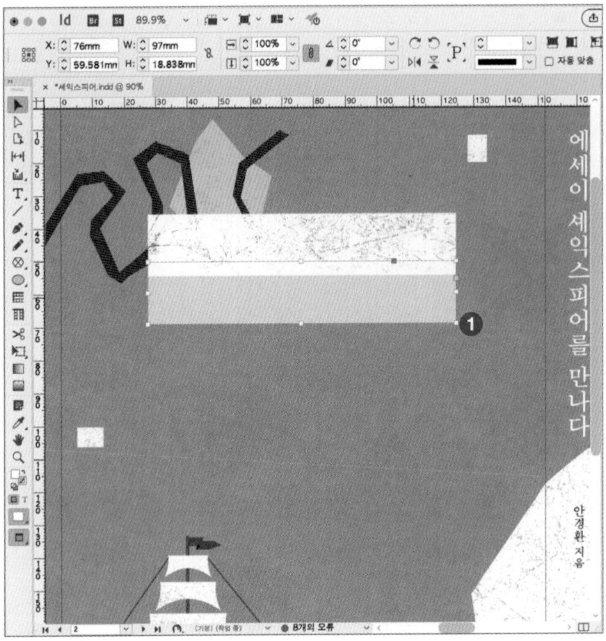

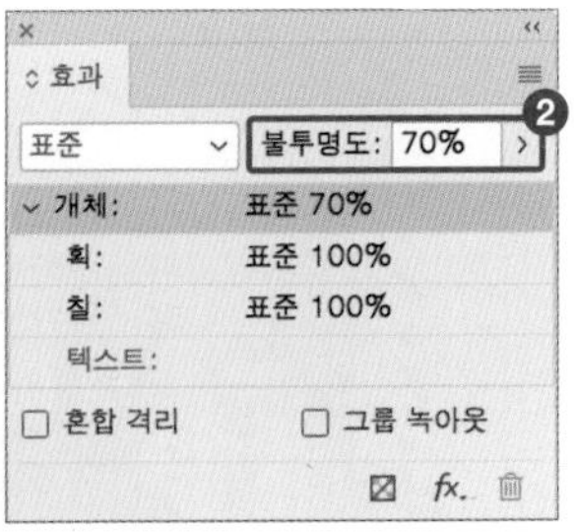

TIP 크라프트 배경은 텍스처가 매우 거칩니다. 그 위에 텍스트를 얹으면 가독성이 매우 떨어지겠죠. 이를 보완하기 위해 같은 크기의 흰색 사각형을 덧대어 거친 느낌을 줄이고 부드럽게 연출합니다.

18 ①두 사각형을 선택하고 ②[정렬] 패널을 이용해 같은 위치에 겹쳐줍니다.

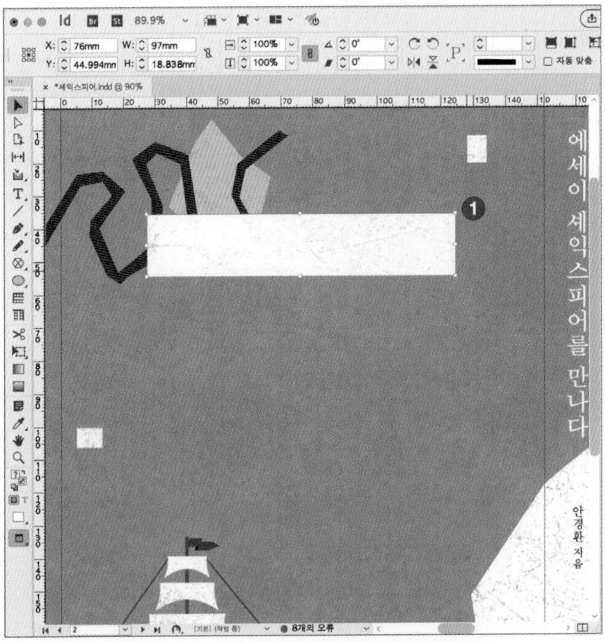

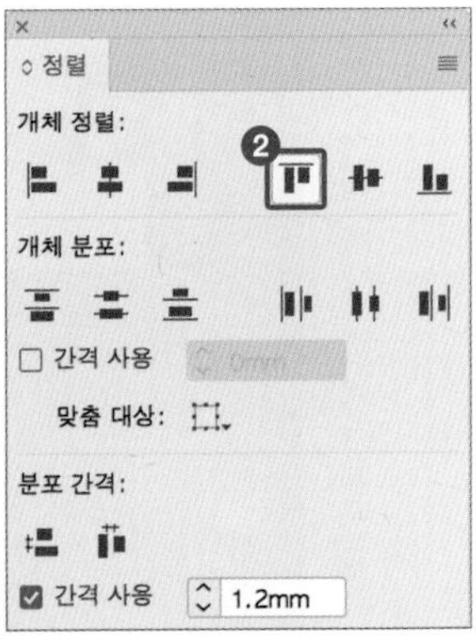

19 ①문자 도구로 ②텍스트 프레임을 만들어 표4 헤드카피를 붙여 넣습니다. ③문자 스타일을 지정합니다.

산돌고딕M, 크기 13pt, 행간 18pt, 자간 –50, C=79 M=87 Y=0 K=30, 가운데 정렬

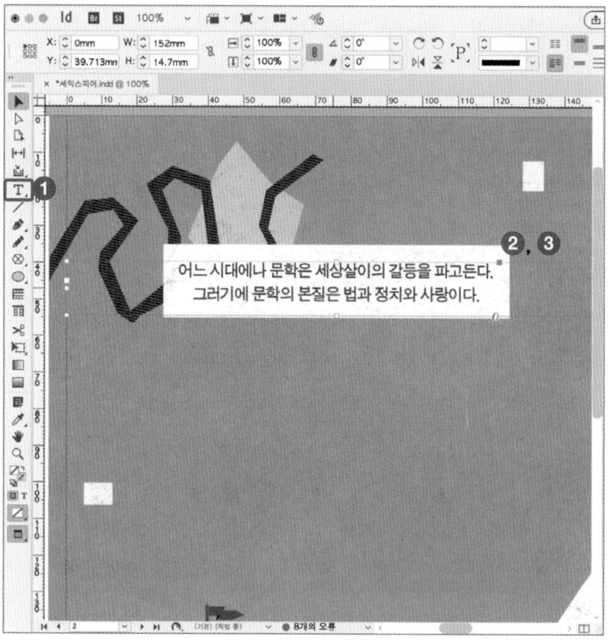

TIP 표4 헤드카피는 표지 문안.txt 파일에 있습니다.

20 15 단계와 같은 방법으로 97×60mm 크기의 텍스처가 적용된 흰색 사각형을 만듭니다.

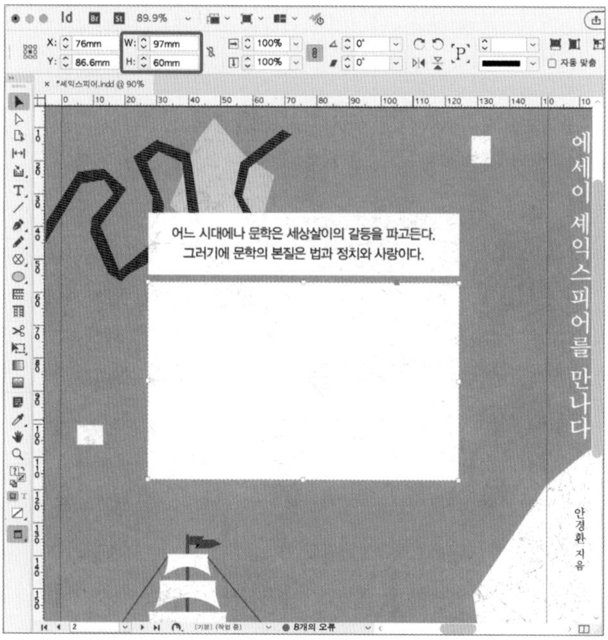

21 ①문자 도구로 ②텍스트 프레임을 만들어 표4 본문 카피를 붙여 넣습니다. ③문자 스타일을 지정합니다.

산돌명조L, 크기 8.8pt, 행간 15pt, 자간 –50, 검정

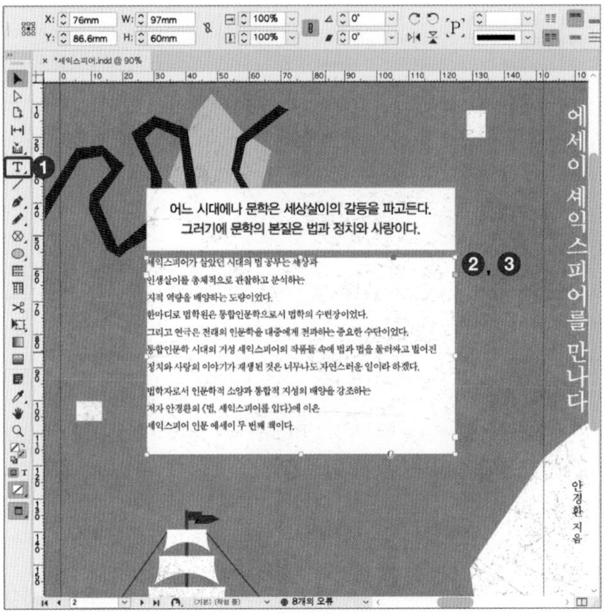

TIP 표4 본문 카피는 표지 문안.txt 파일에 있습니다.

22 ① Alt 를 누른 채 텍스트 프레임을 더블클릭합니다. ②[텍스트 프레임 옵션] 대화상자가 나타나면 [인세트 간격]을 모두 2mm로 설정합니다. ③[확인]을 클릭해 텍스트 인세트를 적용합니다.

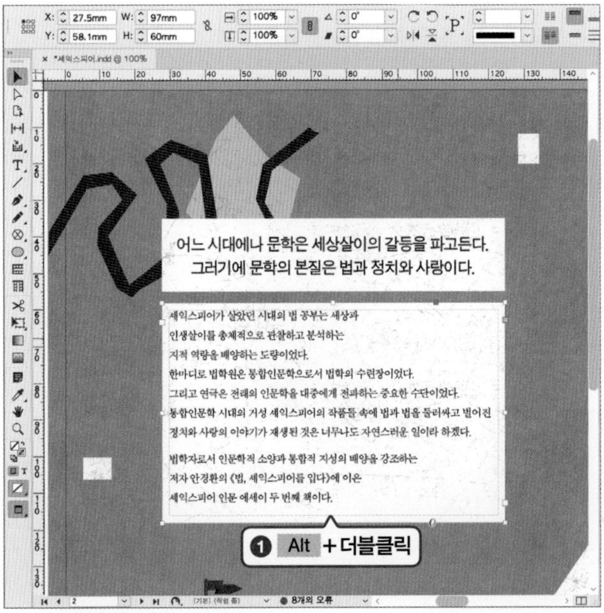

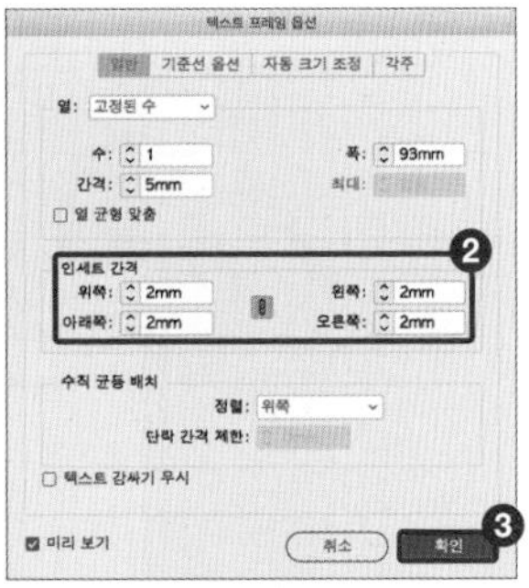

23 표4 하단에 바코드를 배치할 공간을 마련합니다. 바코드가 잘 보여야 하므로 흰색 오브젝트를 그려 넣습니다.

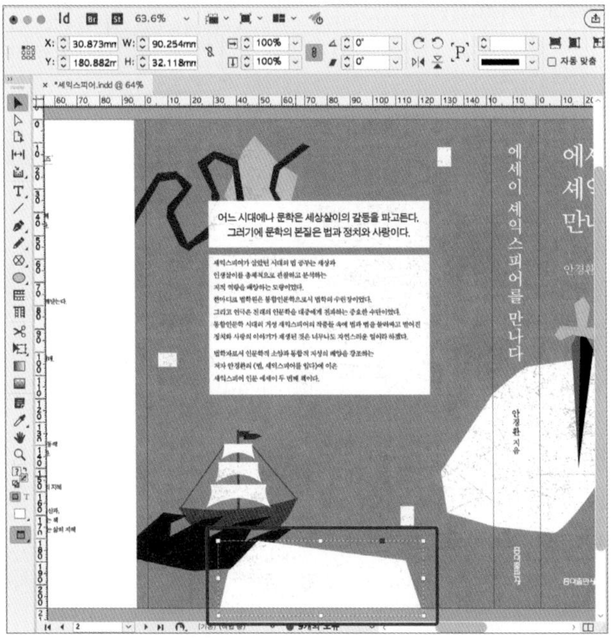

24 ①일러스트레이터에서 바코드.ai 파일을 열어 ②바코드를 복사한 후 ③인디자인 파일에 붙여 넣습니다.

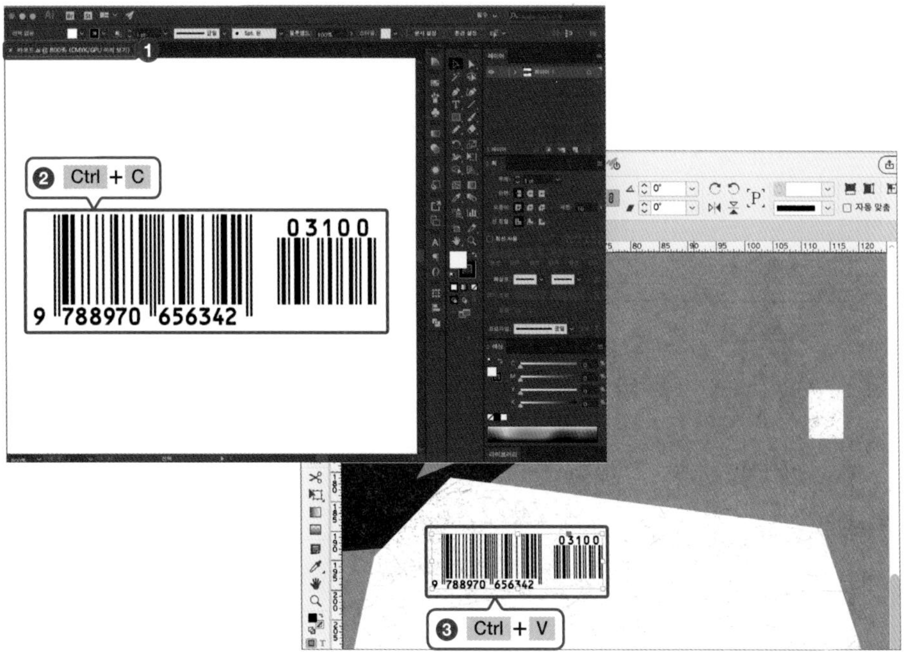

25 바코드 영역 옆으로 가격과 ISBN 번호를 함께 입력하여 마무리합니다.

숫자, 영문	DIN Medium, 크기 6.8pt, 자간 10
한글	산돌고딕M, 크기 6.8pt, 자간 10

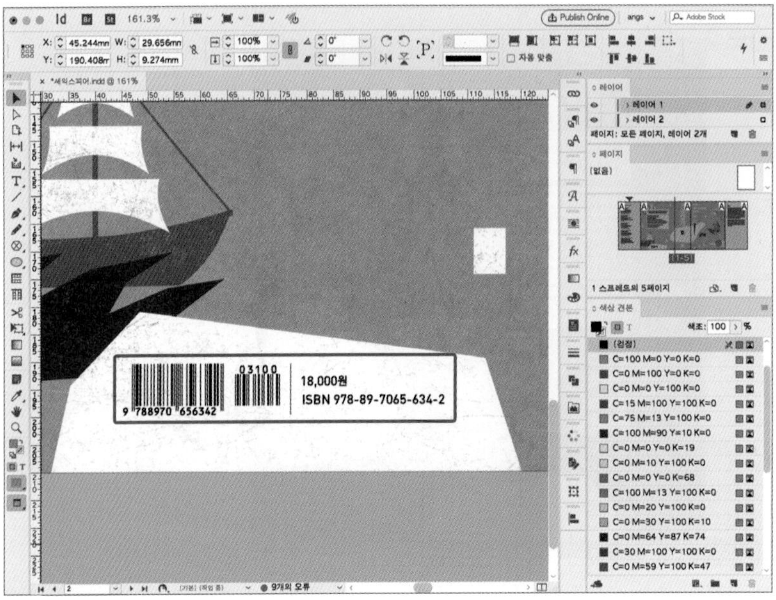

TIP 바코드는 출판사나 기획 담당자에게 전달받기도 하지만 대부분은 디자이너가 직접 만들어야 합니다. ISBN 번호를 전달받으면 바코드를 만들어야 합니다. 일반적으로 책 한 권당 하나의 ISBN이 나오지만, 세트일 경우 세트 바코드 번호도 함께 표기해야 합니다. 바코드를 만드는 방법은 284쪽 웹사이트에서 바코드 만들기를 참고하세요.

디자이너의
비밀
노트

바코드, QR코드 만들기

바코드

흔히 볼 수 있는 바코드는 1차원 바코드로 상품 정보를 저장해놓은 일종의 저장장치입니다. 제품을 계산할 때 제품에 붙은 바코드가 계산기에 설치된 스캐너(감지기)를 통과하면 판매량, 금액 등 판매와 관련된 각종 정보를 집계할 수 있습니다. 출판 쪽에서 사용하는 바코드의 종류는 ISBN(International Standard Book Number)과 ISSN(International Standard Serial Number) 두 종류가 있습니다. ISBN은 주로 단행본에, ISSN은 정기간행물(잡지, 계간지)에 사용됩니다. 바코드는 국제 표준화된 방법으로 고유 번호를 부여해 도서마다 발행처, 서명, 권호 등을 확인하기 위한 숫자로 구성되어 있습니다.

ISBN의 표시

상업적인 목적이 아니라면 바코드를 생략해도 되지만, 도서로서 유통하고 서지 정보를 공유하기 위해서는 반드시 ISBN이 있어야 합니다. 도서에는 주로 표지와 판권에 표기되며 고유 번호가 시작되는 앞에 반드시 'ISBN'이란 문자를 표시해야 합니다. ISBN을 구성하는 숫자는 하이픈으로 나뉜 부분과 부가기호로 구성됩니다. 하이픈으로 나뉜 부분은 ①접두부 ②국별 번호 ③발행자 번호 ④서명식별 번호 ⑤체크 번호로 구성되어 있습니다.

ISSN의 표시

도서에 바코드 없이 ISSN만 표시할 경우(학술지, 논문집, 비매품 등) 앞표지 우측 상단에 표시하며, ISSN과 바코드를 함께 표시할 경우(서점에서 유통되는 자료) 앞표지 좌측 하단에 표시합니다.

ISBN/ISSN 바코드 신청_ http://seoji.nl.go.kr/index.do

국립중앙도서관 서지정보유통지원시스템 홈페이지에서 ISBN/ISSN 번호를 신청할 수 있으며 바코드를 다운로드할 수 있습니다.

바코드 만들기

출판사에서 바코드 파일을 제공하지 않으면 디자이너가 스스로 ISBN/ISSN 번호를 보고 만들어야 합니다. 하지만 재미있게도 규격화된 것처럼 보이는 바코드를 직접 디자인할 수 있는데요. 일반적으로 딱딱한 막대기와 숫자로 구성된 기본형을 많이 사용하지만 디자이너의 위트에 따라 재량껏 디자인해서 사용할 수 있습니다.

바코드 디자인을 위한 노하우

① 막대의 가로 폭은 건드리지 말 것!

바의 세로 길이는 상관없지만 가로 길이는 반드시 정비율로 늘려야 합니다. 바의 흑백 너비가 데이터를 읽는 데 중요한 역할을 하기 때문입니다.

② 10mm 이상의 크기를 유지할 것!

대한상공회의소의 바코드 규정은 세로 20mm 정도이지만 10mm까지는 인식할 수 있습니다. 자세한 규정은 대한상공회의소 홈페이지를 참고하세요(http://www.gs1kr.org/Service/appl/index.asp).

③ 색상 대비가 뛰어난 조합을 사용할 것!

바코드는 왜 흰색 바탕에 검정 막대로만 되어 있을까요? 특정 색상을 조합하면 잘 인식되지 않기 때문입니다. 노란색, 오렌지색처럼 밝은색으로 이루어진 바코드는 식별 불가능하며 주로 검정, 군청색, 진녹색, 진갈색 등 어두운 색을 인식합니다. 또 굳이 흰색 바탕일 필요는 없으나 바탕과 막대의 색상 차이가 거의 나지 않는 조합은 피해야 합니다. 바코드를 생성한 후에는 스마트폰 애플리케이션을 통해 제대로 인식되는지 확인해보는 것이 중요합니다.

▲ 바코드 디자인 예시

웹사이트에서 바코드 만들기

① http://www.terryburton.co.uk/barcodewriter/generator에 접속합니다. ② [Barcode]를 [ISBN]으로 선택합니다. ③ [Contents]에 ISBN 번호를 입력합니다. 이때 부가기호(마지막 5자리)는 앞에 '–' 표시 없이 한 칸 띄어서 적습니다. ④ [Make Bacode]를 클릭합니다. ⑤ 페이지 하단에 바코드가 생성됩니다. ⑥ EPS, PNG, JPEG 중 원하는 파일 형식을 클릭해 다운로드합니다.

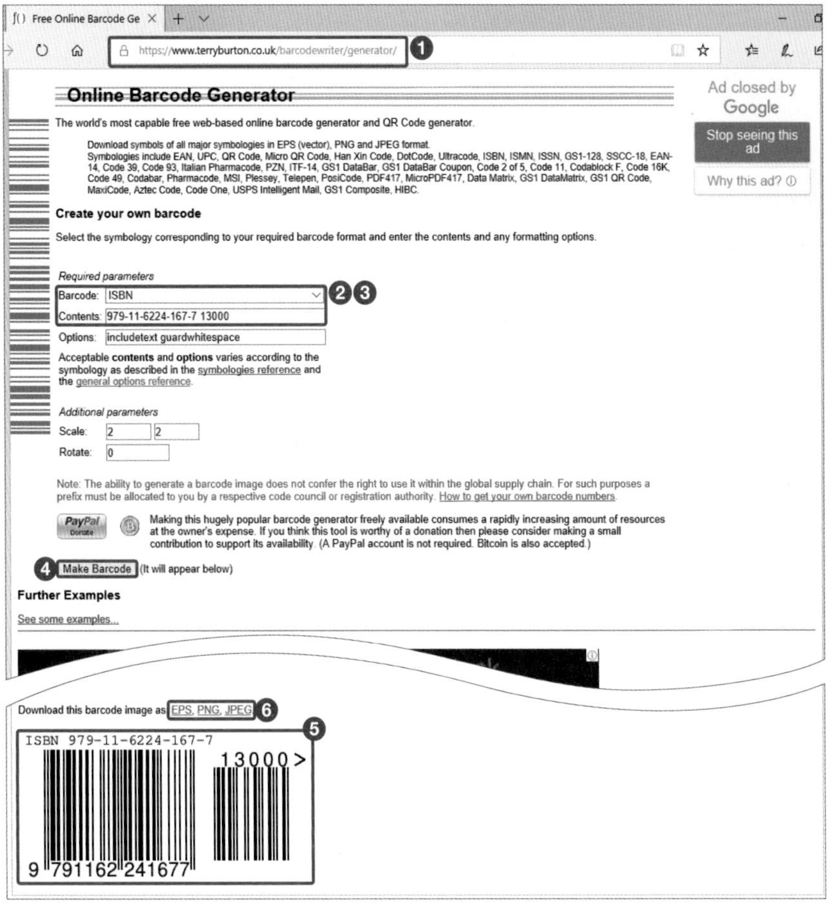

QR코드

스마트폰이 대중화되면서 부쩍 늘어난 것이 있습니다. 바로 QR코드입니다. QR은 'Quick Response'의 약자이며 말 그대로 빠른 응답을 얻을 수 있다는 의미입니다. 스마트폰으로 찍기만 하면 순식간에 각종 정보를 한 번에 얻을 수 있습니다. QR코드는 활용성이나 정보성 면에서 바코드보다 한층 진보한 코드 체계로, 2차원 바코드라고도 합니다. 고맙게도 QR코드를 처음 개발한 일본의 덴소웨이브(1994년)가 특허권을 행사하지 않아 현재는 누구라도 다양한 목적으로 쉽게 제작, 사용할 수 있습니다.

QR코드 만들기

이렇게 자주 쓰이는 QR코드! 디자이너가 가만 놔둘 수는 없습니다. 독자들이 그냥 지나치지 못하도록 눈에 띄는 디자인을 해줘야겠지요? 이미 몇 년 전부터 QR코드는 아이덴티티 성향으로 디자인되고 있는데, 아래 QR코드를 한 번 볼까요? 생각보다 쉬운 것 같으면서 어렵습니다.

QR코드는 국내 포털사이트에서 쉽게 만들 수 있습니다. 규격화된 QR코드를 개성 있게 바꿔보세요! • 네이버 : http://qr.naver.com • 다음 : http://code.daum.net/web

QR코드 디자인을 위한 노하우

① 한 곳을 제외하고 사방의 모서리에 있는 큰 사각형은 없애지 말 것!

큰 사각형은 코드 스캔 시 빠르게 위치를 정렬하고 정보를 읽어 내는 기능을 합니다. 따라서 모양과 색상을 약간만 변경하면 문제없지만 아예 들어내면 데이터를 읽는 데 문제가 생깁니다. 이 사각형 패턴이 있어야 어떤 각도에서도 코드를 스캔할 수 있습니다.

② QR코드의 형태를 30% 정도 변경하더라도 스캔할 수 있다!

바로 이 부분 때문에 QR코드의 중앙을 가로지르거나, 어느 한 부분에 작은 이미지를 삽입해도 데이터를 읽는 데 문제가 없습니다.

③ 자유로운 색상을 선택하라!

흑백으로 구성된 코드에 다양한 색상을 더해 화려하게 연출할 수 있습니다. 코드의 작은 픽셀과 어우러지는 픽셀아트를 응용해 재미있는 형태의 QR코드도 만들 수 있습니다.

④ QR코드에 사용된 셀의 모양도 변형할 수 있다!

너무 과한 변형은 문제가 있겠지만 셀의 내용을 채울 수 있는 다른 도형으로 대체 가능합니다.

⑤ 10mm 이상의 크기를 유지할 것!

바코드와 마찬가지로 너무 작으면 읽히지 않습니다.

⑥ 마지막으로 반드시 스캔하여 확인할 것!

바코드와 다르게 QR코드는 바로 확인할 수 있기 때문에 작업을 마친 후 반드시 스캔하여 확인합니다.

PROJECT 03

인생이 묻고, 톨스토이가 답하다 본문 디자인

도서의 장르에 따라 본문의 형태는 다양한 모습을 하고 있습니다. 인문서는 격식 있게, 에세이는 부드럽게, 요리책은 친절하게 등 책의 주제에 따라 본문 디자인의 느낌도 많이 달라집니다.

표지가 책의 얼굴이라면 본문은 뼈대에 비유할 수 있겠네요. 본문 디자인은 성과가 확실히 보이진 않지만 책 작업을 하는 데 있어 매우 중요한 작업이라고 볼 수 있습니다. 그래서일까요. 본문 작업을 얼마나 매끄럽게 진행하느냐에 따라 디자이너의 연차를 가늠하기도 한답니다.

PREVIEW

별색 2도를 활용한 색 구성

#4도가 아니어도 #별색으로 #다양한 느낌을 #표현할 수 있다

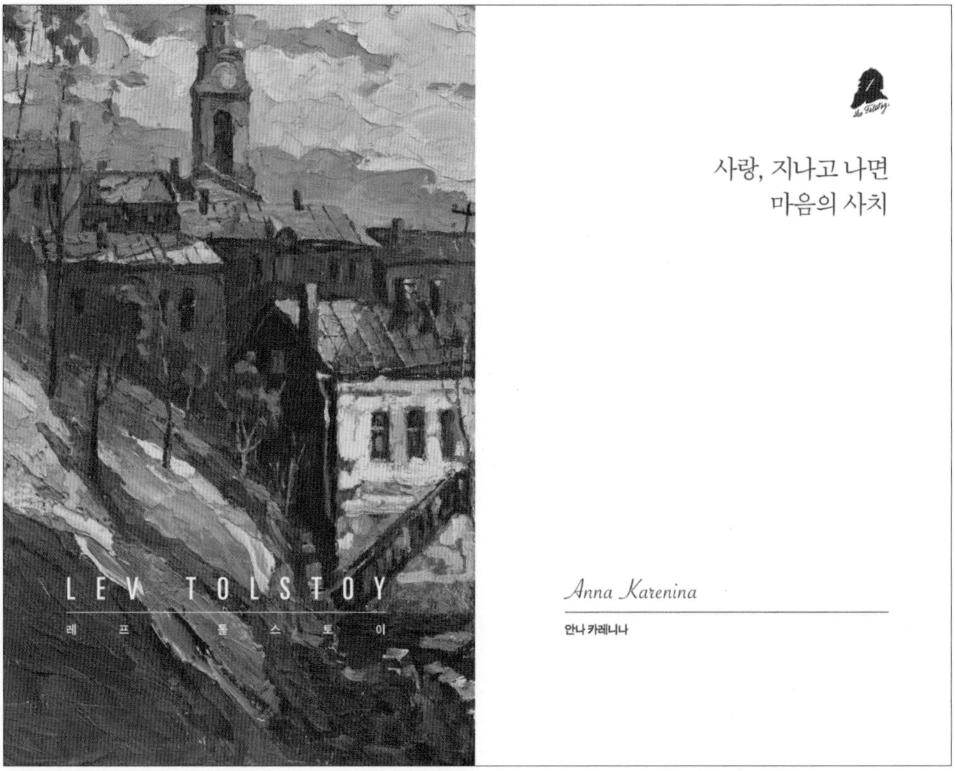

한면에 이미지, 한면에 텍스트를 구성

#시원한 #펼침면은 #이미지와 텍스트 #여백이 #중요하다

포인트가 되는 발문을 꾸미는 스타일

#서체와 #색을 다르게 #적용하는 #스타일

2. 브론스키를 위한 변명 : 사랑을 고백하는 방법

> "아니, 친구 같은 건 될 수가 없어요.
> 이 세상에서 가장 행복한 인간이 되느냐,
> 그렇지 않으면 가장 불행한 인간이 되느냐,
> 그 중의 어느 것도 당신의 태도 여하에 달려 있습니다."

글쓰기 수업 중의 일이다. 마음에 둔 상대에게 '사랑한다'고 직접 말하지 않고 사랑의 마음을 전할 기발한 표현을 고안해 보라는 과제를 내준 적이 있다. '사랑한다'란 말처럼 직접 쓰기 애매한 말이 어디 있을까. 연인에게뿐만 아니라 부모님에게도 차마 입을 떼기 어려운 말이 아니던가. 다양한 응답이 나왔는데 이렇다 할 만한 것은 드물었다. '이래 갖고 어디 사랑 고백에 성공하겠어.

어진다 해도 별

늘, 사랑이 문

어디서, 어떻게

톨스토이의

는 《안나 카레니나》는 다른 정의나 평가를 떠나 훌륭한 연애 소설로 읽힌다. 그 내용을 요약하면 이렇다.

1870년대 제정 러시아 때다. 정부의 고위 관리인 카레닌의 부인이자 세료자라는 아들을 둔 안나(카레니나)는 우아한 자태와 미모로 사교계의 시선을 한 몸에 받는 여성이다. 어느 날 오빠 오브론스키의 집을 다녀오는 길에 모스크바 기차역에서 브론스키라는 잘생긴 귀족 청년을 만난다. 안나의 미모에 사로잡힌 브론스키는 외부의 시선과 냉소에도 아랑곳없이 안나에게 파고들어 마침내 그녀의 마음을 빼앗는 데 성공한다. 역시 브론스키에게 빠진 안나는 남편인 카레닌에게 이혼을 요구하지만, 두 남녀에 대해 분노를 느끼고 자신의 사회적 위신을 의식한 카레닌은 이혼에 응해 주지 않는다. 사회의 따가운 눈총과 시련 속에 두 남녀의 사랑은 차츰 식어가고 서로에게 권태를 느끼던 중 질투와 의심, 불안에 휩싸인 안나는 달려오는 기차에 몸을 던지는 극단적인 선택을 하기에 이른다. 여기에 비극적인 두 남녀 주인공과 대비되는 인물로 건강한 삶과 사랑

막 뭔가가 벌어지려 하는 이 부분을 자세히 읽어보자.

> "그럼, 저를 위해서 이것만은 약속해줘요. 그런 말투만은 쓰시지 않겠다는 것을. 사이좋은 친구가 되기로 해요." 안나는 입으로는 이렇게 말했지만 그 눈동자는 전혀 딴 말을 하고 있었다. "아니, 친구 같은 건 될 수가 없어요. 그런 건 당신 자신도 잘 아시고 계실 겁니다. 이 세상에서 가장 행복한 인간이 되느냐, 그렇지 않으면 가장 불행한 인간이 되느냐, 그 중의 어느 것도 당신의 태도 여하에 달려 있습니다. (…) 하지만 그것조차 안 된다면 죽어 버리라고 명령해 주십시오. 저는 기꺼이 죽어 버리겠습니다. 제가 당신을 괴롭히는 존재라면 이젠 두 번 다시는 당신 앞에 나타나질 않겠습니다."

브론스키란 이 남자, 어떻게 봐야 할까? 선수일까? 초보일까? 그 진정성이 느껴지는가? 어쨌거나 안나는 브론스키의 이 저돌적인 공세에 속수무책으로 무너져 그의 사랑을 받아들인다. 비극이 시작되는 순간인데 사랑에 눈이 멀어 버린 사람들이 그걸 어떻게 알아차리겠는가.

사실 사랑이 시작되는 모든 순간은 누구에게나 경이롭고 극적인 장면이 아닐까 싶다. 인생에서 기적 같은 순간이 찾아 온다면 그런 순간이 아닐까. 우리는 그 순간을 자주 잊고 또 떠올리고 싶어 멜로 드라마나 로맨틱 코미디 영화를 찾는다. 사랑이 시작되는 모든 순간은 '나름나름으로' 행복한 순간일 것이라 믿으며.

《안나 카레니나》가 위대한 것은 소설의 인물 중 누구도 절대적으로 악하거나 절대적으로 선하지 않다는 것이다. 모두가 저마다의 계급과 신분, 욕망에 의해 움직인다. 세련된 소설들이 보여 주는 미덕이다. 인물들의 생각과 행동, 결단에 다 이유가 있고 철학이 있다. 그러므로 나는 이 소설에 등장하는 가장 중요한 인물들인 안나, 브론스키, 카레닌을 모두 변호할 수 있다고 생각한다. 이 장은 먼저 브론스키를 위한 변명 아닌 변명에 해당하는 장이다.

결국 '진심'이 선수다. 진심이야말로 '사랑'의 유일한 성공 노하우다. 브론스키의 말이 가정과 자녀를 둔 안나를 뒤흔든 것도 결국 진심이 깊이 묻어났기 때문 아닐까. 그런데 어디 사랑하는 연인 간의 고백에만 그럴까. 타인의 마음에 들기 위해, 타인을 설득하고 움직이게 하는 유일한 방법도 오로지 '진심'이 아니던가.

진심이 우리의 입과 손을 어떻게 움직일지는 다음 문제다. 내 안의 진심이 깃든 순간, 우리는 시인이 되고 의사가 되고 영웅이 될 수 있다. 사랑(에로스)이 스치면 모두가 시인이 된다던

본문 중간에 삽입되는 문구를 살린 디자인 구성

#대화는 #서체만 #다르게 #적용하기

본문 요소를 스타일로 지정

#소제목 #들여쓰기 #숫자 #영문도 #다른 스타일로

제작의뢰서

번호	종류	내용
1	제목	인생이 묻고, 톨스토이가 답하다
2	종류	단행본
3	구성	본문
4	판형	128×200mm, 무선제본
5	참고 구성	저자 : 이희인 분야 : 철학 에세이 성격 : 어려운 고전서를 쉽고 재미있게 풀어낸 에세이 주제 : 카피라이터이자 여행작가인 저자가 삶에 지혜와 힘을 주는 톨스토이의 말을 모은 감성 에세이입니다. 인간의 모든 주제를 평생 고민하고 실천한 대문호 톨스토이는 사람 관계와 시간, 사랑, 행복, 돈과 땅에 관한 깊디깊은 통찰을 들려줍니다. 말년의 잠언을 실은 명상집들이 기존에 출판되었으나 《인생이 묻고, 톨스토이가 답하다》는 톨스토이의 대작품 속에 녹아 있는 보석 같은 문장들을 수집하고 기록한 첫 번째 책입니다. '가장 완벽한 소설' 《안나 카레니나》, '예술적 성경'이라 불리는 《부활》, 소설가가 꼽은 '세상에서 가져가고 싶은 단 한 권의 책' 《인생이란 무엇인가》, 모파상이 '이 소설 앞에 내 작품 100편도 쓸모 없다'고 말한 《이반 일리치의 죽음》, 그리고 〈바보 이반〉 등의 따뜻한 우화들까지. 저자의 섬세한 시선으로 문장을 길어낸 이 책은 톨스토이 입문으로도 좋을 것이며, 잊고 있던 인생의 가장 소중한 것들에 마음을 머무는 시간을 가져다줄 것입니다. **디자인 방향** 1. 본문 글과 삽입문을 구분하여 독자의 이해를 도울 수 있게 해주세요. 2. 단정하면서 심플하되, 어렵지 않아야 합니다.

10년차 선배는 이렇게!

- 에세이라는 감성적인 느낌을 살리고자 시집처럼 판형을 길게 구성하여 심플함 속에서 변화를 주었습니다.
- 톨스토이의 나라, 러시아 소설의 느낌을 표현하기 위해 러시아 명화를 사용했습니다.

STEP 01

배열표로 본문 편집 구조 파악하기

본문 디자인을 시작하려면 가장 먼저 배열표를 체크하고 페이지를 분배해야 합니다. 소설이든 학술서든 대부분의 책 구조는 비슷한 형식이지만 그 안에서 생기는 변수는 끝이 없습니다. 따라서 전체 구조를 먼저 파악해야 어떤 요소를 디자인할지 정할 수 있습니다.

본문의 기본 구조, 배열표 보기

본문을 디자인하려면 배열표를 체크해 페이지를 분배합니다. 이때 단원과 제목의 구조가 복잡하거나, 중간중간 별면이 들어간다거나 하는 구성을 이해하고 제목의 서열을 어떻게 정할지, 본문과 별면을 어떻게 구분할지를 고민해야 합니다. 특히 실용서는 본문 안에서도 그 구조가 여러 형태로 나뉘기 때문에 신중하게 계획하지 않으면 작업을 다시 해야만 하는 불상사가 발생합니다. 반면 이야기의 흐름이 주가 되는 소설은 텍스트 위주의 단순한 형식을 취하므로 상대적으로 다른 본문에 비해 빠르게 작업할 수 있습니다.

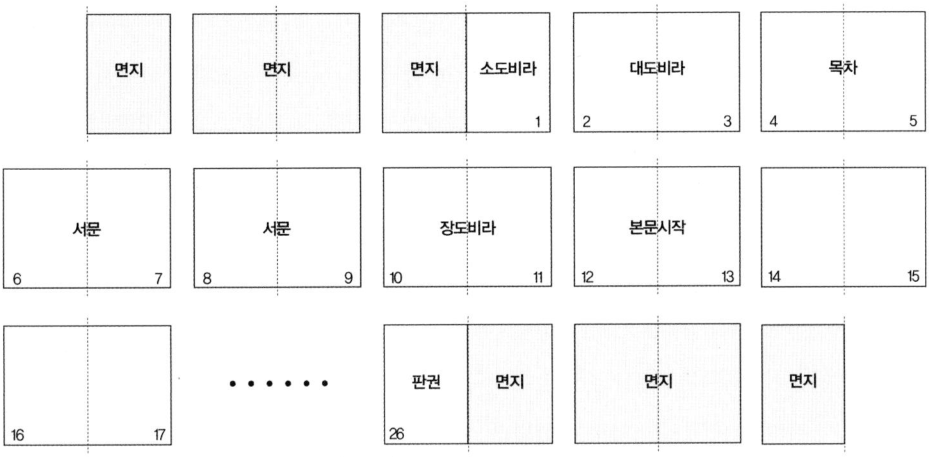

▲ 《인생이 묻고, 톨스토이가 답하다》 본문 구성(배열표)

순서대로 면지, 소도비라, 대도비라, 서문, 목차는 웬만한 책의 구조에서 빠지면 안 되는 필수 구성 요소이므로 가능한 한 유지해야 합니다. 반면 장편 소설의 본문에서는 장도비라를 넣지 않고 쭉 본문을 이어가는 경우도 있습니다. 하지만 작업해야 하는 이 책(인생이 묻고, 톨스토이가 답하다)은 여러 편의 다른 이야기로 구성된 만큼 각각의 이야기를 구분하는 장도비라가 필요합니다. 책의 마무리 부분에 에필로그와 별도의 부록이 없으므로 본문 뒤에 바로 판권을 넣고 마무리합니다.

TIP 도비라(扉, とびら, Title Page, 표제지) : 책의 표제, 글쓴이 이름, 출판사 이름 따위를 넣는 페이지로 일본어가 어원입니다. 대, 소, 장도비라가 있습니다. 실무에서는 표제지라는 단어보다 더 자주 쓰이는 단어이므로 본문에서는 도비라라고 표현하겠습니다. 앞으로는 실무자 모두가 아름다운 우리말을 쓰는 게 좋겠죠?

기본 구조 이해하기

책의 기본 구조는 다음과 같습니다. 기본 구조는 대부분의 책이 비슷하지만 구성 요소가 생략되거나 추가될 수 있습니다.

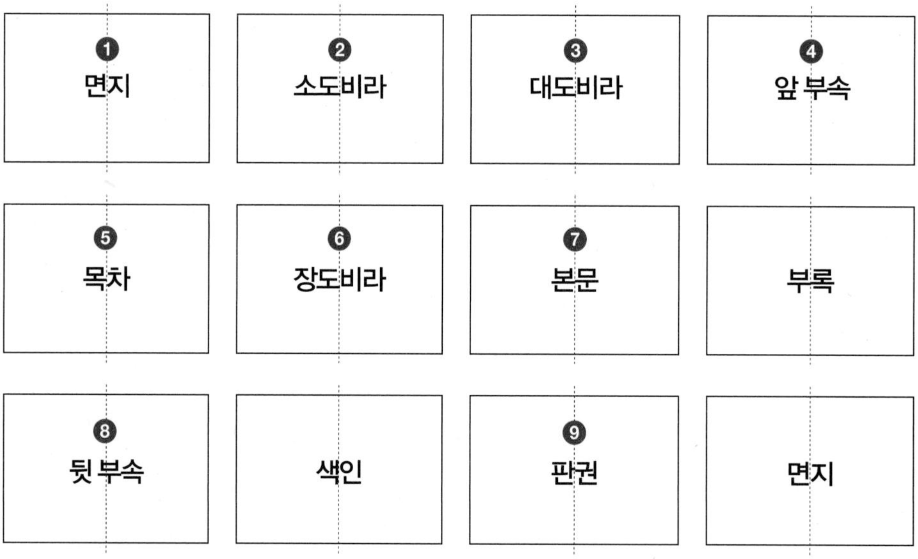

① **면지** | 표지와 본문을 연결하고 보호하는 역할을 합니다. 본문 또는 표지의 색상이나 전체 분위기를 고려해 색지를 사용하거나 본문 용지에 색을 인쇄해서 사용합니다. 장식적인 무늬나 모티브 또는 이미지를 넣기도 하며, 시각적 인덱스 역할을 하는 디자인이 들어가기도 합니다. 보통 앞뒤로 두 장씩, 총 8쪽이 들어가지만 본문 대수를 맞추기 위해 일부 본문을 인쇄해 면지처럼 사용하기도 합니다. 이를 제물 면지라고 합니다.

② **소도비라** | 작은 속표지 또는 앞 표제지라고 합니다. 주로 오른쪽 페이지(우수)에 위치하며 뒷장은 백면으로 놓습니다. 주로 책의 제목만 작게 넣으며 생략하기도 합니다.

③ **대도비라** | 속표지 또는 표제지라고 합니다. 표지에 쓰인 제목 그대로의 모습을 축소해 넣으

며 부제, 지은이, 출판사 로고가 함께 들어갑니다. 대도비라는 표지를 축약시킨 것으로 책의 겉표지를 열자마자 곧바로 그 내용으로 들어가기에 앞서 마음의 여유를 주기 위해 넣습니다. 소도비라처럼 대도비라 역시 오른쪽에 위치하며 뒷장은 백면으로 놓습니다.

④**앞 부속** | 저자, 역자, 편자의 머리말이 오는 부분으로 본문 내용의 이해를 돕는 설명이 들어갑니다. 프롤로그, 시놉시스, 헌정사 등이 이에 해당하며 일반적으로 본문보다 약하게 디자인하여 본문 서체를 0.5~1pt 작은 서체로 작업하기도 합니다. 디자인을 시작하기에 앞서 책 전체 원고를 읽기 힘들다면 서문을 읽어 책의 분위기를 파악하는 것도 좋은 방법입니다.

⑤**목차** | 서문부터 부록까지 책에 들어간 모든 요소에 대한 목차와 페이지 정보를 입력합니다. 학술, 인문서의 경우 그림이나 표의 목차를 따로 만드는 경우도 있습니다. 목차를 디자인할 때 본문을 제외한 앞 부속(프롤로그)과 뒷 부속(에필로그, 색인 등)은 본 목차보다 1~2pt 작은 서체로 디자인하며, 각 장과 제목의 서열을 알기 쉽게 정리하여 디자인합니다.

⑥**장도비라** | 단원을 여는 페이지로 본문의 구성에 따라 생략할 수도 있고 부도비라, 장도비라와 같이 상하위 개념으로 나눌 수도 있습니다. 장도비라를 디자인할 때는 단면, 펼침면, 앞뒷면 등을 고려해야 합니다. 단면으로 디자인할 경우 도비라의 위치를 좌우 어느 쪽으로 고정할지, 혹은 유동적으로 적용할지 고민해야 합니다. 펼침면으로 디자인할 때는 본문이 왼쪽 페이지에서 끝나면서 생기는 빈 페이지를 고려해 디자인합니다. 만약 빈 페이지를 방지하려면 임의로 행간을 조절하거나 원고를 추가해 페이지를 조절해야 합니다.

⑦**본문** | 책의 주체가 되는 부분입니다. 제목, 소제목, 팁, 별면 등이 추가될 수 있으므로 본문의 구조를 제대로 파악해 필요한 요소를 디자인합니다.

⑧**뒷 부속** | 맺음말, 부록, 참고문헌, 색인 등이며 헌정사가 포함될 수도 있습니다. 앞 부속과 같은 스타일로 디자인합니다.

⑨**판권** | 표지에 쓰인 형태의 책 제목(일반 서체로 쓰이기도 함)을 비롯해 출판 연도, 판권, 출판사의 주소와 연락처, 웹사이트, 편집자, 디자인, ISBN 등 기획 및 제작 인쇄의 세부 사항을 적어 책의 정보를 알려주는 페이지입니다. 판권의 위치는 책의 앞부분(대도비라 다음 페이지) 또는 책의 맨 뒷부분에 위치하며, 필요하다면 표지와 속표지에 대한 설명글도 여기에 넣습니다.

STEP 02

본문 흘리고 스타일 지정하기

본문 디자인에서 스타일을 정하는 일은 가장 기본적인 작업입니다. 그중에서도 본문의 서체 스타일을 정하는 것이 가장 중요한데요. 책의 성격과 타깃에 따라 본문 서체의 크기와 행간 및 자간이 달라지기도 하기 때문이죠. 에세이 장르의 본문 스타일이 자간과 행간이 좁고 빽빽하게 들어가 있다면 어려워 보이고 숨막힐 것입니다. 반대로 아이들이 보는 책의 서체가 매우 작다면 어떨까요? 한글도 제대로 읽지 못하는 아이들이 책을 쉽게 읽을 수 없을 겁니다. 이러한 고민을 통해 본문의 서체 스타일을 정하게 되면 그 기준으로 제목과 캡션은 물론 부속물의 서체 스타일도 지정합니다.

실습 파일 : 프로젝트/본문 디자인 폴더

새 문서 만들어 본문 흘리기

01 ① Ctrl + N 을 눌러 ②[폭]은 128mm, [높이]는 200mm로 설정하고 ③[페이지 마주보기]에 체크 표시합니다. ④[여백 및 단]을 클릭하고 ⑤[여백] 항목에 수치를 입력한 후 ⑥[확인]을 클릭해 새 문서를 만듭니다.

[위쪽] 17mm, [아래쪽] 34mm, [안쪽] 24mm, [바깥쪽] 17mm

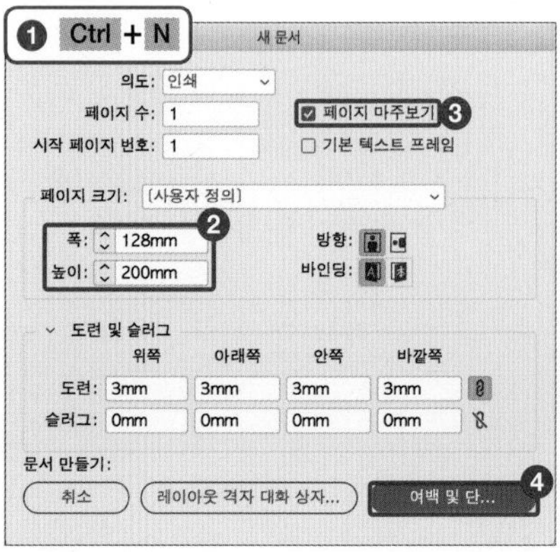

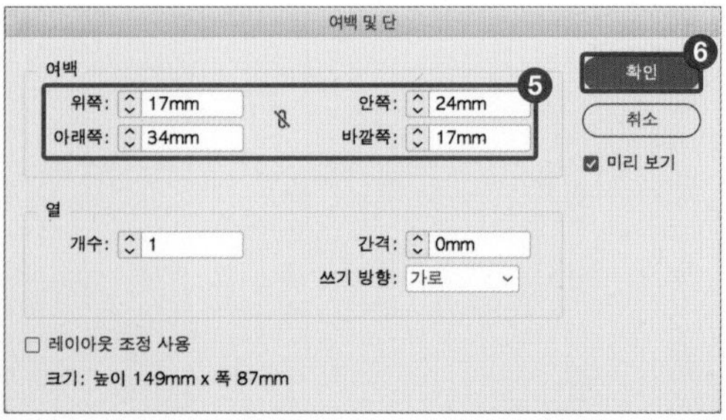

TIP [아래쪽]은 쪽 번호가 들어가므로 [위쪽]보다 여유 있게 설정합니다. [안쪽]은 접지면이기 때문에 [바깥쪽]보다 넓게 설정합니다.

02 ①판면과 동일한 면적의 텍스트 프레임을 만듭니다. ② Ctrl + D 를 눌러 톨스토이 시안용 샘플 원고.docx 파일을 불러옵니다.

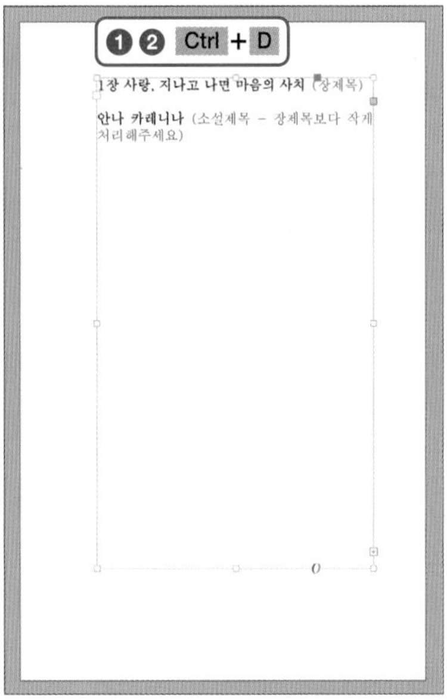

TIP 본문 디자인에 앞서 편집자와 본문 구성에 대한 논의를 해야 합니다. 어떤 구성으로 작업할지 간략한 설명을 듣고 시작하는 것이 좋습니다. 시안을 잡을 때는 본문 구성을 최대한으로 보여줄 수 있는 챕터를 뽑거나 보여줘야 하는 부분을 임의로 추가하여 한 번에 확인할 수 있도록 합니다.

03 ①[페이지] 패널에서 페이지를 추가하고 ②불러온 본문 원고를 자동으로 흘립니다.

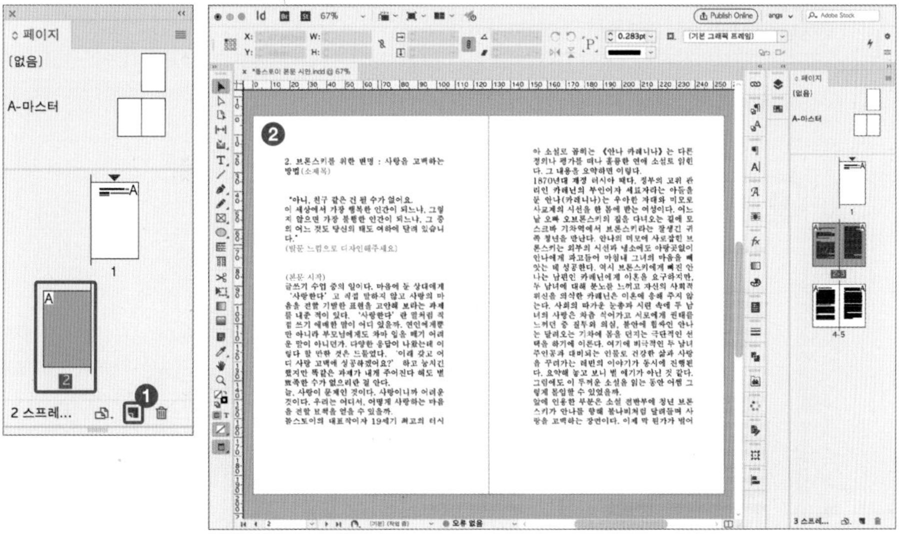

TIP 텍스트를 자동으로 흘리는 방법은 매우 쉽습니다. 텍스트 프레임의 붉은색 [+] 표시를 클릭한 뒤 Shift 를 누른 상태에서 다음 페이지 판면의 왼쪽 상단 꼭짓점을 클릭합니다. 예제의 원고 분량으로는 [5] 페이지까지 텍스트를 흘릴 수 있습니다.

10년차 선배의 멘토링 원고 파일을 불러올 때 스타일이 지정된다면?

원고가 저장된 파일을 불러왔을 때 [단락 스타일] 또는 [문자 스타일] 패널에 디스켓 표시와 함께 새로운 스타일이 생성되는 경우가 있습니다. 이는 외부 문서를 불러올 때 함께 들어온 스타일을 의미하며 삭제해도 상관없습니다. 인디자인에서 새로운 스타일을 설정하기 위해서는 외부 스타일을 삭제하고 단락 스타일은 [기본 단락]으로, 특히 문자 스타일은 [없음]으로 설정해야 작업하기 편리합니다.

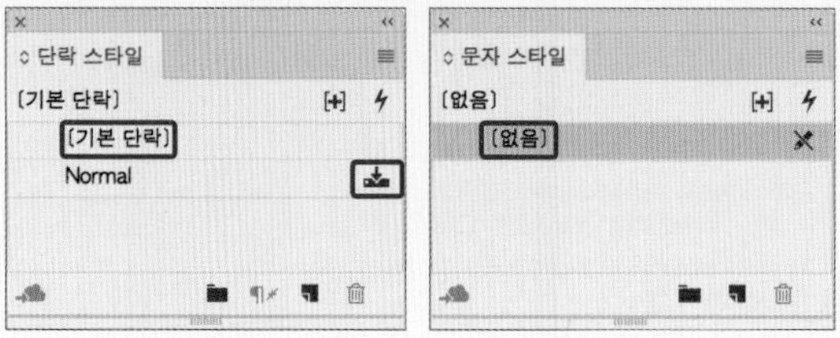

04 ① Ctrl + A 를 눌러 텍스트 프레임 안의 문자들을 모두 선택합니다. ②[문자] 패널에서 문자 스타일을 지정하고 ③[단락] 패널에서 문단의 정렬 스타일을 지정합니다.

산돌명조L, 크기 10.7pt, 행간 20.5pt, 자간 –50
균등배치(마지막 줄은 왼쪽 정렬), 첫행들여쓰기 3.3mm

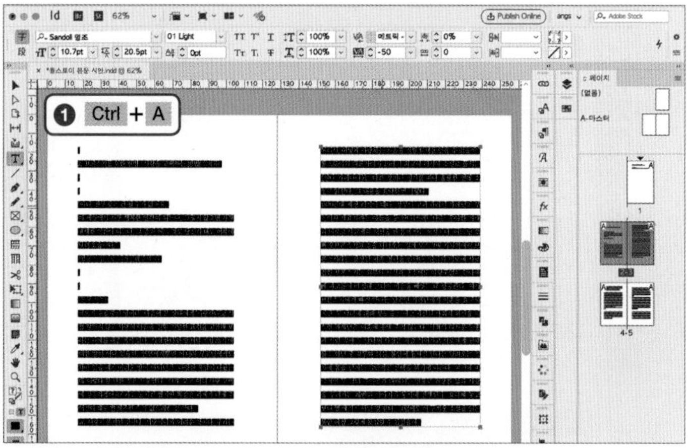

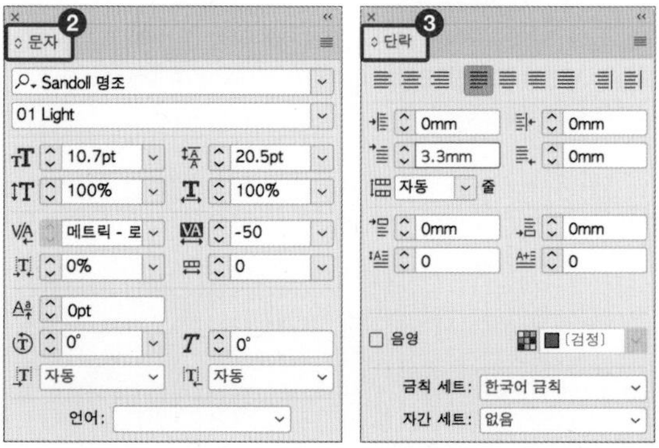

TIP 예제에서는 본문의 완성도를 높이기 위해 산돌체를 사용했습니다. 그러나 산돌체를 사용하지 않는 분들은 어울리는 명조계열의 서체를 사용하길 바랍니다. 서체에 따라 크기나 자간, 행간을 조정해주세요.

기준선 격자 설정하기

05 ① Ctrl + K 를 눌러 [환경설정] 대화상자를 불러옵니다. ②[격자] 탭에서 [기준선 격자]-[시작]을 17mm, [간격]을 20.5pt로 입력하고 ③[확인]을 클릭합니다.

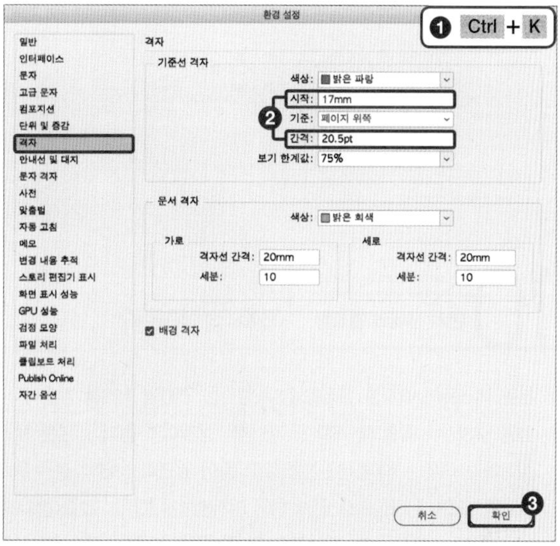

TIP [시작]은 문서의 윗쪽 여백을, [간격]은 본문 서체의 행간을 입력합니다. 이때 [시작]은 mm 단위를 함께 입력해야 합니다. 그러면 자동으로 pt 값으로 변환되어 입력됩니다.

TIP 기준선 격자를 설정하는 방법은 이 책의 129쪽을 참고하세요.

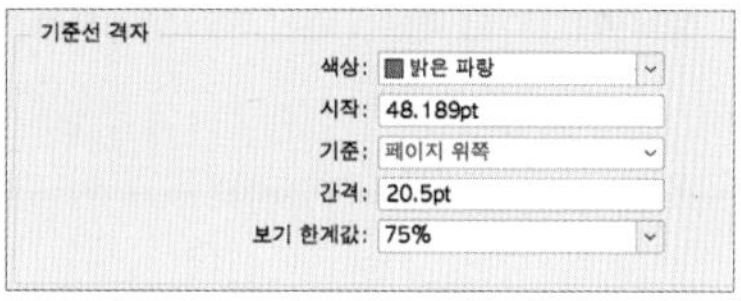

06 ①앞서 스타일을 입혔던 텍스트를 모두 선택하고 ②[단락 패널] 보조 메뉴에서 [격자 정렬]-[전각 상자 위쪽]으로 설정합니다.

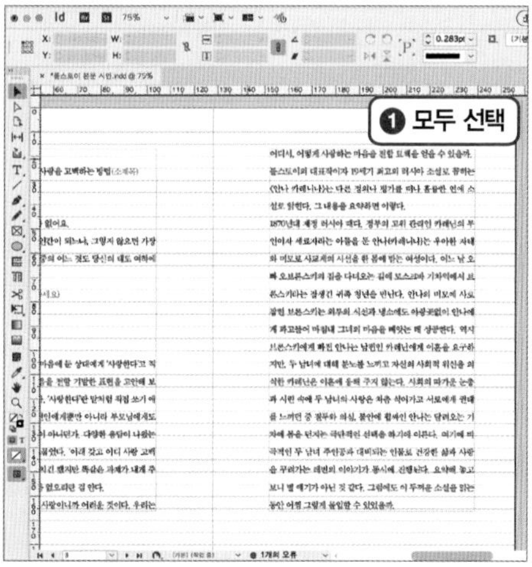

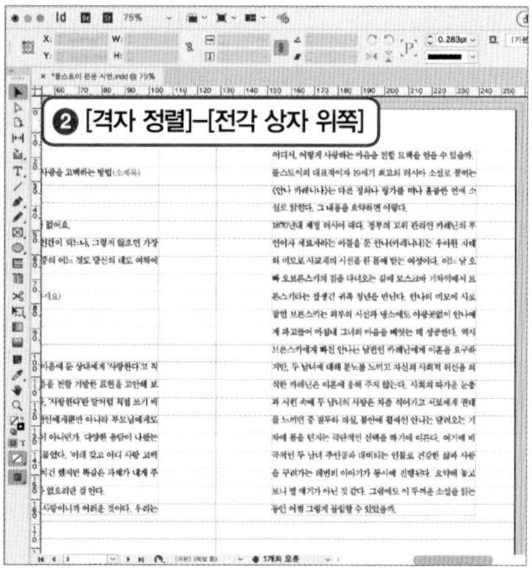

TIP 기준선 격자가 보이지 않을 수도 있습니다. 이때에는 [보기]-[격자 및 안내선]-[기준선 격자 표시] Ctrl + Alt + ' 메뉴를 클릭합니다.

TIP [격자 정렬]은 텍스트를 선택하면 나타나는 [컨트롤] 패널의 보조 메뉴에서도 찾을 수 있습니다.

10년차 선배의 멘토링 격자 정렬이란?

본문 텍스트에 격자를 설정할 경우 행간은 격자의 지배를 받습니다. 텍스트의 행간을 넓히거나 좁힐 때 격자 간격만큼씩 움직이게 됩니다. 본문 텍스트에 격자를 설정하는 이유는 책에 통일성을 주고 종이 앞면과 뒷면의 같은 위치에 텍스트를 배치함으로써 뒤비침으로 인해 책이 지저분하게 보이는 것을 방지하는 역할을 합니다. 격자 안내선은 [보기]-[격자 및 안내선]-[기준선 격자] 메뉴에서 설정할 수 있으며 [컨트롤] 패널의 상단 보기 탭에서도 빠르게 설정할 수 있습니다.

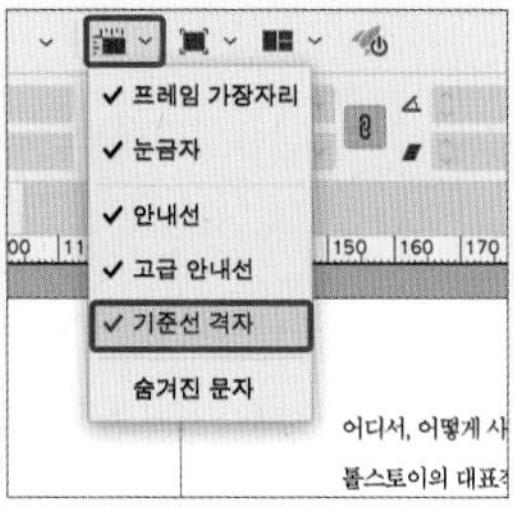

스타일 지정하기

07 ①[단락 스타일] 패널을 열고 ②스타일을 입혔던 텍스트를 선택한 후 새 스타일 만들기를 클릭합니다. ③새 단락 스타일(단락 스타일 1)이 등록됩니다.

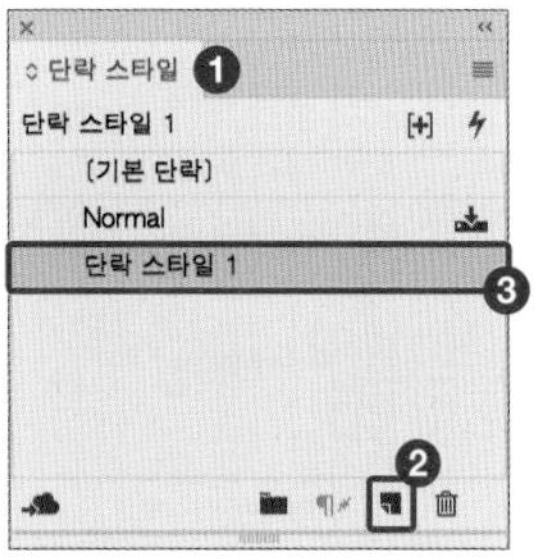

TIP [Nomal] 스타일의 모양은 외부에서 불러들인 스타일로 워드 파일을 불러올 때 함께 들어온 스타일입니다. 클릭하여 삭제하고 [기본 단락]으로 대치합니다.

08 [단락 스타일 1]의 이름을 알아보기 쉽게 [본문]으로 바꿉니다. 이때 본문 텍스트 전체를 선택하여 [본문] 스타일로 지정해야 합니다.

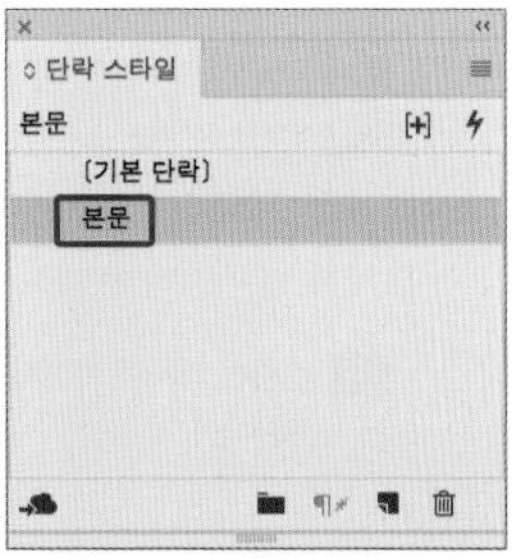

09 ①본문에서 숫자를 찾아 드래그하여 선택한 후 ②[문자] 패널에서 자간을 0, 커닝을 [시각적]으로 변경합니다.

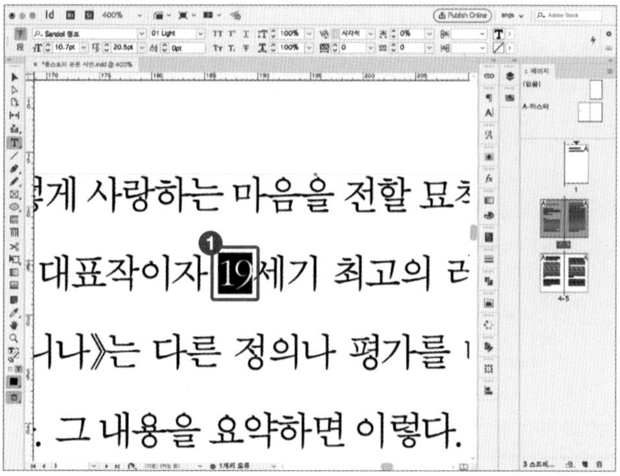

TIP 한글과 숫자, 영문의 자간은 다르기 때문에 숫자, 영문은 문자 스타일을 따로 만들어 자간을 설정하는 것이 좋습니다. 이때는 [찾기/바꾸기]를 통해 스타일을 한 번에 일괄 지정해도 되고, 본문 단락 스타일 안에 GREP 스타일로 지정해도 됩니다. 저는 GREP 스타일로 지정하는 방법을 주로 사용하므로 뒤에 이어질 실습도 GREP 스타일 기준으로 알아보겠습니다.

10 [문자 스타일] 패널을 열어 앞서 설정한 스타일을 선택합니다. 새 스타일 만들기를 클릭해 [본문 숫자] 문자 스타일로 등록합니다.

11 ①본문에서 괄호가 입력된 부분을 찾아 본문 크기보다 1pt 작게 줄입니다(9.7pt). ②같은 방법으로 [본문 괄호] 문자 스타일로 등록합니다.

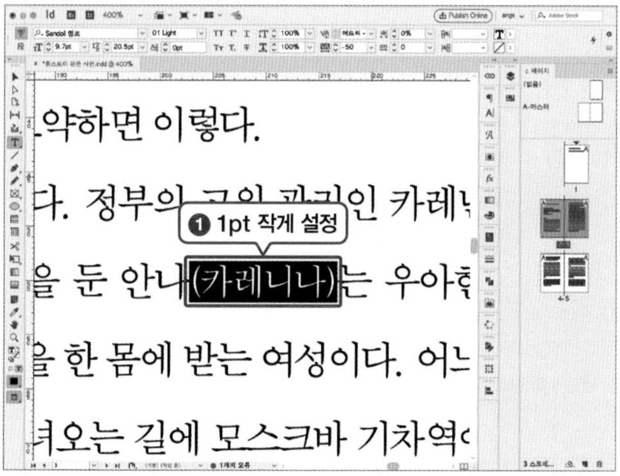

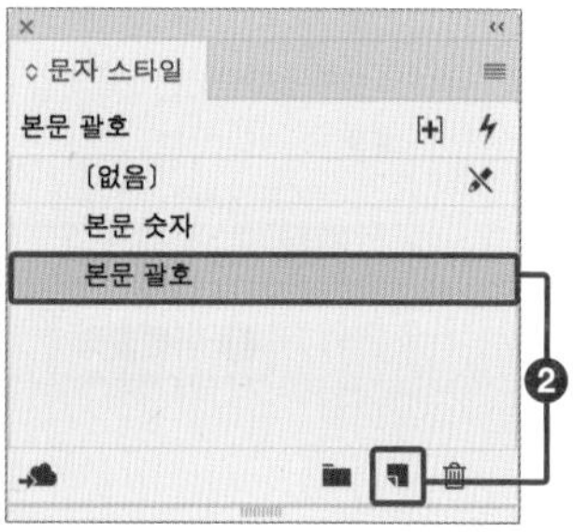

10년차 선배의 멘토링 [스타일] 옵션 알아보기

단락 스타일은 단락 전체에 적용되는 스타일이고 문자 스타일은 단락 안의 문자에 개별적으로 적용되는 스타일입니다. 단락 스타일이나 문자 스타일이 제대로 지정되어 있는지 확인할 수도 있습니다. [단락 스타일], [문자 스타일] 패널에서 해당 스타일을 더블클릭하면 [스타일 옵션] 대화상자가 나타납니다. 단락 스타일은 단락 전체에 한 가지만 적용할 수 있지만 문자 스타일은 단락 스타일이 적용된 단락 안에 있는 각기 다른 문자에 여러 개의 스타일을 적용할 수 있습니다.

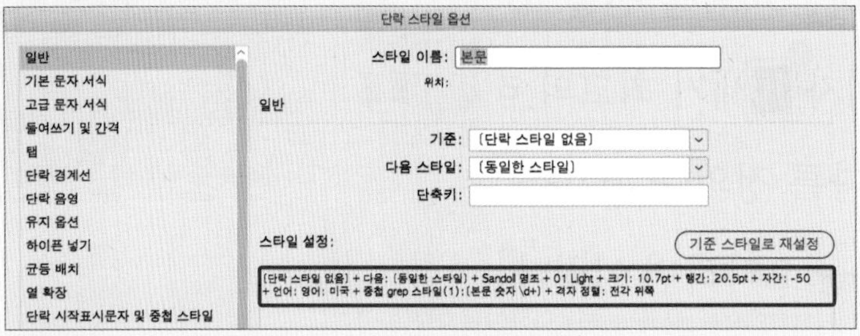

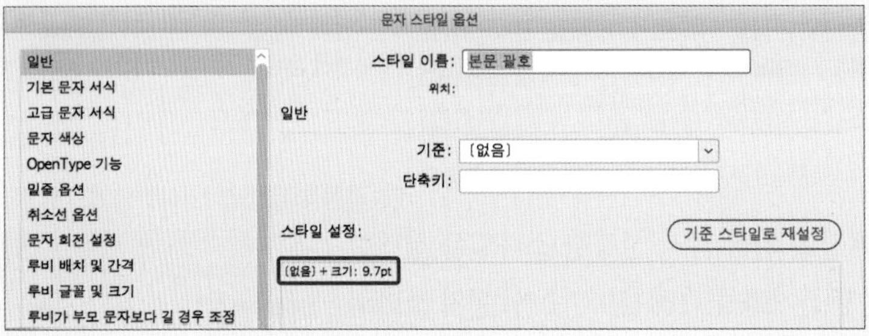

기본 설정에서 GREP 스타일 등록하기

12 ①[단락 스타일] 패널에서 [본문] 스타일을 더블클릭합니다. ②[단락 스타일 옵션] 대화상자가 나타나면 [GREP 스타일] 탭을 클릭합니다. ③[새 GREP 스타일]을 클릭한 후 ④[대상 텍스트]에 \d+ 가 나타나면 [스타일 적용]에 [본문 숫자] 문자 스타일을 지정합니다.

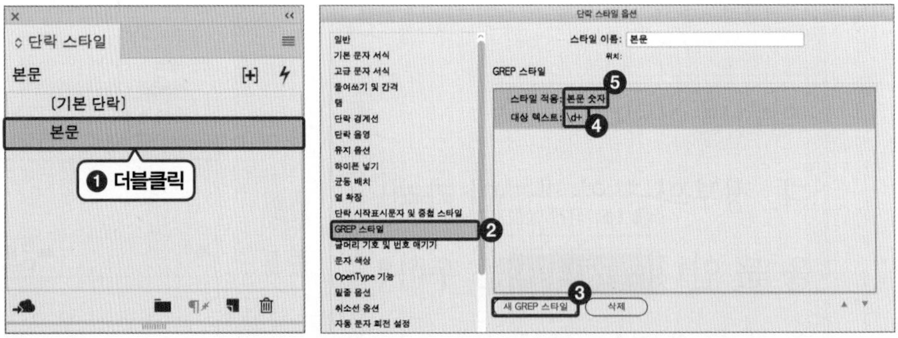

TIP ₩d+는 모든 숫자를 뜻합니다. ₩는 \ 와 같습니다.

와일드카드 적용하여 GREP 스타일 등록하기

13 ①[새 GREP 스타일]을 클릭합니다. ②[대상 텍스트]에서 @,을 클릭하여 ③[와일드카드]–[모든 대문자], [모든 소문자]를 각각 입력한 뒤 대괄호로 묶어줍니다. ④[스타일 적용]에 [본문 숫자] 문자 스타일을 지정합니다.

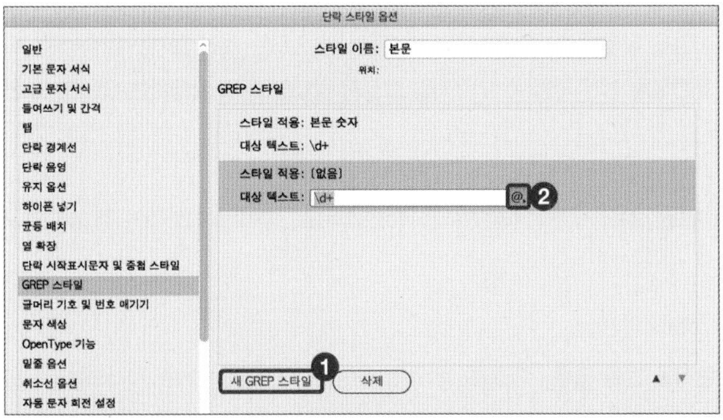

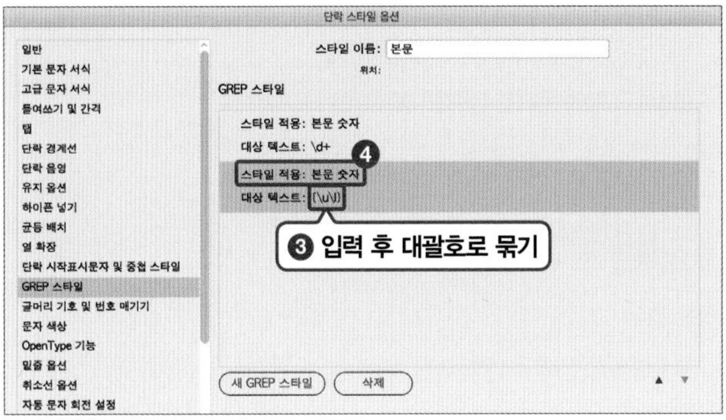

TIP GREP 스타일은 메타문자를 이용한 GREP식으로 설정할 수 있습니다. 기본적인 메타문자는 의 [와일드카드]를 통해 입력할 수 있습니다.

14 ①[새 GREP 스타일]을 클릭합니다. ②[대상 텍스트]에 괄호 안의 모든 글자를 선택하겠다는 의미의 메타문자 ₩(.+?₩)를 직접 입력합니다. ③[스타일 적용]에 [본문 괄호] 문자 스타일을 지정합니다.

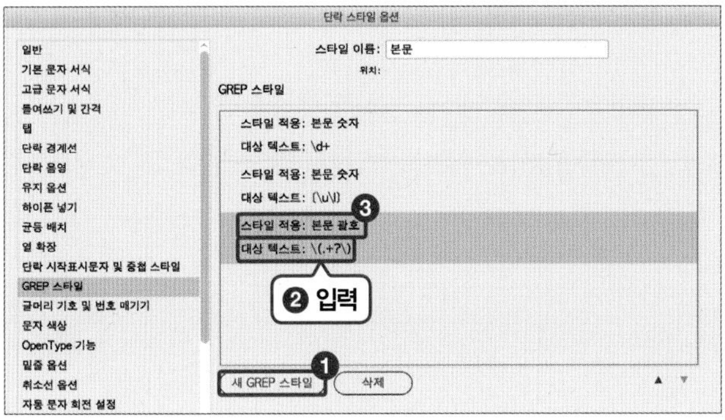

10년차 선배의 멘토링 복잡한 GREP 스타일

GREP 스타일 표현식은 인디자인에서 긴 문서나 열려 있는 여러 문서에서 영문, 숫자, 문자열과 패턴을 찾는 기능입니다. [찾기/바꾸기] 대화상자의 [GREP] 탭, 단락 스타일의 [GREP 스타일] 항목에서 응용할 수 있습니다. 문자 스타일을 이용한 GREP 스타일을 사용하면 단락 스타일만으로는 해결할 수 없는 디테일한 부분까지 완성도 높은 스타일로 만들 수 있습니다.

GREP 표현식을 잘 이용하면 작업 시간을 단축할 수 있지만 GREP 표현식을 만드는 것이 쉽지는 않습니다. 프로그램 언어에 익숙하다면 직접 GREP 표현식을 쉽게 만들 수 있겠지만 그렇지 않다면 자주 사용하는 GREP 표현식을 응용해서 사용하는 것이 좋습니다.

- **하나의 GREP으로 표현식을 만들 경우** | [단락 스타일]-[GREP 스타일] 항목의 @을 클릭해 입력할 수 있습니다.

  예 ~k : [와일드카드]-[모든 간지(한자)]

- **두 개 이상의 GREP으로 표현식을 만들 경우** | 대괄호([ ]) 안에 묶어줍니다. 이때는 ₩로 시작되는 GREP 스타일만 가능합니다.

  예 [₩d₩u₩l] : [와일드카드]-[모든 숫자], [모든 대문자], [모든 소문자]

- **특정 문자를 선택하는 경우** | 대괄호([ ]) 안에 문자를 입력합니다.

  예 가운데 점의 간격 : [·], 하이픈 간격 : [–]

- **구간을 설정하는 경우**

  예 괄호와 함께 괄호 안의 텍스트를 줄일 때 : ₩(.+?₩)

- **문단 맨 앞의 특정 글자 선택하는 경우**

  예 문단 맨 앞의 큰따옴표 또는 작은따옴표 선택 : [“|‘](?=₩<.)

- **특정 문자의 바로 앞 글자를 선택하는 경우**

  예 물음표 또는 느낌표 앞 글자 선택 : .(?=[?]|[!]),

  예 큰따옴표 또는 작은따옴표의 앞 글자 선택 : .(?=“|‘)

STEP 03

제목과 발문의 구분을 명확하게 디자인하기

가장 기본이 되는 본문 스타일을 완성했다면 이제 부분적으로 구분해줘야 하는 제목 또는 삽입 글에 대한 스타일을 지정하도록 합니다. 이때는 형태와 크기를 자유롭게 변경해 본문과 시각적으로 구분될 수 있도록 만들되, 너무 튀어서 흐름을 방해하는 일이 없도록 작업합니다.

실습 파일 : 프로젝트/본문 디자인 폴더

제목과 발문 스타일 지정하기

01 ①제목을 선택하고 ②문자 스타일을 변경합니다. 본문보다 크기를 2~3pt 크게 키웁니다.

산돌명조B, 크기 12pt, 첫행들여쓰기 0mm

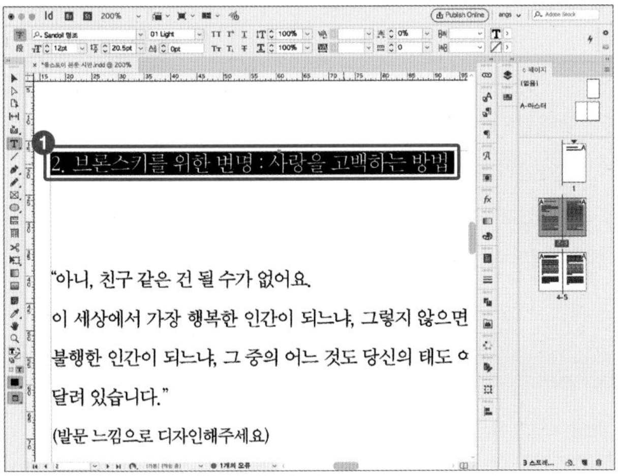

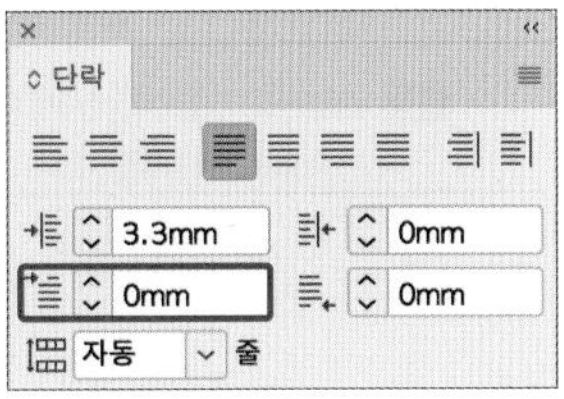

TIP 얼마 전까지만 해도 텍스트를 선택하려면 문자 도구로 텍스트를 드래그하여 선택했는데요. CC 2019 버전으로 업그레이드되면서 선택 도구로 텍스트 프레임을 더블클릭해도 문자 입력, 선택 상태로 바뀝니다.

02 기준선 격자 기준으로 두 줄 아래에 발문 스타일을 지정합니다.

산돌 광화문R, 크기 10.7pt, 자폭 95%, 커닝 시각적, 자간 –60, DIC 327, 첫행들여쓰기 3.3mm

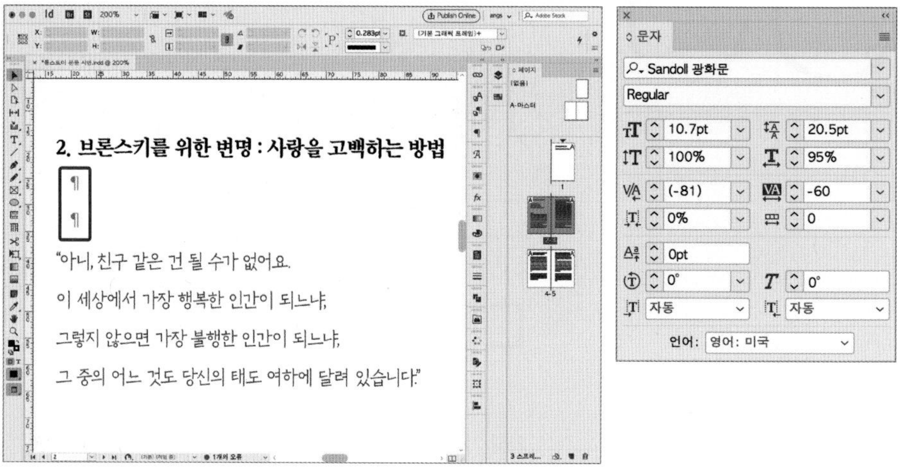

TIP 발문의 색상은 [DIC 327]로 별색입니다. 인디자인에서 별색을 지정하는 방법은 이 책의 159쪽을 참고하세요.

03 ①선 도구로 [X] 17mm 위치(바깥 여백만큼 들어온 위치)에 ②두께 0.5pt 세로선을 그어줍니다. 이때 선의 높이는 발문의 높이와 일치하도록 배치하고 발문과 같은 색을 입혀 줍니다.

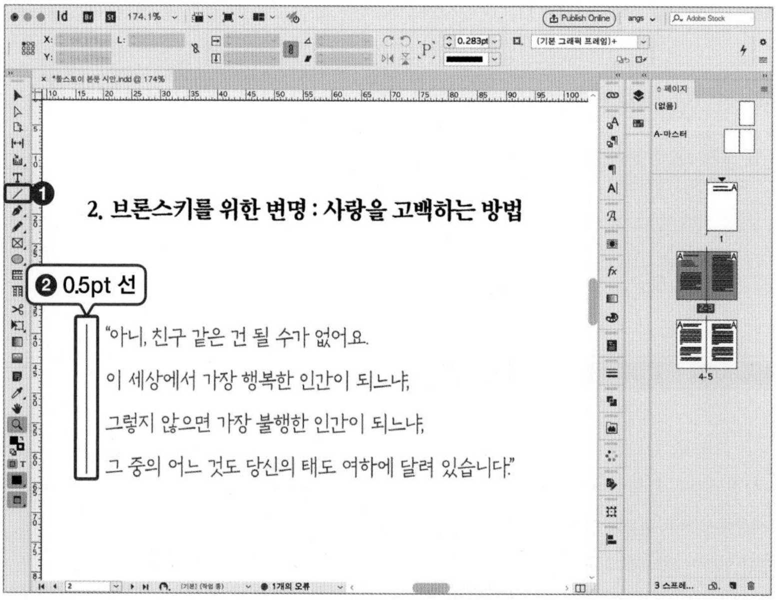

TIP 세로선 위치를 지정할 때에는 [변형] 패널을 이용하는 것이 좋습니다. 참조점을 왼쪽 상단으로 맞추고 [X]를 17mm로 설정하면 됩니다.

04 본문은 발문 스타일로부터 세 줄 아래부터 시작할 수 있도록 배치합니다.

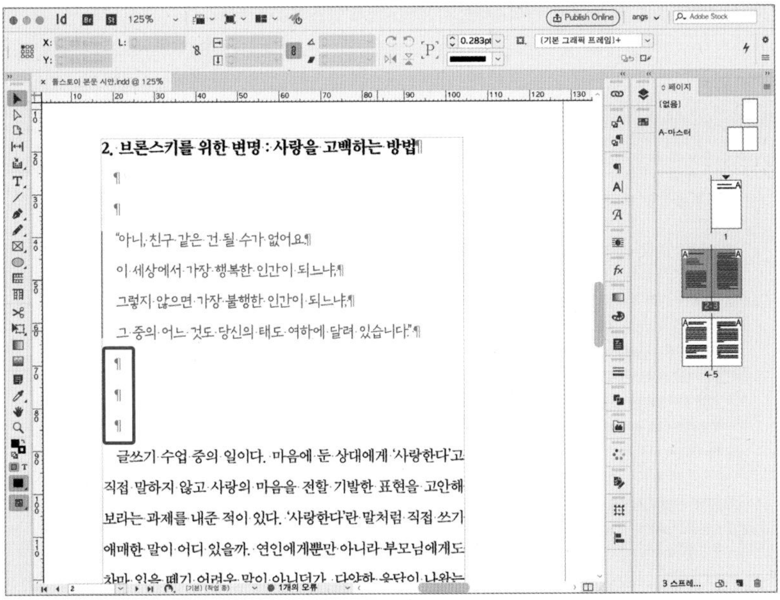

TIP 본문의 통일성을 유지하기 위해 본문의 시작점을 고정시킬지, 발문과 본문 사이의 간격을 고정시킬지 등의 레이아웃 규칙을 정하는 것이 좋습니다. 여기서는 제목과 발문은 두 줄, 발문과 본문은 세 줄 규칙을 정했습니다.

05 본문의 첫 번째 문단만 들여쓰기를 수정합니다. [단락] 패널에서 [첫행들여쓰기]를 0mm로 바꿔줍니다.

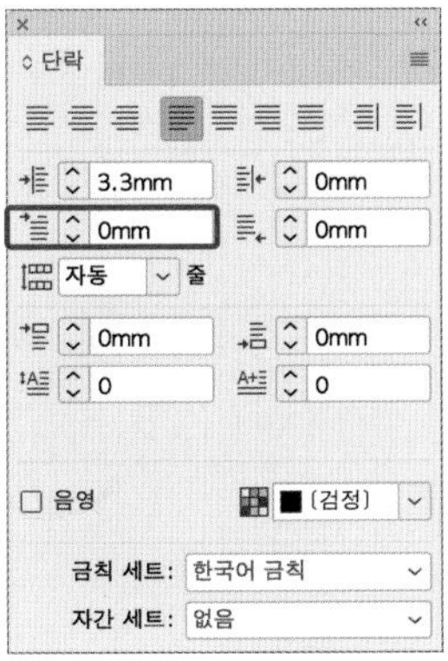

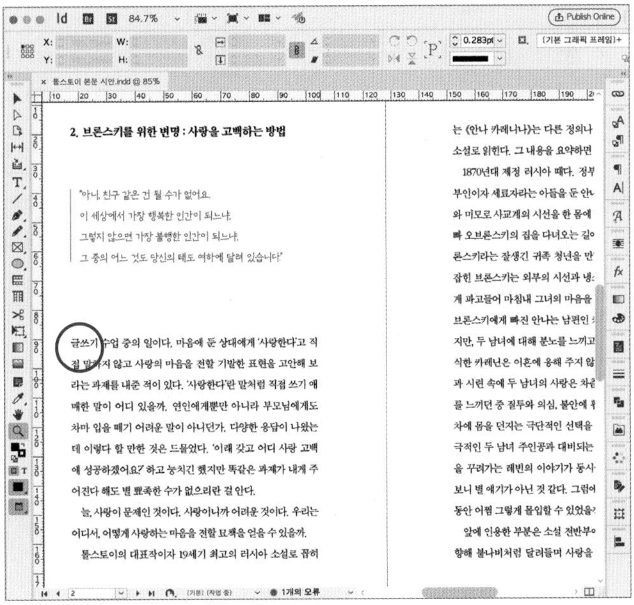

06 본문 삽입 글을 찾아 텍스트 스타일을 지정합니다.

서울한강체L, 크기 8.8pt, 자간 –50, 왼쪽들여쓰기 3.3mm 첫행들여쓰기 0mm

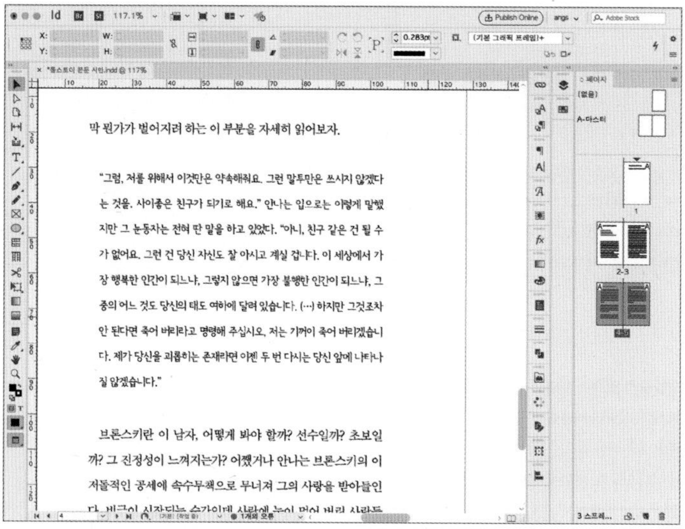

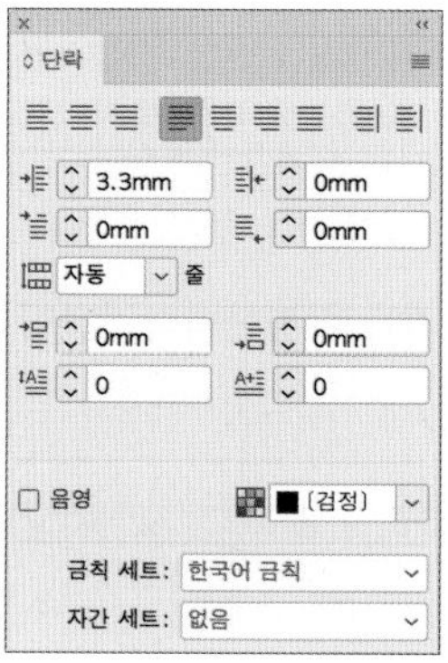

07 이렇게 작업한 본문 디자인이 확정되면 빠른 조판 작업을 위해 각각의 요소를 단락 및 문자 스타일로 지정합니다. 스타일 이름은 모르는 사람이 봐도 이해할 수 있도록 알아보기 쉽게 지정하는 것이 좋습니다.

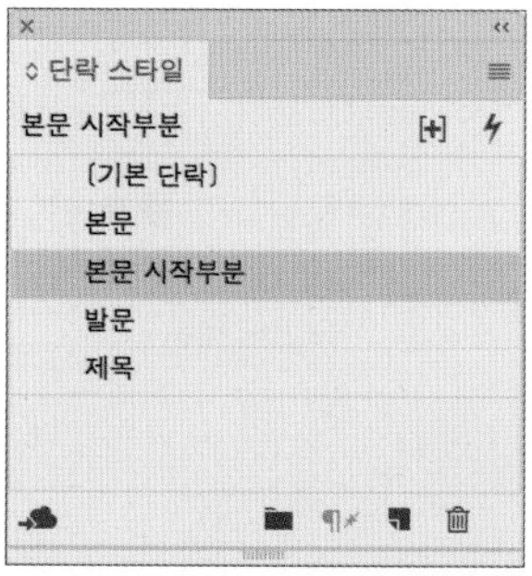

STEP 04

복잡한 본문을 구별하는 장표제지 만들기

선배들의 이야기를 들어보면 '본문이 제일 쉬웠어요.'라는 말이 나올 정도로 본문을 제외한 나머지 부분은 골칫거리입니다. 특히 표제지는 화려하게 디자인하면 너무 화려하다 하고, 소박하게 디자인하면 디자인한 게 뭐 있냐 하고, 이래저래 많은 이야기를 듣게 됩니다. 펼침면으로 한 장 디자인하는 데도 반나절이 넘게 걸린다는 표제지 디자인을 시작해봅시다.

실습 파일 : 프로젝트/본문 디자인 폴더

이미지를 크게 배치하기

01 ①사각 프레임 도구를 이용해 왼쪽 페이지를 꽉 채우는 프레임을 만듭니다. ② Ctrl + D 를 눌러 러시아풍경.jpg 파일을 불러와 배치합니다.

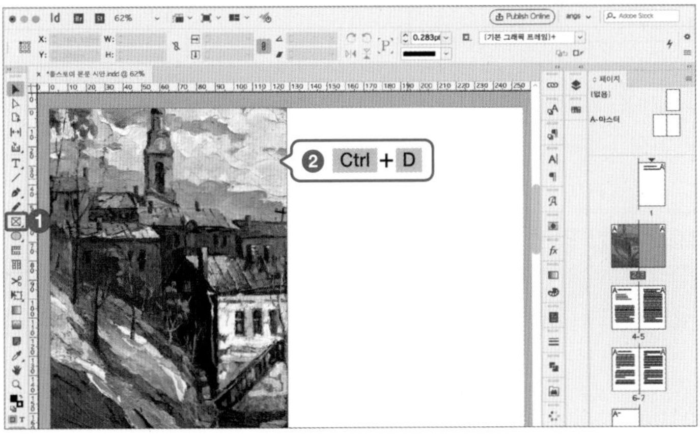

TIP 페이지에 꽉 차는 디자인일 경우 반드시 도련 부분까지 프레임을 만듭니다.

02 이미지 프레임과 안쪽의 이미지를 각각 선택해 색상을 입힙니다.

이미지 프레임	DIC 327s, 색조 13%
이미지	혼합 잉크 DIC 290s=100 K=20

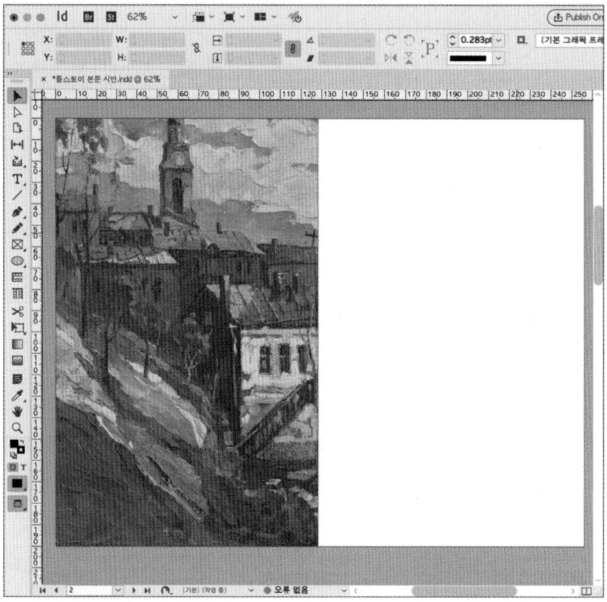

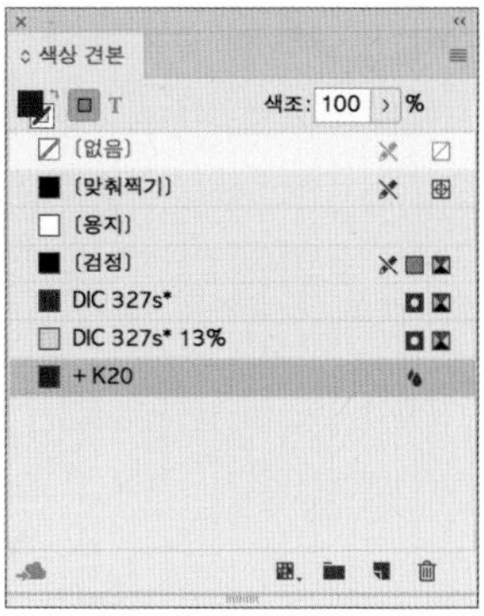

TIP tif 파일과 그레이스케일 모드인 jpg 파일은 인디자인에서 이미지의 색상을 자유롭게 변경할 수 있습니다.

TIP 간단하게 혼합 잉크 넣기

혼합 잉크는 [색상 견본] 패널 보조 메뉴에서 만듭니다. 단일 색상의 혼합 잉크를 만드려면 [혼합 잉크 색상 견본]을, 여러 개의 혼합 잉크를 만드려면 [혼합 잉크 그룹]을 통해서 만듭니다. [혼합 잉크 색상 견본] 대화상자가 나타나면 별색은 [100%]로 유지하고 [검정 원색] 농도만 조절하며 필요한 혼합 잉크를 만듭니다. 혼합 잉크를 작은 개체나 글자에 사용할 경우 망점이 겹쳐 보이는 현상이 생길 수 있으니 자주 사용하는 것은 좋지 않습니다. 또한 4도 인쇄 기기와 2도 인쇄 기기의 정밀도가 차이나기 때문에 2도 도서의 본문에 혼합 잉크를 너무 많이 쓰는 것도 좋지 않습니다.

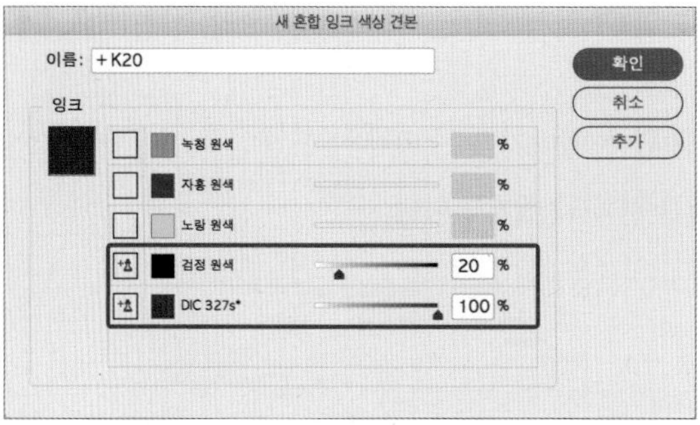

10 년차 선배의 멘토링 혼합 잉크 만들기

혼합 잉크는 두 개의 색상을 섞어서 만든 잉크를 말합니다. 보통 별색과 검정을 섞어서 사용하는 2도 인쇄 파일을 제작할 때 사용합니다.

단일 색상 혼합 잉크 만들기

① 혼합 잉크를 만들기 위해서는 [색상 견본] 패널에 적어도 하나 이상의 별색이 있어야 합니다. ② [색상 견본] 패널 보조 메뉴에서 [새 혼합 잉크 색상 견본]을 클릭합니다. 이 메뉴는 한 개의 혼합 잉크를 만들 때 사용합니다.

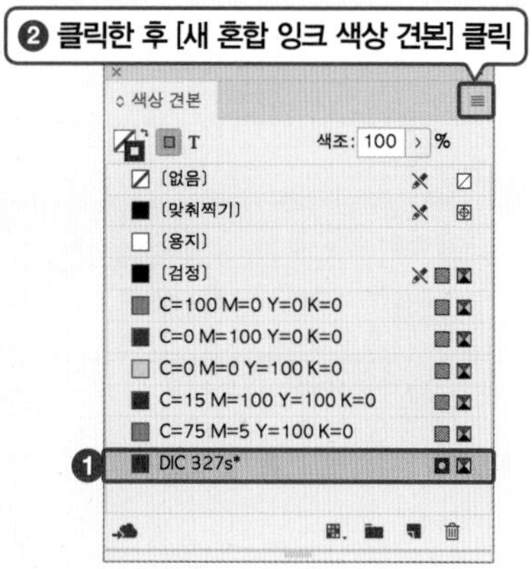

③ [새 혼합 잉크 색상 견본] 대화상자가 나타나면 별색과 원하는 원색의 색상을 혼합하고 색상의 이름을 입력합니다. ④ 여기에서는 별색에 먹 20%를 섞었으므로 알아보기 쉽게 '+K20'으로 입력했습니다.

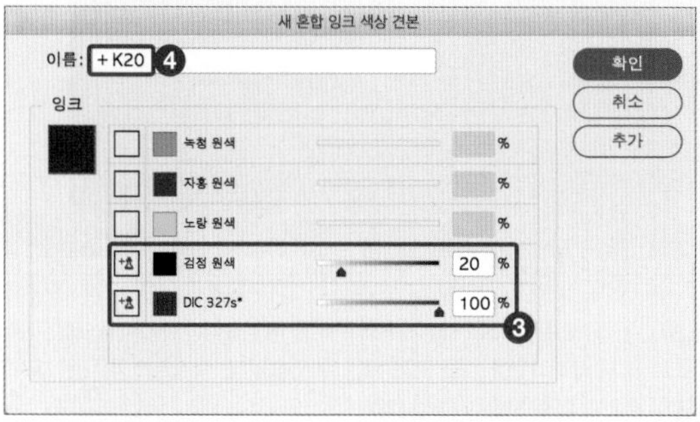

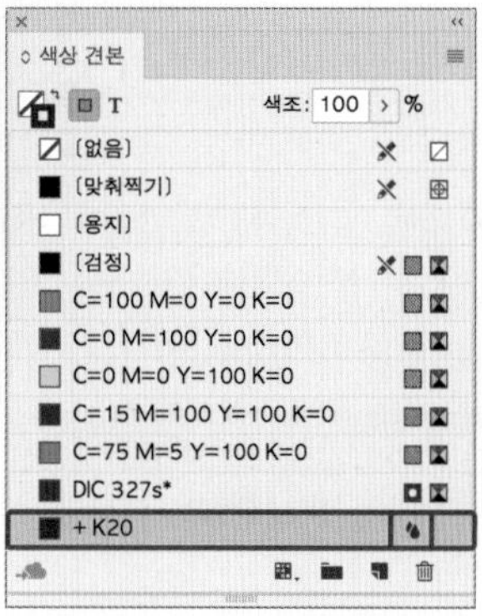

여러 개의 혼합 잉크 만들기

많은 종류의 혼합 잉크가 필요하다면 ① [색상 견본] 패널 보조 메뉴에서 [새 혼합 잉크 그룹]을 클릭합니다. ② [새 혼합 잉크 그룹] 대화상자에서 기준 색상을 선택합니다. [잉크] 항목에서 초기 값과 몇 번을 반복할지, 몇 가지의 색상 단계를 만들지 설정합니다. ③ [색상 견본 미리 보기]를 클릭하면 ④ 설정한 색상 단계가 미리 보기로 나타납니다. ⑤ 원하는 단계로 색상이 만들어졌다면 [확인]을 클릭합니다. ⑥ [색상 견본] 패널에 여러 개의 혼합 잉크가 만들어졌습니다.

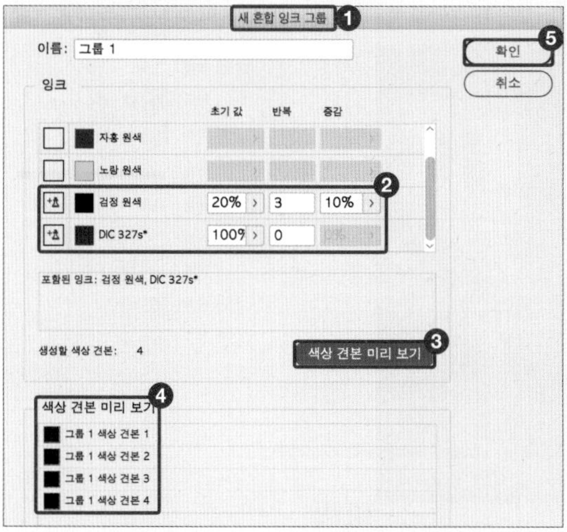

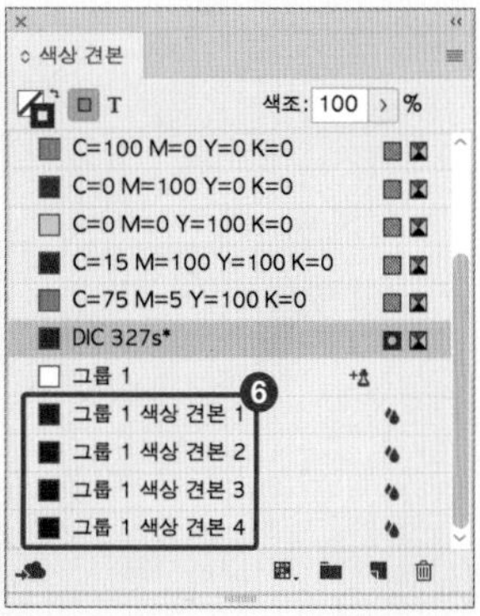

03 ①도비라 페이지 왼쪽 하단([X] 17mm, [Y] 149mm)에 텍스트 프레임([W] 87mm, [H] 10mm)을 만듭니다. ②LEV TOLSTOY를 입력하고 스타일을 지정합니다.

Univers LT Std 59 Ultra Condensed, 크기 23pt, 흰색(용지), 양끝 정렬

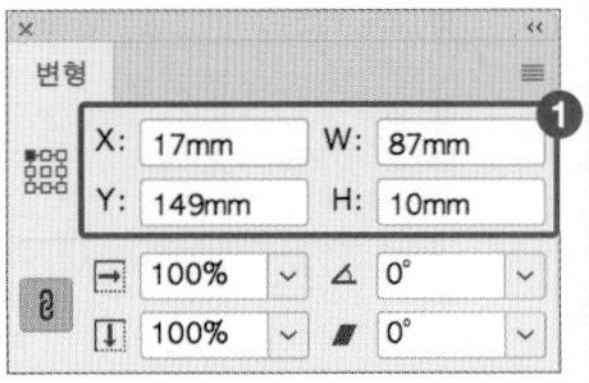

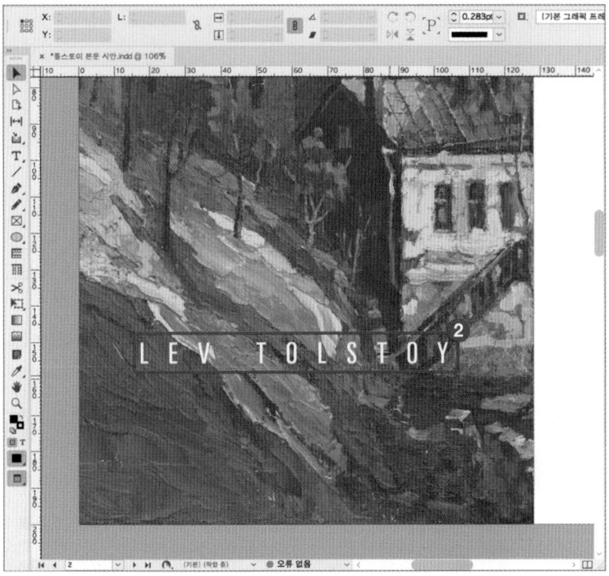

TIP 그림만으로는 허전한 왼쪽 페이지에 'LEV TOLSTOY'와 '레프 톨스토이'를 입력해 꾸며줄 예정입니다. 원고에는 없는 내용이지만 디자이너가 책과 연관된 이미지를 찾듯 텍스트 역시 레이아웃을 위해 직접 넣을 수 있습니다. 텍스트의 위치는 그리드를 벗어나지 않는 선에서 적당한 곳에 배치합니다. 굳이 수치를 맞출 필요는 없습니다.

04 ①선 도구로 ②텍스트 프레임 아래에 0.5pt 두께의 흰색 선을 그립니다. 텍스트 프레임과 같은 너비로 그립니다.

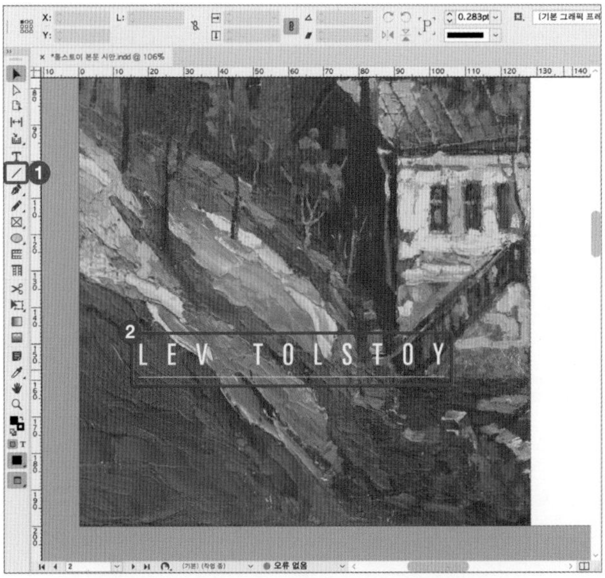

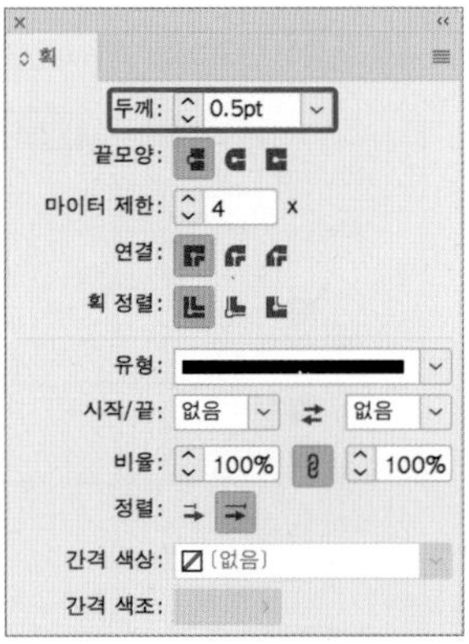

05 ①선 아래에 텍스트 프레임을 만들고 **레프 톨스토이**를 입력한 후 ②문자 스타일을 지정합니다.

산돌고딕B, 크기 9pt, 흰색(용지), 양끝 정렬

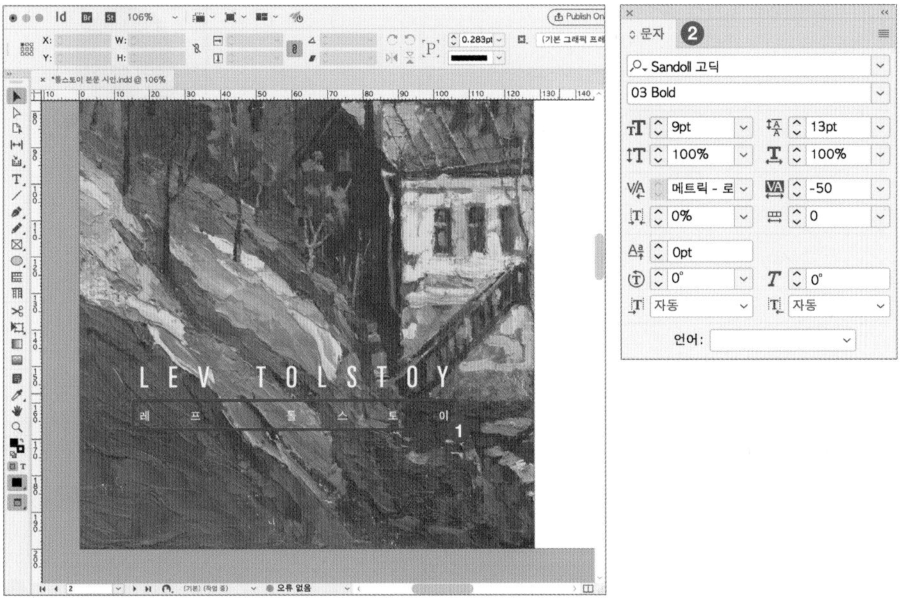

06 ①일러스트레이터에서 톨스토이.ai 파일을 열고 ②개체를 복사하여 인디자인에 붙여 넣습니다. ③붙여 넣은 개체의 면 색을 [DIC 327]로 지정하고 ④판면의 오른쪽 상단에 옮깁니다.

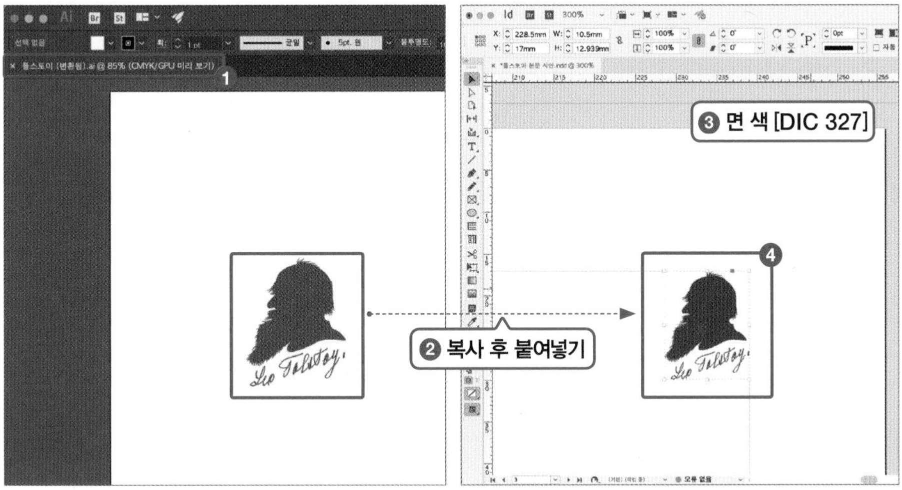

07 ① 개체 위에 텍스트 프레임을 만들어 숫자 1을 입력하고 ② 문자 스타일을 지정합니다.

Snell Roundhand LT Std Script,
크기 18pt, 자간 0, 흰색(용지)

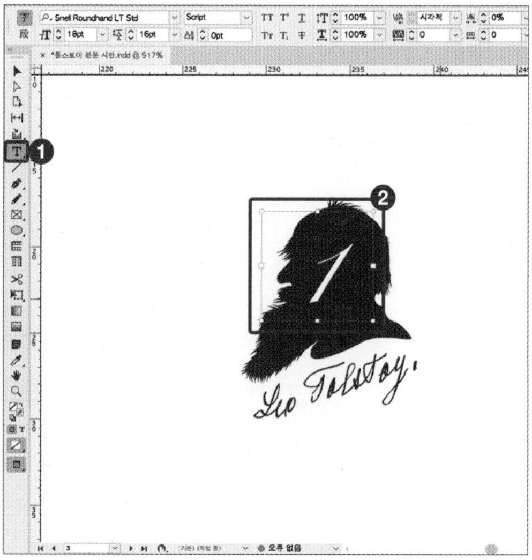

08 ① [Y] 40mm 위치에 텍스트 프레임을 만들고 ② 장제목 **사랑, 지나고 나면 마음의 사치**를 입력합니다.

서산돌명조L, 크기 20pt, 자간 −50,
DIC 327

09 ① 왼쪽 페이지의 텍스트와 선을 모두 선택하고 ② Alt 를 누른 채 오른쪽 페이지로 드래그하여 복사하여 배치합니다.

10 위쪽 텍스트 프레임에는 Anna Karenina를, 아래 텍스트 프레임에는 **안나 카레니나**를 입력한 뒤 각각 어울리는 문자 스타일을 자유롭게 지정합니다. 이때 텍스트와 선의 색상은 동일하게 DIC 237로 지정합니다.

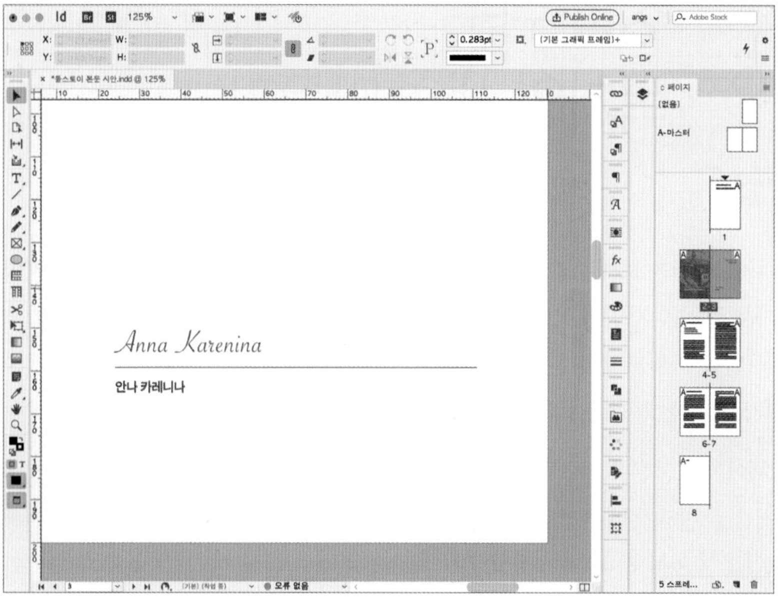

11 도비라가 완성되었습니다.

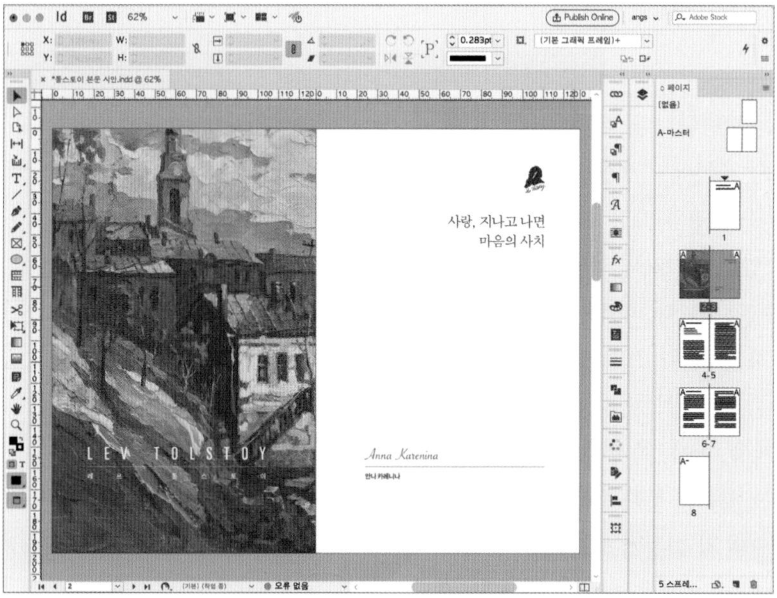

디자이너의
비밀
노트

정말 쉬운 목차와 색인 만들기

편집자가 목차와 색인을 보내주면 정말 좋겠지만, 그렇지 않은 경우도 많습니다. 하지만 너무 실망하지는 마세요. 인디자인의 목차와 색인 만들기는 아주 쉽습니다. 오히려 편집자가 색인을 준다 하면서 시일을 차일피일 미룬다면, '힘들지만 제가 잡아볼게요!'라고 말해보세요. 어느새 편집자의 일을 덜어주는 능력 있는 디자이너가 되어 있을지도 모릅니다.

목차와 색인 페이지는 본문을 완성한 후에 뽑아내는 것이 좋습니다. 왜냐하면 조판 과정에서 페이지가 유동적으로 변하기 때문이죠. 따라서 누가 하더라도 제목의 위치를 일일이 확인해야 하는 귀찮은 작업을 거쳐야 하며 색인은 더욱더 집요하게 찾아내야 합니다. 하지만 목차와 색인 기능을 이용하면 쉽게 각 위치의 페이지 정보를 뽑아낼 수 있으며 페이지가 변경되더라도 언제든지 다시 업데이트할 수 있습니다.

목차 뽑아내기

[레이아웃]-[목차] 메뉴

목차의 원리는 간단합니다. 본문 조판 과정에서 제목에 지정했던 [단락 스타일]을 이용해 해당 [단락 스타일]이 있는 페이지를 자동으로 뽑아내는 것입니다. 따라서 제목에 해당하는 [단락 스타일]이 존재해야 합니다. [목차] 대화상자에서는 제목, 항목, 쪽 번호, 항목과 쪽 번호 사이의 문자 등을 설정할 수 있으며 각 설정에 해당하는 [문자 스타일] 또는 [단락 스타일]을 만들어 지정할 수 있습니다.

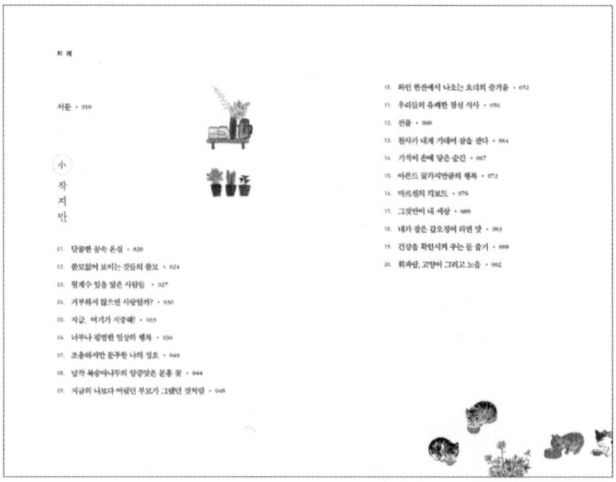
차례

서문 • 010

小
작
지
만

01. 달콤한 잠속 은실 • 020
02. 쓸모없어 보이는 것들의 쓸모 • 024
03. 월계수 잎을 닮은 사람들 • 027
04. 거부하지 않으면 사랑일까? • 030
05. 지금, 여기가 지중해! • 033
06. 너무나 평범한 일상의 행복 • 036
07. 조용하지만 분주한 나의 정오 • 040
08. 납작 복숭아나무의 앙증맞은 분홍 꽃 • 044
09. 지금의 나보다 어렸던 부모가 그랬던 것처럼 • 048
10. 와인 한잔에서 나오는 요리의 즐거움 • 052
11. 우리들의 유쾌한 점심 식사 • 056
12. 선물 • 060
13. 천사가 내게 기대어 잠을 잔다 • 064
14. 기적이 손에 닿은 순간 • 067
15. 아몬드 꽃가지반쯤의 행복 • 072
16. 마르셀의 킥보드 • 076
17. 그것만이 내 세상 • 080
18. 내가 잡은 갑오징어 라면 맛 • 083
19. 건강을 확인시켜 주는 등 줍기 • 088
20. 휘파람, 고양이 그리고 노을 • 092

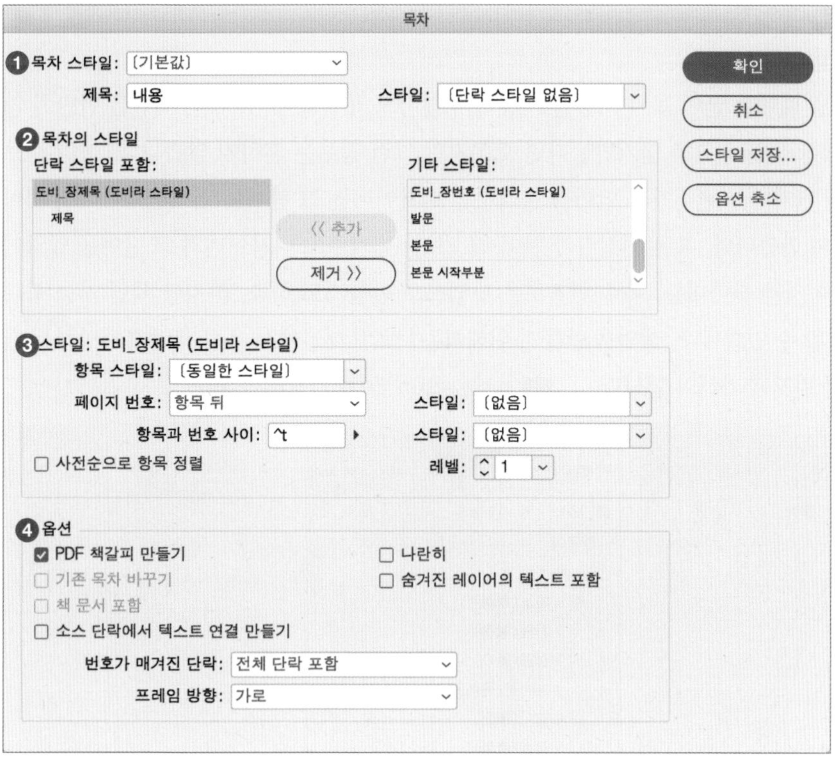

①**목차 스타일** | 저장된 목차 스타일이 있으면 불러오고 목차의 제목과 텍스트 스타일을 설정합니다.

②**목차의 스타일** | 목차로 뽑아내려는 [단락 스타일]을 지정해 항목별로 배치합니다. [기타 스타일]에는 문서 내의 모든 [단락 스타일]이 표시됩니다. [문자 스타일]은 표시되지 않으므로 목차로 추출하려면 [단락 스타일]로 지정해야 합니다.

③**스타일** | [목차 스타일]에서 목차로 추출한 항목에 해당하는 서식을 설정합니다. 항목에 해당하는 단락 스타일과 그 옆에 표시되는 페이지 번호의 스타일을 지정할 수 있습니다.

④**옵션** | PDF로 내보낼 때 아크로뱃 책갈피 항목에 목차를 표시하거나 목차를 만드는 데 필요한 다양한 옵션을 지정할 수 있습니다.

어쩌면 각 항목의 텍스트 스타일을 일일이 설정해야 한다는 번거로움 때문에 목차 기능이 오히려 작업 시간을 늘린다고 생각할 수 있습니다. 간단한 목차는 굳이 목차 기능을 사용하지 않아도 됩니다. 하지만 목차의 내용이 많고 형식도 복잡하다면 목차 기능을 이용하는 편이 훨씬 효율적입니다.

색인 추출하기

[창]-[문자 및 표]-[색인] 메뉴

목차를 뽑아낼 때에는 굳이 목차 기능을 사용하지 않아도 작업할 수 있지만, 색인은 만만치 않습니다. 완벽한 색인 원고를 넘겨받는다면 모르지만 그런 경우는 흔하지 않습니다. 색인은 보통 화면 교정 단계에서 편집자가 단어를 불러주면 디자이너는 그 단어를 검색한 후, 다시 페이지를 불러주며 만듭니다. 혹은 편집자가 단어 리스트만 넘겨주고 디자이너가 그 단어를 일일이 검색하여 페이지를 찾아내는, 아주 번거로운 방법으로 만들기도 하죠. 하지만 색인 기능 하나면 쉽게 해결할 수 있습니다. 색인을 만들기 위해서는 [색인] 패널에서 우선 색인에 해당하는 단어(엔트리)를 먼저 추가해야 합니다.

TIP 이 책을 편집자가 보지 말아야 할 텐데요. 하하.

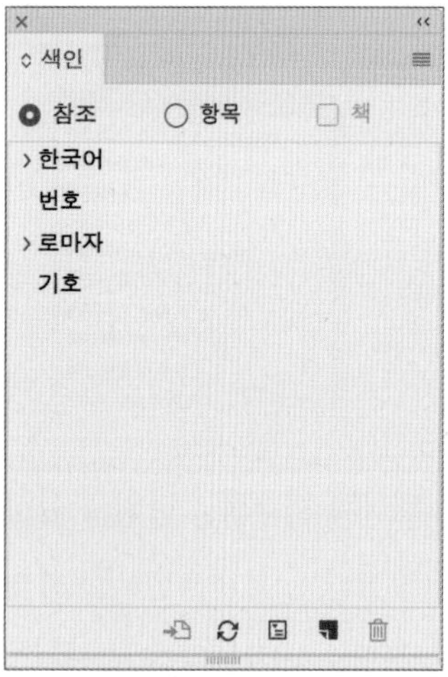

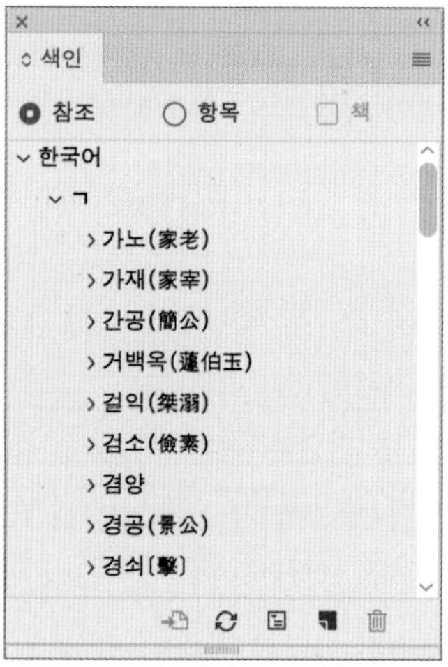

TIP [색인] 패널에서 [한국어]가 보이지 않는다면 보조 메뉴에서 [정렬 옵션]을 선택합니다. [정렬 옵션] 대화상자가 나타나면 [한국어]에 체크 표시하고 [우선순위] 맨 위로 위치하게 조정합니다.

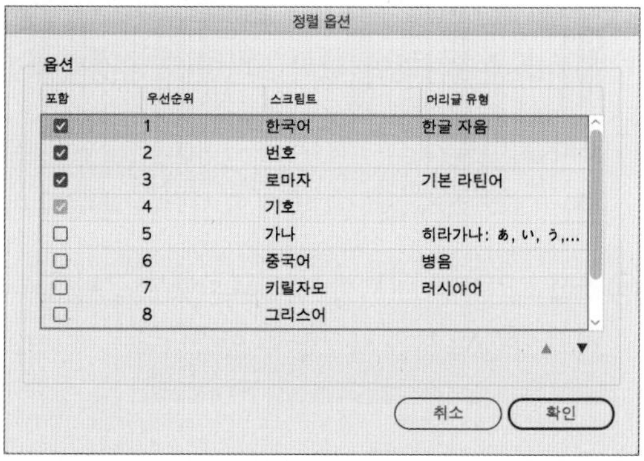

엔트리를 추가하려면 본문으로 돌아가 색인에 해당하는 단어를 드래그하여 [색인] 패널에서 [새 색인 엔트리 만들기]를 클릭합니다 Alt + Shift + Ctrl + [. 이렇게 추가한 엔트리는 [색인] 패널에서 확인할 수 있습니다. 색인 엔트리를 모두 추가하고 색인의 레이아웃을 만듭니다. [색인] 패널에서 색인 생성 을 클릭하면 [색인 생성] 대화상자가 나타납니다. 여기서 색인 레이아웃을 설정합니다. 색인의 레이아웃은 목차와 비슷한 형식으로 색인에 필요한 항목을 정하고 각 항목의 텍스트 스타일을 지정하는 방식입니다.

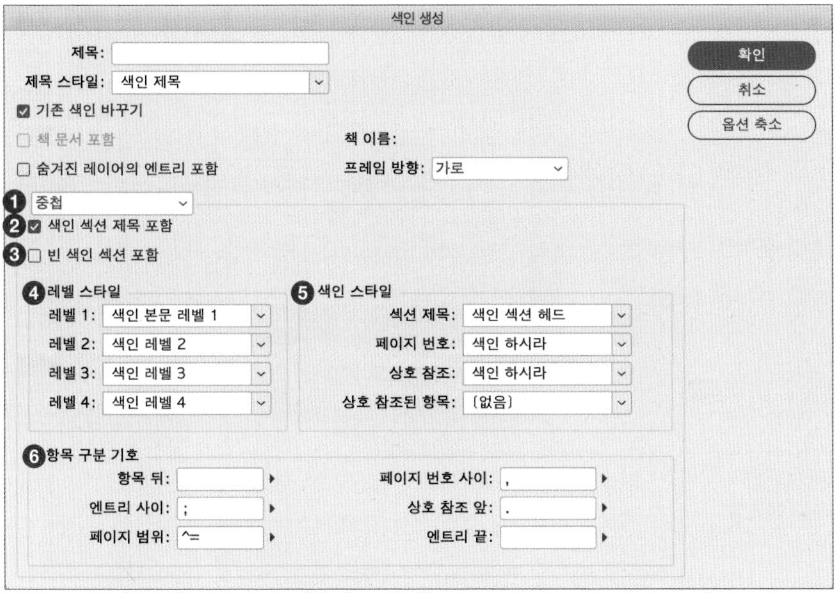

①**중첩/나란히** | [중첩]은 색인의 하위 항목에 들여쓰기를 적용한 형식을 말하며, [나란히]는 모든 항목을 한 단락에 나란히 정렬한 것을 말합니다.

②**색인 섹션 제목 포함** | 색인의 섹션 제목(ㄱ, ㄴ, ㄷ... 부분)을 표시합니다.

③**빈 색인 섹션 포함** | 하위 항목이 없는 섹션 제목을 표시합니다.

④**레벨 스타일** | 하위 항목의 문자 스타일을 선택합니다.

⑤**색인 스타일** | 색인의 [섹션 제목], [페이지 번호], [상호 참조], [상호 참조 항목]에 적용할 문자 스타일을 선택합니다.

⑥**항목 구분 기호** | 색인과 색인 사이 또는 색인과 쪽 번호 사이의 구분 기호를 지정합니다.

[색인 생성] 대화상자에서 설정을 끝내면 [확인]을 클릭하고 페이지 위를 드래그합니다. 색인이 자동으로 입력됩니다.

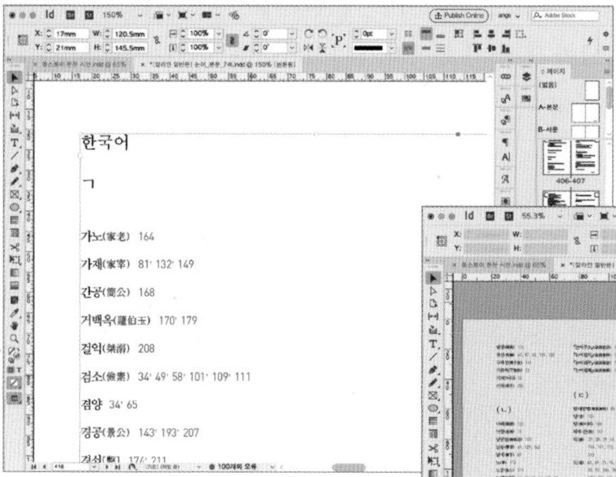

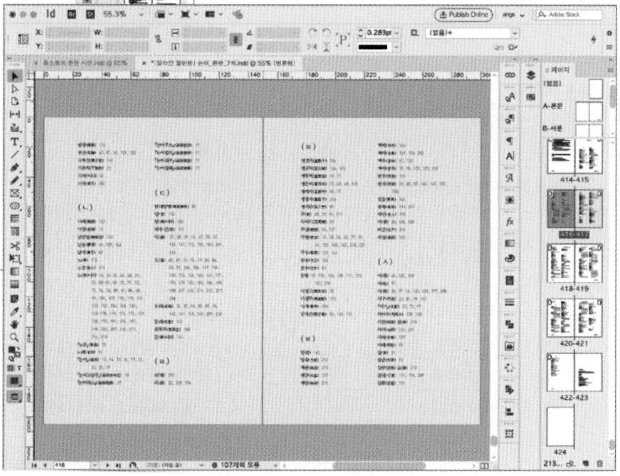

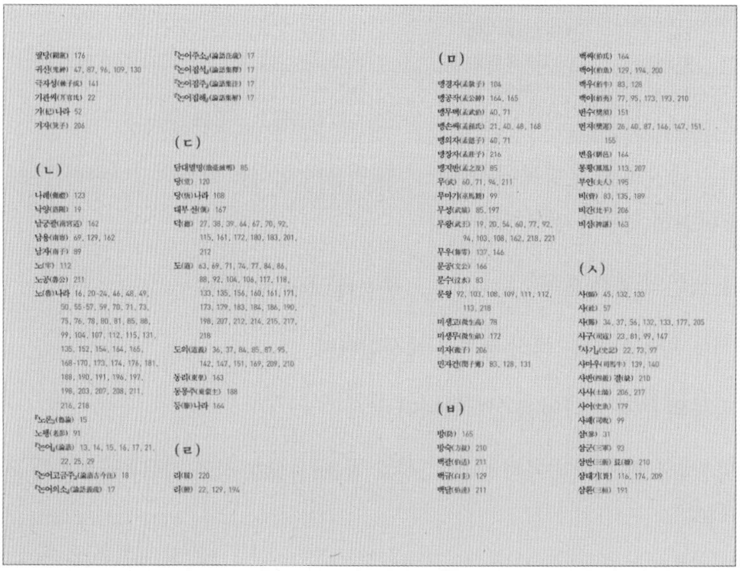

PROJECT 04

나의 스페인행 티켓 본문 디자인

《나의 스페인행 티켓》은 스페인 여행의 감성과 스페인 관광 명소를 소개하는 여행 에세이입니다. 그래서 다른 책보다 사진도 많이 들어가고 실험적인 레이아웃도 많습니다. 레이아웃이 다양해서 텍스트 위주의 작업을 할 때보다 작업 시간이 오래 걸릴 수도 있습니다. 하지만 매 페이지를 재미있게 작업할 수 있다는 매력도 있습니다.

PREVIEW

심플한 잡지 느낌이 들도록 표제지를 시원하게 구성

#펼침면으로 시원하게 #이미지 프레임을 #도련보다 # 더 크게 설정

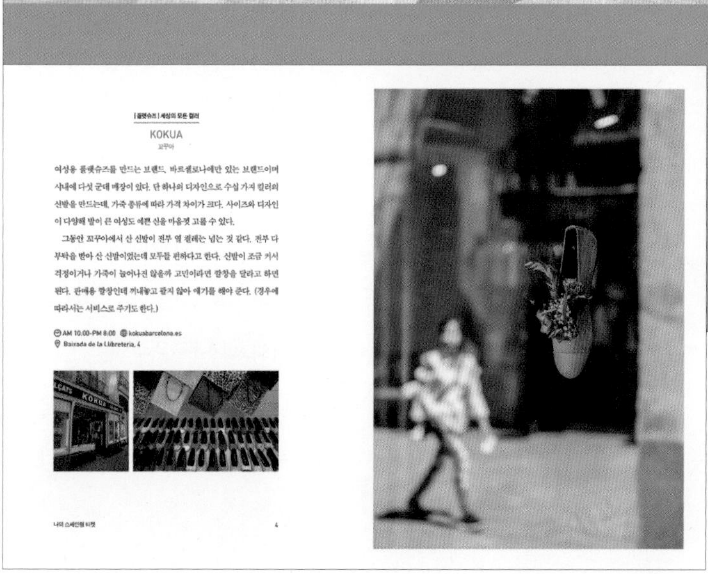

| 플랫슈즈 | 세상의 모든 컬러

KOKUA

꼬꾸아

여성용 플랫슈즈를 만드는 브랜드. 바르셀로나에만 있는 브랜드이며 시내에 다섯 군데 매장이 있다. 단 하나의 디자인으로 수십 가지 컬러의 신발을 만드는데, 가죽 종류에 따라 가격 차이가 크다. 사이즈와 디자인이 다양해 발이 큰 여성도 예쁜 신을 마음껏 고를 수 있다.

그동안 꼬꾸아에서 산 신발이 전부 열 켤레는 넘는 것 같다. 전부 다 부탁을 받아 산 신발이었는데 모두들 편하다고 한다. 신발이 조금 커서 걱정이거나 가죽이 늘어나진 않을까 고민이라면 깔창을 달라고 하면 된다. 판매용 깔창인데 꺼내놓고 팔지 않아 얘기를 해야 준다. (경우에 따라서는 서비스로 주기도 한다.)

AM 10.00-PM 8.00 kokuabarcelona.es

Baixada de la Llibreteria, 4

나의 스페인행 티켓 4

에세이와 정보 원고를 구분해 디자인

#명조와 #고딕의 #차이로 #원고의 #위상 구분하기

스페인행 티켓 콘셉트가 잘 드러나는 오브젝트를 새로 그려 넣음

#최대한 #실제 이미지와 #비슷하게 #오브젝트 그리기

다양한 레이아웃을 자유롭게 구성

#이미지가 #많이 쓰일 때 #그리드 #지키기

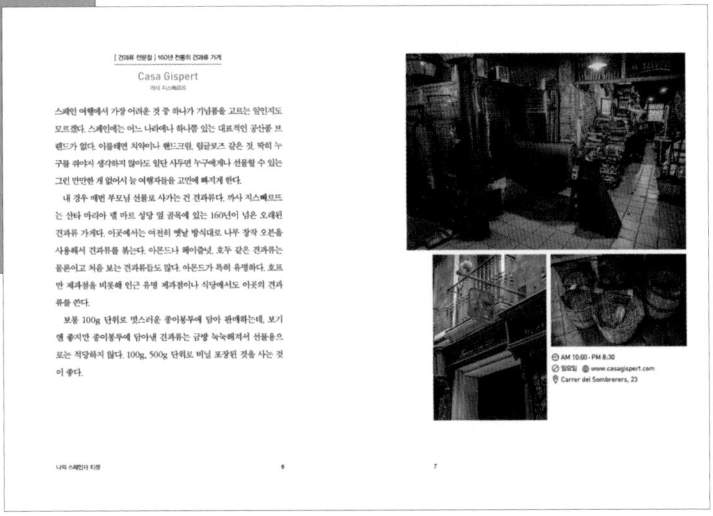
[견과류 전문점] 160년 전통의 견과류 가게
Casa Gispert
까사 지스뻬르뜨
스페인 여행에서 가장 어려운 것 중 하나가 기념품을 고르는 일인지도 모르겠다. 스페인에는 어느 나라에나 하나쯤 있는 대표적인 공산품 브랜드가 없다. 이를테면 치약이나 핸드크림, 립글로즈 같은 것. 딱히 누구를 줘야지 생각하지 않아도 일단 사두면 누구에게나 선물할 수 있는 그런 만만한 게 없어서 늘 여행자들을 고민에 빠지게 한다.
내 경우 매번 부모님 선물로 사가는 건 견과류다. 까사 지스뻬르뜨는 산타 마리아 델 마르 성당 옆 골목에 있는 160년이 넘은 오래된 견과류 가게다. 이곳에서는 여전히 옛날 방식대로 나무 장작 오븐을 사용해서 견과류를 볶는다. 아몬드나 헤이즐넛, 호두 같은 견과류는 물론이고 처음 보는 견과류들도 많다. 아몬드가 특히 유명하다. 호프만 제과점을 비롯해 인근 유명 제과점이나 식당에서도 이곳의 견과류를 쓴다.
보통 100g 단위로 멋스러운 종이봉투에 담아 판매하는데, 보기엔 좋지만 종이봉투에 담아낸 견과류는 금방 눅눅해져서 선물용으로는 적당하지 않다. 100g, 500g 단위로 비닐 포장된 것을 사는 것이 좋다.
AM 10:00 - PM 8:30
www.casagispert.com
Carrer del Sombrerers, 23
6
7

제작의뢰서

번호	종류	내용
1	제목	나의 스페인행 티켓
2	종류	단행본
3	구성	본문
4	판형	152×210mm, 무선제본
5	참고 구성	저자 : 정주완, 기획 : 대한항공 분야 : 여행 에세이 소개 : 단 일주일을 가더라도 현지인처럼! 바르셀로나에 여행 왔다가 아예 살기로 결정하다! 바르셀로나 플랜비 여행사 대표로 활동해온 스페인 전문가 정주환이 기존에 알려진 대표 명소뿐만 아니라 누구도 모르는 스페인 구석구석과 스페인 여행 노하우를 차곡히 담아냈습니다. 삶의 공간 스페인으로 가는 한 장의 티켓《나의 스페인행 티켓》. 대한항공 바르셀로나 직항 취항을 기념하여, 홍익출판사와 대한항공의 콜라보레이션으로 기획된 책입니다. 바르셀로나를 중심으로 지금 이 순간의 스페인을 생생하게 보여줍니다. 바르셀로나에서 가장 맛있는 커피를 책임지는 바리스타 카페, 가우디 건축에서 영감을 받은 가죽 가게, 햇빛 쏟아지는 날도 비 내리는 날도 운치 있는 야외 테라스, 서점 2층에 있는 숨은 북카페와 가장 핫한 의류 편집숍, 까딸루냐 3대 건축가가 디자인한 현대식 건축, 따빠스를 맛있게 잘하는 술집까지 가장 현재의 감각적인 스페인 여행을 원하는 여행자들을 위한 정보가 가득합니다. 스페인에 가면 꼭 경험해야 하는 대표 장소, 쇼핑, 먹거리는 물론 소매치기 방지법과 식당의 한갓진 시간대, 공연장의 명당 등 구체적으로 도움이 될 노하우를 담았습니다. 더불어 오렌지 하나를 건네고 씩 웃어준 이웃, 서툴게 구워낸 빵 선물에 엄지를 치켜세우는 경비원 아저씨, 가장 슬플 때 어깨동무를 해온 친구, FC바르셀로나의 입단을 취소한 유쾌한 소년의 이야기 등 저자가 바르셀로나에 매료되어 10년 이상 살아오는 동안 하나씩 쌓여온 이야기들을 에세이로 담아 읽는 즐거움을 더합니다.

10년차 선배는 이렇게!

- 고딕 서체와 선을 이용해 모던하게 디자인했습니다.
- 사진을 적극 활용한 레이아웃으로 다양하게 구성했습니다.

STEP 01

시원한 느낌이 드는 표제지 디자인하기

이 책은 스페인 일주일 여행 코스가 콘셉트입니다. 시간 순으로 지역을 소개하고 있어 실제로 티켓을 끊고 지역을 이동하는 느낌이 들도록 표제지를 디자인하려고 합니다. 주어진 원고에는 파트 제목만 적혀있지만 그럴싸한 느낌을 주기 위해서 디자이너가 임의로 필요한 내용을 추가할 수 있습니다. 그러기 위해서는 여행 티켓에 대한 자료를 많이 찾아봐야겠지요?

실습 파일 : 프로젝트/스페인 여행 본문 디자인 폴더

스프레드 표제지 페이지 만들기

01 ① Ctrl + N 을 눌러 [폭]은 152mm, [높이]는 210mm로 설정하고 ②[여백 및 단]을 클릭합니다. ③[여백]–[위쪽]은 20mm, [아래쪽]은 41mm, [안쪽]은 32mm, [바깥쪽]은 22mm로 설정하고 ④[열]–[개수]는 1, [간격]은 5mm로 설정한 후 ⑤[확인]을 클릭합니다.

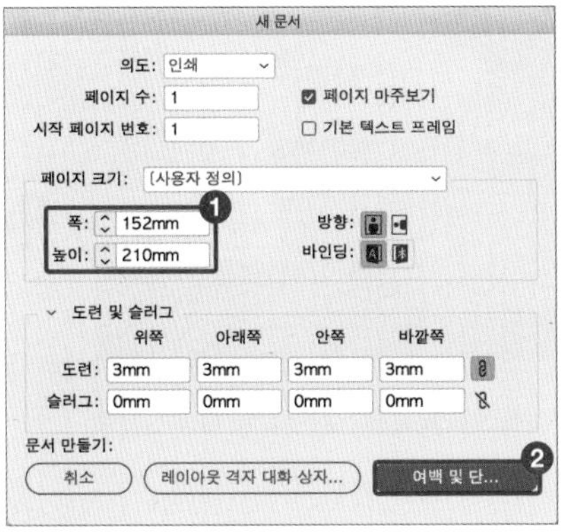

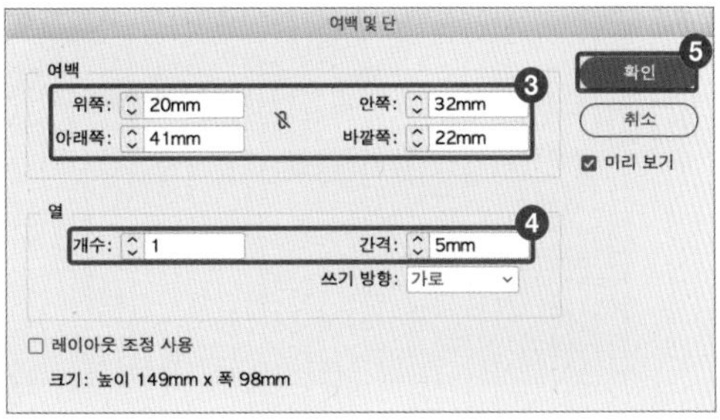

TIP 표제지 페이지는 스프레드이므로 [페이지 마주보기]에 꼭 체크 표시해야 합니다.

02 ①[페이지] 패널에서 새 페이지를 추가해 ②[2-3] 페이지를 만듭니다. ③사각 프레임 도구로 ④[2-3] 페이지 전체를 덮는 사각형 프레임을 만들어 ⑤청록색(C=70 M=0 Y=42 K=0)을 지정합니다.

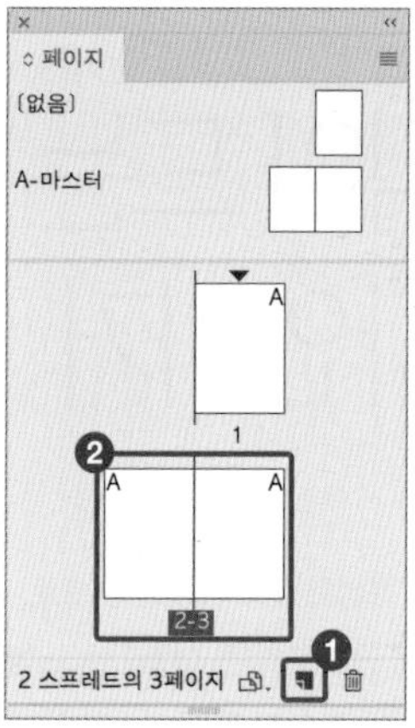

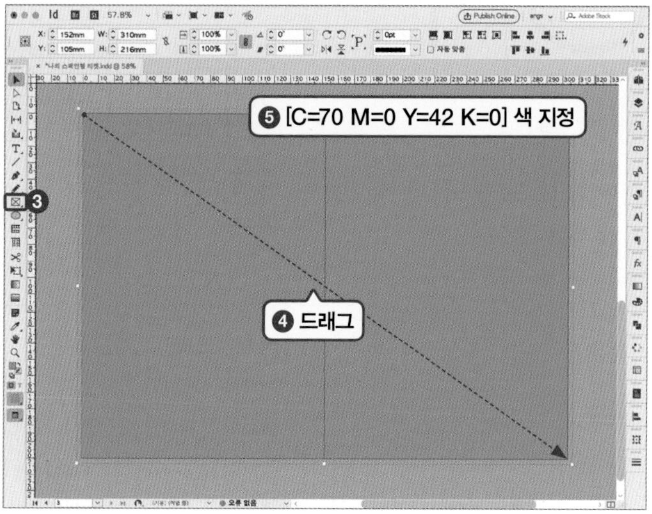

03 ①문서 높이의 2/3 크기쯤 되는 사각 프레임을 만듭니다. ② Ctrl + D 를 눌러 바로셀로나.jpeg 파일을 불러와 ③프레임에 잘 맞게 위치를 조정합니다. ④[레이어] 패널에서 새 레이어(레이어 2)를 만들고 ⑤배경 이미지(레이어 1)를 잠궈 움직이지 않게 합니다.

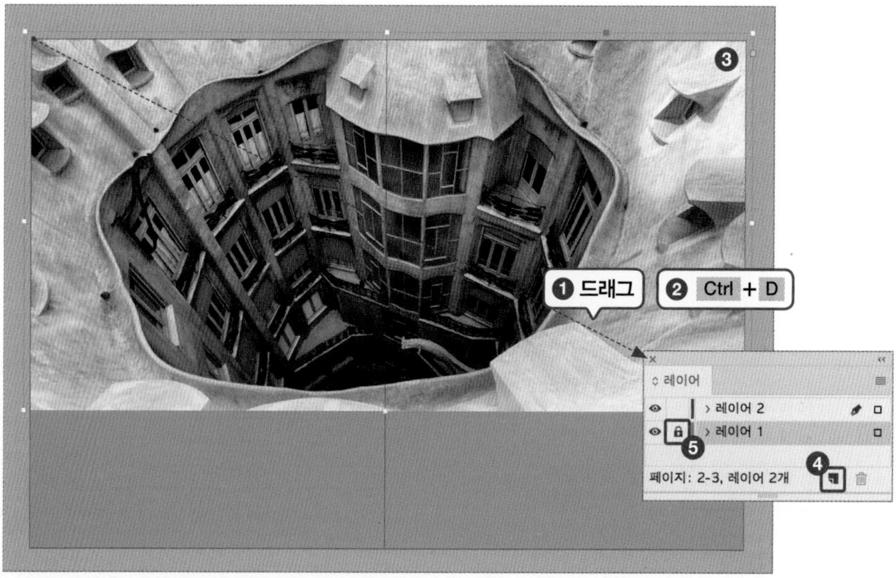

TIP Ctrl + D 는 [파일]-[가져오기] 메뉴의 단축키입니다. 실무에서는 메뉴를 클릭하기보다 단축키를 눌러 작업 시간을 줄이는 게 효율적입니다.

콘셉트를 살려줄 티켓 오브젝트 만들기

04 ①사각 프레임 도구로 ②문서의 빈 곳을 클릭해 ③[폭] 80mm, [높이] 142mm의 흰색 사각 프레임을 만듭니다.

05 ①선택 도구로 사각 프레임을 선택하고 ②[개체]–[모퉁이 옵션] 메뉴를 클릭해 [모퉁이 옵션] 대화상자를 불러옵니다. ③[모퉁이 크기 및 모양]을 모두 3mm, [둥글게 ╮]로 선택하고 ④[확인]을 클릭해 모퉁이를 3mm 둥글게 합니다.

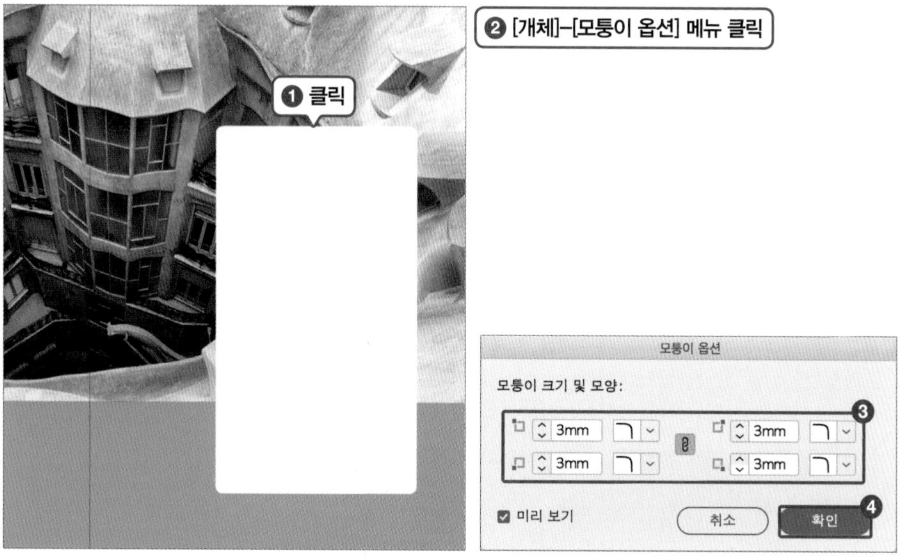

06 ①**04** 단계처럼 80×10mm 크기의 사각 프레임을 만들어 진한 노란색(C=0 M=33 Y=100 K=0)을 지정합니다. ②**05** 단계처럼 모퉁이를 설정하는데, 윗쪽 모서리만 [둥글게 ╮]로 설정하고 ③맨 위로 옮깁니다.

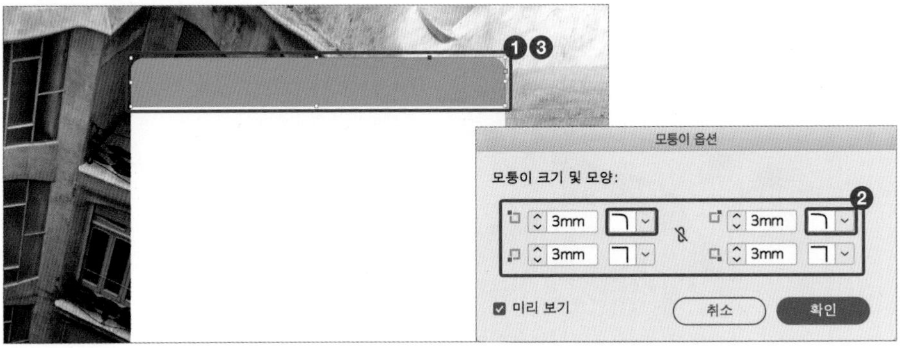

07 ①스페인 그림.indd 파일에서 비행기 모양 아이콘을 복사해 붙여 넣고 ②[흰색(용지)]으로 색을 지정합니다.

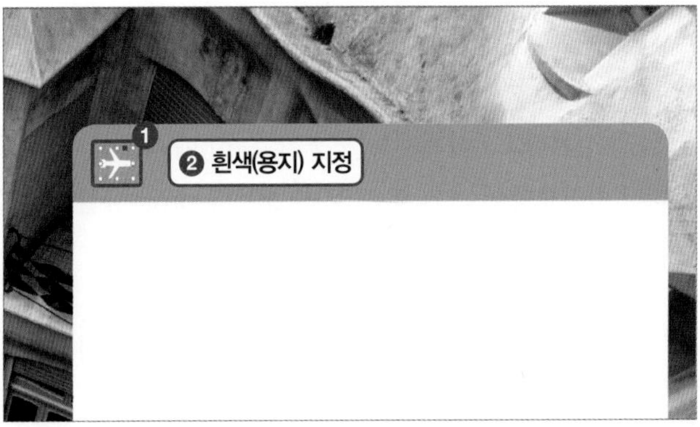

08 ①문자 도구로 ②텍스트 프레임을 만들어 BOARDING PASS를 입력합니다. ③문자 스타일을 지정합니다.

DIN B, 크기 12pt, 자간 0, 흰색(용지)

TIP DIN 서체가 없다면 두툼한 고딕 서체를 사용해도 됩니다.

09 이동 경로를 알려주는 오브젝트를 그려보겠습니다. ①선 도구로 ②너비 63mm, 두께 0.5pt 의 선을 그리고 ③갈색(C=0 M=65 Y=100 K=20)을 지정합니다.

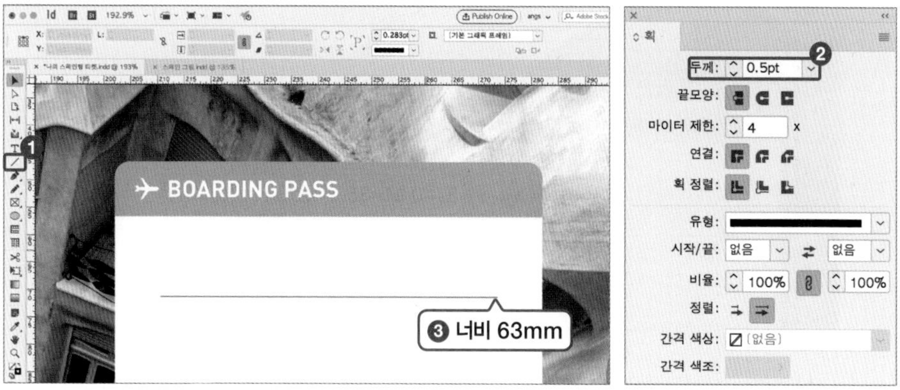

TIP [C=0 M=65 Y=100 K=20] 색은 앞으로 자주 사용할 예정이므로 [색상 견본] 패널에 등록해두고 사용하면 좋습니다.

10 ①선의 양 끝에 지름 2.6mm, 두께 2pt의 정원을 그리고 ②선 색을 갈색(C=0 M=65 Y=100 K=20)으로 지정합니다.

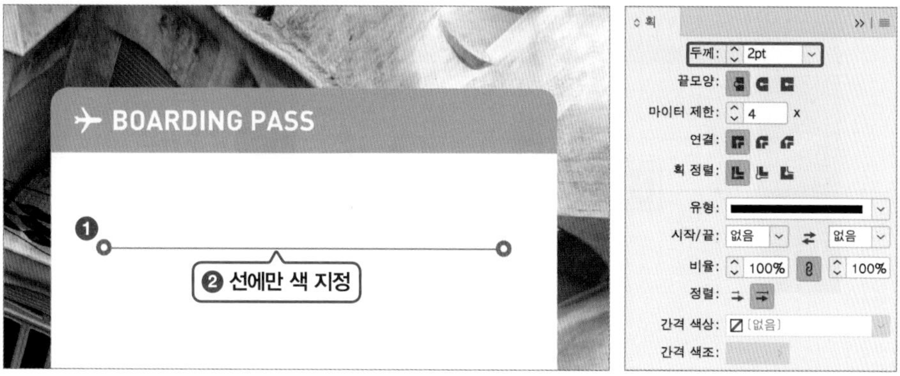

11 ①왼쪽 원 안에 지름 0.6mm의 정원을 그리고 ②면 색을 갈색(C=0 M=65 Y=100 K=20)으로 지정합니다.

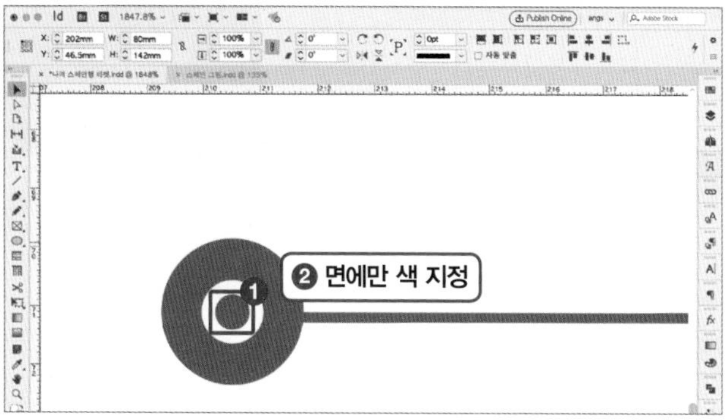

12 ①스페인 그림.indd 파일에서 가우디 성당 모양 아이콘을 복사해 붙여 넣고 ②갈색(C=0 M=65 Y=100 K=20)으로 지정합니다.

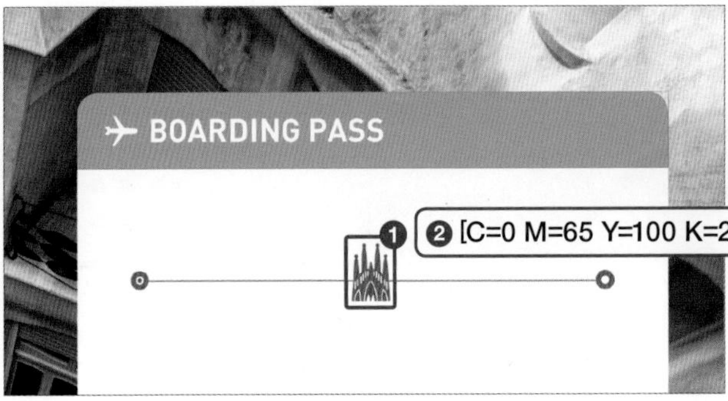

13 ①이동 경로 아래에 텍스트 프레임을 만들고 Barcelona를 입력한 후 ②문자 스타일을 지정합니다.

아방가르드 고딕 B, 크기 24pt, 자간 0, 갈색(C=0 M=65 Y=100 K=20)

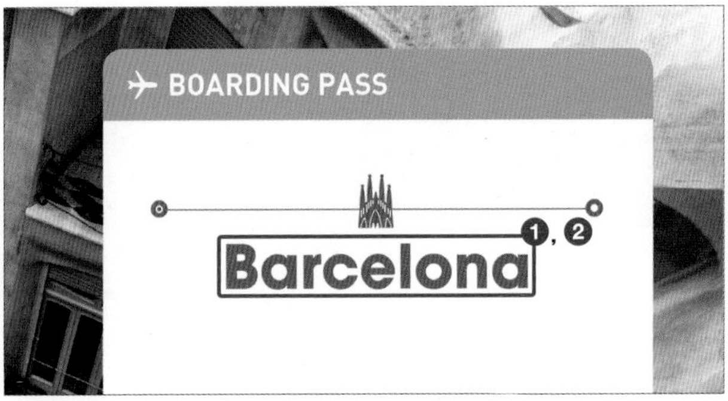

14 사각 프레임 양 끝에 지름 4mm의 정원을 만듭니다. 이때 원의 위치는 사각 프레임의 1/3 지점 끝부분과 원의 중앙이 겹치도록 합니다.

TIP 원의 색은 도드라져 보이는 초록색으로 지정했습니다. 굳이 같은 색으로 지정하지 않아도 됩니다.

15 ①두 개의 원을 모두 선택하고 ②[패스파인더] 패널에서 더하기를 클릭합니다.

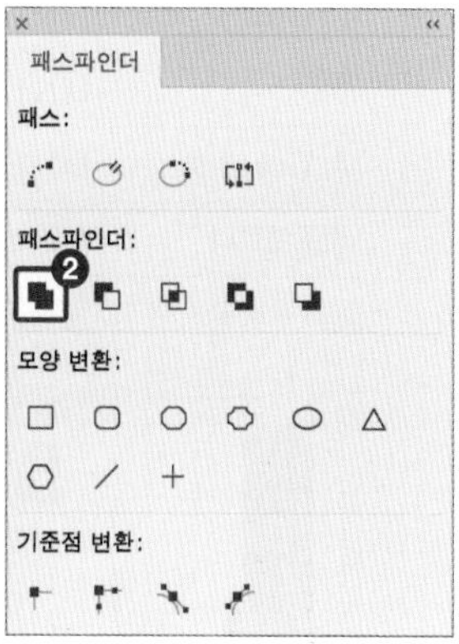

16 원과 흰색 박스를 모두 선택하고 ①[패스파인더] 패널에서 빼기를 클릭합니다. ②흰색 박스에서 두 원과 겹친 부분이 삭제되며 반원이 됩니다.

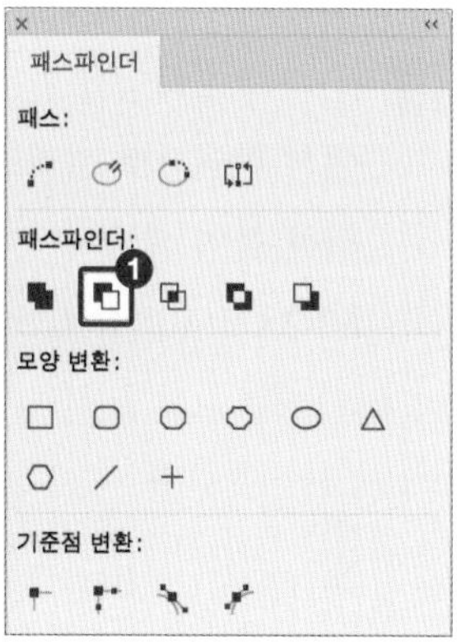

17 ①반원으로 뚫린 부분 중앙에 선을 그립니다. ②[획] 패널에서 [두께]는 **0.75pt**, [유형]은 **점선**으로 선택합니다. 이때 선 너비는 위의 개체들과 **같은 너비(63mm)**로 설정합니다.

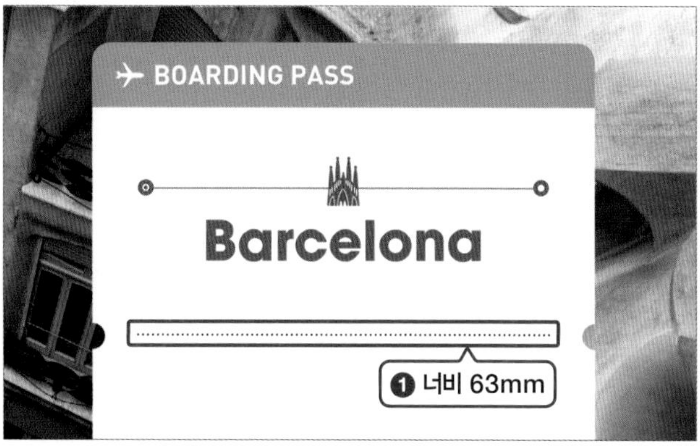

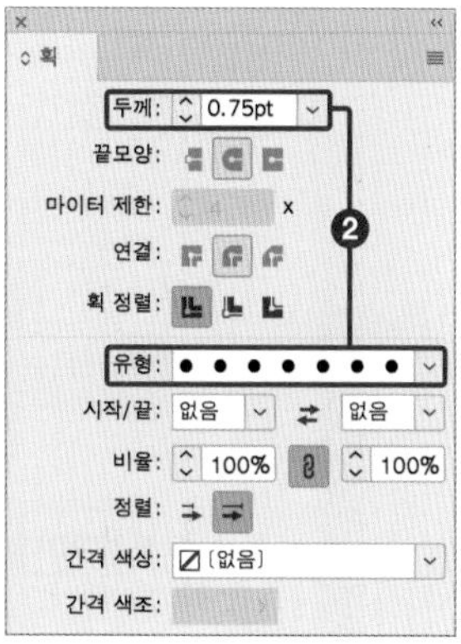

18 티켓 느낌을 살려 필요한 정보를 입력하고 각 문구에 어울리는 스타일을 지정합니다.

Chapter, Title	DIN Bold, 크기 7.6pt, 자간 0, 검정
02	DIN Demi, 크기 17pt, 자간 0, 검정
A Ticket to	DIN Bold, 크기 15pt, 자간 0, 검정
바르셀로나	산돌네오고딕EB, 크기 15pt, 자간 −50, 검정

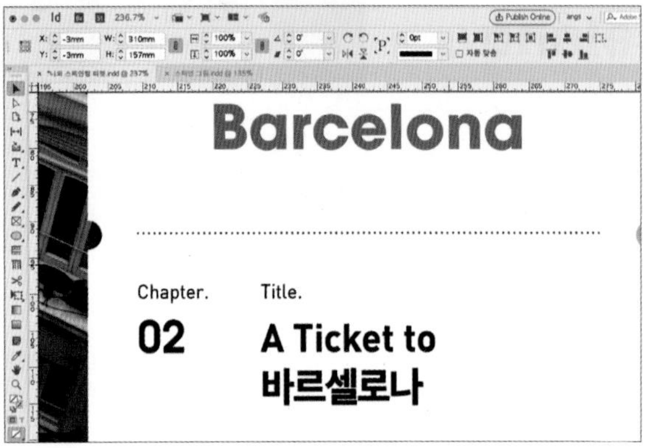

19 ①사각 프레임을 만들고 ②스페인 그림.indd 파일에서 라인으로 그려진 바로셀로나 풍경 그림을 복사해 붙여 넣습니다. ③선 색을 진한 노란색(C=0 M=33 Y=100 K=0)으로 지정합니다.

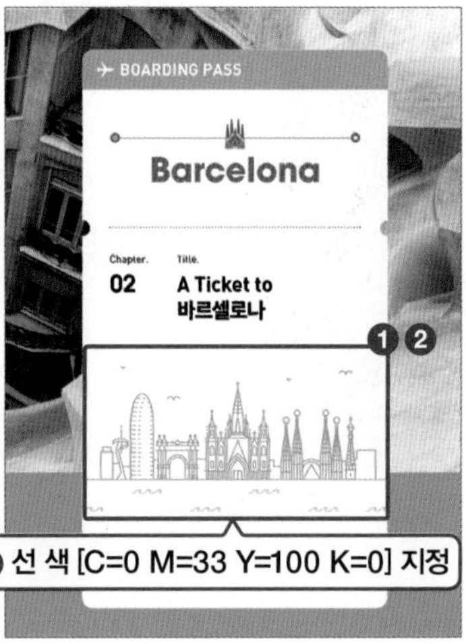

20 8mm 길이(높이)의 검은색 선을 그립니다. 두께는 임의로 설정하세요.

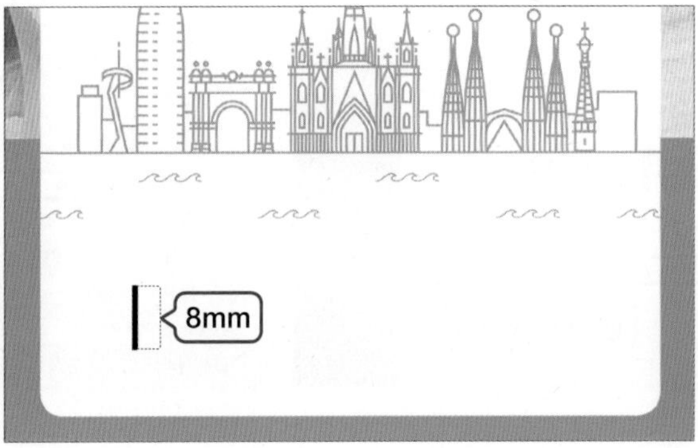

21 ①선을 선택한 상태에서 Ctrl + U 를 눌러 [단계 및 반복] 대화상자를 불러옵니다. ②[반복]-[개수]는 30, ③[오프셋]-[세로]는 0mm, [가로]는 1.5mm로 설정하고 ④[확인]을 클릭합니다. ⑤1.5mm 너비의 선 30개가 만들어집니다.

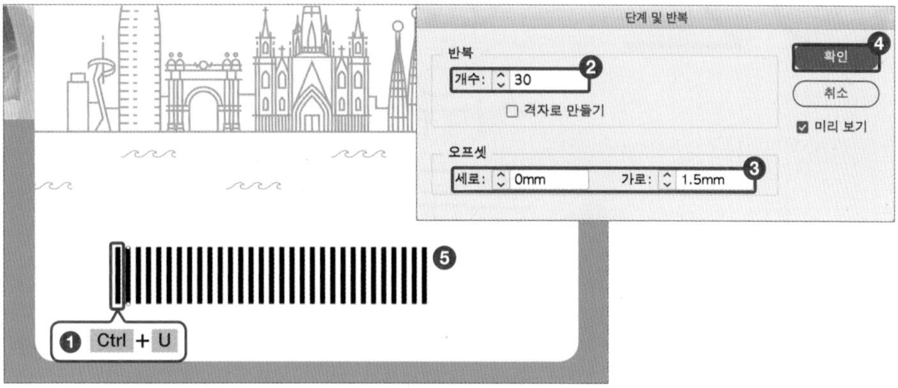

22 선의 두께를 자유롭게 조정하여 바코드 모양으로 보이게 연출합니다.

23 안정적으로 보이도록 각 오브젝트의 위치를 조정해 완성합니다.

STEP 02

자유로운 레이아웃의 본문 디자인하기

여행 에세이는 여행자의 감성적인 글뿐만 아니라 여행지 정보도 함께 담겨 있습니다. 이때 감성적인 글과 정보를 서로 분리하되 너무 이질적인 느낌을 주지 않으면서 보기 쉽게 통일된 스타일을 유지해야 합니다. 본문을 디자인할 때는 여행지를 돋보이게 할 수 있는 사진 배치도 중요합니다. 그리드를 유지하는 것도 좋지만 보기 좋은 사진은 크게 보이게 하는 등 레이아웃을 벗어나는 과감한 배치도 필요합니다. 반면 정보를 위해 꼭 필요하지만 보기에 좋지 않은 사진은 작게 구성하여 강약을 유지하는 것도 좋은 방법입니다.

실습 파일 : 프로젝트/스페인 여행 본문 디자인 폴더

본문 마스터 만들기

01 ①[페이지] 패널 보조 메뉴에서 [새 마스터]를 클릭해 ②[B–마스터] 페이지를 만들어 ③더블클릭합니다.

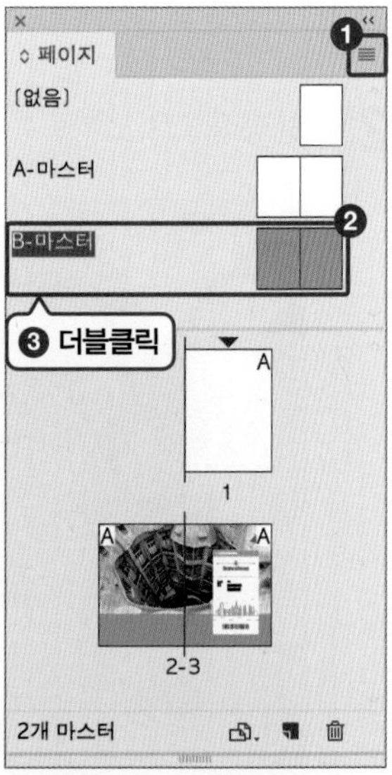

TIP 별다른 설정이 없으면 마스터 페이지는 A, B, C 순으로 자동 생성됩니다.

02 B-마스터 페이지 안으로 들어온 상태에서 ① [X]는 22mm(판면의 지점), [Y]는 190mm(판면과 도련 사이의 중간 위치) 위치에 ② 텍스트 프레임을 만들고 ③ 책 제목인 **나의 스페인행 티켓**을 입력합니다.

산돌고딕L, 크기 7pt, 자간 -50

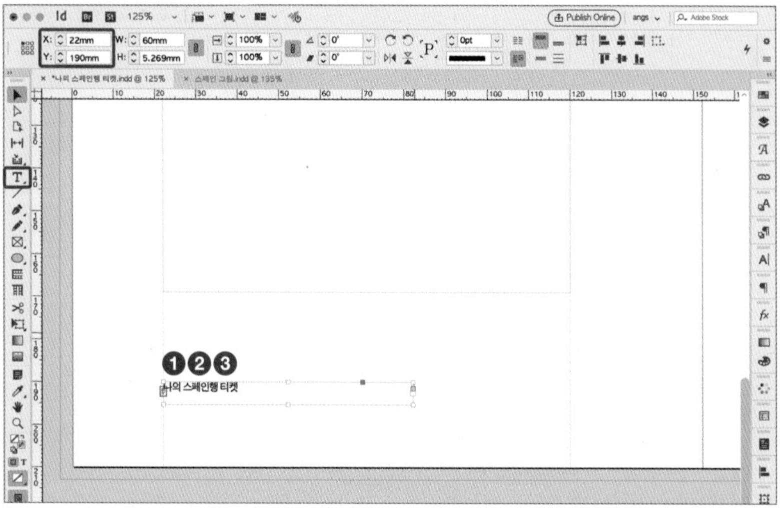

03 ① Alt 를 누른 채 텍스트 프레임을 클릭합니다. 오른쪽으로 드래그해 판면의 오른쪽 부분에 맞닿게 복사합니다. ② 텍스트 프레임 안에 마우스 커서를 두고 Ctrl + Shift + Alt + N 을 눌러 페이지 번호를 입력합니다. ③ 페이지 번호 B에 문자 스타일을 적용합니다.

DIN Regular, 크기 7.3pt, 자간 0, 오른쪽 정렬

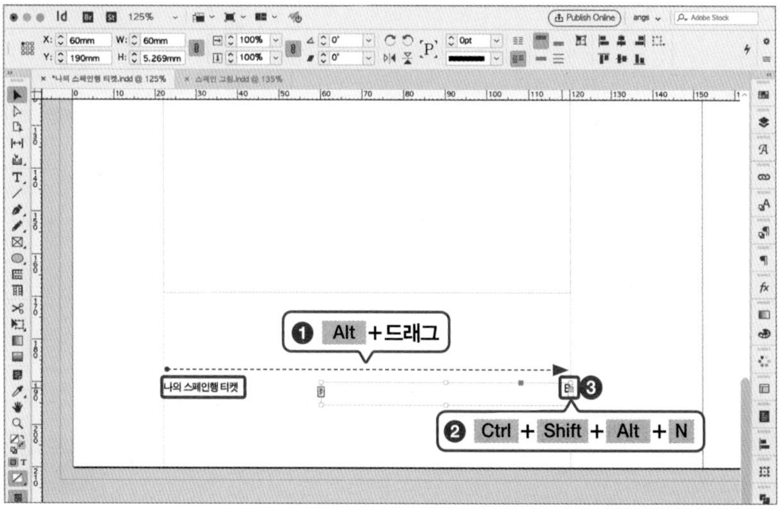

TIP Ctrl + Shift + Alt + N 은 [특수 문자 삽입]-[표시자]-[현재 페이지 번호] 메뉴의 단축키입니다.
마스터 페이지에서 페이지 번호를 입력하면 숫자 대신 마스터 페이지의 접두어가 입력됩니다. 여기서는 B가 입력됩니다.

04 ①03 단계처럼 페이지 번호가 입력된 텍스트 프레임을 오른쪽 페이지의 왼쪽 판면과 맞닿는 위치에 복사합니다. ②이때 페이지 번호는 왼쪽 정렬합니다.

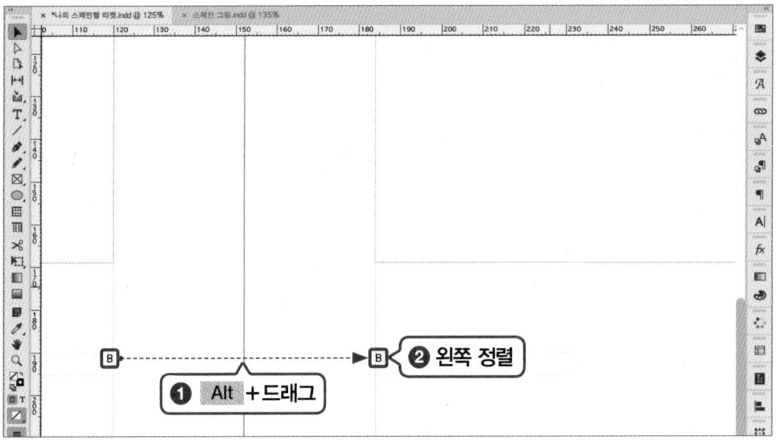

05 [B–마스터]가 적용된 페이지([4–5] 페이지)를 추가합니다.

TIP 마스터가 적용된 페이지를 추가하려면 [페이지] 패널의 빈 곳을 마우스 오른쪽 버튼으로 클릭해 [페이지 삽입] 메뉴를 선택합니다. [페이지 삽입] 대화상자가 나타나면 [페이지], [삽입], [마스터] 항목을 [B–마스터]로 설정하고 [확인]을 클릭합니다.

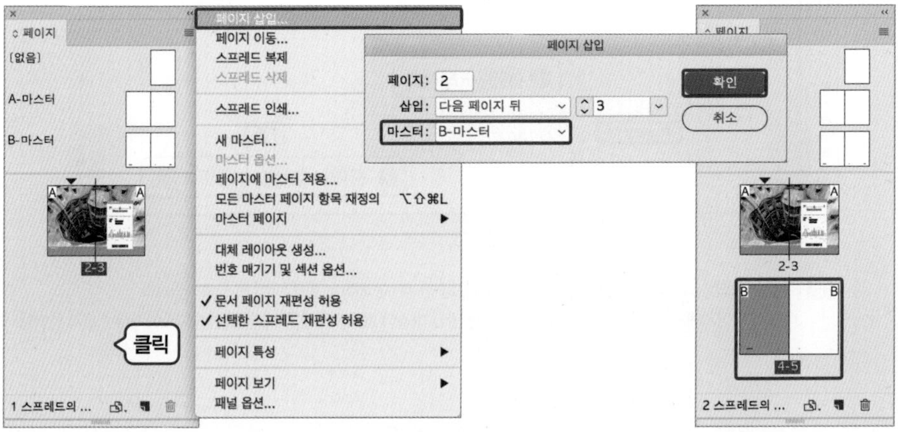

본문 원고 흘리기

06 본문에 텍스트 프레임을 만들고 스페인행 티켓 원고.txt 파일에서 한 꼭지를 복사해 붙여넣습니다.

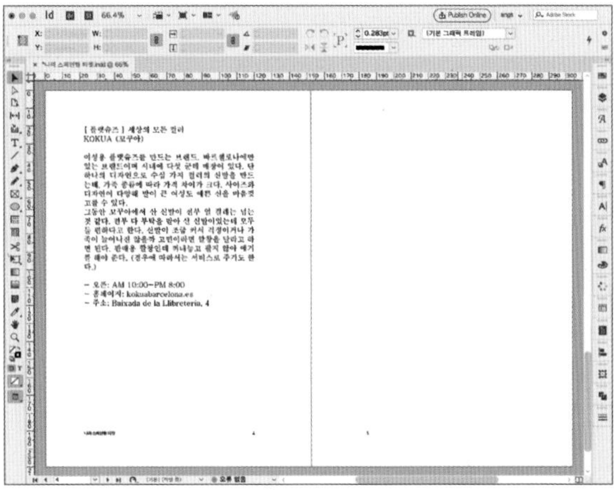

07 텍스트를 모두 선택하고 본문 스타일을 지정합니다.

산돌명조L, 크기 10.5pt,
행간 20.5pt, 자간 –50

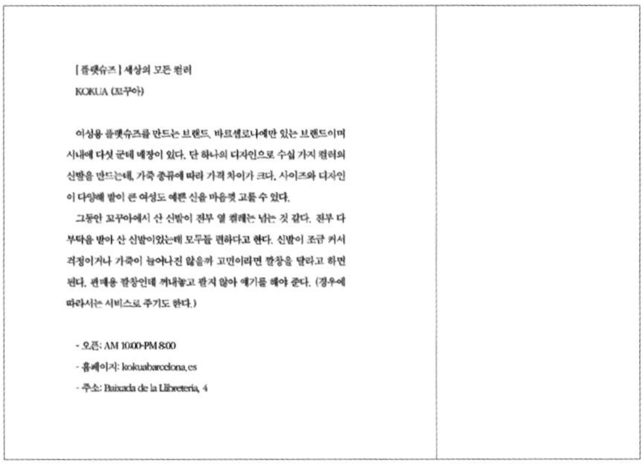

08 ① Ctrl + K 를 눌러 [환경 설정] 대화상자를 불러옵니다. ② [격자]를 클릭하고 ③ [기준선 격자]–[시작]을 20mm, [간격]을 20.5pt로 입력하여 격자를 설정합니다.

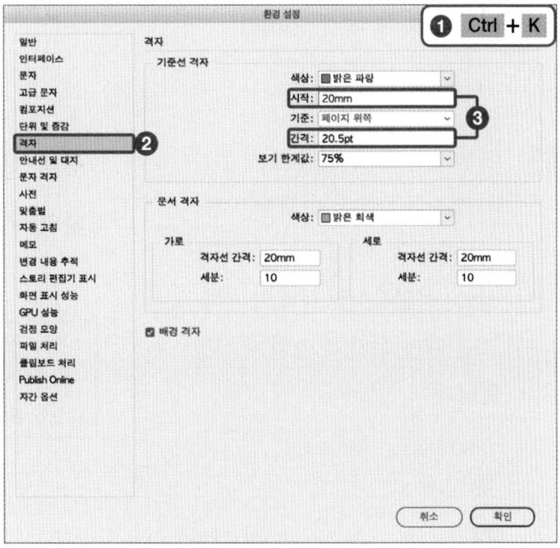

TIP [시작]은 단위(mm)까지 입력해야 합니다. [간격]은 본문 행간을 입력하는 항목입니다.

09 본문 텍스트를 모두 선택하고 [단락] 패널 보조 메뉴에서 [격자 정렬]–[전각 상자 위쪽]을 클릭하여 격자를 지정합니다.

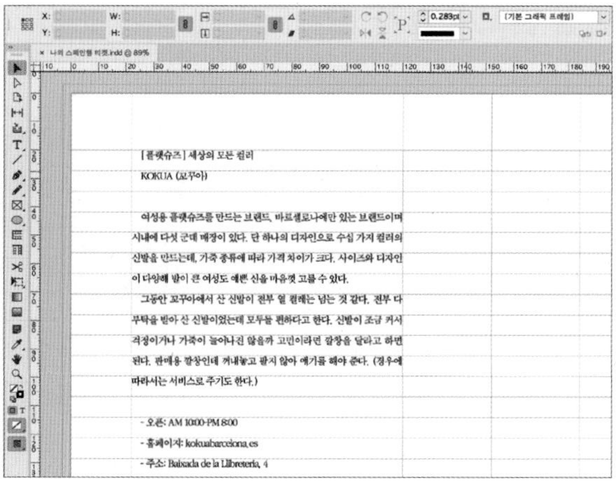

TIP 격자를 확인하려면 [보기]–[격자 및 안내선]–[기준선 격자 표시]를 활성화합니다.

10 본문에 문자 스타일을 지정합니다.

플랫슈즈	산돌고딕M, 크기 7.5pt, 행간 20.5pt, 자간 –50
KOKUA	DIN Medium, 크기 13pt, 행간 20.5pt, 자간 –10, 진한 다홍색(C=0 M=66 Y=52 K=0)
꼬꾸아	산돌고딕M, 크기 8pt, 행간 20.5pt, 자간 –50, 기준선 5

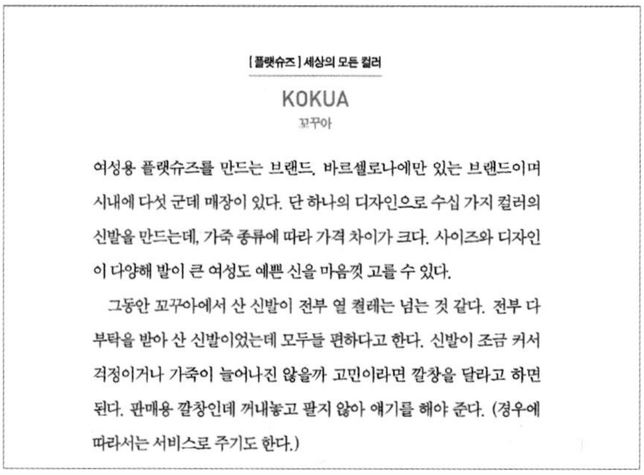
[플랫슈즈] 세상의 모든 컬러
KOKUA
꼬꾸아
여성용 플랫슈즈를 만드는 브랜드, 바르셀로나에만 있는 브랜드이며 시내에 다섯 군데 매장이 있다. 단 하나의 디자인으로 수십 가지 컬러의 신발을 만드는데, 가죽 종류에 따라 가격 차이가 크다. 사이즈와 디자인이 다양해 발이 큰 여성도 예쁜 신을 마음껏 고를 수 있다.
그동안 꼬꾸아에서 산 신발이 전부 열 켤레는 넘는 것 같다. 전부 다 부탁을 받아 산 신발이었는데 모두들 편하다고 한다. 신발이 조금 커서 걱정이거나 가죽이 늘어나진 않을까 고민이라면 깔창을 달라고 하면 된다. 판매용 깔창인데 꺼내놓고 팔지 않아 얘기를 해야 준다. (경우에 따라서는 서비스로 주기도 한다.)

TIP 격자로 텍스트를 고정시키면 행간을 자유롭게 설정하기 어렵습니다. 이때에는 기준선을 이용해 행의 간격을 조절해야 합니다. 문단의 격자를 풀어서 행간을 조정할 것인지 격자를 고정하고 기준선을 이용해 행의 간격을 조정할 것인지는 작업자의 편의에 따라 선택합니다.

11 여행지 정보에 해당하는 부분의 텍스트를 모두 선택하고 [단락] 패널 보조 메뉴에서 [격자 정렬]–[없음]을 선택합니다. 그런 다음 문자 스타일을 지정합니다.

DIN Regular, 크기 8pt,
행간 13pt, 자간 0

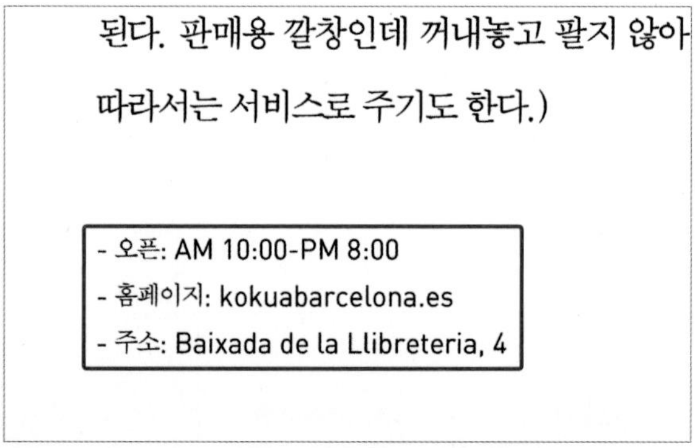
된다. 판매용 깔창인데 꺼내놓고 팔지 않아
따라서는 서비스로 주기도 한다.)
- 오픈: AM 10:00-PM 8:00
- 홈페이지: kokuabarcelona.es
- 주소: Baixada de la Llibreteria, 4

TIP DIN 서체는 영문 전용 서체이기 때문에 한글에는 문자 스타일이 적용되지 않습니다.

12 스페인 그림.indd 파일에서 각 항목에 해당하는 아이콘을 복사해 붙여 넣고 청록색(C= 100 M=0 Y=35 K=48)을 적용합니다.

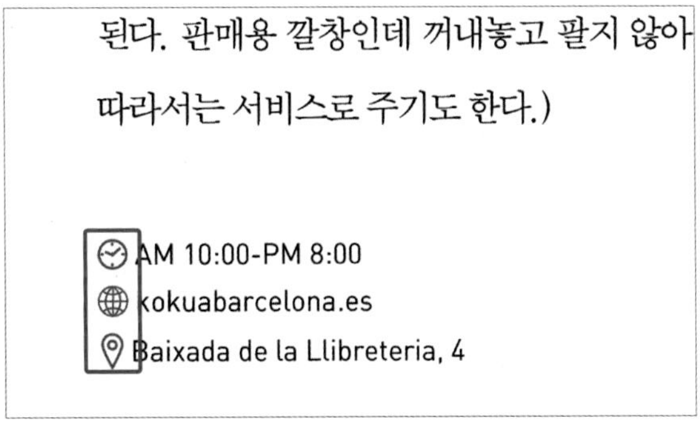

10년차 선배의 멘토링 문자와 아이콘을 어울리게 배치하기

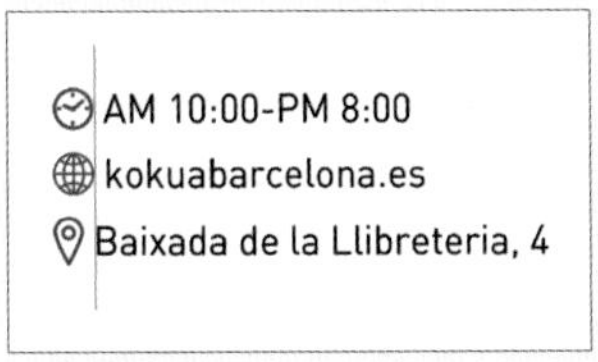

실습 예제와 같이 모양이 다른 아이콘을 사용하면 아이콘끼리 균형이 맞지 않는 경우가 생깁니다. 이때는 높이를 일정한 크기로 맞춰주는 것이 좋은데, 그렇게 하더라도 아이콘의 너비가 다르기 때문에 간격이 달라지는 현상이 발생합니다.

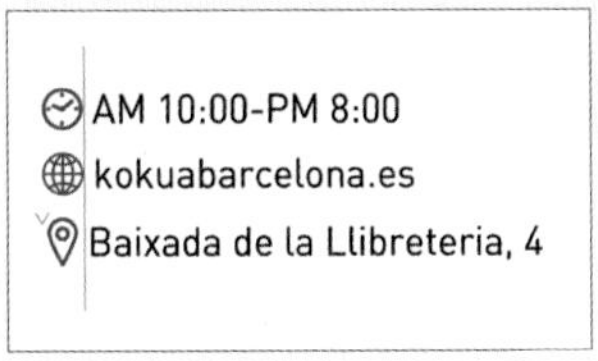

이때는 간격이 다른 아이콘의 앞부분에 한 칸 띄어쓰기를 입력하고 띄어쓰기와 아이콘 사이에 마우스 커서를 둔 채 커닝 값을 조정하여 간격을 맞춥니다. 하지만 이런 상황이 여러 번 반복된다면 이 또한 번거롭겠지요? 또 다른 방법이 있습니다.

두 번째 방법은 일정한 크기의 투명 사각 프레임 위에 아이콘을 올리고 그룹으로 묶어 사용하는 방법입니다. 이 방법은 아이콘을 붙여넣기만 해도 사각 프레임 때문에 모두 같은 크기로 인식하므로 일정한 간격으로 붙여 넣을 수 있습니다.

한 번만 수정하는 되는 경우에는 첫 번째 방법이 빠르고, 반복적으로 여러 번 수정해야 하는 경우는 두 번째 방법이 빠릅니다. 이렇게 개체를 텍스트 안으로 매달아 사용할 때는 반드시 아이콘을 [개체 스타일]로 등록하여 사용하는 습관을 기르는 것이 좋습니다. 개체 스타일로 지정하면 한 번에 선의 두께나 색상을 변경할 수 있어 하나하나 수정해야 하는 과정을 줄일 수 있습니다.

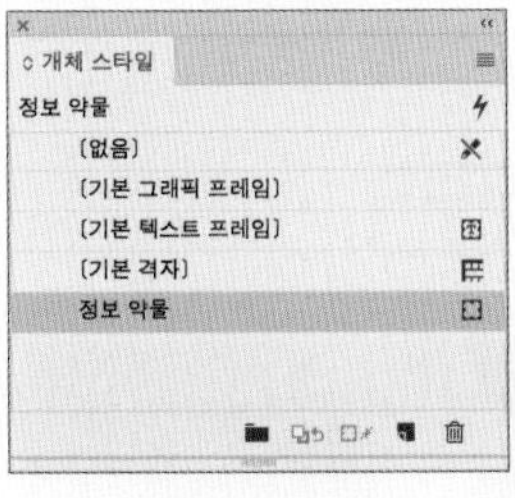

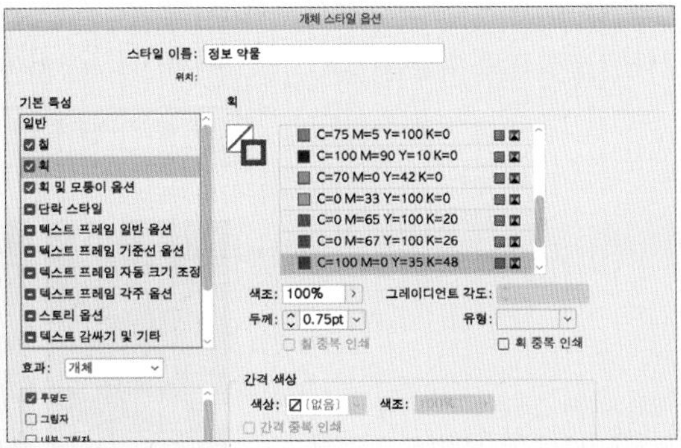

13 ①본문과 정보 사이의 행을 없애고 ②정보 문단의 맨 위의 문단을 선택한 뒤 ③[단락] 패널에서 [이전 공백]을 3mm로 설정합니다.

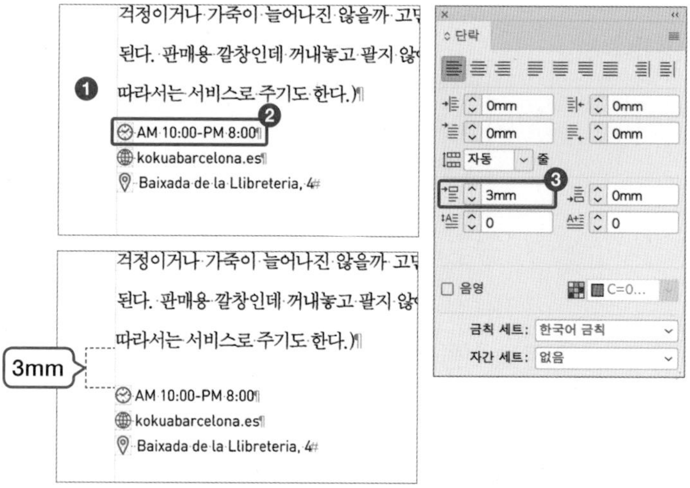

걱정이거나 가죽이 늘어나진 않을까 고민
된다. 판매용 깔창인데 꺼내놓고 팔지 않아
따라서는 서비스로 주기도 한다.)
AM 10:00-PM 8:00
kokuabarcelona.es
Baixada de la Llibreteria, 4
3mm
단락
0mm
자동
줄
음영
C=0...
금칙 세트: 한국어 금칙
자간 세트: 없음

14 ①정보 텍스트 아래에 사각 프레임 두 개를 만들고 ②KOKUA_1.jpg, KOKUA_2.jpg 파일을 각각 불러옵니다. ③이때 이미지 사이의 간격은 2mm로 지정합니다.

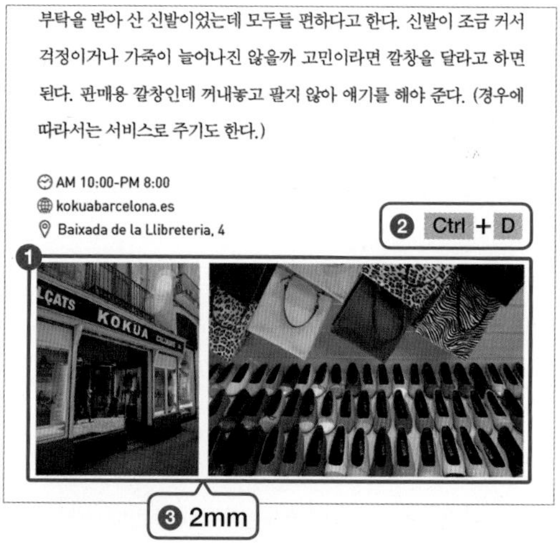

부탁을 받아 산 신발이었는데 모두들 편하다고 한다. 신발이 조금 커서
걱정이거나 가죽이 늘어나진 않을까 고민이라면 깔창을 달라고 하면
된다. 판매용 깔창인데 꺼내놓고 팔지 않아 얘기를 해야 준다. (경우에
따라서는 서비스로 주기도 한다.)
AM 10:00-PM 8:00
kokuabarcelona.es
Baixada de la Llibreteria, 4
② Ctrl + D
③ 2mm

TIP 이미지 사이의 간격이나 이미지와 텍스트 사이의 간격을 한 번 정하면 한 권의 책 안에서는 그 규칙을 지켜주는 것이 좋습니다.

15 이미지와 정보 사이의 간격이 답답해 보입니다. 정보를 각각 행갈이하지 않고 나열하는 방법으로 수정합니다.

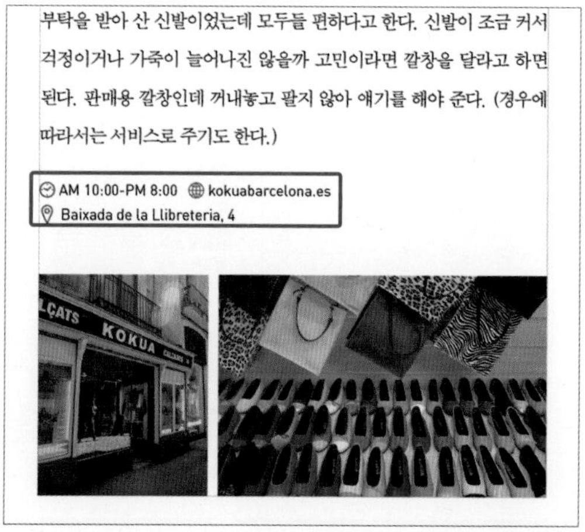

부탁을 받아 산 신발이었는데 모두들 편하다고 한다. 신발이 조금 커서
걱정이거나 가죽이 늘어나진 않을까 고민이라면 깔창을 달라고 하면
된다. 판매용 깔창인데 꺼내놓고 팔지 않아 얘기를 해야 준다. (경우에
따라서는 서비스로 주기도 한다.)
AM 10:00-PM 8:00 kokuabarcelona.es
Baixada de la Llibreteria, 4

TIP 정보와 정보 사이의 간격을 얼마나 띄울 것인지 규칙으로 정한 뒤 이어지는 내용에서 그 규칙을 지키도록 합니다.

16 ①오른쪽 페이지에 문서 크기보다 좌우상하의 크기가 10mm 작은 사각 프레임을 만듭니다. ② Ctrl + D 를 눌러 KOKUA_3.jpg 파일을 불러와 배치합니다.

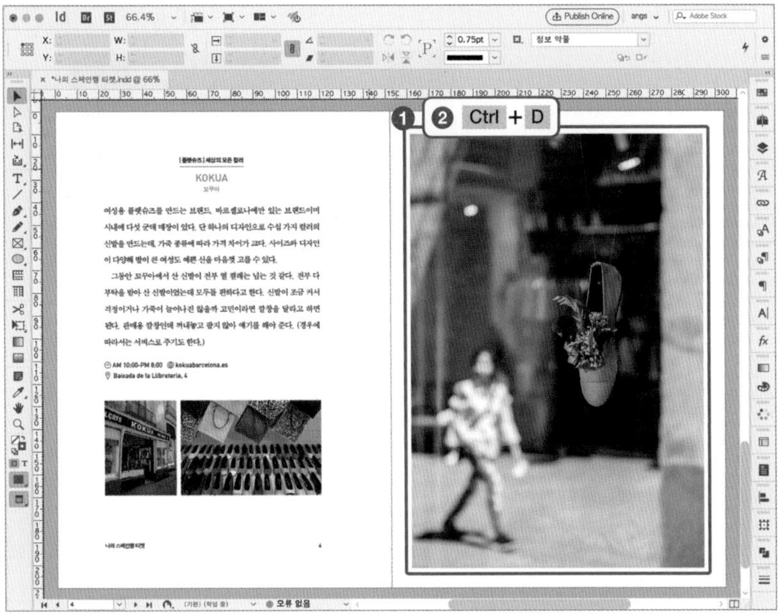

17 이렇게 만들어진 시안은 글의 내용과 이미지의 개수에 따라, 또는 앞뒤 페이지의 구성에 따라 다양하게 작업할 수 있습니다. 본문 글이 한 페이지를 모두 차지하면 정보는 이미지와 함께 배치합니다.

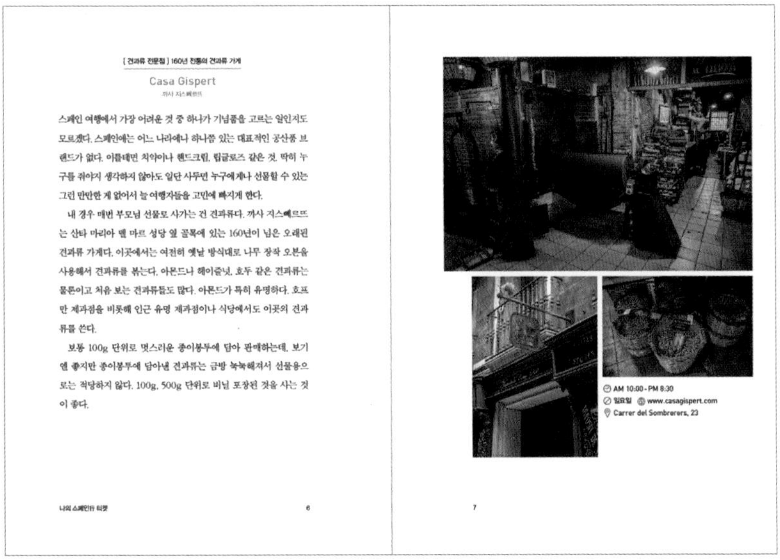

18 앞서 16 단계에서 페이지를 모두 덮는 프레임을 만든 것처럼 가로형의 이미지는 판면을 모두 덮어 배치합니다. 다양한 레이아웃으로 변형해서 작업합니다.

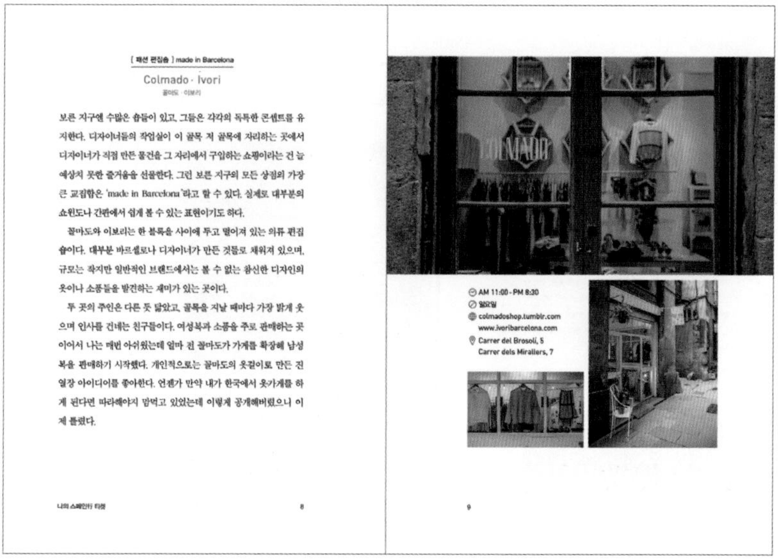

PROJECT 05

달력을 응용한 다이어리 디자인

달력과 다이어리는 편집디자인 또는 제품디자인 영역에 속합니다. 달력은 숫자만 모아 나열하는 게 아니라 아이디어 넘치는 12종의 그래픽과 메모 공간, 다양한 메시지가 들어갑니다. 달력과 다이어리에는 그래픽뿐만 아니라 실용적인 장치를 더해 유용한 용도로 개발한 사례도 많습니다. 달력과 연필꽂이, 시계 등과 결합한 제품을 만들기도 합니다.

PREVIEW

날짜를 직접 기입하는 만년 다이어리

#날짜를 #직접 기입하면 #언제 #시작해도 좋음

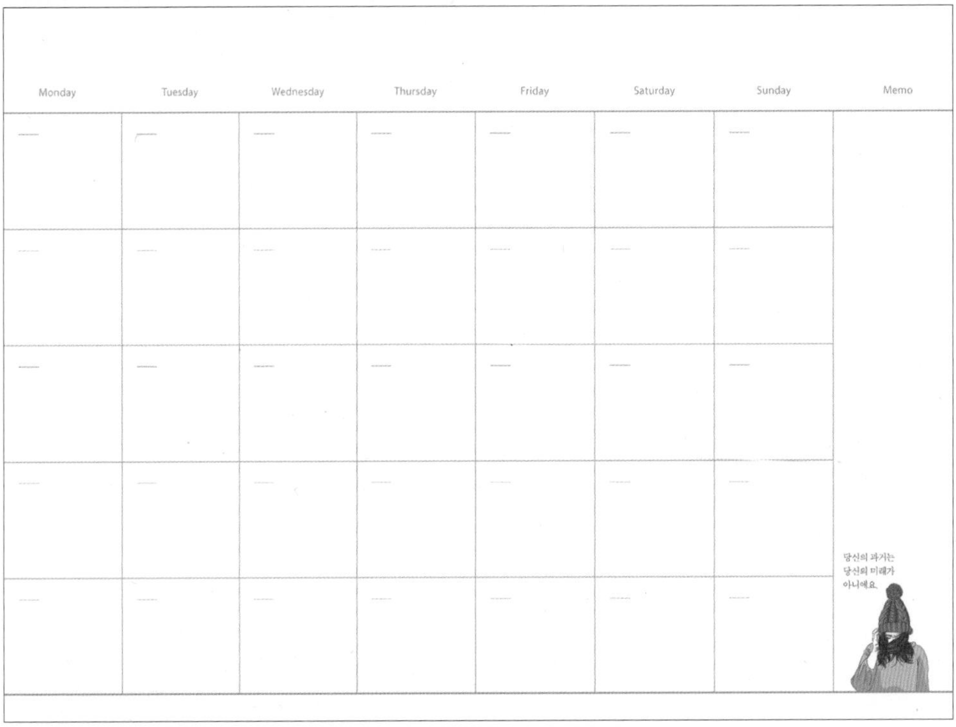

Monday
Tuesday
Wednesday
Thursday
Friday
Saturday
Sunday
Memo
당신의 과거는
당신의 미래가
아니에요.

2도로 작업할 것

#만년 다이어리는 #단조롭지만 #일관적인 #패턴을 유지하는 게 #좋아요

책과 같은 크기로 제작(140×204mm)

#제작의뢰서를 #참고하여 #기준이 되는 #책 사이즈와 같게 #제작

실용적인 모눈종이와 무지(Blank) 노트를 구성

#그림을 그려도 좋고 #자유로운 드로잉을 #할 수 있어요

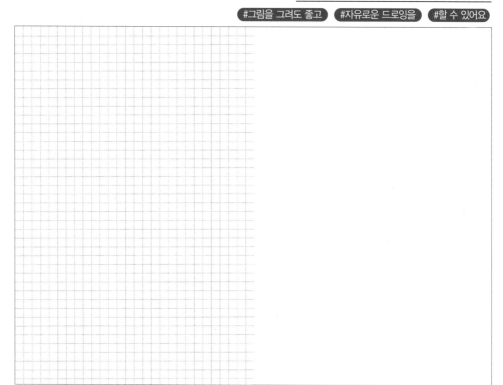

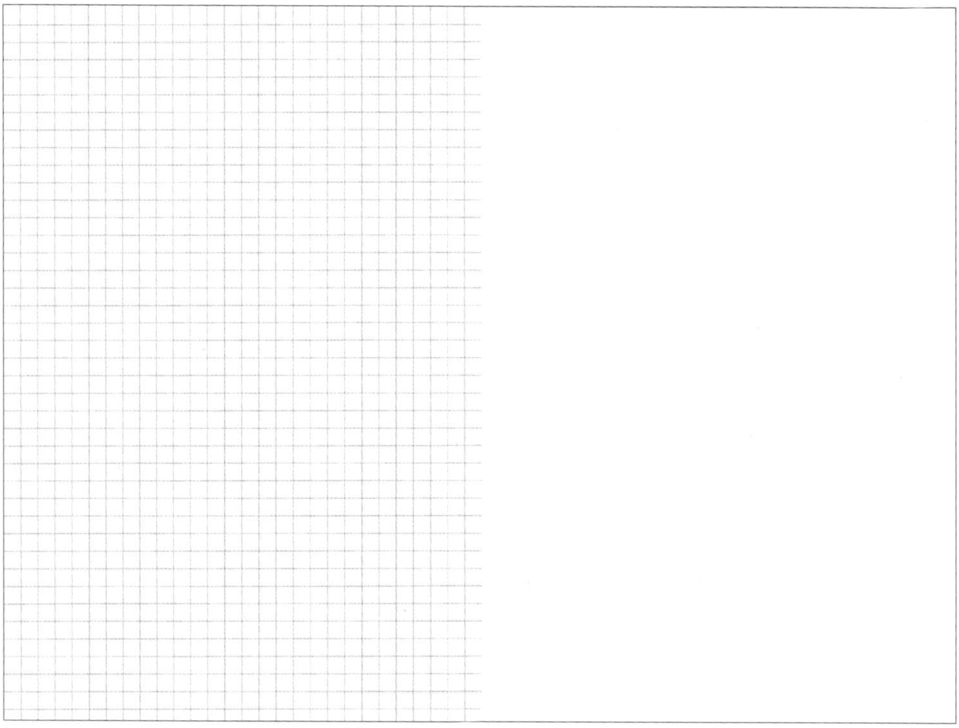

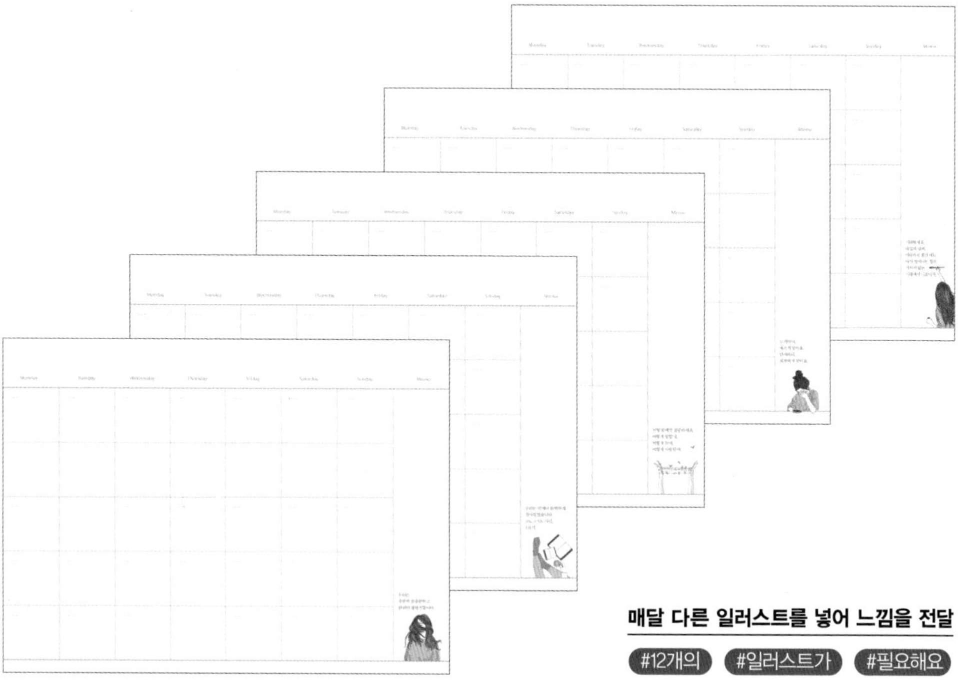

매달 다른 일러스트를 넣어 느낌을 전달

#12개의 #일러스트가 #필요해요

제작의뢰서

번호	종류	내용
1	제목	나도 아직 나를 모른다 사은품 다이어리
2	종류	다이어리
3	구성	월간 달력, 계획, 메모
4	판형	140×204mm, 무선제본
5	참고 구성	사은품으로 제작할 다이어리는 월간 달력과 메모 영역으로 구성합니다. 월간 달력은 언제든 자유롭게 시작할 수 있게 숫자가 없는 만년 다이어리 형식을 택합니다. 메모는 글과 그림을 자유롭게 그릴 수 있도록 라인이 아닌 모눈과 무지로 구성합니다. **디자인 방향** 1. 만년 다이어리가 될 수 있게 날짜는 없애주세요. 2. 책에 수록된 일러스트를 넣어 단조롭지 않게 해주세요.

10년차 선배는 이렇게!

- 다이어리를 구성할 때 월간 달력과 메모 부분은 본문에 사용한 일러스트와 문구를 넣어 장식했습니다.
- 메모는 필기뿐 아니라 자유롭게 그림을 그릴 수 있도록 모눈과 무지(Blank)로 구성했습니다.

달력 제작은 아이디어뿐만 아니라 인쇄 일정과 기법 등을 비롯해 편집디자인 전반을 꼼꼼하게 체크해야 하는 쉽지 않은 작업입니다. 달력 시장은 생각보다 꽤 큽니다. 해마다 이르면 8월부터 달력 전쟁이 시작됩니다. 이 시기는 각종 기업과 관공서에서 달력 제작을 시작하므로 덩달아 인쇄소도 바빠집니다. 9월부터는 가을 이벤트와 연이은 송년 이벤트 덕분에 인쇄소는 그야말로 눈코 뜰 새 없이 바쁜 나날을 보냅니다. 기업에서 만드는 달력은 천만 원 단위 이상이므로 그에 비해 상대적으로 적은 금액의 인쇄물은 뒤로 밀려날 여지도 있습니다. 따라서 이 시기에 달력을 제작해야 한다면 인쇄소의 일정을 미리 파악해두는 것이 좋습니다.

STEP 01

월간 달력 만들기

달력은 날짜를 입력하는 부분과 월간 계획을 입력할 수 있는 부분으로 나뉩니다. 신년 일정에 맞춰 달력이 배포된다면 사용자 편의를 위해 날짜를 미리 입력해두는 것이 좋습니다. 그러나 재고나 출시 시점이 신년 일정과 맞지 않는다면 다이어리를 쓰는 시점부터 날짜를 입력할 수 있게 날짜를 비워두는 것이 좋습니다. 이번 예제는 날짜를 비워두고 진행합니다.

실습 파일 : 프로젝트/다이어리 디자인 폴더

새 문서 만들기

01 ① Ctrl + N 을 눌러 [폭]은 140mm, [높이]는 204mm로 설정하고 ②[여백 및 단]을 클릭합니다. ③[여백]–[위쪽]은 22mm, [아래쪽]은 8mm, [안쪽], [바깥쪽]은 0mm로 설정합니다. ④[확인]을 클릭해 새 문서를 만듭니다.

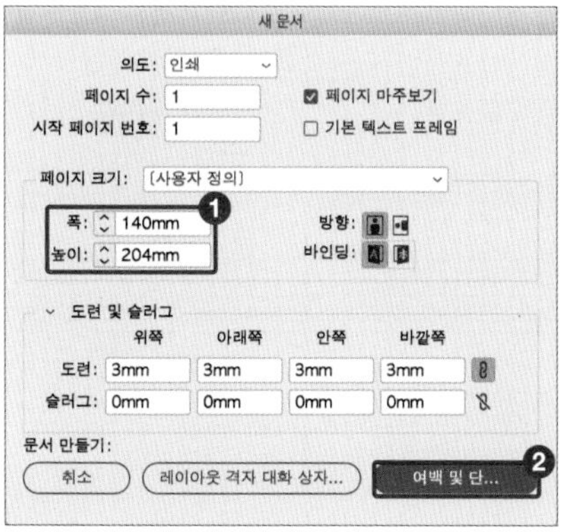

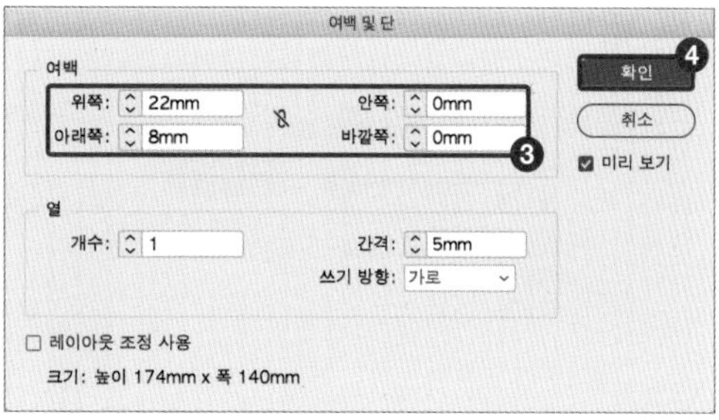

02 ①[페이지] 패널에서 두 페이지를 추가하여 [2-3] 페이지 펼침면을 만듭니다. ②문자 도구로 ③판면의 높이(Y) 22mm 위치에 **280×174mm** 크기의 텍스트 프레임을 만듭니다.

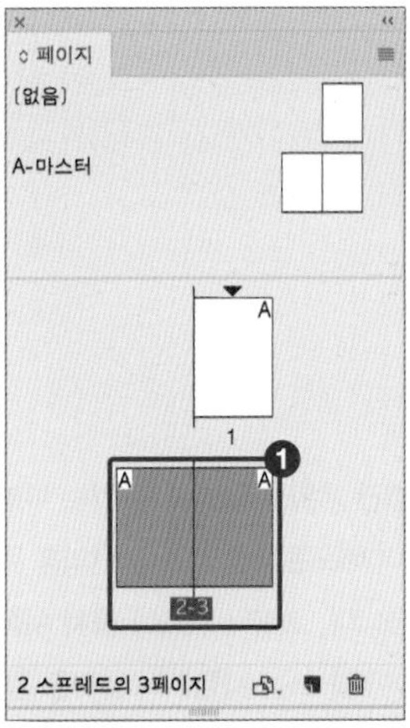

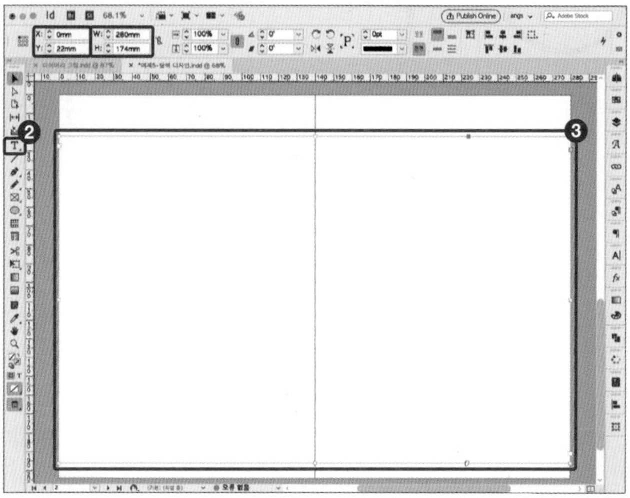

TIP 텍스트 프레임 위치를 지정할 때에는 [변형] 패널을 이용하세요. 임의의 텍스트 프레임을 만들고 참조점을 왼쪽 상단으로 지정한 후 [Y], [W], [H]에 원하는 값을 입력합니다.

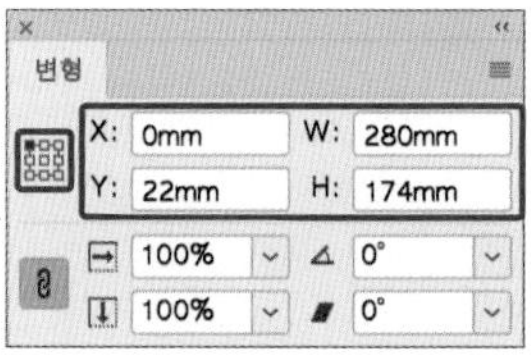

표 만들기

03 ①[표]–[표 만들기] 메뉴를 클릭해 [표 삽입] 대화상자가 나타나면 ②[표 크기]–[본문 행]에 6, [열]에 8을 입력한 후 ③[확인]을 클릭합니다. ④6행 8열로 이루어진 표가 생성됩니다.

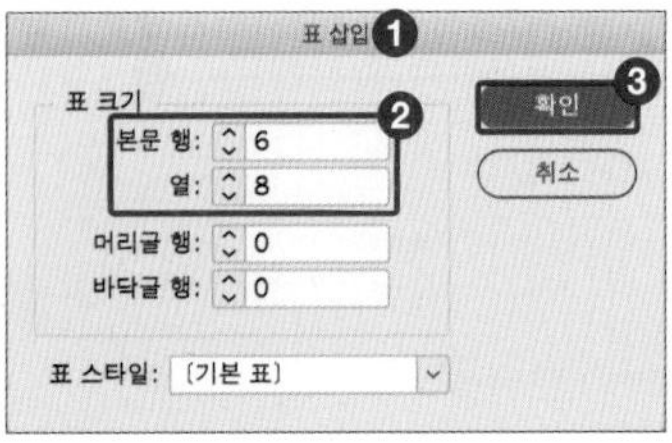

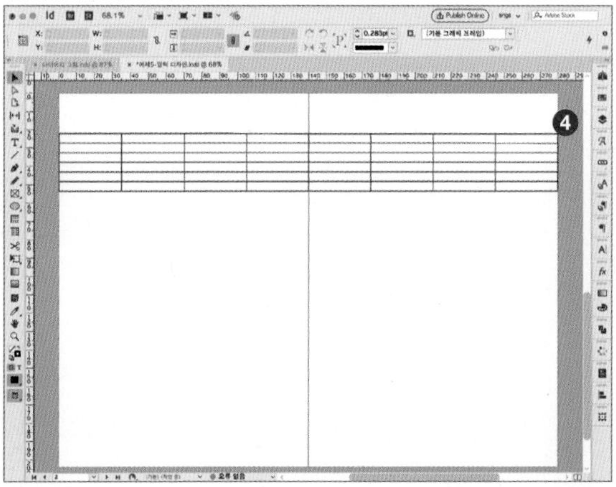

04 ①표 전체를 드래그하여 선택합니다. ②[색상 견본] 패널에서 선 색을 [DIC 2204]로 지정합니다. ③[획] 패널에서 모든 선 영역을 선택한 뒤 ④[두께]를 0.5pt로 설정합니다.

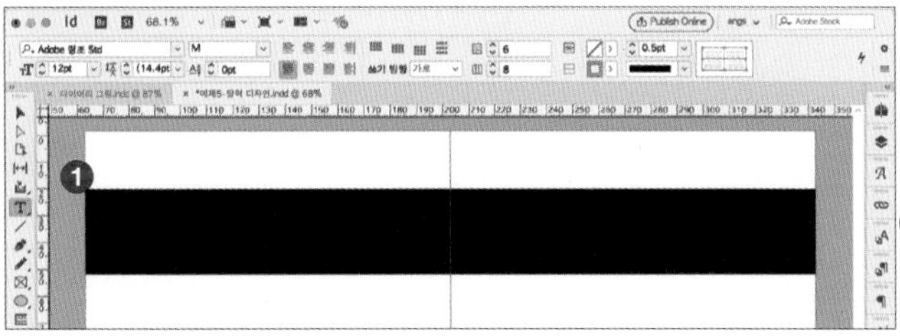
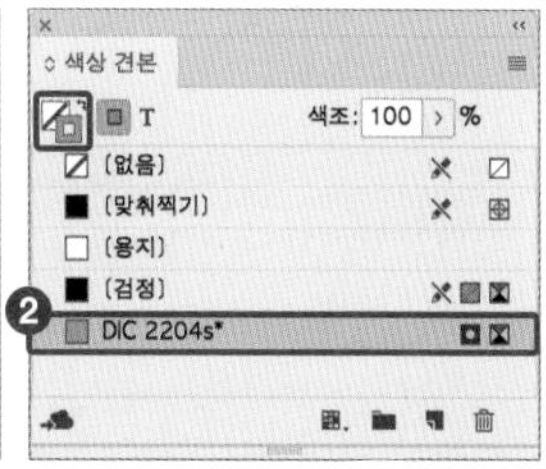

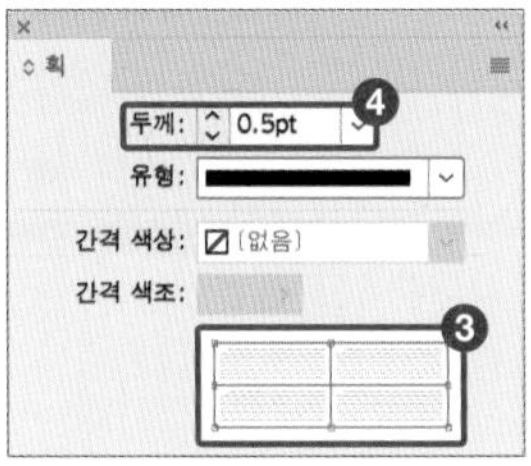

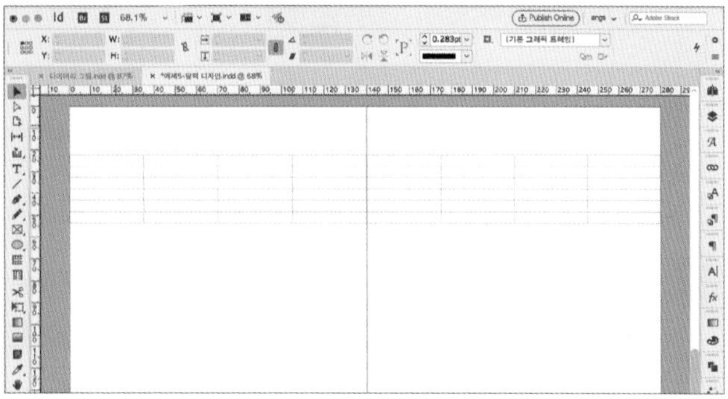

TIP 선에 별색을 지정하는 방법은 이 책의 159쪽을 참고하세요.

05 ①표의 맨 위 줄만 드래그하여 선택하고 ②[표] 패널에서 [높이]를 8mm로 설정합니다. ③[획] 패널에서 선 영역을 모두 선택한 후 ④[두께]를 1pt로 설정합니다. ⑤그런 다음 세로선과 상단 선만 선택하고 ⑥[두께]를 0pt로 설정합니다.

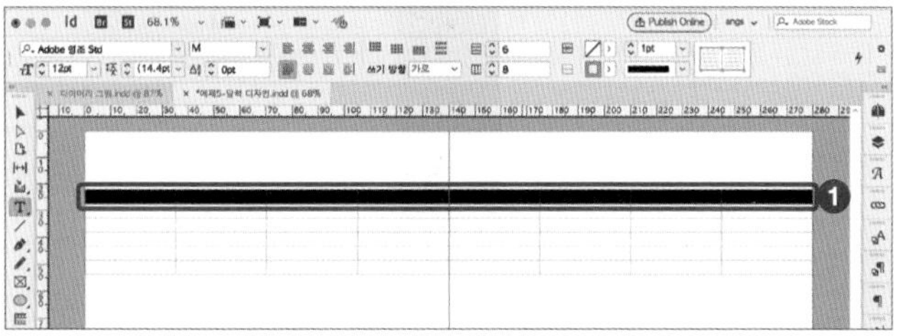
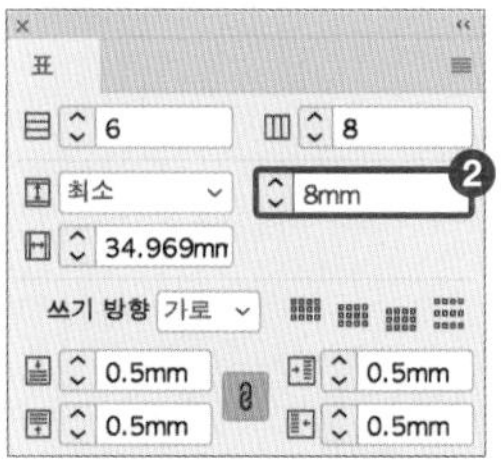

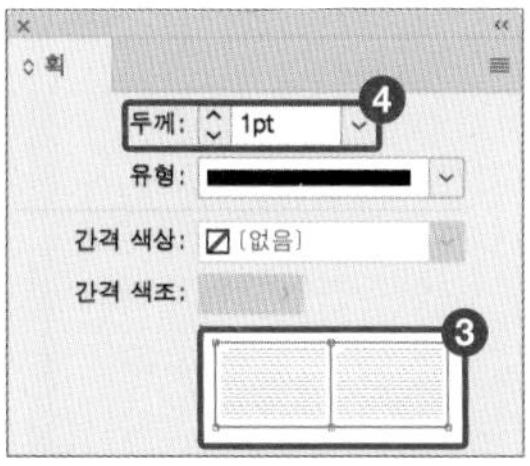

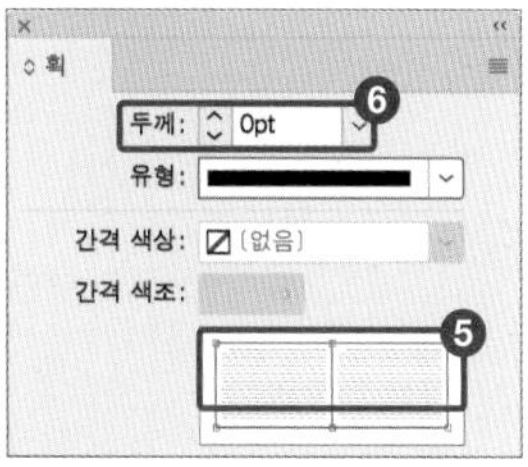

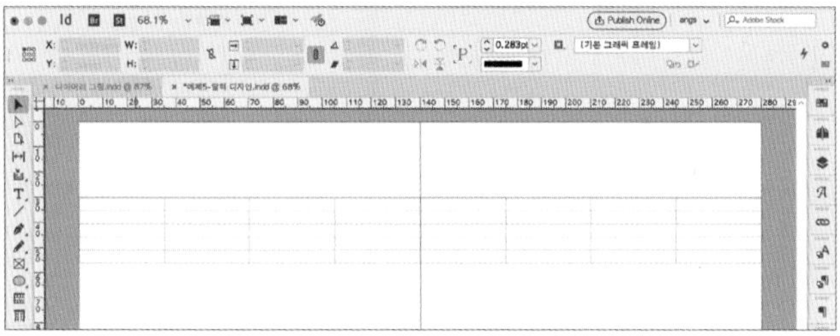

06 표의 맨 아래 줄을 잡고 하단 여백 안내선까지 드래그하여 내립니다.

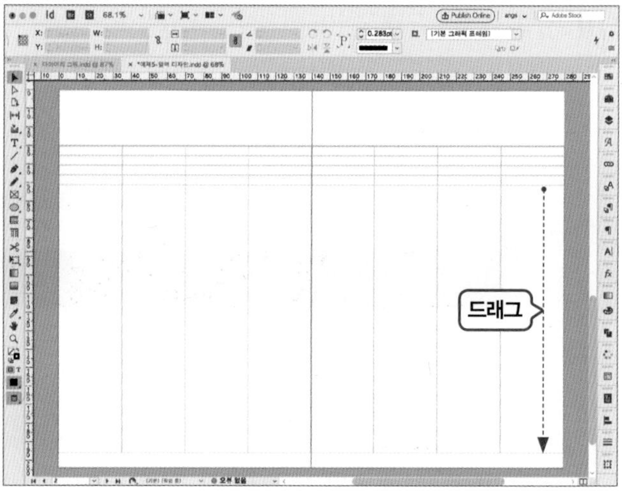

07 ①표의 맨 오른쪽 열을 두 번째 행부터 드래그하여 5칸 선택합니다. ②마우스 오른쪽 버튼을 클릭하고 [행 높이를 같게]를 클릭하여 ③행 높이를 일정하게 만듭니다.

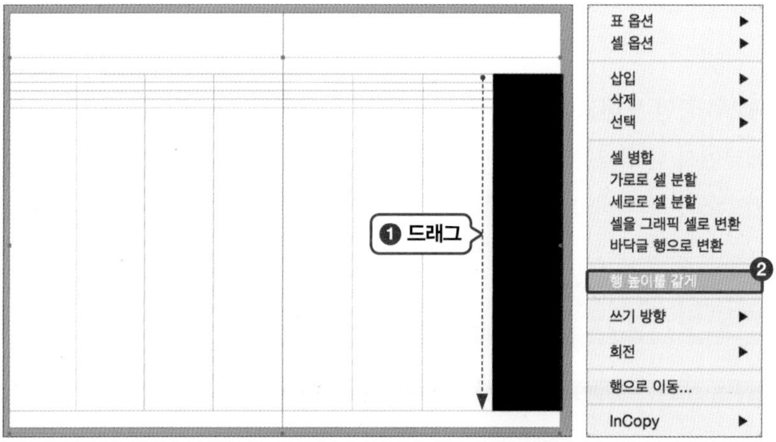

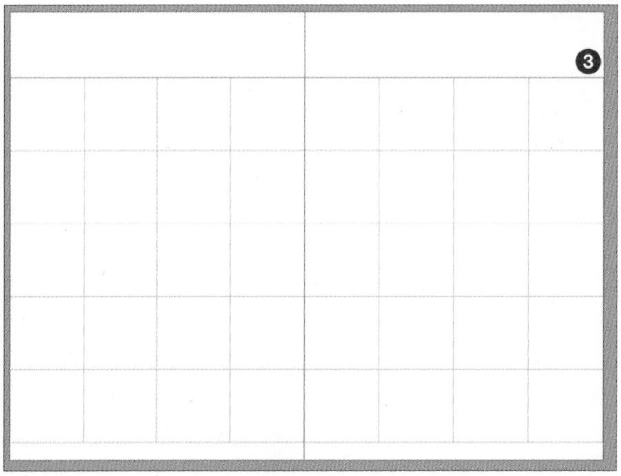

08 ①표의 마지막 행 전체를 드래그하여 선택합니다. ②[획] 패널의 선 영역에서 하단 선만 선택하고 ③[두께]를 1pt로 설정합니다. ④하단 선만 굵어집니다.

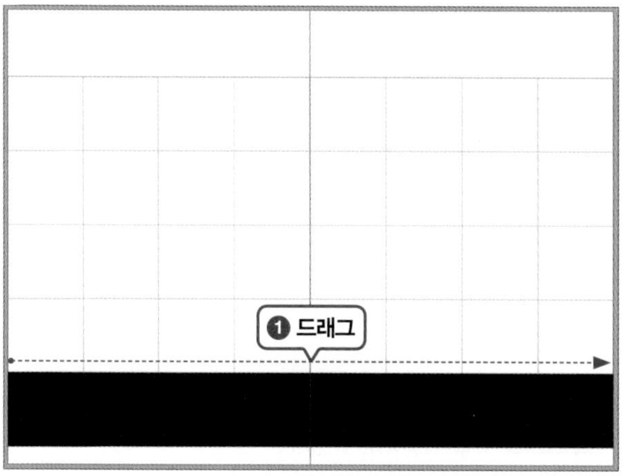

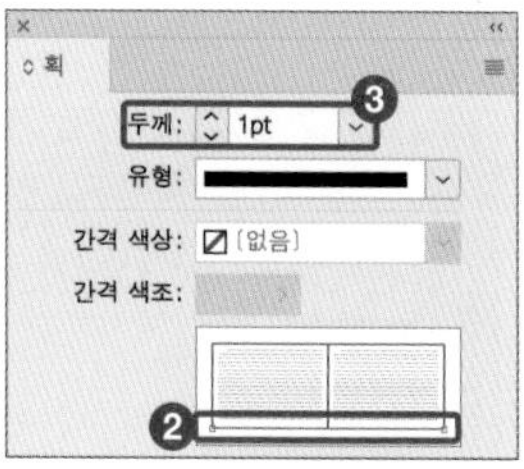

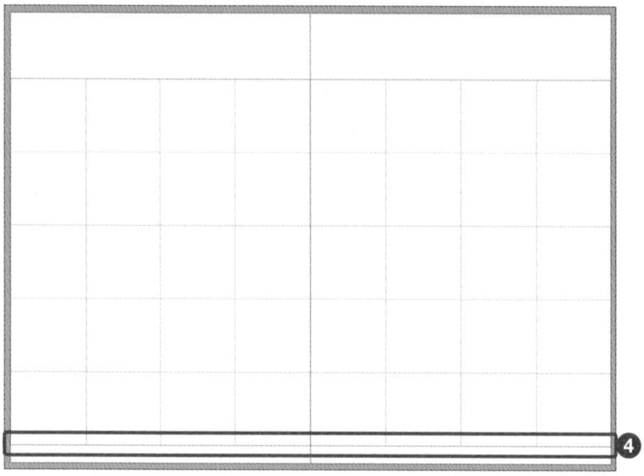

요일 입력하고 날짜 입력란 만들기

09 ①표의 첫 번째 행에 영문 요일을 차례대로 입력합니다. ②마지막 열에는 Memo를 입력하고 ③문자 스타일을 적용합니다.

Myriad Pro, 크기 9pt, 자간 10, DIC 2204, 가운데 정렬

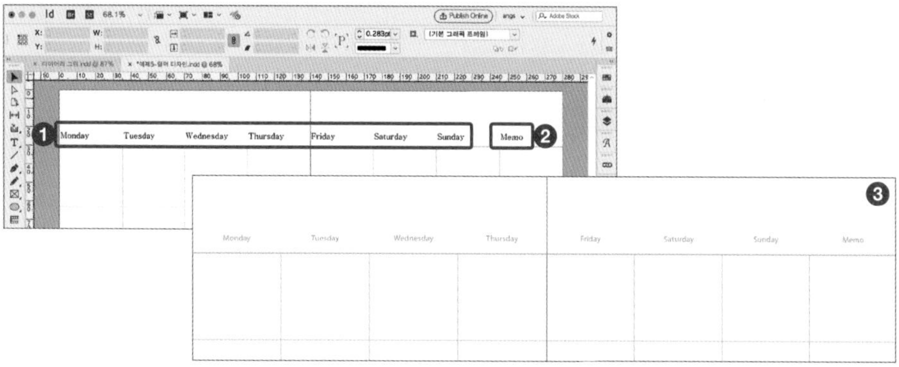

10 날짜를 기입하는 영역을 만들겠습니다. ①선 도구로 ②달력이 시작되는 첫 번째 칸의 왼쪽부터 4.5mm, 위로부터 6.2mm 떨어진 위치에 너비 6mm, 두께 0.3pt의 선을 긋고 ③[검정] 40%를 지정합니다.

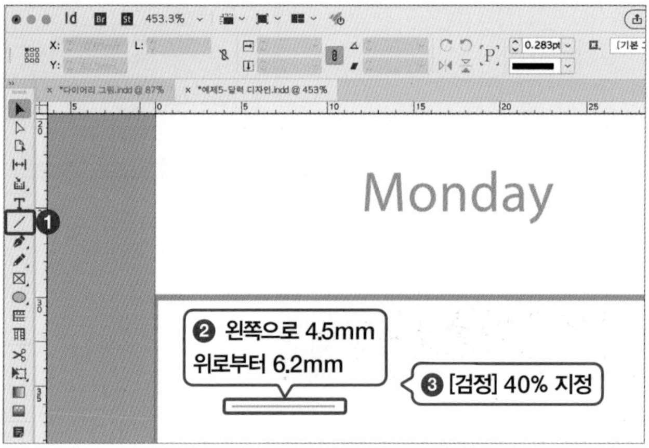

TIP 문서의 왼쪽은 대지가 시작되는 부분이기 때문에 [X]가 4.5mm지만, 위쪽은 대지가 시작하는 부분부터 표의 첫 번째 칸 까지의 거리까지 함께 계산해야 하므로 변형의 [Y]에 36.061mm를 입력해 배치합니다.

11 ①[편집]–[단계 및 반복] Ctrl + Alt + U 메뉴를 클릭해 [단계 및 반복] 대화상자가 나타나면 ②[격자]–[행]은 5, [단]은 7로 설정하고 ③[오프셋]–[세로]는 33.182mm, [가로]는 34.969mm를 입력합니다. ④[확인]을 클릭하면 ⑤**10** 단계에서 만든 날짜 입력 선이 각 칸에 복사되어 배치됩니다.

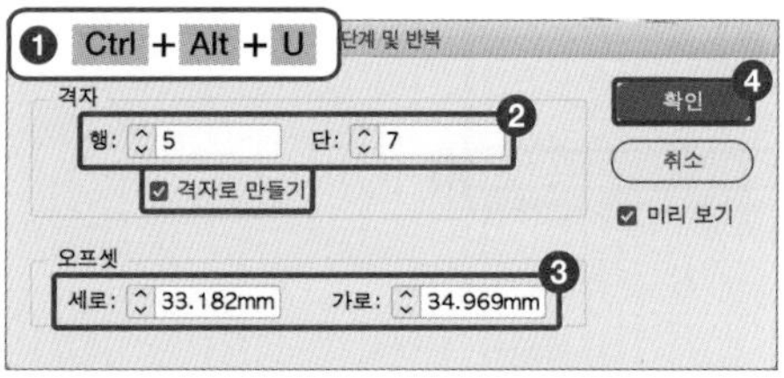

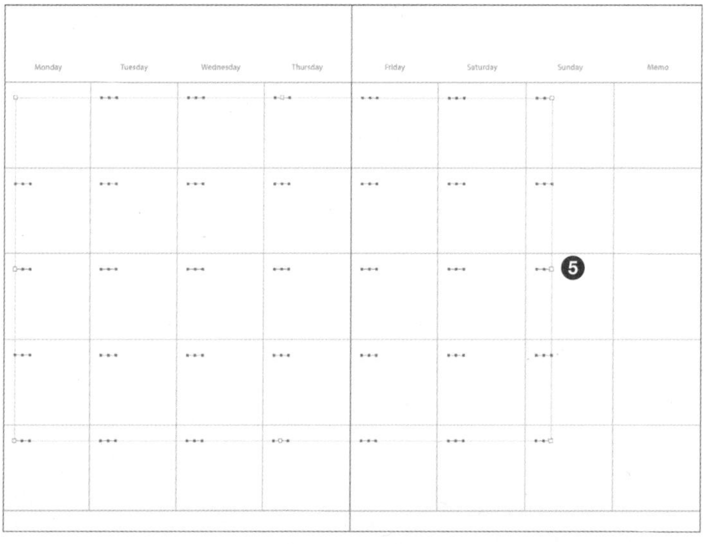

TIP [행]과 [단], 즉 가로세로 모든 칸에 날짜 선을 배치하려면 [격자로 만들기]에 체크 표시를 해야 합니다.

TIP 단계 및 반복 기능은 앞서 진행한(예제에서는 10 단계) 동작을 기억하고, 이를 반복하여 동작합니다. 이때 [단계 및 반복] 대화상자의 [오프셋] 항목은 달력 칸의 가로세로 너비를 기준으로 입력해야 각 칸의 같은 위치에 선이 들어갑니다. 따라서 앞서 입력한 [세로], [가로] 항목은 [표] 패널에서 확인할 수 있는 너비와 높이입니다.

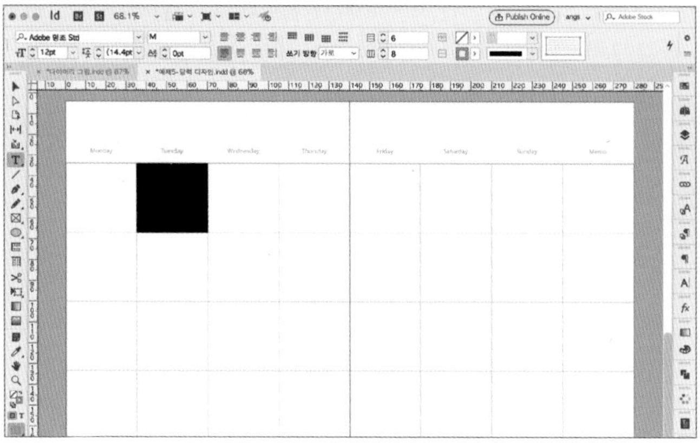

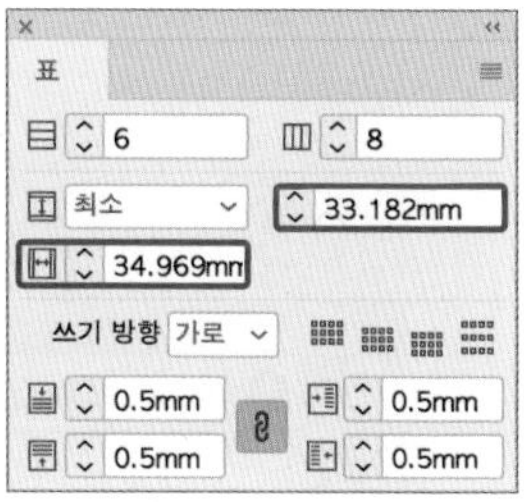

12 ①표의 맨 오른쪽 열을 두 번째 행부터 드래그하여 5칸 선택합니다. ②마우스 오른쪽 버튼을 클릭하여 [셀 병합]을 클릭합니다. ③열이 병합되어 하나의 칸이 되었습니다.

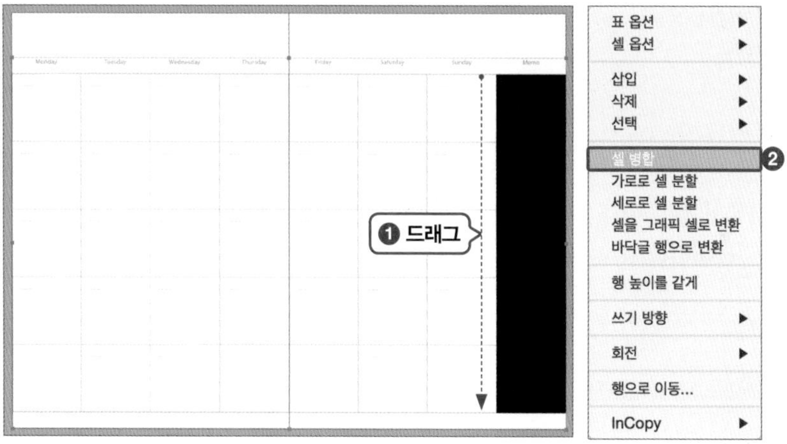

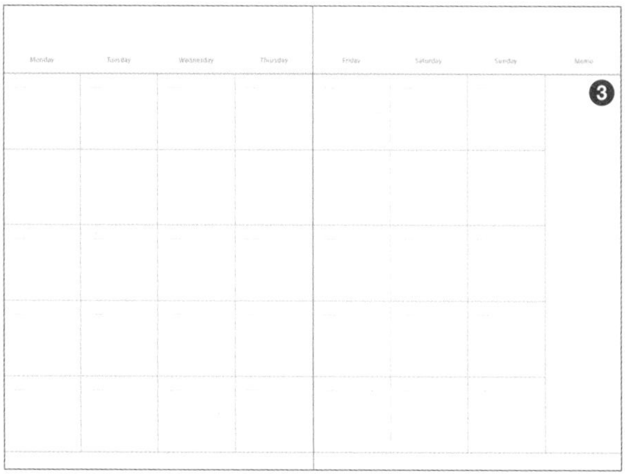

인쇄 여분 확보하기

13 표가 들어있는 텍스트 프레임을 좌우 각각 3mm씩 넓혀보겠습니다. ①텍스트 프레임을 선택한 상태에서 ②문자 도구를 클릭합니다. ③가운데 정렬을 클릭합니다.

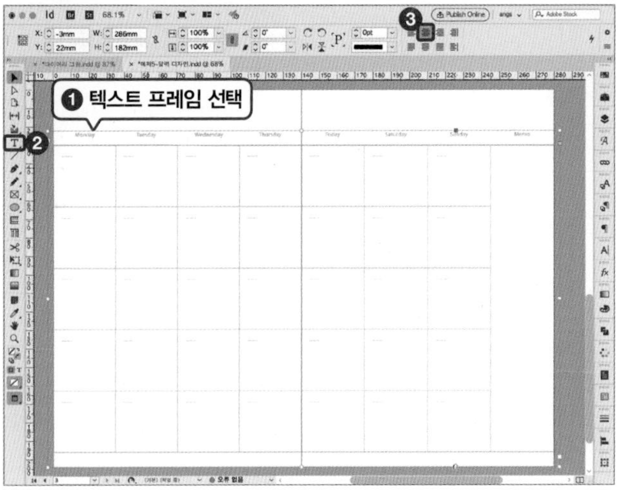

TIP 텍스트 프레임을 선택하지 않고도 표 전체를 드래그하여 선택한 후 문자 도구를 클릭하고 [단락] 패널에서 가운데 정렬을 클릭해도 됩니다.

14 ①첫 번째 열을 드래그하여 모두 선택하고 ②[표] 패널에서 너비를 3mm 늘립니다. ③[획] 패널에서 왼쪽 선을 선택하고 ④[두께]를 0pt로 지정합니다. 여기서 왼쪽 선은 도련과 맞닿는 영역입니다.

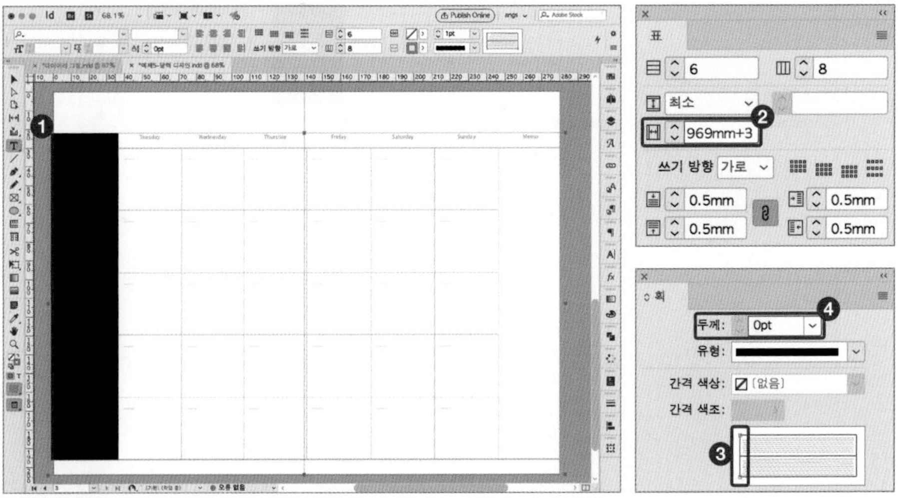

TIP 표 너비를 3mm만큼 늘릴 때에는 [표] 패널의 현재 너비 치수에 +3을 입력하면(34.969+3) 연산된 값으로 지정됩니다.

15 ①14 단계처럼 오른쪽 끝에 있는 열의 너비도 3mm 늘린 후 ②도련에 맞닿는 오른쪽 선의 [두께]를 0pt로 설정합니다.

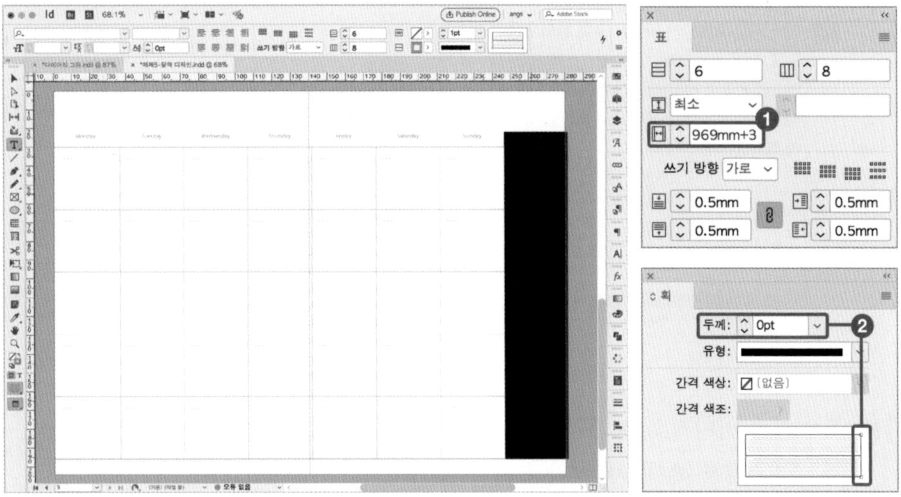

TIP 이 과정은 용지가 잘못 잘릴 경우를 대비하여 넉넉하게 인쇄 여분(도련)까지 표를 그려주는 작업입니다.

일러스트 배치하기

16 ①달력 꼴이 완성되면 작업하던 레이어의 이름을 알아보기 쉽게 **달력**으로 변경한 뒤 ②잠급니다. ③새 레이어(레이어 2)를 추가하고 [달력] 레이어 아래에 배치합니다.

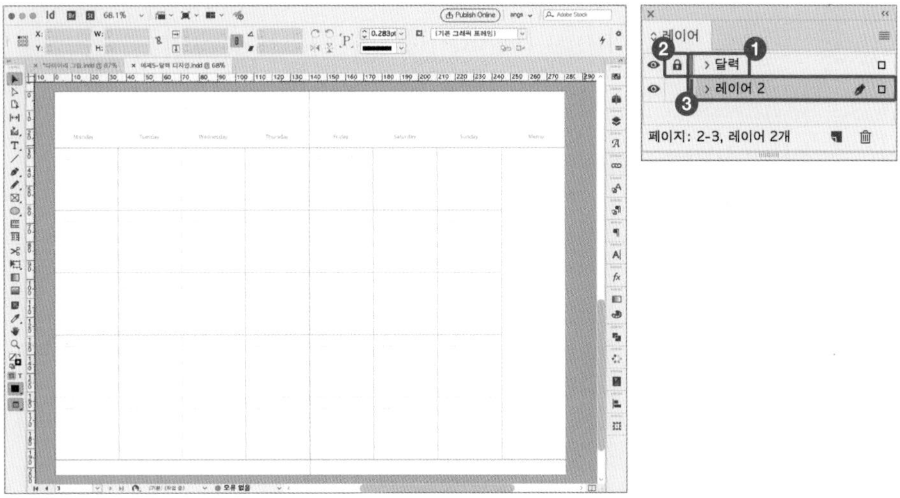

17 ①사각 프레임 도구로 ②메모 영역 하단을 드래그하여 사각 프레임을 만듭니다.

TIP 이때 사각 프레임의 외각이 달력 선의 중앙에 걸쳐지도록 그립니다. 그래야만 일러스트를 불러왔을 때 자연스럽게 달력 선 아래로 그림이 위치하게 됩니다. 사각 프레임은 표에 스냅되므로 화면을 최대한 확대하여 배치합니다.

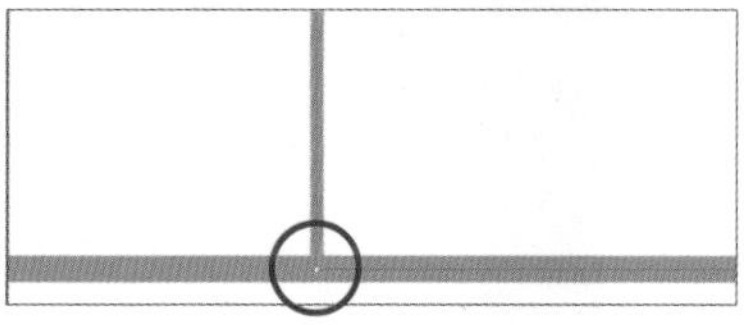

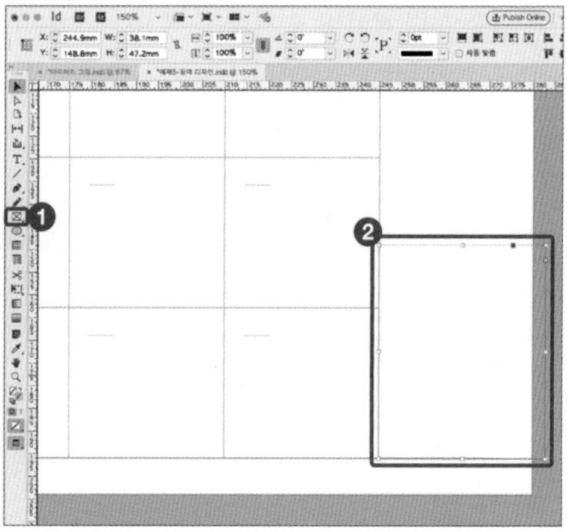

18 다이어리 이미지.indd 파일에서 첫 번째 일러스트를 복사하여 사각 프레임 안에 붙여 넣습니다.

TIP 일러스트를 복사하고 단축키 Ctrl + Alt + V 를 누르면 자연스럽게 붙여 넣을 수 있습니다.

19 ①문자 도구로 ②선에서 오른쪽으로 3mm 떨어진 위치에 텍스트 프레임을 만듭니다. ③ 다이어리 원고.txt 파일의 첫 번째 문장을 복사하여 붙여 넣고 스타일을 지정해 어울리게 배치합니다.

산돌명조L, 크기 8pt, 행간 11pt, 자간 –50, 검정

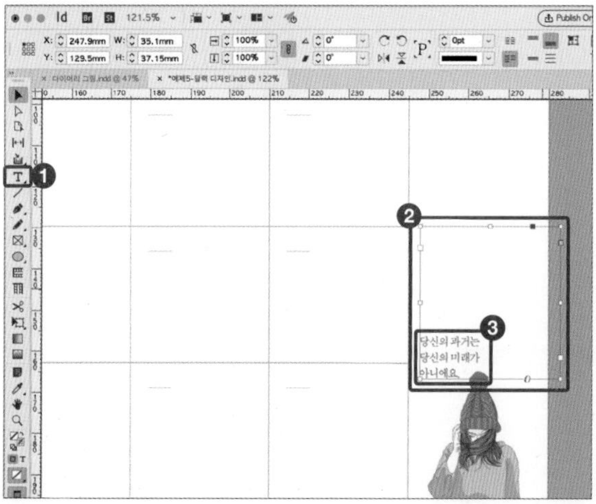

20 월간 달력 디자인이 완성되었습니다.

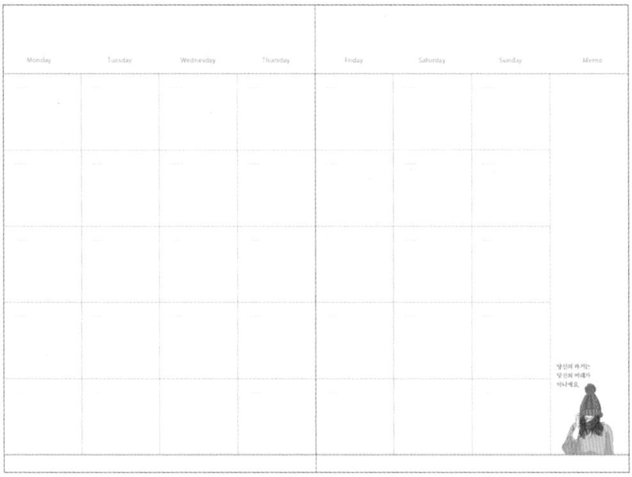

달력 디자인을 마스터 페이지로 지정하기

21 ①[페이지] 패널에서 완성된 월간 달력이 있는 [2-3] 페이지를 선택하고 ②마스터 영역으로 드래그합니다. ③드래그한 페이지가 [B-마스터]로 생성됩니다. ④마스터로 등록한 [2-3] 페이지는 삭제합니다. ⑤경고 메시지 창이 나타나면 [확인]을 클릭합니다. ⑥[페이지] 패널에는 두 개의 마스터와 [1] 페이지만 남습니다.

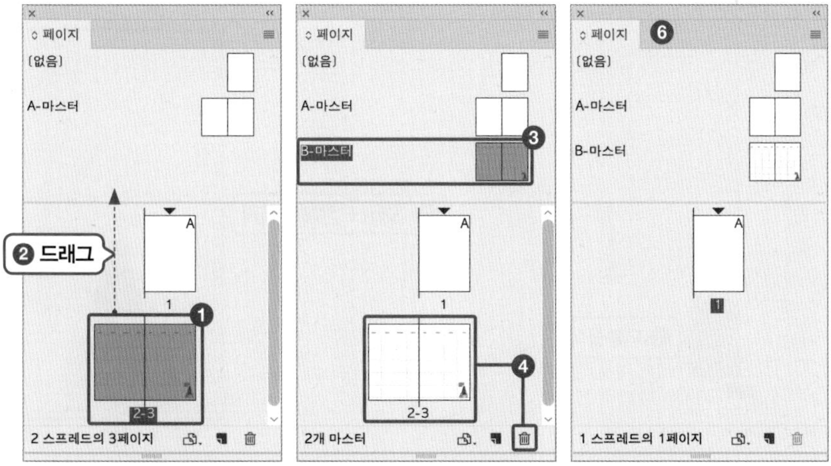

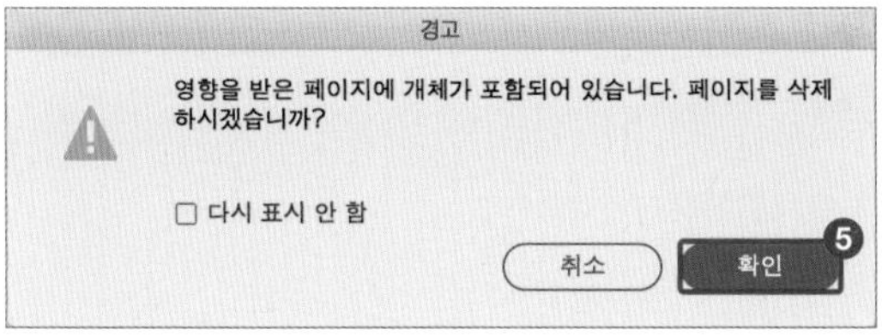

TIP 마스터로 지정한 [2-3] 페이지를 삭제하는 이유는 해당 디자인을 '마스터 페이지'로 사용하기 위해서입니다. 삭제하지 않은 상태에서 [2-3] 페이지에 [B-마스터]를 적용하면 앞서 작업한 개체와 마스터의 개체가 서로 겹쳐지기 때문이죠. 또한 마스터 페이지가 적용된 페이지를 사용해야 마스터 페이지의 제어를 받을 수 있습니다.

22 ①[페이지] 패널 보조 메뉴에서 [페이지 삽입]을 클릭하면 [페이지 삽입] 대화상자가 나타납니다. ②[페이지]는 24, [삽입]은 [다음 페이지 뒤], [1], [마스터]는 [B-마스터]로 설정하고 ③[확인]을 클릭합니다. 총 12개월의 달력 페이지가 생성됩니다.

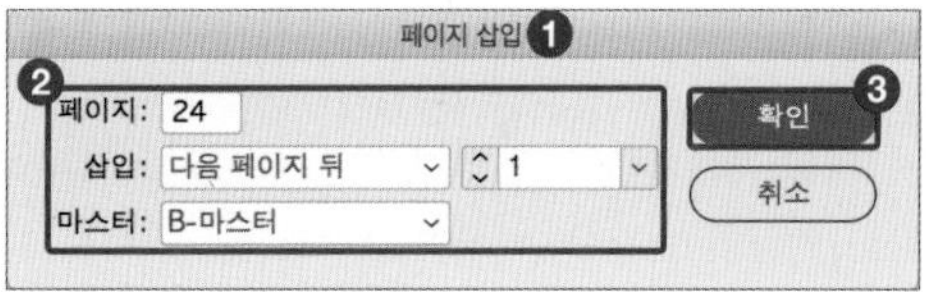

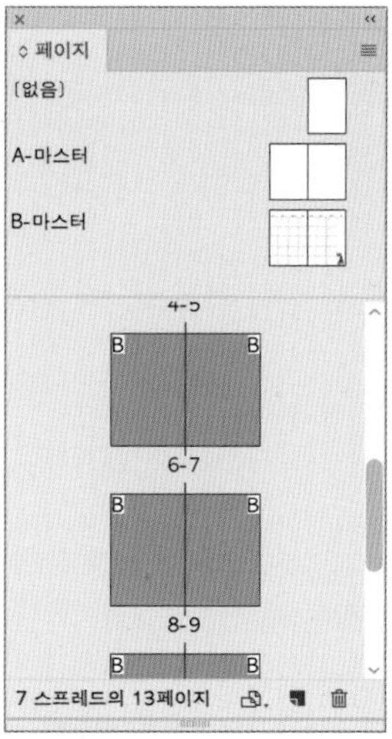

TIP 24페이지를 삽입하는 이유는 1개월의 디자인이 펼침면으로 2페이지를 포함하기 때문입니다.

23 ①[페이지] 패널에서 [5] 페이지를 더블클릭하여 ②[5] 페이지로 이동합니다. ③ **Ctrl** + **Shift** 를 누른 채 메모 아래에 있는 이미지와 텍스트 프레임을 선택합니다. 잠겨 있던 마스터 영역에서 이미지와 텍스트 부분만 활성화됩니다.

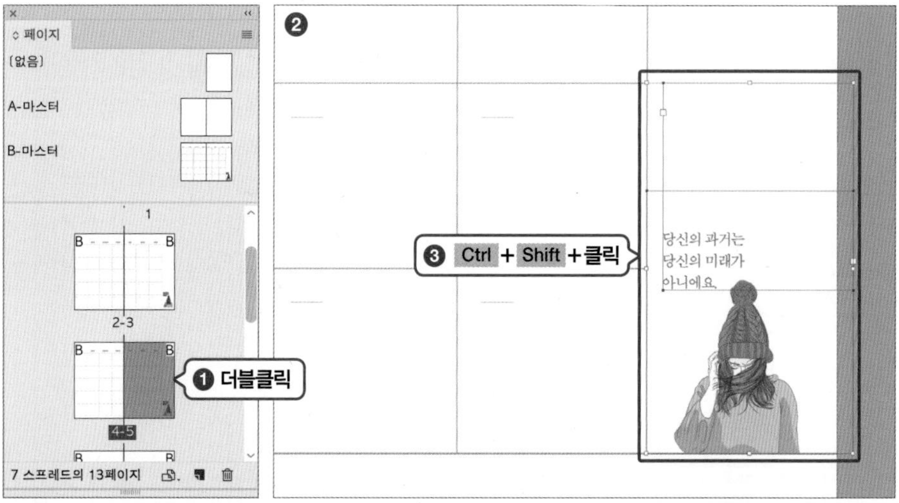

TIP 앞서 표 서식으로 만든 달력 영역은 다른 레이어에서 작업한 뒤 잠궜기 때문에 드래그하여 선택해도 선택되지 않습니다.

24 달력 이미지.indd 파일과 다이어리 원고.txt 파일에서 일러스트 이미지와 텍스트를 복사하여 순차적으로 붙여 넣습니다. 이때 이미지의 형태에 맞추어 텍스트 프레임의 높이나 정렬도 조금씩 변경하여 완성합니다.

TIP 일러스트 이미지에 따라 입체적인 표현을 해도 좋습니다. 아래 그림과 같이 그림에서 보여주고 싶은 부분이 달력 선에 가려져서 보이지 않는다면 표 위에 그림을 붙여 넣어도 좋습니다. 이미지 프레임을 필요한 부분만 보이도록 조정하면 선 위에 기대고 있는 것 같은 입체적인 표현도 가능합니다.

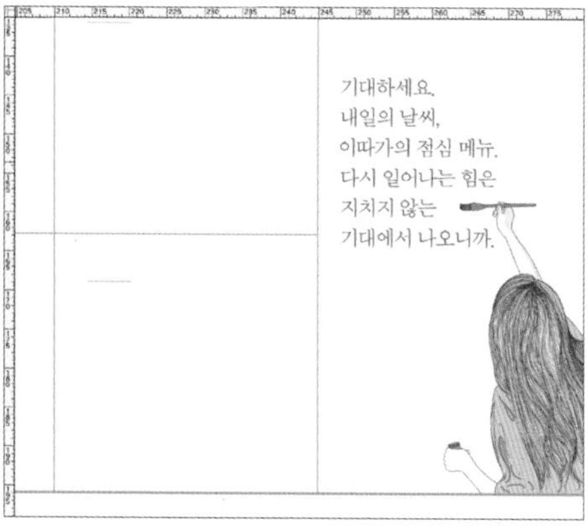

STEP 02

다이어리로 사용할 노트 부분 만들기

월간 계획을 구체적으로 기입할 수 있는 메모 공간을 만들어보겠습니다. 메모 공간은 소비자들의 취향과 디자인 콘셉트를 고려해서 디자인해야 합니다. 모눈으로 만들어도 되고 무지(Blank)나 줄(Line)을 이용해 필기할 수 있는 공간을 만들어도 됩니다. 또는 후기를 적을 수 있게 날짜나 별점을 줄 수 있는 장치를 넣어 상단을 꾸미는 것도 좋은 방법입니다.

실습 파일 : 프로젝트/다이어리 디자인 폴더

모눈 노트 만들기

01 노트는 마스터 페이지에 직접 만들겠습니다. ①[페이지] 패널 보조 메뉴를 클릭해 [새 마스터]를 클릭합니다. ②[새 마스터] 대화상자가 나타나면 내용을 확인하고 ③[확인]을 클릭합니다. ④[C–마스터]가 생성됩니다.

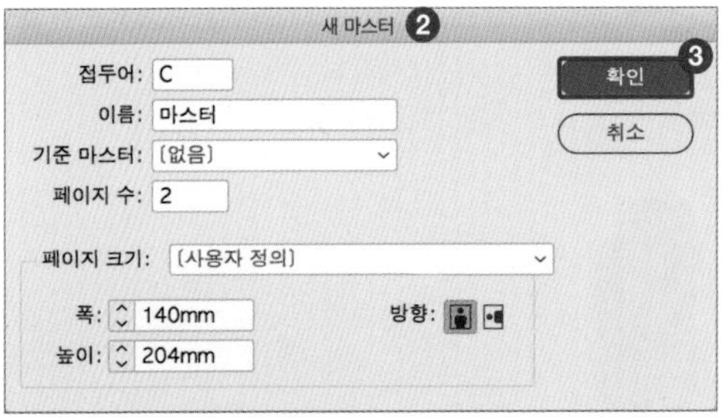

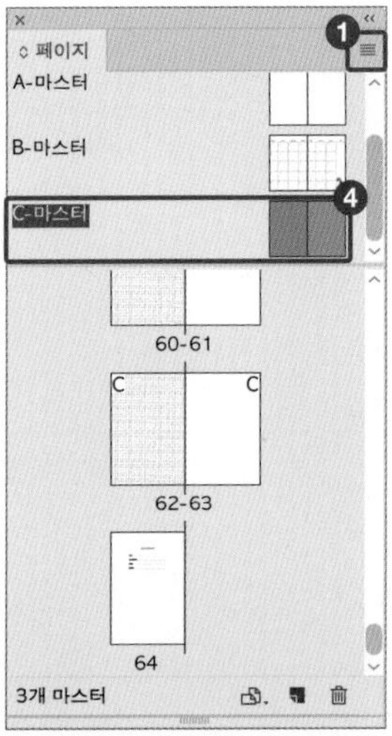

TIP STEP 01에서 진행한 파일을 그대로 사용해도 되고, 실습 파일 폴더 안에 있는 달력 디자인.indd 파일을 사용해도 됩니다.

02 ①[레이아웃]–[여백 및 단] 메뉴를 클릭해 [여백 및 단] 대화상자가 나타나면 ②[여백]을 모두 0mm로 설정하고 ③[확인]을 클릭합니다.

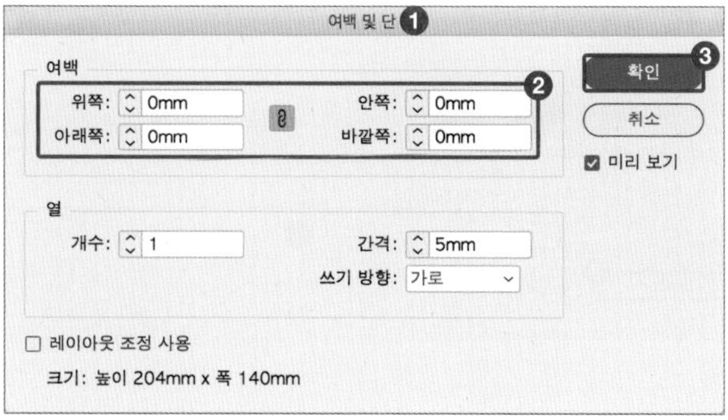

03 ①선 도구로 ②왼쪽 페이지의 위에서 5mm 떨어진 곳에 가로선을 긋고 ③스타일을 지정합니다.

두께 0.3pt, 마이터 제한 4, DIC 2204

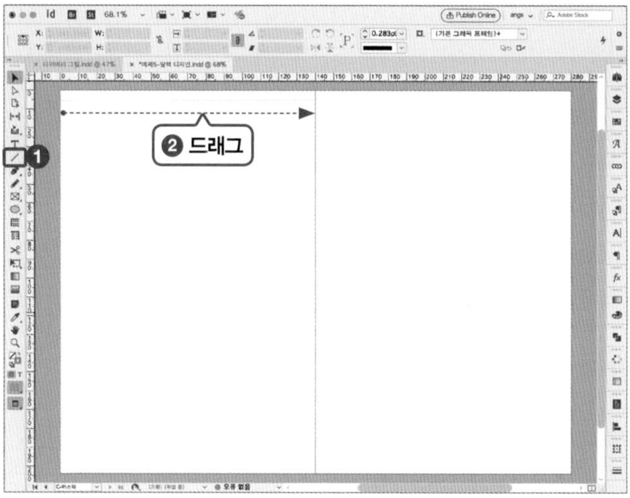

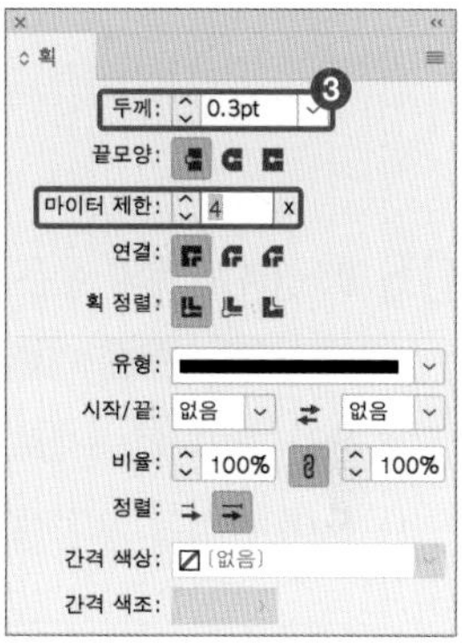

04 ①[편집]-[단계 및 반복] Ctrl + Alt + U 메뉴를 클릭해 [단계 및 반복] 대화상자가 나타나면 ②[반복]-[개수]는 39, ③[오프셋]-[세로]는 5mm, [가로]는 0mm로 설정합니다. ④[확인]을 클릭하면 ⑤앞서 만든 선이 39개 반복되어 생성됩니다.

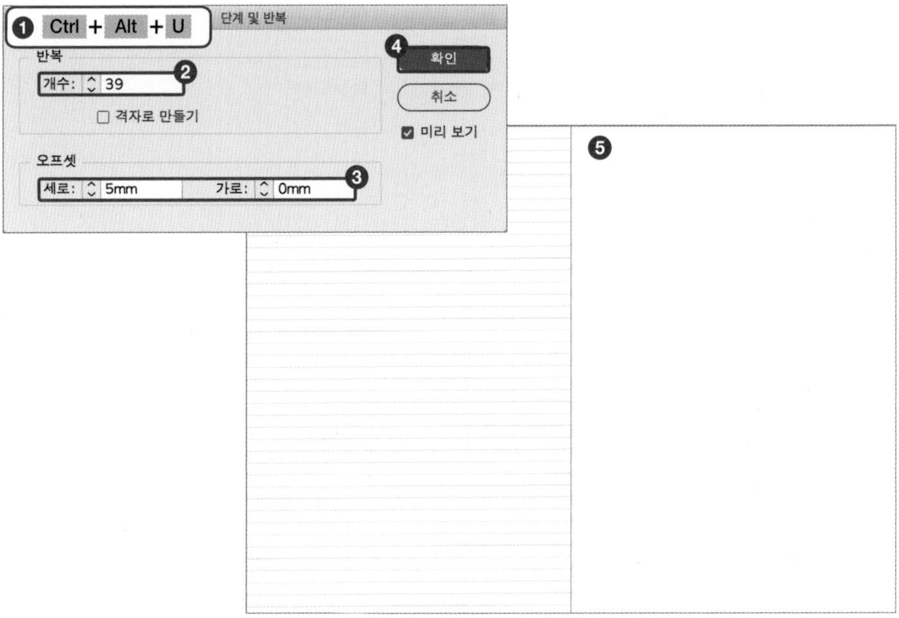

05 03-04 단계와 같은 방법으로 세로선을 만들어보겠습니다. ①왼쪽 페이지에 세로선을 긋고 Ctrl + Alt + U 를 눌러 [단계 및 반복] 대화상자를 불러옵니다. ②[반복]-[개수]는 26, [오프셋]-[세로]는 0mm, [가로]는 5mm를 입력합니다. ③[확인]을 클릭하면 ④모눈이 완성됩니다. ⑤오른쪽 페이지는 무지(빈 페이지)로 둡니다.

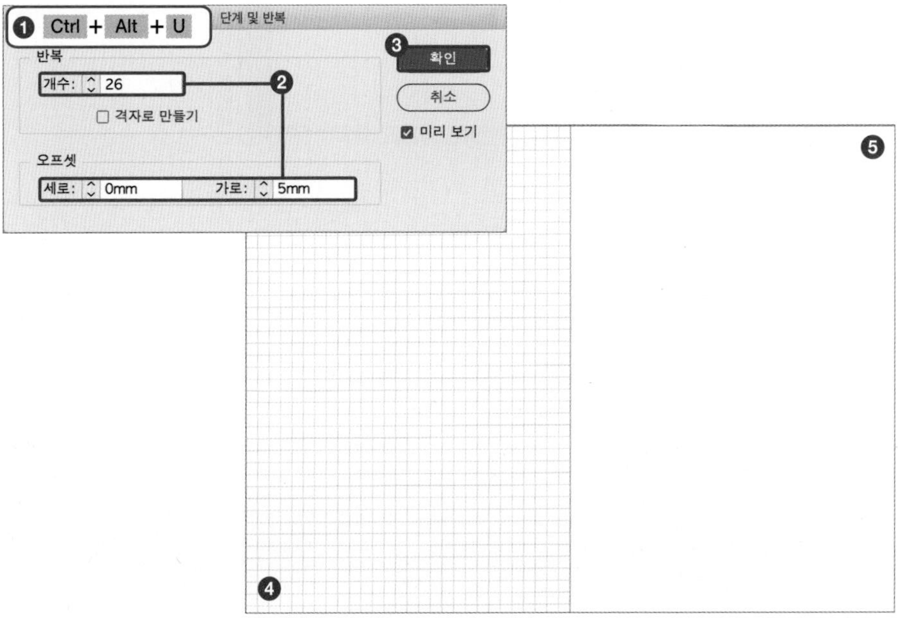

노트 페이지 추가하기

06 ①[페이지] 패널 보조 메뉴에서 [페이지 삽입]을 클릭해 [페이지 삽입] 대화상자를 불러옵니다. ②[페이지]는 38, [삽입]은 [다음 페이지 뒤], [25], [마스터]는 [C-마스터]로 설정하고 ③[확인]을 클릭합니다. ④[25] 페이지 이후로 페이지 38개가 추가됩니다.

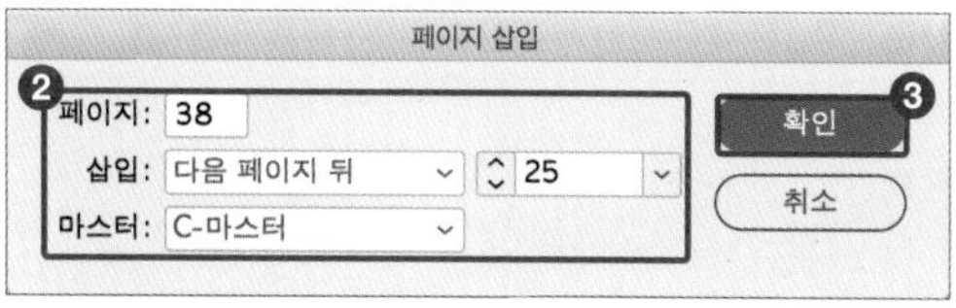

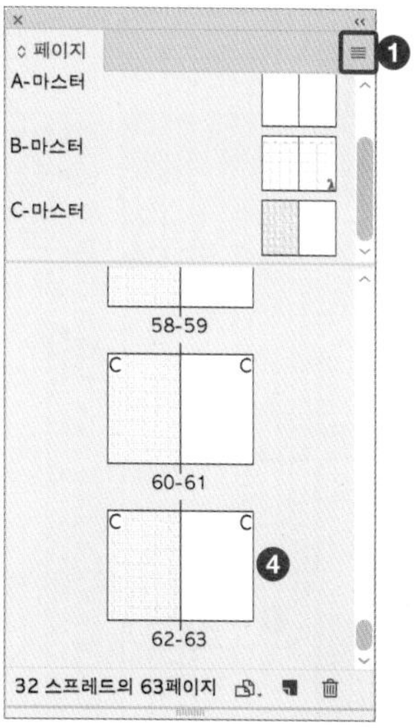

다이어리 앞, 뒤 표제지 만들기

07 ①[페이지] 패널에서 [1] 페이지를 더블클릭하여 [1] 페이지로 이동합니다. ②문자 도구로 ③텍스트 프레임을 만들고 다이어리 원고.txt 파일의 첫 번째 문장을 복사하여 붙여 넣습니다. ④어울리는 스타일을 지정합니다.

산돌명조M, 크기 9pt, 행간 12pt, 자간 –50, DIC 2204, 오른쪽 정렬

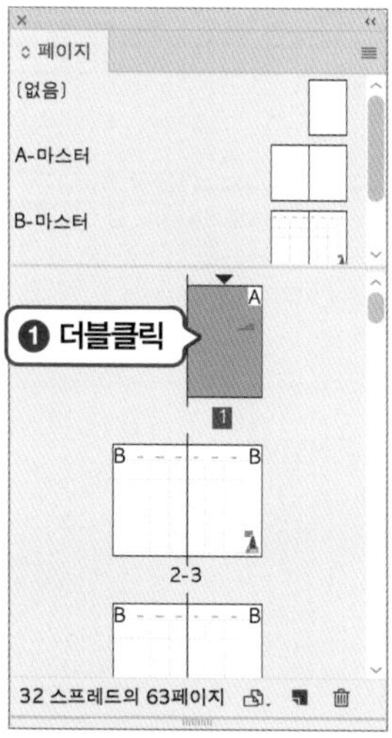

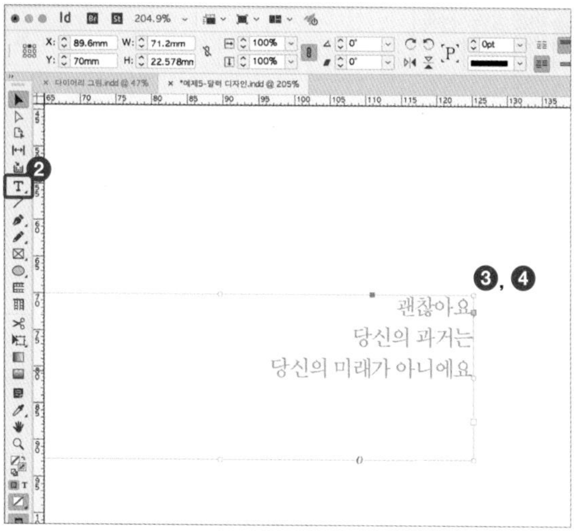

08 ①[페이지] 패널에서 [63] 페이지를 더블클릭하여 [63] 페이지로 이동합니다. ②새로 만들기를 클릭해 ③[64] 페이지를 만듭니다. ④문자 도구로 ⑤텍스트 프레임을 만들고 다이어리 원고.txt 파일에서 64p 문장을 복사해 붙여 넣습니다. ⑥어울리는 스타일을 지정합니다.

Personal Information	Myriad Pro R, 크기 8pt, 행간 35pt, 자간 10, DIC 2204, 가운데 정렬
항목	Myriad Pro R, 크기 6.8pt, 행간 21pt, 자간 0, 검정, 왼쪽 정렬

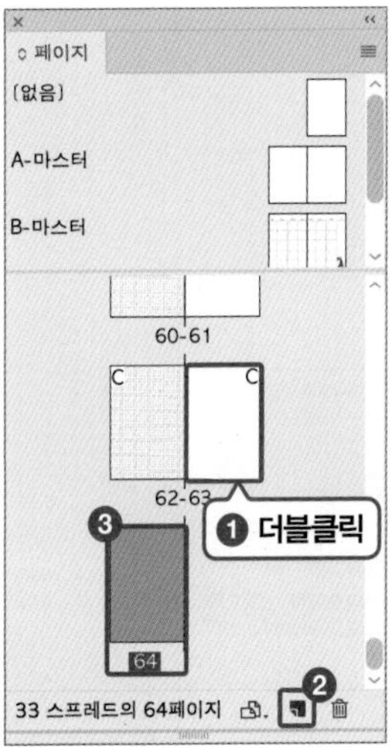

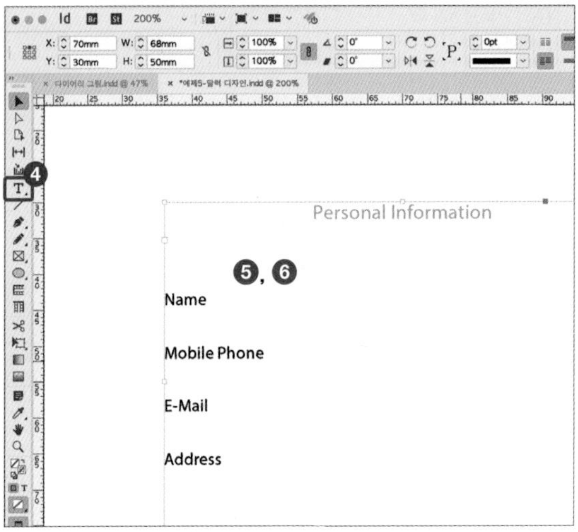

09 ①항목에 해당하는 텍스트를 모두 선택하고 ②[단락] 패널 보조 메뉴에서 [단락 경계선]을 클릭합니다. ③[단락 경계선] 대화상자의 [아래쪽 경계선]을 선택하고 [경계선 표시]에 체크 표시합니다. ④[두께]는 0.3pt, [색상]은 [검정], [색조]는 30%, [오프셋]은 0.5mm로 설정하고 ⑤[확인]을 클릭합니다. ⑥항목 아래에 단락 경계선이 생깁니다.

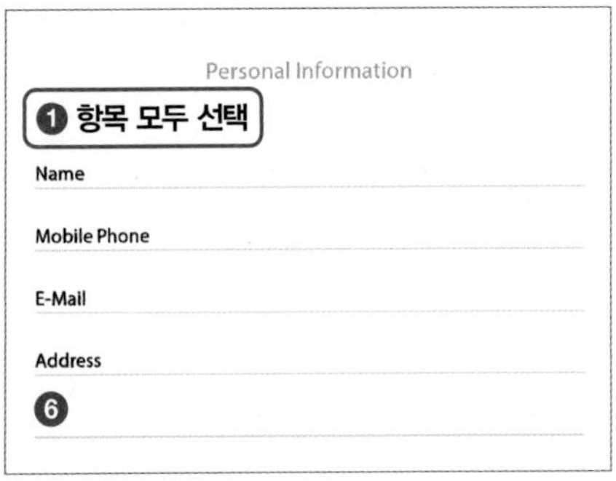

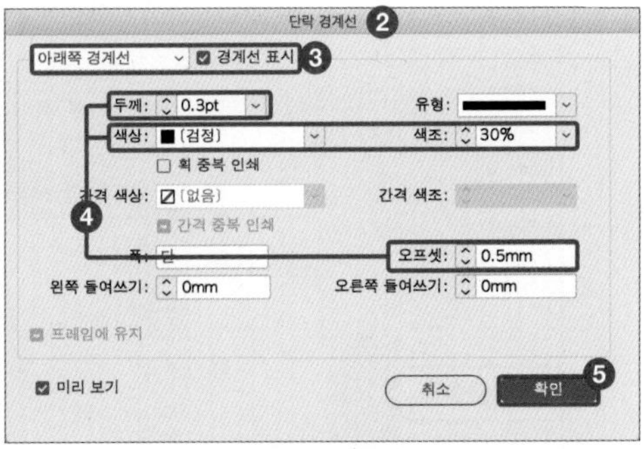

10 월간 계획 달력과 모눈, 무지로 이루어진 다이어리가 완성되었습니다.

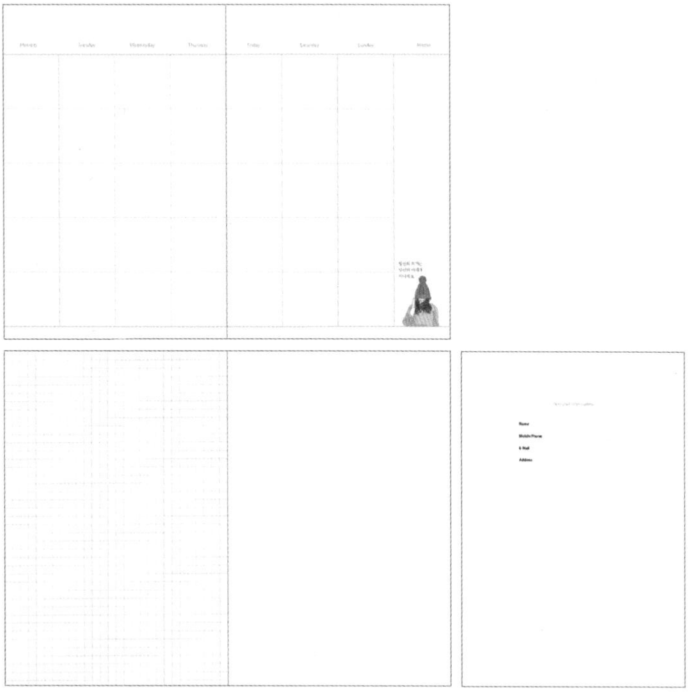

10년차 선배의 멘토링 달력을 제작할 때 고려해야 할 점

달력의 종류

달력은 용도에 따라 벽걸이용과 탁상용으로 나뉘며 일반적으로 벽걸이는 2, 3, 4절 크기로, 탁상용은 16절 크기로 제작됩니다. 물론 기획 의도에 따라 자유롭게 제작할 수도 있습니다.

제본 방식

달력에는 주로 스노우지(아트지 계열)를 사용하지만 탁상용은 일정을 직접 적는 경우가 많아서 필기감이 좋고, 발색이 뛰어난 고급지(랑데뷰, 반누보, 아르떼 등)나 모조지(모조 계열)를 선호합니다. 또한 벽걸이용 종이는 100~150g 정도로, 160~250g 정도를 사용하는 탁상용보다 얇습니다. 탁상용은 달력 받침대를 사용하는데 스프링 제본일 경우 합지에 종이를 씌운 삼각 받침대를 사용하며, 낱장일 경우 나무에 홈을 파서 고정하거나 집게를 이용하는 등 다양한 형태를 적용할 수 있습니다. 벽걸이용은 대부분 위쪽으로 제본되어 있지만 종이를 아끼기 위해 중앙에 제본을 해 반접이식으로 넘겨서 사용할 수 있도록 제작하기도 합니다.

제작 방식

달력 제작 방식은 크게 두 가지로 나뉩니다. 미리 만들어둔 달력 폼에 상호와 로고만 교체하는 기성 인쇄 방식과 별도의 디자인으로 새롭게 디자인하는 독판 인쇄 방식입니다. 기성 인쇄 방식은 상대적으로 빠른 제작 기간과 비용 절감의 장점이 있는 반면 독판 인쇄 방식은 고유의 개성이 넘치는 디자인을 얻을 수 있다는 장점이 있습니다. 달력의 인쇄 수량이 100부 단위라면 기성 인쇄 방식이, 5,000부 이상이라면 독판 인쇄 방식이 비용 측면에서 유리합니다. 하지만 VIP를 위한 고급 달력은 소량일지라도 고가의 제작비를 감수하고 기업의 아이덴티티를 전달할 수 있는 독판 인쇄 방식으로 제작하기도 합니다.

디자이너의
비밀
노트

달력의 모든 것

달력 숫자의 비밀! 숫자판 쉽게 만들기

아는 사람은 알고 모르는 사람은 모른다는 달력의 비밀! 달력의 원리만 알면 쉽게 달력 판을 만들 수 있다는 사실을 아시나요? 7일이 1주 단위로 4~5주 반복되는 형식을 취하는 달력, 12달이라 12종으로 보일지 모르겠지만 사실은 7종에 불과합니다.

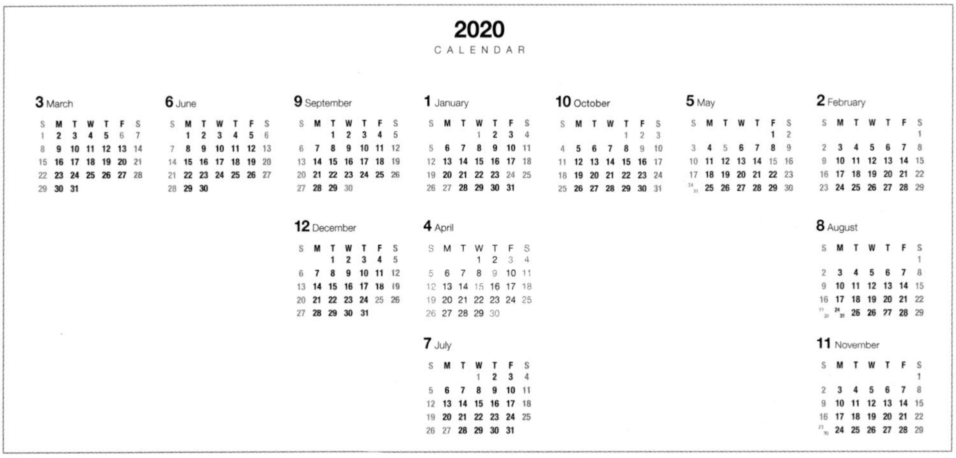

2019년은 5개의 달이 2번 이상 반복되었습니다. 즉 7개의 경우의 수에 해당하는 달력만 만들어 반복하면 됩니다. 물론 30과 31로 끝나는 달은 구분해 줘야합니다. 이렇게 만들어놓고 해마다 달력 만들 시즌이 되면 꺼내어 사용합니다.

	1	2	3	4	5	6
7	8	9	10	11	12	13
14	15	16	17	18	19	20
21	22	23	24	25	26	27
28	29	30	31			

		1	2	3	4	5
6	7	8	9	10	11	12
13	14	15	16	17	18	19
20	21	22	23	24	25	26
27	28	29	30	31		

			1	2	3	4
5	6	7	8	9	10	11
12	13	14	15	16	17	18
19	20	21	22	23	24	25
26	27	28	29	30	31	

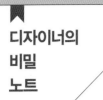

또 이렇게 맨 왼쪽에 있는 열을 오른쪽으로 이동시키는 방법으로 쉽게 다른 달력을 만들 수도 있습니다. 달력은 편집자나 기획자가 따로 원고를 주지 않습니다. 원고가 단순하기 때문입니

다. 그렇다고 너무 쉽게 봤다간 대형 사고를 불러올 수도 있습니다. 달력은 매년, 매월 기념일의 위치가 다를뿐만 아니라 어느 편집물보다 오타에 민감하기 때문입니다.

	1	2	3	4	5	6
7	8	9	10	11	12	13
14	15	16	17	18	19	20
21	22	23	24	25	26	27
28	29	30	31			

		1	2	3	4	5
6	7	8	9	10	11	12
13	14	15	16	17	18	19
20	21	22	23	24	25	26
27	28	29	30	31		

			1	2	3	4
5	6	7	8	9	10	11
12	13	14	15	16	17	18
19	20	21	22	23	24	25
26	27	28	29	30	31	

다양한 달력 제본 방식

달력은 크게 벽걸이용과 탁상용으로 구분되며 각각의 특성에 맞춰 제본합니다. 벽걸이는 금구와 스프링 제본을, 탁상용은 삼각대를 지지대로 하는 트윈 스프링 제본을 주로 합니다. 하지만 일반적인 제본 방식에 얽매일 필요는 없습니다. 달력처럼 낱장의 종이를 엮는 방식은 얼마든지 창의적으로 접근할 수 있기 때문입니다.

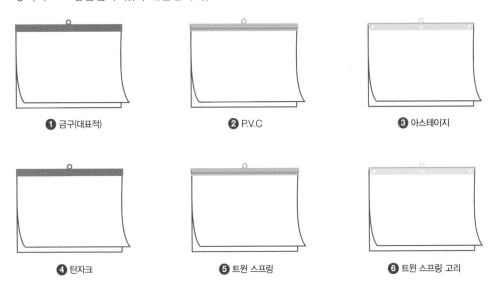

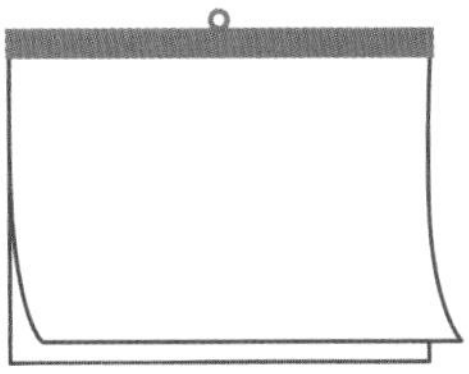

❶ 금구(대표적)

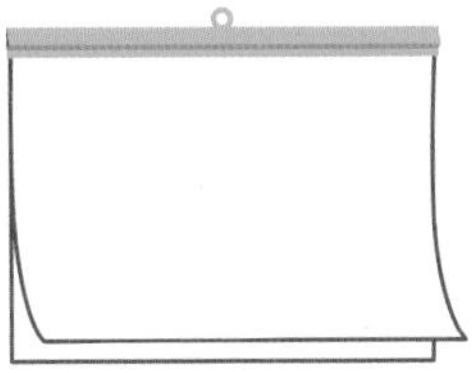

❷ P.V.C

❸ 아스테이지

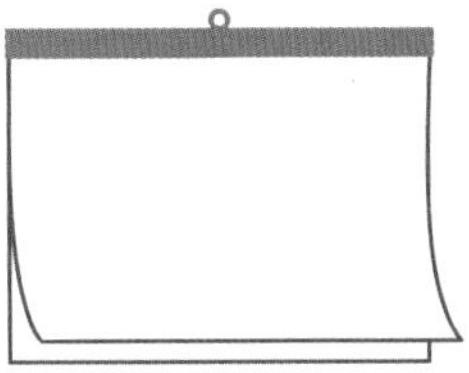

❹ 탄자크

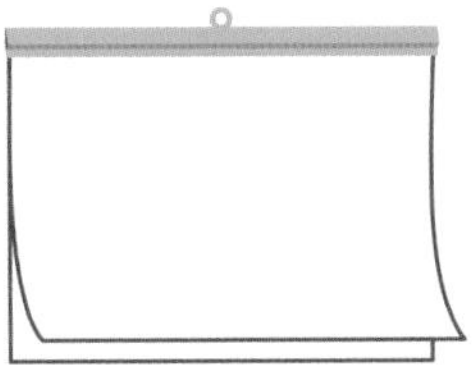

❺ 트윈 스프링

❻ 트윈 스프링 고리

①**금구** | 윗부분을 금속 재질로 마무리하는 방식입니다. 가장 저렴하면서도 실용적이라 자주 사용합니다.

②**P.V.C** | P.V.C 홀더를 사용한 방식입니다. 금구처럼 가격이 저렴해 자주 사용합니다.

③**아세테이트(아스테이지)** | 홀더가 투명해서 이미지를 가리지 않습니다.

④**탄자크** | 두꺼운 종이의 윗부분을 기계로 압착하는 방식입니다.

⑤**트윈 스프링** | 구멍을 뚫어 스프링으로 제본하는 방식입니다. 달력을 쉽게 넘길 수 있고 스프링의 종류를 고를 수도 있습니다.

⑥**트윈 스프링 고리** | 트윈 스프링 제본에 반달 고리를 끼워 쉽게 걸 수 있도록 한 방식입니다. 트윈 스프링보다 실용적입니다.

탁상용

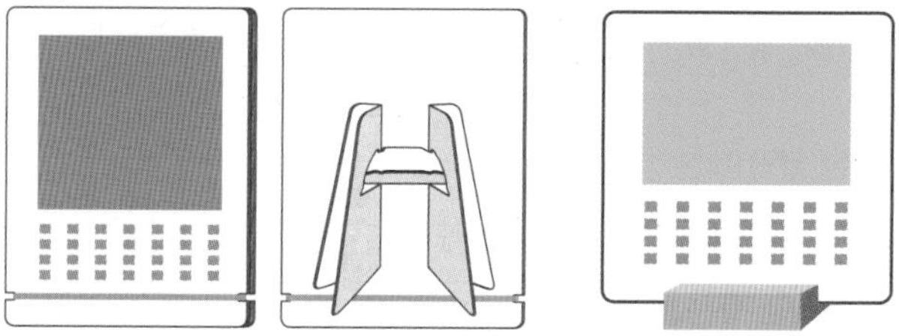

탁상용 달력은 삼각대를 이용한 스프링 제본이 일반적이며 16절 언저리에서 가로형과 세로형으로 만들 수 있습니다. 이때 삼각대는 색상과 종이 재질을 선택하거나 인쇄 또는 후가공으로 달력 디자인과 어울리도록 제작할 수 있습니다. 또 삼각대가 아닌 별도의 나무, 집게, 종이 등으로 제작한 지지대를 이용해 개성 있고 독특한 달력을 만들 수 있습니다.

PROJECT 06

헬렌을 위한 경제학 양장 표지 디자인

양장제본은 무선제본보다 단단한 커버를 갖고 있어서 내구성이 강하며 클래식하고 고급스러워 보입니다. 그래서 무게감이 있는 도서나 클래식한 느낌의 고전, 소설 등에 많이 사용하는 제본 방식입니다. 하지만 작업 공정이 무선제본보다 까다로우므로 제작할 때 항상 주의해야 합니다.

PREVIEW

양장제본을 고려한 디자인

#책등은 #좌우 6mm 여분을 #주는 것을 #잊지 말 것

클래식한 금박 프레임

#금박 후가공은 #클래식하고 중후한 멋을 #제대로 보여줍니다

저자 사진을 이용한 띠지 디자인

#믿을 수 있는 #저자 사진을 넣어 #띠지를 디자인함

양장제본은 겉싸바리와 속싸바리로 나누어 작업

#본문 판형과 책등을 #제대로 이해하고 #양장제본 제작하기

후가공 판을 만들 때 유의할 점

#PDF는 #2개로 만들어 #전달할 것

제작의뢰서

번호	종류	내용
1	제목	헬렌을 위한 경제학
2	종류	단행본
3	구성	표지
4	판형	135×210mm(본문 사이즈), 양장제본(환양장), 책등 두께 20.5mm
5	참고 구성	저자 : 힐레어 벨록, 이희재 옮김 분야 : 정치/사회 성격 : 고전 작품으로 격조 있는 컨셉입니다. 주제 : Hilaire Belloc Economics for Helen An Essay on the Restoration of Property 자유로운 '작은 소유자'들의 나라를 꿈꾼 독창적 사회사상가 힐레어 벨록, 그를 국내 최초로 소개하는 책! 자유로운 개인의 관점에서 경제 원리를 설명하는 대안 경제학. 현대 사회를 반추하게 하는 경제학적 사유의 고전. **디자인 방향** 1. 고전 작품입니다. 격조 있는 컨셉으로 잡아주세요. 2. 환한 초록색으로 바탕을 깔고 제목을 예쁜 틀에 넣어주세요. 3. 이미지나 아이콘은 꼭 필요하지는 않아요. 필요하면 나무 이파리 정도? 4. 아래쪽에 저자 사진을 넣은 띠지를 넣어주세요.

10년차 선배는 이렇게!

- 사회/경제 분야에 걸맞게 너무 클래식한 패턴은 피하며 디자인했습니다.
- 제목 부분에 잔잔하게 포인트를 주는 디자인을 구상했습니다.

STEP 01

판형 만들기

무선제본은 한 개의 표지로 이루어지지만 양장제본은 합지로 제작되는 속싸바리와 종이로 제작되는 겉싸바리, 이렇게 두 개의 표지로 이루어집니다. 양장 표지를 디자인할 때는 두 개의 영역을 합쳐 한 문서에 작업하지만 디자인이 완료된 후에는 각각의 판형에 맞는 전개도로 분리해 최종 인쇄 파일을 만듭니다.

실습 파일 : 프로젝트/양장 표지 디자인 폴더

기본 문서 이해하기

양장제본으로 제작하려는 표지는 겉싸바리를 기준으로 작업하는 것이 좋습니다. 겉싸바리 판형은 본문 판형과 책등의 두께를 알아야 만들 수 있습니다. 《헬렌을 위한 경제학》의 본문 판형과 책등의 두께는 다음과 같습니다.

본문 판형 : 135×210mm • **책등 두께 :** 20.4mm

TIP 책등의 두께를 알기 위해서는 본문 전체 페이지와 본문 종이의 종류, 평량을 알아야 합니다.

양장제본은 본문보다 약간 큰 크기로 제작되기 때문에 각 수치에 6mm를 더하여 작업합니다. 하지만 책등의 두께가 40mm 이상이라면 제작사와 상의해 1mm를 더해도 됩니다. 일반적인 양장제본이라면 겉싸바리가 책 전체를 덮는 형식으로 제작되지만 때에 따라 디자인을 위해 일부분만 가리기도 합니다. 《헬렌을 위한 경제학》은 겉싸바리가 부분적으로 띠지처럼 사용되었습니다.

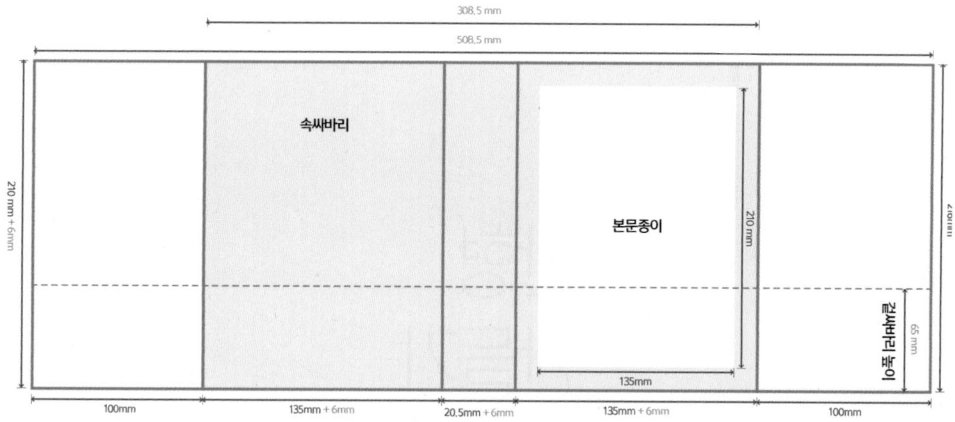

또 겉싸바리의 날개(표2, 3)에 많은 정보가 들어간다면 100mm 이상으로 넓힐 수 있습니다. 하지만 날개 너비는 표지 너비(표1)보다 15mm 이상 좁아야 하며 대지의 전체 너비는 표지를 찍을 종이의 최대 크기(46전지, 국전지)보다 작아야 합니다. 노란색으로 표시된 부분은 속싸바리 부분으로 인디자인에서 작업할 때는 레이어로 분리해 작업합니다.

표지 파일 만들기

01 ① Ctrl + N 을 눌러 ② [폭]은 141mm, [높이]는 216mm로 설정합니다. ② [여백 및 단]을 클릭하고 ④ [여백]의 모든 항목에 10mm를 입력한 후 ⑤ [확인]을 클릭해 새 문서를 만듭니다.

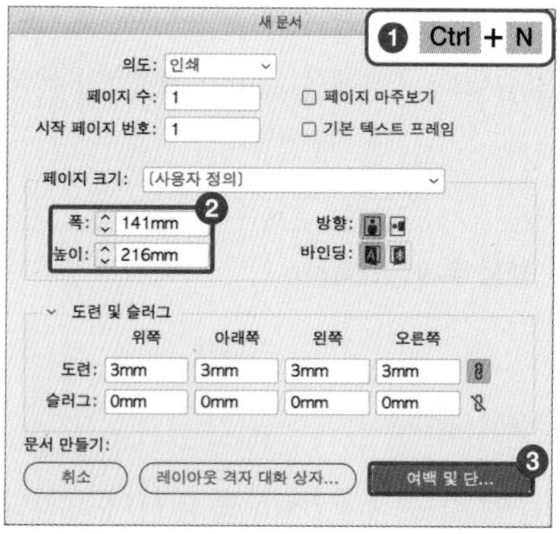

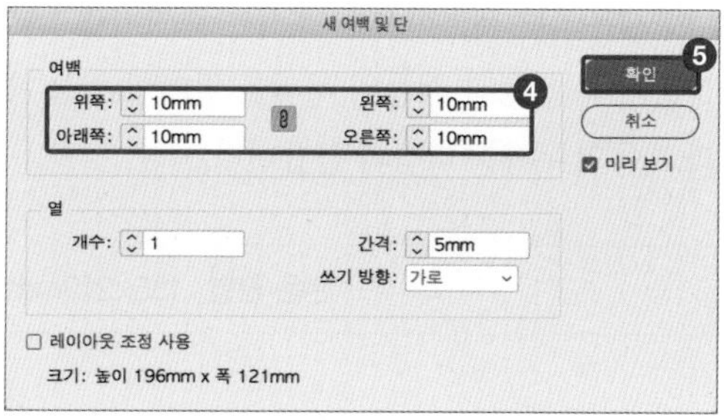

02 ①사각형 프레임 도구로 ②배경색을 입힐 수 있는 사각형 프레임을 만듭니다. 이때 페이지 전체를 덮을 수 있는 크기의 사각형을 만듭니다. ③[색상 견본] 패널에서 초록색(C=100 M=40 Y=100 K=0)을 지정합니다.

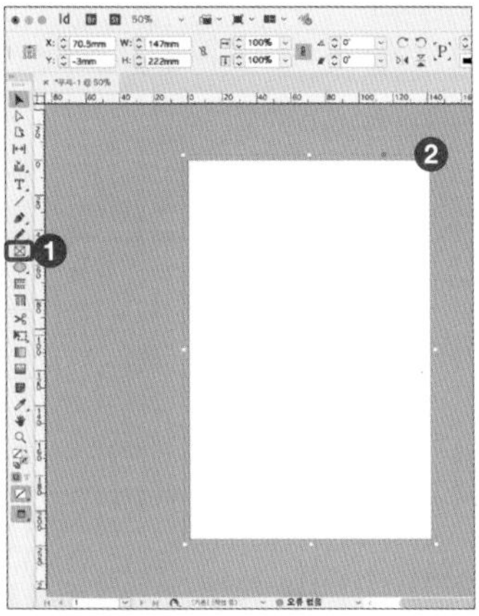

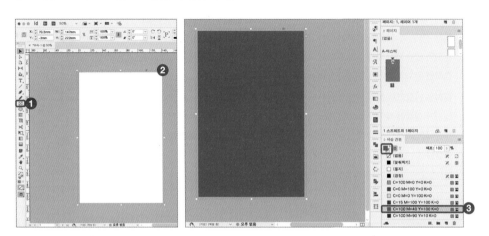

TIP 문서의 배경으로 사각형을 만든다면 도련 안내선까지 포함되게 만들어야 합니다. 그래야 나중에 인쇄를 넘길 때 따로 재단선, 도련, 슬러그를 체크하는 번거로움을 줄일 수 있습니다.

03 ①사각형 프레임 도구로 ②사각형을 만들고 ③선 스타일과 색을 지정합니다.

크기	[X] 12mm, [Y] 12mm, [W] 117mm, [H] 192mm
선	두께 4pt, 유형 가는선-굵은선, C=6 M=26 Y=57 K=0

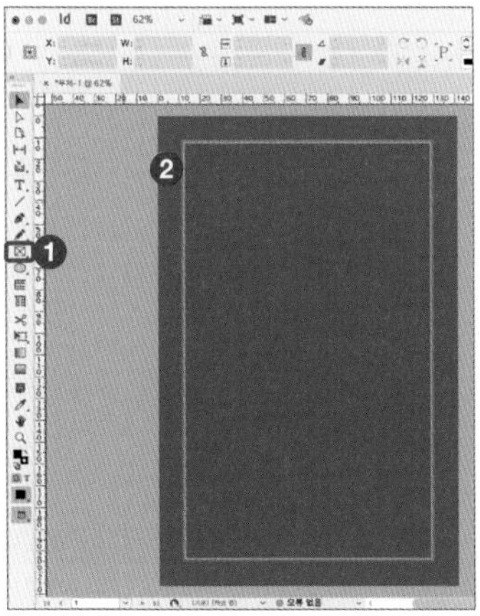

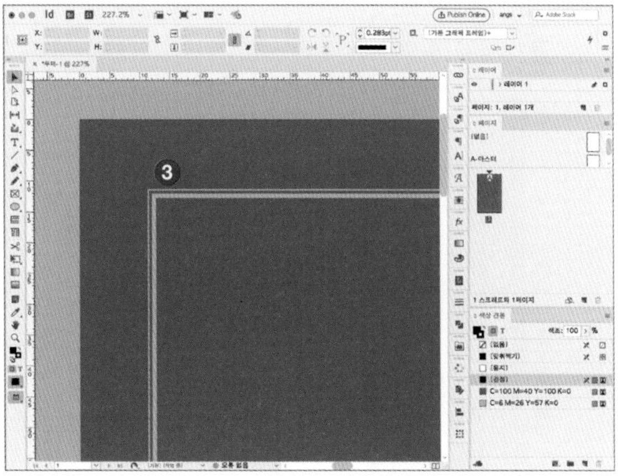

10년차 선배의 멘토링 사각형 프레임에 선 두께 설정하기

사각형 프레임 도구로 도형을 그리면 속성이 없는 상태로 만들어집니다. 이 도형에 선 두께를 지정하면 선 두께에 따라 사각형 전체의 위치와 크기가 달라집니다. 이는 선의 [획 정렬]과 관련이 있는데요. [획 정렬]이 [중앙] 또는 [바깥쪽]으로 설정되어 있는 경우에 도형의 위치와 크기가 달라집니다. [획 정렬]을 [안쪽]으로 설정하면 위치와 크기가 달라지지 않습니다.

도형을 만들면서 선 두께를 정확하게 맞출지, 아니면 변형되는 대로 놔둘지는 작업자가 상황에 맞게 선택하면 됩니다. 하지만 도면처럼 정확한 수치를 입력해야 하는 작업에서는 변경되는 속성에 맞게 그때그때 위치와 크기를 확인하는 것이 좋습니다.

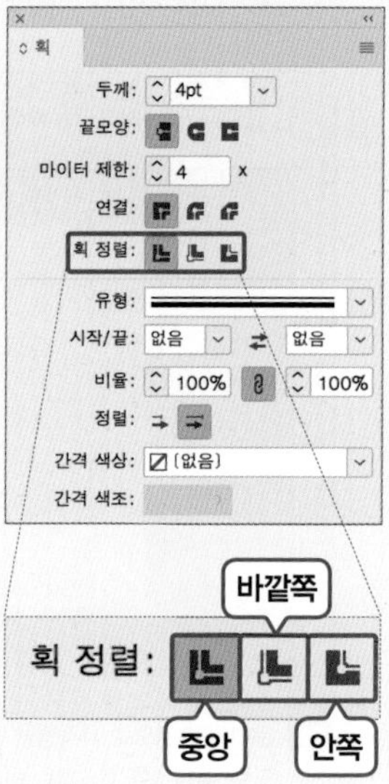

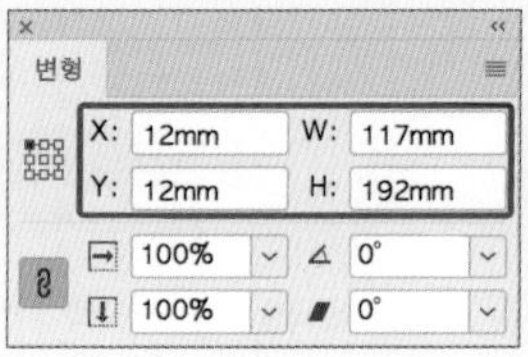

▲ 선 두께 속성이 없는 상태

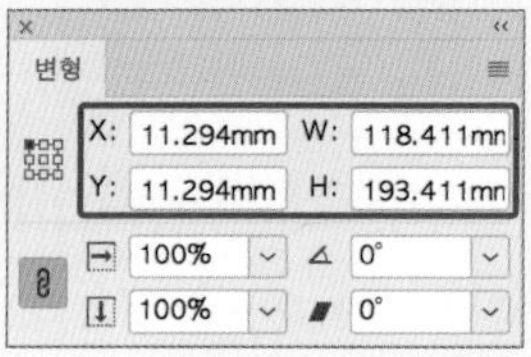

▲ 선 두께 속성을 설정한 후 달라진 상태

04 ① 선택 도구로 사각 프레임을 선택하고 ② [개체]–[모퉁이 옵션] 메뉴를 클릭해 [모퉁이 옵션] 대화상자를 불러옵니다. ③ [모퉁이 크기]는 모두 5mm로 설정하고 [모퉁이 모양]을 [거꾸로 둥글게]로 설정한 후 ④ [확인]을 클릭해 적용합니다.

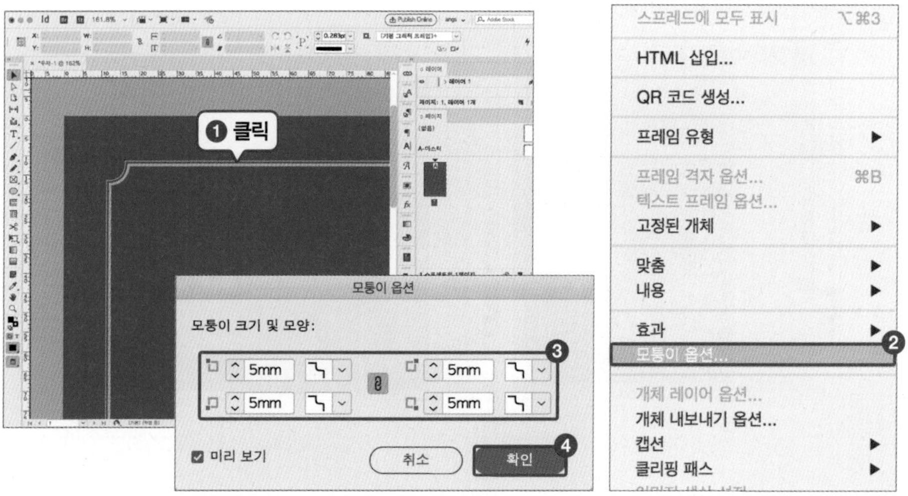

05 ①문자 도구로 ②텍스트 프레임을 만들고 헬렌을 위한 경제학 표지 원고.txt 파일에서 제목을 복사해 붙여 넣습니다. ③그런 다음 텍스트에 스타일을 지정합니다.

산돌 빛의 계승자, 크기 24.5pt, 자간 50pt, 흰색(용지)

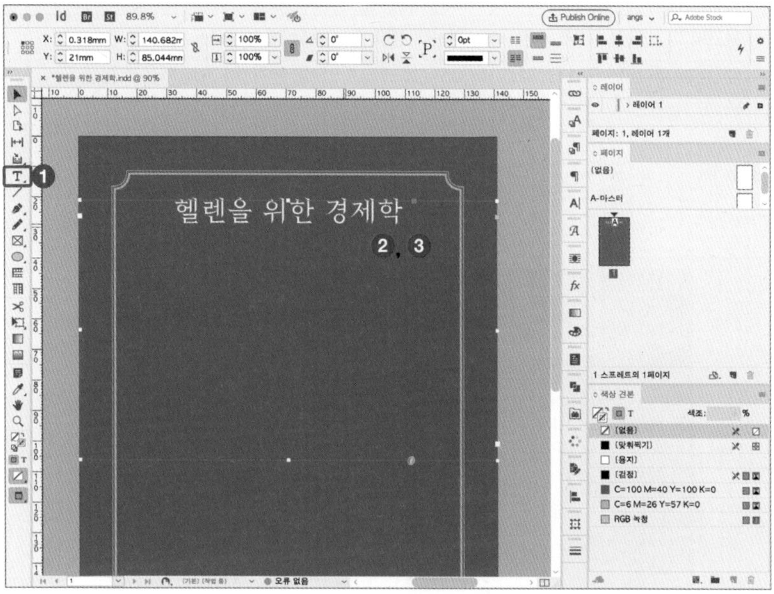

06 ①텍스트 프레임이 선택된 상태에서 [문자]–[쓰기 방향]–[세로] 메뉴를 클릭합니다. ②텍스트 방향이 한쪽으로 쏠리면 ③다시 텍스트 프레임을 선택합니다. ④[컨트롤] 패널에서 수직 균등 배치를 가운데 로 설정합니다.

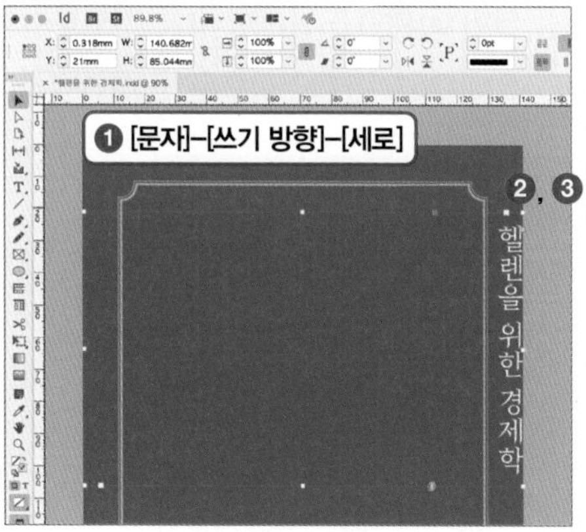

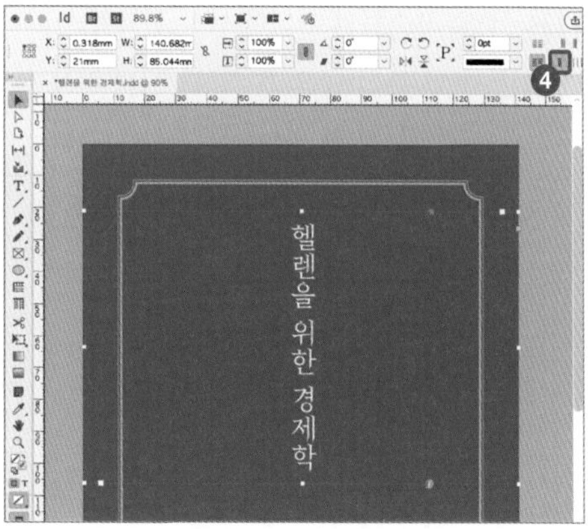

TIP 수직 균등 배치는 텍스트 프레임을 마우스 오른쪽 버튼으로 클릭한 후 [텍스트 프레임 옵션] 메뉴를 이용해 설정할 수도 있습니다.

07 ①제목 텍스트 프레임 아래로 부제, 저자 이름, 원서명을 입력할 텍스트 프레임을 만듭니다. ②헬렌을 위한 경제학 표지 원고.txt 파일에서 부제, 저자 이름, 원서 제목을 복사해 붙여 넣습니다. ③그런 다음 텍스트에 스타일을 지정합니다.

부제	산돌제비2, 크기 16.5pt, 자간 –60, 가운데 정렬, 흰색
저자	윤고딕330, 크기 10pt, 자간 –50, 가운데 정렬, C=6 M=26 Y=57 K=0
원서명	ITC Garamond Std Bold Condensed, 크기 11.5pt, 행간 14.3pt, 가운데 정렬, C=6 M=26 Y=57 K=0

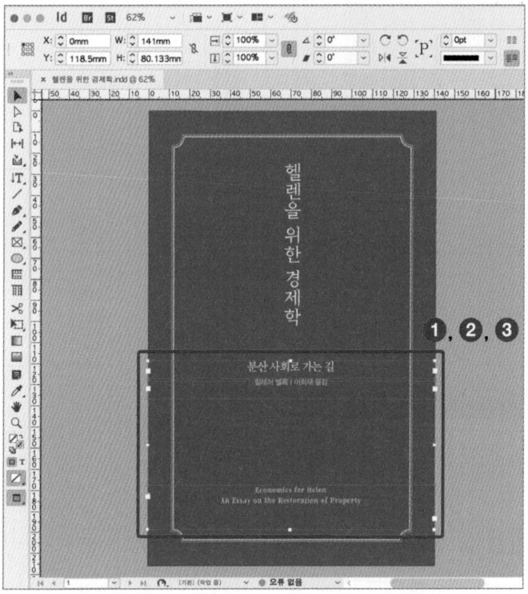

TIP 저자와 옮긴이의 구분은 쉼표, 선, 점 등 적당한 약물을 이용해 꾸며줍니다. 예제에서는 세로선을 선택했습니다.

08 ①일러스트레이터에서 나무패턴.ai 파일을 열어 ②패턴을 복사합니다. ③인디자인으로 돌아와 붙여 넣은 후 ④색을 옅은 노란색(C=6 M=26 Y=57 K=0)으로 지정합니다.

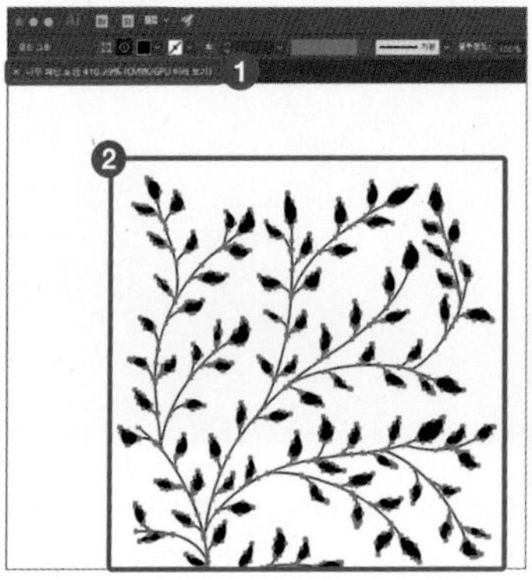

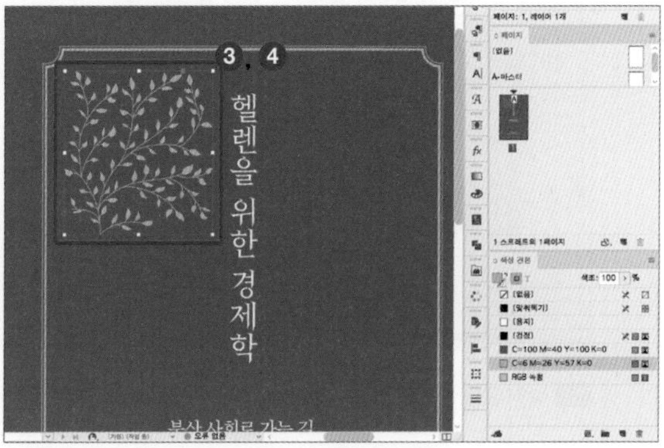

09 나무 패턴을 이어 붙여 제목 주변을 꾸며줍니다. 선택 도구로 나무 패턴을 선택한 후 Alt를 누른 채 드래그하면 복제할 수 있습니다.

10 ① 나무패턴.ai 파일 중 작은 약물을 복사하여 제목과 부제 사이에 붙여 꾸며줍니다. ② 면 색을 옅은 노란색(C=6 M=26 Y=57 K=0)으로 지정합니다.

11 ① 로고.ai 파일을 복사하여 붙여 넣습니다. ② 로고를 프레임과 같은 색(C=6 M=26 Y=57 K=0)으로 지정하고 ③ 선과 로고가 닿는 부분은 끊어주거나 배경과 같은 초록색(C=100 M=40 Y=100 K=0) 박스를 만들어 가려줍니다.

띠지 만들기

12 ①띠지를 만들 새 레이어를 추가하고 ②사각형 프레임 도구로 [H] 68mm 크기의 검은색 사각형을 만듭니다. ③ Ctrl + D 를 눌러 힐레어 벨록.jpg 파일을 불러와 배치합니다.

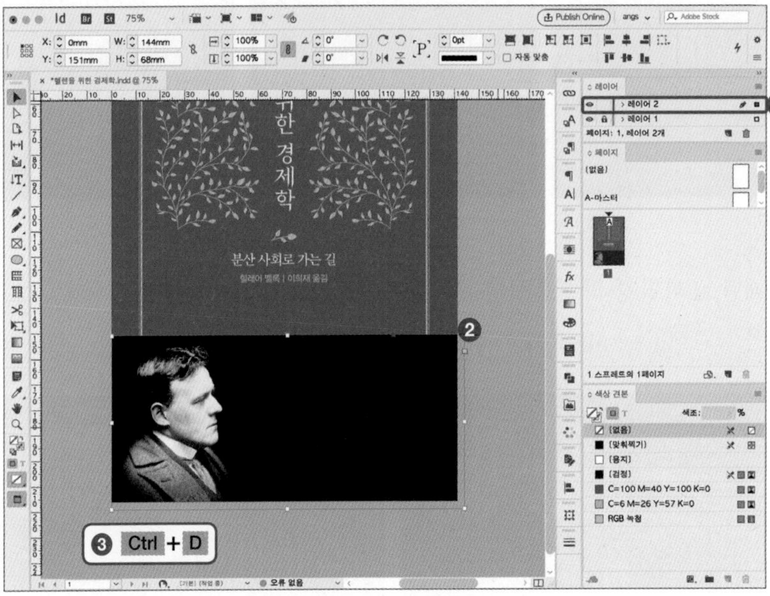

13 텍스트 프레임을 만들어 띠지 문구를 입력합니다.

메인카피	산돌명조L, 크기 16.5pt, 행간 21.5pt, 자간 –50, C=0 M=12 Y=50 K=0, 오른쪽 정렬
서브카피	윤고딕 530, 크기 12pt, 행간 17pt, 자간 –50, 흰색, 오른쪽 정렬

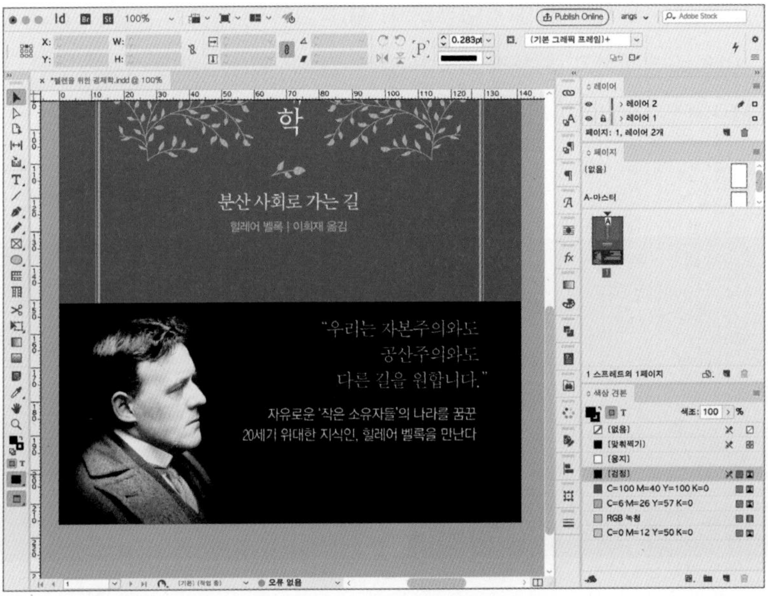

10년차 선배의 멘토링 텍스트 정렬하기–시각적 여백 정렬

오른쪽 정렬을 하는 텍스트에 따옴표나 마침표 같은 문장부호가 있을 때는 [시각적 여백 정렬]에 체크 표시하는 것이 좋습니다. 그러면 문장부호와 글자의 끝선이 정리되어 안정적으로 보입니다.

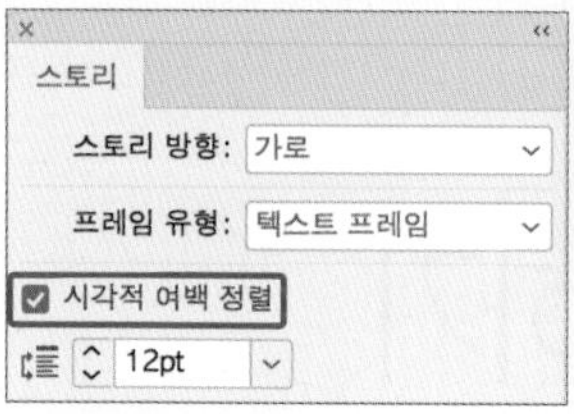

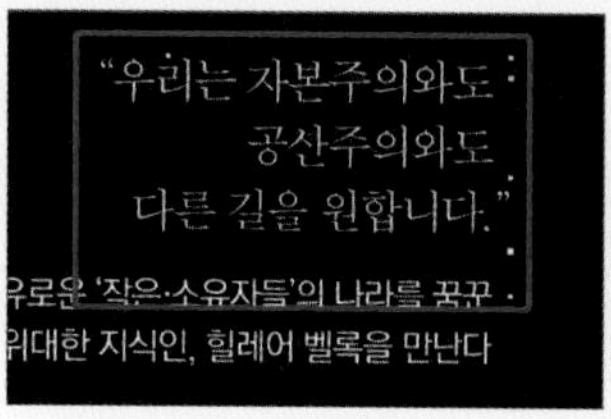

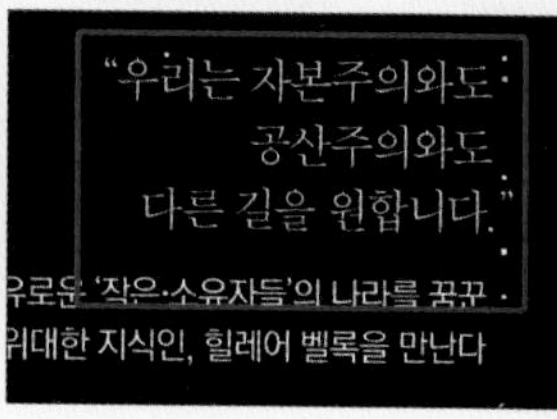

14 마지막으로 로고를 넣어 띠지가 포함된 표지를 완성합니다.

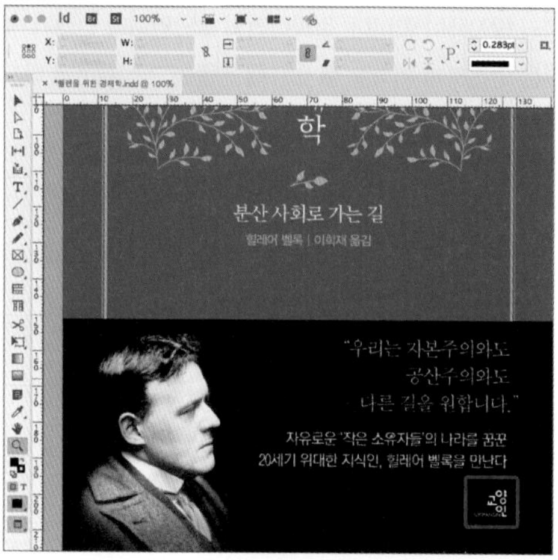

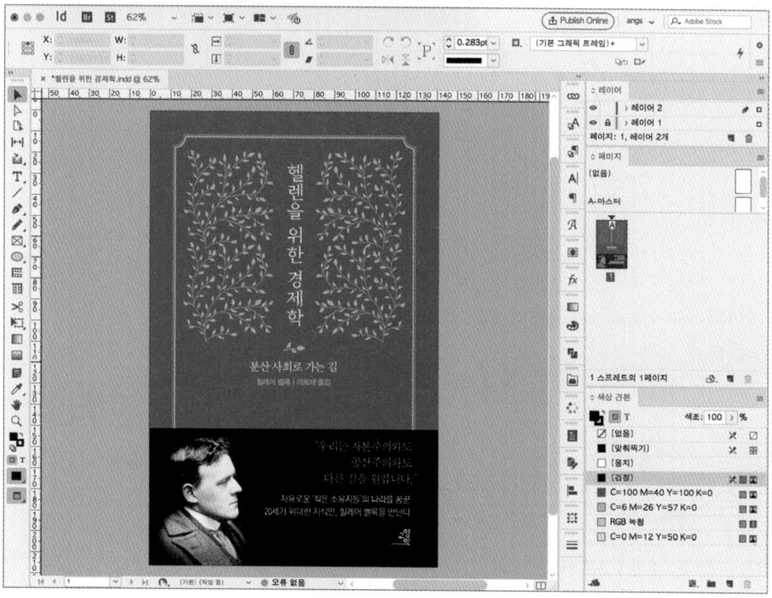

STEP 02

양장 표지 대지 작업하기

이제 본격적으로 대지 작업을 시작해보겠습니다. 양장 표지를 만드는 작업처럼 두 개의 인쇄물이 겹치는 작업물의 대지는 평면이 아니라 입체적으로 구상해야 합니다. 또한 제작 단계에서 생길 수 있는 위험 요소도 미리 방지해야 합니다. 겉싸바리의 절단면이나 인쇄기기에 말려 드는 부분을 안전하게 제작할 수 있도록 신중하고 섬세하게 디자인해야 합니다.

실습 파일 : 프로젝트/양장 표지 디자인 폴더

양장 표지의 대지 크기

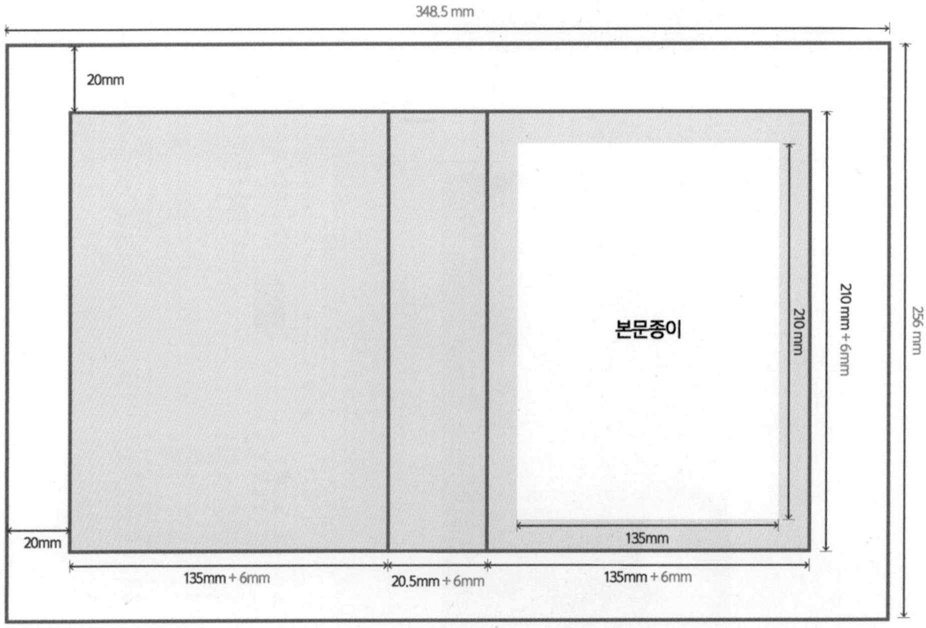

양장 표지의 대지 크기는 입체적으로 보일 것을 예상한 후 작업해야 합니다. 특히 속싸바리 문서는 합지에 인쇄물을 부착하기 때문에 사방으로 20mm를 늘려서 작업합니다.

대지 만들기

01 앞서 만든 표지 파일을 그대로 두고 작업하겠습니다. [페이지] 패널에서 표지 디자인이 있는 페이지를 포함하여 총 세 개의 페이지가 서로 마주 보도록 페이지를 추가합니다.

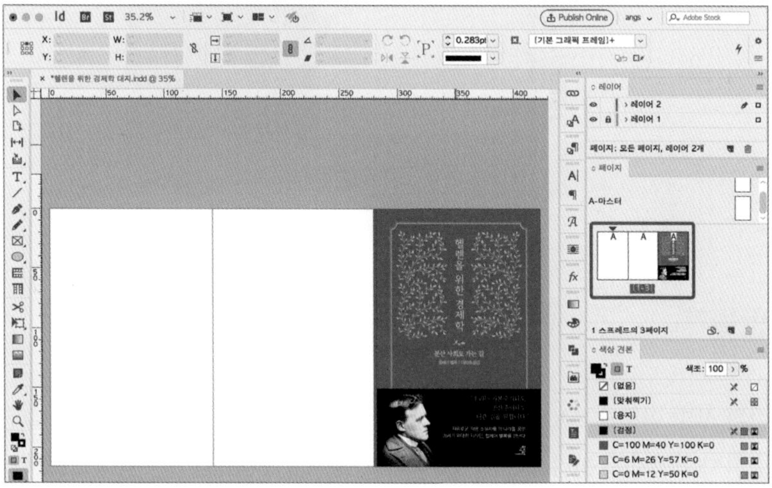

02 ①페이지 도구를 선택하고 ②가운데 페이지의 너비를 26.5mm로 변경합니다.

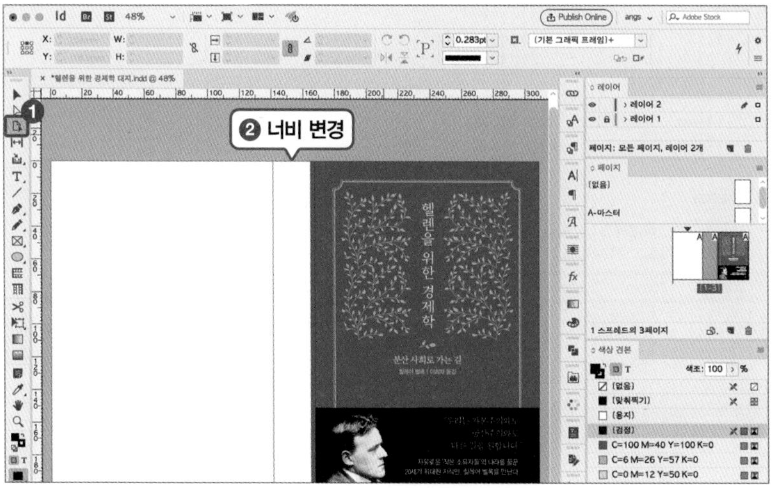

03 띠지는 속싸바리 작업에 방해가 되므로 ①[레이어] 패널에서 띠지를 작업한 [레이어 2]의 눈을 클릭합니다. ②대지에서 띠지 영역이 안 보이게 가려집니다.

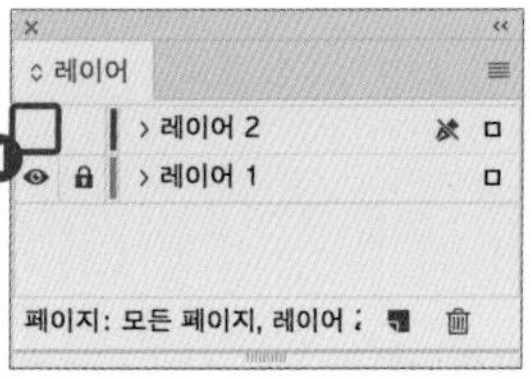

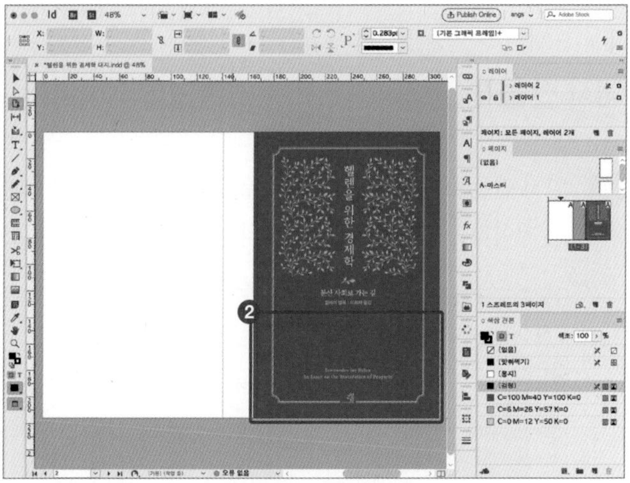

속싸바리 만들기

04 속싸바리의 사방 여분을 20mm 더 늘리기 위해서 ①[파일]–[문서 설정] 메뉴를 클릭해 [문서 설정] 대화상자를 불러옵니다. ②[슬러그]를 모두 20mm로 수정하고 ③ [확인]을 클릭합니다. 이 부분이 나중에 여분이 됩니다.

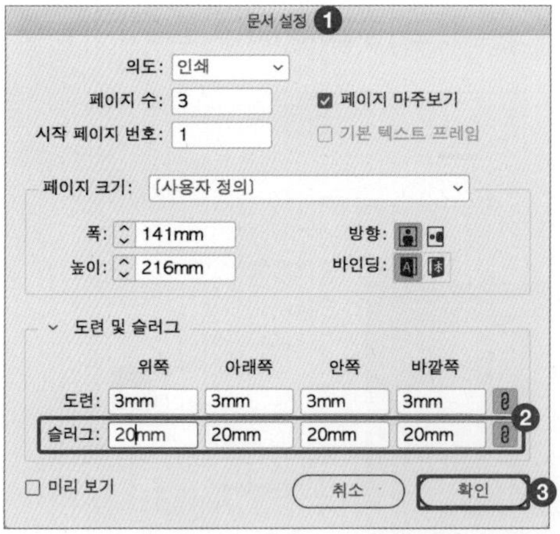

TIP 사방 여분을 설정할 때 [도련]을 20mm로 설정해도 됩니다. 다만 인쇄용 PDF를 만들 때 설정한 [슬러그] 혹은 [도련] 영역을 포함하여 PDF를 변환해야 합니다.

05 ①표1의 배경을 책등과 표4를 넘어 슬러그 영역까지 확장한 뒤 ②[개체]–[잠금] Ctrl + L 메뉴를 클릭해 잠급니다.

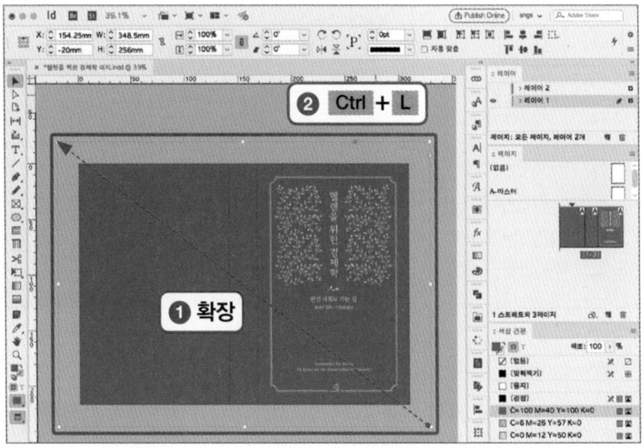

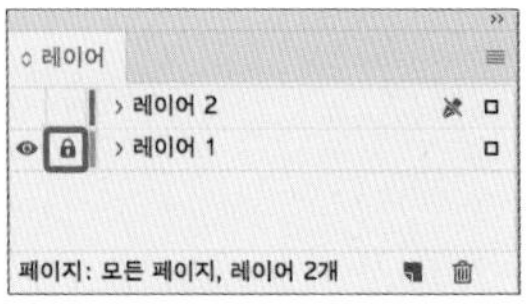

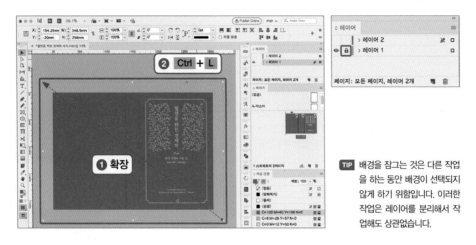

TIP 배경을 잠그는 것은 다른 작업을 하는 동안 배경이 선택되지 않게 하기 위함입니다. 이러한 작업은 레이어를 분리해서 작업해도 상관없습니다.

책등 디자인하기

06 ①선 도구로 책등 상단에 가로선을 긋고 ②스포이트 도구로 ③표1의 프레임을 클릭하여 같은 속성이 되도록 설정합니다.

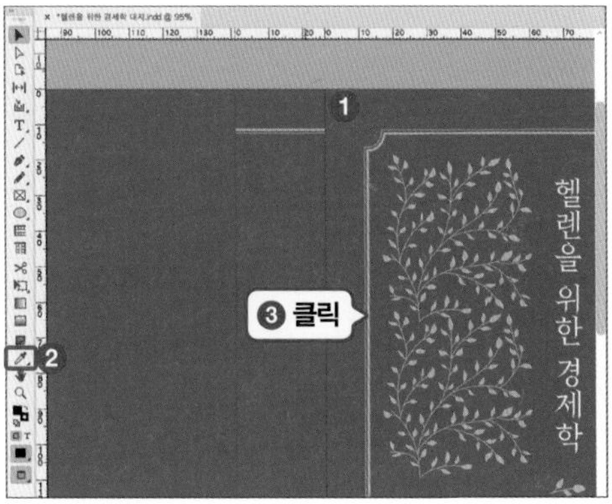

07 표1의 제목, 저자명, 작은 약물을 복사해 책등을 꾸며줍니다.

TIP 책등 두께에 맞도록 제목 서체를 표1보다 작게 줄여도 좋습니다. 저자명은 일반적으로 세로쓰기를 하는데 책등이 두껍다면 가로쓰기를 해도 상관없습니다. 가독성이 유지되는 범위에서 자유롭게 디자인합니다.

08 ①저자명 아래에 선을 그려 넣고 ②표1의 나무 패턴을 넣어 책등 하단을 꾸며줍니다.

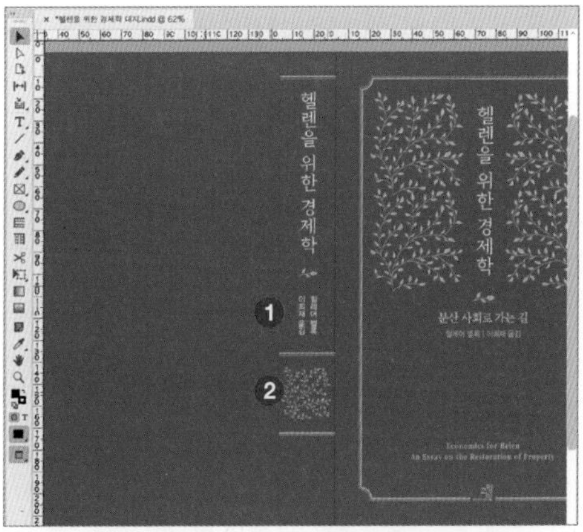

TIP 양장으로 제책된 도서는 무선제책 도서보다 책등이 두껍습니다. 따라서 표1의 그래픽과 어울리는 요소를 이용해 디자인하면 더 완성도 있는 책을 만들 수 있습니다.

09 ①로고.ai 파일에서 책등용 로고를 복사해 ②문서 하단에서 1cm 떨어진 위치에 붙여 넣습니다. ③색은 옅은 노란색(C=6 M=26 Y=57 K=0)으로 지정합니다.

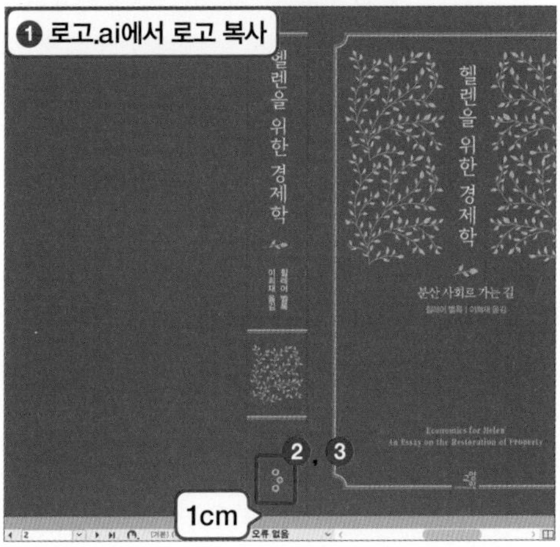

뒤표지 디자인하기

10 ①표1의 프레임을 복사하여 ②표4에 붙여 넣습니다. 이때 표1과 대칭될 수 있게 합니다.

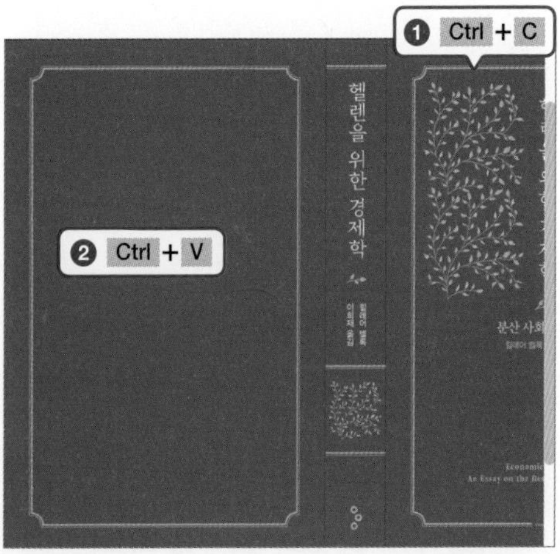

11 ①높이(Y) 24mm 위치에 텍스트 프레임을 만들고 ②헤드카피와 서브카피를 각각 복사해 붙여 넣습니다.

헤드카피	산돌 빛의 계승자, 크기 15.5pt, 행간 22pt, 자간 –50, 흰색
서브카피	산돌고딕, 크기 11pt, 행간 14pt, 자간 –50, C=6 M=26 Y=57 K=0

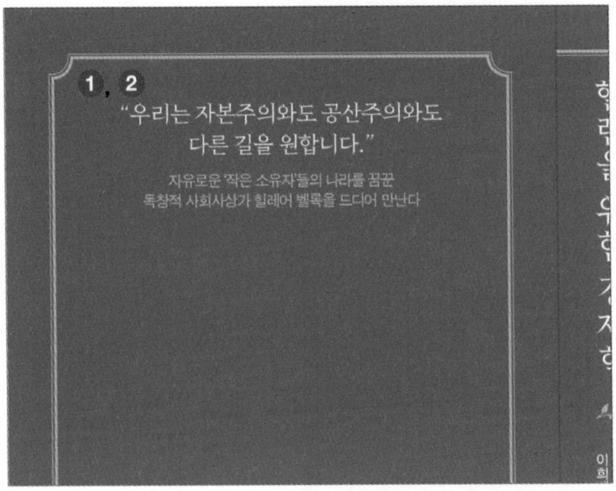

TIP 헤드카피와 서브카피를 입력할 때 하나의 텍스트 프레임을 만들어 함께 입력해도 되고 각각 다른 텍스트 프레임을 만들어 입력해도 됩니다. 페이지가 많다면 같은 프레임 안에서 스타일을 다르게 하는 편이 작업하기 좋지만, 페이지가 많지 않다면 텍스트 프레임을 각각 만드는 것이 편리합니다.

12 ①높이(Y) 65.8mm 위치에 너비 100mm의 텍스트 프레임을 만들고 ②표4 텍스트를 복사해 붙여 넣습니다.

본문	산돌고딕 M, 크기 9pt, 행간 13pt, 자간 –50, 흰색, 이후 공백 2.5mm
본문 출처	DIN M, 크기 7pt, 행간 13pt, 자간 –20, C=6 M=26 Y=57 K=0

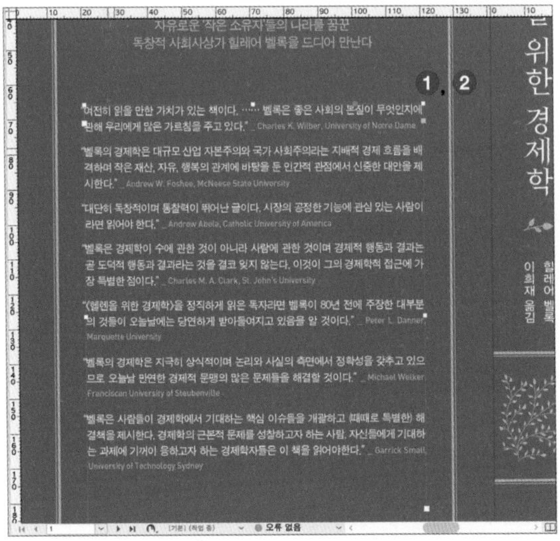

TIP 표4의 본문 텍스트 너비는 100mm를 넘지 않도록 합니다. 너무 넓으면 가독성이 떨어집니다.

TIP 본문 자간 이후 2.5mm 공백은 [단락] 패널에서 설정합니다.

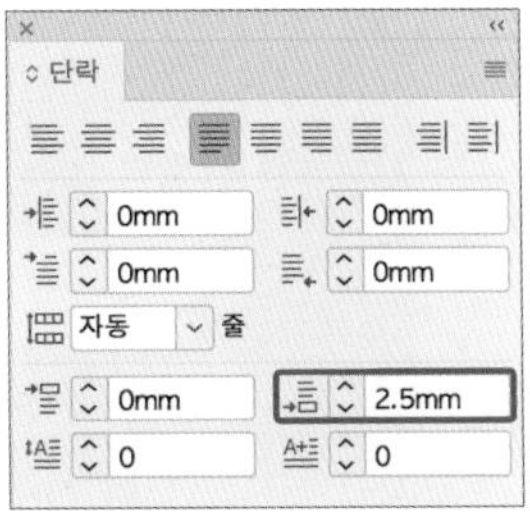

13 책등에 있는 약물을 복사하여 카피와 본문 사이에 붙여 넣습니다.

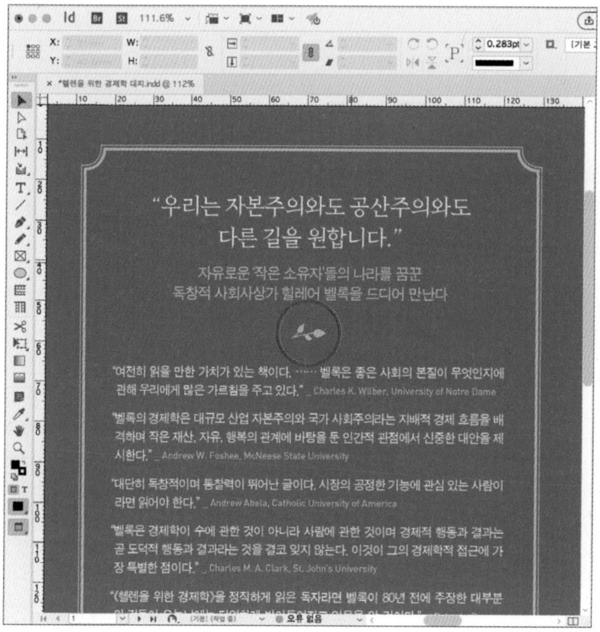

바코드 영역 만들기

14 ①사각 프레임 도구로 ②문서를 클릭해 [사각형] 대화상자를 불러옵니다. ③[폭]은 59mm, [높이]는 11mm로 입력한 후 ④[확인]을 클릭해 ⑤흰색 사각형을 만듭니다.

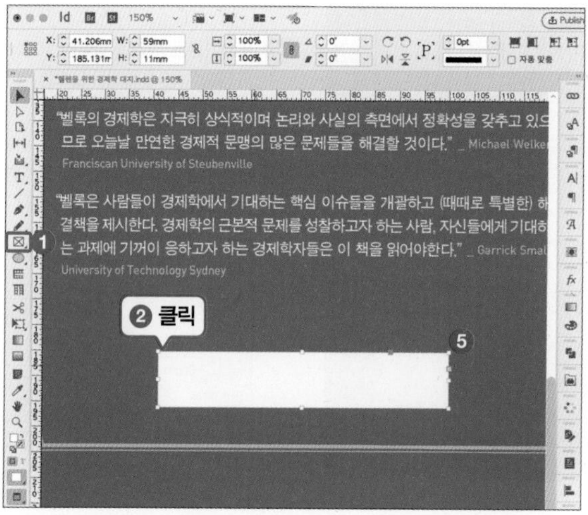

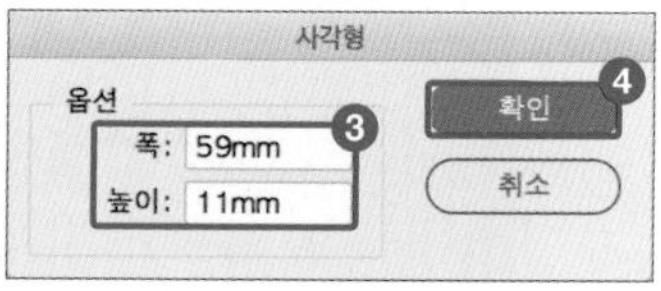

15 ①사각 프레임을 선택하고 ②[개체]–[모퉁이 옵션] 메뉴를 클릭해 [모퉁이 옵션] 대화상자를 불러옵니다. ③[모퉁이 크기 및 모양]을 모두 1mm, [둥글게]로 설정한 후 ④[확인]을 클릭합니다. ⑤모퉁이가 둥글게 바뀝니다.

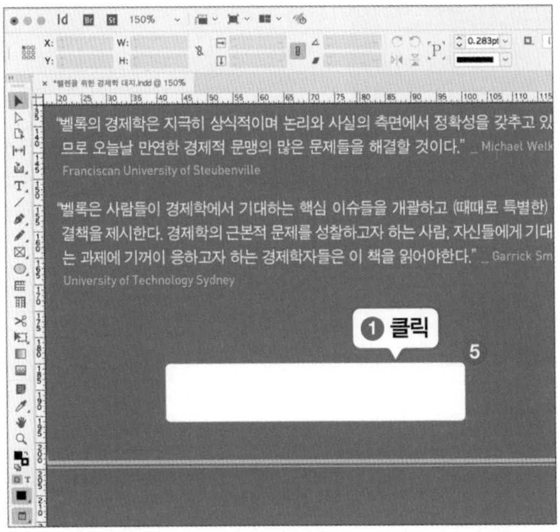

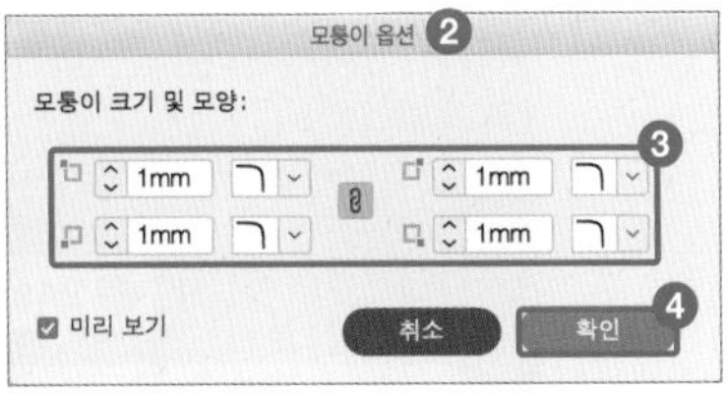

16 일러스트레이터에서 헬렌 바코드.ai 파일을 열어 바코드를 복사한 뒤 인디자인의 사각형 안에 붙여 넣습니다.

17 ①바코드와 2mm 떨어진 곳에 세로선을 긋고 ②스타일을 지정합니다.

두께 0.3pt, 유형 파선 3:2

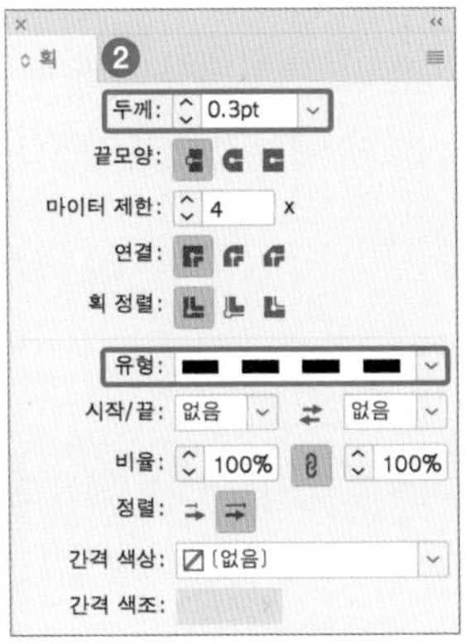

18 ①파선과 2mm 떨어진 위치에 텍스트 프레임을 만들고 ②가격과 ISBN을 입력합니다.

산돌고딕M, 크기 7pt, 행간 9.3pt, 커닝 시각적, 자간 0

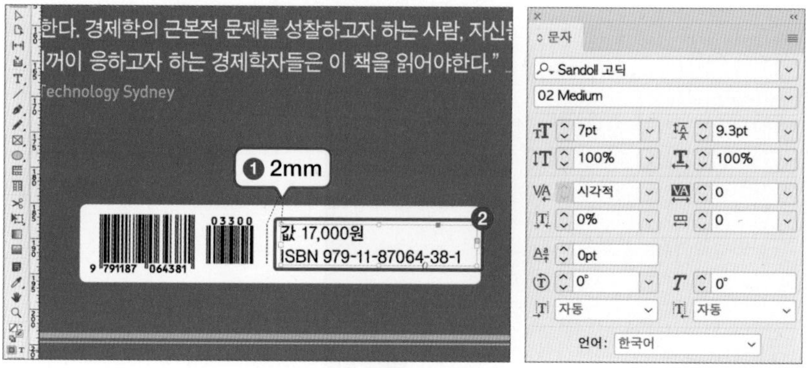

19 속싸바리가 모두 완성되었습니다.

후가공 파일 만들기

20 ①[페이지] 패널에서 속싸바리 [1–3] 페이지를 모두 선택하고 ②새 페이지 만들기로 드래그하여 ③페이지를 복사합니다.

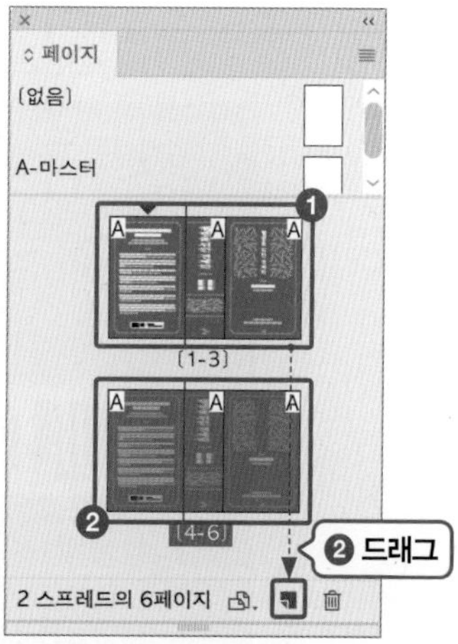

21 [4-6] 페이지가 선택된 상태에서 후가공 처리할 부분만 남기고 모두 삭제합니다. 여기에선 표1의 나무 패턴과 제목과 부제 사이의 약물만 금박 처리할 예정이므로 두 요소를 제외하고는 모두 지웁니다.

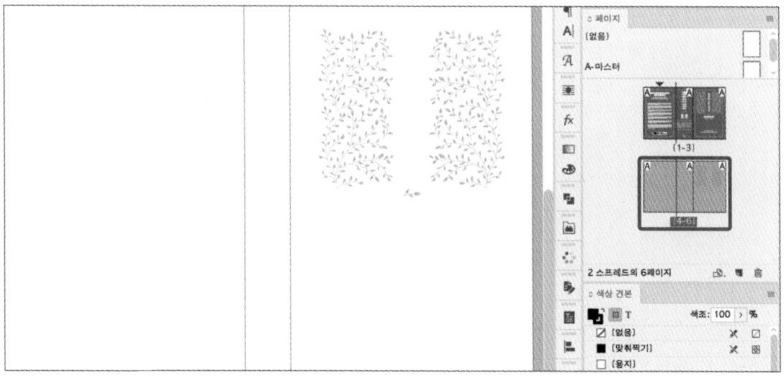

22 남겨진 후가공 부분을 [검정]으로 바꿉니다.

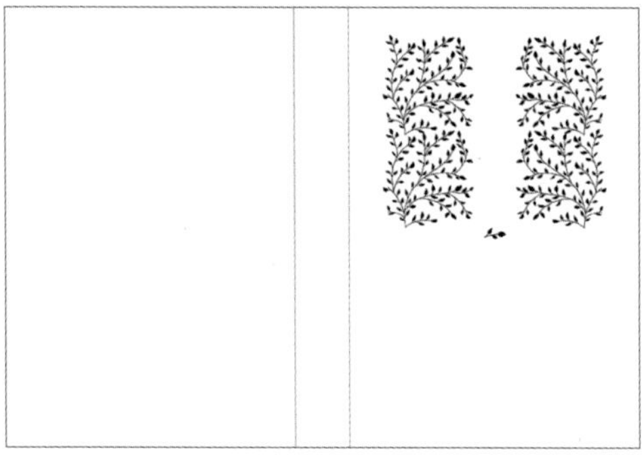

TIP 후가공 부분을 검은색으로 바꾸는 이유는 후가공 판을 따로 제작해야 하기 때문입니다. 박, UV, 에폭시 같은 후가공은 필름을 따로 만들어 그 부분에 필요한 재료를 제작하는 데 사용합니다.

인쇄 파일 만들기

23 [페이지] 패널에서 맨 처음 만들었던 속싸바리 페이지를 복사합니다.

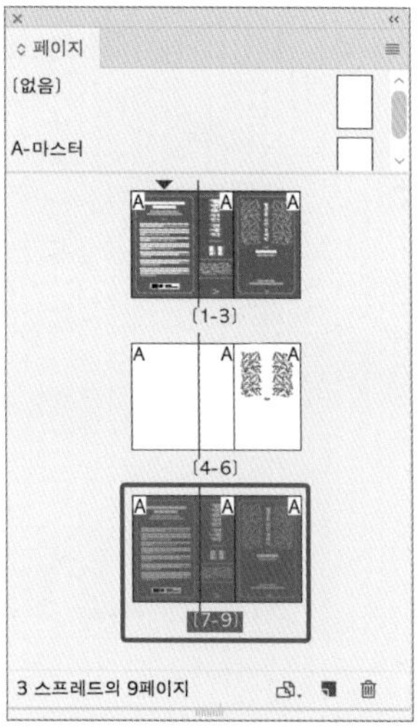

TIP 마주보는 3종의 페이지를 만듭니다. 첫 번째 페이지는 인쇄용으로, 두 번째 페이지는 후가공용으로, 세 번째 페이지는 디자인 확인용으로 세팅합니다.

24 [1–3] 페이지는 인쇄용이므로 금박 후가공이 들어갈 부분을 지워줍니다. 금박 후가공이 들어갈 부분에 인쇄가 되면 금박과 인쇄 이미지가 겹쳐져 완성도가 떨어지므로 반드시 지워줍니다.

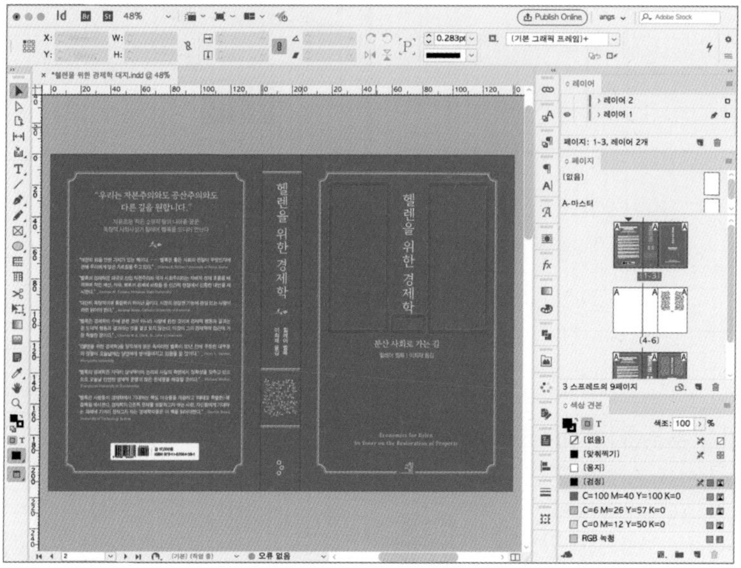

TIP 박 후가공과 달리 UV, 에폭시 같이 투명한 후가공이 들어가는 경우에는 반드시 인쇄를 해야 합니다. 후가공의 특징을 잘 이해한 후에 인쇄용 파일을 만들도록 합니다. 후가공에 대한 자세한 내용은 이 책의 216쪽을 참고하세요.

인쇄 파일 내보내기

25 ①[파일]–[내보내기] Ctrl + E 메뉴를 클릭하면 [내보내기] 대화상자가 나타납니다. ② 알아볼 수 있는 제목을 입력하고 ③[저장]을 클릭합니다.

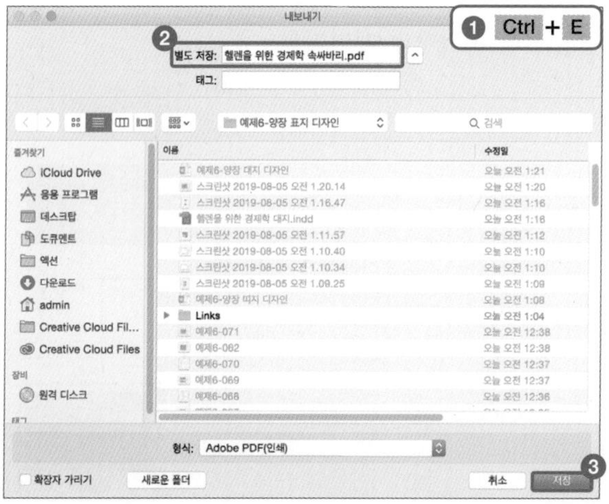

TIP 윈도우 데스크탑을 사용한다면 대화상자의 항목이 다를 수 있습니다. [파일 이름]에 알맞은 이름을 입력합니다.

26 ①[Adobe PDF 내보내기] 대화상자가 나타나면 [Adobe PDF 사전 설정] 항목에서 [고품질 인쇄]를 선택합니다. ②[일반] 탭-[페이지]-[범위]는 인쇄 페이지와 후가공 페이지가 있는 **1-6**으로 입력하고 ③[스프레드]에 체크 표시합니다. ④[표지 및 도련] 탭-[표시]는 [재단선 표시]에 체크 표시하고 ⑤[유형]을 [기본값]으로 설정한 뒤 ⑥[오프셋]을 **17mm**로 입력합니다. ⑦마지막으로 [슬러그 영역 포함]에 체크 표시하고 ⑧[내보내기]를 클릭합니다.

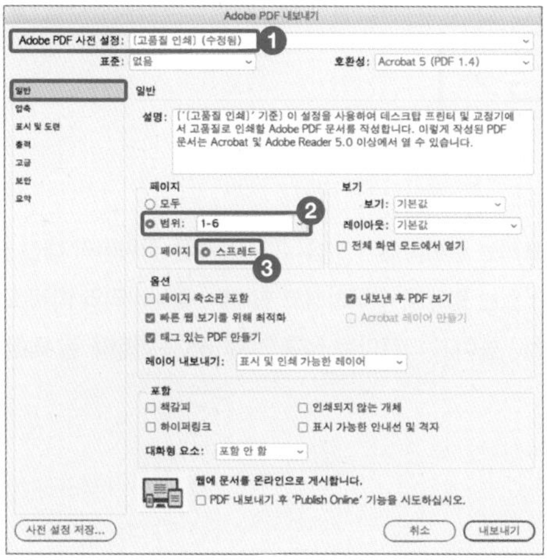

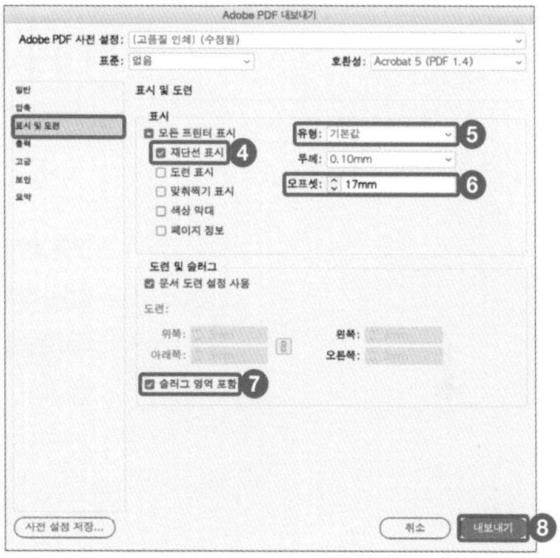

27 여분 20mm(앞서 설정한 슬러그 영역)가 포함된 상태의 PDF가 완성되었습니다.

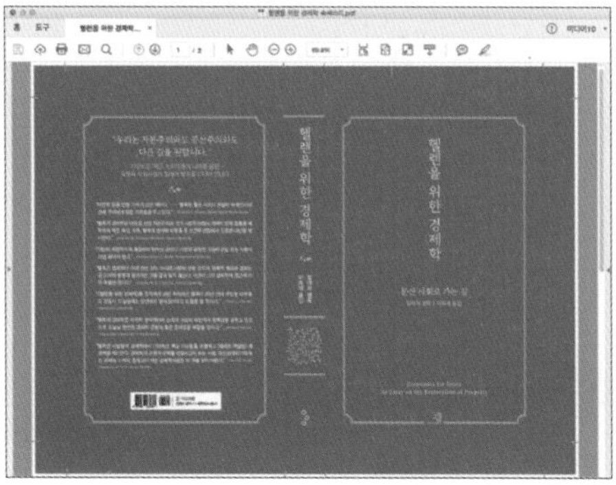

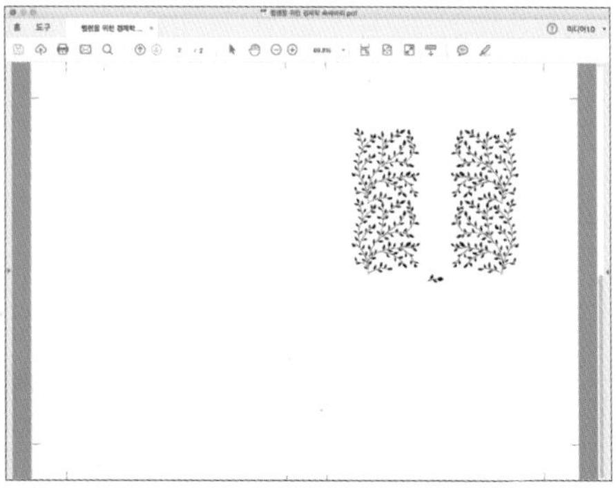

STEP 03

양장 띠지(겉싸바리) 만들기

보통 양장 표지는 겉싸바리가 있습니다. 이 책은 겉싸바리 대신 높이가 짧은 띠지가 있는 형태로 제작하려고 합니다. 겉싸바리와 띠지 모두 너비는 같으나 높이가 다르다는 점을 인지하면서 과정을 잘 익혀보도록 합니다.

실습 파일 : 프로젝트/양장 표지 디자인 폴더

띠지(겉싸바리) 대지 만들기

01 ① 헬렌을 위한 경제학 대지.indd 파일을 엽니다. ② 그런 다음 [페이지] 패널에서 첫 번째 마주보는 페이지를 제외한 나머지 [4-6], [7-9] 페이지를 삭제합니다.

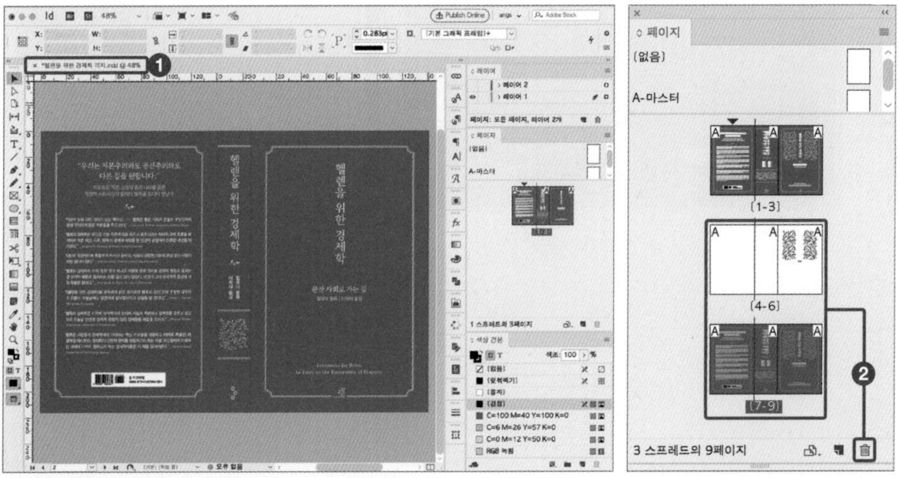

TIP 헬렌을 위한 경제학 대지.indd 파일이 아닌 앞서 작업한 후가공 파일을 이용해 실습한다면 [1-3], [4-6] 페이지를 삭제합니다.

02 ①[레이어] 패널에서 가려두었던 [레이어 2]의 눈을 다시 표시하고 ②[레이어 1]은 삭제합니다. ③앞서 만들어둔 띠지 이미지가 나타납니다.

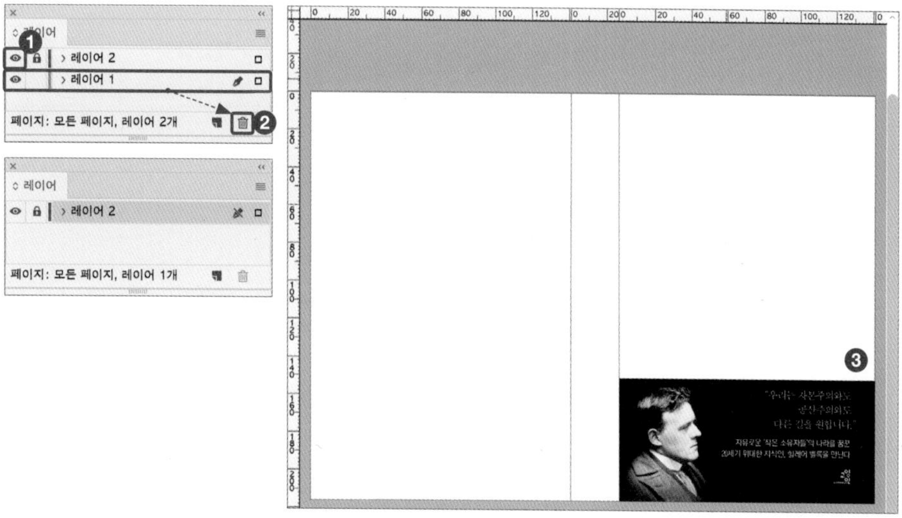

03 [페이지] 패널에서 페이지 두 개를 더 추가하여 다음 화면처럼 페이지의 양 끝에 각각 하나씩 마주 보게 이어 붙입니다.

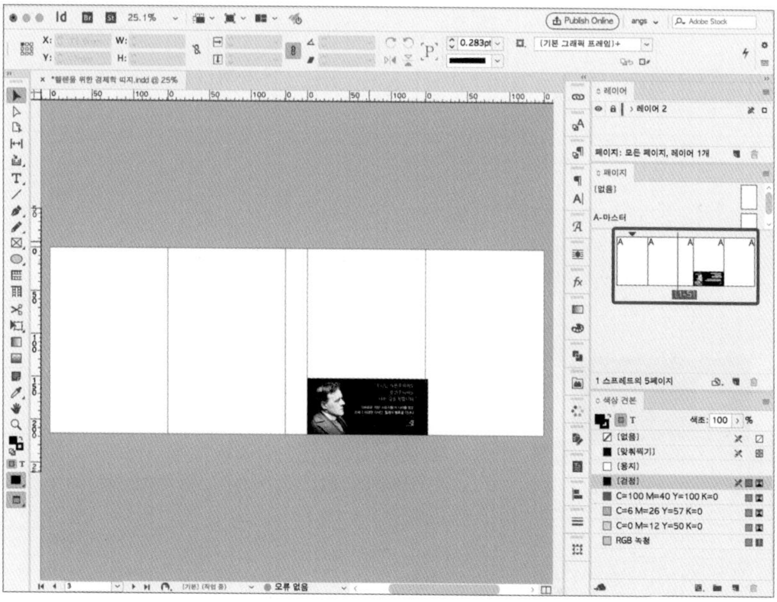

04 ①[페이지] 패널에서 5개의 페이지를 모두 선택하고 ②페이지 도구로 ③높이(H)를 65mm로 변경합니다.

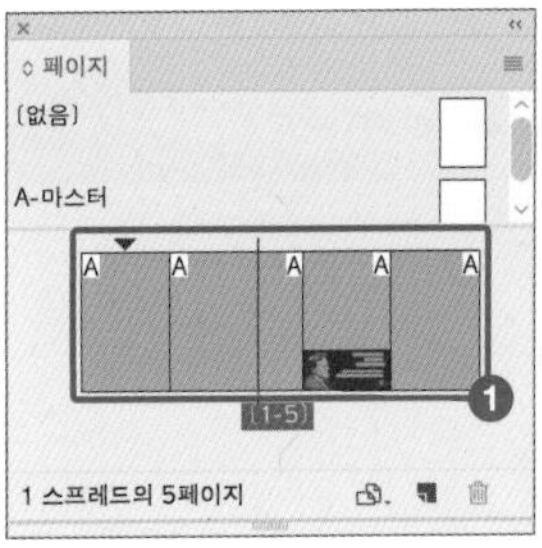

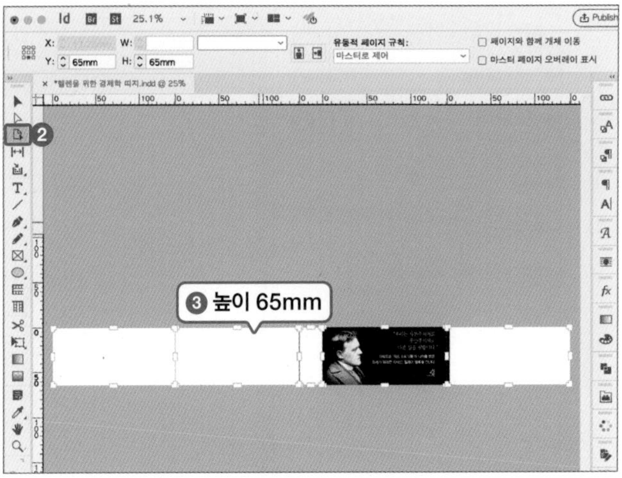

TIP 페이지 도구를 사용하여 높이를 변경할 때에는 [변형] 패널을 활용하는 것이 좋습니다. 페이지 도구로 페이지를 선택한 후 [변형] 패널에서 [H]에 65mm를 입력하면 됩니다. 이때 참조점을 하단으로 설정해야 이미지 위치에 맞게 페이지가 조정됩니다.

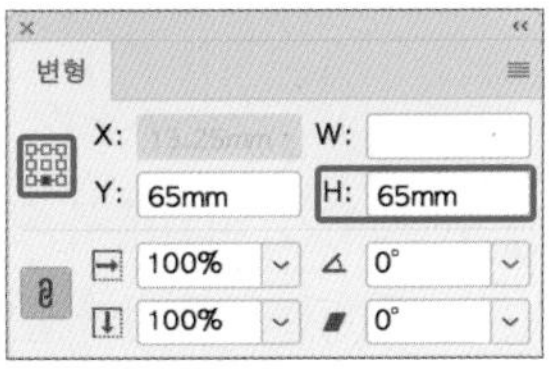

05 ①페이지 도구로 ②③ 양쪽 날개의 너비를 100mm로 설정합니다.

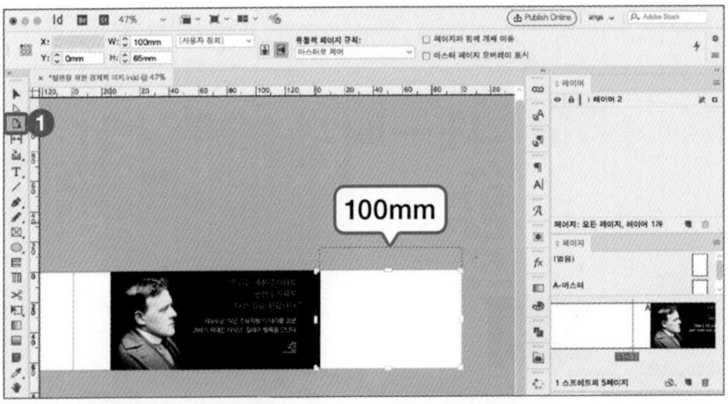

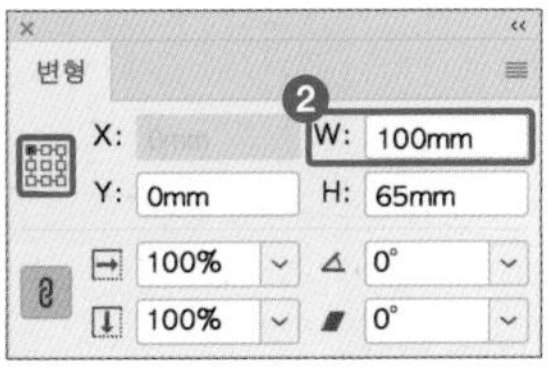

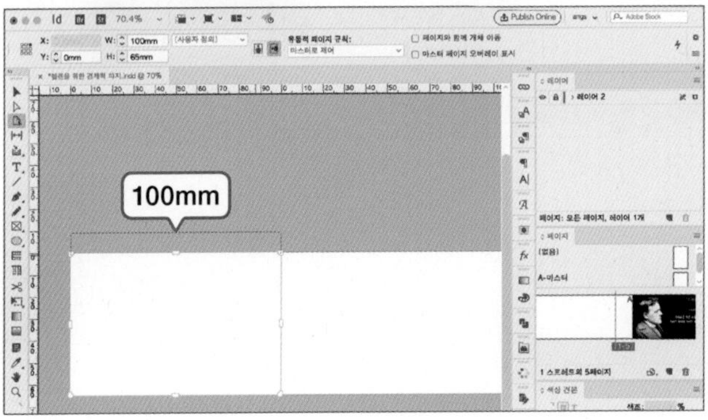

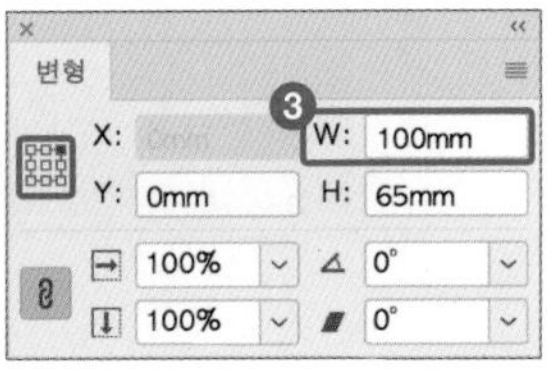

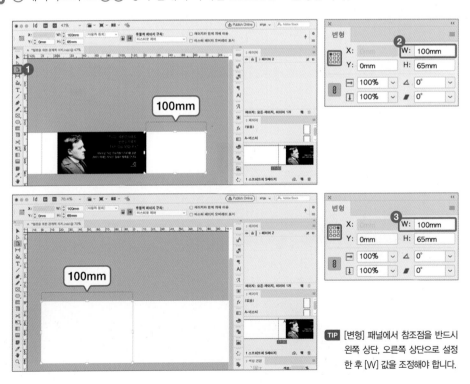

TIP [변형] 패널에서 참조점을 반드시 왼쪽 상단, 오른쪽 상단으로 설정한 후 [W] 값을 조정해야 합니다.

06 띠지의 배경을 책등과 도련선까지 확장합니다.

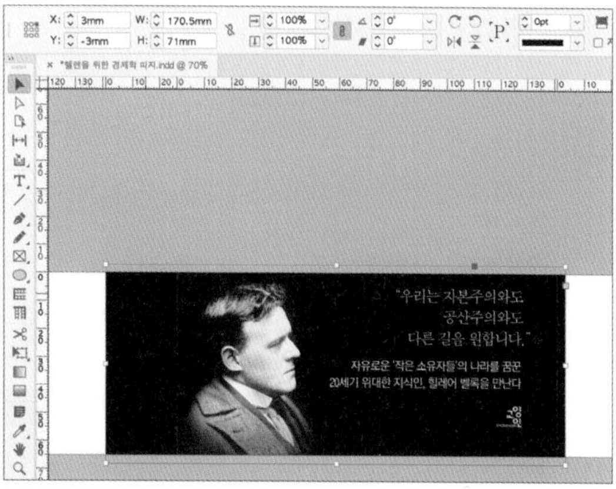

07 ① 오른쪽 날개 부분에 사각 프레임 박스를 만들고 ② Ctrl + D 를 눌러 띠지 배경색.jpg 파일을 불러옵니다.

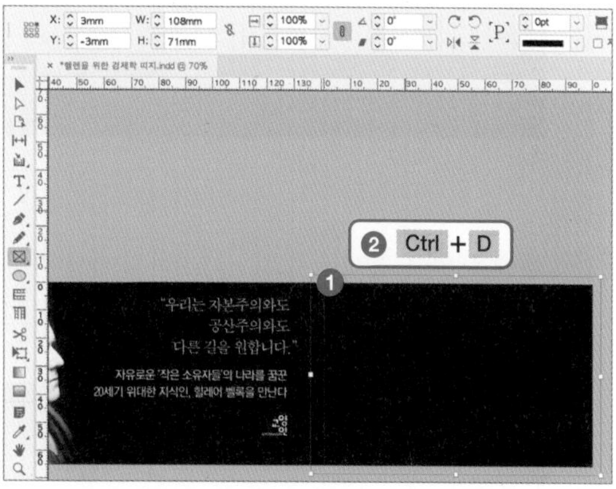

TIP 띠지 배경색.jpg 파일은 단순한 검은색으로 보이지만 실제로는 CMYK로 만들어진 이미지입니다. 띠지로 만든 이미지의 배경색과 같은 색상으로 포토샵을 이용하여 만든 것입니다. 인디자인에서 같은 색상 값으로 만들어도 색상 프로파일이 다른 경우 인쇄할 때 색이 다르게 나오는 경우가 있습니다. 그러므로 포토샵을 이용해 정확한 색상으로 만드는 것이 좋습니다.

08 07 단계처럼 띠지 표4 부분과 왼쪽 날개 부분에도 사각 프레임 박스를 만들어 띠지 배경색.jpg 파일을 불러옵니다.

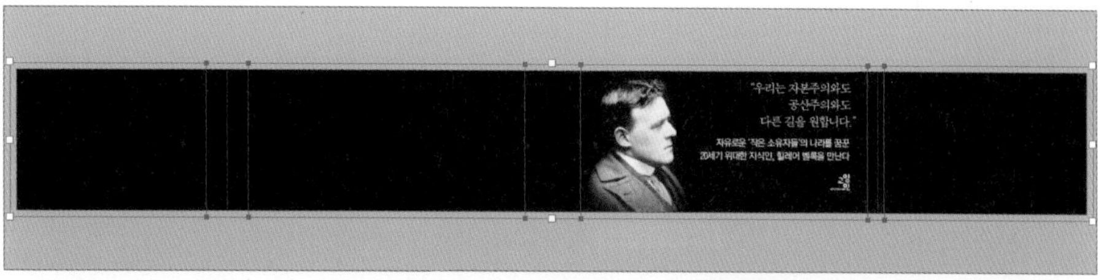

띠지 뒤표지 디자인하기

09 ①표4에 텍스트 프레임을 만들어 헬렌을 위한 경제학 표지 원고.txt 파일의 띠지 카피를 복사해 붙여 넣습니다. ②문자 스타일을 지정합니다.

메인카피	산돌명조, 크기 11.5pt(괄호 10.5pt), 행간 16.5pt, 자간 –50, C=0 M=12 Y=50 K=0
서브카피	산돌고딕M, 크기 9pt, 행간 14pt, 자간 –50

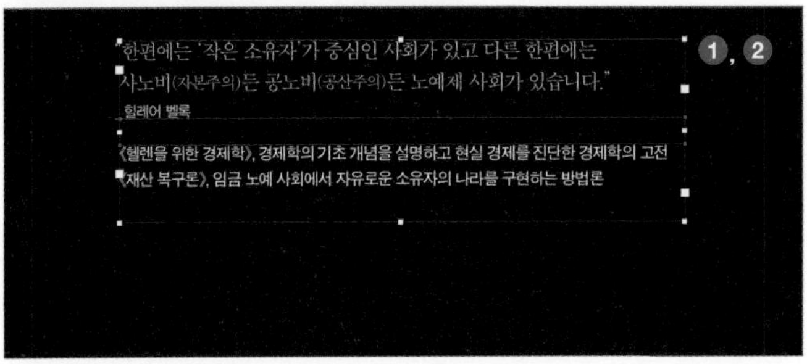

10 헬렌을 위한 경제학 대지.indd 파일에서 바코드를 복사하여 붙여 넣습니다. 위치는 대지 위치와 동일하게 넣도록 합니다.

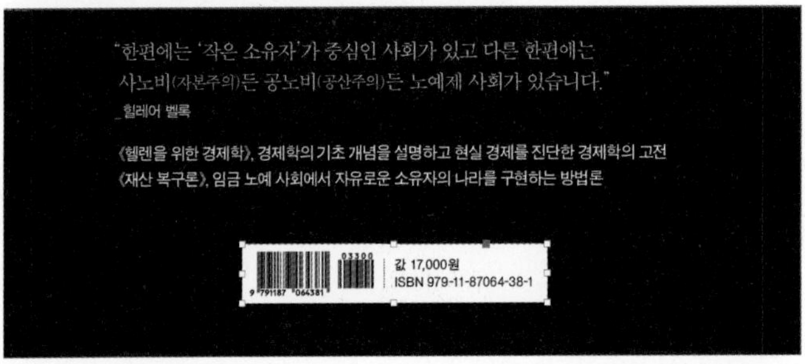

11 띠지가 완성되었습니다.

인쇄 파일 내보내기

12 앞서 STEP 02. 양장 표지 대지 작업하기의 [인쇄 파일 내보내기]를 참고하여 파일을 내보내기합니다. ①이때 [일반] 탭–[페이지]는 [모두]를 선택하고 [스프레드]에 체크 표시합니다. ②[표지 및 도련] 탭–[표시]는 [재단선 표시]에 체크 표시하고 ③[문서 도련 설정 사용]에 체크 표시한 후 ④[내보내기]를 클릭합니다.

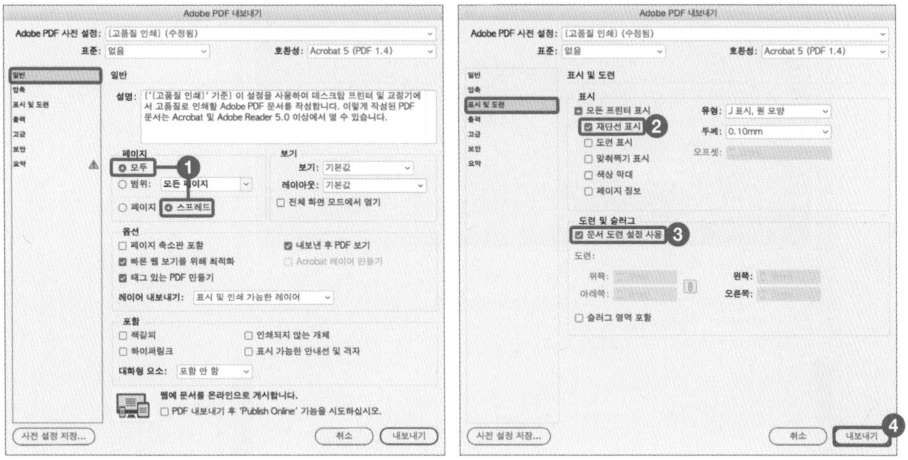

13 인쇄용 PDF가 완성되었습니다.

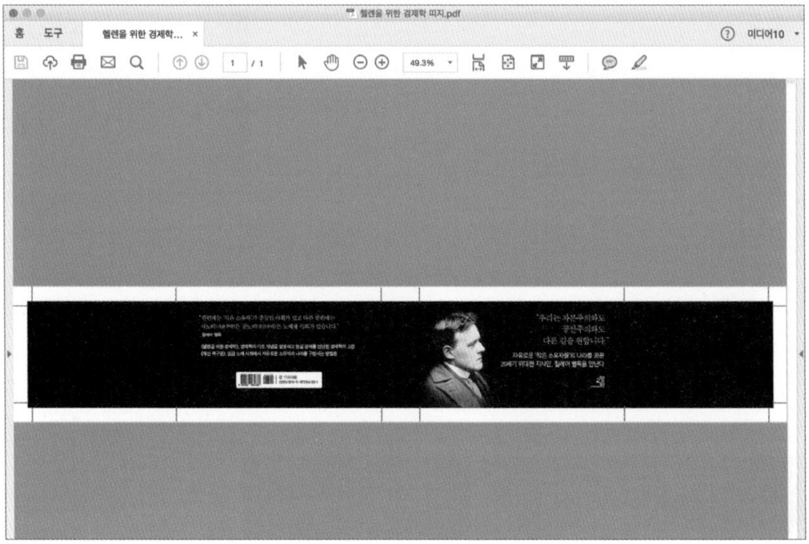

14 이렇게 만들어진 띠지 파일과 앞서 만든 PDF 파일을 인쇄소에 보내면 됩니다.

▲ 인쇄용 파일

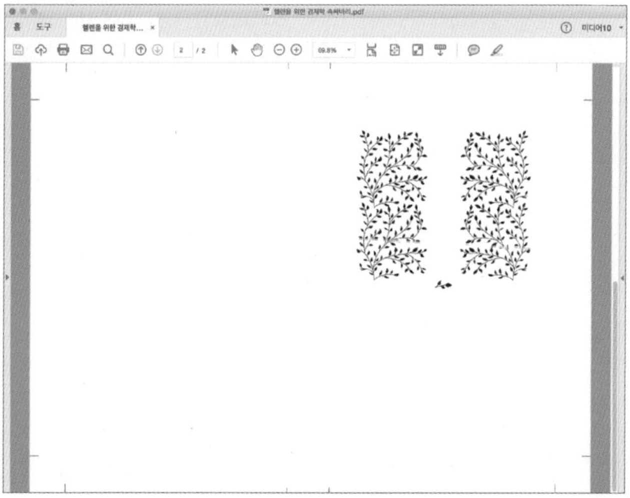

▲ 후가공 파일

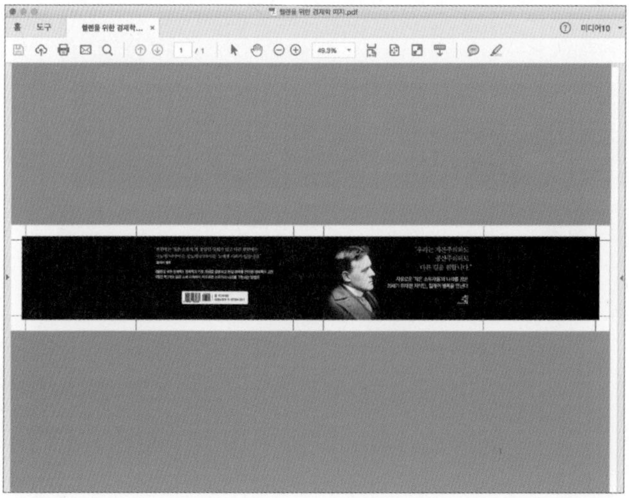

▲ 인쇄용 띠지 파일

PROJECT 07

30대에 하지 않으면 후회할 것들 상세 페이지 디자인

상세 페이지는 온라인 쇼핑몰에서 물건을 살 때 자주 볼 수 있습니다. 제품의 상세한 정보는 기본이고 제품이 매력적으로 보일 수 있도록 잘 디자인해야 합니다. 제품의 얼굴과도 같은 상세 페이지의 디자인이 허술하다면 아무도 제품을 사고 싶지 않을 겁니다. 웹디자이너라면 상세 페이지 디자인 작업을 포토샵으로 할지도 모릅니다. 하지만 편집디자이너라면 포토샵보다 인디자인으로 작업하는 편이 훨씬 더 편하다는 것을 알 수 있을 것입니다.

PREVIEW

'인생여전' vs '인생역전'을 대조적으로 다룸

#비슷하지만 #다른 단어로 #대비 효과주기

보색을 사용하여 문구에 포인트를 줌

#파란색 #노란색 #연두색 #보색 활용

책 이미지가 도드라지게 보이도록 구성

#책 소개 #상세 페이지는 #책 세움 이미지가 #필수

본문에 있는 일러스트를 활용해 상황을 설명

#요즘 트렌드는 #멋스러운 #일러스트다!

후회막심 인생과 작별하기 위해
당신이 꼭 버려야 할 태도 5가지
1. 내 전문 분야만 잘 알면 된다? NG!
업무 관련 분야부터 예술, 취미에 이르기까지
폭넓은 분야에 관심을 가지고 배우면
인생의 재미 100배!
2. 시키는 일만 열심히 하면 된다? NG!
억지로 하는 일로는 성장할 수도,
보람을 찾을 수도 없다.
당신을 성장시키고, 마음을 설레게 하는 일을 찾아라!
3. 대기업 출신 or 공무원이라면
인생 프리패스? NG!
당신이 다니는 회사는 당신이 아니다.
당신만의 유일무이한 능력이 성공의 핵심!
4. 미래는 딱히 중요하지 않다? NG!
앞으로의 삶에 대한 설계도가 있다면
매일을 충실하면서도 행복하게 살 수 있다!
5. 말은 100점,
그러나 속 빈 강정? NG!
화려한 말발은 잠깐의 눈속임에 불과하다!
다양한 경험으로 남들도,
나도 만족시키는 삶을 만들자!

항목을 나눌 때에는 확실히 구분되게 디자인

#서체와 #선을 #적용하여 #확실히 #구분할 것

제작의뢰서

번호	종류	내용
1	제목	30대에 하지 않으면 후회할 것들
2	종류	도서 상세 페이지(웹용)
3	판형	가로 760px
4	참고 구성	이번 생은 아직 망하지 않았다! 30대의 하루가 10년 후 당신의 한 달을 결정한다. 사회생활이 처음이었던 20대, 모든 게 새롭다 보니 업무에 적응하느라 시키는 일만 해도 벅찼습니다. 그렇게 회사에 적응하기 위해 열심히 살아왔을 뿐인데, 정신 차려보니 어느덧 30대입니다. 30대가 되면 꿈꾸던 성공에 한 발짝 다가가 있을 줄 알았는데, 이전과 전혀 다를 바 없이 그대로입니다. '운동 좀 할 걸', '영어 공부 해둘 걸', '더 열심히 놀았어야 했는데' 하는 후회 속에 이번 생은 이미 틀린 것 같다는 생각만 듭니다. 정말 이번 생은 망한 것일까요? **디자인 방향** 1. 헤드 부분은 대비가 부각될 수 있게 한 번에 시선을 끌 수 있는 디자인이면 좋겠어요. 2. 바디 부분은 내용을 한눈에 이해할 수 있도록 가독성과 재미를 주세요. 3. 꼬리 부분은 책이 잘 보이도록 구성해주세요.

10년차 선배는 이렇게!

- '인생여전 vs 인생역전' 문구가 대조되는 이미지를 전달하기 위해 색과 이미지로 차별을 두었습니다.
- 선, 그림을 사용해 각 항목을 구분했습니다.
- 시선을 잡아끌 수 있는 보색을 사용했습니다.

STEP 01

페이지 헤드 디자인하기

상세 페이지나 이벤트 페이지와 같은 광고 페이지에서 가장 중요한 역할을 하는 부분이 바로 헤드입니다. 이 부분에서 시선을 끌지 못하면 이후에 이어지는 내용은 독자에게 외면당합니다. 흥미로운 문구로 궁금증을 유발하거나 재미있는 디자인으로 시선을 끌어야 합니다.

실습 파일 : 프로젝트/상세 페이지 디자인 폴더

새 문서 만들어 문구 입력하기

01 ① Ctrl + N 을 눌러 ②[의도]는 [웹], [폭]은 760px, [높이]는 3100px로 설정합니다. ③[여백 및 단]을 클릭해 ④[새 여백 및 단] 대화상자가 나타나면 [여백]을 모두 50px로 입력하고 ⑤[확인]을 클릭합니다.

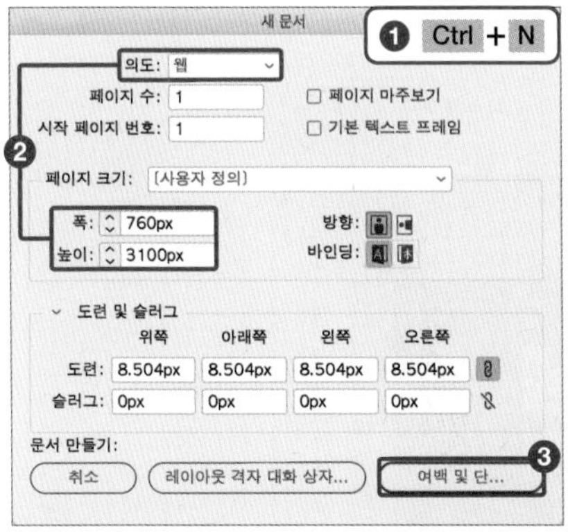

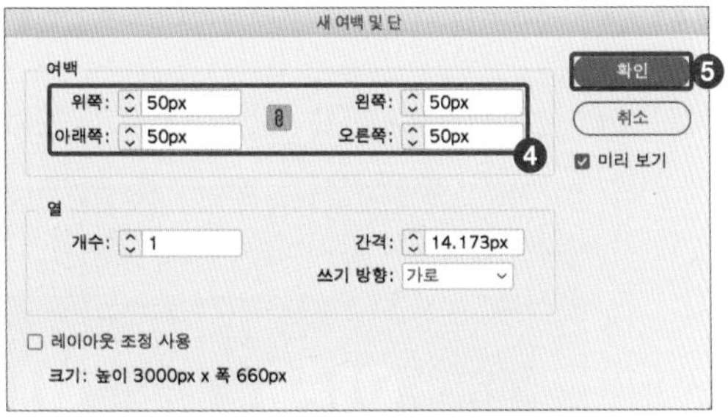

TIP mac OS는 [새 문서] 대화상자에서 [의도]를 설정할 수 있으며, 윈도우 OS에서는 상단 탭에서 [웹]을 선택합니다.

TIP 예제에서는 편의를 위해 [높이] 항목에 수치를 넣었지만, 보통 온라인 상세 페이지의 크기 가이드는 가로 너비만 정해져 있는 경우가 많습니다. 따라서 [높이]는 작업을 하는 디자이너가 유동적으로 조정하는 것이 좋습니다. 단, 세로 길이가 너무 길어지면 용량도 함께 늘어나서 이미지가 출력되는 속도에 문제가 생길 수 있으니 유의해야 합니다.

02 ①사각 프레임 도구로 ②760×940px 크기의 사각형을 만들고 ③면 색으로 남색(R=0 G=72 B=141)을 지정합니다.

TIP 상세 페이지나 이벤트 페이지는 인쇄 출력이 아닌 웹을 통해 보여지는 이미지이므로 색상 유형을 [RGB]로 작업합니다. 실습에 사용한 남색(R=0 G=72 B=141)은 앞으로도 자주 사용할 예정이므로 [색상 견본] 패널에 등록해두면 좋습니다.

TIP 배경이 있는 디자인을 작업할 때는 배경과 텍스트 부분을 레이어로 분리하여 작업하면 편합니다. 텍스트를 비롯한 개체를 선택할 때 배경 프레임이 함께 선택되지 않도록 레이어를 잠궈서 사용하세요. 실습에서는 [레이어 1]에 배경을 두고 텍스트는 [레이어 2]에 작업했습니다.

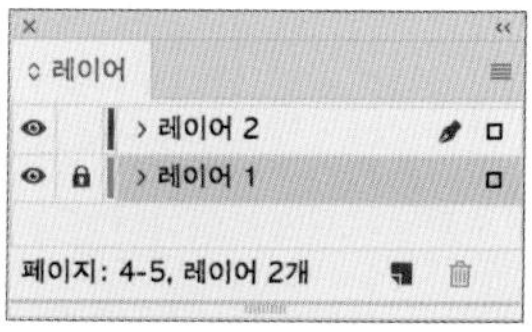

03 ①문자 도구로 ②텍스트 프레임을 만들어 **인생 여전**, **인생 역전** 문구를 입력합니다. ③스타일을 지정한 후 '인생'은 [용지(흰색)]으로, '여전'은 연두색(R=173 G=255 B=81)으로, '역전'은 노란색(R=255 G=232 B=63)으로 지정합니다.

산돌 격동고딕, 크기 78.5pt, 행간 90pt, 가로비율 95%, 자간 0

TIP 입력해야 할 텍스트는 상세 페이지 원고.txt 파일을 참고하세요.

04 ①원형 프레임 도구를 클릭하고 ② **Shift** 를 누른 채 두 글자 사이를 드래그하여 110px의 정원을 만듭니다. ③그런 다음 [두께]는 5pt, ④선 색은 하늘색(R=28 G=150 B=213)으로 지정합니다.

TIP 정확한 수치의 도형을 만드려면 도형 도구를 선택하고 문서의 빈 곳을 클릭합니다. 도형 대화상자가 나타나면 [폭]과 [높이]에 정확한 수치를 입력해 정확한 크기의 도형을 만들 수 있습니다. 혹은 임의의 도형을 그린 뒤 [변형] 패널에서 원하는 정확한 수치([W], [H])를 입력해도 됩니다.

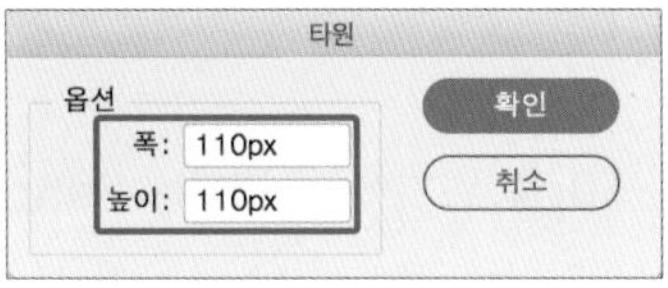

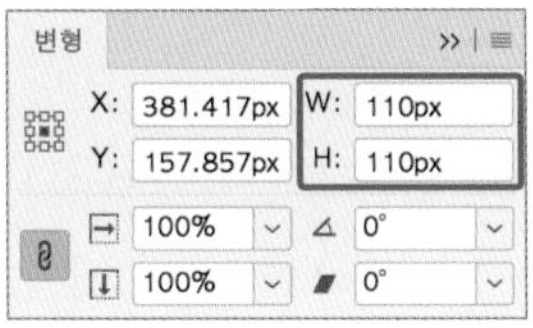

05 ①원형 프레임 위에 텍스트 프레임을 만들어 VS를 입력합니다. ②스타일을 지정합니다.

Avant Garde Gothic Bold(굵고 힘 있는 서체), 크기 52pt, 자간 0, 하늘색(R=28 G=150 B=213)

TIP 문자 도구가 선택된 상태에서 원형 프레임을 클릭하면 원형 프레임이 텍스트 프레임으로 자동 변경되니 유의해야 합니다. 원형 프레임 안에 직접 텍스트를 입력해도 상관없지만 그렇게 되면 텍스트를 원의 정가운데 위치하는 것이 번거롭습니다. 그래서 실무에서는 텍스트 프레임을 따로 만들어 배치합니다.

06 ①헤드카피 아래에 서브카피를 입력하고 ②스타일을 지정합니다. 텍스트가 커질수록 자간을 더 좁혀주고 강조할 텍스트만 노란색(R=255 G=232 B=63)으로 지정합니다.

산돌명조L, 크기 43pt, 자간 –70, 흰색(용지)

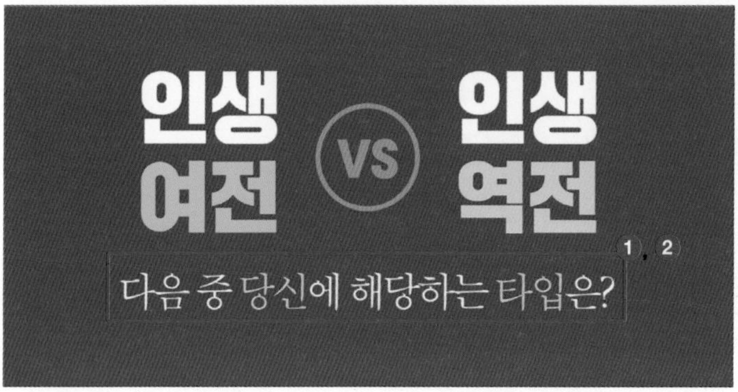

TIP 텍스트가 너무 많거나 페이지가 길면 보는 사람이 지루해할 수 있기 때문에 원하는 내용을 모두 전달하지 못할 수도 있습니다. 이때는 중요한 부분을 강조하여 그 부분만 보고 넘어갈 수 있도록 유도하는 것이 좋습니다.

07 ①사각 프레임 도구로 좌측 상단으로부터 [X] 50px 위치에 ②[W]는 295px, [H]는 232px 크기의 ③사각 프레임을 만듭니다. ④이벤트 이미지.indd 파일의 첫 번째 이미지를 복사한 뒤 ⑤ Ctrl + Alt + V 를 눌러 사각 프레임 안에 붙여 넣습니다. ⑥이때 이미지의 상반신만 보이도록 위치를 조정합니다.

08 07 단계와 같은 방법으로 대칭을 이루는 이미지를 배치합니다. 이벤트 이미지.indd 파일의 두 번째 이미지를 복사해 붙여 넣습니다.

09 ①선 도구로 ②이미지가 들어 있는 프레임 하단에 맞춰 선을 그립니다. ③[두께]는 3pt, ④연두색(R=173 G=255 B=81)으로 지정합니다.

10 오른쪽 이미지 아래에도 대칭이 될 수 있게 노란색(R=255 G=232 B=63) 선을 그려 넣습니다.

11 ①문자 도구로 ②텍스트 프레임을 만들어 이벤트 페이지 원고.txt 파일의 Type A 내용을 복사해 붙여 넣습니다. ③스타일을 지정하고 ④선과 텍스트 프레임을 함께 선택합니다. ⑤[정렬] 패널에서 수직 공간 분포를 클릭하고 ⑥[간격 사용]에 체크 표시한 뒤 15px을 입력합니다. ⑦선과 텍스트 프레임의 간격이 15px 만큼 벌어져 배치됩니다.

산돌고딕 M, 크기 24pt, 행간 35pt, 자간 –50, 흰색(용지)

12 오른쪽에도 11 단계와 같은 방법으로 텍스트 프레임을 만들어 Type B 내용을 복사해 붙여 넣습니다.

13 위에 있는 선을 복사해 텍스트 프레임 아래 15px 벌어진 곳에 붙입니다.

14 ①문자 도구로 ②이미지 프레임의 아랫부분과 겹치는 텍스트 프레임을 만들어 ③Type을 입력합니다. ④문자 스타일을 지정합니다.

아방가르드 고딕 Demi, 크기 34pt, 자간 0, 연두색(R=173 G=255 B=81)
테두리 선 두께 2pt, 테두리 선 갈색(R=101 G=60 B=60)

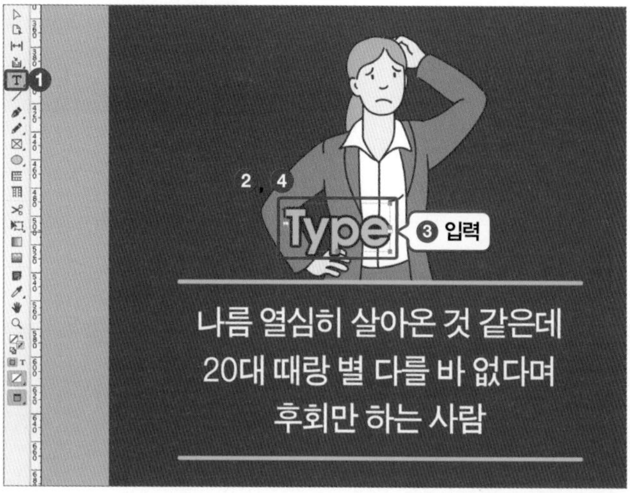

TIP 텍스트 테두리 스타일(선 두께, 색)은 [색상 견본] 패널에서 [텍스트에 서식 적용]을 선택하면 지정할 수 있습니다. 선 두께는 [획] 패널에서 지정합니다.

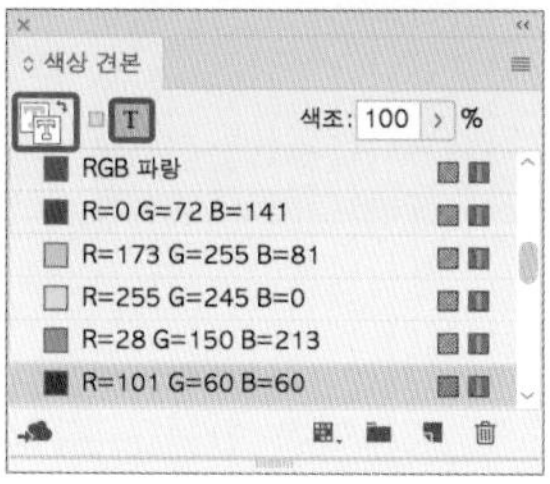

15 ①타원 도구로 ②지름 58px의 정원을 만들고 ③스타일을 지정합니다.

선 두께 2pt, 원 연두색(R=173 G=255 B=81), 원 테두리 갈색(R=101 G=60 B=60)

16 ①원 위에 텍스트 프레임을 만들어 A를 입력하고 ②스타일을 지정합니다.

아방가르드 고딕 B, 크기 34pt, 자간 0, 갈색(R=101 G=60 B=60)	

17 ① Alt 를 누른 채 Type A 오브젝트를 드래그하여 오른쪽 이미지와 대칭이 되도록 붙여넣습니다. ②텍스트는 B, 색은 노란색(R=255 G=232 B=63)으로 변경합니다.

18 ①문자 도구로 ②텍스트 프레임을 만들고 각각의 카피를 입력한 후 ③스타일을 지정합니다.

서브카피	산돌제비2R, 크기 37pt, 자간 –75(숫자 자간 0), 기울기 10, 노란색(R=255 G=232 B=63)
메인카피	산돌 격동고딕, 크기 47pt, 가로비율 95%, 자간 0, 기울기 10, 용지(흰색), '이생망않'만 노란색(R=255 G=232 B=63)
해시태그	산돌고딕 M, 크기 25pt, 자간 –40, 용지(흰색)

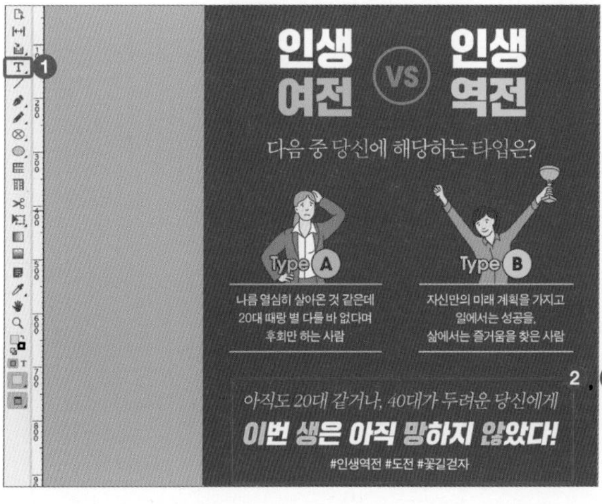

STEP 02

바디 디자인하기

상세 페이지에서 바디는 자칫 지루해질 수 있는 부분입니다. 이 부분은 각 역할에 맞게 분할하여 하나의 덩어리로 디자인하고, 필요한 부분만 볼 수 있게 잘 정리해야 합니다.

실습 파일 : 프로젝트/상세 페이지 디자인 폴더

배경과 대비되게 디자인하기

01 ①사각 프레임 도구로 ②배경을 드래그하고 ③면 색을 노란색(R=255 G=232 B=63)으로 지정합니다.

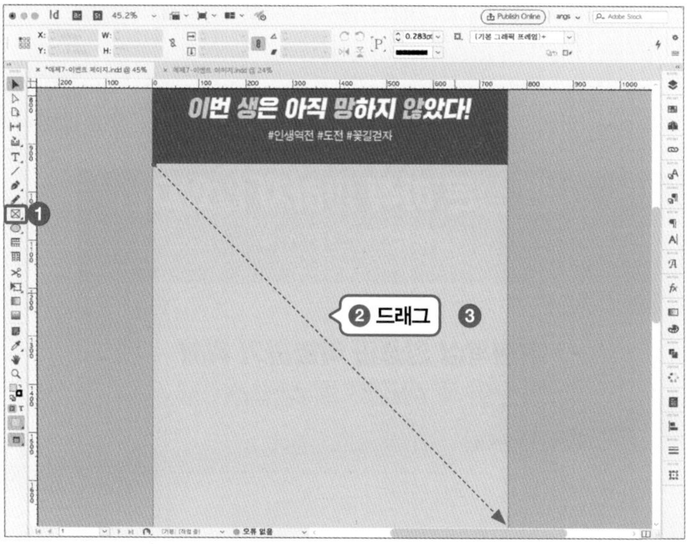

02 ①문자 도구로 ②텍스트 프레임을 만들어 텍스트를 입력하고 ③스타일을 지정합니다.

산돌 격동고딕, 크기 37pt, 행간 52.5pt, 가로비율 95%, 기울기 10, 검정, 자주색(R=190 G=0 B=96)

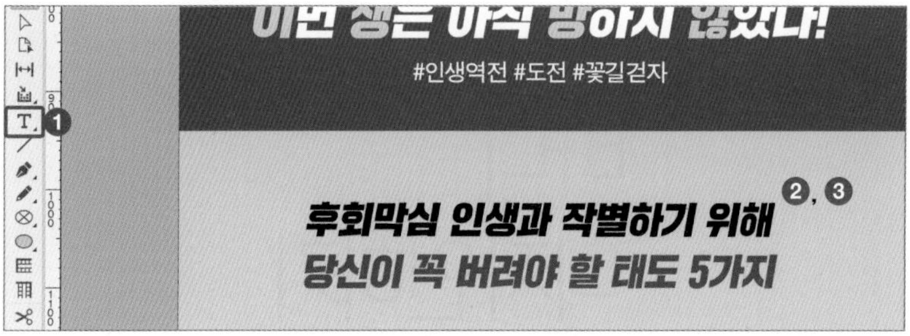
#인생역전 #도전 #꽃길걷자
후회막심 인생과 작별하기 위해
당신이 꼭 버려야 할 태도 5가지

TIP 이벤트 페이지 원고.txt 파일에서 알맞은 원고를 찾아 복사해 붙여 넣으세요.

03 ①사각 프레임 도구로 ②이미지 프레임을 만들어 이벤트 이미지.indd 파일의 세 번째 이미지를 복사한 후 ③ Ctrl + Alt + V 를 눌러 프레임 안에 붙여 넣습니다.

후회막심 인생과 작별하기 위해
당신이 꼭 버려야 할 태도 5가지
③ Ctrl + Alt + V

04 ①선 도구로 ②두께 2pt, 보라색(R=58 G=41 B=139) 선을 그어 그림 옆에 배치합니다.

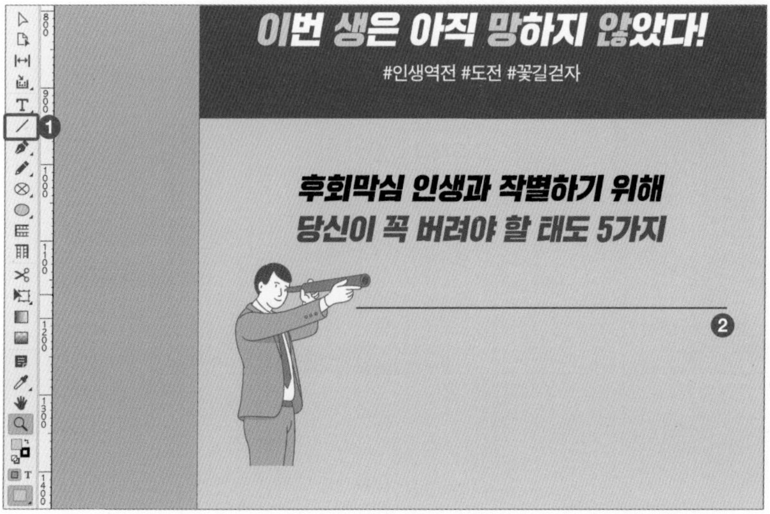
이번 생은 아직 망하지 않았다!
#인생역전 #도전 #꽃길걷자
후회막심 인생과 작별하기 위해
당신이 꼭 버려야 할 태도 5가지

05 ①문자 도구로 ②텍스트 프레임을 만들어 각각의 카피를 입력한 후 ③스타일을 지정합니다.

질문	산돌 격동고딕, 크기 27.5pt, 행간 33pt, 가로비율 95%, 자간 0, 보라색(R=58 G=41 B=139), 이후 공백 19px
NG	Garamond B, 크기 34pt, 가로비율 95%, 자간 –20, 기울기 10, 자주색(R=190 G=0 B=96)
본문	산돌고딕M, 크기 24pt, 행간 34pt, 자간 –40, 검정

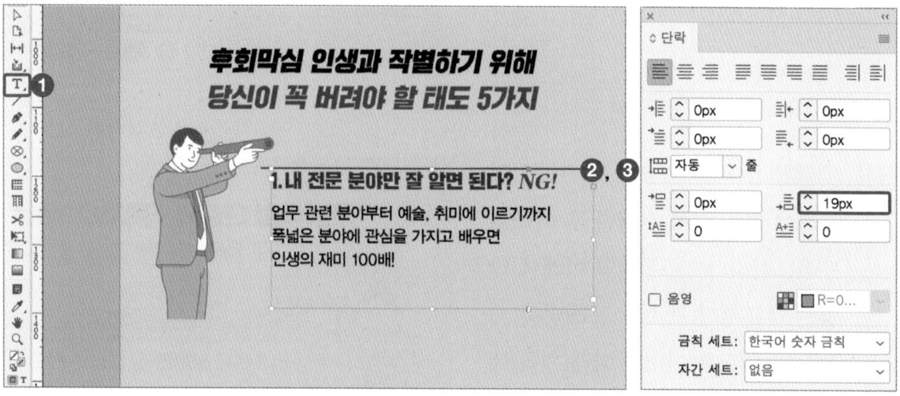

TIP 질문과 대답의 느낌이 나도록 대조적인 서체를 사용합니다. 헤드카피와 본문 사이는 쉽게 구분할 수 있도록 행간보다 조금 더 넓게 벌려줍니다(이후 공백 19px). 이때 헤드는 전체적으로 집중과 구분이 쉽게 될 수 있도록 강한 서체를 사용하거나 포인트를 잡아줍니다.

06 ① Alt 를 누른 채 텍스트 프레임을 더블클릭합니다. ②[텍스트 프레임 옵션] 대화상자가 나타나면 [인세트 간격]의 [위쪽], [아래쪽]만 30px로 입력하고 ③[수직 균등 배치]–[정렬]은 [가운데]로 설정합니다. ④[확인]을 클릭해 텍스트 프레임 옵션을 적용합니다.

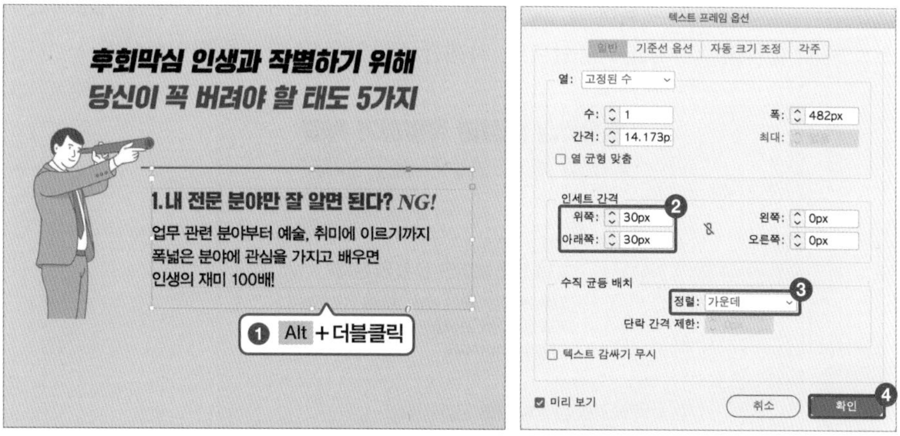

TIP [텍스트 프레임 옵션]을 설정하는 이유는 앞으로 진행할 이후 텍스트들의 간격을 쉽고 빠르게 설정하기 위함입니다. [수직 균등 배치]–[정렬]을 [가운데]로 설정하면 텍스트 프레임 안에서 텍스트가 상하 중앙으로 배치됩니다.

07 ① Alt 를 누른 채 선을 복사합니다. 이때 텍스트 프레임 아래와 맞닿는 지점까지 드래그합니다. ② Ctrl + Shift +] 를 눌러 선을 레이어의 맨 위에 배치합니다.

후회막심 인생과 작별하기 위해
당신이 꼭 버려야 할 태도 5가지
1.내 전문 분야만 잘 알면 된다? NG!
인생의 재미 100배!
❶ Alt + 드래그
❷ Ctrl + Shift +]

08 ① Alt 를 누른 채 텍스트 프레임과 아래에 있는 선을 선택한 후 아래로 드래그합니다. ②프레임 아래에 맞닿는 부분부터 텍스트 프레임이 시작할 수 있도록 이미지 아래(왼쪽)에 배치한 후 ③텍스트를 복사해 붙여 넣습니다.

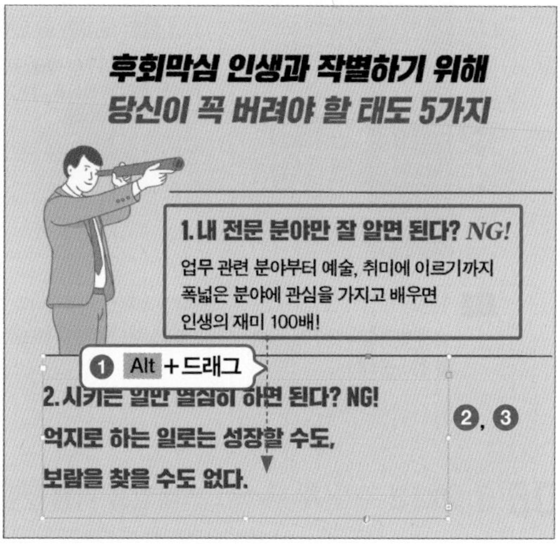
후회막심 인생과 작별하기 위해
당신이 꼭 버려야 할 태도 5가지
1.내 전문 분야만 잘 알면 된다? NG!
업무 관련 분야부터 예술, 취미에 이르기까지
폭넓은 분야에 관심을 가지고 배우면
인생의 재미 100배!
❶ Alt + 드래그
억지로 하는 일로는 성장할 수도,
보람을 찾을 수도 없다.
❷, ❸

09 스포이트 도구를 이용해 위의 텍스트 프레임에서 질문과 대답, 본문에 해당하는 내용을 각각 클릭해 스타일을 적용합니다. 자세한 스타일은 **05** 단계를 확인합니다.

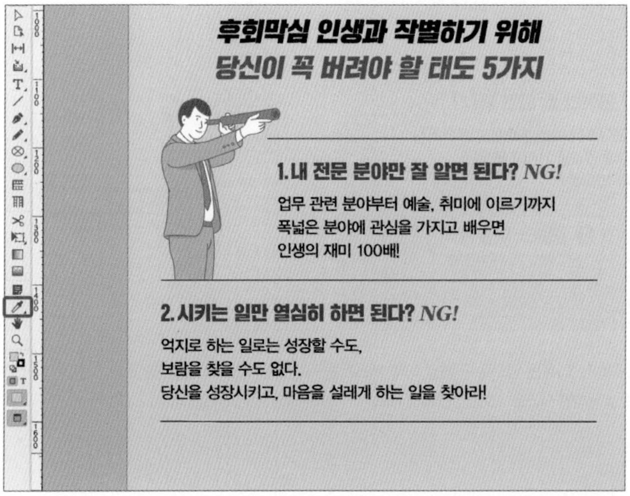
후회막심 인생과 작별하기 위해
당신이 꼭 버려야 할 태도 5가지
1.내 전문 분야만 잘 알면 된다? NG!
업무 관련 분야부터 예술, 취미에 이르기까지
폭넓은 분야에 관심을 가지고 배우면
인생의 재미 100배!
2.시키는 일만 열심히 하면 된다? NG!
억지로 하는 일로는 성장할 수도,
보람을 찾을 수도 없다.
당신을 성장시키고, 마음을 설레게 하는 일을 찾아라!

10 ①사각 프레임 도구로 ②이미지 프레임을 만들어 이벤트 이미지.indd 파일의 네 번째 이미지를 복사한 후 ③ Ctrl + Alt + V 를 눌러 프레임 안에 붙여 넣습니다.

1.내 전문 분야만 잘 알면 된다? NG!
업무 관련 분야부터 예술, 취미에 이르기까지
폭넓은 분야에 관심을 가지고 배우면
인생의 재미 100배!
2.시키는 일만 열심히 하면 된다? NG!
억지로 하는 일로는 성장할 수도,
보람을 찾을 수도 없다.
당신을 성장시키고, 마음을 설레게 하는 일을 찾아라!

11 이미지와 선이 겹치지 않게 조정합니다. ① 위에 있는 선은 너비를 짧게 조정하고 ②아래에 있는 선은 Ctrl + Shift +] 를 눌러 맨 위에 올라오도록 배치합니다.

1.내 전문 분야만 잘 알면 된다? NG!
업무 관련 분야부터 예술, 취미에 이르기까지
폭넓은 분야에 관심을 가지고 배우면
인생의 재미 100배!
2.시키는 일만 열심히 하면 된다? NG!
억지로 하는 일로는 성장할 수도,
Ctrl + Shift +]
게 하는 일을 찾아라!

12 이어지는 내용도 같은 방법으로 디자인합니다.

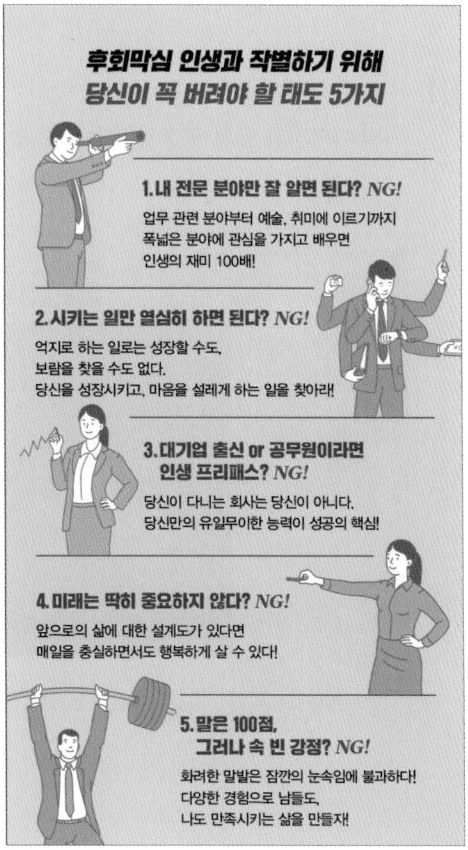

후회막심 인생과 작별하기 위해
당신이 꼭 버려야 할 태도 5가지
1.내 전문 분야만 잘 알면 된다? NG!
업무 관련 분야부터 예술, 취미에 이르기까지
폭넓은 분야에 관심을 가지고 배우면
인생의 재미 100배!
2.시키는 일만 열심히 하면 된다? NG!
억지로 하는 일로는 성장할 수도,
보람을 찾을 수도 없다.
당신을 성장시키고, 마음을 설레게 하는 일을 찾아라!
3.대기업 출신 or 공무원이라면
인생 프리패스? NG!
당신이 다니는 회사는 당신이 아니다.
당신만의 유일무이한 능력이 성공의 핵심!
4.미래는 딱히 중요하지 않다? NG!
앞으로의 삶에 대한 설계도가 있다면
매일을 충실하면서도 행복하게 살 수 있다!
5.말은 100점,
그러나 속 빈 강정? NG!
화려한 말발은 잠깐의 눈속임에 불과하다!
다양한 경험으로 남들도,
나도 만족시키는 삶을 만들자!

STEP 03 꼬리 디자인하기

꼬리 부분은 헤드와 바디에서 다뤘던 내용을 한 번 더 짚어주고 마무리해주는 영역입니다. 제품을 한 번 더 확실하게 보여주거나 결론을 한 번 더 언급해 독자에게 각인될 수 있게 디자인합니다.

실습 파일 : 프로젝트/상세 페이지 디자인 폴더

책 세움 이미지 넣어 디자인하기

01 ①사각 프레임 도구로 ②남색(R=0 G=72 B=141) 배경을 만듭니다. ③이때 노란색 배경 위의 이미지가 남색 배경에 맞닿을 수 있게 조정합니다.

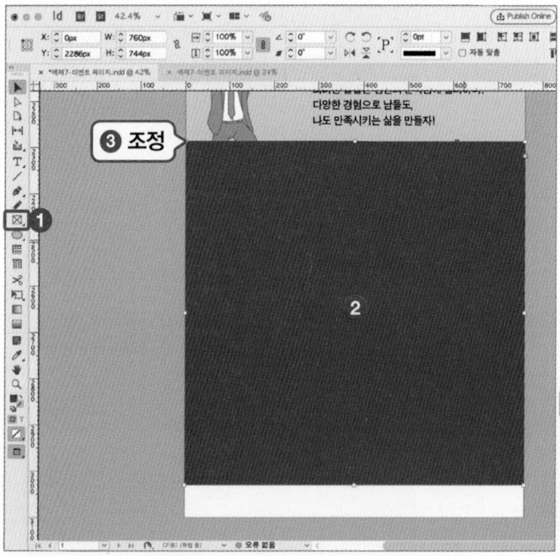
다양한 경험으로 남들도,
나도 만족시키는 삶을 만들자!
③ 조정
1
2

02 ①문자 도구로 ②텍스트 프레임을 만들어 텍스트를 입력하고 스타일을 지정합니다.

산돌 격동고딕, 크기 44pt, 행간 56pt, 가로비율 95%, 자간 0, 흰색(용지), 노란색(R=255 G=232 B=63)

03 ①사각 프레임 도구로 ②사각 프레임을 만듭니다. ③ Ctrl + D 를 눌러 책 이미지.png 파일을 불러와 가운데에 배치합니다.

04 책 세움 이미지 아래에 텍스트 프레임을 만들어 마지막 카피를 입력합니다.

산돌 제비2, 크기 25.5pt, 행간 34pt, 자간 –55, 노란색(R=255 G=232 B=63)

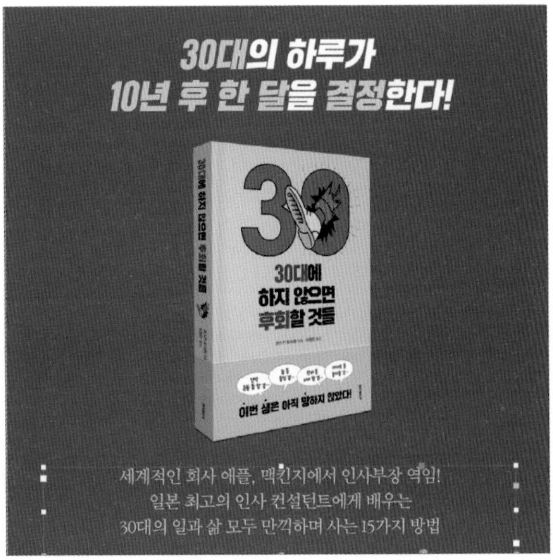

05 ①문서 맨 아래에 120px 높이의 노란색 배경을 만들고 ②이벤트 이미지.indd 파일에서 출판사 로고 이미지를 가져와 오른쪽에 붙여 넣어 페이지 디자인을 완성합니다.

온라인용으로 내보내기

06 ①[파일]-[내보내기] Ctrl + E 메뉴를 클릭하여 [내보내기] 대화상자를 불러옵니다. ②[형식]을 [JPEG]로 설정하고 ③[저장]을 클릭합니다. ④[JPEG 내보내기] 대화상자가 나타나면 [해상도]를 [72]로 설정하고 ⑤[내보내기]를 클릭해 완성합니다.

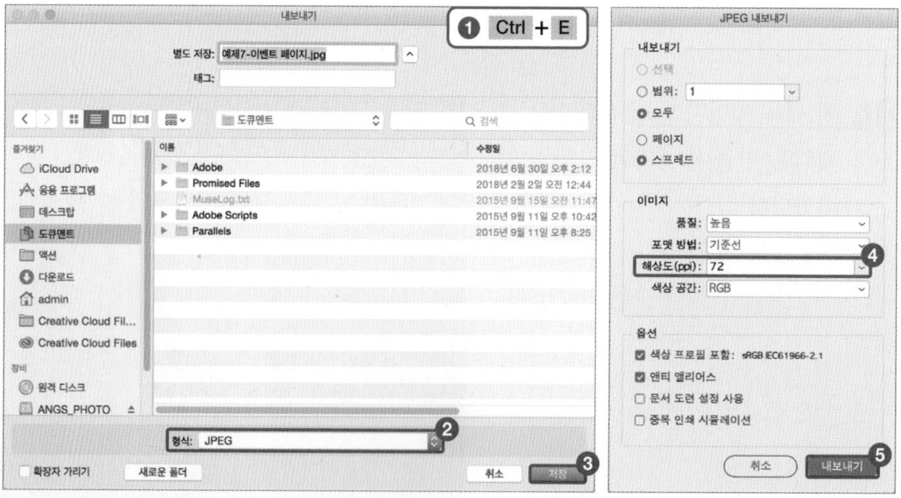

TIP 온라인에 업로드하는 상세 페이지는 용량에 민감합니다. 용량이 작을 수록 빨리 뜨기 때문이죠. 그래서 너무 긴 상세 페이지는 분할해서 올리기도 합니다. 같은 이유로 용량을 제한해서 보내달라는 요청이 있기도 합니다. 이때는 페이지의 세로 길이를 줄이거나 [JPEG 내보내기] 대화상자에서 [품질]을 [낮음]으로 선택하기도 합니다. 하지만 품질이 낮아지면 이미지가 깨질 수 있기 때문에 적당히 상태를 봐가면서 품질을 낮출지, 페이지의 세로 길이를 줄일지 선택하도록 합니다.

INDEX